凝煉知識品味閱讀

FinTech
金融科技

陳若暉 著

五南圖書出版公司 印行

推薦序

數月前，原不相識的中原大學陳若暉教授來訪，邀約我出席「全球群眾募資與金融科技服務協會」的一個活動演講及新書發表。當下，我就深感後悔沒有能更早結識熱心推動金融科技的若暉教授。因爲，假使在數年前，我任職行政院政務委員時，就有幸認識若暉教授，否則當時推動「第三方支付」就可以多出民間一個生力軍，幫忙促進各界對網路金融的認知。

2012 年，我進入行政院擔任負責科技的政務委員，資通訊應用是我重要任務之一。當時中國阿里巴巴的淘寶網、支付寶橫掃中國市場造成風潮，引起國際各方注意。而相對在台灣，連了解什麼叫第三方支付的人都不多，公務體系對此觀念也相對生疏，更遑論讓第三方支付發揮它在電子商務裡應有的潛力。後來我與蔡玉玲政委、曾銘宗主委一路推動第三方支付立法，更是辛苦異常，不足爲外人道。2016 年，在我卸任行院院長職務前數週，又出現是否容許 Apple Pay 在台登陸的爭議。我找了許多政府內外的金融先進徵詢意見，最後做成有條件開放 Apple Pay 登陸的決策。

我以一個金融專業的門外漢，兩次涉入國家層次資通訊技術在金融的應用，不外是覺得「旁觀者清」，深刻感覺對一個網路使用者而言，當今的金融支付工具實在不足以滿足網路時代「方便」、「效率」與「安全」的需求。在我而言，不了解金融法規的細節，反而是一項利基，因爲對應用的想像不會被現實拘限。但是，在經過向金融先進的請益後，又可以客觀了解既有法規的理念或是不合理之處，進而判斷法規修改與否的重點。

在政府服務的四年多，這條漫漫推動的長路走得確實辛苦。我心中常常期盼官員、業者與民間對此主題有足夠深層的認識，更清楚的共識，讓法規能夠迅速到位，好讓業者能迅速施展、讓民眾能迅速受益。這也是本序言我一開始說「與若暉教授相見恨晚」的緣由。現在，金融科技範圍已遠超過第三方支付、行動支付的項目，涵蓋更多、影響衝擊也更深。台灣金融科技是否能迅速推動，事關國家金融產業的轉型與國際競爭力、民眾應用先進資通訊觀念的福祉，需要政府、產業、民眾有清楚的推動與應用方向。

很佩服若暉教授願意爲這本書投入數年的資料蒐集工作，這是學者非常「入世」的作爲，足爲眾多學者貢獻國家社會進步發展的表率。以若暉教授這本《金融科技》內容的廣度與深度而言，在台灣發展金融科技的初期階段，絕對可以扮演關鍵的推動力量。在本書出版之際，也寄望台灣金融科技能迎頭趕上，不久的將來，能成為國際上的標竿。

張善政
前行政院院長
2017 年 6 月

推薦序：金融與科技的互利共生

如何運用「資訊科技」強化「金融服務」的綜效。一直為世人努力的重點，爰以資金的收付、存儲、借貸、籌資、理財、保險……等金融活動，經由銀行、信託、票券、證券、期貨、投信、投顧、產險、壽險、保經、保代……等金融服務業的運作，對於個人理財、企業經營、產業發展……等，均有相當助益。故社會各界均相當期待能發揮「以金融支援產業、以產業活絡金融」的良性循環，進而發揮加速經濟發展的效果。

近年來，在大數據、智能手機、移動裝置、雲端運算、社群網絡、物聯網、生物辨識、機器人等（簡稱大智移雲、社物生機）資訊軟體及硬體的快速發展下，資訊科技的創新對金融服務的運作產生了革命性的變革，以往實體化、定點化的金融活動，逐步變成網路化、虛擬化、行動化、互動化的服務方式，對金融服務業的發展，產生了巨大的衝擊。

回顧金融業與資訊業的發展歷程，兩者的相互依存及互利共生關係至為顯著。故近年來「金融科技」一詞成為顯學，社會各界對「以資訊科技提升金融服務綜效、以金融服務加速資訊科技發展」的期待更形殷切。舉凡美國、英國、新加坡……等國的政府或企業，對於金融科技的法律規範、人才培育、資源投入、研發創新等育成輔導的建構，均積極辦理，期引導產業發展，提升服務綜效。國內的產官學研等各界，察覺此一發展趨勢，亦逐步投入人力、物力、財力等資源積極推展，期能強化我國金融服務業的國際競爭力。

有緣與陳若暉教授結識多年，陳教授學有專精，治學嚴謹。近年來專注於金融科技，除於去年結合同好，創設「社團法人全球群眾募資與金融科技服務協會」，期能結合各界資源推動金融科技之發展，如今更投入心力撰寫《金融科技》一書，期供各界參採。

本書之撰述，旁徵博引，綜述金融科技之發展、群眾募資之剖析、電子商務之運作、行動支付之變革、金融科技之創新、以及密碼貨幣之發展等綱張目舉，簡明扼要，實爲探討金融科技的入門指引，爰樂予爲序，並祈與讀者同好共勉之！

李述德
前財政部部長
2017年5月

作者序（修訂版）

時光沙漏總是在不經意中漸漸流失，從初版到再版已近四年光陰。金融科技的發展令人目不暇給，顛覆性創新威力席捲全球。回想本書問世後，曾在全球群眾募資與金融科技服務協會舉辦讀書會，參與會員紛紛表達許多專有名詞感覺生澀，不易與周遭生活情境與職涯場域連結，亦持懷疑眼光檢視金融科技對社會變遷之重大影響。在大學校園的「金融科技」授課，初期感覺到學生對金融科技論述與跨領域延伸的無奈，因一旦跨業與跨域，更多不熟悉的專業名稱一擁而上，腦袋缺氧並兩眼無神地呈現放空狀況。演講相關議題時，曾遇坐在前排年長賢達的聽眾，聽著聽著便見周公，還打呼超大聲。走到面前刻意提高聲量，試圖抵緩打呼聲與喚醒，然未能見效。直至後排有人踢椅腳和拍肩，方才緩解此尷尬的場景。隨者金融科技的快速發展，許多專業名稱已經常出現在媒體新聞，在生活場域中亦開始接觸相關事務。在授課與演講當中，可感覺到聽者的回應與反饋逐漸增溫，金融科技已非遙遠的學術名稱，而是影響生活型態與消費行爲的重要環扣之一。

因應金融科技發展趨勢，在本修訂版內容中，特別加強反洗錢，資恐交易態樣、與金融消費者保護的重要性。由於利潤報償型群眾募資、供應鏈融資、與多層次資本市場（例如：科創板）的興起，於群眾募資發展與融通章節說明。有鑑於「網紅經濟」竄起，增加電視媒體與電子商務跨界（TV to Online, T2O）之商業導購合作模式的闡述。電子支付推展特別涵蓋行動支付範疇、跨機構公用平台、與政策推動指引。在金融業金融科技發展方面，介紹開放銀行支付模式與生態圈，闡明保險科技有關自動核保與理賠防詐監控等措施，並引進 LINE 金融布局和金融科技新創園區案例分析。此外，在密碼貨幣發展方面，亦導入國際清算銀行之貨幣花（Money Flower）的特性與密碼貨幣的分叉類型。增加區塊鏈的案例，如智慧儲能交易平台、電子函證、群眾籌資平台與區塊鏈貿易。

人工智慧與物聯網（AIoT）和 5G 通訊的興起，帶動新一波的科技浪潮。此次增添相關應景內容，介紹物聯網架構、5G 高速通訊網絡、低功耗廣域網絡及生態圈分析。緊接著帶入人工智慧發展，剖析邊緣計算的重要性，並論述 AI 產業化與產業 AI 化的觀點。另提供 AIoT 與金融科技相關的實務案例，諸如電動自駕車、精準醫療、與智慧零售等，並進一步說明 AIoT 的效益與產業人才培育。

特別感謝「全球群眾募資與金融科技服務協會」全體會員的支持與捐獻，顧問和理監事們的寶貴建議，熱情的工讀夥伴們的超常付出，使金融科技教育與培育的理念得以深耕拓展。誠摯感謝前後兩任執行長蔡宛倢與黃玉芳傾囊相助，希冀此股正向能量能嘉惠社會賢達與造就莘莘學子，亦爲金融科技的推展，留下嘉美的腳蹤。

陳若暉
中原大學財務金融系 519B 室
2021 年 3 月 20 日

作者序（第一版）

還記得一年多前，有位研究助理問我，「區塊鏈」是什麼？當下隱約記得與比特幣有關，因平時有剪報的習慣，大概知道卻也說不出個所以然，心裡總覺得有點虛的感覺，又覺得這是未來重要的課題。爲了保持顏面及維繫學術嚴謹度，立刻下達指令蒐集相關資料。不多時日，研究助理拿了一張區塊鏈生成圖，繼續問著何謂「拜占庭將軍問題（Byzantine Generals Problem）」？此刻「書到用時方恨少」的感覺油然而生，也開始體會「教學相長」的實質內涵。就這樣一個探知全新領域摸索的小雪球，開始搖擺滾動著……。

回首留學美國七年，很榮幸進入中原大學服務，除教學外，承蒙長官提攜，曾經歷各種兼任學校行政工作和銀行借調歷練的機會。轉眼十幾年後，有機會卸任行政工作，正開始追求半個陶淵明式生活之際。約莫兩年前，過去曾指導的研究生詢問有關群眾募資提案合作意願，經分析後，覺得無相關技術與產品在身，揮灑空間有限，但尚未有正式的群眾募資協會在台，且一般民眾對群眾募資的認識普遍不深，甚至存有負面看法，對創新創意團隊的幫助受限。因此，開始聚焦於對社會大眾提供群眾募資相關知識傳遞與教育伸展的舞台。再者，適逢政府宣布 2015 年行動支付元年、2016 年金融科技元年的啟發下，深刻感同提升金融科技對全球經濟與金融發展的重要性與迫切性，而民間亦尚未設立相關以教育爲宗旨的協會單位。故四處奔走聚集志同道合、友情贊助、親友關懷、同儕扶持、指導學生力挺等社會賢達人士努力下，經一年半的時間，終於催生出「社團法人全球群眾募資與金融科技服務協會」。在申請過程中，才知需經由內政部提出申請，因金融科技涉及金融業與科技業，會知金管會和科技部許可，群眾募資會連結新創公司和中小企業歸經濟部管，協會屬於教育性質則需教育部通過，歷經 5 個政府相關部會的認可，也算是一項紀錄吧。

既然協會定調爲教育推廣性質，在蒐集相關書籍後，發現大多爲英文、日文翻譯本亦或中國大陸版本，甚少屬於台灣金融科技發展脈絡連結的教材。在閱讀吸收其有關金融科技內涵處，總覺得仍有一種隔岸搔癢之憾。因此，趁著在 2016 年初，榮幸申請到教授休假（sabbatical leave）半年期間的機會，赴日本姊妹校新潟大學數學系研究訪問近將一個月，特別感謝田中環教授的安排，參加學術與戶外活動，有幸與資訊科技和大數據學者專家交流切磋，並著手蒐集最新金融科技相關資料。遂開始醞釀撰寫《金融科技》一書，以啟迪全球金融科技教育知識先鋒、務實兩岸金融科技創新專業脈絡爲訴求，透過近年來蒐集的剪報、雜誌、網路報告、中英文期刊與書籍等，啟動爬格子的日子，並繪製相關圖表，希望以圖文並茂和易於融會的方式呈現給讀者。

從新潟大學研究室的窗外，面向海水湛藍平穩如鏡的日本海，可聽到海鷗聲聲的呼喚，不時打開窗戶引進冰冷呼嘯的海風，欲平衡一下室內暖爐的溫熱煩躁氛圍，令人從江郎才盡的苦楚滋味中，回神過來繼續掙扎。海面遠處可遠望佐渡島，1601 年納入德川家康的領地，在江戶時期發現金礦，當時全盛產量位居世界黃金產量前位之一，乃幕府時期重要財源。很難想像寧靜的海水，在 12 世紀也曾波濤洶湧過兩次強烈的颱風，在 1274 年「文永之役」與 1281 年「弘安之役」，吞噬了無數忽必烈蒙古大軍與高麗的聯軍將士和船舶，而被日本人膜拜爲「神風」。讓橫踏歐亞所向無敵的蒙古鐵騎，於九州福岡的博多灣戰敗原因有三，其一、日本曾「舉國茹素」哀悼南宋亡國，而不願向高傲逼人的元朝進貢，俯首稱臣，並激發武士團結一心，做好防禦準備。其二、高超淬鍊鋼材技術所製造的武士刀，足以近身肉搏削斷蒙古刀劍。其三、元朝皇帝限時造船的壓力下，地方官員強徵河川航行的平底船充數，而非適用於遠洋航行具有穩定船隻舵的建造，哪堪「神風」的叨擾而沉沒。

對照金融科技席捲潮流而言，若政府和企業無法因應與積極改革，一味地排擠趨勢發展而進行鎖國心態，相關法律與配套措施付之如闕。高層毫無警覺心導入前端技術與設備建置，疏於資訊安全防護，亦未能有效強化員工技術升級、招募專業人才與轉型培訓，仍依戀於舒適的熟悉場域。當平靜海面開始怒吼時，如同蒙古鐵騎一般，在尖叫驚慌中與淬鍊不足的刀劍一同消失於無情波浪裡。當座擁著 400 公里長的佐渡島金礦坑道鑿盡時，宣告江戶時代風華的結束，誠如企業生命的循環亦將耗損殆盡。

爲推動金融科技相關教育，從日本回台後，先身士卒地投入資策會所舉辦的大專院校首屆金融科技種子教師，參與英國 Open University 的金融科技遠距課程。由於第一次修讀此類課程，心想應屬輕鬆自在又逍遙的營養課程，怎知每節均有各類形式不一的影片觀看和網頁瀏覽，並以申論題貫穿。每章修讀後，還有指定作業練習，而期末還需提出專題報告，並限定字數。好不容易利用暑假花了一個半月的時段和精力才搞定，對金融科技的概況才有所體會。後續也參加相關研討會與演講活動，從金融科技相關新創團隊和金融業者提供的訊息中吸收新知，對金融科技實務操作漸漸地略有深一層的體驗與輪廓浮現。經一年夙夜匪懈日子，採過去「由後往前」看書準備考試的習慣，從最後有關區塊鏈章節往前撰寫至金融科技發展趨勢。開始較爲懵懂吃力，卻有漸入佳境而豁然的感覺，一晃眼，書已逐漸成型，好似將珍珠般的資料串成珍珠項鍊，並順利於財金系「金融科技」課程授課與相關演講邀約。

非常感謝先父陳穎鋒牧師，自小對我「大考大玩，小考小玩」的叮嚀。母親郭玉植牧師以「諄諄善誘」的自由學習方式教導，以及愛妻昭華耐心的校稿與暫採「放牛吃草」的政策，無憂地在研究室挑燈夜戰，專心寫作，半夜後才返家的忍讓，同時全力細心教導兒子仲聞。由於平日晚起晚歸，無法在家交會見面，謝謝仲聞在睡覺前，會三不五時，打電話問候並閒聊當日發生見聞與加油打氣。除維繫親子情感外，有如強心針一般，使人恢復活力地繼續夜拚奮戰。感謝宛倢細心的編輯、詩慧精心的美編、和親友們的鼓勵、指正與期待，希冀此書的內容能爲兩岸金融科技的發展，提供讀者增長相關專業知識的基石。

陳若暉

中原財金系 519B 室

2017 年 3 月 25 日

Contents

全球金融科技趨勢

在 1800 年末以來，重大科技的萌芽與產品開展，啟迪工業化的進展與創新的思維，深深影響消費者行爲的轉移，促進繁榮時代的來臨。「擴散率」（Diffusion）[1] 和「普及率」（Adoption Rate）[2] 兩者速率呈現愈來愈快的趨勢，即消費者愈來愈能適應科技的進步與創新活動，對於新創新產品的接納時間也縮短，導致業者觀望期與適應期縮短，卻仍須持續創新研發，以防被科技創新洪流所吞噬的衝擊。

以近百年重大科技產品跨越多數門檻（Critical Mass）爲例，自萊特兄弟發明飛機以來，花費 68 年的光景才達到此門檻。電話的發明用了將近半個世紀才得以普及，無線電產品的跨越年數則降爲 38 年。而電視的普及又進一步減少爲 22 年。1975 年 IBM 發明的一台個人電腦，相關配備如 DOS 作業系統、滑鼠、鍵盤、硬碟、與記憶體已成爲消費者熟知的名稱，普及時間僅約 14 年。微軟於 1995 年推出 Window 作業系統時，桌上型電腦使用已涵蓋全球 90% 以上的人口。而近期推出網際網路（7 年）、i Pad（3 年）、與臉書（2 年）等，更快速達標，如圖 1-1 顯示。

近年來，全球金融科技的發展方興未艾，數位金融產品與服務如雨後春筍般地出現，並融合於客戶生活的便捷性。隨著資訊通訊科技發展與物（互）聯網興起，多元化應用的創新金融與商業模式，已呈現不可逆性開展。金融科技加速改變民眾消費模式、借貸與投資理財活動。2015 年，全球投資金融科技包括個人

---

1 創新想法藉由一個消費者傳導致另一名的速度，即所謂「擴散率」（Diffusion）。

2 消費者涵蓋其個人所經歷的心理歷程之傳導速率，即「普及率」（Adoption Rate）。

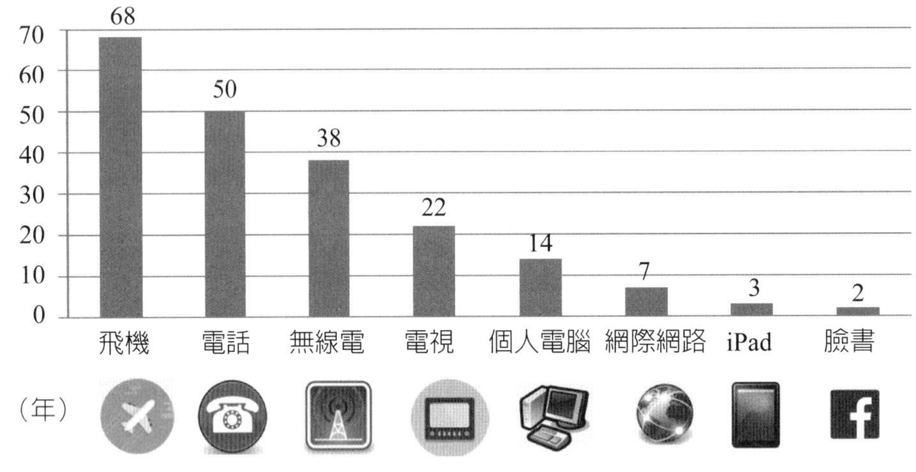

圖 1-1 全面普及所需時間

資料來源：1. Brett King，銀行轉型未來式Bank 3.0，台灣金融研訓院，2013.10。
2. Wikimedia Commons。

貸款、付款服務與網路保險等金額增加 60%。中國大陸與印度大幅投資金融科技激勵下，新創公司投資額成長 4 倍，使亞洲已儼然成為金融科技創新的領頭羊。如印度 12.7 億人口中約占 2/5 沒有銀行帳戶，僅 2.52 億人可上網。金融科技業掌握此機會，建置智慧手機交易模式，吸引資金投向金融科技業。

圖 1-2 說明全球 FinTech 公司籌資金額，截至 2016 年 7 月底，中國大陸籌資金額已超越北美一倍。其中，螞蟻金服融資金額最高，成功籌資 45 億美元，為全球單次私募融資規模獲得名列前茅的紀錄。在歐洲方面，瑞士蘇黎世積極打造歐洲金融科技重鎮，瑞士信貸（Credit Suisse）和瑞銀（UBS）邀請各大知名企業合資建立創業育成中心，期望新創公司投入。

一、金融數位化 vs. 數位金融化

全球化的發展早期由商品貿易啟動，接連帶動跨國企業跨境投資的風潮，而近期數位科技的顛覆性發展，導致服務貿易已成顯學，並促使貿易、資訊、與資金迅速整合。在數位全球化的引領下，經貿新秩序儼然形成。過去金管會對金融

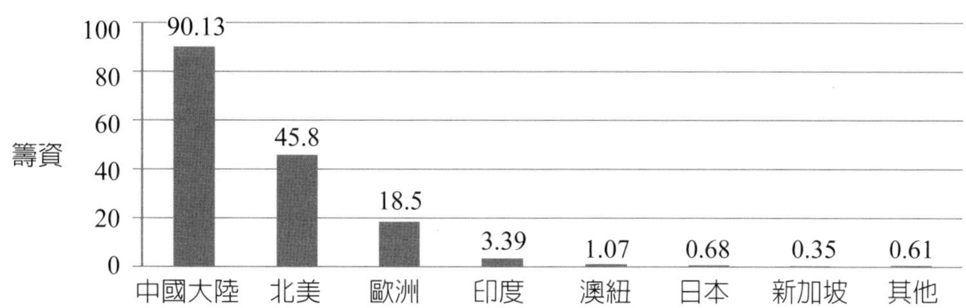

圖 1-2　全球 FinTech 公司籌資金額

註：統計截至2016年7月。

資料來源：1. 工商時報，陸FinTech夯籌資超過美國，2016.8.26。
　　　　　2. 新華社。

科技發展的保守思維，大多以防微杜漸角度考量，防弊爲主和興利爲輔，並未考慮金融創新急迫性，偏向金融數位化的模式漸進。然而，在國外金融科技發展卻是以破壞式創新模式呈現，非金融業的網路公司和新創公司等，以物聯網爲基礎，透過金融創新與科技服務顚覆（Disrupt）傳統金融業相關法制，並打破框架，形成數位金融化模式之劃時代發展。

2017 年 1 月，亞洲金融論壇指出，依照資訊科技推動金融業變革的脈絡，可分爲三階段：

(1) 金融科技1.0

加強自動化與電子化業務流程與管理，引進先進資訊軟硬體設備建置。

(2) 金融科技2.0

利用物聯網、生物辨識及虛擬實境等，打造線上業務平台，將交易端、資產端、支付端、和資金端等互連，引導客戶由網路與行動裝置平台功能，有效蒐集巨量資料與相關業務推展。例如：物聯網基金與保險銷售、P2P 網路貸款等業務。

(3) 金融科技3.0

運用區塊鏈、人工智慧、雲端演算、以及大數據徵信與分析技術等工具，建置效率模式，以利挖掘商機與節省成本。如開發供應鏈金融、智慧投顧系統等。

金融業者未來面對跨業整合、跨部會合作、與跨領域培育等模式與白熱化競爭環境，須以整戈待旦的心志，繼續保持創新驅動的動能，隨著金融科技的發展，加速轉型步調。迎向傳統金融業務的蠶食、數位化金融服務的普及、以及顛覆式創新模式改變等嚴苛的挑戰，以求聚焦利基點的發展與可行性藍圖。

以中國大陸平安保險集團設立陸金所爲例，專門從事網路投資與融資業務，並建置點對點（Peer to Peer, P2P）財產管理平台，開始進軍金融科技領域，僅花 4 年的光景，其營收占集團總營收 1/4 之譜，表現令人驚艷。國際大型企業亦目光投向金融科技，自行推出員工保險服務，如美國 IBM 公司特別設計員工租車險、醫療組織和聯盟推出員工醫療險等。另外，以呆帳率較高的短期借貸業務爲例，易受傳統銀行忽視，而今卻受非金融業青睞。阿里巴巴旗下 Mybank 即鎖定小型企業和微型個人融資業務爲專攻目標，透過淘寶商城與支付寶的長期用戶資料，利用大數據技術演算，建構適合於此短期借貸的專業信用評等制度，精準快速評估風險，並逐步占有一席之地。

有鑑於此，金管會在制定金融科技發展策略，需考量移除既有框架做規劃，增訂相關規則，改善非金融業者與新創業者（Innovator）經營環境，協助金融科技創新，積極面向數位金融化的未來趨勢。而金融業者（亦稱既有業者，Incumbents）採用科技金融（TechFin）模式，導入相關科技於各項金融流程之精進，藉由金融數位化的過程，提升經營效率與增進便捷性。經由此兩股思維與勢力的激盪，逐漸化解爲相互尊重與理解，進而達成良性競爭與尋求合作的形勢。[3]

1. 全球金融科技生態圈

歷經 2008 年次級房貸風暴摧殘，金融科技顛覆性創新，替萎靡的金融業打強心針，引領下一波經濟成長潛力的推進器。圖 1-3 指出各地區新創金融科技公司成立，如同磁性效應一般而形成生態圈聚集。爲鼓勵金融科技公司的設立，各地政府無不絞盡腦汁，提供誘因與管道吸引全球專業人才目光。

---

[3] 參考 Chris Skinner, Digital Bank, 2014, “An innovator thinks of financial innovation as Fintech: taking financial processes and applying technology. Incumbents think of this as Techfin: taking technology to work with financial processes.”

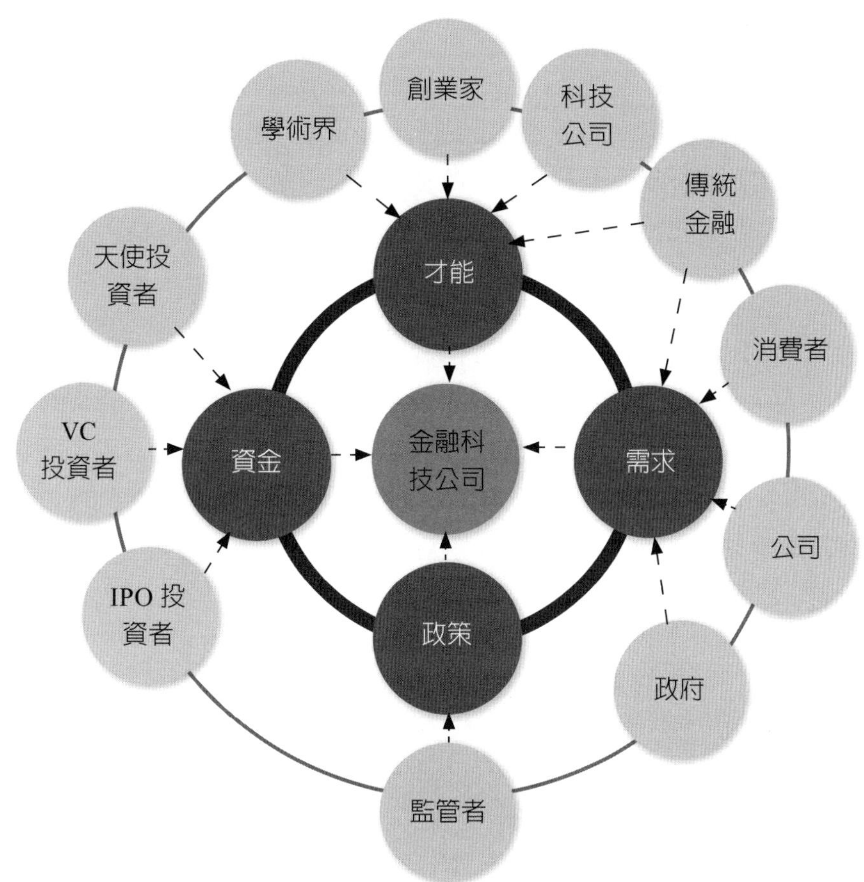

圖 1-3 金融科技生態圈

註：內圈：屬性。外圈：利害關係者。

資料來源：Consultancy.uk, IK FinTech capital of the world, but competition is heating, 2016.2.29.

(1) 人才招募

金融科技公司所需人才的可運用性和聘任管道，須由學術界、科技公司、創業家、和傳統金融機構等提供專業人力資源。

(2) 資金取得

適時取得種子資金（Seed Fund）與分配資金（Scaling Fund），以利成長茁壯。支援資金由天使基金（Angel Fund）、創投資金（Venture Capital Fund）、以及初次上市基金（Initial Public Offering Fund, IPO Fund）等投資者提供。

(3) 政策制定

由監管者制定監管規則和提出稅率獎勵，吸引全球金融科技公司進駐。例如：2018 年 2 月，行政院推動優化新創事業投資環境行動方案，推展亞洲資本匯聚中心，提升國發基金出資比率、改善投融資環境、與促進天使基金投資方案，打造國際級獨角獸新創公司，形成亞太區域市場的優勢。

(4) 需求引進

顛覆性新創產品與服務，適用於消費者、公司、金融與政府單位等需求。2016 年 2 月，英國依照各地區（城市）對人才招募、資金取得、政策制定與需求引進評估項目調查，如表 1-1 顯示。英國在金融科技生態圈建置領先群倫，在政策制定監管措施與稅務獎勵表現傑出。美國加州在金融科技人才的聘任與資金籌措獨占鰲頭，而政策配合呈相對弱勢狀態。亞太金融重鎮的新加坡名列第四，政府大力支持下，相關金融科技政策制定與專業人才招募得宜，全力協助公司設

表 1-1 全球各地區金融科技生態圈排名

地區	才能 可運用性 聘任管道	資金 種子 成長	政策 監管規則 稅率獎勵	需求 消費者 公司 金融機構	總分
UK	2	3	1	3	9
加州（USA）	1	1	6	2	10
紐約（USA）	3	2	7	1	13
新加坡	4	7	2	6	19
德國	6	4	5	5	20
澳洲	5	5	3	7	20
香港	7	6	4	4	21

註：相關排名：最高：1分　最低：7分。

資料來源：1. 南洋視界，新加坡打敗香港，領跑亞太金融科技，2016.12.8。

2. Consultancy.uk, UK FinTech capital of the world, but competition is heating, 2016.2.29.

3. Wikimedia Commons。

立，提供交流平台稅務優惠等措施，吸引全球金融科技業者（Fintechs）加入，具有邁向全球金融科技中心重鎮的潛力。而香港亦緊追在後名列第七，試圖建置金融科技中心、監理沙盒（Regulatory Sandbox）、科技研發人才庫等策略，輔以開放金融市場與寬鬆的政府監管，提升金融科技發展力道。

2. 以顧客為中心的思維變革

有鑑於數位金融 3.0 的席捲旋風的影響下，許多傳統金融業者已意識到數位創新的改革契機。在內部凝聚共識後，逐步擬定經營發展策略。由於消費者偏好的改變與市場競合的迅速變化，需加緊腳步，仔細端倪未來發展脈動，持續創新與研發，方能保持領先，避免被市場淘汰的宿命。表 1-2 說明數位創新的思維變革，可由產品、通路、與顧客爲中心導向，描述思維改變的脈絡。

表 1-2　數位創新的思維變革

	思維改變 →		
	產品中心導向	通路中心導向	顧客中心導向
客戶 行銷通路 產品服務	↑	↕	↓
經營模式	強化創新產品，藉通路推銷給客戶，並掌握客戶資源。	善用通路優勢，進行產品開發，掌控客戶銷售資源。	依照客戶需求，量身打造各類通路與產品，滿足需求。
銀行案例	主管機構特許承辦業務、差異性的連結式金融商品等。	強調分行角色，並注重於據點覆蓋或專業性業務團隊。	跨線上與線下通路，提供客製化金融產品與諮詢。

資料來源：1. 陳鼎文，決勝數位金融新時代，金融研訓院，2015.11。
2. 微拓公司（beBit）。

(1) 產品中心導向

由研發創新產品與服務（如特許業務、差異性金融產品等）爲起點，尋求合適的通路做行銷推廣活動，並有效掌握客戶資源。

(2) 通路中心導向

以通路布局的優勢爲首要考量，並進行產品開發與銷售，針對客戶資源逐步掌控。以銀行業者而言，此階段的重點在於分行的建置，推展據點覆蓋範圍，或以專業團隊滿足客戶所需。

(3) 顧客中心導向

量身訂作打造跨線上與線下通路，客製化和諮詢服務，滿足客戶需求。

3. 客戶行為的破壞性階段

網際網路世代的來臨與金融科技的顚覆性發展，如今已改變金融服務的遊戲規則，且具有不可逆轉性。而消費者的行爲亦開始轉向，可歸爲四個破壞性階段，如圖 1-4 說明。

圖 1-4　消費者行為改變的四個階段

資料來源：1. Brett King，銀行轉型未來式Bank 3.0，台灣金融研訓院，2013.10。
2. Wikimedia Commons。

(1) 階段一

在網路和社群媒體推波助瀾下，客戶對實體分行的需求下降，透過網路銀行和 ATM 的新通路，成爲銀行與客戶間主要管道。另在「占領華爾街」運動已展現群眾的力量，社群媒體輿論壓力使主控權易位，銀行業者須快速調整營運策略，提供能滿足客戶多元需求的服務方為上策。

(2) 階段二

智慧型手機與裝置的興起，客戶擁有許多 App 應用程式的金融商品與業務服務選項。例如：透過行動應用平台，客戶隨時隨地使用手機操作 ATM 功能，如存款、提款與遠端支票存款等。

(3) 階段三

行動支付的推展，連結電子錢包的功能，消費者支付更便捷，加速無卡和無現金時代的來臨。推行無現金社會的優點，乃藉由電子支付與行動支付，提升交易透明度，減少非法洗錢、逃漏稅與犯罪率（如無法銷贓等）情形，亦能防止假鈔，有效降低發鈔和交易成本，並提升金融服務引發商機。例如：每一元電子支付消費，可增加消費金額成長 0.4%。2018 年 5 月 2 日，行政院洗錢防制辦公室公布洗錢資恐威脅評等報告，提出四項評等項目。

實務案例

洗錢資恐威脅評等

2018 年 5 月 2 日，行政院公布國家洗錢及資恐風險報告，共分為四種評等，如表 1-3 說明。為打擊不法洗錢和通過亞太洗錢防制組織（Asia/Pacific Group on Money Laundering, APG）評鑑，2018 年金管會增強監理力道，對於有關金融業違反洗錢防制的規定，裁罰金額與案件較以往提高。

表 1-3 洗錢資恐威脅評等

非常高	毒品犯運、詐欺、走私、稅務犯罪、組織犯罪、證券犯罪、貪汙賄賂、第三方洗錢。
高	仿冒、盜版、侵害營業祕密。
中	非法販運武器，贓物、竊盜、綁架拘禁等妨礙自由、環保犯罪、偽造文書。
低	人口販運、性剝削、偽造貨幣、殺人重傷害、殺人重傷害、搶奪、勒索、海盜、恐怖主義資恐。

資料來源：經濟日報，政院防洗錢揭露八大樣態，2018.5.3。

(4) 階段四

銀行業與非銀行業跨業結盟，提供金融商品亦將融入與生活中，並且隨時隨地滿足客戶需求。例如：零售商提供消費者信用額度，並利用行動錢包購買家具等。旅遊網站可提供旅遊貸款支應旅遊費用，並銷售旅遊險等，客戶無須刷卡即可完成交易。銀行僅扮演金融服務體系中的生產者、網路平台與流程等功能，因而邁向人人是銀行的角色。

二、傳統金融與數位金融的差異性

傳統金融與數位金融的經營差異點，在於兩者對顧客爲中心的思維轉變與經營模式變革，分爲下列三種方式作說明，如圖 1-5 顯示。

(1) 目標客群

傳統銀行主要業務的推展鎖定高收入的客群，而數位金融則強調普惠性，主要鎖定中低收入群眾爲日標，提供便捷與安全的各項創新金融服務業務。

(2) 產品、通路、與溝通模式

傳統金融針對產品設計的理念，以機構角度爲考量，著重與實體通路的搭配與良好溝通的需求。例如：貸款業務的運作重點在於風險管控與財務徵信，設計出嚴謹的審核申請程序與標準作業流程，告知客戶銀行規範與遵循繁瑣事項。隨著網路的普及與相關法規的鬆綁，數位金融標榜以顧客爲產品設計主軸，並延伸至通路的建構與強化溝通模式。

(A) 依顧客需求設計產品

考量顧客經濟狀況作客群分類，設置相關門檻，滿足顧客需求的經營模式。

(B) 合適的通路搭配

積極尋求顧客使用理財資訊的管道，選擇合適的銷售管道，並分析顧客需求與偏好，提供完整諮詢與優質服務業務體驗。

(C) 良好的溝通策略

強化網路頁面設計，引發客戶興趣與情境交流，透過優化的通路引導，以期提高客戶的認同與滿意度。

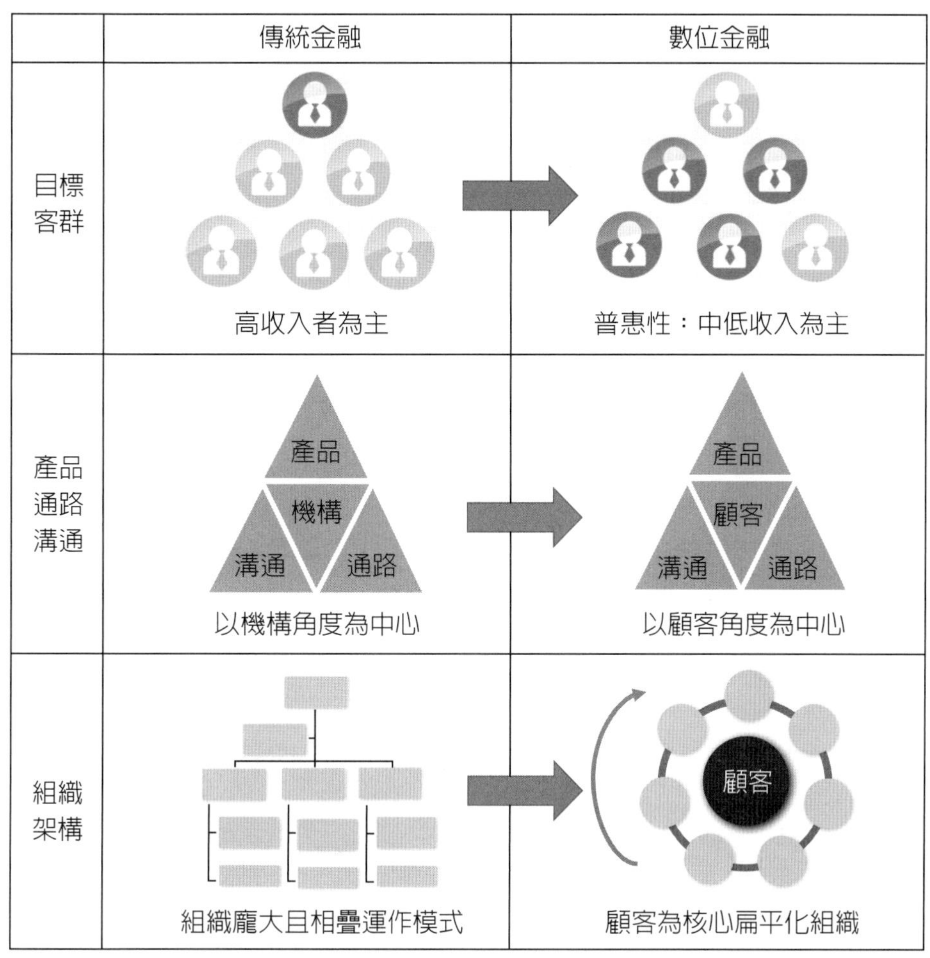

圖 1-5　傳統金融與數位金融運作差異

資料來源：1. 陳鼎文，決勝數位金融新時代，金融研訓院，2015.11。
2. 微拓公司（beBit）。
3. Wikimedia Commons。

(3) 組織架構

傳統金融的組織架構通常較爲龐大，採用垂直相疊的管理運作模式，具有特殊的企業文化，且長期容易形成組織僵化的情形。數位金融則採扁平式營運模式，各部門以顧客需求爲核心發展，形成具備效率性的環狀組織型態。

1. 傳統金融與物聯網思維

金融業將金融服務視爲價值鏈的營運思維與發展規律，從啟端金融機構開始，經由基礎設施形成產品，透過平台建置和通信設備，利用行銷管道與中介單位，最後推展到應用場景，供用戶選擇交易。金融業的競爭優勢，在於依照各種典章制度與完善中後台職能，串連價值鏈中各個核心環節，如圖 1-6 顯示。

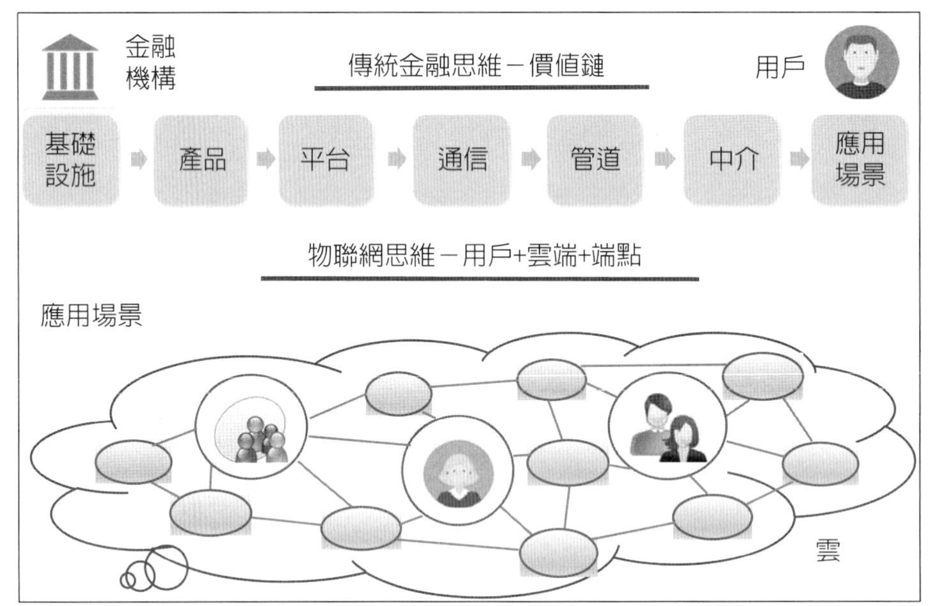

圖 1-6　傳統金融與物聯網金融思維比較

資料來源：1. 楊學雙等，台灣銀行家，如何贏得掌中戰爭？第71期，2015.11，pp. 82-85。
2. Wikimedia Commons。

物聯網金融新創事業乃以非金融業的思維，包括網路公司、電子商務、與資訊業者等，將用戶、雲端、和端點間互動關聯，建構出多維與動態的生態網絡系統。其中，雲端代表雲計算技術、資料庫系統、以及徵信平台等基本設備。端點則表示許多場景應用與其有關產品的連結。即透過場景以客戶爲中心核心價值，得知用戶需求，利用顛覆性創新手法精進基礎設施功能，結合資料庫與平台模式的創新延伸，反饋於實際產品開發，回饋於場景中進行管道銷售並滿足需求。

2. 傳統金融與物聯網金融優勢比較

圖 1-7 顯示企業經營週期分爲初創、成長、成熟、與衰退四個時期，每期均與物聯網金融和傳統金融的資金融通有著密切關聯。

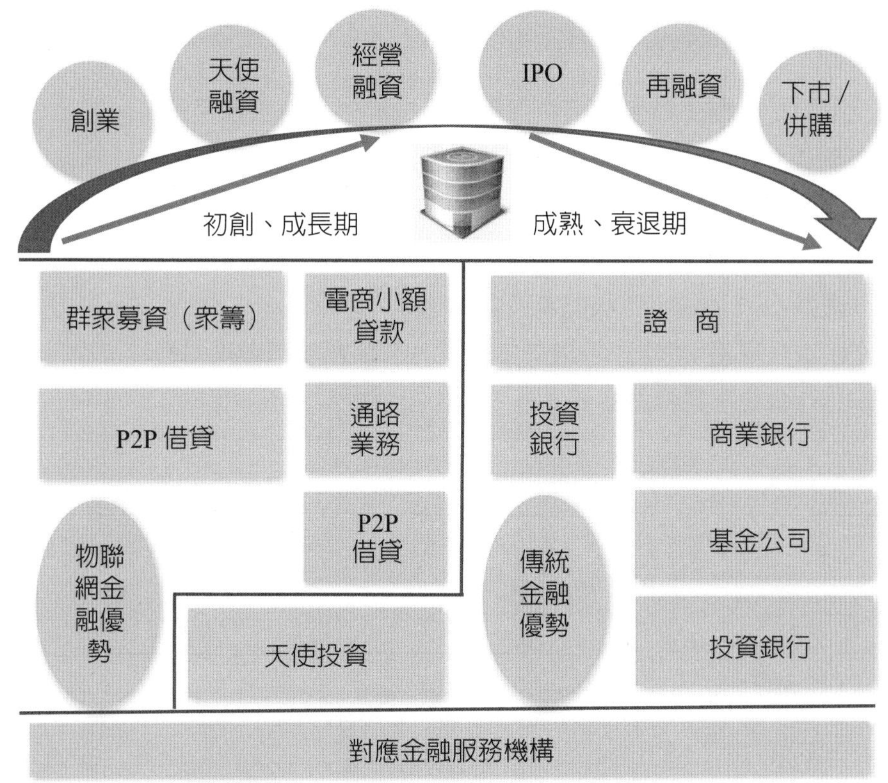

圖 1-7 物聯網金融與金融服務機構體系

資料來源：1. 2015年，中國金融發展格局研究報告。
2. 林彥全，期貨人，金融科技翻轉行爲模式，第59期，2016年第3季。
3. Wikimedia Commons。

初創時期，由群眾募資和 P2P 借款管道，取得少量資金開始營運，透過天使基金（Angel Fund）資金注入，使經營漸入軌道。邁進成長期時，建立各種通路業務，經營融資則扮演重要角色，資金來源爲電商小額貸款、P2P 借貸、與天使投資等。當週期位於成熟期時，透過投資銀行（承銷商）開始進行初次上市（IPO）籌資。當資金需求擴大時，再融資亦經由商業銀行企業融資和券商辦理增資。若企業資金尚有結餘，透過券商進行共同基金與轉投資事宜。當企業面臨衰退期時，則仍需傳統金融機構的協助，處理下市、重整、清算、併購、與破產等程序。

 三、金融科技應用領域

金融科技已開始轉變傳統金融業經營型態與客戶服務模式，各類數位化功能的延伸與應用範疇逐漸開展，呈現出各式創新型態的金融商品與服務。而迎接數位金融時代的來臨，首當其衝爲實體通路需求下降的瘦身規劃。2014-2015年間，台灣銀行業已有 23 間分行裁撤，包括合庫 11 個據點和外商銀（匯豐、渣打、澳盛）12 個據點。根據英國金融時報引述報導，未來 10 年，歐美銀行業可能引發裁員高達 170 萬人，由全球知名銀行紛紛裁員潮即可端倪，如圖 1-8 所示。聯合信貸裁員人數高達 18,200 人，約占整體人力比率 15%。

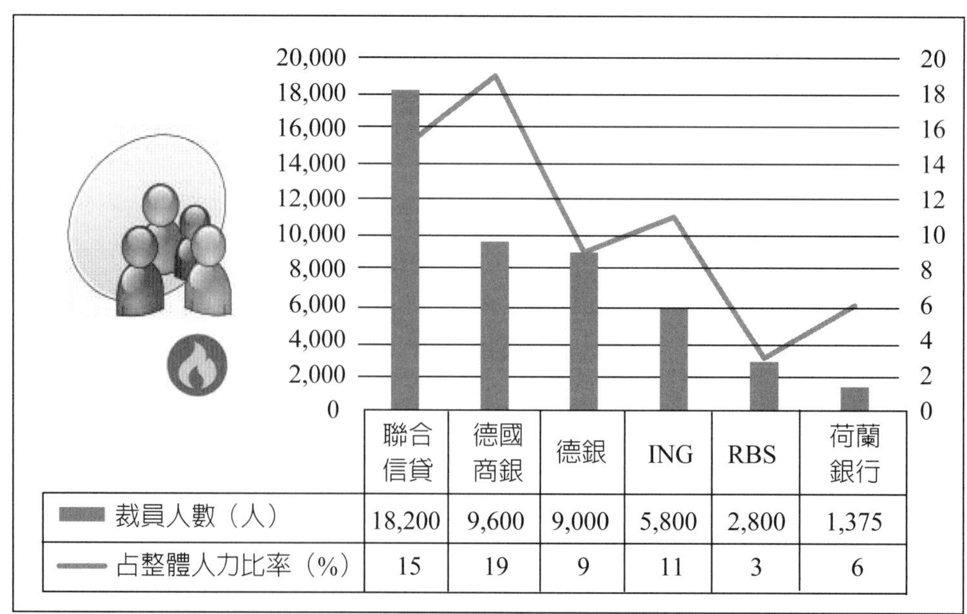

	聯合信貸	德國商銀	德銀	ING	RBS	荷蘭銀行
裁員人數（人）	18,200	9,600	9,000	5,800	2,800	1,375
占整體人力比率（%）	15	19	9	11	3	6

圖 1-8　未來 10 年歐美銀行業可能裁員數

資料來源：1. 經濟日報，Fintech第三波變革來了，2016.10.6。
2. 彭博資訊網站。
3. Wikimedia Commons。

金融業除面對內部競爭外，疲於應付外部非金融業攻城掠地式進擊。新創公司、網路公司、和電子商務等，以嶄新金融科技商品與服務，例如：線上支付（第三方支付、物聯網、區塊鏈）、數據分析（大數據、數據整合、智能理財）、網路平台（資訊安全、雲端運算、群眾募資）、行動通訊（行動支付、行動科技、生物辨識）等功能，正式跨進金融領域所帶來直接衝擊，如圖1-9顯示。

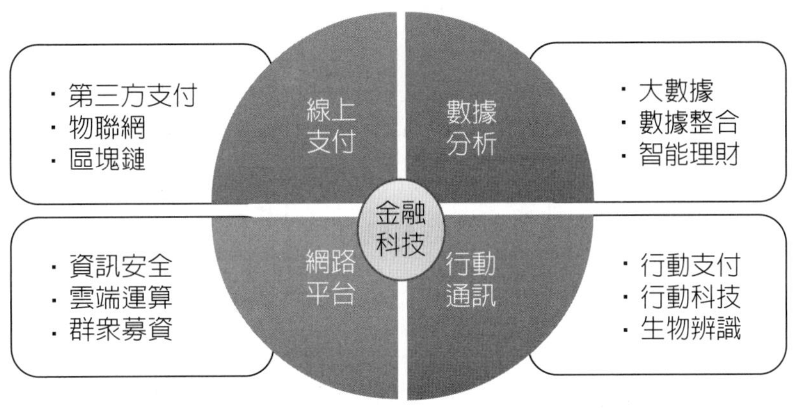

圖 1-9 金融科技應用領域

資料來源：1. 賈中道，期貨人，新經濟、新金融與新生態，第59期，pp. 69-77，2016年第3季。
2. 工商時報，FinTech改變消費、借貸與投資方式，2016.6.1。

根據安永公司於 2017 年全球 FinTech 採納率指數調查報告，中國大陸（69%）位居前茅，印度（52%）和英國（42%）分別排名第二、三名，而全球平均為 33%。依 FinTech 接受度指標調查報告顯示，全球網購消費者使用 FinTech 比率前四名為香港、美國、新加坡和英國。主要原因乃位處全球金融重鎮，金融活動頻繁所致。故當地網購民眾對金融科技接受度較高，如圖 1-10 所示。在 FinTech 市場產品類別中，接受度最高者依次為：

(1) 付款服務，如非銀行業網路支付、匯款、線上外匯交易等。

(2) 儲蓄與投資，如線上股票交易等。

(3) 線上預算與規劃。

(4) 群眾募資。

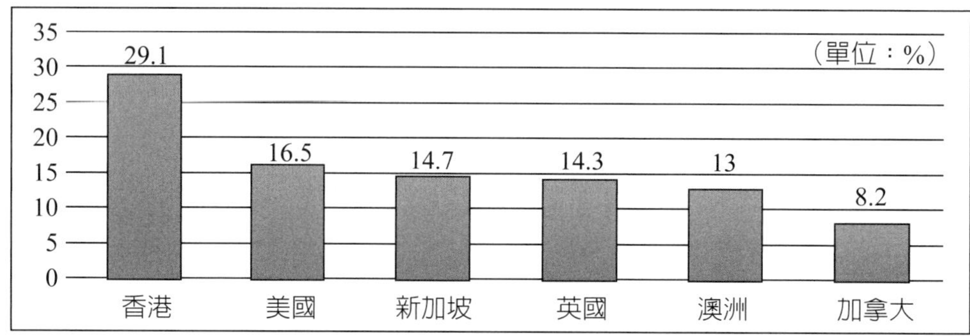

圖 1-10　各國消費者使用 FinTech 比率

資料來源：1. 安永企業管理諮詢服務公司，FinTech接受度指標調查報告，2016。
2. 工商時報，FinTech接受度將大舉升，2016.3.4。

有關金融科技創新應用領域，包括行動支付、保險科技、線上融資（Peer to Peer Lending）、智能理財、群眾募資、與區塊鏈等，藉由資訊科技與物聯網的結合，以客戶使用便利性爲考量，整合與簡化相關流程與中介者的業務處理，改善效率與成本節省，強化金融科技服務綜效，如表 1-4 說明。

表 1-4　金融科技六大應用領域

應用	說明	案例
行動支付	無紙鈔化社會，民眾無須攜帶錢包，利用智慧型手機，透過身分辨識完成支付交易。	PayPal、Apple Pay、Square、支付寶、歐付寶、微信等。
線上融資	線上融資（P2P）從事小額借貸周轉，核貸與撥款迅速著稱，彌補銀行放棄的融資案。	英國Funding Circle、美國Lending Club、鄉民貸。
保險科技	藉由大數據技術分析，建構客製化保單，實施保費差異化與商品多元化的保單。	資料分析客製化保單，如高溫險、健康險。
智能理財	理財顧問機器人依照人工智慧系統，提供理財建議，有效管理與節省管理成本。	USA Wealthfront、台灣基富通機器人理財。
群眾募資	透過群眾募資平台，刊登相關籌資人財務訊息，使投資人（自然人、天使基金等）與籌資人有媒合機會，並取得股權。	台灣翻轉背包、美國Kickstarter、CircleUp等。

表 1-4　金融科技六大應用領域（續）

應用	說明	案例
區塊鏈	運用「去中心化」的網路支付方式，進行銀行同業間的金融往來與實施資金調度，有效減少跨境支付的成本與時間。	美國Ripple跨境支付系統。

資料來源：1. 工商時報，發展Fintech要從政府思維的突破做起，2016.8.15。
2. 工商時報，Fintech夯投信發首檔金融科技基金，2016.11.4。

1. 金融科技對個人與機構的影響範疇

金融科技問世，對個人和各類機構單位領域，存有不同層面的影響，如圖 1-11 說明。在個人理財方面，用戶可使用電子錢包整合支付工具，得知各項紅利優惠與促銷活動。利用網路銀行亦能查閱銀行帳戶與刷卡紀錄等。而機器人理財顧問（Robot Advisor）會利用大數據技術分析，有效提供投資組合建議。中小型企業可經由網路 P2P 融資，迅速取得資金。另中小型企業和中型企業能運用雲端系統，獲取會計帳務相關諮詢，以解決經營與融資等問題。

透過智慧型手機應用，個人商家、中小型企業、和中型企業等，無須花費高額的支付終端系統費用。買賣雙方上網下載 App，商家即可接受消費者支付與轉帳，享受便捷性與移動性的交易功能。此外，群眾募資逐漸的普及，使提案者有機會接觸到志同道合者資金的支持，能順利完成各類融資提案計畫，包括捐贈、報酬、權益、融資、股權型五種方式。而在未來金融科技的發展趨勢中，比特幣關鍵加密技術，即區塊鏈的應用層面更不容小覷，透過去中心化與分帳記錄創新方式，可延伸至全面性適用。

2. 金融科技發展的因應策略

金融科技服務創新的思維已漸植入人心，改變消費者購買與支付習慣，並延伸至各個相關行業布局與策略規劃，表 1-5 顯示相關部會與產業提出因應策略的案例。歸納金融科技創新案例，其策略模式包括：

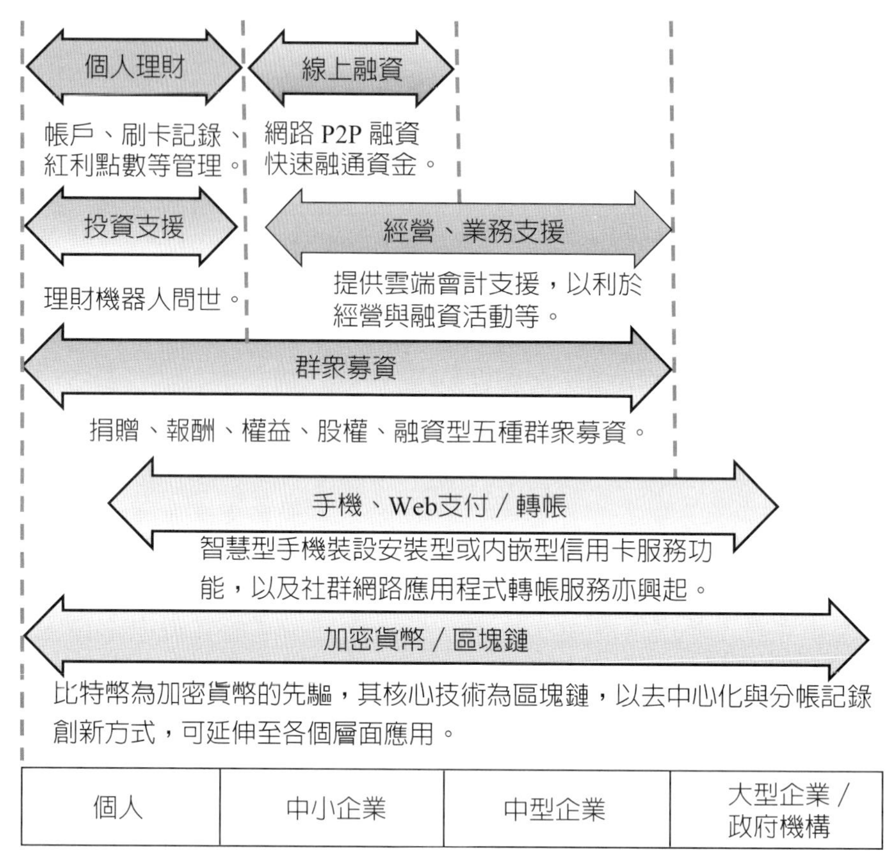

圖 1-11　金融科技影響範疇

資料來源： Nikkei Computer，FinTech革命金融科技完全解析，遠見雜誌，2016。

表 1-5　全球金融科技發展的產業布局策略案例

產業	公司／機構	區域	策略
協會／研究單位	銀行家協會、會計師協會	英國	2007年建置電子函證，規定各銀行建立詢證函中心，提升會計詢函效率，為全球金融科技基本項目之一。
	台灣經濟研究院	台灣	建構審計作業無紙化雲端模式，電子函證推動小組開展電子函證，強化財務透明化。

表 1-5　全球金融科技發展的產業布局策略案例（續）

產業	公司／機構	區域	策略
金融	資產管理	台灣	投資金融新創公司，朝電子貿易發展。
	基富通	台灣	建置基金交易平台。
	中國信託子公司	美國	金融監管科技有效判別產品與服務，符合洗錢防制與法遵規定，下降法規遵循費用。
零售	統一超商	台灣	提出「四度空間」的策略方針，分別包括店數、坪效、營業時間、及金融科技（第四空間），提供消費者體驗與交流感。
電信	中華電信	台灣	1. 物色國內金融科技公司。 2. 美國矽谷設立代表處投資金融科技公司。 3. 申請金融科技專利。
公部門組織	金管會、資策會	台灣	1. 成立金融科技創新基地（FinTech Base）。 2. 創新加速器（Startup Bootcamp）合作協議。
	政府	香港	數碼港（Smart Space）培育金融科技創新專業園區，成立資訊實驗室和金融科技展示廊。
	金融科技專門機構	英國 新加坡	設立中央層級專責單位，輔導與協助新創公司與國際接軌。
金融服務	Square	美國	行動裝置（智慧手機、平板電腦）收銀系統。
	Transfer Wise	英國	網路金融卡直接換匯並轉帳至對方帳戶，收費低廉。
	M-Pesa	肯亞	智慧型或非智慧型手機進行匯款、繳費等。
	秒投	香港	港股預測資訊平台，結合大數據、雲端計算。
資訊服務	精誠	台灣	1. 強調「跨境、跨界、跨業」三跨策略，容許「犯錯、容錯、試錯」三錯精神。 2. 投資金融智能機器人、支付生態圈、與保險經紀祕書等領域。
電子製造	台達電	台灣	1. 業務逐漸由硬體設備供應商轉換為全方位機房專業諮詢顧問的角色。 2. 針對6,000多個金融機構資料中心，有關金融科技基礎架構升級需求的商機。 3. 主攻中國大陸三大電信與網路三巨頭（百度、阿里巴巴、騰訊）機房設備。

表 1-5　全球金融科技發展的產業布局策略案例（續）

產業	公司／機構	區域	策略
網路資訊	百度	中國大陸	投資美國ZestFinance整合機器人學習與大數據技術，執行個人信用評等與核保決策。

資料來源：1. 工商時報，混亂中見機會：市場新趨勢使資產管理公司轉投資金融科技，2016.12.2。
2. 經濟日報，統一超搭Fintech四度空間創利，2016.6.16。
3. 工商時報，中華電跨足FinTech矽谷增設代表處找標的，2016.6.20。
4. 經濟日報，精誠三錯三跨搶Fintech商機，2016.6.13。
5. 工商時報，台達電大軍攻Fintech商機，2016.12.8。
6. 工商時報，百度投資美商ZestFinance，2016.7.20。
7. 經濟日報，香港拚FinTech打造獨角獸，2016.12.16。
8. 經濟日報，秒投獲天使融資潛力大，2016.12.16。
9. 工商時報，金管會邀FinTech業者談創新，2016.12.12。
10.經濟日報，中信銀赴美參加FinTech辯論，2016.10.12。
11.工商時報，電子函證是金融科技的重要里程碑，2016.12.7。

(1) 跨業整合模式

透過跨業串連與整合方式提升整體效益，利用應用程式介面（Application Programming Interface, API）作跨業連結，增進共享經濟價值。例如：美國 Square 專注於行動裝置（智慧型手機、平板電腦）之收銀系統開發。肯亞 M-Pesa 則擅長於智慧型或非智慧型手機進行匯款、繳費等業務服務。

(2) 跨部會合作模式

政府針對所面臨的問題，提出跨部會之策略規劃與解決方案。例如：爲邁向無紙幣化的社會，政府應研擬相關行政配套措施，強化行動支付的基礎建置與提供租稅優惠等執行方案。例如：金管會與資策會合作，簽訂金融科技創新基地（FinTech Base）與創新加速器（Startup Bootcamp）協議，整合金融與科技產業資源整合，聚焦全球垂直領域的網路資源，透過產業專業知識的累積與傳承，以孕育與扶植金融科技新創公司發展。

(3) 跨領域培育模式

金融業因應金融科技崛起的「第三波變革」，結合新創公司前瞻技術與傳統金融業的主場資源優勢，雙方化敵爲友的交流互動。爲此相關金融機構須加強跨領域人才的招聘，並積極展開跨領域培訓活動。而跨領域人才養成的最佳搖籃在高等教育的養成，除推出相關金融科技課程外，強化產學合作與觀摩交流，能培育業界所需跨領域人才。

3. 中國大陸網路金融創新與衍生問題

綜觀 70 年代至今，創業潮共經歷六次。最早可追溯至 1978 年農業改革，興起許多農民爲主的創業。1984 年開展城市體制改革，延伸食品、服裝、和家電業等的建置，孕育出海爾、聯想、與萬科等成功企業。90 年代改革開放政策，進一步吸引社會菁英、知識分子與公務員等加入創業行列。至 1998 年互聯網旋風，帶動新浪、百度、阿里巴巴、和騰訊等崛起，形成創業風潮，也誕生許多成功的企業家。2004 年互聯網設施和網路平台建制下，結合網路零售型電子商務推展，造就網路商與服務商的創設。2015 年 3 月提倡「大眾創業萬眾創新」政策，掀起史上最大行動開發與傳統業者創業潮，如圖 1-12 所示。

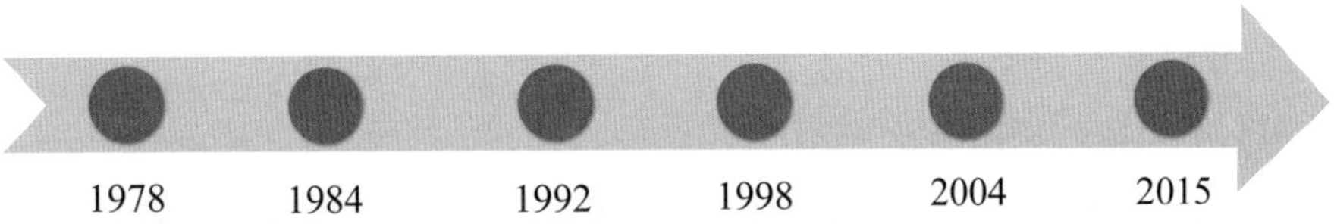

	1978	1984	1992	1998	2004	2015
契機	農業改革	城市體制改革	改革開放	互聯網	互聯網平台與設備	互聯網 +
創業	農民	食品、服裝、家電等	菁英、知識分子、公務員等	互聯網菁英	網商、服務商	無線行動開發業、傳統業等
代表	杭州萬向	海爾、聯想、萬科等	SOHO、新東方等	新浪、百度、阿里巴巴、騰訊等	零售型網商	大眾創業萬眾創新

圖 1-12 中國大陸六次創業浪潮

資料來源：1. 遠見雜誌，誰是下一個阿里巴巴，2015.9。
2. 阿里研究院。

「互聯網＋」與網路金融相關沿革，如表1-6說明。2015年在「互聯網＋」的策略號召下，具有顛覆性的「互聯網＋」新經濟學儼然形成。例如：騰訊與阿里巴巴開始跑馬圈地，積極與各城市簽定「互聯網＋」戰略框架，成爲城市入口門面，連結消費生活層面。2015年7月18日，中國大陸網路金融的「基本法」，乃由人民銀行等十個跨政府單位合作，共同提出「促進網際網路金融發展的指導原則」，積極鼓吹網路金融平台的建置，提供各式創新金融商品與服務，促進從業機構合作模式，強化互補優勢，並打通融資管道爲目標。另外，在金融科技監理方面，中國採取「先開放後修正」的指導原則，強調跨部會合作的重要性，指定網路借貸業務監理由銀監會負責主導。

表1-6　中國大陸「互聯網＋」與網路金融沿革

日期	報告／規則／協定	說明
2015.3	1. 全國及地方各級人民代表大會 2. 中國人民政治協商會議	國務院工作報告首先提及新戰略，訂定「互聯網+行動計畫」引領互聯網企業進軍國際市場，積極進行移動互聯網、雲計算、和大數據等項目，協助製造業現代化提升，串連電子商務、工業與金融互聯網整合，促進經濟發展為目的。
2015.3	關於積極推動互聯網+行動的指導意見	催生新經濟型態，利用「互聯網+」平台模式和資訊技術，注入400億人民幣成立新興產業創業投資引導基金，擴展新興業務和創新公共服務活動，增進「大眾創業、萬眾創新」的進展。另列出11項重點行動方案，連結「互聯網+」，並由消費領域引領至生產領域，促進產業轉型升級，形成新生態鏈的模式。
2015	騰訊與城市簽訂「互聯網+戰略框架」合作協議	透過微信、QQ提供20多個城市包括廣州、深圳、佛山、武漢、上海等作為城市門面服務，可連結用戶生活消費層面。
2015	阿里巴巴與城市簽訂「互聯網+」城市入口	阿里巴巴建置城市服務平台，以支付寶錢包、微博、手機淘寶功能，提供位於上海、廣州、深圳、杭州的居民享有智慧城服務，可進行繳費、違規查詢、醫院掛號等項目。

表 1-6　中國大陸「互聯網 +」與網路金融沿革（續）

日期	報告 / 規則 / 協定	說明
2015.7.18	促進網際網路金融發展的指導原則	由人民銀行、財政部、證監會、銀監會、工信部、公安部、工商總局、國務院法制辦公室、保監會與國家互聯網資訊辦公室等十個單位聯合發布指導意見，即網際金融的「基本法」。
2016.7.7	規範金融業務創新、防範金融風險	國務院常務會議要求防範金融「脫實入虛」，可能導致高度隱性風險發生。強調金融創新不得脫離實體經濟的範疇。

資料來源：1. 經濟日報，陸互聯網+戰略燒旺11產業，2015.11.8。
2. 工商時報，金融創新不能偏離金融本質，2016.7.16。
3. 經濟日報，大陸網路金融基本法問世，2015.7.19。

「互聯網 + 金融」透過雲計算、搜索引擎、與大數據技術的結合，以利資源有效優化配置、交易效能提升和全方位精緻服務，未來可能掀起一股創新熱潮與金融變革，將直接衝擊傳統金融業的業務發展。根據安侯建業（KPMG）報告指出，2016 年金融科技已非歐美獨大局面，全球前 50 大成熟金融科技公司排行榜，前 5 名中有中國大陸 4 家公司進入領先輪，包括螞蟻金服、趣店、陸金所、和眾安。圖 1-13 說明網路金融基本法之重點，鼓勵設置網路金融平台涵蓋如股權眾籌融資（群眾募資）、網路基金銷售、網路貸款、網路保險、網路信託、網路支付、與網路消費等模式。推展互聯網金融，協助優質創新網路企業於主板、創業板等市場上市。藉由互聯網功能，強化支付與轉帳服務業務。鼓勵 P2P 借貸與小額借貸創新，加強第三方存管制度以妥善處理客戶資金。

根據關於積極推動互聯網 + 行動的指導意見，圖 1-14 顯示互聯網 +11 項重點行動方案，包括人工智慧、綠色生態、便捷交通、電子商務、高效物流、益民服務、普惠金融、智慧能源、現代農業、協同製造、創業創新等，運用互聯網串連傳統製造業與服務業的轉型，強化創新與升級的能力，說明如下：

(1) 人工智慧：運用人工智能技術，增加終端產品智能化功能。

(2) 綠色生態：展現環境資源動態系統，開放互聯共享的生態環境數據。

(3) 便捷交通：串連交通設備、運輸工具、與信息傳遞的互聯化機制。

(4) 電子商務：擴展鄉村電商、行業電商、與跨境電商的創新應用能量。

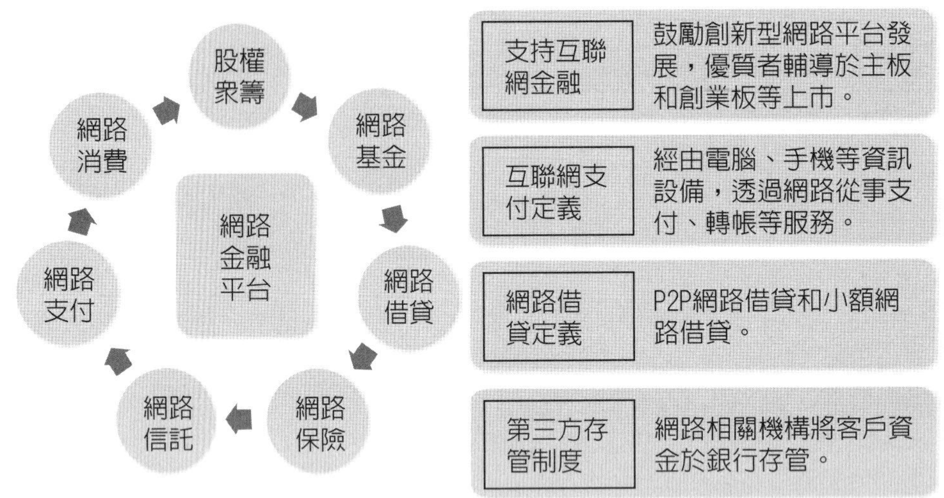

圖 1-13　中國大陸促進網路金融發展重點

資料來源：1. 經濟日報，大陸網路金融基本法問世，2015.7.19。
　　　　　2. 網際網路金融發展指導意見，人民銀行網站。

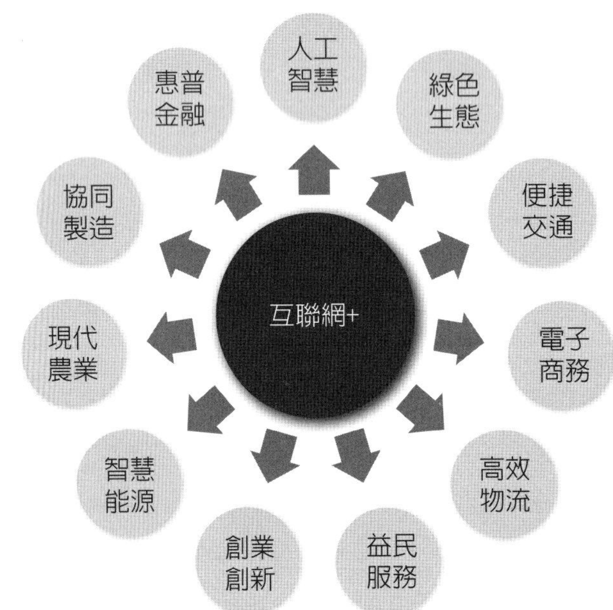

圖 1-14　互聯網 +11 項重點行動方案

資料來源：1. 經濟日報，陸互聯網+戰略燒旺11產業，2015.11.8。
　　　　　2. 中國國務院。

(5) 高效物流：展開智能化倉儲、物流配送、與調配系統。

(6) 益民服務：發展創新政府網路管控與服務業務。

(7) 創業創新：以開放和共享的觀念，匯集各項有助於創新活動的資源，凝聚大眾創業的思維。

(8) 智慧能源：建置分布式能源網路架構，強化通信設施，打造智慧型業務模式。

(9) 現代農業：設立精準化農業生產模式，提升營運效能。

(10) 協同製造：結合智能化製造，精進客製化生產水準。

(11) 普惠金融：2016 年 G20 杭州高峰會公布「數位普惠金融原則」（Digital Financial Inclusion），運用行動互聯網、大數據、雲端平台建置，重視數位技術與金融知識普及，推展可持續創新服務、身分辨識與風險監測，以減少金融服務門檻和節省成本，並提升金融服務效率，嘉惠金融服務相對弱勢人群。

在「互聯網 + 普惠金融」的加持下，近期中國大陸金融創新活動十分活躍，經由去金融仲介化的進展，銀行已失去相對競爭優勢，各類電子商務金融、第三方支付、P2P 融資、群眾募資、理財網、和銀行普惠金融業務服務等如雨後春筍般地成立。「互聯網 + 普惠金融」演變成金融科技實踐者的角色，使普羅大眾成為金融改造的受益者。如圖 1-15 顯示。

互聯網金融相繼推出琳瑯滿目的金融產品，支付寶所延伸出的餘額寶，僅用短短幾個月的光景，使天弘基金成為全球四大貨幣型基金之一，爆發能量的速率令人驚艷，進一步引發傳統金融與互聯網金融的差異性思維的探索。以 2014 年京東商城旗下「京東白條」金融商品為例，此為「先消費、後付款」的新支付方式，即消費者透過此「白條」，擁有至多 30 天的延遲付款或選擇 24 期的分期付款，並擴展至信用貸款業務。之後，京東體系內包括京東到家（O2O 生活服務平台）、京東全球購、產品眾籌等均可適用，並再接再厲延伸至教育、旅遊、租屋等領域，建立品牌價值，吸引許多年輕客層，成為金融創新之典範。另外，2015 年 7 月，中國大陸銀監會核准杭銀消費金融公司，此為「互聯網 + 金融」首例，該公司業務不牽涉存款，僅提供消費型貸款為營運方式，屬於非銀行金融機構。成立目的在於拓展金融服務，加速消費經濟轉型。

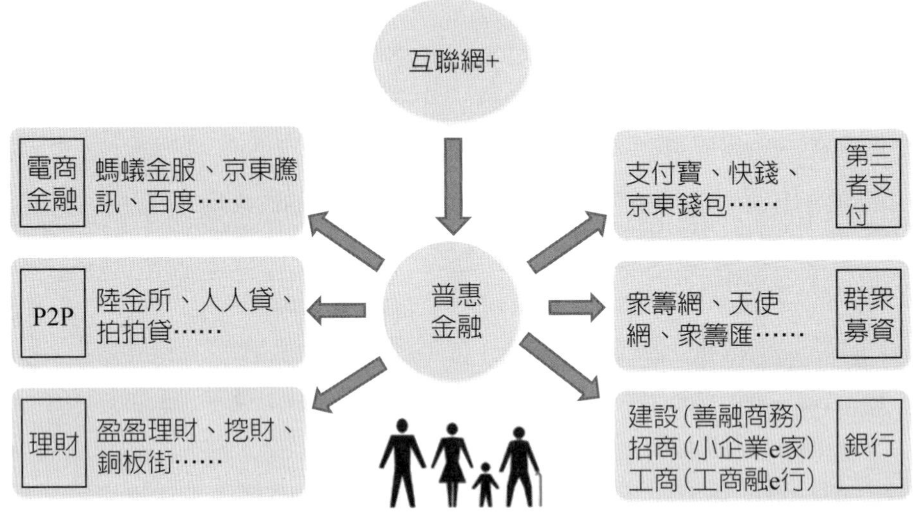

圖 1-15　互聯網 + 普惠金融架構

資料來源：1. 曹磊、錢海利，金融科技革命，商周出版，2016.5。
2. Wikimedia Commons。

然而，近年中國大陸異常活躍的創新金融，亦伴隨著結構複雜的跨市場交叉性金融商品，部分商品日漸偏離金融本質，市場產生「僞金融創新」一詞，代表違規經營的現況。例如：將不允許交易轉讓的業務，透過私有特殊目的機構（Special Purpose Vehicle, SPV），所進行資產證券化的基礎發行，以利執行「受益權」與「收益權」業務等，並採風險隔離設計，降低交易風險。利用資產負債表外列帳，達成破產隔離的目標。此屬於「脫實入虛」的範疇，可能發生高度隱性風險。另外，互聯網金融衍伸出的問題，例如：網路貸款平台（P2P）跑路事件、非法集資、金融詐騙活動等時有所聞，亦造成金融秩序異常混亂的情形。因此，金融創新需建置於金融本質，並遵循法律監管爲要務。

四、金融科技推動願景與挑戰

爲提升數位經濟規模與強化物聯網資訊實力，2016 年 11 月，行政院推出「數位國家創新經濟發展方案」，簡稱 DIGI+ 方案，即發展（Development）、創新（Innovation）、治理（Governance）、涵容（Inclusion）爲主軸，以期推展亞洲矽谷、循環經濟、國防安全、綠能、智慧機械、新農業和生技醫療照護等發展項目，積極推展金融科技、開放資料與虛實整合（線上到線下實質交易；Online to Offline，O2O）等應用，擬定下列六項重點策略，並訂定 2025 年數位生活服務使用普及率 80% 為目標，如 1-16 圖顯示。

圖 1-16　DIGI+2025 重點策略

資料來源：行政院科技會報辦公室報告，積極推動數位國家 創新經濟發展方案，2016.11.24。

(1) DIGI + Right：強化數位人權和提升開放網路社會之先進國家。

(2) DIGI + Cities：運用中央、地方資源，結合產學研單位，營造智慧城市。

(3) DIGI + Globalizaiton：增進數位服務經濟規模，提升全球戰略地位。

(4) DIGI + Infrastructure：打造數位創新基礎環境，提高競爭力。

(5) DIGI + Talent：培養全方位數位創新專業人力資源。

(6) DIGI + Industry：利用數位創新思維，支援跨產業轉型與升級。

以 DIGI + Cities 為例，全球智慧城市議題方興未艾，焦點於物聯網技術，串聯交通運輸、日常生活、商業貿易三大面向，開展智慧觀光、智慧醫療、智慧運輸與智慧社區等項目。除市府發展策略與基礎設施建構外，電子金流創新服務，對數位經濟發展與產業群聚效應影響至爲關鍵，包括電子收款系統、行動刷卡機、線上收款平台、商圈輔導、和協助新創產業等，增進金融科技生態圈效益。對商業貿易而言，MasterCard 旗下 Vocalink 公司，推出境內跨銀行間 P2P 即時支付系統 Zelle，只需電話號碼與電子信箱即可匯款，對美國商家具有革命性支付的影響。另臉書亦積極推出 P2P Messenger 支付，主攻社群化現金轉帳服務。

在 DIGI+Talent 推動全方位培育數位人才計畫中，政府欲打造數位創新生態系，強化有關網路服務、資訊安全、半導體、晶片設計、和資訊與通信科技設備等人力資源配置。政府透過國民教育、大學跨領域培訓、就業輔導、和國際社群等管道，全面提供專業人才資源養成訓練與引介人才計畫，而針對人工智慧、擴增實境、和區塊鏈等新與金融科技人才培育亦列爲重點項目，如圖 1-17 顯示。

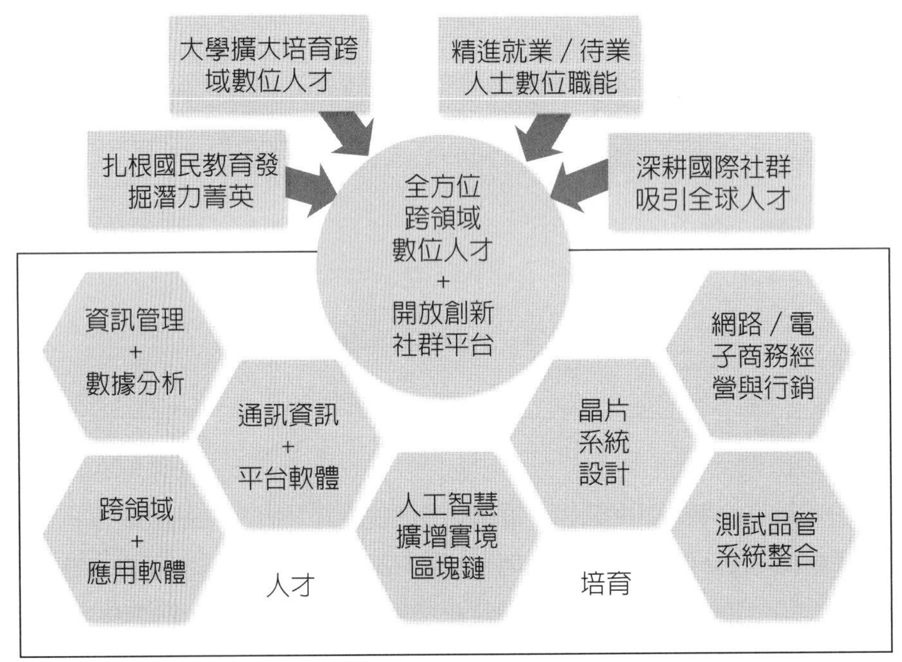

圖 1-17　DIGI + Talent 全方位培育

資料來源：1. 行政院科技會報辦公室報告，積極推動數位國家 創新經濟發展方案，2016.11.24。
2. 數位時代，9年1,700億！行政院通過「數位國家創新經濟」發展方案，2016.11.24。

金管會於 2018 年 11 月宣布推展普惠金融的重要面向如下：

(1) 可及性（Access）：移除弱勢族群面臨障礙，落實消費者可取得金融服務。

(2) 實用性（Usage）：提供成本低廉的多元金融服務。

(3) 品質（Quality）：符合民眾金融服務需求與便利性考量。

金融界面臨變革的轉捩點，需思考前瞻性的策略，客戶為導向的啟發，順勢導入金融科技的潮流，創造核心競爭價值的躍進。

(1) 金融科技創新研發與關鍵技術

政府責無旁貸地支持金融科技創新基礎建設，透過產學合作機制，加強金融科技專利申請，促進國際金融科技交流，舉辦創新競賽發掘新秀，輔導創業實務運作。

(2) 加緊檢視與鬆綁相關法規

為推動金融科技持續發展，創新業務仰賴監理法規適度調整乃當務之急。

(A) 推動監理沙盒（Regulatory Sandbox）實驗與篩選機制的建立

政府透過民間第三公正單位，如委託相關金融科技協會、基金會等，參考國際監理沙盒推展經驗，協助業者建立自律和自治機制，輔助金融科技發展法遵科技（Regulatory Technology, RegTech）的監理規範。RegTech 乃藉由資訊科技營造科技監理的防火牆，持續蒐集與更新各國金融監理法規與相關制度，建構動態智慧監理模式，從旁協助金融科技業者能遵照典章制度，降低減少作業風險損失。

(B) 導入公證人制度

落實交付信託規範，公正處理金流事務，以期減低詐欺活動。

(C) 大數據技術

利用大數據技術分析，強化風險管理、法律遵循與資訊安全等事宜，達成事半功倍效果，減少金融科技發展延遲鴻溝。

(D) 消費者保護

主管機關審視金融科技業務與監理間平衡發展，透過大數據演算分析、行動設備認證、和生物辨識科技等項目，以高品質服務與便捷性增進消費認同感。另委由相關金融科技協會，針對金融業落實消費者保護措施定期評鑑，以提升消費者對金融科技產品與服務的信心。

(3) 金融科技知識的獲取

教育普羅大眾認同金融科技發展對經濟轉型升級至爲重要，充沛資金來源如同活水，讓百業有雨露均霑的機會。

(4) 金融科技人才的養成

大學教育規劃跨領域課程藍圖扮演重要角色，以培育金融科技專業人才，亦可開辦在職訓練課程與研習活動。協助相關產業在職人員提升金融科技相關技能與轉型等事務，輔以證照檢定可確保學習培訓的品質。有關大學院校培育金融科技人才的方式，包括系所整合、增設學程、產官學合作、引進外部資源、與產學專班開辦等項目，如表 1-7 說明。

表 1-7　國內外大學院校培育金融科技人才方式

方式	案例說明
專題講座與應用	美國賓州大學華頓商學院、南加州大學馬歇爾商學院
系所整合	交通大學資訊財金系
增設學程	實踐大學金融創新學程
專業課程	美國紐約大學斯特恩商學院、英國倫敦帝國大學
線上教學與認證	美國麻省理工學院
產官學合作	交通大學、IBM、台灣金融科技公司
引進外部資源	元智大學、金融科技創新基地
產學合作專班	德明財經科大、惠普子公司（HPE）

資料來源：1. 工商時報，FinTech產學專班 德明搶頭香，2016.9.8。
2. 大學問，填補拼圖的缺角：培育金融科技人才三大策略，2016.9.22。

(5) 推展普惠金融教育

表 1-8 說明經濟合作暨發展組織（The Organization for Economic Co-operation and Development, OECD）爲推動普惠金融（Financial Inclusion），設立國際金融教育專案（International Network on Financial Education, INFE），專注於「金融教育」、「惠普金融」、和「金融消費者保護」教育。由於金融業與消費者間存

有資訊不對稱現象，對於相關服務與理賠認知有差距。如英國年輕族群接觸金融服務的年齡層降低，且承擔金融風險機率增加，然對金融知識卻十分欠缺。故英國金融行爲監理局（Financial Conduct Authority, FCA）強調金融教育重要性。2014 年已將金融教育列入國家教育課程內，值得各國政府效法。另 2018 年 12 月，金融消費評議中心指出，申請評議案件以保險業所占比例最高，其次爲銀行業，相關爭議類型有金融產品條件、理賠認定、招攬業務、保證金追繳、或風險說明等。

表 1-8　金融業申訴評議爭議

行業別		爭議類型
銀行		金融產品相關條件違反或風險說明具有爭議性
壽險業	理賠類	手術認定項目
	非理賠類	招攬業務的爭議
產險類	理賠類	理賠金額之確定
	非理賠類	未能依照服務規範
保險輔助人	非理賠類	業務招攬具有爭議性
證期業		保證金的追繳與平倉

資料來源：經濟日報，金融消費爭議 保險業最多，2018.11.29。

金融業者未來面對跨業整合、跨部會合作、與跨領域培育等模式與白熱化競爭環境，須以整戈待旦的心志，繼續保持創新驅動的動能，隨著金融科技的發展，加速轉型步調。迎向傳統金融業務的蠶食、數位化金融服務的普及、以及顚覆式創新模式的改變等嚴苛的挑戰，以求聚焦利基點的發展與可行性藍圖。

習題

一、選擇題

( ) 1. 金融業者對數位創新改革契機，經營策略思維改變的脈絡爲____導向？
(A) 產品中心 (B) 通路中心 (C) 行銷中心 (D) 顧客中心

( ) 2. 在金融科技時代，下列何者對個人與機構的影響範疇最廣？
(A) 群眾募資 (B) 區塊鏈 (C) 行動支付 (D) O2O

( ) 3. 下列何者不是國際金融教育專案（International Network on Financial Education, INFE），三大支柱之教育？
(A) 反洗錢 (B) 金融教育 (C) 惠普金融 (D) 金融消費者保護

( ) 4. 下列何者非 DIGI + Talent 推動全方位培育數位人才計畫？
(A) 人工智慧 (B) 虛擬實境 (C) 區塊鏈 (D) 群眾募資

( ) 5. 客戶行爲的破壞性第三階段爲：
(A) 人人是銀行 (B) 智慧型手機與螢幕
(C) 行動錢包 (D) 網際網路和社群媒體

( ) 6. 數位創新改革契機與內部凝聚共識後，經營發展策略之中心導向思維改變脈絡依次爲：
(A) 產品、通路、顧客 (B) 顧客、產品、通路
(C) 通路、顧客、產品 (D) 產品、顧客、通路

( ) 7. ____ 在金融科技生態圈的建置領先群倫，在政策制定相關監管措施與稅務獎勵表現傑出。
(A) 美國 (B) 新加坡 (C) 英國 (D) 中國大陸

( ) 8. 下列何者不是金融科技六大應用領域之一？
(A) 群眾募資 (B) 智能理財 (C) 區塊鏈 (D) 工業 4.0

( ) 9. 以下何者非 DIGI+ 方案？即發展（Development）、創新（Innovation）、治理（Governance）、涵容（Inclusion）爲主軸。
(A) 大數據 (B) 亞洲矽谷 (C) 智慧機械 (D) 循環經濟

( ) 10. 金融科技對個人與機構的影響範疇，下列何者影響最廣？
(A) 理財機器人 (B) 手機支付 (C) 區塊鏈 (D) 群眾募資

二、申論題

1. 推動惠普金融教育的理念爲何？
2. 請說明金融科技應用領域。
3. 請比較傳統金融與數位金融的差異。
4. 試分析金融科技發展因應策略爲何？

解答：1.(D) 2.(B) 3.(A) 4.(D) 5.(C) 6.(A) 7.(C) 8.(D) 9.(A) 10.(C)

群眾募資發展與種類

一、群眾募資的源起

追溯群眾募資（Crowdfunding）（眾籌）的緣起，自早期文藝復興時代，即14 世紀末期義大利流行的創作集資，由藝術贊助者集資預定畫家作品，如米開朗基羅（Michelangelo）的作品（大衛）、達芬奇（da Vinci）的作品（蒙娜麗莎）等，如表 2-1 所示。

表 2-1　群眾募資的緣起

年代	提案項目	說明
14世紀末	創作集資	由藝術贊助者集資預定畫家作品，如米開朗基羅作品（大衛）、達芬奇作品（蒙娜麗莎）等。
16世紀	造船集資	最早的股份有限制「荷屬東印度公司」，採用群眾集資方式向百姓籌款造船，載運進口香料。
1713年	翻譯古希臘詩歌資助	英國詩人亞歷山大・波普，準備翻譯古希臘詩歌前，向支持者尋求資助，並允諾列名於翻譯本中。
1756-1791年	協奏曲譜曲贊助	音樂神童莫札特透過176名贊助者支持，完成3部鋼琴協奏曲，並於維也納大音樂廳成功演奏。
1885年	底座基金	約瑟夫・普立茲（Joseph Pulitzer）在報紙頭版刊登廣告，廣邀市民小額捐贈底座基金，贊助法國慶祝美國開國100周年贈送自由女神像安置的底座籌款。

資料來源：1. 王擎天，眾籌無所不愁夢想落地，創見文化，2016.3。
2. 工商時報，建立專責法規讓群募「有法可循」，2015.10.4。

16 世紀歐洲地區因黑死病肆虐，需仰賴香料來延長保存食物期間。荷蘭於 1602 年開始民間集資建造船隊載運東方產地的香料進口，並參考英國「英屬東印度公司」的私募模式，建立最早的股份有限制「荷屬東印度公司」，採用群眾集資方式向百姓籌款。此創新甚至衍生出保險概念，並於 1609 年設置全球第一個股票交易所，而荷屬東印度公司亦為全球第一家上市公司。在國外大量資金湧入荷蘭投資股票後，使荷蘭人財富增加，遂於 1609 年建立全球首家銀行。透過信用制度串連公司行號、股票交易所與銀行等完整金融商業體系，當時荷屬東印度公司貿易量約占全球貿易總量一半。

於 1713 年，英國知名詩人亞歷山大 ‧ 波普（Alexander Pope），準備翻譯 15,693 行古希臘詩歌前，向支持者尋求資助，並允諾列名於翻譯本中。音樂神童莫札特（1756-1791）亦曾透過 176 名贊助者的支持，完成 3 部鋼琴協奏曲於維也納大音樂廳成功演奏。

1885 年夏，知名出版者約瑟夫 ‧ 普立茲（Joseph Pulitzer）在紐約地方報紙（The Brooklyn Sunday Press）頭版刊登廣告，廣邀市民小額捐贈底座基金（Pedestal Fund），發揮積沙成塔的效果，贊助法國政府為慶祝美國開國 100 周年所贈送的自由女神像（Statue of Liberty）所安置的底座。結果成功的吸引 160,000 位支持者，籌措 101,091 美元，順利完成提案計畫，成為全球知名景點地標，如圖 2-1 所示。

二、群眾募資的定義

傳統創業募資會透過少數親友的「友情贊助」方式投資，亦或銀行抵押貸款，方能取得創業初始資金。在生產過程時，投入相關成本製成貨品，並經由販售取得群眾消費金額。

有別於傳統創業募資與經營模式，群眾募資採用網路平台方式，由具有創意、創業、亦或資金需求的提案者，透過平台以影片與文案說明等，揭示提案計畫內容，包括主題、目標金額、和回饋方式等，在預先設定的期間內，成功地吸引「志同道合」的群眾（如捐助者 / 出資者）支持和贊助，直接投入所需足夠資金與執行相關費用，並扣除平台費用後，協助達成創業、投資或捐贈等提案項目。

圖 2-1　1885 年底座基金（Pedestal Fund ）群眾募資廣告

資料來源：The Kiskstarter Blog, Kickstarter Before Kickstarter, 2019.7.19.

若於期限內未達目標金額，則有以下兩種方式處理：

(1) 全有或全無（All or Nothing）模式

須退還資金於出資者，亦無須罰款運作方式，此爲大部分平台採用的方式，如 Kickstarter 平台。

(2) 保留最後募集資金（Keep It All）模式

即不論群眾募資目標金額是否達標，仍可保留最後所募集資金。例如：weReport 爲台灣第一個非營利平台，以獨立與公民記者報導提案爲主。當提案贊助金超過目標金額的一半，便視爲成功募資，而失敗提案亦無須退費，委由平台統籌分配於其他提案。例如：Indiegogo 同時採用 All or Nothing 和 Keep It All 模式，讓提案者彈性自由選擇。

1. 群眾募資的優缺點

群眾募資平台可提供具有參考價值的市場調查，提案揭示內容可達成下列五項優點，如圖 2-2 顯示。

圖 2-2　群眾募資效果

資料來源：1. 工商時報，想當阿里，群眾募資平台圓夢，2015.2.5。
2. 林雅燕，新興募資方式—群眾募資行爲之初探，經濟研究，第14期，2014。

(1) 控制產量與成本

提案設計者預先掌控生產量，驗證創意可行性與市場接受度，均有助於降低開模與庫存成本壓力，以減低風險。如日本第一個群眾募資平台「READY FOR」採用「一專案一擔當制」，即每一提案均設一名專案負責人，協助提案者制訂完善企劃與管控相關程序，完成實現夢想的推行支援模式。

(2) 增加宣傳效果

在揭示提案的過程中，能明確執行推廣專案、文宣活動與市場行銷等宣傳與曝光效果，即使未成功亦能達成效果。

(3) 擴展合作商機

成功的提案能吸引其他單位合作機會，創造未來有潛力的商機。同時，仍可維持創意自主性與經營獨立性的方式。

(4) 提升交流機會

群眾募資平台匯集跨領域的使用者，揭示各領域提案內容，增加異業切磋與意見交流機會，藉以提升融資、行銷、研發與數位經營的實力。

(5) 多元募資管道

提案無自備金負擔，非產品提案有機會取得足夠資金，並順利完成提案計畫與即時相關建議。

提案者與出資者於成功募資後續計畫過程中，亦有可能面臨意想不到的難題與挫折，以及相關衍生的問題與缺失。例如：缺少擔保機制、欠缺智慧財產權保護、與平台經營問題等事項。

(1) 募資平台擔保機制不足

由於平台透過第三方支付業者託管資金，較能確保金流（如撥付與返還資金）過程，但對提案者商品預售與回饋機制，則無任何擔保可言。當訂單高於預期的產能（如 Pebble 電子錶），以及開發延誤和成本低估（如 BISTRO 辨識餵食器）等因素，均能造成延宕出貨之可能。

(2) 智慧財產權保護欠缺

在公開資訊的募資平台，詳細說明各項提案的文宣內容與計畫，其創意智財權保護鮮少，易遭到別人剽竊之嫌，而引發爭議。例如：嘖嘖杯提案所引發提案者與廠商間智慧財產權的爭議。

(3) 平台經營問題

平台間競爭日增，面臨經營艱難和風險管控困難，導致有假投標、龐氏騙局、與停業潮等棘手問題產生。

(4) 提案良莠不齊

為提高提案數量，平台降低審查標準，造成提案相仿與良莠不齊問題，甚至採免費方式經營，形成廣告推展平台，使群眾對募資提案支持下滑，間接影響提案成功募資率。

2. 群眾募資分類

表 2-2 說明群眾募資運作劃分爲五種型式，包括捐贈、報酬、權益、借貸和股權基礎型。前二者爲非財務報償型，適合小型創作或銷售爲導向募資提案，後兩項屬於財務報償型，有關借貸或股權籌措營運資金的募資提案。介於中間者爲權益基礎型，以權益轉讓的募資提案爲目標，將小型團購與經銷商視爲早期贊助者，並以轉讓者身分願意轉讓取得回饋商品或勞務之權益，經募資平台自動化配對，轉讓權益給受讓者後，順利取得轉讓利潤，節省物流與倉儲成本。

三、群眾募資平台

2009-2015 年，全球群眾募資金額與募資平台發展迅速，逐漸擴展至全球各地，並廣爲民眾接受，如圖 2-3 所示。該年間群眾募資平台已由 53 個大幅躍升至 1,096 個平台，成功募資的資金亦呈現倍數成長。預計逐年仍成長快速，成爲創業者、資金需求者、慈善機構、社會人士、與新創團隊等，籌資與融資的主要管道之一。

最早成立於 2003 年的群眾募資平台爲 ArtistShare，由樂迷自動發起並以資金實際支持音樂藝術人的創作報酬型平台。全球最早的借貸型平台 Lending Club 於 2006 年起源於 Facebook P2P 交易功能，2007 年設立爲 P2P 網貸平台。另外，2008 年 Indiegogo 平台致力於捐贈型與報酬型群眾募資，並快速進展亞洲市場的布局。

而全球最大的群眾募資平台 Kickstarter，於 2009 年 4 月成立，美國華裔共同創辦人，因舉辦紐奧良爵士音樂節資金不足的挫折，靈機一動開辦起網路募資平台。希望爲缺乏資金的獨立電影人、音樂人和藝術工作者等，提供網路平台上線提案，利用媒體傳播或名人推薦，成功推展網路募資商業模式。

2013 年，英國 Crowdcube 股權型平台由 University of Exeter 創新中心成立，使創業者可直接由民眾投資其股權成爲股東，獲取投資回報與提供交流意見的機會，市場反應熱烈且成長快速。同年，英國 Seedrs 報酬型群眾募資平台，特別注重於高科技業提案，並提供出資者投資風險測試與稅率減免方式，如表 2-3 顯示。

表 2-2　群眾募資型式

類別	非財務報償型		利潤報償型	財務報償型	
	捐贈基礎型 Donation-Based	報酬基礎型 Rewards-Based	權益基礎型 Right and Interest-Based	借貸基礎型 Lending-Based	股權基礎型 Equity-Based
方式	以慈善或其他贊助名義小額捐贈給創業企業或提案者，支持提案的理念為訴求，屬於無償性回饋的募資方式。	投資者認同提案，藉由出資贊助方式換取相關津貼、報酬或預售產品，如T恤、折扣、新產品的優先權等。	早期贊助者取得提案者之達標回饋產品或勞務，亦可以轉讓者「願意轉讓」方式，經交友、社群商城功能的募資平台自動化配對，轉讓權益給受讓者後，取得利潤。	投資者提供短期借貸給個人或組織，預期回收本金和利息償還。又稱Peer-to-Peer Lending（P2P網路借貸）。	投資者出資換取創業公司股權，期望未來獲得公司盈餘分配取得股利等股東相關權益。
提案者	非營利機構、特殊事件組織（如天災、人禍等）	新創團隊、發明者、個人、非營利機構、音樂工作者、藝術家、作家、製作人等	中小企業、新創團隊、個人	新創企業、新創團隊、發明者、個人	新創企業、新創團隊、企業家
募資對象	慈善家、社會關懷者、團體及個人（如家屬等）	慈善家、粉絲、喜好者等	贊助者（小型團購、經銷商）	投資人、天使投資、企業家等	投資人、股東、天使投資等
國外代表	美國Indiegogo、臉書	美國Kick Starter		美國Kiva、Prosper、Lending Club	美國Angel List 英國Crowdcube

表 2-2　群眾募資型式（續）

類別	非財務報償型		利潤報償型	財務報償型	
	捐贈基礎型 Donation-Based	報酬基礎型 Rewards-Based	權益基礎型 Right and Interest-Based	借貸基礎型 Lending-Based	股權基礎型 Equity-Based
國內代表	FlyingV、嘖嘖、104夢想搖籃、群募貝果、度度客等	FlyingV、嘖嘖、104夢想搖籃、群募貝果、Limitstyle等	Connexu	哇信貸、鄉民貸、LnB信用市集、台灣資金交易所	第一、元富證券、創夢市集

資料來源：1. 櫃檯買賣中心網站。

2. 工商時報，建立專責法規讓群募「有法可循」，2015.10.4。
3. 林雅燕，新興募資方式—群眾募資行爲之初探，經濟研究，第14期，2014。
4. 公益交流站，書摘：群眾募資四大類型，2016.3.22。
5. 經濟日報，Connexu權益式募資平台新創企業優選舞台，2018.1.31。

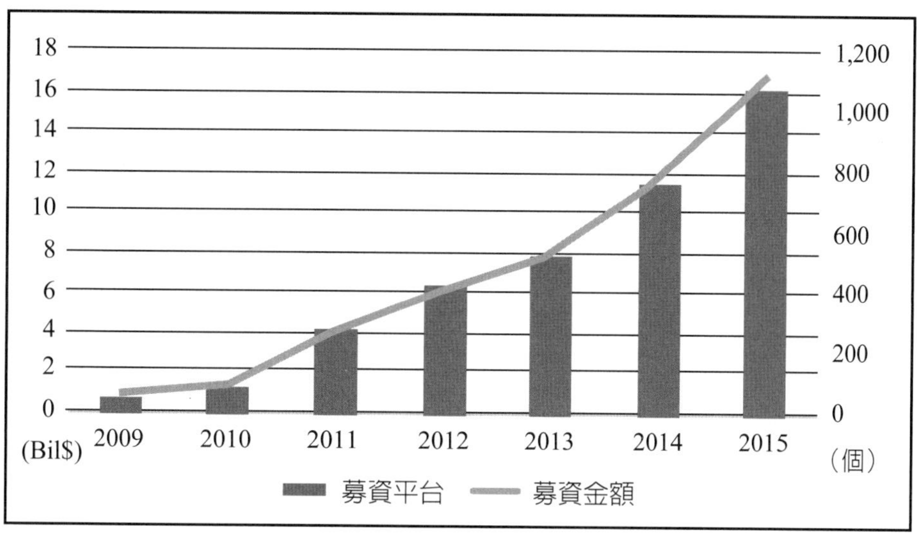

圖 2-3 全球群眾募資平台與金額

資料來源：Crowdfunding Beat, Report: Global Crowdfunding Market 2016-2020.

表 2-3 全球知名群眾募資平台發展

日期	平台	類型	國家	說明
2003	ArtistShare	報酬型	美國	全球第一個群眾募資網路平台，樂迷主動發起支持音樂藝術人創作。
2006	Lending Club	借貸型	美國	透過Facebook的P2P交易應用功能，經由借貸雙方直接洽商，提供優惠利率，並且去銀行中介過程。2007年成為P2P網貸平台，並於2014年上市。
2008.1	Indiegogo	捐贈型 報酬型	美國	全球第二大、成長快速與服務目標廣泛。2015.6首次進入亞洲，積極拜訪中國創客社群洽談交流，並與台灣HWTrek合作開發平台。
2009.4	Kickstarter	報酬型	美國	全球最大的群眾募資平台，利用媒體傳播或名人推薦，成功推展網路募資商業模式。
2013.2	Crowdcube	股權型	英國	由University of Exeter創新中心成立，使創業者可直接由民眾投資。

表 2-3　全球知名群眾募資平台發展（續）

日期	平台	類型	國家	說明
2013	Seedrs	報酬型	英國	專注於高科技群眾募資，提供出資者投資風險測試及稅率減免方式。

資料來源：1. 王擎天，眾籌無所不愁夢想落地，創見文化，2016.3。
2. Dave C.、吳志忠、親賢、任以能，網路微金融2.0 P2P及眾籌的創新趨勢，經緯文化，2015.5。

圖 2-4 說明全球知名群眾募資平台業務屬性，例如：Kickstarter、Causes 分別專攻報酬型與捐贈型群眾募資，Secondmarket 從事借貸型與股權型群眾募資兩類業務服務。

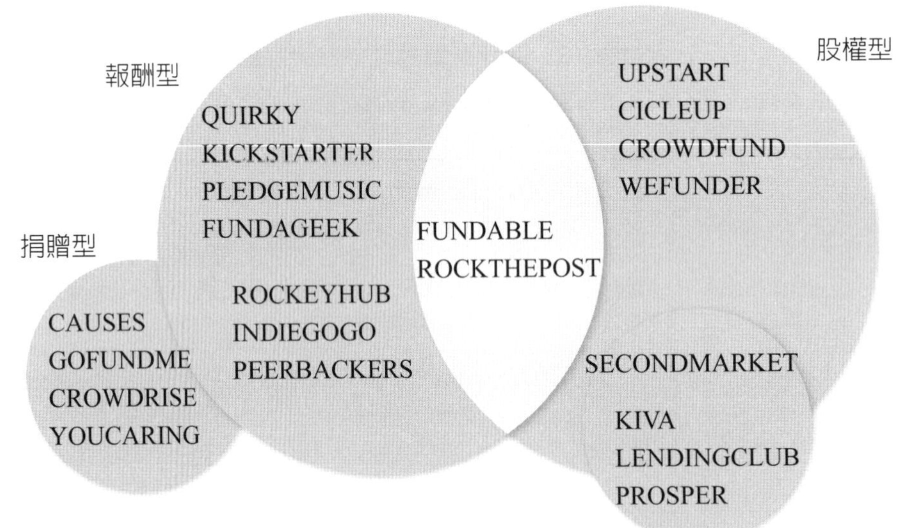

圖 2-4　全球知名群眾募資平台業務

資料來源：Jamieburke網站。

1. 兩岸群眾募資平台介紹

中國大陸多數眾籌平台採用「領投和跟投制度」，選出具投資經歷與資金雄厚者爲領投人，協調出資人與提案者間的互動交流關係，以期節省眾籌流程時間並順利達標。表 2-4 指出 2011 年「點名時間」爲最早開辦眾籌平台，曾爲亞洲

表 2-4 兩岸群眾募資（眾籌）發展沿革

中國大陸			期間	台灣		
名稱	項目	說明		名稱	項目	說明
			2000	華文網	自助出版平台	2000.8最大華文自費出版平台，與EZBIZ媒合募資平台合作多元出版。
點名時間	眾籌平台	2011.7亞洲第一營利。	2011	weReport	調查報告公眾委製平台	2011.2第一個非營利平台，由獨立與公民記者報導提案，收取贊助金，無回饋機制。
追夢網	眾籌平台	2011.10免收費上線。				
天使匯	眾籌平台	最大股權型平台。				
覺so、眾籌網、創客星球	眾籌平台	平台陸續設立。	2012	嘖嘖	群募平台	2012.2第一個商業營利平台。
				FlyingV	群募平台	2012.4目前最大平台，20%贊助金來自中、馬、加、泰等地區。
				Limitstyle	群募平台	商業化新銳設計師與系所學生作品。
點名時間	創投融資	獲得經緯創投首次A輪融資的眾籌平台。	2013	HereO	群募平台	2013.4專注獨立音樂、文藝、設計、和文創等。
				104+夢想搖籃	公益平台	「104人力銀行」所設立，第一個不收取費用平台，募集人力與物資。
京東眾籌、淘寶眾籌、蘇寧眾籌	眾籌平台	於眾籌爆發年成立。	2014	Red Turtle	公益平台	2014.4第一個公益性質平台。
				uDesign	群募平台	2014.7成立預購與長賣的綜合性平台。
				群募貝果	群募平台	2014.9成立，提倡創新創意的精神。
				貝殼放大	群募顧問	2014.10第一家募資顧問全方位服務。
				SOS新聞	集資平台	2014.11訂閱式平台關注非主流新聞。

表 2-4　兩岸群眾募資（眾籌）發展沿革（續）

中國大陸			期間	台灣		
名稱	項目	說明		名稱	項目	說明
小牛電動車	天使輪融資	獲天使投資，6月京東眾籌創中國第一和全球第四集資紀錄（7,202萬人民幣）。	2015	創夢市集	群募平台	共同工作空間與創業一站式等。
				GOGO	公益平台	著重社區營造與免費雙向媒合。
				Oking	群募平台	提案全上架模式，並協助推廣。
				度度客	群募平台	2015.9.1第一家區塊鏈群眾募資平台。

資料來源：1. 工商時報，到中國發起眾籌30天內搞定預售＋公關＋行銷，2016.6.1。
2. 林雅燕，新興募資方式—群眾募資行爲之初探，經濟研究，第14期，2014。
3. 王擎天，眾籌無所不愁夢想落地，創見文化，2016.3。
4. 台灣群眾集資報告網站。
5. 經濟日報，度度客全台首創區塊鏈募資平台，2017.11.25。

第一與最大的平台。創辦人來自台灣，以藝術和文創爲出發點，因市場胃納有限，成功轉型爲硬體設計和預購深受好評。引起阿里巴巴、京東關注與效法其商業模式，吸引提案者轉大眾籌平台靠攏，因而遭到夾擊，開業 5 年後出售退場。2016 年小牛電動車團隊在京東眾籌平台，提出 30 天完成「預售 + 公關 + 行銷的中國式眾籌」模式。明確表達文宣訴求，迅速吸引群眾目光，並融入創業圈享受資源。已成爲無品牌、人脈、資源、和資金管道等團隊學習的典範。

台灣最早群眾募資平台的雛型，華文網於 2000 年 8 月成立，爲目前最大華文自費出版平台，近年透過群眾募資概念，支援多元出版活動，並與創易 EZBIZ 媒合募資平台合作推展。2011 年 2 月第一個非營利平台 weReport 成立，屬於調查報告公眾委製平台，由獨立與公民記者報導提案，僅收取贊助金，且無回饋機制。2012 年嘖嘖和 FlyingV 分別成立群眾募資平台，前者爲第一個設立的商業平台，後者爲台灣最大群眾募資平台，且約 20% 出資人來自於境外。2015 年 9 月成立的度度客則爲首創區塊鏈群眾募資平台。

HereO 群眾募資平台於 2013 年成立，專注於音樂、文藝、設計、和文創等領域，因各提案爲一次性的募集，對公司營收幫助有限，且募資平台間競爭壓力，開始轉型爲互聯網經紀公司 Pressplay 型態。提供全方位內容創作者顧問服務，主推一次性的募集加上內容訂閱平台，不斷吸引粉絲對提案者的支持，以延伸性與持續性小額收入給提案者，對平台亦有實質營收的貢獻。同年，104+ 夢想搖籃爲第一個公益群眾募資平台，標榜免費用，可募集人力與物資等。

另國外募資顧問公司或社群，例如：Crowdfund Mafia、Agency 2.0、BackerClub、等，提供提案顧問服務頗具成效。台灣於 2014 年成立第一家群眾募資顧問公司「貝殼放大」，從議題設定、市場調查、影片製作、文宣內容撰寫、樣品製作、與網站設置等流程。於募資成功後，尙須輔導各執行過程，包括境外上架、廣告宣傳、社群聯繫、物流規劃、贊助活動、公關事宜等流程。透過經歷豐富顧問群，提供全方位募資顧問與諮詢服務，以提升效率與獲得預期募資成果。

目前國內外有許多成功案例，例如：星際公民、智能信用卡、與 ARRC 前瞻火箭等，採自有平台或網站的獨立募資方式，具有客製化頁面、免手續費、集資無時間限制、和贊助名單等優勢，陸續吸引提案從事獨立募資，已間接影響募資平台的案源，並造成營運上一定程度的衝擊。

2. 群眾募資分析

台灣群眾募資發展快速，根據圖 2-5 台灣群眾集資報告顯示，2012-2015 年間，集資案件呈現 10 倍成長，贊助金額也持續上升。由起初偶發性的活動，躍升爲新創團隊推廣產品與建立通路選項之一。由贊助人數趨勢可知，群眾募資方式已漸拓展且具知名度，未來仍有潛在市場與客群開發的空間。科技與設計類國際提案集資亦逐步上升，成功勇闖國際市場，未來仍可持續將台灣的創新創意於海外發光。而社會公義與藝文類因具有地域、文化和語言考量，將仍以在地化集資爲主。此外，台灣遊戲動畫產業發展迅速，遊戲動畫類亦偏重於台灣募資平台。

由群眾募資平台案件得知，2012 年大部分募資於台灣募資平台提案，僅少數向海外平台提案。四年後，台灣和國外募資提案均大幅上升，而第三方支付興起亦帶動獨立集資活動，從 2013 年開始持續增溫，相對排擠一些台灣群眾募資案件成長，形成三角鼎立態勢。

台灣群眾募資平台成功率約在 47-65% 間，相較於 Kickstarter（40-45%）與 Indiegogo（10%），雖然目標金額略低，但成功籌資的表現值得稱許。此外，Kickstarter 依據 2009-2012 年間，性別募資成功率差異分析，可知女性爲 69.5%，高於男性 61.4%。主要因素乃女性設定目標金額較低、友善群眾募資環境、和投資者對性別較無偏見。

四、捐贈與報酬基礎型群眾募資

捐贈型與報酬型群眾募資平台的主要任務，在於揭示提案者創意創業提案申請與籌資，吸引捐贈者和出資者提供資金贊助，並經由信用卡、ATM、郵局、和第三方支付業者等付款，委託第三方支付業者和銀行，負責保管捐贈和贊助資金。提案者除提案和設定回饋項目外，還需於募資期間內設立門檻目標，而贊助者可透過平台提供意見與選擇回饋方式。若於期間內成功募集超過門檻金額，由委託保管機構撥款並扣平台費用。如未達門檻金額，則全額退費（依支付管道不同，亦或扣少許手續費），如圖 2-6 所示。

另外，爲有效連結創意與創業的核心價值，強化企業符合創櫃板掛牌的銜接資格。櫃檯買賣中心特別推出創意集資資訊揭露專區，並與群募貝果及創夢群眾募資平台合作，除提高募資平台的公信力與知名度外，在專區同步揭露群眾募資

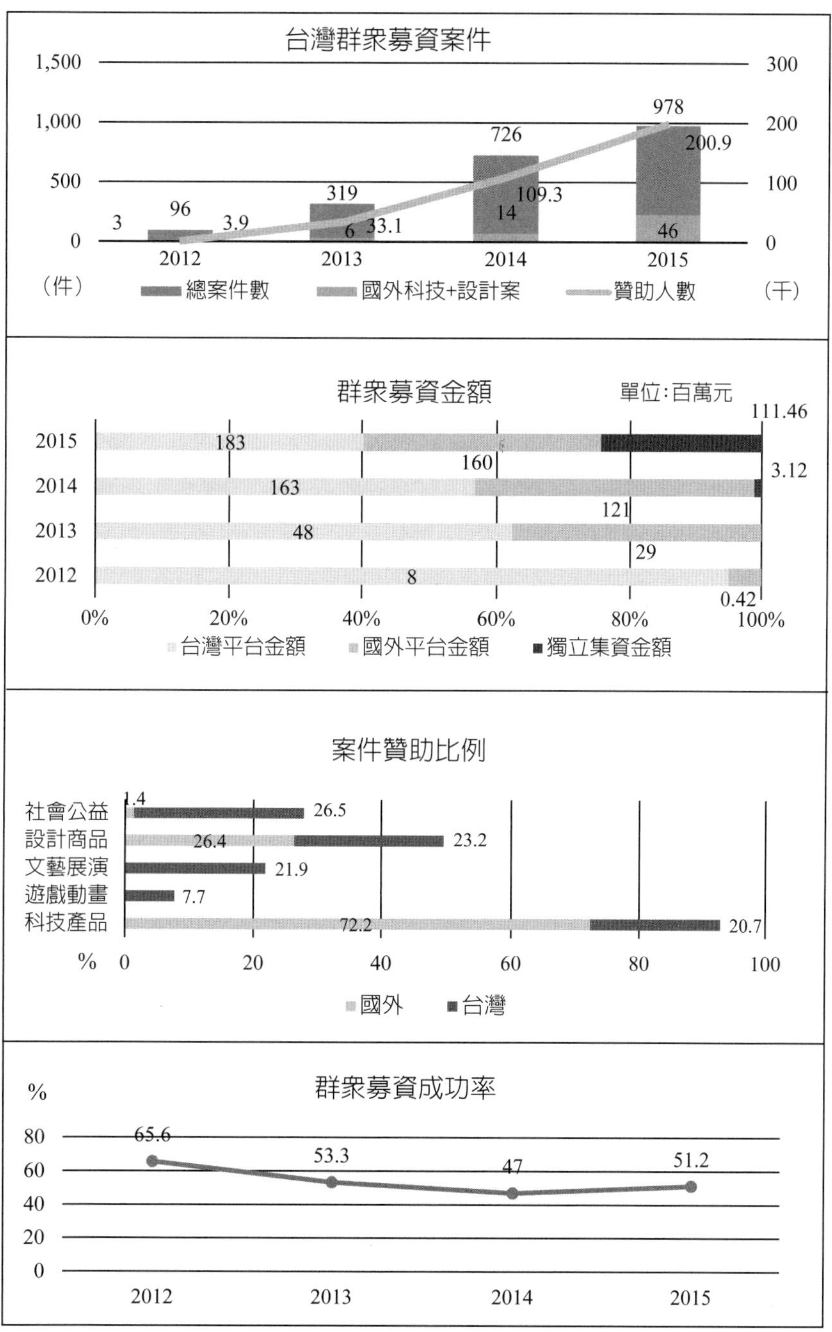

圖 2-5 台灣群眾募資分析

資料來源：台灣群眾集資報告網站。

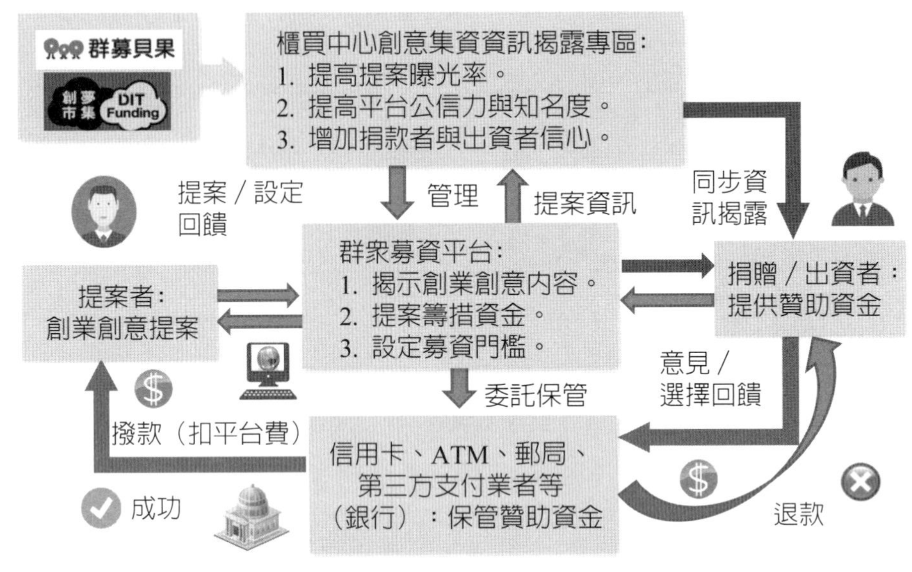

圖 2-6　群眾募資流程與創意集資資訊揭露

資料來源：1. 櫃買中心網站。
2. Wikimedia Commons。
3. 群募貝果網站。
4. 創夢群眾募資平台網站。
5. FlyingV網站。

提案，以增加曝光率，提高捐款者與出資者的信心。自合作以來，同步創意創業募資提案成功率達 54%，優於同期相較於美國最大群眾募資平台，Kickstarter 介於 30-40% 的成功率。根據台灣最大群眾募資平台 FlyingV 指出，群眾募資在經濟不景氣的氛圍下，依然逆勢成長。2016 年整體募資提案成功率 48%，表現優於 Kickstarter。以報酬型（回饋型）最爲吸金，特別是社會文化（60%）、設計商品（50%）類較熱門。

自從各國准許開辦群眾募資以來，各式平台快速竄出，提案不斷推出，然紛爭事件頻傳亦時有所聞，如表 2-5 所示。相關的案例包括募集爆量出貨不及（如 Pebble 電子錶）、交貨難產（如 Asylum Playing Cards、辨識智慧餵食器 BISTRO）、法律知識欠缺（如 weReport 公益募款、教會重建方舟計畫）、變相承諾報酬（如二手車眾籌平台）、倒閉潮（如中國許多眾籌平台）和平台經營醜聞（如內線交易）等事項。

表 2-5　捐贈與報酬基礎型群眾募資（眾籌）衍生問題

案例	日期	區域	說明
電子錶Pebble爆量延遲交貨	2012.4	美國	於Kickstarter預計募集1,000支錶，但最後爆量出85,000訂單，而延遲出貨。
weReport疑涉違法公益募款	2012.4	台灣	為取得公益勸募疑涉及違法募款，因而暫停相關募款活動。
46家眾籌平台倒閉潮	2015	中國大陸	因京東眾籌、淘寶眾籌、蘇寧眾籌等三家眾籌集資金額逾市場一半以上，引發倒閉潮，亦或被迫併購。
Asylum Playing Cards未交貨與未退款	2015.7	美國	華盛頓州 King County 高等法院裁定提案者與Altius Management公司，因無法完成撲克生產且無任何退款，以違反消費者保護法為由，須賠款 54,841美元。
教會重建方舟計畫違反建築法	2015.11	台灣	因位處水源保護區及未事先依法申辦，提案人依違反建築法送辦。在同情理念考量下，地檢署判3萬元緩起訴處分金。
貓臉辨識智慧餵食器BISTRO交貨難產	2015.11.17	台灣	2014.8在美國Indiegogo成功募資24萬美元，因提案錯估成本達5倍之譜，外加硬體設計與開發難度，造成交貨延宕，考量辦理退款事宜。
小牛電動車副總裁涉內線交易	2016.3	中國大陸	遭深圳市警方拘留。
多家P2P網貸轉成二手車眾籌平台連環爆	2016.12	中國大陸	1. 由於P2P網路借貸暫行辦法實施，明令不得從事車貸與房貸，造成二手車眾籌平台快速成立。 2. 變相承諾投資人10%報酬。 3. 許多網貸平台出現假投標、龐氏騙局、停業與惡意跑路等亂象。

資料來源：1. 工商時報，二手車眾籌頻暴雷恐成金融連環爆，2016.12.26。

2. 工商時報，到中國發起眾籌30天內搞定預售+公關+行銷，2016.6.1。

3. 數位時代，奇群科技貓臉辨識智慧餵食器難產？2015.11.17。

4. 台灣群眾集資報告網站。

5. 基督教今日報，福山教會遭罰款，問題究竟在哪裡？2015.11.5。

6. engadget，華盛頓州一法院裁定了一間Kickstarter集資公司須就違背集資承諾賠款，2015.9.14。

五、股權基礎型群眾募資

1. 股權型群眾募資法案

2014 年 4 月 5 日，美國總統歐巴馬簽署眾議院通過的「啟動新創事業法案（Jumpstart Our Business Startups Act, JOBS）」，藉由放寬金融監理規定，旨在解決中小企業融資困難的問題，透過認定新興成長企業，簡化 IPO 發行程序、降低發行成本和減少資訊揭露等措施，並降低進入門檻與註冊豁免等改善，提供私募、小額與群眾募資的發行便利性與資本市場連結，如表 2-6 說明。

表 2-6　股權型群眾募資法案沿革

法案	日期	區域	備註
啟動新創事業法案（Jumpstart Our Business Startups Act, JOBS）第3章：群眾募資法（Crowdfund Act）	2012.4	美國	證管會（Securities and Exchange Commission, SEC）規定符合資金募集和投資金額門檻之群眾募資交易條件，免除須登記發行要求。
群眾募資監管規範（Regulation Crowdfunding）	2013.10.23		有關群眾募資交易管理規範與證券中介機構（如證券商、募資網站）監理辦法制定。
CP13/13：關於群眾募資及類似活動之監管政策意見徵詢書	2013.10	英國	金融行為監管局（Financial Conduct Authority, FCA）提出消費者權益保障與促進公平競爭為監管目標。
群眾募資政策說明書	2014.3		FCA僅監管借貸模式與投資模式群眾募資。
群眾募資和通過其他方式推介不易變現證券的監管規則（Crowdfunding and the Promotion of Non-readily Realizable Securities Instrument）	2014.4		正式實施借貸模式與投資模式群眾募資，並由FCA許可授權，確保平台經營穩定與投資人保護。

表 2-6　股權型群眾募資法案沿革（續）

法案	日期	區域	備註
金融商品取引法（The Financial Instruments and Exchange Law）	2014.5	日本	將群眾募資中介機構資格條件放寬，規定投資人保護辦法。
創業板管理辦法（徵求意見稿）	2008.3	中國大陸	證監會允許設立創業板。
首次公開發行股票並在創業板上市管理暫行辦法	2008.3.31		證監會公布並於2009.5.1實施。
私募股權眾籌融資管理辦法（試行）（徵求意見稿）	2014.12.18		允許股權眾籌業務與監管規範。
關於對透過互聯網開展股權融資活動的機構進行專項檢查的通知	2015.8		確立股權式眾籌屬於公募性質，須由取有牌照試點的平台（如阿里巴巴、京東、平安）辦理。對於互聯網非公開股權融資平台則另訂規則。
關於做好個人信業務準備工作的通知	2015		人民銀行開放騰訊等8家個人徵信公司，提升資訊透明度。
創櫃板管理辦法	2013.11.15	台灣	創業輔導籌資機制允許非公開發行公司股權籌資。
1. 證券交易法第22條第1項修訂。修正證券商設置標準與管理規則。 2. 訂定證券商經營股權性質群眾募資管理辦法。	2015.4.30		同意證券商從事股權型群眾募資業務，發行普通股或不具債權特別股，豁免募資公司證券募集與發行規定。
創新管理意見	2016.1.20	中國大陸	以包容創新的思維，審慎評估監管制度。

資料來源：1. 林家生、楊智翔，開放民間業者經營股權性質群眾募資，證券櫃檯，第177期，2015.6。
2. 清科集團網站，Zero2IPO Research。
3. 工商時報，建立專責法規讓群募「有法可循」，2015.10.4。
4. 王擎天，眾籌無所不愁夢想落地，創見文化，2016.3。
5. 工商時報，大陸發布創新管理4大任務，2017.1.21。

爲扶植微型與小型企業成長，鼓勵創意創新團隊成立公司，協助取得資金，活絡資本市場，支持櫃買中心多層次市場架構，向非公開發行公司延伸。參考美國、英國和日本先進國家所制定或執行股權型群眾募資法規與草案，政府除修訂證交法案外，2015 年 4 月增訂「證券商經營股權性質群眾募資管理辦法」。

2014 年 12 月 18 日，中國大陸制定「私募股權眾籌融資管理辦法（試行）（徵求意見稿）」，開放私募股權眾籌。另於 2015 年 8 月制定「關於對透過互聯網開展股權融資活動的機構進行專性檢查的通知」，進一步確立股權式眾籌屬於公募性質，須由取有牌照試點的平台（如阿里巴巴、京東、平安）辦理。而對於其他互聯網非公開股權融資平台，則另訂規則。

政府參酌國外股權型群眾募資發展近況，透過民間業者協助創新事業，藉以活絡資金與提升能量，積極扶植微型和小型新創企業的設立，解決資金籌措不易的困擾，增加多元籌資的管道，允許開設股權型群眾募資平台。圖 2-7 說明股權型群眾募資的優點：

(1) 籌資的成本相對於公開發行成本低廉。

(2) 透過平台可填補爲小型新創公司募資的缺口。

(3) 企業能見度提升。

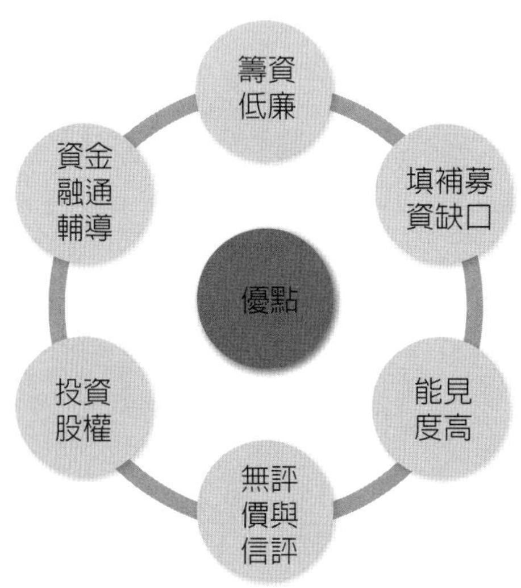

圖 2-7　股權型群眾募資的優點

資料來源：櫃檯買賣中心。

(4) 可排除評價機制與信用保證制度。

(5) 投資股權為標的而成為公司股東。

(6) 易取得長期資金融通與接受專家輔導，有機會成為上櫃公司。

股權型募資平台由募資公司和投資人參與，分別受限於籌資與投資限額，並規定募資公司的資格條件，及告知投資人風險屬性。平台亦有申報義務，傳回櫃買中心處理，如圖 2-8 說明。股權型群眾募資平台業務，乃投資者支持創業公司，認購一定比例股份的新型融資模式，並成為股東，依法獲得相關權利（如盈餘分配、投票權、被選舉權等）與義務（如出資、有限清償責任等）。

(1) 募資平台

金管會開放專營籌資平台業務與現行券商成立平台方式，依規定最低資本額分別為 5,000 萬與 2 億元。例如：金管會於 2015 年 12 月 30 日，允許第一張專營籌資平台的股權群眾募資證券商執照，由「創夢市集」取得資格，屬於非傳統型券商。另至 2019 年止，元富與第一證券所屬平台僅輔導兩家企業股權籌資成功，分別為金點實業（200 萬元）和建富文創（1,200 萬元）。股權群眾募資未來仍有待突破與法規鬆綁。

(2) 募資公司

在平台籌資的募資公司資本額已由 3,000 萬元以下，於 2018 年 3 月放寬至 5,000 萬元內，並屬非公開發行公司，每年於單一募資平台籌資，其總額以 3,000 萬為上限。具備合格會計制度的公司、有限合夥、與社會企業等均可申請，提出募資計畫書，揭露基本資料、近三年籌資與資金紀錄等資料。

(3) 投資人

主管機關提供籌資公司得自行選擇投資人和篩選認購人名單，可分為三種最低資本額投資限制：

(A) 一般投資人：一年內創櫃板認購各公司股票累計不得逾 15 萬元。

(B) 專業投資人：櫃檯買賣中心規定資格條件，符合者投資不設限制。

(C) 天使投資人：需具備 3,000 萬財力證明者，投資不設限制。

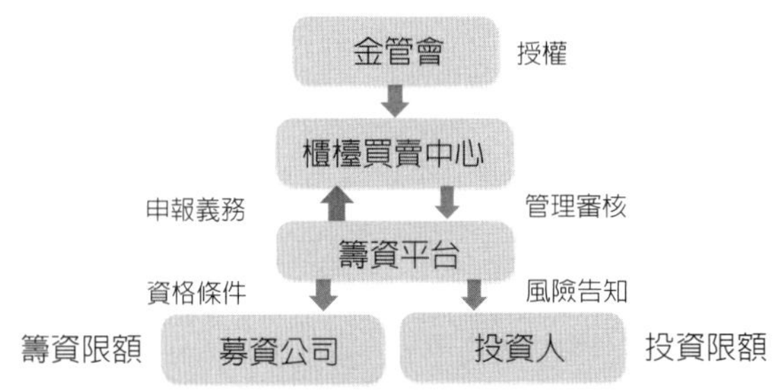

籌資平台				
專營籌資平台業務	最低資本額	籌設保證金	核准公司	備註
	5,000萬元（可分級調低）	1,000萬	創夢市集、FlyingV等	1.金管會許可。 2.廣告與業務招攬。 3.投資顧問業務。 4.募資公司實收資本額5,000萬內。
現行券商	2億元	5,000萬元	第一金、元富證券	
募資公司				
資格要件	限額	控管方式	公司類型	備註
1. 無資本額限制。 2. 非公開發行公司。 3. 普通股、特別股。	1. 每次籌資限單一平台辦理。 2. 一年內所有籌資總額不得逾3,000萬元。	各平台須向櫃買中心申報。	一般企業、公司行號、有限合夥、社會企業。	免除創新創意審查： 1.凡經櫃買中心認可機構登錄或認證的社會企業。 2.營收逾5,000萬，經會計師簽證。
投資人				
一般投資人、專業投資人、天使投資人	1. 一般投資人：一年內創櫃板認購各股票累計不得逾15萬元。 2. 專業投資人：不設限。	各平台各自控管		1.籌資公司得自行選擇投資人和認購人名單。 2.天使投資人具備3,000萬財力證明，不適用「金融消費者保護法」。（註）

圖 2-8　群眾募資平台規劃架構

註：金融消費評議中心申請，需三個月內獲評議結果，金融機構對一定金額內賠償具約束力。

資料來源：1. 工商時報，想當阿里群眾募資平台圓夢，2015.2.5。
2. 經濟日報，有限合夥將可上群募集資，2015.11.6。
3. 工商時報，創櫃板准滯留天使資金無上限，2016.3.18。
4. 創業加盟新聞網。
5. 泛科技網站。
6. 櫃檯買賣中心買中心。
7. 經濟日報，券商經營群眾募資鬆綁，2016.1.11。
8. 經濟日報，李滿治捍衛金融消費權益，2018.5.8。
9. 工商時報，創櫃板鬆綁培育新創獨角獸，2018.3.9。

2. 台灣創櫃板設立

櫃檯買賣中心於 2013 年 11 月 15 日公布「創櫃板管理辦法」，並於 2014 年 1 月 3 日開辦創櫃板，負責審核與管理籌資平台業務，舉辦資金媒合博覽會與創新創業嘉年華會活動，增加掛牌企業曝光度。截至 2017 年底已有 269 家企業申請、累積 114 家登錄、2 家轉興櫃與 1 家轉上櫃公開發行，總計籌資金額達 2.56 億元，協助微型中小企業籌資。圖 2-9 說明櫃買中心多層次股票市場掛牌流程，分爲非公開與公開發行公司兩類。在股權基礎建置期，屬於非公開發行新創公司，透過股權型群眾募資籌資。另微型企業經相關審查與輔導機制後，申請創櫃板掛牌，且遵守至多三年掛牌要求。若符合興櫃市場條件，可申請登錄，成爲未上市公開發行公司。另符合上櫃市場規定資格後，正式掛牌交易成爲上櫃公司。

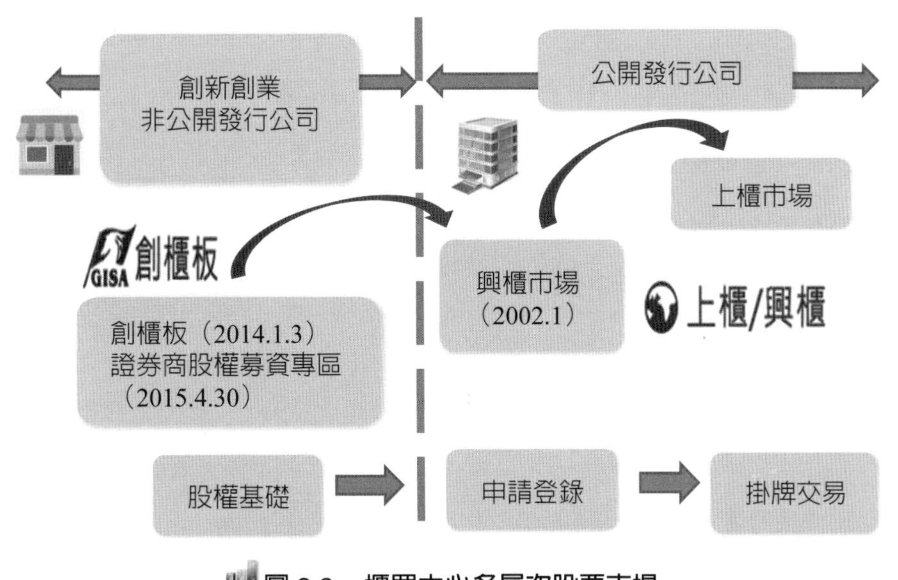

圖 2-9 櫃買中心多層次股票市場

資料來源：1. Wikimedia Commons。
2. 櫃買中心網站。

3. 創櫃板審查與輔導

非公開發行微型企業可利用創櫃板申請掛牌，需經兩階段審查與輔導，如表 2-7 所示。第一階段爲創新創意審查，針對公司或籌備處進行評估與審核。通過者，再經免費專家輔導後，進入第二階段有關輔導成效與籌資計畫的評估分析，確定被輔導公司已成功符合各項規定，則允許正式於創櫃板掛牌至多三年。如符合興櫃掛牌資格，將成爲未上市公司一員，並朝上櫃公司邁進。否則，無法成爲興櫃或上櫃者，必須退出創櫃板的規定。創櫃板掛牌流程，如圖 2-10 所示。

表 2-7 櫃買中心創新創意審查與輔導

審查階段	第一階段 創新創意審查	第二階段 輔導成效與籌資計畫審查
審查重點	1. 針對公司實施創新創意審查。 2. 評估公司或籌備處接受輔導。 3. 持推薦單位出具「公司具創新創意意見書」者，免除相關審查。	1. 評估輔導成效。 2. 對籌資計畫的合理性與可行性進行分析。

資料來源：1. 工商時報，增訂條例力推創櫃板，2013.11.15。
2. 財團法人中華民國證券櫃檯買賣中心，「創櫃板管理辦法」。

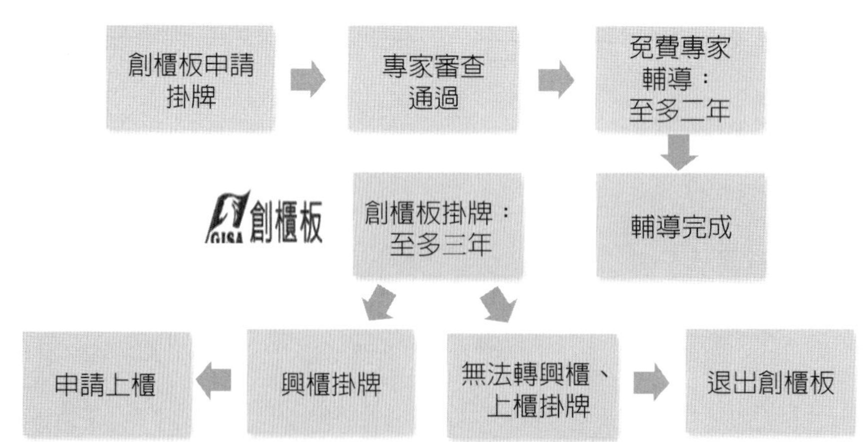

圖 2-10 創櫃板掛牌流程

資料來源：1. 工商時報，扶植微型企業創櫃板第4季上路，2013.2.20。
2. 證券櫃檯買賣中心網站。

4. 產官學創櫃板申請輔導

爲解決新創公司、微小型企業等資金融通不易的窘境，地方政府（如台中市府）針對具有創意和創新的非公開發行公司，經相關資格審查與實地訪查，政府提供培訓課程、規劃書撰寫、專家輔導及創投參與等活動，以利企業能見度，掌握商機提升客源，並成功推向創櫃板掛牌。培訓課程含括資本市場介紹、財務規劃、智慧財產申請、品牌策略與簡報技巧等，如圖 2-11 顯示。

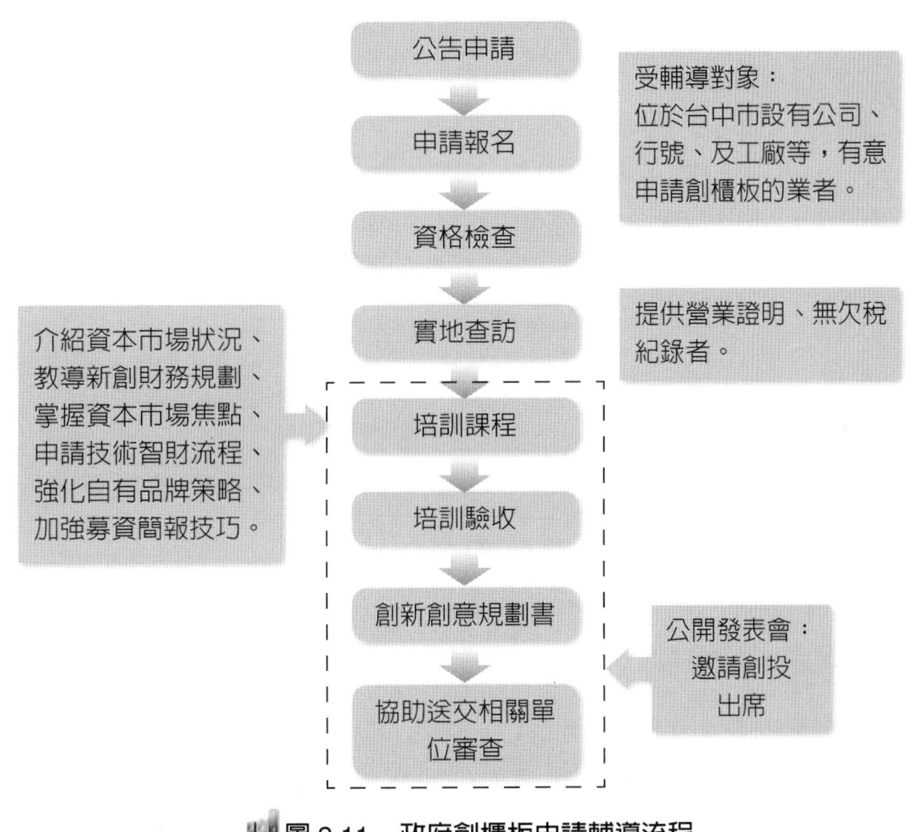

圖 2-11　政府創櫃板申請輔導流程

資料來源：1. 經濟日報，企業登創櫃板台中市府祭利多，2016.7.21。
2. 台中市政府經濟發展局廣告。

2016 年 12 月由產官學（包括中興大學、櫃買中心、安永會計師事務所）簽定合作備忘錄，率先組成跨界輔導創櫃板登錄的輔導平台，藉由專業審查小組和顧問團隊輔導，協助建置會計與內控制度，並引進資金，以扶植非公開發行公司如新創公司、產學合作企業與中部地區優質具潛力公司等，並培育成爲企業家的搖籃爲目標，如表 2-8 說明。

表 2-8 產官學推動創櫃板輔導

單位	內容	配套措施
中興大學	服務對象： 1. 中興大學衍生公司。 2. 產學合作公司。 3. 潛力校友企業。 4. 中部地區優質企業。	1. 校內外專家學者組成審查小組。 2. EMBA校友（如上市櫃公司董事長等）擔任顧問。 3. 萌芽功能中心成立「資金平台」，協助資金引進。
證券櫃檯買賣中心	因應新創公司與青年創業發展需求，協助登錄輔導事宜。	提供萌芽新創團隊所輔導的公司，申請掛牌優惠簡化程序。
安永會計師事務所	協助會計內控制度建置和撰寫執行方案，以利登錄申請。	1. 健全財務規劃。 2. 協助內稽內控制度建置。

資料來源：1. 工商時報，產官學攜手扶植新創企業，2016.12.19。
2. 工商時報，興大攜手櫃買中心、安永產官學攜手推動創櫃板輔導，2016.12.20。

六、借款基礎型群眾募資

1. P2P 網路借貸發展狀況

借款型群眾募資的興起，源自於 2005 年英國 Zopa 所創設的全球首家 P2P 網路借貸平台，陸續發展約 2,500 家。在 2008 年次級房貸風暴後，百業蕭條經濟不振，然透過 P2P 網路借貸管道，使許多英國中小企業取得周轉資金因而存活。英國政府鼓勵金融科技新創公司的成立，主動協助法規鬆綁並採負面表列方式，以免扼殺萌芽期的創新公司。此外，設置金融科技產業發展專責輔助單位，提供法律支援與資金媒合服務，並開展監理沙盒（Regulatory Sandbox）協助業者需求迅速制定相關法規，值得各國仿效。

美國 Prosper 和 Lending Club 相繼於 2006 年成立，會員數目穩定成長。目前美國約有 4,000 家 P2P 網路借款平台，其中，Social Finance（SoFi）專注於常春藤學生貸款爲主，業務規模達 50 億美元。此外，Lending Club 不但成爲全球規模最大者，亦於 2014 年成功地在紐約證交所掛牌上市。因此，P2P 網路借貸的興起，吸引許多華爾街核心人物躍躍欲試此新領域。

中國大陸第一家 P2P 網路借貸平台爲拍拍貸，於 2007 年設立，吸引許多平台加入，蔚爲一股新風潮。目前陸金所（Lufax）爲中國大陸交易量最大的平台約 100 億美金規模。另 2007 年哇借貸是台灣最早成立 P2P 借貸平台，於 2014 年取得網路媒合平台系統專利，如表 2-9 所示。

表 2-9　全球 P2P 網路借貸發展沿革

時間	區域	沿革
2005	英國	全球首家P2P網路借貸平台（Zopa）成立。
2006	美國	1. 第一家P2P借貸（Prosper）成立。 2. 全球規模最大P2P借貸（Lending Club）設立。
2007	中國大陸	第一家P2P網路借貸平台（拍拍貸）成立。
2011	英國 美國	1. Zopa會員已達50萬。 2. Prosper會員已達114萬。
2014	美國	Lending Club於紐約證交所掛牌上市。
2015	中國大陸	P2P網路借貸平台家數已超過2,500家。
2016.5	美國	Lending Club發生放貸業務違規事件，包括不當貸款、違反「非信貸，非競價」規定等，使股價大跌。
		新加坡盛大集團（中資網路遊戲背景）花費1.49億美元，購買Lending Club股票與選擇權，持股比例由7%上升至11.7%，成為最大股東。
2016.11	中國大陸	P2P網路借貸平台家數約5,879家。
2015-2016		網貸問題和龐氏騙局浮現，包括非法吸收公眾存款、強制員工購買理財產品、捲款潛逃、與兌付問題等。

表 2-9 全球 P2P 網路借貸發展沿革（續）

時間	區域	沿革
2007-2016	台灣	1. 非金融業：鄉民貸、LnB信用市集、哇借貸、台灣資金交易所等成立。 2. 金融業：永豐銀行推出MMA標會理財網。

資料來源：1. 經濟日報，銀行投資P2P持股將無上限，2016.9.20。
2. 經濟日報，北富銀入股英FinTech公司，2016.12.23。
3. 工商時報，陸網貸問題平台突破3千家，2016.12.26。
4. 工商時報，盛大躍美網貸一哥最大股東，2016.5.25。
5. 經濟日報，網貸平台Lending Club虧大，2016.8.10。
6. 壹讀，P2P領域最重判刑出爐： 銀坊金融負責人獲無期徒刑，2016.7.5。
7. KK News，P2P金融詐騙頻生除了「中晉」還有多少龐氏陷阱？2016.5.19。
8. 經濟日報，網貸平台Lending Club虧大，2016.8.10。

根據 Orchard Platform 調查顯示，美國網貸業個人為擔保消費者貸款的發放金額，由 2013 年第 3 季起至 2015 年第 4 季，呈現大幅上升的格局。然而，2016 年隨著高風險貸款人違約率持續上升、Lending Club 違規放款案、以及主管機關加強監管等因素，已讓對沖基金投資者暫停提供融資放款，造成連續兩季金額下滑近三成以上，如圖 2-12 顯示。

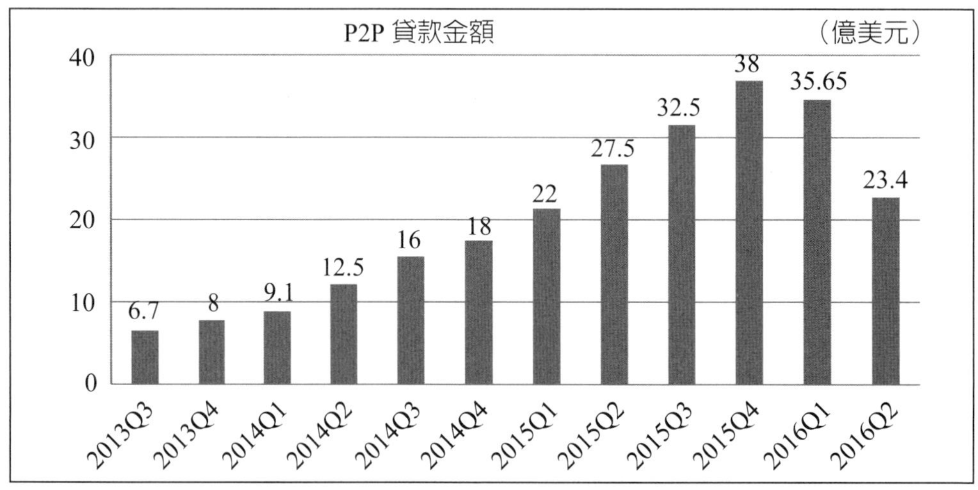

圖 2-12 美國個人 P2P 網路貸款金額

資料來源：1. 工商時報，美Q2個人網貸跌逾三成，2016.8.26。
2. Orchard Platform網站。

有鑑於 P2P 網貸平台涉及違規放款件數增加、相關貸款違約率的情形日益嚴重，美國財政部白皮書特別列出六項建議：

(1) 強化監管與保護小型企業借款人的權益。

(2) 提供一致性標準與健全的後端作業給借款人利用。

(3) 建置透明化市集平台。

(4) 透過合夥制擴大信用貸款途徑，並強調貸款安全性與可負擔性。

(5) 利用政府的公開資訊增進貸款流程安全。

(6) 設置跨部門小組加強管理與協調網路貸款業之經營成效。

2. P2P 借貸平台模式

網路借貸平台（P2P）乃擔任借款人與投資人間媒介與撮合角色。當借款人於平台刊登資金需求訊息時，投資人得知訊息後如有意願者，可透過平台完成借貸程序。網路借貸平台可分為 P2P 網路借貸、平台擔任保證人、合作發行有價證券、以及 P2B 債權讓與四種模式，如表 2-10 顯示。

表 2-10　P2P 借貸平台模式

模式	內容	案例
P2P借貸平台	擔任中介角色撮合閒置資金與借款需求者。	大部分中國P2P網貸平台。
平台擔任保證人	當借款人不履約時，平台需負責償還。	永豐銀行成立的「標會理財網」。
與銀行合作發行有價證券	由銀行先貸款給借款人，再將此債權做成資產證券化發行	Lending Club與Webbank銀行合作模式。資產證券化乃將債權切割為不同單位，並轉讓給投資者，以取得權利憑證（Promissory Note）來表彰有價證券。
債權讓與	投資人可將債權切割賣出，以期分散風險。	台灣：鄉民貸。 中國大陸：宜信。

資料來源：1. MBA Lib網站。
2. 新聯在線網站。
3. 網民貸網站。
4. 財訊雙周刊，網路借貸平台大咖、新秀都來了，2016.10.6。
5. 經濟日報，P2P網路借貸金管會要管，2016.3.29。

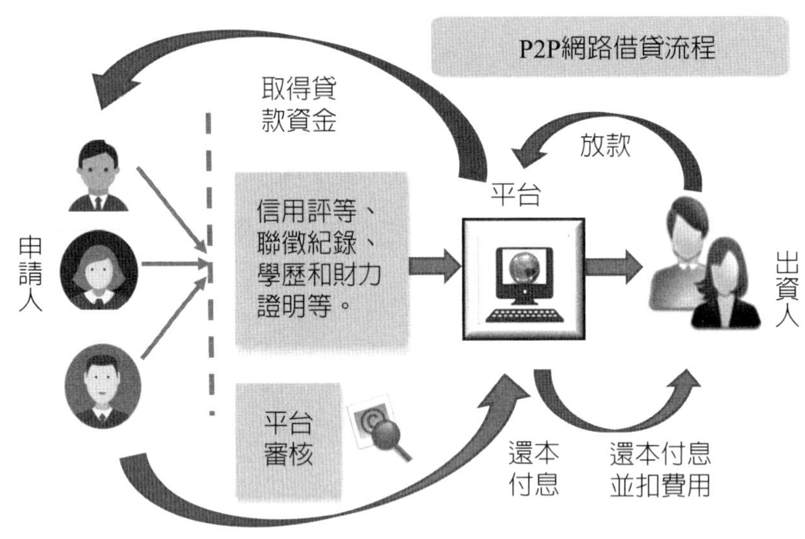

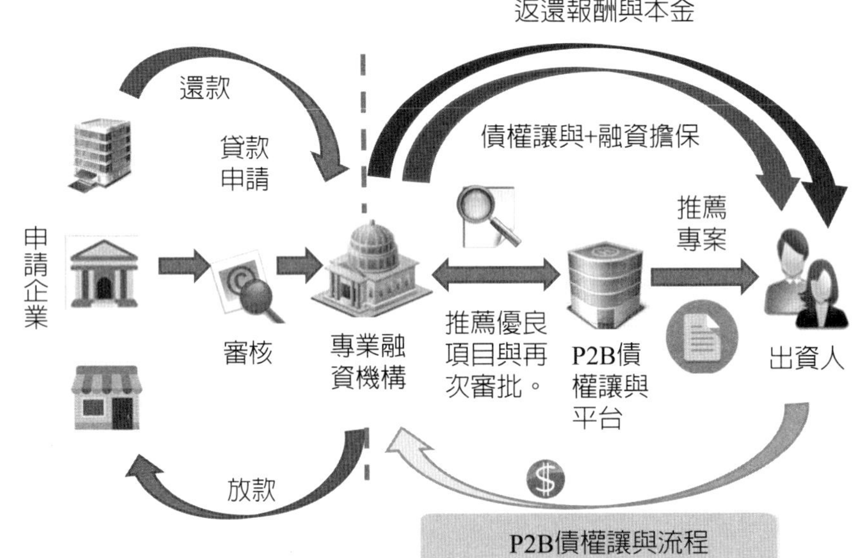

圖 2-13　P2P 網路借貸與 P2B 債權讓與的流程

資料來源：1. 百度百科網站。
2. Wikimedia Commons。
3. 新聯在線網站。
4. 網民貸網站。
5. 財訊雙周刊，網路借貸平台大咖、新秀都來了，2016.10.6。

圖 2-13 顯示 P2P 借貸平台和企業債權讓與流程的差異，前者點對點網路借貸（Peer to Peer, P2P）爲互聯網金融之項目，透過平台依信用程度、聯合徵信、學歷證明、工作證明與財力證明等資料，作爲審核佐證文件，並撮合小額資金需求者（如創業者、微型企業、和個人等）與資金出資者的借貸活動，屬民間小額借貸模式。後者爲個人對企業債權讓與（Person to Business, P2B），屬於互聯網融資服務平台，從事 P2B 債權讓與和仲介業務服務。由中小型企業、微型公司、和法人大股東等，向專業融資機構申請融資，經審核基本文件、風險評估與擔保品評量後，提供申請者低於民間借貸利率的資金。另外，專業融資機構會採類似信託管控方式，即互聯網信託，並推薦優良項目給 P2B 債權讓與平台。經平台再次嚴格審批後，以債權讓與 + 融資擔保專案推薦給出資者，並固定投資收益回報出資者。P2B 債權讓與平台和仲介並未觸及任何借貸活動，從事相關投資風險性低於民間借貸。

3. 台灣 P2P 網路借貸發展

表 2-11 說明台灣 P2P 產業發展狀況，2016 年 12 月金管會爲提倡金融科技發展與網路借貸的市場需求，採取銀行與 P2P 網路借貸平台合作與聯盟的方式，以期加強內控與風險管理。同時，與銀行簽署自律規範，涵蓋廣告合作、資金保管、金流代收處理、評等與徵審、債權文件管理、與委外行銷等項目。此外，開放銀行 100% 轉投資項目之一，即投資其他以資訊或網路科技，提供設計、數位化推展、或創新金融服務業務，以期獲取相關專利與技術。例如：網路借貸平台（P2P）投資項目。因此，吸引許多金融機構與非金融業者，開始研析商業銀行尚未接觸客群習性、供應鏈金融以及普惠金融可行性分析。

表 2-11　台灣 P2P 網路借貸平台發展狀況

項目	內容	備註
家數	1. 金融業： 2008年永豐MMA標會理財網提供擔保。 2. 非金融業： 鄉民貸、LnB信用市集、哇借貸、台灣資金交易所、新聯在線、蘊奇線上、怡富貸、環球貸。 3. 鴻海旗下富中富網貸平台，規劃中國大陸供應鏈金融。	中華金融科技產業促進會簽署業者自律規範約20家。

表 2-11　台灣 P2P 網路借貸平台發展狀況（續）

項目	內容	備註
金管會規定	2016年12月金管會開放銀行100%轉投資新規定： 其他以資訊或網路科技，提供設計、數位化推展、或創新金融服務業務。如網路借貸平台（P2P）。	
與銀行業務合作自律規範	1.資金保管：以信託或履約保證承作，交由銀行保管，避免業者捲款潛逃。 2.金流代收：提供銀行代P2P貸款相關收代付業務。 3.廣告合作：將合作銀行列於廣告，增強借貸雙方信任。 4.徵審：利用銀行信用評等機制協助P2P徵信。 5.債權文件：由銀行出面保管。 6.委外行銷：P2P平台客戶可引介給銀行。	「銀行業與網路借貸業者（P2P）間的業務合作自律規範」

資料來源：1. 經濟日報，北富銀入股英FinTech公司，2016.12.23。
2. 經濟日報，銀行100%投資P2P擬放行，2016.7.20。
3. 經濟日報，銀行結盟P2P金管會點頭，2017.11.13。
4. 工商時報，鴻海供應鏈金融今年內上線，2016.6.21。
5. 經濟日報，P2P業者倒閉？虛驚一場，2018.10.31。

鴻海看準供應鏈金融潛力，解決供應鏈企業融資需求，開展 P2P 網路借貸。成立富中富網貸平台，僅針對其零組件供應商會員，提供貸款服務。另建置富金機網路平台從事跨境電商，鎖定供應鏈金融服務、物流、電子合同、與電子簽章等業務，已完成 10 億人民幣額度。設立富金通金融服務平台，核可電子零組件供應商融資需求、融資擔保、股權投資、與融資租賃等業務。如 2017 年 3 月富金通與點融網合作，打造 Chained Finance 區塊鏈金融服務平台。2017 年 10 月富金通透過 B 輪募資領投 4.8 億元台幣，投資 Abra 網路匯款平台，進軍家電租賃連結比特幣付款新商業模式。如圖 2-14 所示。

目前台灣從事 P2P 網路借貸平台業者約有 20 家營運，如鄉民貸、LnB 信用市集、哇借貸、蘊奇線上、新聯在線、怡富貸、環球貸與台灣資金交易所等。瞄準微型創業者、資金周轉需求者、和小白族群（指無卡、無往來銀行信用、存款少等的大學生）等較爲弱勢者借貸，相關資本額、資格條件、利率區間等資料，如表 2-12 所示。

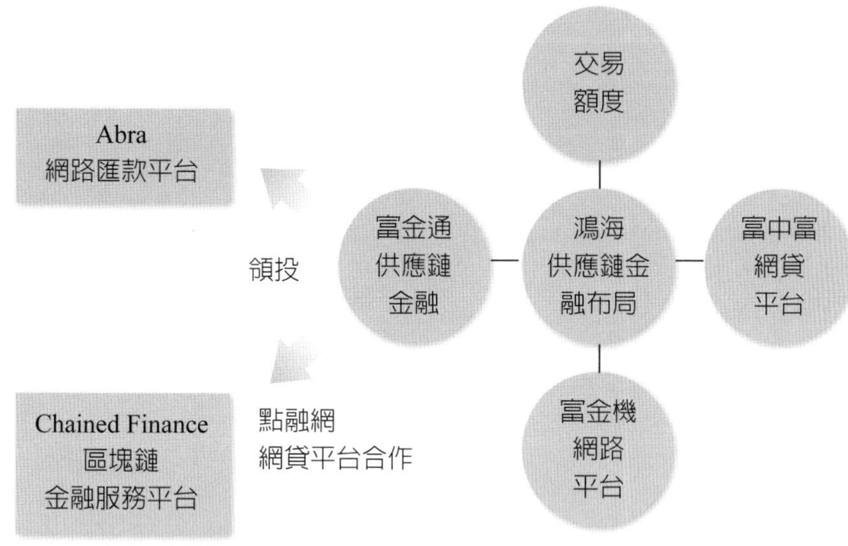

圖 2-14 鴻海集團供應鏈金融布局

資料來源：1.工商時報，鴻海供應鏈金融今年內上線，2016.6.21。
2. 經濟日報，鴻海快攻區塊鏈投資比特幣公司，2017.10.25。
3. 今周刊，工程師轉攻FinTech讓鴻海點頭合作，2017.7.17。
4. 財經新報，鴻海集團擴大供應鏈金融服務布局，推區塊鏈金融平台，2017.3.8。

表 2-12 台灣網路借貸平台業務說明

平台	鄉民貸	LnB信用市集	哇借貸	蘊奇線上	新聯在線	台灣資金交易所
公司	鄉民貸	瑞保網路	漢唐光電轉投資	蘊奇科技	新佳聯	喬美國際
資本額	1,111萬元	1,000萬元	1.89億元	1,000萬元	499.8萬元	2.3億元
類型	P2P借貸	P2P借貸： 互利金融平台	P2P借貸	P2P借貸	P2B債權讓與和仲介	標會型P2P借貸

表 2-12　台灣網路借貸平台業務說明（續）

資格條件	出資者	滿20歲	滿20歲	滿20歲、WOW與太陽神第三方金流帳戶	年滿20歲	具有完全行為能力與獨立承擔法律責任用者。	年滿20歲
	借款人	滿20歲	滿20歲、未滿55歲	滿20歲、有固定工作者（須提出至少六個月薪資或在職證明）、WOW與太陽神第三方金流帳戶。	年滿20歲		年滿20歲
利率區間	出資者	報酬率：最高20%	共分15級：A+（利率2.2%）～H+（利率19%）	固定利率19.98%	年化利率3.5-9%	報酬率3-9%（年化收益）	依不同平等：預估報酬1.65-12.85%
	借款人	資金成本：0-19.92%			年化利率3.5-19.9%	依專業融資需求	
備註		首家利用自然人憑證申請貸款。	1. 借貸金額提撥比例交付信託。 2. 審核機制核准申貸率僅5%。 3. 2017年客戶違約率僅1%。 4. 2018年5月LnB與渣打銀行簽約合作首例。				

資料來源：1. 經濟日報，渣打攻P2P網貸業務拚10%，2018.5.17。
2. 經濟日報，P2P不立專法開放銀行承做，2016.6.29。
3. 蘊奇線上網站。
4. 台灣資金交易所網站。
5. 新聯在線網站。
6. 財訊雙周刊，網路借貸平台大咖、新秀都來了，2016.10.6。
7. 經濟日報，金融科技紅火支付借貸……做大商機，2016.9.17。

在比較 LnB 信用市集與傳統 P2P 網貸後，可以清楚分別兩者的不同點。當借款人還款義務未能履行時，有別於一般平台業者自行吸收的方式，LnB 信用市集設立風險保本基金負責理賠。P2P 網貸平台會形成資金池，而 LnB 信用市集則不經手金流。另外，大數據與信用評等模式的建置亦為 LnB 信用市集的特色之一，如表 2-13 說明。

表 2-13　LnB 網貸平台與傳統 P2P 網貸平台的比較

業者	LnB網貸平台	傳統P2P網貸平台
角色	1. 成立保本信託，將借貸本金依信用等級扣款，並列入風險保本基金中。 2. 遇到壞帳時，投資人可按保本率獲得賠償。	1. 平台擔任保證人，大部分屬100%保本。 2. 遇到借款人未能還款，則平台業者負責償還。
金流	借款人與投資人帳號互通，平台未參與金流。	1. 具代收與代付之金流角色。 2. 形成自有資金池。
徵信審核	利用大數據技術分析與信用評等模型，評量借款者各自信用評等水準。	鄉民貸利用證件、臉書紀錄、和聯徵中心（如信用卡信用評分：債信紀錄、負債情況、與銀行往來資料）等作為審核依據。

資料來源：1. 經濟日報，P2P新型態採差別定價，2016.4.14。
2. 經濟日報，P2P借貸……要靠信用分數打底，2016.5.11。

4. 台灣 P2P 網路借貸適法性

表 2-14 說明有關台灣 P2P 網路借貸觸法疑慮，可分為四類，包括違法吸金、重利罪、廣告不實、與多層次傳銷等項目。

(1) 違法吸金

P2P 平台與投資人約定保證固定收益，可領取高額利息和期滿保本。涉及違法吸金將處 3-10 年有期徒刑。

(2) 重利罪

平台提供利率出過 20%，依民法將違反規定，可處 3 年以下有期徒刑。

表 2-14　P2P 網路借貸相關觸法與罰則

觸法疑慮	內容	罰則
違法吸金	1. 平台與投資人約定，可領取高利息，期滿還本，保證固定收益，類似典型龐氏騙局手法。 2. 先向投資人收款，且借方人數屬於隨時上升的情勢，然借貸契約尚未成立。	3-10年有期徒刑，犯罪金額達1億元以上，可處7年以上有徒刑。
重利罪	借款利率超過民法規定20%年息。	3年以下有期徒刑。
廣告不實	採用高報酬、低風險、低成本等資訊，以吸引投資者。	罰款
多層次傳銷行為	由會員一對一方式的借貸成為初始債權，再將債權賣給其他會員，外加高報酬吸引投資者。	罰款

資料來源：1. 蘋果日報，P2P遭檢舉金管會4大示警，2016.4.29。
2. 曹磊、錢海利，FinTech金融科技革命，商周出版，2016.5.5。

(3) 廣告不實

向投資人強調高報酬、低風險、與低成本等不實資訊，以吸引潛在投資者加入，平台業者將遭受罰款。

(4) 多層次傳銷行為

以高報酬吸引投資客，將債權轉賣給其他會員之傳銷手法。

七、中國大陸 P2P 網路借貸

1. 中國大陸 P2P 網路借貸規定

2016 年 8 月 24 日，銀監會正式實施「網絡借貸資訊中心機構業務活動管理暫行辦法（評估稿）」，簡稱「P2P 暫行辦法」，明訂網路貸款監管細則，相關 P2P 網路借貸暫行辦法重點，如表 2-15 說明。為推廣普惠金融，銀監會將 P2P 網路借貸定調爲訊息中介，可採備案管理方式。平台不允許用變相「理財商品」藉以吸引存款。針對平台制定借貸上限、不得經營項目、不得宣傳之管道等規範。另平台須將借款人與投資人的資金分開，存入第三方資金存管機構（如銀

表 2-15　P2P 網路借貸暫行辦法重點說明

項目	適用規定	影響
服務	屬訊息中介，而非信用中介。故採備案管理方式，資金需經第三方存管。	普惠金融。
借貸上限	1. 同一自然人單平台上限為20萬人民幣。 2. 同一自然人多平台上限為100萬人民幣。 3. 法人至多500萬元人民幣借貸。	無法進行車貸與房貸。
不得經營	1. 不能自行融資、禁止擔保或保本、保息、吸收存款、與資金池等業務。 2. 不得拆分融資專案。 3. 不得發行與銷售有關保險、券商管理、基金、銀行理財或信託等金融資產。	不得拆分表示不可將資產證券化、亦或打包資產、證券化資產、信託資產、基金份額等形式從事債權轉讓。
不得宣傳	不得於電子管道以外的場所（如線下、自行或委託授權於網路、電話、與手機等）宣傳、推廣或推薦相關事務。	
法律規範	受合同法、民法通則、最高人民法院相關司法解釋等規範。	屬於民間借貸。
合作範圍	同意協力機構提供擔保，亦或透過保險公司合作開展業務。	

資料來源：1. 經濟日報，大陸嚴管P2P禁債權轉讓，2016.8.25。
　　　　　2. 中國證券監督管理委員會。

行），且不能任意動用資金。然此造成 P2P 平台困擾，因正常營運平台與銀行簽訂存管協定的比例僅 4.9%。

以開鑫貸 P2P 網貸運作模式爲例，透過中國江蘇國有銀行的風險控管機制，經由銀行嚴格審核申貸案件、全額本息擔保和管控資金池，以避免捲款與貪瀆的事端發生。投資人透過 P2P 網路平台，尋找適合的借款作第三方標的投資項目，年利率介於 5%-9% 間，如圖 2-15 所示。

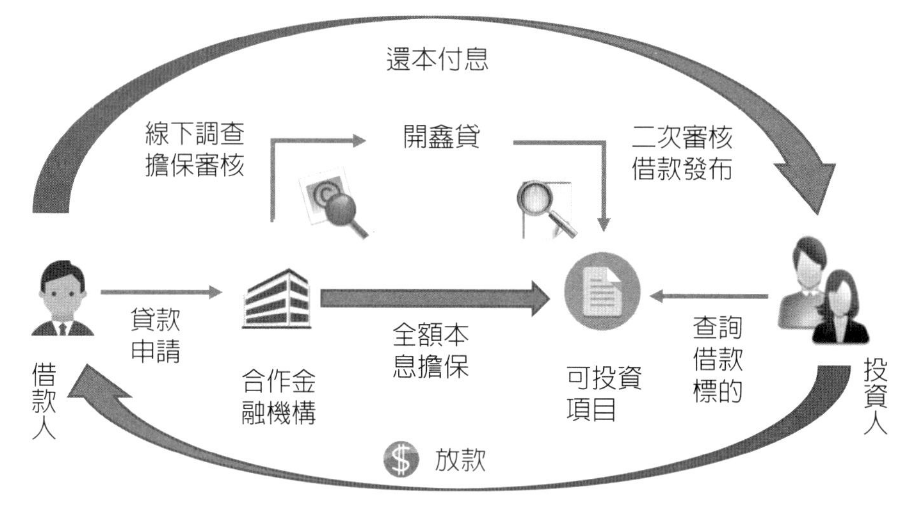

圖 2-15　**開鑫貸經營模式**

資料來源：1. 開鑫貸網站。

2. Wikimedia Commons。

3. 陳鼎文，決勝數位金融新時代，台灣金融研訓院，2015.11。

2. 中國大陸 P2P 網路借貸問題叢生

互聯網金融時代的來臨，中國政府採開放的態度，推展普惠金融，以嘉惠於中小企業與個人資金的需求。但由於監管鬆散，造成高利息非法吸金與龐氏詐騙頻傳等事件。另外，P2P 網貸型態亦五花八門般的出現，例如：網貸平台提供「裸持」借款，即女學生以手持身分證的裸照做爲抵押借款，並提供個人和朋友聯絡方式等資料，還可依美貌與裸露程度借款。由於高達 30% 的利率，使借款者無法還錢而遭業者將裸照公開的恐嚇等情事發生。政府實施 P2P 暫行辦法，監督管制日趨嚴厲，以期提高 P2P 平台債權資訊透明度、資訊披露與風險管控等，使互聯網金融邁入整頓期。國務院 2016 年初制定「互聯網金融專項整治」，針對 P2P 網貸、股權眾籌、互聯網保險、與網路支付等活動進行整頓，並取締非法集資活動。

(1) 除打擊不法外，爲防範風險，特別舉辦參觀監獄活動，強制要求 P2P 業者高層實際參與警示教育。例如：2016 年 8 月深圳市網路金融協會發布的「關於舉辦互聯網金融企業高管走進監獄進行風險警示教育活動的通知」事項。

(2) 上海市府採取暫停網路金融公司註冊，準備整頓一番，俟地方金融監管意見公布實施後再行開放。另加強非法集資風險查核，密集登門臨檢有關網路借貸、投資理財、與非融資性擔保等業務，以防範未然。

(3) 廣州市府開展常態化實地核實計畫，主動追查資金流向之合法性。此外，深圳市亦全面進行網貸平台普查，以了解代收、支付、與伺服器等資訊。

2016 年 11 月 P2P 網貸平台數量高達 5,879 家，而正常營運 P2P 網貸平台下降共計 2,534 家。至 2017 年 10 月正常營運平台爲 1,975 家，而問題平台爲 3,974 家。大部分小額貸款公司是依公司對顧客（Business to Customer）模式運作。以風險等級最高的陸金所爲例，P2P 網貸僅占營收約 10%，主要營業項目爲網路基金、保險、和理財商品等銷售。由於許多平台屢踩紅線且管理內控不當，例如：違法吸金、資金錯配、詐欺事件、暴力催收、個資外洩、資金來源隱匿和放高利貸等情事，造成捲款倒閉、停業轉型等事件屢見不鮮，倒帳風波不斷與投資人所面臨的流動性風險。如表 2-16 所示。

表 2-16　P2P 網貸違約問題

日期	網貸平台	違約金額	違法事項	備註
2015.1	百銀財富	2	負責人捲款潛逃	銷售經理被判5年
2015.4	滬易貸	1.9	非法吸收公眾存款	立案偵查
2015.9	日金寶	430	龐氏騙局	
2015.12	大大集團（大大寶）	500	龐氏騙局：非法吸收公眾存款、強制員工購買理財產品。	調查
2016.2	e租寶	500	詐騙案	中國最有責任感的互聯網企業。
2016.3	金鹿財行	3	延期兌付危機	
2016.4	中晉集團	399	龐氏騙局：非法吸收公眾存款、非法集資詐騙。	逮捕高階主管
	融宜寶	100	兌付問題	倒閉

表 2-16　P2P 網貸違約問題（續）

日期	網貸平台	違約金額	違法事項	備註
	望洲財富	10	捲款失聯	
	易乾金融	100	詐騙案：資金流向不明、營運造假、母公司為空殼公司。	警方凍結帳戶
2016.5	河北融投	500	擔保額度兌付跳票	
2016.7	銀坊金融	2	集資詐騙罪：涉及非法吸收公眾存款、偽造擔保函。	負責人被判無期徒刑
2017.10.5	平台退出		共計887家退出。	P2P相關整治方案
2017.11.23	停發牌照		關於立即暫停批設網路小額貸款公司的通知	嚴控暴力催收與高利貸
2018.7	163家爆發倒閉潮		殭屍網站、無預警關閉、退出市場、失聯與偵查介入等。	2018年前半年

金額單位：億元人民幣。

資料來源：1. 工商時報，河北融投恐跳票500億人民幣，2016.5.25。
2. KK News，P2P金融詐騙頻生除了「中晉」還有多少龐氏陷阱？2016.5.19。
3. 工商時報，陸P2P負責人判無期徒刑，2016.7.6。
4. 工商時報，陸P2P網貸惡性平台暴增，2016.7.18。
5. 壹讀，P2P領域最重判刑出爐：銀坊金融負責人蔡錦聰領無期徒刑，2016.7.5。
6. 經濟日報，國務院整頓P2P網貸，2016.4.17。
7. 經濟日報，陸P2P網貸平台爆倒閉潮，2018.7.23。
8. 經濟日報，陸整頓網路小貸停發牌照，2017.11.23。

八、群眾募資風險與法律相關問題

針對投資人保障權益，群眾募資管理法治與責任歸屬機制的建置亦刻不容緩。對於提升募資平台專業度，強化公信力與獨立自主性，確保經營模式的透明度亦爲重要。另外，平台需對提案者加強風險管控，透過公正第三方業者進行金流控管，符合主管機構監管要求，以順利執行相關業務的發展，彙整如表2-17。

表 2-17　各種募資型態的監管和風險問題

型態	監管問題	說明	中國法律風險問題			台灣法律風險問題	
			刑事法	行政法	民事法		
捐贈型	詐欺行為	藉由監管不健全的漏洞，以慈善名義進行非法捐贈集資。	集資詐欺的刑事法律風險	非法金融類的行政違法行為		公益勸募條例 民法贈與規定 建築法	1. 消費者保護法。 2. 個人資保護法。 3. 公平交易法。
報酬型	利益受損	平台審查提案機制不彰且未受規範，形成出資者權益受損的情形。			依民事法「民事糾紛」處理	民法買賣規定 著作權法 依民法「民事糾紛」處理	
	無法交貨	因成本錯估、技術問題和開發難度等造成無法履行交貨。					
	合同違約	品質不符、交貨延期、退款問題。					
借貸型	資本額門檻過低	中國網貸業資本額僅100,000元，吸引創業者投入，平台品質堪慮。	非法集資類的刑事犯罪	非法金融類的行政違法行為	民事法律問題：包括集體訴訟、損失標準等	銀行法	
	資金管理鬆散	初期中國網貸業資金無相關規範，不肖平台業者挪用資金從事股票、債券和基金等投資，而造成損失。					
	平台自行擔保	中國P2P網貸為借款者擔保，因審核機制、風險管控、信用徵信和帳目處理等不彰，而陷入困境或倒閉。					

表 2-17　各種募資型態的監管和風險問題（續）

型態	監管問題	說明	中國法律風險問題			台灣法律風險問題	
			刑事法	行政法	民事法		
股權型	退出機制未設立	出資人持非公開上市股票，在尚未上市前無法出脫。合併時，可轉換成存續公司股票。若公司為上市櫃公司，方能出售。	非法證券類的刑事法律犯罪	非法證券類的行政違法行為	民事法律問題	證券交易法第22條第1項修訂。	
	領投人詐欺	罔顧規範的詐欺活動和股權糾紛。					
	發行對象規定限制	不向非特定對象和不超過200個特定對象發行股票。					

資料來源：王擎天，眾籌無所不愁夢想落地，創見文化，2016.3。

為提升群眾募資對創新創業的正面發展模式，各國主管機關應制定相關法規，釐清募資平台、提案者與出資者間較為嚴謹的權利與義務關係。例如：要求募資平台加強擔保機制與連帶責任、透過第三公證機構（如協會）執行外部監督、對提案者的基本徵信與資格審查、以及導入與加強智財權保障等事項。

不同募資型態經歷不同的潛在監管問題，例如：詐欺行為、合同違約、資金管理鬆散、和退出機制等監管問題。而監管問題亦對應相關法律風險，諸如中國大陸有關刑事法、行政法與民事法的處理，而台灣則牽涉各種相關法規，如公益勸募條例、民法、消費者保護法、個人資料保護法、公平交易法、銀行法與證券交易法等。

實務案例

供應鏈融資

供應鏈融資乃以核心企業為信用擔保，銀行建構金流架構，針對上下游供應鏈企業提供優惠資金融通服務所需，以期強化供應鏈夥伴關係，如圖 2-16 所示。

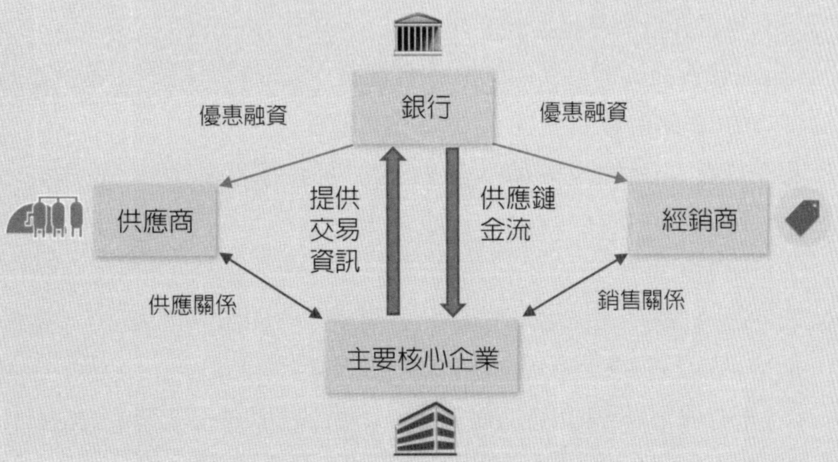

銀行
優惠融資
優惠融資
供應商
提供交易資訊
供應鏈金流
經銷商
供應關係
銷售關係
主要核心企業

圖 2-16 供應鏈融資流程

資料來源：楊佳侑，以創新應用技術開創貿易新時代，經濟前瞻，第182期，2019.3.12。

習題

一、選擇題

(　) 1. 以下何者法律不能適用於台灣借貸型群眾募資風險與法律問題處理？
(A) 消費者保護法　(B) 民事法　(C) 銀行法　(D) 公平交易法

(　) 2. 台灣 P2P 網路借貸利率如超過____% 年息時，會涉及重利罪。
(A) 16　(B)18　(C)20　(D)22

(　) 3. 以下何者非台灣 P2P 網路借貸平台？
(A) 鄉民貸　(B) LnB 信用市集　(C) 哇借貸　(D) 開鑫貸

(　) 4. 台灣群眾募資平台成功率約在____間，相較於 Kickstarter（40-45%）與 Indiegogo（10%），雖然目標金額略低，但成功籌資的表現值得稱許。
(A) 45-60%　(B) 47-65%　(C) 48-66%　(D) 48-64%

(　) 5. 創櫃板隸屬於____。
(A) 台灣證券交易所　(B) 櫃檯買賣中心　(C) 財金公司　(D) 集保公司

(　) 6. 天使投資人金額大約在____萬美元以下。
(A) 5　(B) 6　(C) 7　(D) 8

(　) 7. 下列何者非借貸基礎型群眾募資？
(A) 股票質押借貸　(B) P2B 債權讓與
(C) P2P 網路借貸　(D) 標會型 P2P 借貸

(　) 8. 專業投資人於股權型募資平台，一年內於創櫃版投資的限額為：
(A) 不得逾 15 萬元　(B) 不得逾 20 萬元
(C) 不得逾 30 萬元　(D) 以上皆非

(　) 9. 若期限內未達目標金額，Indiegogo 募資平台採用____模式，讓提案者選擇。
(A) 全有或全無（All or Nothing）　(B) 保留最後募集資金（Keep It All）
(C) 前述二者　(D) 以上皆非

(　) 10. 全球最大的群眾募資平台為：
(A) Flying V　(B) Lending Club　(C) Kickstarter　(D) Indiegogo

二、申論題

1. 請比較群眾募資型態與提案者。
2. 說明 P2P 網貸觸法的疑慮為何？
3. 說明 P2B 債權讓與以及 P2P 網貸的不同處。
4. 列舉群眾募資的優缺點並說明之。

解答：1.(B) 2.(C) 3.(D) 4.(B) 5.(B) 6.(A) 7.(A) 8.(D) 9.(C) 10.(C)

群眾募資與資金融通

一、創業資金融通

爲扶植新創事業加速成長，鼓勵創新與高附加價值產品開發，逐步全球布局，除開始各項法規鬆綁外，例如：閉鎖性股份有限公司、有限合夥法制定（如附錄），推動創業補助、創業融資、與創業投資等措施，從創業準備期與早期階段執行相關計畫配合，如圖 3-1 顯示。

(1) 創業準備期

科技部提出「創新創業激勵計畫」，透過研究成果產業化效益的實施，篩選創新技術、傑出研究專題、專利、創新設計獎與發明獎等相關研發人員（如學生、教授、研究人員等），經創業營隊培訓，提供優秀團隊 200 萬元創業基金補助，並可參與美國矽谷創業加速器合作計畫，實現創業夢想。另由國發基金提出「創業天使計畫」，針對欲成立新公司或已成立 3 年內的公司爲資格條件，以快速專業審核流程，提供創業資金申請機會，並設置諮詢窗口，協助經營輔導及資金回饋的機制。

(2) 早期階段

(A) 創業融資

由經濟部提供「企業小頭家貸款」、「青年創業與啟動金貸款」，以及金管會提供「金融挺創業產業專案」，鎖定青年創業者、微型創業者、及小型創業者等，除提供籌設階段所需準備金與開辦費外，支援營運期周轉金與資本性支出等。另採放寬額度與調降信用保證費率等措施，提供資金融通需求。

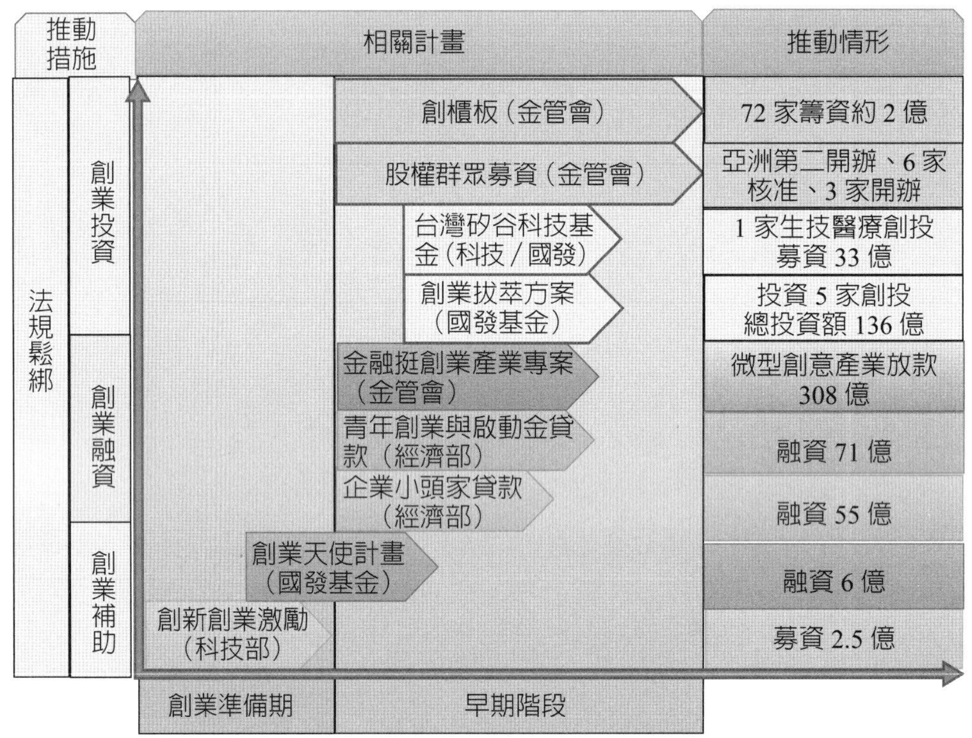

圖 3-1　創業各階段政府資金融通協助

資料來源：國家發展委員會，政府協助新創事業多元籌資推動情形報告，2015.11.5。

(B) 創業投資

爲激勵創新與國際接軌，由國發基金與科技部領軍，提出「創業拔萃方案」、「台灣矽谷科技基金」，透過國內外創投基金投資早期新創事業經營，並結合美國矽谷科技重鎮的知名加速器合作，引領新創企業邁向國際舞台，以期發揮綜效。於 2014 年 1 月同意櫃檯買賣中心成立創櫃板，成爲微型企業以非公開發行公司的名義，申請掛牌籌資管道的機會。此外，金管會於 2015 年 4 月允許設立民間經營股權型群眾募資，此爲亞洲領先開放第二名之列。

1. 天使基金（Angel Fund）投資

企業於種子期間僅擁有創業初始資金，進入萌芽期間後，以原始股東和草創員工的創新創意點子與成功率較低等因素，尚難爭取到創業投資基金（Venture

Capital, VC）和私募股權基金（Private Equity, PE Fund）的青睞。而由企業、企業家、和校友等，為扶植下一代、開發投資潛力市場、善盡社會責任、或支持學校推展研發及創業等原由，則屬於自發性設立基金的性質，支持新創企業的創新創意案，並以資金挹注，以免案件胎死腹中。若案子成功，則報酬率可達數倍。反之，可能血本無歸。因此，創業風險較高的情形下，初期如同及時雨般的基金，被視為天使，故稱為天使基金。圖 3-2 顯示 2015-2016 年台灣新創事業獲得天使投資的近況，可知投資交易筆數小幅成長，種子輪與 A 輪下降，獲投家數與跨國聯投件數則持平。

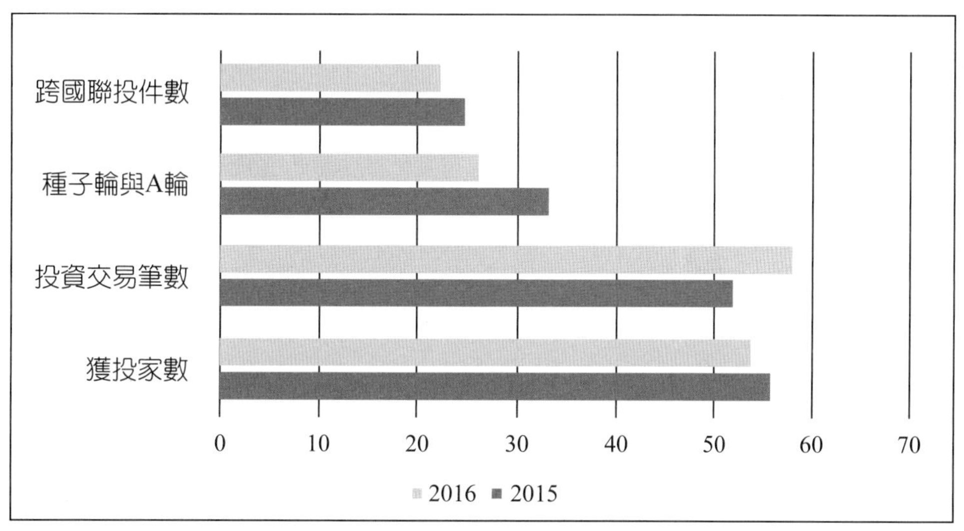

圖 3-2　台灣天使投資新創事業案件

資料來源：1. 工商時報，台灣新創企業創投押寶，2017.1.17。
2. Findit研究團隊。

目前台灣的天使基金是以大學校友為主導，計有台安傑天使基金、台大天使基金、交大天使投資俱樂部、躍馬中原基金會等，如表 3-1 所示。以躍馬中原基金會為例，主要投資校友與教師創業活動，及協助研發創新成果為目標。台灣天使投資協會於 2015 年成立台北天使俱樂部，透過創業家與天使投資人的連結，有效將資金挹注於募集管道。

表 3-1　天使基金倡議

名稱	發起人	主要成員	目標
台安傑天使基金	政治大學EMBA學程	政治大學EMBA校友	協助創業。
台大天使基金	台灣大學教授	台大創聯會、NTU Garage	將早期創業與天使投資連結。
交大天使投資俱樂部	交通大學校友總會	交大校友會成員	善用校友產業經驗與人脈網絡關係。
躍馬中原基金會	中原工業系友	中原大學校友	協助校友與教師創業。
工研院天使基金	工研院	院士、創業院友	技術支援與投資優質新創團隊，建構全球華人創新創業基地。設立創新生態體系。
台北天使俱樂部	天使投資協會	會員	創業家與天使投資人連結，引進募集管道資金挹注。

資料來源：1. 工商時報，台灣天使投資人哪去了？2014.8.25。
2. 經濟日報，工研院天使基金挺新創事業，2016.1.19。
3. 工商時報，扶植新創科P與天使早餐會，2015.5.6。

2016 年 1 月工研院爲持續扶植新創產業，發起籌措 10 億元天使基金，積極與地方產業合作凝聚產業聚落，強化技術支援與鎖定優質新創團隊挹注資金，打造創新生態體系，全力朝向建構全球華人創新創業基地。此外，經濟部亦於 2016 年 9 月舉辦「國際天使與早期投資峰會」，藉由美國、英國天使投資人豐富經驗，分享早期智慧資金操作與分析投資經歷，促進民間設置天使基金的興趣。

2. 天使投資人、天使基金與創業投資的比較

一般而言，擁有豐富創業經驗的天使投資人與天使基金，通常依個人興趣和特定領域所需，於初期企業創立時切入，首輪投資金額較少，介於美金 5-10 萬元間，持有股權比例約爲 2-20%。而創投則於中後期投資並橫跨許多產業且介入企業營運，投入資金約爲美金 300-500 萬元之譜，股權比率約占 30-60%，常要求董事席次。創投業自 1983 年引進台灣已逾 30 年，成功挹注超過 400 家上

市櫃公司資金。為此，台灣證券交易所鼓勵創投基金能從資本市場取得資金，並能扶植新創公司，自 2015 年 11 月准於資本額 20 億元以上、近 2 年投資總額超過總資產 60% 以上、及連續 2 年獲利 6% 以上等條件之創投公司申請上市，金管會核准後即可掛牌。三者相關差異，如表 3-2 說明。

表 3-2　天使投資與創業投資之差異

項目	育成計畫	天使投資人	天使基金／超級天使	創業投資
個人／合夥	合夥	個人	個人／合夥	合夥
投資階段	早期	早期	早期	中後期
首輪投資金額	NT$100萬以下	US$5萬以下 NT$100萬	US$10萬 NT$1,000萬 以下	US$300-500萬 NT$3,000萬 以上
占投資公司股權比重	5-10%	5-20%	10-20%	30-60%
資金來源	個人／法人	個人	個人／法人	個人／法人
投資產業	特定領域	個人興趣	特定領域	橫跨多產業
創業經驗	很豐富	豐富	豐富	無
董事席次	無	無	無	有需求

資料來源：1. MR. JAMIE，創投、天使、超級天使……創業投資人到底有什麼不同？2011.5.16。
2. 工商時報，政府挺專利首設10億天使基金，2013.5.26。

有別於成熟期的投資，天使基金具有較高的不確定投資因素。一般而言，政府為鼓勵創業與創新，採取必要的誘因，如英國和新加坡提供天使投資人持股一定期間者，適用投資獎勵抵減綜合所得稅等租稅優惠。為提供租稅誘因，鼓勵天使投資人投入未滿 3 年高風險新創企業資金，台灣於 2017 年 2 月修正產業創新條例，提供投資扣除額優惠措施，上限為 300 萬元。

政府針對許多學術機構與中小型企業，持續投入研發提升技術，繼而取得專利者不計其數，然因從銀行端審核融資的標準和資產抵押的條件，非常難通過貸款之情事。另外，在企業利用智慧資產權設定質押的融資方面，亦無法有效提升銀行放款意願，而面臨資金短缺無法從事商品化工作。為提振經濟與鼓勵創新活動，使創意和專利能實質轉化為創業動因。2013 年 12 月行政院國家發展基金會提出 5 年創業天使計畫，籌措 10 億新台幣。經評選後，鎖定各產業成立未滿 3 年獨資、合夥、與公司共計 300 家，透過輔導機制，提供占各計畫金額 40% 的資金，以期將創業風險減緩。企業獲利後一定期限內，將依規定淨值比例回饋創業天使基金，但不得逾補助款 2 倍，如圖 3-3 所示。

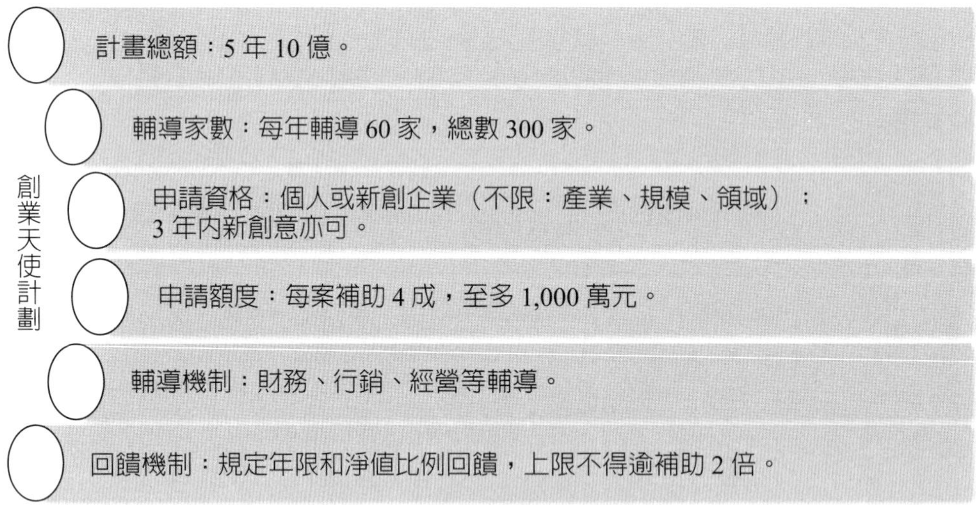

圖 3-3　創業天使計畫概要說明

資料來源：1. 工商時報，國發天使基金吹響創業號角，2013.10.28。
2. 行政院國家發展基金創業天使計畫。

3. 夾層融資（Mezzanine Financing）業務

全球早期資金趨勢觀測指出，2015 年美國和歐盟地區早期投資熱絡，曾攀上高峰後，後因經濟放緩與資金退潮，至 2016 年底，美國大選等不確定因素，資金力道嚴重萎縮，亦致使台灣天使投資和創投欲振乏力，而使資金市場形成爛頭寸的壓力。金管會為消化銀行爛頭寸、推展新創產業、與協助銀行開發新利基業務等，除鼓勵個人、天使投資人（Angel Investor）、天使基金、天使部落（Angel Group）、與專業機構透過群眾募資平台投資外，允許銀行提供夾層融資業務，以提升銀行放款意願。夾層融資介於優先清償順位的主順位債（Senior

Debt）與普通股權益間，雙方認定附認股權、權利金或可轉換債等融資業務。出借者除收取利息外，未來享有一定價格認購的選擇權。當借款戶有盈餘時，經一定期間依簽訂契約規定，將部分債權依比率轉爲股權。

銀行對於夾層融資採取較爲快速徵信程序，並針對借款戶信用狀況，避免冗長的盡職調查（Due Diligence）情況。由於借款企業僅提供部分擔保品即可取得融資，風險相對較高，銀行會要求 20-30% 的高報酬率。當企業未能從銀行借到足夠資金或借款期間與預期相左時，企業透過私募基金、天使投資人、天使基金、與投資銀行等量身訂作夾層融資，並附回饋機制。圖 3-4 說明使用夾層融資的企業資金結構，以及相關的回饋機制給出借者，包括普通股、權利金、附認股證、和可轉換債等。另專業機構、個人、天使投資人、天使基金、與天使部落等亦可由群眾募資平台擴大投資效果。

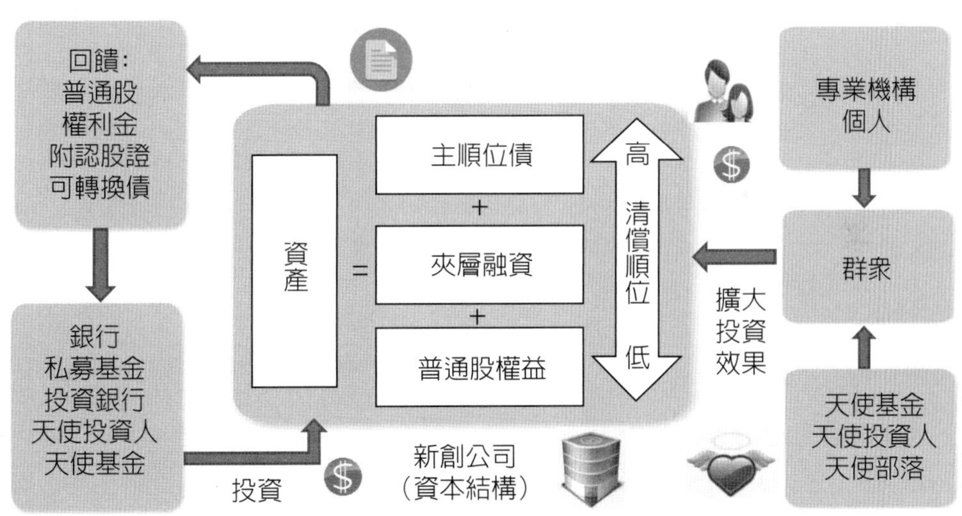

圖 3-4　夾層融資與天使基金連結流程

資料來源：1. 英語島，創業救星？談「夾層融資」與「天使基金」，第32期，2016.7。
2. Wikimedia Commons。

有關夾層融資相關實務操作案例，如表 3-3 指出。包括美國矽谷銀行「創投債權融資」，自 1983 年以來，平均資產回報率爲 17.5%，高於商業銀行平均 12.5% 水平。新加坡政府亦聯合當地三家銀行，成功地推展「創投債務風險分擔」。此外，中國銀行業依循「投貸聯動」政策，以「信貸投放」方式積極開展創新業務。

表 3-3　夾層融資實務操作案例

項目	日期	單位	借款戶	說明
創投債權融資（Venture Debt）	1983	矽谷銀行（美國）	新創、高科技企業	1. 支持創投所投資的企業。 2. 資金來自創投公司與創業公司。 3. 以「先投後貸」提供融資。 4. 對高科技業採用： (1) 直接投資：與創投入股新創公司。 (2) 間接投資：先投資創投公司後，再由該公司投資新創公司股權。
創投債務風險分擔（Venture Debt Risk-Sharing）	2015	新加坡政府、三家銀行	新創公司、中小企業	1. 推動5億元創投債務計畫，政府編列經費預算以分擔50%風險。 2. 兩年內扶助當地100家企業。
投貸聯動	2016	銀行業（中國大陸）	科技創業公司	1. 採「信貸投放」方式與具有投資功能性子公司「股權投資」合作。 2. 設計相關防火牆、風險分擔、和退場機制等程序。 3. 股權收益抵補不良信貸的損失。

資料來源：1. 工商時報，觀念平台—「夾層融資」可以有實務作法，2016.7.19。
2. 壹讀，全面解析夾層基金的結構、LP和投資模式（含PPT數據表），2016.4.1。

由於依法未禁止銀行投資非金融事業的股權，須向主管機關申請核准額度，例如：過去中華開發工業銀行（現已轉型爲商業銀行）曾從事夾層融資業務。相對而言，工業銀行辦理夾層融資業務較具有彈性空間運作。金管會正積極研擬放寬投資限額，以利商業銀行承作夾層融資業務。有關商業銀行和工業銀行轉投資非金融業股權的規定，如表 3-4 說明。

表 3-4 商業和工業銀行轉投資非金融業股權規定

類型	法源	有關規定	備註
商業銀行	銀行法第74條	商業銀行為配合政府經濟發展計劃，經主管機關核准者，得投資於非金融相關事業。但不得參與該相關事業之經營。……投資須符合下列規定： 一、投資總額不得超過投資時銀行淨值之百分之四十，其中投資非金融相關事業之總額不得超過投資時淨值之百分之十。…… 三、商業銀行投資非金融相關事業，對每一事業之投資金額不得超過該被投資事業實收資本總額或已發行股份總數之百分之五。	
工業銀行	銀行法第91條	工業銀行以供給工、礦、交通及其他公用事業所需中、長期信用為主要任務。工業銀行經中央主管機關之核准，得經營第七十三條第一項之業務。	投資每一生產事業金額不得超過工業銀行淨值5%，以及該生產事業資本額的20%。

資料來源：1.金管會網站。 2.工商時報，銀行挺創業融資可談認股，2016.6.1。

 二、產官學界創新創業支持計畫

爲推升經濟發展，促進產業升級，支持創新創業活動，提出多元資金補助與獎勵。表 3-5 說明產官學界全力辦理創新創業支持計畫，包括創業輔導、創客（Maker）支持、加速器培訓、創投扶植與募資訓練等活動。例如：爲協助創業圓夢，新北市政府設置新北創力坊，開辦「台灣創速營」，透過美國創業加速器（Founders Space）合作與輔導，開展資金募集、開拓市場、財務規劃、技術輔導與國際鏈結等活動，並邀請天使投資與創投擔任評審，遴選與補助優秀創業團隊，提供國際線上創業培訓與移地訓練。

表 3-5 產官學界各項創新創業支持計畫

類別	項目	單位	日期	說明
創業輔導	創業家簽證	經濟部	2015.5	試辦兩年每年核定2,000人，因簽核者僅33人。每年下修200人為目標。
	創業A+Demo Show	經濟部	2015.7.2	1. 創業導師輔導提升成功率。 2. 分享經營模式與技術轉化具市場銷售商品。
	創業台北 StartUP@Taipei	台北市	2015.3.31	1. 青年創業融資貸款。 2. 資金補助管理費，鼓勵天使投資人參與群眾募資。
	台大車庫 NTU Garage	台灣大學	2016.2.18	建置青年創業生態系，縮短產學落差，強化學用合一。吸引創業團隊進駐。
	創業圓夢	經濟部	2016.10.26	創業輔導與諮詢服務。
創客支持	DAKUO數位內容創意中心	高雄市經發局	2015.7.5	數位內容與文化創意等青年創業交流平台，提供空間、輔導、津貼與補助。
	Fablab Taipei創客旗艦基地	行政院	2015.12.25	1. 提供創新基地使用空間和創客需求資源。 2. 建置全球創客交流平台，促進產業轉型與升級，強化文創和社會競爭力。
	新北Maker生態系	新北市勞工局	2017.11.8	建構自造串聯平台。
加速器培訓	新北創力坊	新北市	2015.6.2	美國創業加速器（Founders Space）合作，提供創業培訓、募資與國際移地訓練。
	價創工坊	交通大學	2017.1.5	鴻海與產業加速器暨專利開發策略中心合作，提供加速測試與產品開發。

表 3-5 產官學界各項創新創業支持計畫（續）

類別	項目	單位	日期	說明
創投扶植	薪火計畫	科技部、國發會	2016.12.16	1. 台灣矽谷科技基金會，開辦基金100億元。徵選赴美兩家基金培訓一年。 2. 注資創投Vivo PANDA fund和WI Harper Group第8號各4,000萬美元。
	放寬金控創投公司投資限額	金管會	2016.12	1. 投資上限由5,000萬元上升至1.5億元，對被投資公司可達100%持股。 2. 產業：亞洲矽谷、國防、綠能、智慧機械、生醫、新農業及循環經濟。
	創投基金	中華電、PChome	2018.3.26	投資電信、電子商務等新創公司。
訓練	募資簡報訓練營	資策會	2016.11.1	由英國Accelerator Academy加強新創跨國募資簡報能力、商機媒合平台。
創新創業基地	小巨蛋	科技部	2018.6.4	Taiwan Tech Arena引進國際加速器、業師專家，並培育新創團隊。
	林口新創園區	經濟部	2018.9	建置創新創業生態系。
	六大營運區域	台灣中小企銀	2018.4.23	提供創新育成與企業孵化器，並導入加速器，協助排除創業問題。
競賽	FinTech創意大賞企劃	金融總會	2016	首次FinTech競賽活動。
	農業好點子群眾集資	農委會	2017.4.19	提倡農業創新與創業精神並鼓勵與群眾集資活動結合。

資料來源：1. 經濟日報，政院搶才擬推創業家簽證，2015.3.6。
2. 經濟日報，推動創業家簽證先找政策盲點，2017.1.12。
3. 工商時報，創業A+Demo Show住新創企業，2015.7.3。
4. 經濟日報，DAKUO創業幫成果發表掀起創客風，2015.7.5。
5. 工商時報，新北創力坊送團隊赴美，2015.6.2。

6. 經濟日報，科技部拚創投點燃薪火計畫，2016.12.16。
7. 工商時報，鼓勵群募北市重金補助，2015.7.5。
8. 經濟日報，青年創客夢工廠Fablab Taipei銜夢啟用，2015.12.25。
9. 工商時報，台應攜手強化新創團隊跨國募資實力，2016.11.1。
10.工商時報，台灣大學拚創新要蓋大車庫，2016.2.18。
11.經濟部中小企業處網站。
12.台北市政府祕書處網頁。
13.工商時報，鴻海價創工坊正式啟用，2017.1.6。
14.工商時報，新創獨角獸群聚小巨蛋孵育，2018.6.4。
15.工商時報，業師工作坊讓創意結合實務，2017.4.11。
16.經濟日報，群眾集資助農圓夢競賽起跑，2017.4.20。
17.經濟日報，新北自造串聯平台助Maker創業，2017.11.8。
18.經濟日報，台企銀挺青創籌設六大基地，2018.4.23。
19.工商時報，中華電、PChome合資創投基金，2018.3.26。

1. 台大創業生態系內涵

以台灣大學創業生態系內涵爲例，持續精進創新創業活動，激發早期團隊創業熱情，特別建置青年創業生態系，積極縮短產學落差，擬定策略強化學用合一。投入資源空間改造計畫，提升容納空間，藉以吸引符合資格的創業團隊進駐車庫。透過社群分享，以傳承團隊經驗與專業，並打造創業生態系範疇，整合創意與創業學成以及創新設計學院之創業教育，透過台大車庫輔導創業團隊，提供創業種子基金，以完成構想實踐基礎。善用創業校友會、菁新共創平台、創業管理顧問公司與產學中心各項資源，以利事業提升轉化。輔以天使基金、天使俱樂部與外界創業資源挹注，以期協助事業起飛，如圖 3-5 所示。

2. 創業圓夢計畫

經濟部中小企業處爲鼓勵剛成立 3 年內的新創公司，發展具有競爭力和潛力的商業模式，整合上中下游創新事業聯盟的契機，強化台灣創業動能。以創業單一窗口服務，透過創業諮詢與課程，並於以個案轉介和結合婦女創業飛雁計畫，提出青年圓夢計畫架構，經由新創事業獎選拔，鎖定優質經營新創團隊，輔以通路規劃、行銷規劃和企業經營，培養未來經營領袖與管理人才，如圖 3-6 所示。

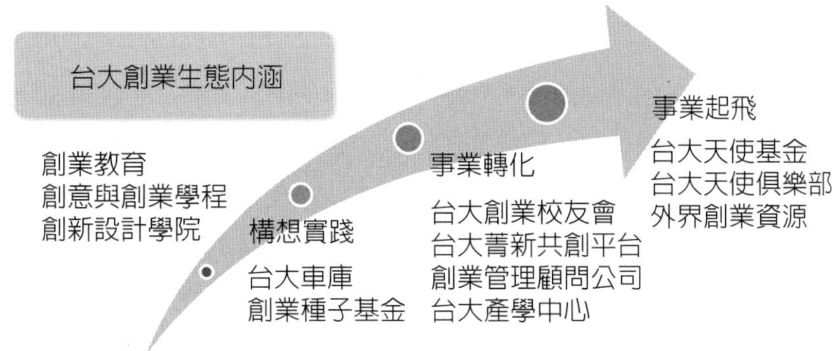

圖 3-5　台大創業生態系

資料來源：1. 工商時報，台灣大學拚創新要蓋大車庫，2016.2.18。
2. 台大創意與創業中心。

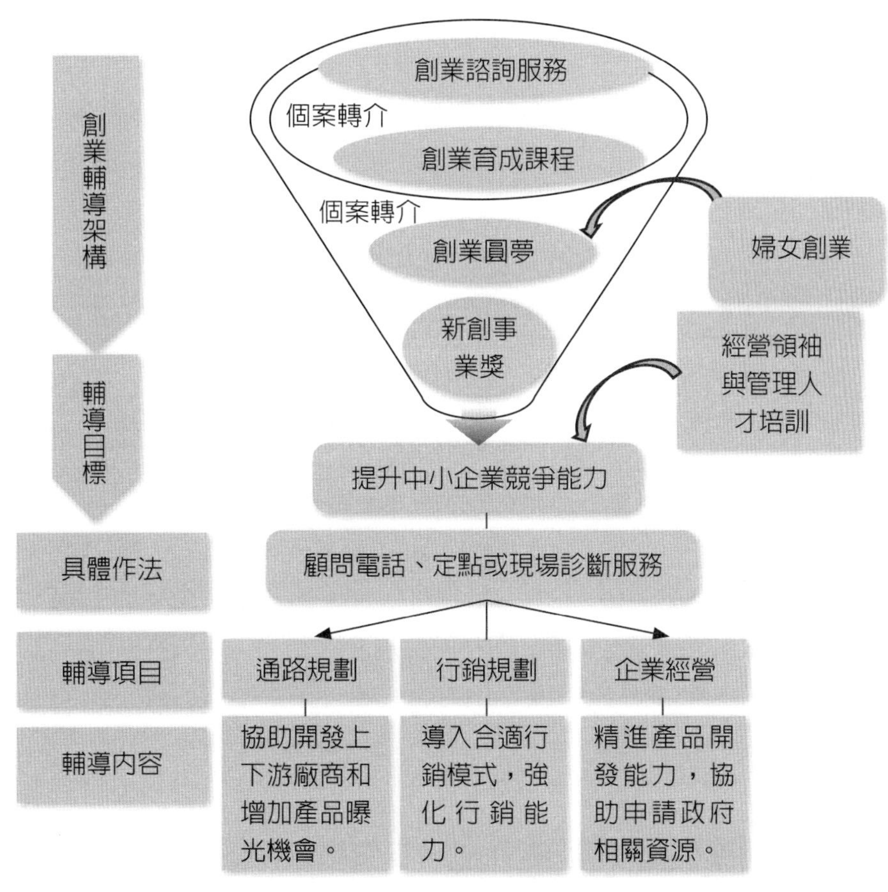

圖 3-6　圓夢計畫架構

資料來源：經濟部中小企業處網站。

3. 創業家簽證

由於國際間創新創業活動十分熱絡，爲吸引前瞻性專業人才與技術，各國均卯足全力提供各項誘因競逐，形成高素質人才群聚效應，以期提振創新推動經濟的目標。因此，創業家簽證（Entrepreneur Visa）的推動爲關鍵的角色，方可能落實在地創業的訴求。政府除加強宣傳與提供單一窗口服務外，鬆綁法規（如簡化簽證流程、放寬資格等）與創造誘因（如眷屬居留、創業補助、募款支援等）等配套措施亦十分重要，否則成效堪憂。例如：2 年試辦期通過核定者僅 33 人，達成率爲 0.8%，可端倪出問題嚴峻，爲此下修爲每年核發 200 人爲原則。在政府大力推動亞洲矽谷計畫，推展台灣成爲創新創業基地的目標，創業家簽證的推動仍需努力不懈，排除法規障礙與凝聚人才，長期持續推動方可見效。創業家簽證相關規定，如表 3-6 所示。

表 3-6　創業家簽證規定

項目	規定
申請對象	個人或團體，包括外籍與港澳人士。
申請條件	1. 募資金額：曾獲得國內外創投或國際募資達200萬元者。 2. 曾榮獲國際競賽獎者。 3. 獲得國外專利者。 4. 曾推薦進駐花博國際創新創業園區或大學育成中心者。
停留期間	先核發1年居留簽證，之後依創業實績，申請延長2年居留。
發放張數	1. 2年試辦期：每年規劃2,000張為原則，團體申請者至多3張。 2. 因成效不彰，修正為每年200張為原則。
審核單位	經濟部
實施日期	2015年5月

資料來源：1. 經濟日報，政院搶才擬推創業家簽證，2015.3.6。
2. 經濟日報，推動創業家簽證先找政策盲點，2017.1.12。

三、創業活動與歇業

根據全球創業報告評估項目，包括創業環境與氛圍、渴望度

（Desirability）、可行度（Feasibility）、和堅定度（Stability）等指標調查，台灣受訪者對創業持 88% 正面看法，在 35 歲以下者高達 91%，相較於全球平均 77% 還樂觀許多，如圖 3-7 所示。另外，七成以上的受訪者渴望創業，但創業堅定度僅 32%，明顯落後全球平均。台灣長期打造友善創業環境，例如：目前計有 13 個中央部會與地方政府，支援約 99 種輔導方案與補助計畫、約 105 個育成中心、優渥的獎補助金與專案貸款等。近期由於經濟前景不明，以致薪資停滯，使得許多青年嚮往創業美夢，而投入此避風港。

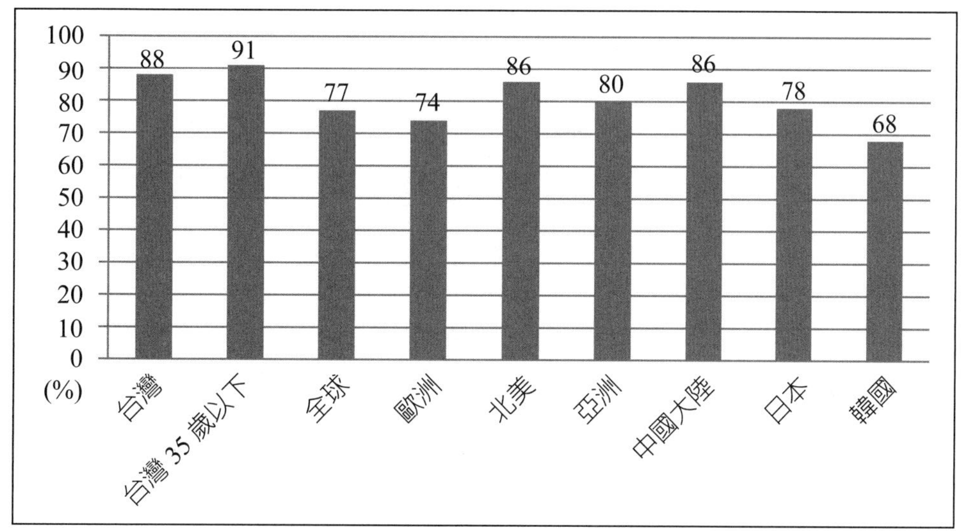

圖 3-7　全球創業正面看法

資料來源：1. 安麗全球創業報告，2016。
　　　　　2. 工商時報，台灣人愛創業但……七成會放棄，2016.11.25。

圖 3-8 顯示 2013 年早期創業活動率及歇業率的比較，清楚端倪出美國和台灣的創業活動率領先群倫名列前兩名。然而，台灣的歇業率卻呈現不佳的寫照。在每年約 10 萬家的新創企業不斷冒出，能被創投支持投入資金，並成功首次公開上市（Initial Public Offering, IPO）的早期營運企業，大概僅 40-70 家，即創業成功率僅 0.5% 爲不爭的事實。而美國創業成功率僅 0.1%，主要因美國股市上市最低的資本額較高。整體而言，創業成功率均呈低迷的數字。

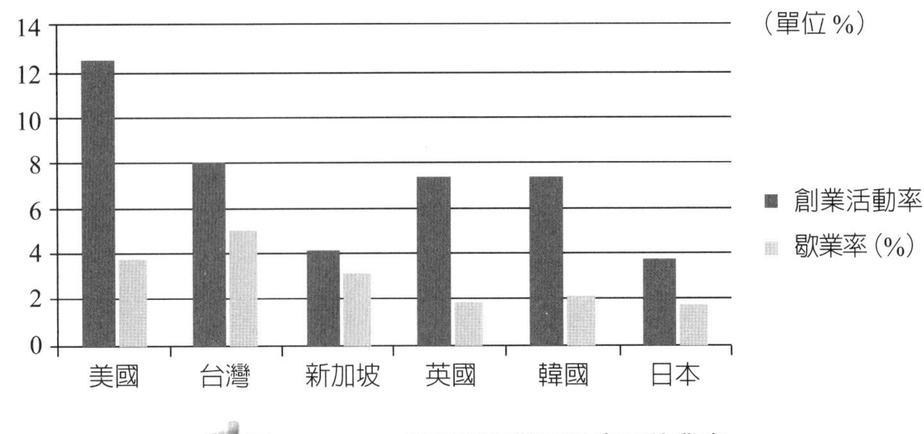

圖 3-8　2013 年早期創業活動率及歇業率

註：1.創業活動率=（15-64歲者參與籌設或新設滿42個月）／（15-64歲總勞動人口）。
　　2. 歇業率=（15-64歲過去1年歇業人數）／（15-64歲總勞動人口）。

資料來源：1. 天下雜誌，新創企業為何活不下去？第565期，2015.1.20。
　　　　　2. 全球創業觀察，2013年度全球報告。

以台灣創業成功率偏低爲例，就其原因不外乎法規僵化與融通資金彈性限縮、缺乏國際視野與市場開拓不易、與家庭負面因素等所造成。新創公司缺乏財務規劃和現金流不足的問題，乃壓垮駱駝的最後一根稻草。此外，新創公司的營運發展與資本形成息息相關，不同企業發展模式，包括一般經營商業的中小型企業（Small Medium Enterprise, SME）與創新驅動經營的企業（Innovation-driven Enterprises, IDE），其對外募資亦有所區別。例如：SME 以成熟的商業模式，以開源節流爲目標，當面臨擴大階段，資金需求增強且不確定因素上升時，才考量外部資金（如創投基金等）的引進。而 IDE 早期著重於突破性技術研發與創新模式建置，明顯蘊含高風險性與足夠資金需求。故新創初期須尋求以較少的股權換取外部資金（如天使投資人、天使基金等），以期加速突破技術瓶頸與實現創新市場價值。

綜觀政府新創相關策略，多爲創業輔導與補助等，對於創業風險的管控、重新扶植原則、以及創業破產放寬政策等失敗處理措施則未聞聲響。依照歐盟調查報告指出，新創公司平均 5 年存活率爲 50%，而經由記取失敗經驗者，重起爐灶者的存活率能大幅上升。歐盟十分重視破產法修改與非訴訟加速處理程序、鼓吹二次創業、與改善免責規定等，並積極教育百姓對破產的正確觀點與屏除對創業失敗的偏見，亦視爲創業重要的一環，力求給予創業失敗者東山再起的機會。

根據 2016 年世界銀行經商環境報告顯示，台灣破產處理項目評估排名列爲全球第 21 名。有關破產法改革，將現行公司法之重整法規與破產法整合爲單一法典「債務清理法」草案，似有創業失敗者能有重振二次創業機會的曙光。唯有務實遠見的創業政策，積極突破各種過時的破產法制，方能迎頭趕上，提高創業與再創業成功比率，才有助於長期經濟振興活動。

 四、中國大陸股權眾籌與創業板

1. 股權眾籌介紹

針對股權眾籌（群眾募資）業務監管規範，積極推展普惠金融，中國大陸證券業協會於 2014 年 12 月 18 日提出「私募股權眾籌融資管理辦法（試行）（徵求意見稿）」初步界定，包括籌資公司非公開發行的性質、融資者義務、股權平台設立定位與設立、以及投資者資格條件與保護措施等項目。私募股權眾籌乃具有民間融資性質，利用股權作爲回報的眾籌方式之一。由於透過互聯網來完成民間募資的環節，又稱爲「私募股權互聯網化」。圖 3-9 顯示股權眾籌參與者的主體，包含眾籌平台、籌資人、投資人與託管人相關規定說明。

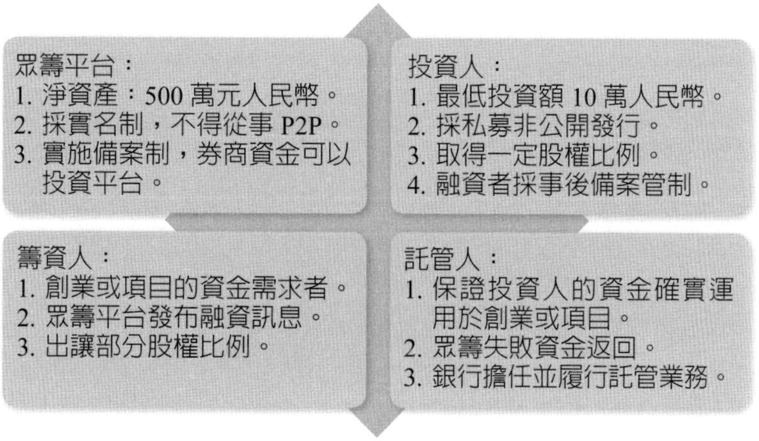

圖 3-9 股權眾籌參與者

資金來源：1. 清科集團網站，Zero2IPO Research。
2. MBA Lib網站。

中國大陸股權眾籌可簡單化分為三種模式，其說明如下：

(1) 憑證式眾籌

出資人透過互聯網取得相關股權憑證，並直接與新創企業或項目的股權作連結。然投資人取得憑證時，仍尚未取得股東身分。

(2) 會籍式眾籌

藉由互聯網相關人際網絡的介紹，經投資人出資購買，直接取得股權，成為新創企業或項目的股東。

(3) 天使式眾籌

以明確的財務收益回報為要求，出資人利用互聯網鎖定欲投資企業或項目，經付出資金後，並以直接或間接地方式取得股權成為股東。有關天使式眾籌投資流程，如圖 3-10 所示。一般籌資平台要求設定目標金額，允許成功籌資超過目標，未達標則退回款項。

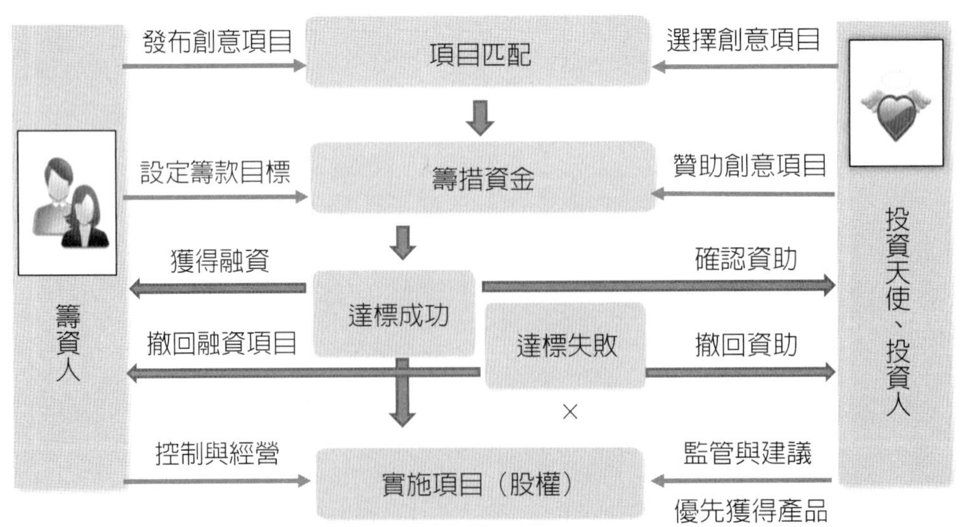

圖 3-10 天使式股權眾籌的投資流程

資料來源：1. 清科集團網站，Zero2IPO Research。
2. Wikimedia Commons。

2. 中國大陸創業板與科創板發展

近年中國大陸以多層次資本市場策略，逐步建置完成主板（如滬深 A 股）、科創板和一 ~ 五板（如中小板、創業板、新三板、地方櫃台交易、與產權交易所）共七層架構，如圖 3-11 所示。主板是以大型成熟企業掛牌上市爲主，深圳交易所亦包括一板（中小板）、二板（創業板）和三板（新三板）。第四板是以小微新創企業爲主，掛牌於 2012 年 2 月開幕的上海股託管交易中心。該中心爲建設上海金融中心的重要里程，其目標是以扶植科技型、創新型企業爲對象，提供融資、交易、和併購等服務業務。第五板則爲產權交易所（如上海產權交易所）從事各類企業股權轉讓業務。

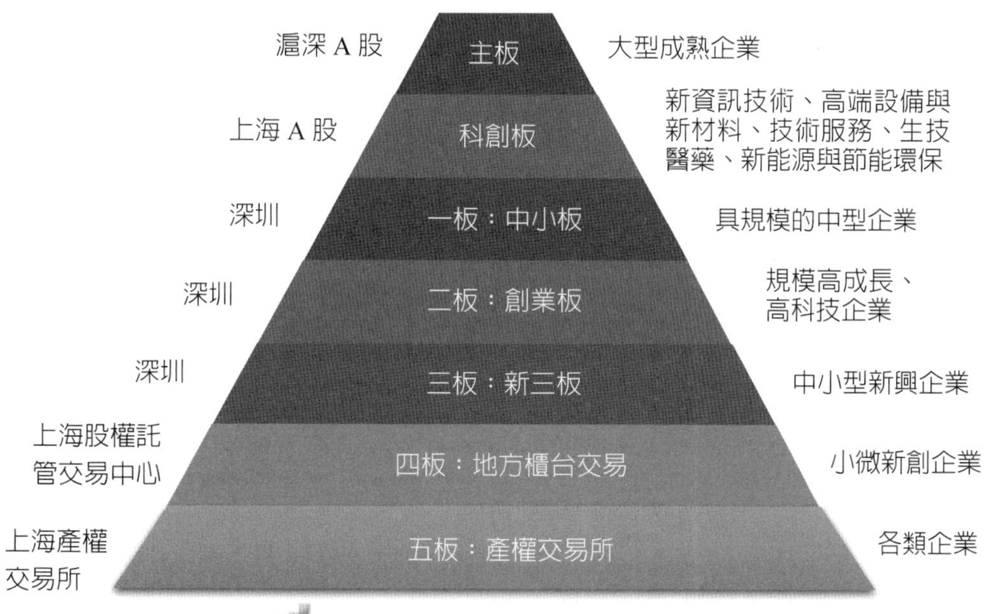

圖 3-11 中國大陸多層次資本市場

資料來源：1. 經濟日報，滬科創板開張首批27上，2015.12.29。
2. 工商時報，中小型A股基金加碼好時機，2016.11.23。 3.MBA Lib網站。

深圳創業板的建置是起源於 2008 年 3 月，由證監會公布創業板「管理辦法」（徵求意見稿），制定「首次公開發行股票並在創業板上市管理暫行辦法」，並於 2009 年 5 月 1 日實施。深圳交易所於 2010 年 6 月開始編制創業板指數，截至 2016 年 3 月已有 498 家掛牌。2019 年 3 月證監會公布「科創板首次公開發行股票註冊管理辦法（試行）」，於 2019 年 6 月於上海證券交易所正式開板。科創板屬全面電子化 A 股上市，並放鬆綁跌幅度 ±20%，開啟資本市場化新頁。上市企業計有五大新興領域，包括新一代資訊技術、高端設備與新材料、技術服務、生技醫藥、新能源與節能環保。

3. 天使基金推展

20 世紀末隨著中國大陸互聯網的興起與高科技業的發展，天使投資扮演著重要的初期資金提供者角色，可分爲五種發展模式：天使投資人、天使投資團隊、天使投資基金、天使投資人與孵化器（育成中心）、和投資平台式天使投資。相關資金來源、投資方式、規模、場地與增值服務等說明，如表 3-7 所示。以投資平台式天使投資爲例，透過移動互聯網的應用終端和開放平台架構下，吸引許多創業團隊與新創企業青睞，充分利用各類應用平台進行創業活動，如蘋果 App Store 平台。部分平台除提供相關加值功能外，亦特別設立平台式天使投資基金，鎖定平台內有潛力的新創團隊進行投資。

表 3-7　不同類別天使投資比較

	天使投資人	天使投資團隊	天使投資基金	天使投資人與孵化器	投資平台式天使投資
資金來源	個人閒置資金	個人閒置資金	非公開募集資金	非公開募集資金	非公開募集資金
投資方式	個人分散投資	個人分散投資與成員聯合投資	以基金形式投資入股	以基金形式投資入股	平台式投資基金
規模	小	小	大	大	不一定
場地	否	否	否	是	否
增值服務	較少	較少	較多	多	多
備註	職業天使人 IT技術人才 成功企業家 職業經理人	天使協會 天使聯盟 天使俱樂部	由天使投資人、天使投資機構、平台型、或政府所成立。	政府主導 企業型	蘋果App Store平台

資料來源：1. 清科集團網站，Zero2IPO Research。
2. 羅玉，詳解中國天使投資五大運營模式，高科技與產業化月刊，第189期，2012.2。

實務案例

中國大陸天使投資

在風險管控與安全流量的原則下，特別鼓吹中央企業、國有企業、保險機構、與大學基金等投資初創企業，導入社會資本投資股權範疇，強化天使投資機構與金融機構建立合作夥伴長期關係，促使 2010-2016 年間，天使投資金額與案件數快速上升，如圖 3-12 顯示。

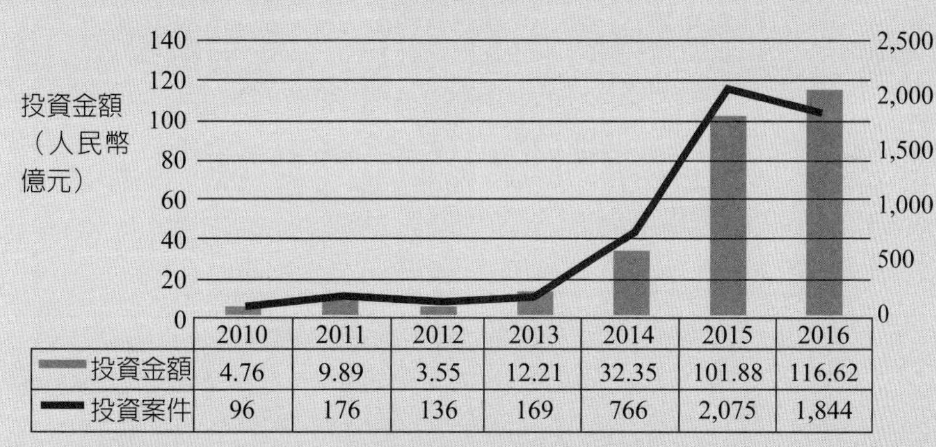

	2010	2011	2012	2013	2014	2015	2016
投資金額	4.76	9.89	3.55	12.21	32.35	101.88	116.62
投資案件	96	176	136	169	766	2,075	1,844

圖 3-12　中國大陸天使投資金額與案件數

註：2016年1-11月統計。

資料來源：中國經濟網，2016年國內天使投資創新高，2017.1.7。

50 年代美國矽谷開始形成孵化器（育成中心，Incubator Center），隨新科技產業的興盛而開展。其目標爲協助科技型創業活動，配合政府相關獎勵政策，提供初期啟動資金、低廉場地費用、人力資源服務與便捷措施等，以減低創業風險與成本，積極輔導新創企業營運措施與管理，提升新創存活率與成長率，並培育出成功企業家爲宗旨。另中國孵化器成立位於高科技企業園區（如深圳南山高科技創業園區等）、民營創業園區（如創新工廠、北京中關村國際孵化器、中國加速、和聯想之星等）和大學科技園區（如大學校園）等。知名孵化器（如 Y Combinator、Betaworks、與 Seed Camp 等），成功吸引許多天使投資人合作，此模式所孵化出新創企業，廣受超級天使和私募基金投資青睞。

圖 3-13 說明目前中國孵化器與天使投資融合模式，可分爲二種類型：

政府投入孵化器與天使投資融合模式：

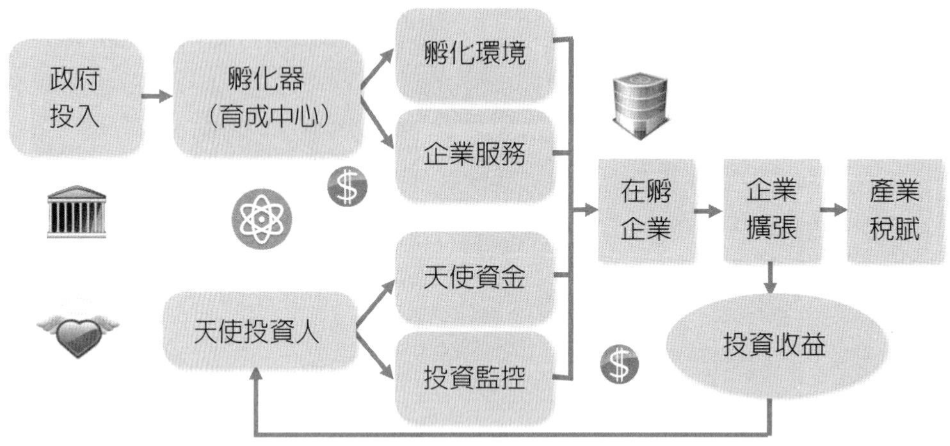

企業型孵化器與天使投資融合模式：

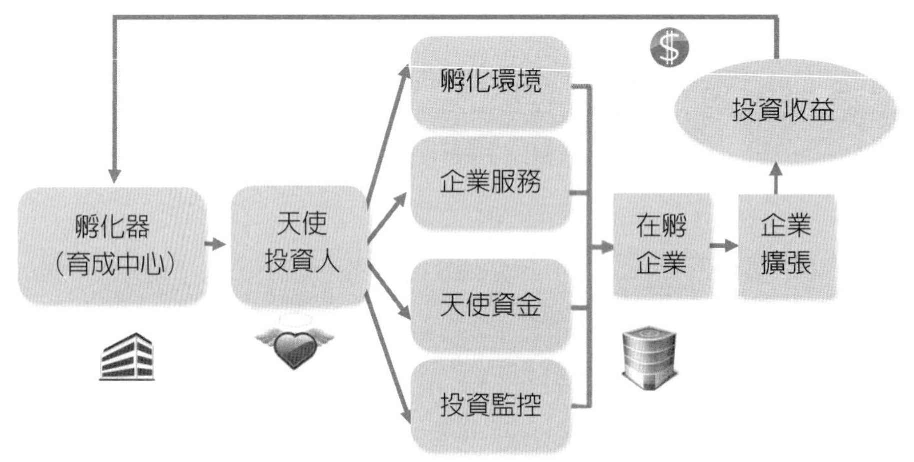

圖 3-13　孵化器與天使投資融合模式

資料來源：1. 羅玉，詳解中國天使投資五大運營模式，高科技與產業化月刊，第189期，2012.2。
2. 清科研究中心，2011.12。
3. Wikimedia Commons。

(1) 政府主導孵化器與天使投資融合模式

由政府策劃主導，指派科技管理部門或高科技開發區事業單位人員負責統籌，並投入全部或部分經費資源的孵化器，具有非營利性之社會公益組織。孵化器透過優惠價格優勢提供新創企業入駐，並導引天使投資人加入，成為天使投資與新創企業間資金媒介與投資監控角色，以期獲取投資收益。

(2) 企業型孵化器與天使投資融合模式

孵化器採用市場化營運模式，以保值增值和盈虧自負為目標，透過天使投資模式，專注於孵化、投資與管理一體化實施，強化資源配置，節省資金成本與減緩投資風險的資金效益。

4. 中國大陸天使投資與創投

2015 年 3 月提出「大眾創業，萬眾創新」的雙創政策帶動經濟動能，亦使得創業熱潮逐步增溫。然而，資金不足與管理欠佳等問題浮現，成功比率未達 5% 之譜。啟動「互聯網 +」與各行業接軌策略藍圖，除目標在加速傳統產業轉型升級外，推升新創公司存活率日形重要。圖 3-14 說明有關企業成長路徑及融資方式。創新創業初期成效關鍵，在於政府提供投資獎勵、建置孵化器、與天使投資提前優勢布局，包括種子期和 Pre-A 輪資金來源。一般而言，啟動資金介於 2-5 百萬人民幣。藉由天使投資人投入至為重要，傳承成功創業經驗與分享產業歷練，透過業界人脈有助於新創公司的成長。另協助董事會運作、財務規劃與管理、和強化公司治理的建構等，以期達損益兩平狀況，使企業安然渡過死亡谷困境。

當企業邁向成長期後，天使投資功成身退，緊接者由創業投資基金（VC）接手，提供大約 1-3 千萬人民幣的 A 輪資金，並延伸至 B 輪資金規模。此時，企業可依相關規定，申請新三板掛牌。當企業經營漸有起色，開始逐步擴增規模時，將吸引私募股權基金（Private Equity Fund, PE）挹注 C 輪與 D 輪資金、主併公司鎖定目標、夾層融資及共同基金投資。

當企業進入成熟期後，可依相關上市櫃的規則，依次申請至合適的市場掛牌，如新興板、中小板、創業板、和主板，甚至赴海外股市申請初次上市（Initial Public Officing, IPO），以吸引一般投資人、機構投資者、和併購基金等購買股票，此時 VC 和 PE 便可出脫持股，順利退場。

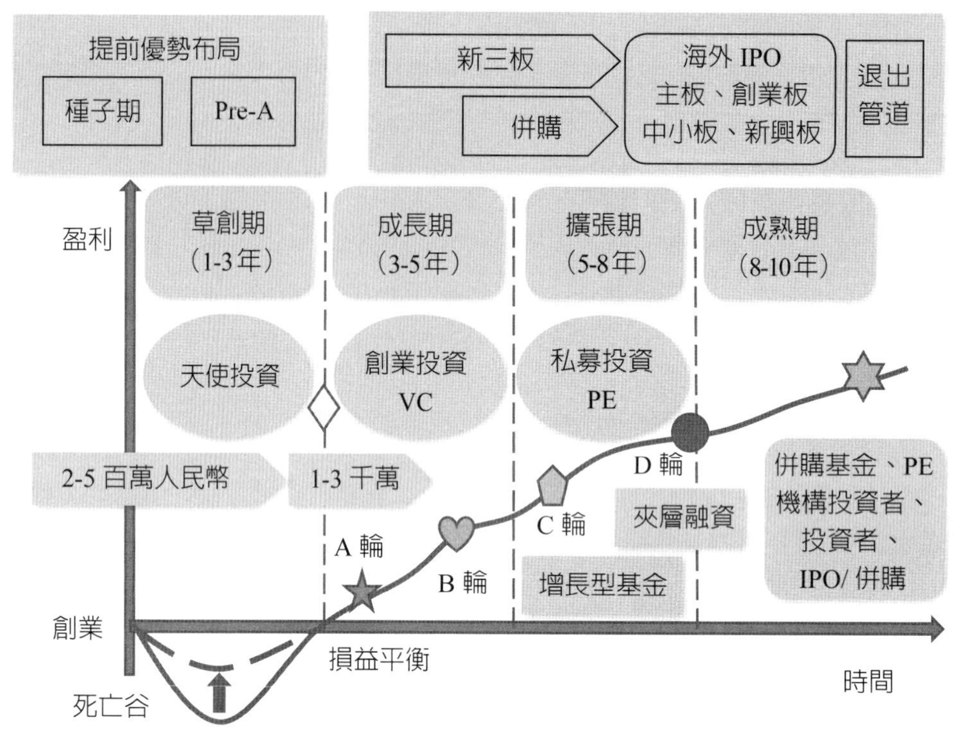

圖 3-14　企業成長路徑及融資方式

資料來源：新浪博客，風投、天使投資、VC、PE企業成長路徑及融資方式，2015.5.18。

習題

一、選擇題

(　) 1. 根據中國企業成長路徑與融資方式，私募投資適合於____期。
(A) 草創期　(B) 成長期　(C) 擴張期　(D) 成熟期

(　) 2. 根據全球創業報告評估項目，台灣受訪者對創業持 88% 正面看法，相較於全球平均____還樂觀許多。
(A) 70%　(B) 75%　(C)77%　(D) 80%

(　) 3. 閉鎖性公司乃以股東____以下，爲非公開發行股票公司。

(A) 30 (B)25 (C)40 (D)50

( ) 4. 銀行對夾層融資採取較爲快速徵信程序，避免冗長的____ 之借款戶信用狀況。

(A) 盡職調查（Due Diligence） (B) 實名制 (C) 授信 (D) 法遵

( ) 5. 銀行針對夾層融資（Mezzanine Financing）業務，一般要求____%報酬。

(A) 5-10 (B) 10-15 (C) 15-20 (D) 20-30

( ) 6. 中國大陸創業板是屬於____交易所。

(A) 上海 (B) 北京 (C) 深圳 (D) 南京

( ) 7. 中國大陸私募投資屬於____輪資金。

(A) A (B) B (C) C (D) E

( ) 8. 創業投資（Venture Capital）通常於____階段進行投資。

(A) 草創期 (B) 擴張期 (C) 成長期 (D) 成熟期

( ) 9. 下列何者非閉鎖型公司專章規定？

(A) 符合條件可免稅 (B) 無票面金額股 (C) 信用入股 (D) 一股多權

( ) 10. 創業天使基金適合於：

(A) 創業準備期 (B) 早期階段 (C) 兩者皆可 (D) 兩者皆非

二、申論題

1. 請描述企業成長路徑與融資方式。
2. 請分析台灣創業活動率與歇業率之情況。
3. 何謂夾層融資？重要性爲何？
4. 何謂天使投資？列舉其種類並說明。

解答：1.(C) 2.(C) 3.(D) 4.(A) 5.(D) 6.(C) 7.(C) 8.(C) 9.(A) 10.(C)

五、附錄

1. 有限合夥制

查閱附表 1 可得知有限合夥與一般公司制度的差異，可分別從盈餘分配、股東會與董事會、經營年限、財務報表、清算程序、與責任歸屬等分辨兩者之不同點。一般公司的股東負有限責任，而有限合夥則分爲二，由有限合夥人（出資者）負有限責任，普通合夥人則受無限清償的責任。普通合夥人諸如電影導演李安出勞務拍片或技術發明人出技術，須負無限責任，而金主爲有限合夥人出資，需負有限清償責任。

附表 1　有限合夥與公司運作差異

有限合夥	項目	一般公司
依契約規定，可不限時點，不依照出資比例。	盈餘分配	按出資比例於年度終了分配。
依契約執行，無限制。	董事會、股東會	每年召開股東會年會，並定期召開董事會。
可照契約限定存續期限	經營年限（退場機制）	永續經營
在一定資本額金額以上，需會計師簽證查核。	財務報表	資本額3,000萬元以上年度終了需會計師簽核。
需赴法院辦例便捷	清算程序	需赴法院辦理
負有限責任：有限合夥人 負無限責任：普通合夥人	責任歸屬	負有限責任：99%企業組織型態
符合條件可免稅	賦稅	營利事業所得稅

資料來源：1. 工商時報，有限合夥法出爐創投大利多，102.8.21。
2. 經濟日報，產創修法祭三大租稅優惠，2017.2.6。

2. 閉鎖性公司

附表 2 說明公司法修法增加閉鎖性公司，以吸引密集創新事業（Intensively Innovative Enterprises, IIE）能根留台灣並開展新經濟領域。閉鎖性公司具有下列

5 項優點：

(1) 可依企業需求彈性規劃股權投票機制。

(2) 提升經營權穩定度。

(3) 創業者擁有主導權，易於鞏固經營權。

(4) 公司營運效率增加，並節省相關成本。

(5) 提供股東相關資料，以利了解營運近況。

附表 2　閉鎖性公司專章重點

項目		修正重點
定義		以股東數50人以下，為非公開發行股票公司，其股份有轉讓限制。
出資方式		採現金、技術、勞務、信用入股方式，可免除評價。（後兩項須有一定比例之限制）
對象		新創、中小企業。
員工認股		解除員工強制認股規定（公司法第287條）。
優惠措施	新創需求	實施無票面金額股。
	籌資工具	准於發行特別股、複數特別股、否決權、無表決權等。
	投資效益	每半年可盈餘分派一次。
	籌資多元	發行私募可轉換公司債、附認股權證公司債。
	表決權	股東可自行訂定契約，設計一股多權（複數表決）、一票否決權（黃金股）等特別股。
	決議方式	經全體股東同意，採用書面決議取代股東會。
	經營權	訂定「表決權拘束契約」，以利經營權之鞏固。
其他限制	公司轉換	允許閉鎖與非閉鎖公司間具有雙向轉換的機制。一般非公開發行公司轉換成閉鎖公司，須經全體股東同意。
	商業登記	須會計師資本簽證查核。

資料來源：1. 工商時報，閉鎖性公司添5大利器，104.5.1。
2. 經濟日報，閉鎖性新創企業法制大鬆綁，104.5.1。
3. 工商時報，閉鎖性公司修正案的意義在公司法制再生，104.5.7。
4. 工商時報，閉鎖性公司對新創公司股權穩定之利基，104.5.13。

第三方支付

一、電子商務發展與付款方式

許多業者與金融機構將電子商務龐大商機與電子支付發展潛力，列爲未來積極開發的策略之一，以搶得先機。依據 Allied Market Research 估計，2020 年全球電子支付規模將超過 5 兆美元。2019 年 7 月亞洲電子支付比率已超越信用卡消費金額，無現金社會雛型已形成。

1. 電子商務發展趨勢

近年來由於電子商務發展迅速，全球電子商務銷售額呈穩定成長，由 2012 年銷售額 8,570 億美元，預估 2016 年上升至 1.86 兆美元，呈現兩倍以上的成長，如圖 4-1 顯示。

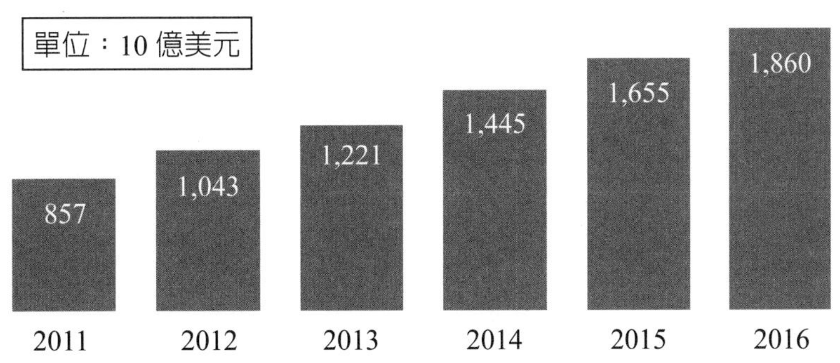

圖 4-1　全球電子商務銷售額

資料來源：Money DJ理財網-熱門產業。

爲調查消費者上網購物習慣，2016 年美國 UPS 公司連續 5 年調查 5,000 名網路消費嗜好者。除食物類外，發現消費者習慣已改變，網路購物已經超越店面購物，線上購物比率逐年上升。例如：占美國線上購物 60% 的亞馬遜（Amazon），提供多元商品（如服飾、時尚類等）給消費者選購，導致實體百貨業者（如梅西百貨）銷售業績銳減的衝擊，如圖 4-2 顯示。

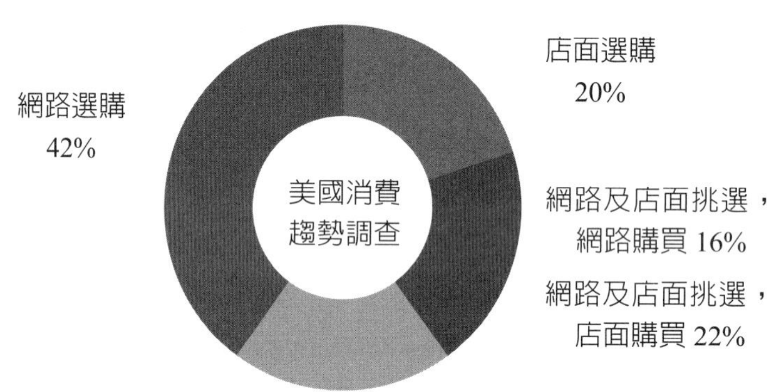

圖 4-2　美國消費趨勢調查

資料來源：1. UPS/comSourse。
2. 工商時報，美消費習慣網路首贏店面，2016.6.9。

依據資策會於 2015 年 6-9 月針對台灣 511 家電子商務商店營運問卷調查，金融服務項目顯示主要網路付費方式計有：信用卡、ATM 轉帳、超商取貨付款、第三方支付（Third-Party Payment）、貨到付款、與平台金流服務等。其中，以 ATM 和信用卡爲主流約占整體 48.2%，而第三方支付約爲 7.8%，如圖 4-3 說明。自 2013 年以來，第三方支付金額已逐年提升，在 2015 年第三方支付專法三讀通過後，預期消費者熟悉此支付方式的便利性，可望有成長的空間。然而，第三方支付爲網路商店多項付款方式之一，仍需積極擴展，方見成效。

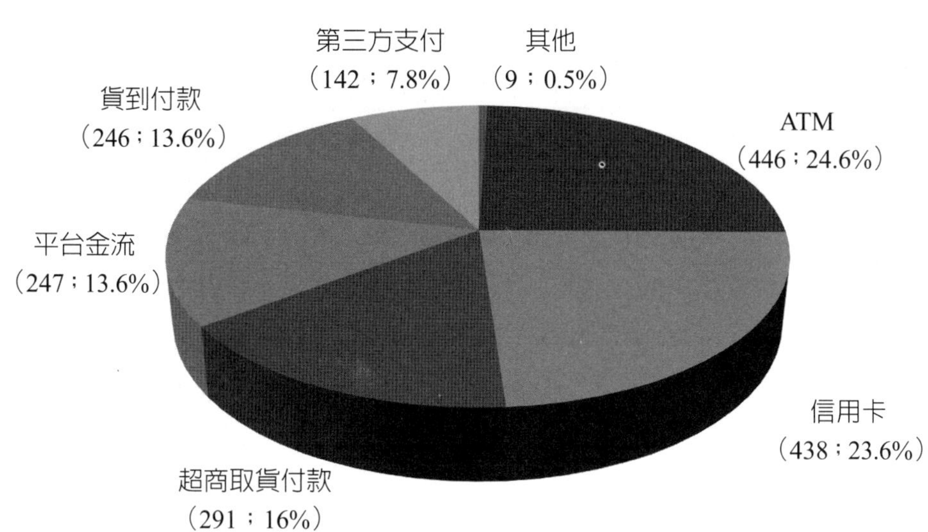

圖 4-3 網路商店付款方式

資料來源：資策會，電子商務雲端創新應用與基礎環境建置計畫—國內B2C網路商店經營調查報告，2015.12。

實務案例

交貨便物流服務

許多網路商店與超商合作，透過超商內建置 KIOSK 設備，提供消費者上網選購並列印繳款單據，如 i-bon（7-11 便利商店）和 Famiport（全家便利商店）等，屬於超商金流 + 電子商務之多樣化金流模式，包括取貨付款、取貨不付款、付款不取貨等方式。以紅陽科技公司與 7-11 合作的「Sun-Ship 超商交貨便物流服務」為例，所提供超商取貨付款與取貨不付款流程，如圖 4-4 顯示。

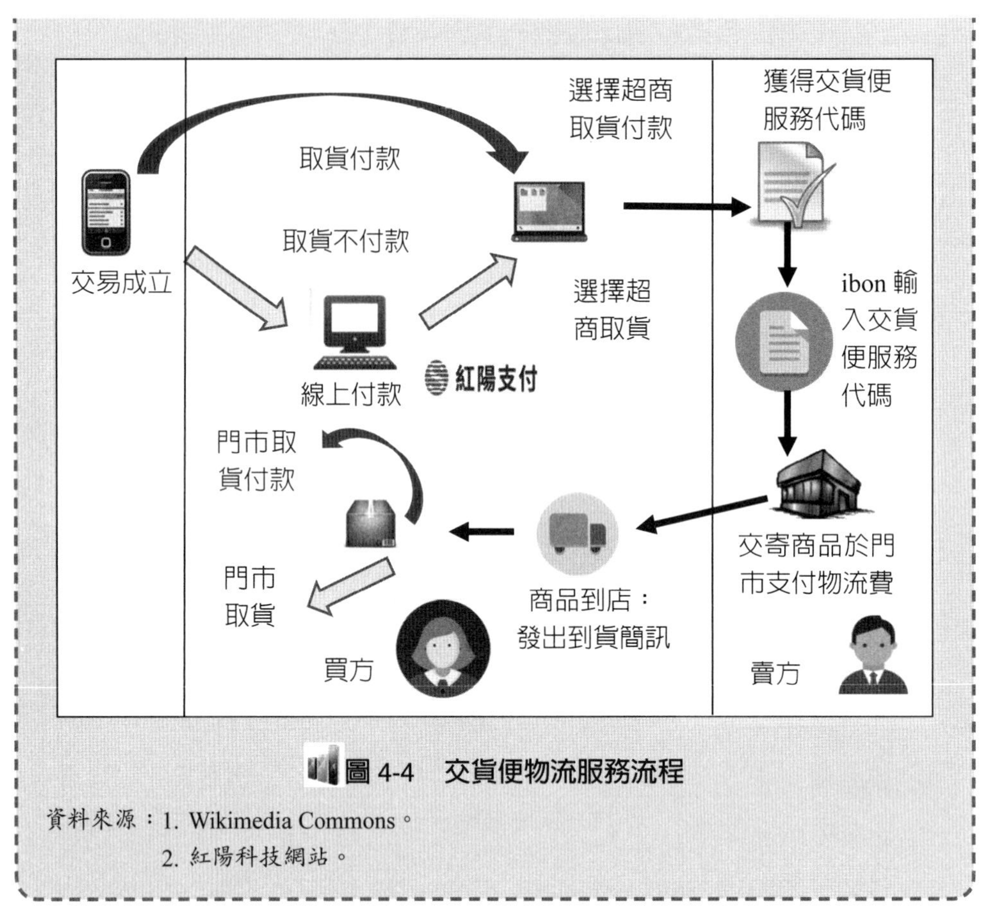

圖 4-4　交貨便物流服務流程

資料來源：1. Wikimedia Commons。
2. 紅陽科技網站。

2. 電子支付（Electronic Payment）項目

電子支付業者營業項目分爲三項：電子票證、電子支付、和第三方支付，前兩項分別由金管會監管，後者乃由經濟部商業司監管。依功能別電子票證具儲值與第三方支付爲代收代付功能，而電子支付具備儲值、轉帳、跨境支付等功能。依照開戶身分認證，將儲值分爲三類。相關使用方法說明，如表 4-1 所示。

表 4-1 電子支付項目與使用方法

<table>
<tr><th>支付名稱</th><th>電子票證</th><th colspan="2">電子支付</th><th>第三方支付</th></tr>
<tr><td>監管機關</td><td colspan="3">金管會</td><td>經濟部商業司</td></tr>
<tr><td>條例</td><td>電子票證發行管理條例</td><td colspan="2">電子支付機構管理條例
（第三方支付專法）</td><td>信用卡收單機構簽訂「提供網路交易代收代付服務平台業者」為特約商店自律規範</td></tr>
<tr><td>功能</td><td>儲值</td><td colspan="2">儲值、轉帳、跨境支付</td><td>代收代付</td></tr>
<tr><td>用途</td><td>事先儲值，可用於交通費與小額支出。</td><td colspan="2">可儲值綁定、綁定銀行帳戶與信用卡等消費扣款。</td><td>買方將消費金額付給第三人，收貨確認沒問題後，由第三人再將貨款轉給賣方。</td></tr>
<tr><td>經營業者</td><td>悠遊卡、一卡通、遠鑫、愛金卡</td><td colspan="2">1. 專營：
智付卡、橘子支付、國際連、歐付寶、街口支付、台灣支付等與3家電子票證。
2. 兼營：
23家銀行。</td><td>YAHOO奇摩輕鬆付、樂點付、豐掌櫃、支付連、LINE Pay、街口支付、Pi錢包等，2018年2月第三方支付服務家數共6,329家。</td></tr>
<tr><td>最低資本額</td><td>3億元</td><td colspan="2">5億元</td><td>無規定</td></tr>
<tr><td>記名等級</td><td>可記名</td><td colspan="2">實名制</td><td>實名制</td></tr>
<tr><td rowspan="3">最高儲值額</td><td rowspan="3">1萬元</td><td>第一類</td><td>1萬元</td><td rowspan="3">不得儲值</td></tr>
<tr><td>第二類</td><td>5萬元</td></tr>
<tr><td>第三類</td><td>5萬元</td></tr>
<tr><td rowspan="3">資金移轉</td><td rowspan="3"></td><td>第一類</td><td>不行</td><td rowspan="3"></td></tr>
<tr><td>第二類</td><td>每筆5萬元</td></tr>
<tr><td>第三類</td><td>每筆5萬元</td></tr>
<tr><td rowspan="3">交易限額</td><td rowspan="3">單筆1,000元</td><td>第一類</td><td>每月3-10萬元
一年36萬元</td><td rowspan="3">無規定</td></tr>
<tr><td>第二類</td><td>30萬元</td></tr>
<tr><td>第三類</td><td>約定金額</td></tr>
</table>

表 4-1　電子支付項目與使用方法（續）

支付名稱	電子票證	電子支付	第三方支付
條件	1. 加值機或便利店儲值。 2. 使用銀行聯名卡。	2018年6月開放電子支付帳戶三種儲值類別。	1. 申請App和綁定信用卡支付。對沒有信用卡者，則無法能使用。 2. QR Code掃碼方式支付。

資料來源：1. 經濟日報，悠遊卡董座轟預審制官僚，2017.9.13。
2. Mirrormedia線上支付群雄並起一招辨差異，2018.3.26。
3. 悠遊卡公司。
4. 中時電子報，搞懂電子支付、第三方支付、行動支付，2017.4.2。
5. 經濟日報，電子支付帳戶全面開放儲值，2018.6.29。

金管會亦制定「電子支付機構使用者身分確認機制及交易限額管理辦法」，並陸續核發專營第三方支付執照，如歐付寶（AllPass）、ezPay 台灣支付、樂點行動支付、國際連、橘子支等。另鬆綁電子支付安全控管項目，包括間接連結專用存款帳戶付款介接（透過財金公司、票據交換所）、固定密碼安全設計（前後次密碼需不同）、增加圖形鎖或手勢之交易安全設計、和採 30 分鐘連線中斷機制。

金管會放寬第 7 條規定之「實名制註冊」，增加第 0 類帳戶類別。表 4-2 比較第 0-3 類帳戶類別之相關身分證驗證機制與交易限額、儲值及管理。爲強化電子支付機構有關使用者身分確認，金管會於 2015 年 5 月核定「電子支付機構業務資料報送及查詢作業規範」，開放電子支付機構至金融聯合徵信中心進行查詢事宜。

表 4-2　電子支付帳戶類別比較

帳戶類別	身分證驗證機制	交易限額及管理	備註
第0類過渡期帳戶	手機號碼、電子郵箱或社群媒體帳號。	1. 2017.6.30前：每月代收代付上限1萬元，不得儲值。 2. 2017.7.1至9.30：代理收付減少為5,000元。	1. 放寬實名制，增加第 0 類，放寬期至2018.12.31。 2. 由於兆豐洗錢案，放寬日期修正至2017.9，因應2018國際洗錢評鑑。

表 4-2 電子支付帳戶類別比較（續）

帳戶類別	身分證驗證機制	交易限額及管理	備註
第1類	身分證、手機號碼、電子郵箱或社群媒體帳號。	1. 每月代收代付上限3萬元、每月3-10萬元、一年限制36萬元。 2. 儲值上限1萬元。	現行規定
第2類	身分證、手機號碼、電子郵箱或社群媒體帳號、金融支付工具。	1. 每月累計收款及付款金額，分別以30萬為限。 2. 儲值上限5萬元。 3. 資金移轉每筆5萬元。	
第3類	身分證、手機號碼、電子郵箱或社群媒體帳號、金融支付工具、臨櫃審查或符合電子簽章法之憑證。	1. 每月累計代理收付實質交易款項的收款及付款金額，由電子支付機構與使用者約定。 2. 個人使用者每月累計電子支付帳戶間款項移轉，收款及付款每月上限分別為100萬元；非個人則為1,000萬元。 3. 儲值上限5萬元。 4. 資金移轉每筆5萬元。	

資料來源：1. 金管會。
2. 經濟日報，第三方支付身分驗證鬆綁，2016.6.20。
3. Yahoo奇摩新聞，第三方支付實名制鬆綁，用手機號碼就可認證，2016.8.2。
4. 經濟日報，歐付寶第三方支付搶頭香，2016.9.15。

3. 第三方支付沿革

表 4-3 說明第三方支付與代收代付沿革，第三方支付業始於 1998 年 12 月，由 Paypal 公司最早設立於美國加州聖荷西市。在 2002 年 6 月 ebay 以美金 15 億合併 Paypal，但合併後的綜效不如預期。另 2015 年 7 月 20 日 eBay 決議將 Paypal 分拆，並順利將其股票於 Nasdaq 交易所掛牌上櫃，至今已成爲全球最大的線上支付提供商。台灣和中國大陸分別於 1996 年和 1999 年，業者開始從事

表 4-3　第三方支付與代收代付之沿革

日期	區域	業者	法規	說明
1996-2000	台灣	綠界（1996） 紅陽（1998） 藍新（2000）		業界稱為紅綠藍公司，提供網路代收代付機制，早期第三方支付雛形，使商家無須與各銀行簽訂刷卡收單合約。
1998.12	美國（加州）	PayPal	各州不同相關法律，如Uniform Money Act 或Money Transmitters Act。	1. 最早成立第三方支付服務商。 2. 聯邦存款保險針對「預收款項」保管專戶，提供「在途款保險」（Pass-Insurance），最高US$10萬保障。
1999-2000	中國大陸	北京首信、上海環迅		1. 網路介面公用平台提供第三方支付服務。 2. 1999年中國第一個第三方支付為「首信易支付」，又稱「支付關網」或「支付通道」方式。 3. 2000年成立「環迅支付」和「網銀在線」。
2000	歐洲		電子貨幣指令（e-Money Directive）	歐盟規範電子貨幣發行機構有關營運、儲值與支付業務。
2002.6	美國	PayPal		由ebay合併，其綜效不佳。
2004	台灣	藍新科技ezPay		與雅虎奇摩拍賣及eBay拍賣介接。
2004.12	中國大陸	支付寶		淘寶網設安全支付服務交易，支付服務市占率最高。
2006	台灣	藍新科技ezPay		受保守金融管制的影響，金管會令ezPay停止服務，Paypal亦受波及而撤離台灣市場。
2007	中國大陸	支付寶		進軍海外市場開展。

表 4-3　第三方支付與代收代付之沿革（續）

日期	區域	業者	法規	說明
2007	歐洲		支付服務指令（Payment Services Directive）	歐洲央行為增加會員國間支付服務之效率，如信用卡、轉帳、第三方支付等。
2009	日本		資金決済に関する法律	儲值支付、代收代付、與清算等業務和風險管控規範。
2009.1.23	台灣		電子票證發行管理條例	公告施行。電子票證係指「以電子磁力或光學形式儲存金錢價值，並含有資料儲存或計算功能之晶片、卡片、憑證或其他形式之債據，作為多用途支付使用之工具」。
2010.9.1	中國大陸		非金融機構支付服務管理辦法	網路支付、銀行卡收單、預付卡發行、和其他支付服務等。
2012	台灣	歐付寶		併購綠界公司後，並與中國大陸財付通（騰訊公司）介接。
2013			電子票證發行管理條例修正	金管會開放實體及虛擬第三方支付相關法律修正。
2014.8		數字科技	涉嫌違反電子票證發行管理條例	遊戲寶物平台（8591）遭起訴，於法院一審判無罪。
2015.5.3			電子支付機構管理條例	金管會允許非金融業者亦能辦理網路儲值支付服務業務。
2015.5			電子支付機構業務資料報送及查詢作業規範	為加強電子支付機構對使用者身分確認，金管會同意金融聯合徵信中心配合查詢。

表 4-3　第三方支付與代收代付之沿革（續）

日期	區域	業者	法規	說明
2015.7.9			網路交易代收代付服務平台業者	開放信用卡收單機構簽訂，要求特約商店自律規範。
2015.7.20	美國	PayPal		eBay決議分拆，將股票於Nasdaq交易所掛牌上櫃，現為全球線上支付提供商之首。
2015.10.1	印度	Paytm		螞蟻金服投資印度移動支付商Paytm，40%增資入股。
2017.3.7				阿里巴巴投資Paytm子公司Paytm Ecommerce，累積持股Paytm達62%並擁有控股權。
2016.3.1	中國大陸	微信支付 支付寶		個人帳戶提領現金或轉帳至銀行金融卡帳戶，累積金額超過免費總額度（人民幣2萬元），收取0.1%服務費。
2016.8	台灣			銀行與行動支付平台合作，推展HCE手機信用卡業務。
2016.9.8		歐付寶	疑涉嫌違反電子票證發行管理條例	2013-2014販賣新加坡支付寶公司預付卡，因該活動在規訂前，基於不溯既往原則，獲不起訴。
2016.9.27	中國大陸	支付寶		全球10個機場商家開始導入支付寶付款。
2016.9.29	台灣		開放銀行業申請行動支付業務	金管會開放銀行業申請行動支付業務，並與國外手機信用卡行動支付業者合作。
2018.5.3			電子支付機構管理條例擴大應用範圍	金管會開放電子支付應用於貨幣基金和保險購買。
2018.8.30		街口支付	涉嫌違反電子票證發行管理條例	推出「街口託付帳戶，保證年收益」吸取儲值金額。

表 4-3　第三方支付與代收代付之沿革（續）

日期	區域	業者	法規	說明
2019.2.15	英國	WorldFirst		支付寶完成收購英國萬里匯（WorldFirst）跨境支付商。

資料來源：1. MBAlib網站。
2. 維基百科網站。
3. 工商時報，違法賣支付寶購物卡 歐付寶獲不起訴，2016.9.8。
4. 工商時報，阿里入股印度電商Paytm，2015.10.1。
5. 經濟日報，支付寶提現要收服務費，2016.9.13。
6. 今周刊，踩電子票證地雷 數字科技很無辜？2014.9.4。
7. 工商時報，搶十一長假商機桃機10/1可刷支付寶，2016.9.27。
8. 經濟日報，四金控攜Apple Pay拚年底上線，2016.9.30。
9. 科技橋報，我們需要第三方支付專法嗎？從各國相關法規看第三方支付業務發展，2012.6.8。
10. 經濟日報，行動支付趨勢座談回響大，2016.8.31。
11. 科技新報，行動支付大補帖一次就讓你看懂，2015.5.6。
12. 工商時報，貨幣基金替活存增益闢新路，2018.5.9。
13. 工商時報，街口支付踩紅線活動被下架，2018.8.30。
14. 工商時報，阿里獲印度Paytm控股權，2017.3.7。
15. 工商時報，支付寶收購英國跨境支付商，2019.2.15。

第三方支付相關業務。中國大陸於 2010 年 9 月 1 日實施「非金融機構支付服務管理辦法」，作為第三方支付業的法源依據。2004 年 12 月淘寶網所成立的支付寶，成為中國大陸支付服務市占率最高的公司。由於台灣相對保守的金融管制，2006 年金管會甚至下令 ezPay 停止相關業務，導致 Paypal 撤離台灣的窘境。在業者極力鼓吹下，2015 年 5 月 3 日立法院三讀通過電子支付機構管理條例，允許非金融業者辦理網路儲值支付服務業務。

另 2018 年 5 月金管會擴大電子支付使用範圍至貨幣型基金與保險支付，活化貨幣型基金市場與網路保險。利用電子支付帳戶與儲值現金部位購買貨幣型基金，打造消費支付新理財模式，特別強調薪資與零錢理財增加收益，善用此共同基金可提前贖回、快速流動性與資本利得免稅的優勢，注重現金管理規劃，將金融科技與生活應用連結，落實普惠金融發展，如圖 4-5 所示。

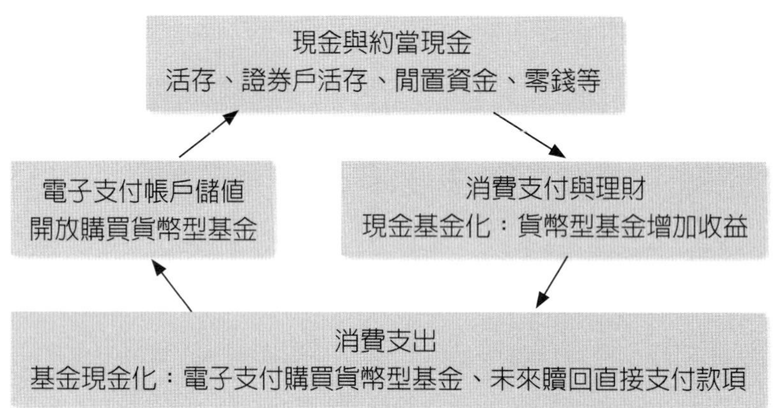

圖 4-5　電子支付與貨幣型基金理財新生態

資料來源：經濟日報，元大攻台版餘額寶搶先機，2018.4.26。

4. 第三方支付交易流程

電子商務買賣雙方支付與交貨並非同步，如買方擔心付款後，可能取得不良商品與詐騙等問題，而賣方擔憂出貨後，買方不認帳可能造成損失。此信任基礎薄弱造成雙方不願冒險而使交易無法達成。透過第三方支付公開和可信任的平台，扮演與銀行支付結算系統介面連結，提供代收代付和儲值，介於交易過程擔保服務。採隨申請隨使用方式，增進便利性、信賴度與交易安全。透過監管屏除過去「面對面」電子商務交易型態，進而減低詐騙、消費紛爭與個資外洩等事宜。有關傳統與第三方支付模式的比較，參閱圖 4-6 所示。

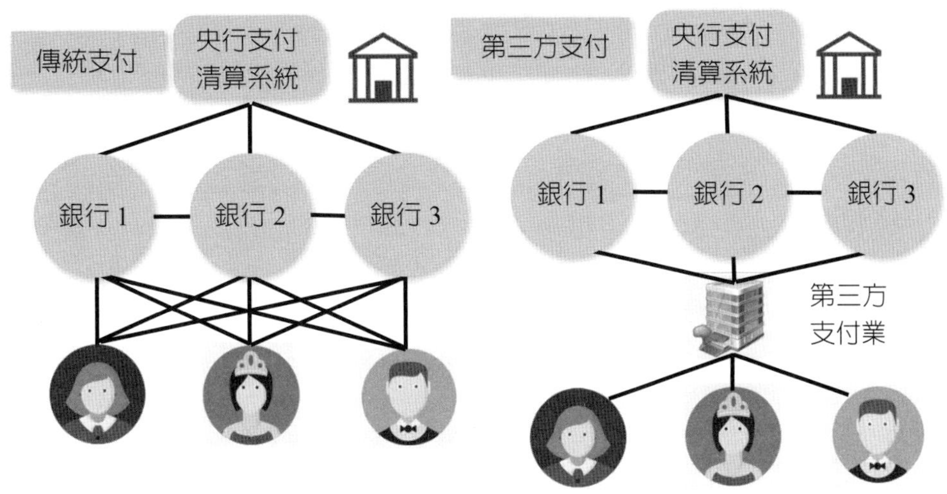

圖 4-6 傳統與第三方支付模式比較

註：▬▬ 網路技術

資料來源：1. Wikimedia Commons。

2. 曹磊、錢海利，FinTech金融科技革命，商周出版，2016.5.5。

有關第三方支付交易流程，圖 4-7 顯示可經由買家於金融業與非金融業之第三方支付平台設立帳戶，以金融卡之存款帳戶進行轉帳儲值，銀行則以專用存款帳戶包括管理帳戶與合作帳戶辦理相關業務，有關銀行辦理轉帳儲值的規定。當交易時，買方在期限內付款給第三方支付平台，消費者可選擇多元化付款方式，如表 4-4 所示。若逾期時，則取消交易。平台將暫時保管此款項，並通知賣方收到買方貨款，此時賣方依訂單出貨。若買方在鑑賞期內對使用產品無異議時，亦或銀行保管期滿時，平台便透過電子支付帳戶將款項撥付給賣方，並將記錄移轉以完成交易。另外，銀行可與各商家簽訂信用卡特約商店外，亦可依照「信用卡收單機構簽訂提供網路交易代收代付服務平台業者爲特約商店自律規範」，與第三方支付業者簽訂特約商店的模式進行，此時信用卡收單機構則不需分別與規模較小商店或個人賣家簽訂爲特約商店。透過第三方支付流程，使其在網路中能接受買家以信用卡付款交易。

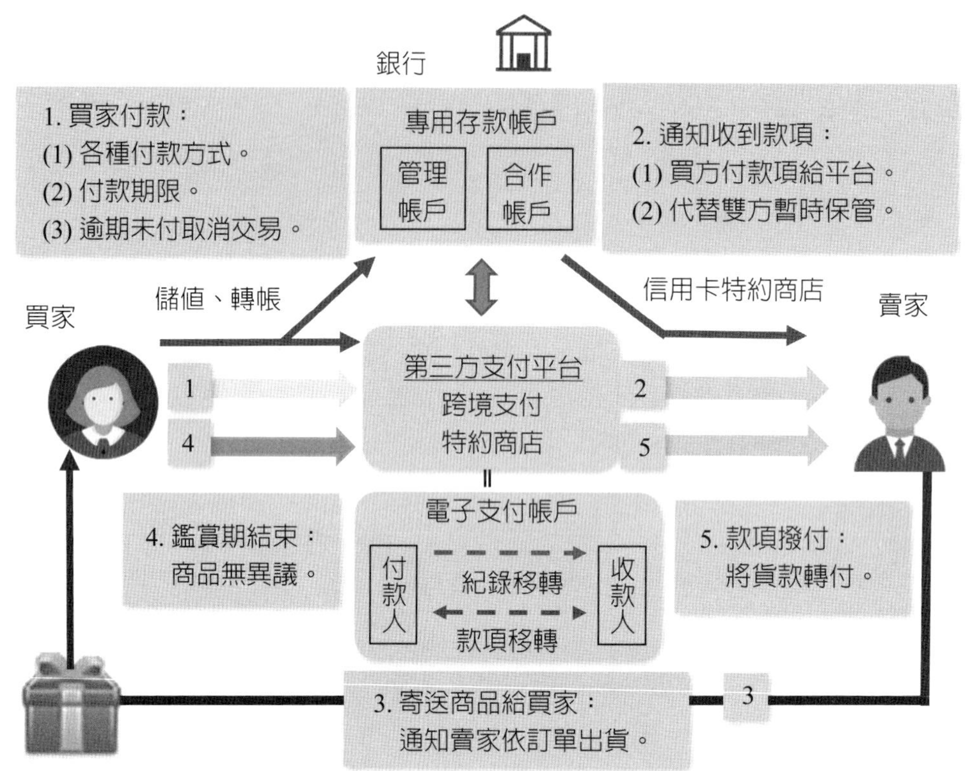

圖 4-7　第三方支付交易流程

資料來源：1. 魏杏如，叡楊e論壇，不可不知的「第三方支付」，第75期11-13頁，2014.6。
2. 經濟日報，第三方支付拚下季上路商機千億，2014.12.30。
3. 第一銀行公開座談會，2015.4.14。
4. Wikimedia Commons。

表 4-4　多元化電子支付

電子支付	方式
信用卡	1. 一次付清。 2. 分期付清。
ATM轉帳	1. 實體ATM。 2. 網路ATM。
超商代收	1. 取貨付款。 2. 代碼／條碼。

表 4-4 多元化電子支付（續）

電子支付	方式
存款帳戶	1. 約定帳戶。 2. 非約定帳戶。
行動付款	1. 行動金融卡。 2. 手機信用卡。 3. QR（Quick Response）Code。 4. 移動式刷卡讀卡機（Mobile Point of Sale, mPOS）。
儲值帳戶	1. 電子支付帳戶。 2. 行動儲值支付帳戶。
其他	1. 線上到線下實質交易（Online to Offline, O2O） 2. 貨到付款。

資料來源：陳之齡，財金資訊季刊，科技創新推動金融電子支付藍圖，85期，2015.10。

爲保護消費者的權益，第三方支付業者均提供保障服務功能，讓買家確實收到貨品後，再由不同方式支付賣家貨款。以永豐銀行的「豐掌櫃」代收代付服務爲例，會員可透過智慧手機與平板電腦等，掃描 QR Code，經由「豐掌櫃」行動版平台，滿足付款、愛心義賣捐贈、訂單查詢等會員需求，如圖 4-8 顯示。買方付款後，可以有四種選項，分別爲：

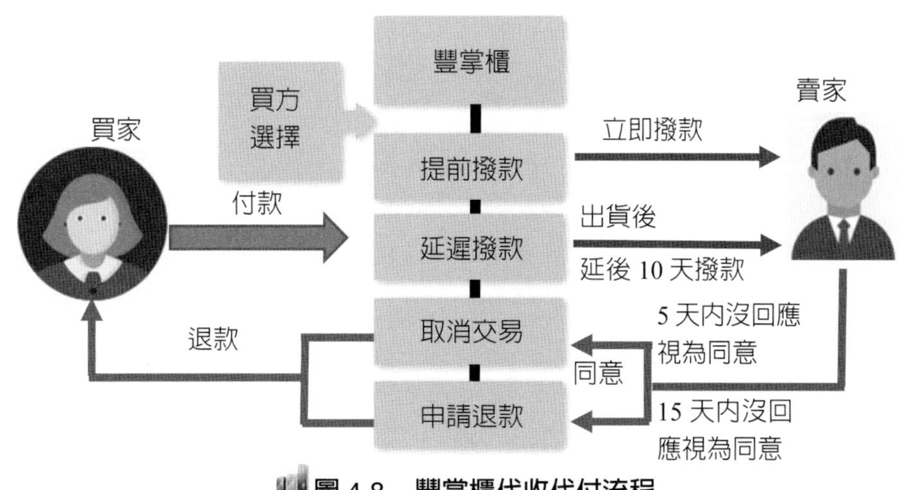

圖 4-8 豐掌櫃代收代付流程

資料來源：1. Wikimedia Commons。
2. 永豐銀行豐掌櫃網站。

(1) 提前撥款：指示豐掌櫃賣方出貨後，立刻付款給賣方。
(2) 延遲撥款：指賣方出貨後，再延後 10 天撥款賣方入帳。
(3) 取消交易：付款後取消交易，賣方同意後（5 天內沒回應），退款予買方。
(4) 申請退款：出貨後10天內，買方退款時，需賣方同意（15天內沒回應）。

二、台灣第三方支付發展現況

經濟部於 2014 年設立「電子票證條例」專法，並於 2015 年金管會宣稱爲台灣啟動第三方支付元年，「電子支付機構管理條例」於 1 月 16 日三讀通過後，成爲第三方支付業務的法源基礎。主要開放三項業務範圍：(1) 代理收付實質交易款項（如 O2O）。(2) 受儲值款項。(3) 帳戶間資金移轉（無實質交易基礎）。有條件開放外資與陸資有關金融、電子商務、和電信業者等加入，均利於未來微型企業交易、跨境交易、O2O、和行動支付的發展商機。第三方支付法上路，將以顛覆性消費支付方式，挑戰傳統金融機構掌控金流的模式。表 4-5 說明第三方支付大版圖與商機，如紅陽以資料處理業者身分，取得網路跨境交易的資格，增加第三方支付服務範疇，提供代結匯、代購匯的資格。

表 4-5　說明第三方支付大版圖與商機

項目	網路商城	跨境支付	行動支付
說明	提供拍賣平台買家與賣家（如中小企業、業餘人士）金流服務。	與國際第三方支付業者介接，提供跨國金流服務。	串聯虛擬線上與實體線下消費流程的交易支付服務。
優勢	提供便利的金流服務，以期解決買賣雙方信任度不足問題。	觀光客境內購物、跨境消費等金流服務事宜。	利用智慧手機付款消費功能。

表 4-5 說明第三方支付大版圖與商機（續）

項目	網路商城	跨境支付	行動支付
相關業者	支付連（PChome） 輕鬆付（Yahoo） 智付寶（智冠）	歐付寶（歐買尬） ezPay（藍新） 收付便（紅陽） 玉山銀行等11家銀行	Easy Hami 錢包（中華電信） 收付便（紅陽） 歐付寶（歐買尬） 網家Pi電子錢包（PChome） 實體商家 網路商家

資料來源：1. 經濟日報，第三方支付大開放 電子商務利多，2014.1.22。
2. emome網站。
3. 聯合報，搶大餅……業者祭優惠民眾多比較，2015.1.17。

維繫市場秩序和良性公平競爭環境，開放對象包括專營、兼營的電子支付機構（如銀行）、中華郵政、與電子票證，採取一致性經營業務規範，允許電子支付機構和電子票證公司互相兼營機制（如悠遊卡兼營，推出記名式悠遊卡，適用於網路交易），有關第三方支付專法與電子票證條例重點，如表 4-6 說明。

表 4-6 第三方支付法與電子票證條例重點

開放項目	電子票證條例內容	第三方支付法內容
核可方式	許可制	許可制
業務範圍	1. 發行電子票證。 2. 特約機構之簽訂。 3. 其他核准業務。	1. 代理收付實質交易款項（包括O2O）。 2. 收受儲值款項。 3. 帳戶間資金移轉（無實質交易基礎）。 4. 其他經主管機關核定業務。
規範對象	1. 與銀行合作業者：銀行實體帳戶、不能刷卡儲值、帳戶能移轉同一持卡人電子帳戶。 2. 涵蓋洗錢犯罪防制管理。	1. 實質交易代理收付且保管款項逾一定金額以上。 2. 儲值業務。 3. 帳戶間資金移轉。
資本額門檻	電子票證發行機構： 資本額3億元。	1. 經營代收代付業務：資本額1億元。 2. 經營儲值、代收代付業務：資本額5億元。

表 4-6　第三方支付法與電子票證條例重點（續）

開放項目	電子票證條例內容	第三方支付法內容
儲值及轉帳金額	1. 第一類：繳交政府機關規費不設金額限制。 第二類：單獨 辦理一般消費安全等級分二級。(1)單筆刷卡上限1千元。(2)單日上限1萬元。 2. 金融機構：儲值金額為（20萬、10萬、和1萬元）計息。	每戶儲值餘額與單筆交易上限各為5萬元，保留未來主管機關放寬權限。
記名方式	實名制。	第0類過渡時期驗證機制與第1-3類實名制方式。
儲值款項與運用	在銀行開設專戶儲存孳息或其他收益，制訂一定比率回饋機制於持卡人。	1. 銀行存款。 2. 購買政府債券。 3. 購買國庫券或銀行可轉讓定期存單。 4. 購買主管機關核准之其他金融商品。
消費者保護	1. 與銀行合作業者：提供存款保險保障。 2. 單獨辦理者：儲值金額需交付信託，且超過30億元者，需提列準備金。	1. 電子支付業者自營收提撥一定比率成立償債基金。 2. 收取支付款項交付信託，或取得足額銀行擔保。
跨平台合作	1. 與銀行合作業者：須獲經濟部同意。 2. 單獨辦理者：須獲經濟部與央行同意。	1. 金管會協助國內業者發展境外服務。 2. 開放國內業者與外國業者跨平台合作。
違法經營	1. 犯罪所得1億元以下者：1-10年有期徒刑。 2. 犯罪所得1億元以上者：7年以上有期徒刑。	1. 儲值及轉帳：3-10年有期徒刑。 2. 代收代付：5年以下有期徒刑。

資料來源：1. 經濟日報，法案三讀第三方支付Q2上路，2015.1.17。
2. 科技新報，中國行動支付已成主流，台灣發展龜速設限多，2015.2.1。
3. 蘋果日報，立院三讀電子票證業可兼營第三方支付，2015.6.9。
4. MoneyDJ理財網：財經知識庫，第三方支付。
5. 中時電子報，第三方支付專法 拚年底上路，2014.9.1。
6. 工商時報，悠遊卡嗶大額消費有望，2016.9.3。

1. 第三方支付產業與跨境代收代付業務現況

自 2016 年 5 月金管會依照電子支付機構管理條例，有關第三方支付專法，同意開放四大類機構（專營電子支付機構、兼營電子支付機構、資料處理服務公司、及財金公司）從事跨境代收代付業務。墊付幣別是以新台幣為限，墊付金額以 1,000 萬元為上限，墊付期不得超過 15 日。跨境代收代付業務可解決過去商家須累積一定金額，方能收到第三方支付業者貨款之期間過長問題。例如：過去跨境支付採「定額批次付款」，即累積銷售金額達 5,000 美元，採每週撥款方式，賣家方能收到貨款。表 4-7 說明相關機構從事第三方支付和跨境支付合作業務等。例如：專營電子支付機構（第三方支付業者）和兼營電子支付機構（包括銀行與電子票證：一卡通、遠鑫、悠遊卡）獲得營業許可，陸續開辦相關業務。此外，第三方支付業者亦可賺取墊款利息收入和增加相關收益。

在超商和賣場方面，亦積極與各家銀行合作，分別推出各種第三方支付工具，例如：全家（My FamiPay）、萊爾富（Hi Pay）、7-11（OPEN 錢包）、OK mart（OK Pay）、全聯（PX Pay）等，試圖搶攻商機。

2. 第三方支付案例

(1) 跨境Inbound/Outbound境外網路交易模式

透過 O2O 之新型電子商務模式，導入雙向跨境代收代付業務，即採取 inbound 方式「境外民眾向境內商家網購」或 outbound 方式「境內民眾向境外商家網購」方式，向金融合作特約商店進行安全與合法交易，透過境內／外電子支付機構和銀行間撥付，以及銀行對央行外匯申報流程，使資金調度更便捷。商家約 3 日可取得貨款，有利於吸引潛在商家加入網路商城，促進跨境電子商務升級，如圖 4-9 顯示。此外，2016 年 5 月 1 日財政部實施境外電子商務課稅新制，每年境外電商對境內自然人交易達 48 萬元以上，須依稅籍登記規則第三章辦理稅籍登記，以及營業稅法第 28 條之 1，繳納營業稅。

表 4-7 台灣電子票證、電子支付、第三方支付產業現況

類別	公司	支付工具	電子錢包	代收和支付方式	跨境支付合作	備註
電子商務	網家PChome	支付連	Pi行動	虛擬儲值帳戶、信用卡	財付通（騰訊）	網路電商2016.3取得執照。
		國際連*		O2O實體通路支付		2016.12.12金管會核發執照。
	數字科技	T幣		虛擬T幣儲值、銀行代收		遊戲寶物平台涉違法一審判無罪。
	雅虎奇摩	輕鬆付	超好付	虛擬儲值帳戶、信用卡、ATM、Famiport		Yahoo拍賣提供最高5萬元購物保障。
遊戲	歐買尬	歐付寶*	All Pay	虛擬儲值帳戶、信用卡	財付通	1. 商店與行動支付。 2. 2015.10取得執照。
	智冠	智付寶*	Pay2go	虛擬儲值帳戶、信用卡		1. 線上儲值與跨境電商。 2. 2016.3取得執照。
	遊戲橘子	橘子支* GAMA Pay	GASH Pay	虛擬儲值帳戶、信用卡、O2O支付、零錢商機		1. 2015.10取得執照。 2. O2O於2015.11.17核可。
軟體服務	聯合國際	CityPay	mWallet	信用卡	通聯支付	中國通聯合資連際行動信息科技。
	全球聯網		HyPocket	信用卡、會員／儲值卡、紅利點數卡等		專注遊戲行動支付與電商應用軟體支援。
	街口支付	街口支付*		街口幣、信用卡、實際支付		2018.1.11金管會核發執照。

表 4-7 台灣電子票證、電子支付、第三方支付產業現況（續）

類別	公司	支付工具	電子錢包	代收和支付方式	跨境支付合作	備註
金流服務	紅陽	收付便	Swipy 手機錢包	會員卡、儲值卡、集點卡、行動票券（電影票、住宿等）		採用微波辨識技術（Micro Wave Identify Technology）
	訊航科技	速買配	SmilePay	線上刷卡、超商代收、超商取貨、銀行匯款、ATM		提供安全網路付款機制。
	台灣第三方支付	台灣電子支付*	ezPay	虛擬儲值帳戶、信用卡	支付寶（螞蟻金服）	公用事業、拍賣、服務業、捐款、非營利事業、線上禮金等。於2016.3取得執照。
電子票證	悠遊卡	EasyCard	Easy Wallet	醫療、線上付費（如停車、規費）、網路商城、商圈、大學等。		1. 線上付費與實體商店掃碼支付服務。 2. 掃碼支付與儲值服務。 3. 百貨聯名卡推展。
	一卡通	iPass		文創、超商、捷運等。		
	愛金卡	iCash		百貨（新光三越、夢時代、時代、漢神）、超商等。		
	遠鑫	HappyCash		百貨、量販店（愛買）等。		

表 4-7 台灣電子票證、電子支付、第三方支付產業現況（續）

類別	公司	支付工具	電子錢包	代收和支付方式	跨境支付合作	備註
銀行／郵局	台新	儲值支付	LetsPay MasterPass	1. 存款轉帳儲值。 2. 線上代收與轉付服務。 3. 儲值支付帳戶間提供點對點（Point-to-Point，P2P）轉帳匯款服務。 4. 賣家快速收款與即時對帳。 5. 會員信用卡付款。 6. 電子商務服務平台整合官方網站、手機QR code、部落格、和Facebook等收款功能。 7. 整合信用卡、電子票證、聯銀卡等。 8. 利用信用卡綁定行動支付優惠措施。例如台新@GOGO信用卡與Apple Pay合作。	支付寶	歐付寶合作帳戶綁定扣款（Account Link）。
	新光	鑫支付			微信支付	推播陸客自由行至合作店面消費。
	華南	e 指收			微信支付	網羅台灣知名商圈、夜市與景點。
	永豐	豐掌櫃			支付寶	跨境O2O交易、商家QR Code支付。
	第一	跨境第e支付			財付通 微信支付	Online/線上（跨境網路收款）和Offline/線下（實體店面收款），推出多元支付POS。
	中信	Pockii Yapee	MasterPass		中國快錢、支付寶、ChinaPay	1.跨境代理收付，特約商店消費付款。 2.與Yahoo奇摩推易付，儲值、貸款等。
	兆豐	MegaPay			中國快錢	兆豐支付兩岸購。
	玉山	兩岸支付通	玉山Wallet MasterPass		支付寶	1.悠遊聯名卡、Happy Go聯名卡。 2.多元收款機miniPOS。

表 4-7 台灣電子票證、電子支付、第三方支付產業現況（續）

類別	公司	支付工具	電子錢包	代收和支付方式	跨境支付合作	備註
	國泰世華	KOKO	MasterPass	9. 郵局開發「電子支付約定連結郵政儲金帳戶付款」，並與票證公司和電子支付公司合作。例如：台灣Pay。 10.聯名卡服務。	Line Pay	
	元大	e付通			中國快錢	
	合作金庫	合庫支付 Co Pay			支付寶、安平付、ChinaPay	開展mPOS收單服務。
	台灣	台銀收銀台 Safe Pay			財金公司跨境支付平台	代收代付採用行動憑證驗證系統（AOTP）
	彰化	彰銀支付 iPay			財付通 微信支付	增加O2O消費模式。
	陽信	iSunny				自建第三方與跨境支付。
	台企銀	e匯通			中國快錢	建置Hi Bank金融百貨。
	台北富邦		MasterPass		微信支付	特約商店消費付款。
	郵局				支付寶	淘寶網、天貓商城購物手續費1%。

註：＊專營機構營業項目爲儲值、代收代付與款項移轉業務。

資料來源：1. 陳之齡，財金資訊季刊，科技創新推動金融電子支付藍圖，85期，2015.10。
2. 卡優新聞，105電子錢包戰國時代6大業者鳴槍拼龍頭，2015.12.3。
3. 東森新聞雲，台銀拔頭籌開辦第三方支付創新引進AOTP機制，2015.5.31。
4. 東森新聞雲，中信銀跨境支付瞄準OIU商機，2015.3.31。
5. 數位時代，第三方支付專法將上路，銀行啟動跨業結盟，2014.7.21。
6. 數位時代，支付連與騰訊財付通對接，商店街千萬種商品可銷往中國，2014.10.23。
7. Digitimes，第三方支付與代收代付業者，2013.3.29。

8. iThome，Yahoo！奇摩拍賣：2月25日起只能以輕鬆付收付款！2013.12.27。
9. 工商時報，兩岸企業合資攻第三方支付，105.12.2。
10.工商時報，華銀第三方支付準備好了，2014.4.14。
11.工商時報，台第三方支付10月啟動，2016.9.24。
12.今周刊，踩電子票證地雷數字科技很無辜？2014.9.4。
13.胡湘湘，台灣銀行家，金流版圖移位銀行加速跨業合作，第71期，2015.11月，60-63頁。
14.經濟日報，第三方支付解困金管會出手，2014.12.22。
15.經濟日報，永豐金攜支付寶攻跨境O2O，2016.5.24。
16.經濟日報，跨境掃碼支付下個競技場，2016.2.14。
17.經濟日報，微信跨境支付攻陸客觀光財，2016.8.4。
18經濟日報，歐付寶第三方支付搶頭香，2016.9.15。
19.聯合晚報，藍新攻第三方支付ezPay雙喜臨門，2016.4.8。
20.合作金庫網站。
21.全球網聯網站。
22.兆豐網站。
23.國泰世華網站。
24.第一銀行網站。
25.新光銀行網站。
26. Smilepay網站。
27. Swipy網站。
28.經濟日報，街口申設電子支付准了，2018.1.12。
29.工商時報，郵局搶進跨境電子支付，2017.8.15。

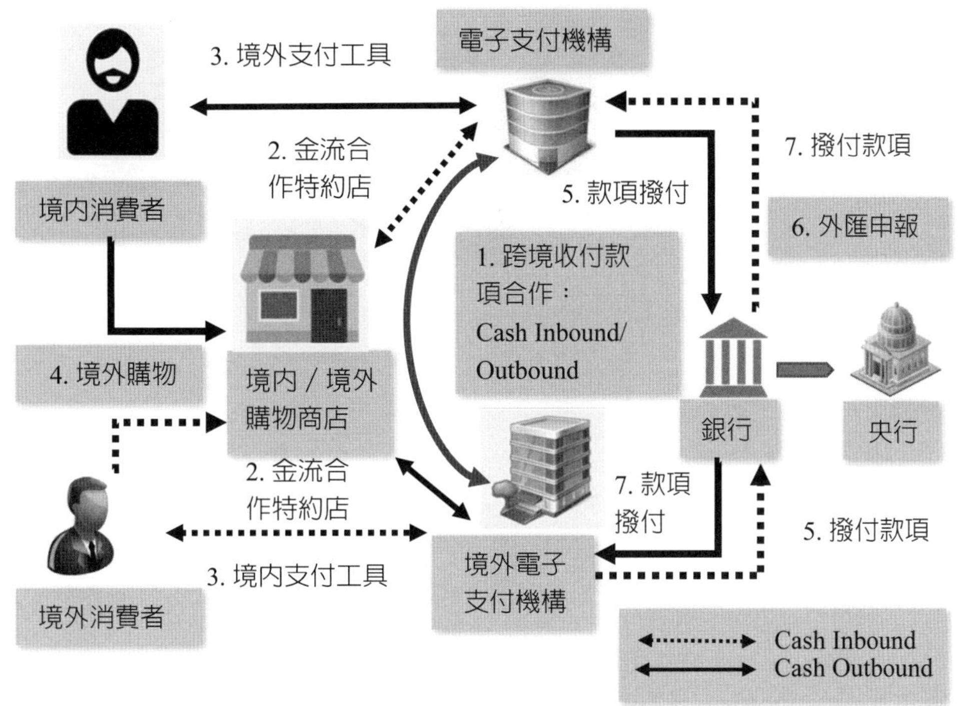

圖 4-9　境外網路交易模式

資料來源：1. Wikimedia Commons。
2. 第一銀行公開座談會，2015.4.14。

(2) 遊戲網路交易平台訴訟案

以數字科技旗下 8951 遊戲網路交易平台為例，該平台於 2007 年 5 月開始推出 T 幣虛擬貨幣，提供遊戲玩家至超商，將新台幣兌換成 T 幣，以便利其交易寶物的平台。圖 4-10 指出數字科技發行 T 幣之交易流程，提供玩家代收轉付業務，交易平台可獲取貨款 6% 為手續費收益。由於電子票證發行管理條例已於 2009 年 1 月通過，以電子型態作為儲值的 T 幣，須經金管會核准，且須將儲值金額辦理信託。雖然數字科技於 2012 年已至玉山銀行辦理信託，但因仍未獲金管會核准具儲值功能的電子票證，而且該公司並非服務提供商，卻執行代收代付功能的灰色地帶，而遭到疑是吸金 186 億元的起訴。並於 2017 年 6 月 23 日法院一審獲判無罪。此外，有網路業者為其抱屈，因落伍法令將扼殺創新的動能。

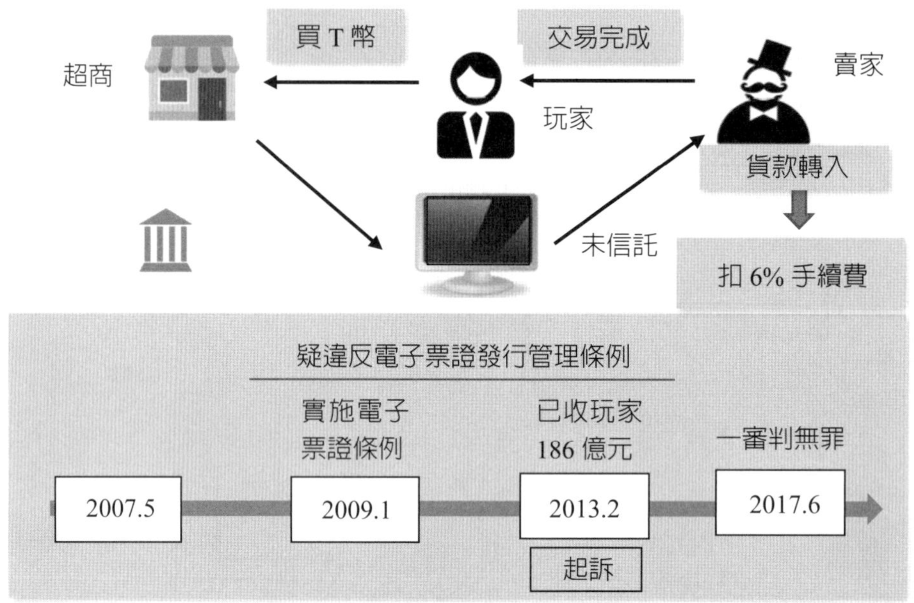

圖 4-10　數字科技交易流程

資料來源：1. TVBS新聞，虛擬交易實物涉吸金186億數字科技董座3人遭訴，2014.8.28。
2. 民視新聞台，8591「T幣」案起訴董座喊冤創新變吸金，2014.8.28。
3. 工商時報，數字T幣交易一審獲判無罪，2017.6.24。
4. 今周刊，踩電子票證地雷 數字科技很無辜？2014.9.4。
5. Wikimedia Commons。
6. 8591實物交易網。
7. Apphome網站。

值得一提的是金管會核准儲值功能的電子票證，包括悠遊卡（台北捷運）、一卡通（高雄捷運）、台灣通（台中公車）、e 卡通（遠通公司）、和 iCash（統一企業）等，而虛擬貨幣具儲值功能則尚未開放。另外，GASH Pay 的遊戲點數採取電子票證條例所規定，以代收代付禮券方式進行，並由遊戲橘子提供服務。故其執行方式與 T 幣有所不同。

(3) 跨境支付交易

以陸客來台觀光爲例，對於在台相關的開銷，主要以現金和銀聯卡支付。開放跨境支付後，支付寶、微信支付、和中國快錢等對岸第三方支付業者亦鎖定陸客來台消費市場，透過「跨境掃碼支付」機制，利用第三方支付業者平台的

App，對商家的 QR Code 進行掃描即可完成交易支付。圖 4-11 說明新光銀行與微信支付合作之跨境支付交易，陸客選購商品後，於結帳時，開啟微信錢包並取得條碼，經商家掃描後，雙方於 1-2 秒內取得交易完成訊息。

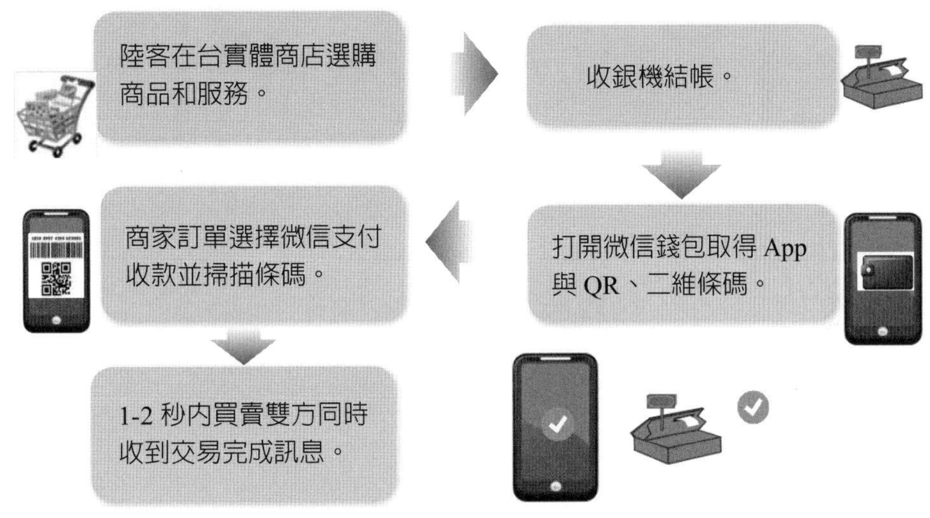

圖 4-11　微信支付使用流程圖

資料來源：1. 新光銀行網站。
2. Wikimedia Commons。

圖 4-12 指明玉山銀行與支付寶合作跨境金流，推出兩岸支付通流程。由玉山銀行精選出優質台灣中小企業和電子商務網站，透過電子商務平台之建置，使台灣商家能將商品銷往中國大陸。首先，大陸消費者可自支付通合作廠商下單消費，於支付寶以人民幣付款結帳。在扣款成功後，商家即可出貨，並透過玉山銀行金流服務取得新台幣貨款，因而解決兩岸商業跨境匯兌之問題，以創新模式一併串連金流、物流、資訊流與行銷服務。

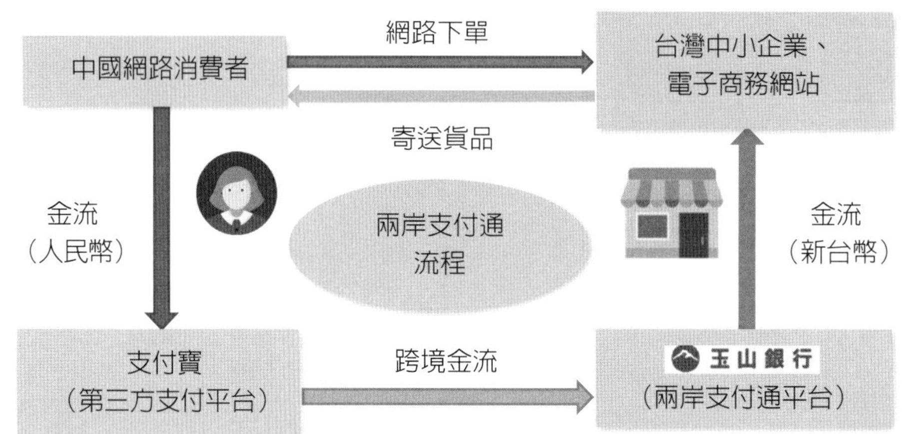

圖 4-12　兩岸支付通流程

資料來源：1. 經濟日報，玉山銀+支付寶 把台廠商機變大，2012.3.14。
2. Wikimedia Commons。
3. 玉山銀行網站。

三、中國大陸第三方支付發展

第三方支付發展初期以低度管制模式，企業須向工商局註冊即可營運。隨後官方趨向採取「扶大限小」政策，逐步將非金融機構支付服務納入相關標準與監管項目，透過「非銀行支付機構網絡支付管理辦法」（徵求意見稿）之施行，而縮小非金融機構支付服務特許行業規模，如表 4-8 所示。在行動支付方面，2014 年中國人民銀行制定「關於手機支付業務發展的指導意見」，鼓勵商業銀行發展相關業務，同時意圖規範第三方支付機構介入，至於 O2O 業務亦有所保留。2015 年 12 月實施「非銀行支付機構網絡支付業務管理辦法」，要求支付業者落實「了解你的客戶」之規定，導入三種類型的實名制。如會員無法登陸相關個資，將無法使用第三方支付業務服務。2016 年於首批許可證到期後，開始進行嚴格的支付業務許可證監管續批的制度。另 2013 年制定「備付金」相關規定，並於 2019 年規定支付業者須存至無計息與不得挪用的人民銀行指定專戶，而失去結算週期差而獲取備付金所孳生龐大利息。

表 4-8　中國大陸第三方發展近況

時間	項目	備註
2005	電子支付指引	中國人民銀行制定。
2010.9.1	非金融機構支付服務管理辦法與施行細則	非金融機構第三方支付服務正式成為特許事業，由人民銀行制定。要求業者須申請「支付業務許可證」，每5年須申請展延。保障用戶權益規定資本額如下： 1. 全國業務：須具1億元以上人民幣。 2. 省級業務： 須具3千萬元人民幣。
2011.5.26	第三方支付民營企業興起	首度批准27家第三方支付許可證，如支付寶。
2012	支付機構互聯網支付業務管理辦法	中國人民銀行制定（徵求意見稿）。
2012	支付機構預付卡業務管理	中國人民銀行制定。
2013	支付機構跨境電子商務外匯支付業務試點指導意見	由中國外匯管理局制定，以解決跨境金融流動風險與信用的問題。
2013	支付機構客戶備付金存管辦法	中國人民銀行制定「備付金」規定。
2014	支付機構網路支付業務管理辦法（徵求意見稿）	人民銀行制定支付帳戶上限為10萬人民幣，避免資金過多所引起的風險與保護銀行業務免於侵蝕。
2014	關於手機支付業務發展的指導意見	人民銀行制定兩項原則：「大力發展商業銀行手機支付業務」和「規範發展支付機構手機支付業務」。針對第三方支付機構有關O2O業務有所保留。
2014	支付監管緊縮	限縮項目為二維碼轉帳、消費金額。
2015.7.31	非銀行支付機構網絡支付管理辦法 （徵求意見稿）	1. 第三方支付帳戶餘額： 單日餘額支付不可超過5,000人民幣。 2. 用戶開戶時身分訊息進行多重認證。 3. 限同一平台內帳戶間轉帳免費規定。
2015.12	非銀行支付機構網絡支付業務管理辦法	將帳戶實名制分為三類，促使業者落實「了解你的客戶」之規定。（註示）
2015.12.15	暫停發放新證	已發出270張支付業務許可證。其中，2張已註銷。

表 4-8　中國大陸第三方發展近況（續）

時間	項目	備註
2016	第一批支付牌照續檢年	首批許可證於5月到期，將面臨嚴格的審查，未得到監管續批的公司須退場。
2016.4.1	中國人民銀行關於加強支付結算管理防範電信網路新型犯罪有關事項的溝通	規範支付寶、微信等第三方支付業者轉帳限額限次數。另ATM轉帳於24小時內，可依規定申請撤銷該金額。
2016	支付清算行業監管	非銀支付機構因註銷、不予展延與續展合併等因素，使家數縮減約5.5%。
2017.10.2	第三方支付監管擴大	2017年註銷執照累積達24家。
2017.11.24	關於進一步加強無證經營支付業務整治工作的通知	人行開始全面查核無照支付機構。
2018.3.3	國務院惠台措施第10條	允許台灣金融機構、商家和銀聯、非銀行支付機構合作，提供小額支付服務。
2018.3.21	開放外商投資支付機構准入限制	人行制定外商投資支付機構准入標準與加強監管事宜。
2018.4.1	條碼支付金額設限	單一客戶每日累積交易限額級數（人民幣）： 1. 動態密碼：A（自主約定）、B（$5,000）、C（$1,000）。 2. 靜態密碼：D（$500）。
2018.4.1	中國人民銀行關於規範支付創新業務的通知	允許條碼支付業務於銀行和支付機構間進行。
2018.5.2	第三方支付嚴厲監管	官方打擊不公平競爭與價低牌照數量。
2018.6.30	聯網清算平台	設置聯網清算有限公司，協助支付業者從事銀行帳戶網絡支付。
2019.1.14	「備付金」全面監管	支付機構的100%備付金由人民銀行存管。

註示：實名制規定三種分類。

帳戶類別	餘額付款功能	餘額付款限額	身分實核方式
I	消費、轉帳	自帳戶開立起累計1,000元人民幣。	可以非面對面方式，通過至少一個外部管道驗證身分。

表 4-8　中國大陸第三方發展近況（續）

帳戶類別	餘額付款功能	餘額付款限額	身分實核方式
II	消費、轉帳	年累計10萬元人民幣。	面對面驗證身分，或以非面對面方式，通過至少三個外部管道驗證身分。
III	消費、轉帳、投資理財	年累計20萬元人民幣。	面對面驗證身分，或以非面對面方式，通過至少五個外部管道驗證身分。

資料來源：1. 人民日報，中國大陸第三方支付法規七月上路！支付寶、微信用户強迫實名驗證，2016.4.12。
2. 胡湘湘，台灣銀行家，金流版圖移位銀行加速跨業合作，2015.11月號。
3. 行政院大陸委員會，大陸與兩岸情勢簡報，中國大陸行動支付市場概況簡析，中正大學傳播學系暨電訊傳播研究所，羅世宏教授，2016.3。
4. 情報顧問，中國大陸第三方支付發展現況，2015.1。
5. 科技新報，中國央行嚴控第三方支付帳户支付寶好日子過完了？2015.8.3。
6. 工商時報，支付寶、微信轉帳限額限次數，2016.10.4。
7. 工商時報，整頓第三方支付大陸出重拳，2017.5.2。
8. 工商時報，陸第3方支付牌照今年註銷20張，2017.10.2。
9. 經濟日報，陸管控條碼支付金額設限，2017.12.29。
10.工商時報，人行嚴查無照支付機構，2017.11.24。
11.經濟日報，陸監管第三方支付找微信合作，2018.4.2。
12.人行開門准外資進入支付市場，2018.3.22。
13.經濟日報，大陸第三方支付掀關閉潮，20117.5.2。
14.工商時報，支付便利吸引台青登陸創業，2018.3.3。
15.經濟日報，創造數位金融分級舞台，2018.5.31。
16.工商時報，人行接逾兆人民幣支付準備金，2018.12.5。

跨境支付方面，2013 年中國外匯管理局制定，以期解決跨境金融流動風險與信用問題。透過主要第三方支付業者如支付寶、財富通、中國快錢等紛紛與台灣的商業銀行合作。2014 年兩岸第三方支付業者開始跨境支付業務連結，例如：財付通分別與網家、歐買尬合作，為跨境交易提供便利的付款機制。

1. 中國大陸第三方支付主要業者

綜觀中國大陸電子商務支付模式，傳統銀行業務涵蓋 ATM、人工轉帳、與銀行卡支付業務（借記卡、準貸記卡、和貸記卡等）。90 年代初，網路金融蓬勃發展，網路銀行扮演重要角色，主要提供網路轉帳、交易與繳費等功能，此時期以銀行支付業務為主導。90 年代末期，電子商務開始萌芽，傳統銀行支付的模式已無法滿足中小企業多元化金流支付的需求。而非金融業者開始跨進支付領域，延伸創新便利的支付模式，利用支付網關和平台帳戶，貼近用戶所需，此模式稱為「第三方支付」，如圖 4-13 所示。

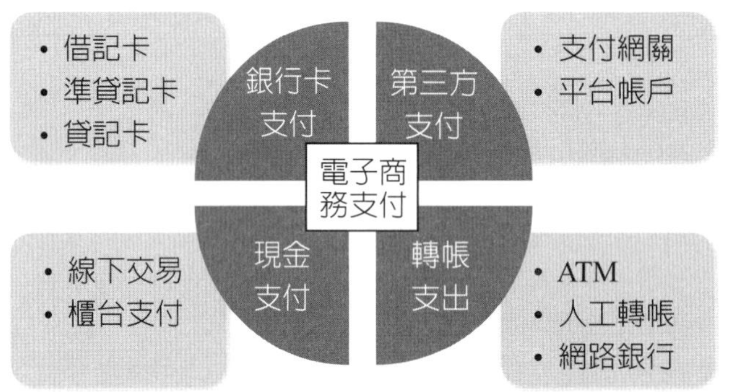

圖 4-13　中國大陸電子商務支付模式比較

資料來源：情報顧問，中國大陸第三方支付發展現況，2015.1。

中國大陸互聯網金融近期表現突出，使得第三方支付機構如雨後春筍般出現，其便捷支付的模式接受度頗高，不斷擴大規模與獲利可謂與日俱增。圖 4-14 說明中國大陸第三方支付主要業者於 2015 年第三季市占率，可知支付寶占 61.9% 遙遙領先群倫，其次為財付通約占 14.5%、銀聯在線約占 9.2%、和快錢約占 5.1%，總計四家市占率已超過九成，其餘共計 8.1%。

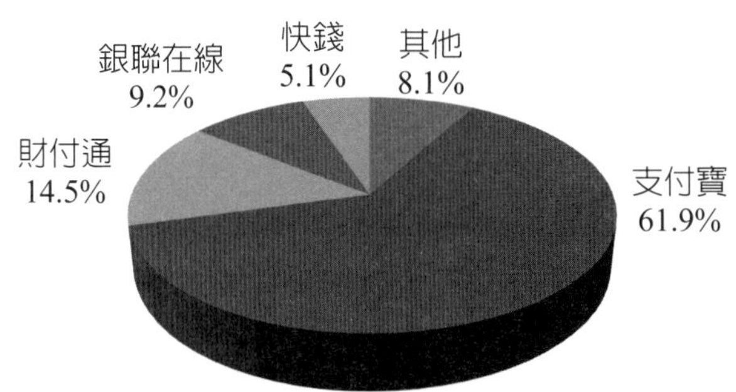

圖 4-14　中國大陸第三方支付主要業者市占率

資料來源：速途數據，2015年Q3第三方支付市場分析報告，2015.10.30。

表 4-9 說明非金融業第三方支付業者主要爲支付寶、財付通、快錢三家業務比較。其中，支付寶乃於 2003 年由阿里巴巴公司旗下淘寶網所成立，解決 C2C 交易信任度的一種創新金流模式，之後於 2004 年獨立經營，專門從事小額支付於各種商業活動。由於網路帳戶無法提供利息給用戶，分別於 2013 和 2014 年設立餘額寶與招財寶，開始從事基金業務創新模式，吸引許多用戶購買貨幣基金和高收益基金等。另阿里巴巴旗下的金流業務範圍廣泛，因而將支付寶、支付寶錢包、餘額寶、招財寶、螞蟻小貸等業務匯併於螞蟻小微金融服務子公司。

表 4-9　中國大陸第三方支付主要業者業務比較

項目	支付寶				財付通	快錢
成立時間	2003	2004	2013	2014	2005	2005
公司	淘寶網	獨立	餘額寶	招財寶	微信	獨立支付平台
		2014併成：螞蟻小微金融服務				
C2C金流（註）	v	v				
電子商務	v	v			v	v
公共事業費		v			v	
電信費					v	
電視費		v				
醫院掛號費		v				
交通罰款		v				
計程車費		v				
餐飲費		v				
基金業務			貨幣基金	高收益	v	
信用卡快捷支付		2010				2005
跨境支付		2014			2013	v
行動支付（錢包）		2013				
保險理財		2014			v	v
小額貸款		2014				v
物流費					v	
商旅						v

表 4-9　中國大陸第三方支付主要業者業務比較（續）

零售						v
教育						v
娛樂						v

註：C2C（Consumer to Consumer）：乃消費者對消費者間的一種電子商務交易模式，例如：透過拍賣、跳蚤市場做交易。

資料來源：1. MBAlib網站。

2. 情報顧問，中國大陸第三方支付發展現況，2015.1。

2. 阿里巴巴金融業務發展模式

阿里巴巴積極申請相關牌照與擴展外部市場，爲因應第三方擔保交易之所需，開辦支付寶提供第三者支付業務，以利網路遊戲付款、購買航空機票、數位資訊、遊戲集點、公共事業繳費、及商家對消費者交易（Business to Consumer, B2C）之電子商務服務。另取得支付牌照處理匯兌、互聯網支付、行動電話支付、預付卡、銀行卡收單等金流服務。同時，連結線下支付與信用卡快捷支付，提供各種交易支付模式。而基金支付牌照的取得，亦爲金融創新的小微投資模式，圖 4-15 顯示。

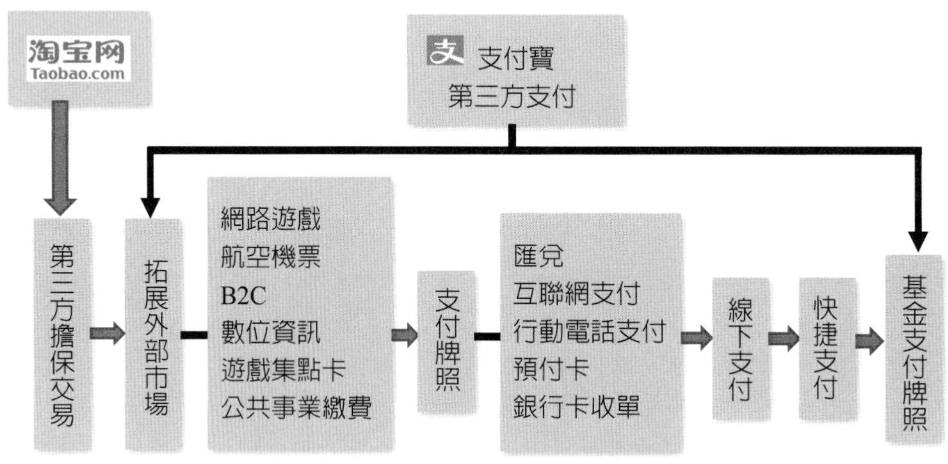

圖 4-15　阿里巴巴金融業務發展模式

資料來源：1. Wikipedia。

2. 人人都是產品經理，阿里金融發展史看產品如何形成封閉迴路，2015.7.8。

圖 4-16 說明阿里巴巴自 2002 年起，積極逐步建構涵蓋存款、貸款、匯款傳統核心業務的金融生態圈，並利用資訊流、物流、與資金流做串連，所啟動的金融革命風潮。整個生態圈的核心業務爲支付寶平台所從事的第三方擔保交易模式，在 2011 年取得支付牌照後，扮演如銀行匯款的作用，其串連個人用戶與商家中介的安全付費角色，推展基金投資與保險等金融業務。例如：透過眾安保險

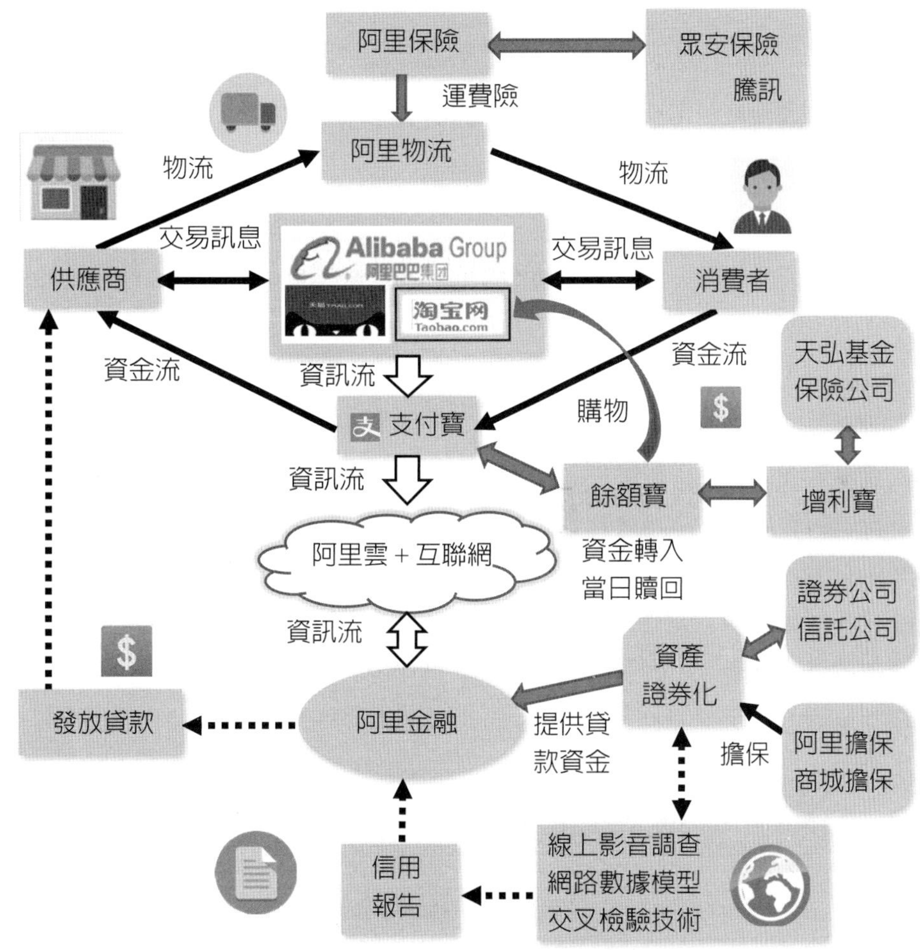

圖 4-16　阿里巴巴金融生態圈經營流程

資料來源：1. Wikimedia Commons。

2. 人人都是產品經理，阿里金融發展史看產品如何形成封閉迴路，2015.7.8。

3. 預見雜誌，中國金融界的震撼彈-支付寶與餘額寶，2014.8.28。

4. Wikipedia。

對阿里物流所承保之運費險等。由於貸款首重徵信業務與風險管控，徵信牌照僅限於銀行業。對於非金融業而言，只有另尋他路，幸而透過大數據分析技術可迎刃而解。經由數年許多跨區小微企業所累積的借貸數據，發展出數據徵信與信用評等模式。由於阿里小貸是經過總部網絡平台操作貸款流程，有效規避跨區經營融資的限制。阿里巴巴成立商誠擔保公司，針對資產證券化與商家貸款提供擔保。2017 年消費者貸款資產證券化發銷售金額已達 1,490 億人民幣。另與安平保險合作，提供商家免保證金和買家優先理賠保險，以減輕融資壓力，進而活化金流。

阿里巴巴以「宅經濟」開創各式商機，如運用買賣支付的時間差進行投資、收取超過免費額度的支付帳戶費用、廣告收入、廠商佣金收入、代購與繳費等金融增值性服務等。爲吸引支付寶平台用戶交易後的閒置資金，阿里巴巴開辦類似具有存款功能的餘額寶平台，經由增利寶平台將資金自動投資於天弘貨幣基金。自 2013 年 5 月到 2018 年 3 月止，餘額寶開辦已成長 7,800 倍以上，其規模約達 16,891 億元人民幣。透過大數據與雲端計算技術，除積極針對電子商務的瀏覽和消費行爲之商品推薦外，亦精進演算分析與申請專利佈局，能處理隨時申購與贖回的交易過程，提供用戶每日收益與便利提款服務。用戶贖回時，可選擇將資金轉回至支付寶平台，亦可將資金至淘寶網站購物。

表 4-10 顯示阿里巴巴與螞蟻金服積極拓展海外市場，加碼布局以展現企圖心。首先，螞蟻金服於 2016 年 4 月成功 B 輪籌資 45 億美元，輔以企業併購的方式陸續鎖定東南亞，如泰國和印度等新興市場與未開發市場，包括行動支付、手機、國際物流、電子商務、電子支付與小額貸款等公司。例如：2016 年 2 月以美金 10 億元收購東南亞電子商務 Lazada Group。2016 年 6 月螞蟻金服投資泰國 Ascend Money 約 20% 股權，藉由技術移轉與經驗分享，打造泰國版支付寶。

表 4-10　阿里巴巴與螞蟻金服全球布局

日期	區域	主併	創設／合作／被併／基金	產業	持股
2014.11	新加坡	螞蟻金服	v-key	移動安全加密	
2014.11	澳洲	螞蟻金服	Paybang	行動支付	
2015	日本	螞蟻金服	零售業	鎖定陸客赴日購物。	

表 4-10 阿里巴巴與螞蟻金服全球布局（續）

日期	區域	主併	創設／合作／被併／基金	產業	持股
2015.2	印度	阿里巴巴 螞蟻金服	One97 Communication	行動支付	25%
2015.4	印度	阿里巴巴	Micromax	手機	
2015.7	新加坡	阿里巴巴	冠庭	國際物流	33%
2015.9	印度	螞蟻金服	Paymt	電子錢包	20%
2015.11	韓國	螞蟻金服	K-Bank	互聯網、銀行	
2015.12.17	中國	螞蟻金服	國泰產險	產險	51%
2016.4	東南亞	阿里巴巴	Lazada Group	電子商務	
2016.11.1	泰國	螞蟻金服	Ascend Money	電子支付、小額貸款	20%
2017.1.12	台灣	阿里巴巴	中華開發創新創投基金	提供創業基金	
2017.2.2	美國	螞蟻金服	MoneyGram	匯款服務	
2017.5.8	中國	螞蟻金服	國泰世華銀行	物流金融授信	
2017.9.27	香港	阿里巴巴	長江和記	電子錢包：支付寶HK	
2017.10.12	全球	阿里巴巴	阿里巴巴達摩院	量子計算、智聯網、機器智能、FinTech	

資料來源：1. 工商時報，拓展東南亞版圖螞蟻金服參股泰國支付商，2016.6.20。
2. 工商時報，螞蟻金服揮軍泰國電子支付，2016.11.2。
3. 工商時報，螞蟻金服砸8.8億美元買美國速匯金，2017.2.2。
4. 工商時報，阿里巴巴創業基金來台遇挫，2017.1.12。
5. 經濟日報，馬雲李嘉誠合推港版支付寶，2017.9.27。
6. 經濟日報，支付寶攻日陸客幫大忙，2018.1.20。
7. 工商時報，國泰、阿里合攻物流金融授信，2017.5.9。
8. 經濟日報，阿里設達摩院搶賺技術財，2017.10.12。

四、線上到線下實質交易（Online to Offline, O2O）

1. O2O 的定義

近期拜智慧手機普及與行動購物率增溫之賜，形成線上至線下整合虛擬和實體交易的電子商務模式，以行動網路平台為前導，提供消費資訊與優惠，消費者可於平台申請儲值帳戶與付款，並至實體店面體驗商品與選購交易。消費者每筆交易活動均可追蹤，以利商家針對消費者偏好與消費行為等進一步作分析。O2O模式的案例，如表 4-11 所示。

表 4-11　O2O 經營模式

公司	區域	方式	內容
Yahoo奇摩	台灣	Online to Offline	超級商城推出O2O開放式電子票證平台業務。
夠麻吉	台灣	Online to Offline	1. 消費者團購優惠至實體店面消費。 2. 以離峰來客率、限時優惠、消費者評價等策略，強調共享經濟。
燦坤	台灣	Online to Offline	運用電子商務與實體通路做串連，並導入微定位（Beacon）技術，強化會員聯繫的功能。縮短配送時間與加強服務品質著手，增加顧客信賴度。
遠傳	台灣	Online to Offline	1. FriDay錢包「小市集購物平台」，持電子禮券條碼至實體店家換取商品。 2. 與精誠合作推展O2O零售生態圈。
Amazon	美國	Home Services Online to Offline	除網路購物外，推出家政與售後服務（Home Services） O2O模式，包括房屋修繕、汽車修理、電器維修、草坪修剪等實體服務項目。
Mottoco	日本	Offline to Offline Offline to Online	智慧手機O2O交易服務業務。

資料來源：1. mottoco網站。
2. 預見雜誌，O2O模式電子商務的未來趨勢，2015.9.9。
3. 經濟日報，精誠攜手遠東建構O2O零售生態圈，2016.12.29。
4. Inside，瞄準團購對手，Yahoo奇摩宣布旗下超級商城推出O2O電子票券平台，2015.4.27。

2. O2O 發展階段

電子商務模式之形成可分爲六個階段，早期商家架設官方網站，以傳達企業與產品形象爲行銷策略的一環。在社群網絡興起後，商家可利用網路論壇、部落格等管道加強廣告文宣與口碑的經營。透過電子商務平台開創線上帳戶儲值，線下實體商家消費的模式。另行動服務時代的趨勢帶動下，商家提供智慧手機 App，引導消費者進行 QR code 掃碼及臉書打卡活動，藉此取得各項優惠，以刺激消費。近期 O2O 經營模式更使商家朝多元通路接觸服務發展，強化與金融創新科技串連，利用移動定位服務（Location Based Service, LBS）、大數據、微定位（Beacon）等創新模式，發揮隨時、隨地、隨身的通信與社群屬性，以零距離互動服務的全方位體驗，進而主動掌握消費者購物模式，增加串連效益。最新發展趨勢則運用 O2O 雲端支付，提供便捷支付與各項優惠服務業務的精進與創新，如圖 4-17 所示。

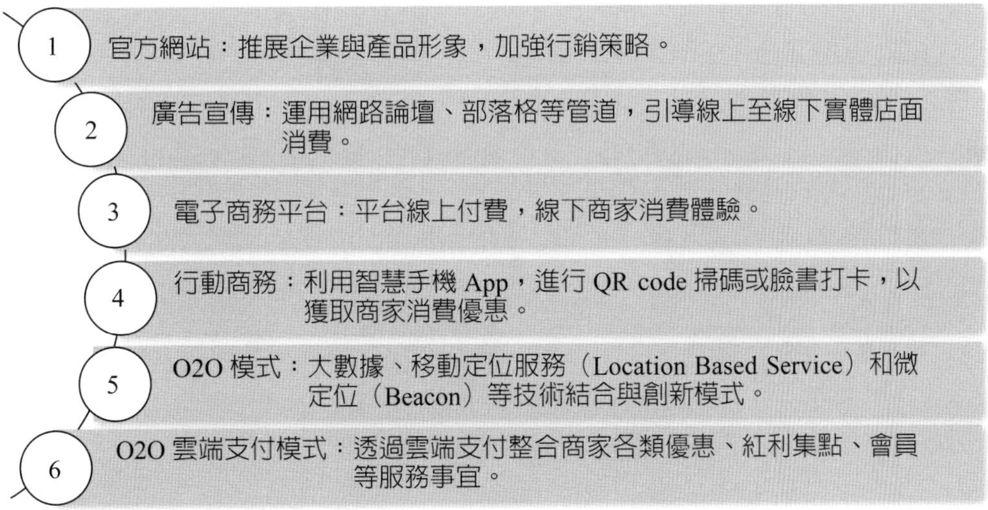

1 官方網站：推展企業與產品形象，加強行銷策略。

2 廣告宣傳：運用網路論壇、部落格等管道，引導線上至線下實體店面消費。

3 電子商務平台：平台線上付費，線下商家消費體驗。

4 行動商務：利用智慧手機 App，進行 QR code 掃碼或臉書打卡，以獲取商家消費優惠。

5 O2O 模式：大數據、移動定位服務（Location Based Service）和微定位（Beacon）等技術結合與創新模式。

6 O2O 雲端支付模式：透過雲端支付整合商家各類優惠、紅利集點、會員等服務事宜。

圖 4-17 O2O 模式發展階段

資料來源：1. 預見雜誌，O2O模式電子商務的未來趨勢，2015.9.9。
2. 情報顧問，中國大陸第三方支付發展現況，2015.1。

3. O2O 交易流程說明

O2O 交易亦可分爲 Onlinc to Offline、Offline to Offline、與 Offline to Online 三種結合虛擬電子商務經營模式。

(1) Online to Offline交易

消費者使用智慧型手機上網連結平台提供與取得相關資訊，可申請帳戶儲值，並至實體商家消費，由儲值帳戶下單付款，再由平台付款給商家完成交易，如圖 4-18 顯示。商家藉由網路曝光，提高知名度與建立口碑於社群傳遞，並可追蹤消費者的喜好與所處位置，提供精準的商品資訊。另商家吸引消費者到實體店鋪做商品體驗，以面對面的服務品質，達成品牌價值的提升。例如：消費者利用手機 / 電腦搜尋其所在地附近的牛排館，於線上先儲值付款，立即獲得相關資訊通知後，便可至指定牛排館享用。

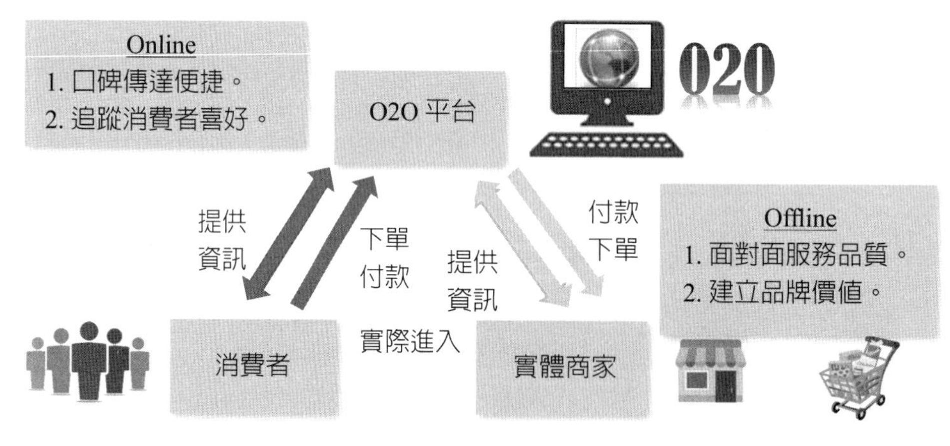

圖 4-18　O2O 交易流程

資料來源：1. Wikimedia Commons。
2. 經貿透視雙周刊，拔不出劍鞘的驚世寶劍O2O世代即將來臨？，2014.5.28。

以 Yahoo 奇摩超級商城爲例，該公司於 2015 年 4 月 27 日正式推出 O2O 開放式電子票證平台，結合 Barcode/QR code 掃碼功能，以虛實店面一次到位、店面曝光最大流量、長期銷售短期促銷、App 行銷靈活集客、和會員管理點數操作的優勢作爲訴求，如圖 4-19 所示。由消費實體商品體驗擴增至服務業領域，以

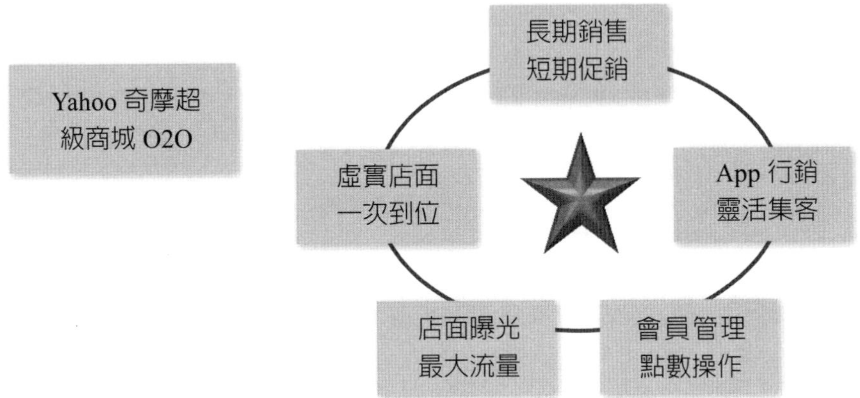

圖 4-19 Yahoo 奇摩超級商城 O2O 模式

資料來源：1. Inside，瞄準團購對手，Yahoo奇摩宣布旗下超級商城推出O2O電子票券平台，2015.4.27。
2. Wikimedia Commons。
3. Yahoo奇摩超級商城網站。

便捷的服務品質滿足消費者食衣住行育樂多元化的需求。透過 LBS 提供各項優惠活動，消費者至商城瀏覽選購後，以即買即賣的方式，一經付費購買票券，憑 App 或 email 票券序號至商家使用消費，無須擔心票券信託和商家倒閉無法使用票券等問題。另導入客戶關係管理系統（Customer Relationship Management, CRM），以消費集點方式吸引客戶回流。

(2) Offline to Online及Offline to Offline交易

商家可藉由一般傳單發放、展示架、折扣券等傳統行銷手法，將此文宣品送至消費者，透過 QR code 掃碼、簡訊廣告、和微定位自動通知等方式傳遞銷售折扣訊息，以期吸引消費者至指定的實體商家消費體驗，亦或上網直接訂購，如圖 4-20 說明此虛實整合電子商務模式。例如：日本 Mottoco 公司專門從事智慧手機 O2O 交易服務業務。

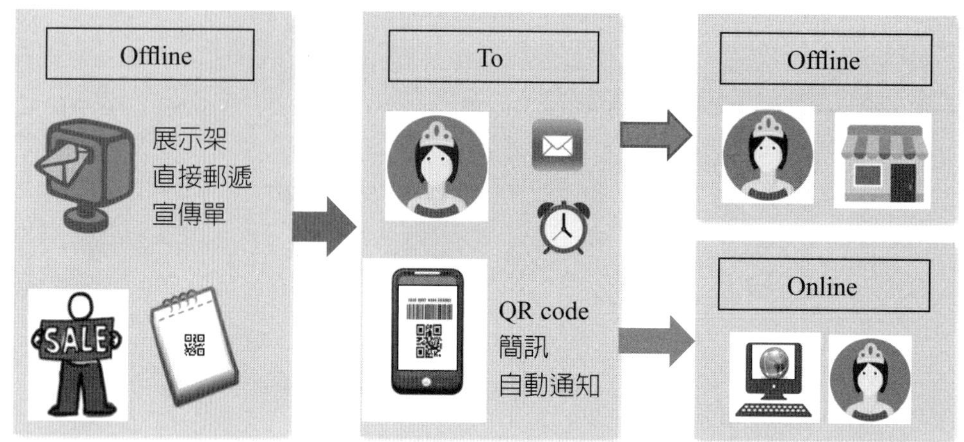

圖 4-20　Offline to Online 及 Offline to Offline 流程

資料來源：1. mottoco網站。
2. Wikimedia Commons。

五、T2O 與直播購物新模式

基於商品、人事、租金、廣告等成本考量與消費者比價因素，促使廠商善用電視購物平台行銷通路，但消費糾紛與客服問題仍層出不窮。引進電視媒體與電子商務跨界（TV to Online, T2O）之商業導購合作模式，可有效激發消費者購買慾望。此外，面對全球電子商務發展趨緩，零售電子商務開始與網路直播合作，利用雲端系統與直播技術串聯，並進行消費者偏好調查與大數據分析，興起「娛樂與消費」連結之體驗式行銷新模式，如圖 4-21 說明。

1. T2O 導購營運模式

此模式乃「粉絲經濟」的延伸，藉由觀眾樂於模仿偶像穿著搭配風格，廠商推出相關款式與配件。電商平台則技術支援節目製作單位，透過電視播放管道，融入贊助節目或專屬商品介紹時段，執行「導入購物」正版商品消費模式，以利消費者「邊看邊買」方式，並配合各類促銷活動提升互動，如抽獎、手機搖獎、投票參與等項目，以期增加營收進而分潤給廠商。此外，採 T2O 導購模式需各方協調配合，應避免過度推銷，恐造成觀眾反效果。

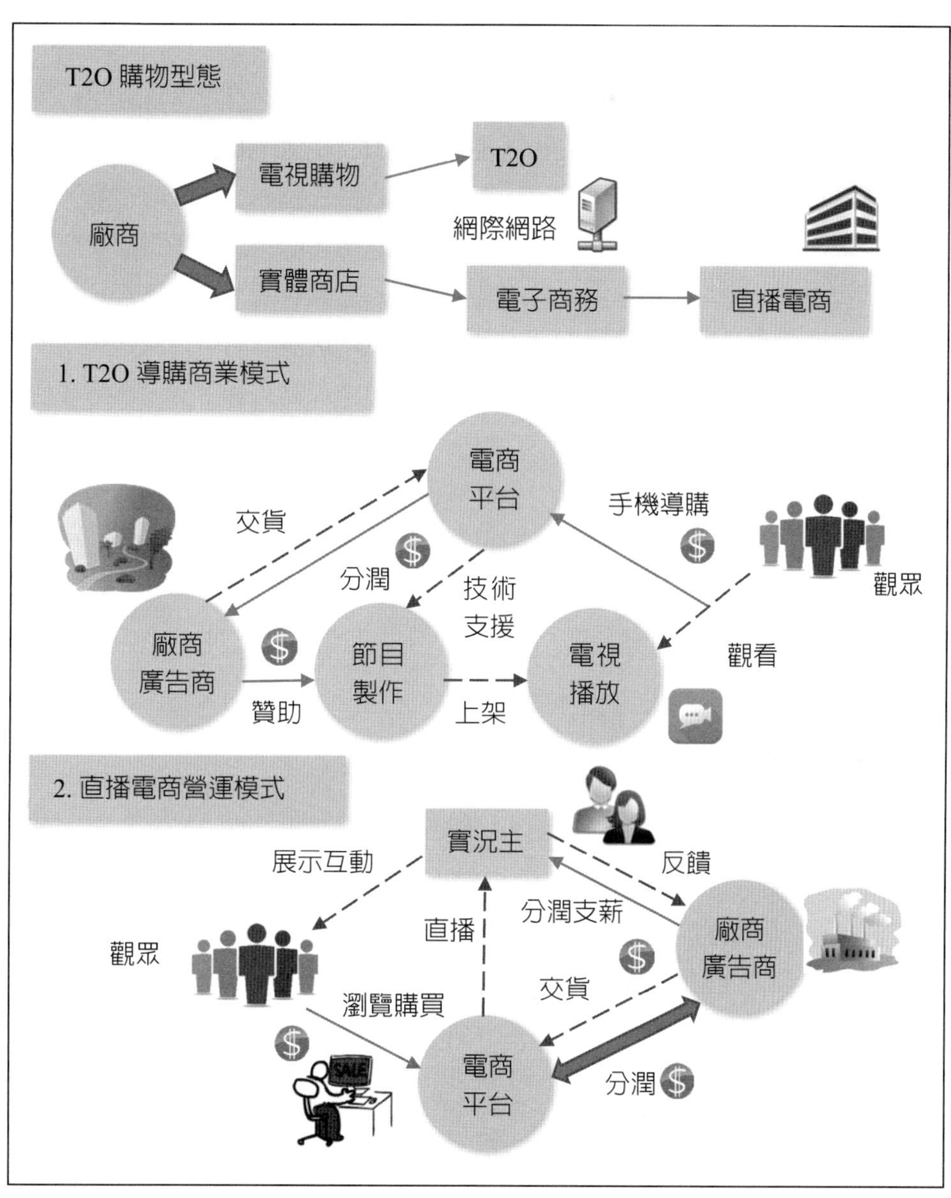

圖 4-21　T2O 與直播電商新模式

資料來源：1. 工商時報，T2O、直播電商新模式興起，2017.6.18。
2. 拓墣產業研究院，2017.5。
3. Wikimedia Commons。

2. 直播電商營運模式

自 2016 年起，直播電子商務快速竄起，「網紅經濟」模式爲多贏的共享利潤模式，即消費者以網路年輕世代和電視購物族群爲主力，利用手機與電腦至電商平台瀏覽賣方頁面，透過直播管道與實況主（網紅、直播主）進行互動，藉由示範熱銷商品動態資訊和即時回應觀眾提出相關疑慮，降低資訊不對稱情況，以利提升購買慾望。而實況主亦能適時將觀眾意見反饋給廠商，作爲品管、行銷與客服等項目的資訊，降低買賣磨合。當銷售完畢則平台與廠商可實施分潤制，實況主亦可取得廠商支薪或共享分潤。因此，直播電子商務可解決部分零售業虛實整合循環（O2O2O）模式的困擾，亦即廠商的購物模式，乃將消費者由線上虛擬平台引至線下實體店面體驗購物，並於線下再次引導到線上瀏覽購物的消費模式，因而使客戶逐漸失去購買興趣。故直播電子商務能減少冗長消費流程與圖文差異問題。

六、第三方支付詐欺案例

2016 年台灣曾有兩起第三方支付詐欺案，嫌犯利用粉絲搶演唱會門票不易和貪小便宜的心理，先向遊戲公司購買點數，或向拍賣網站開立帳戶，以取得第三方支付虛擬帳號。透過互洗評價抬高信譽，謊稱可面交，再以低價透過臉書或拍賣網站帳號，將虛構演唱會門票賣出或商品拍賣。由於被害人所處地址較遠，故依指示先匯錢至虛擬帳戶，再等貨上門。之後，向遊戲公司辦理退掉點數，將門票退款騙走，亦或買空賣空手法詐欺，如圖 4-22 所示。

七、第三方支付安全防護

有鑑於第三方支付平台業務屬性分別個資與金流息息相關，任何網路安全及風險，均可能對企業產生巨大衝擊與信任的危機。各國在制定相關第三方支付法規時，需維持使用者權益、促進產業發展、與兼顧風險管控之層面等考量。

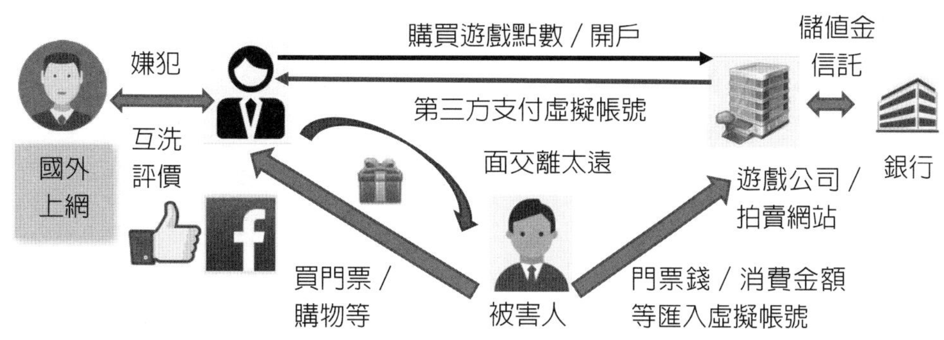

圖 4-22　第三方支付詐欺案

資料來源：1. 三立新聞網，臉書詐欺別上當！第三方支付漏洞賣演唱會門票詐百萬，2016.9.12。
2. Wikimedia Commons。

第三方支付可能發生風險之情況，可能有下列三種狀況：

(1) 交易資訊隱密性

基於隱密性的特質，如缺乏辨識機制予以因應，資金往來的模糊空間將導致不法洗錢的管道。爲此電子票證條例和第三方支付法均採用實名制方式加以防範。另電子票證條例亦以洗錢犯罪防治管理加強預應機制。

(2) 預先代收與存放

當預先代收的資金暫時存放於第三方支付業者帳戶內，如缺乏相關金融監管措施管控資金，則容易產生高風險投資、資金挪用與侵占等事端。爲保障消費者權益，電子票證條例規定非金融業第三方支付業者與銀行合作時，需提供存款保險保障。當單獨辦理業務時，須將儲值金交付信託，而金額超過 30 億元者還須辦理準備金提列。另第三方支付法則要求業者提撥償債基金、交付信託、與取得足額擔保。電子票證條例與第三方支付法亦訂定違反經營相關有期徒刑之罰則，杜絕弊端以收成效。

(3) 單一資訊系統儲存

如使用者資金與相關資料僅儲存於第三方支付平台系統內，而遭駭客入侵亦或資料毀損時，恐將造成無法彌補損失。由於第三方支付平台系統會連結不同平台、不同程式語言、不同新舊系統開發等問題。例如：歐付寶提出即時通盤考量資安風險，屏除片面軟體監測零風險的作法，採用 Checkmarx 工具，善用其檢測範圍、便利性、支援度等優勢，導入漸進式源碼檢測與修正，輔以其他資安措施和相關教育訓練，建立安全程式開發思維，以務實方式逐步杜絕所有漏洞。

習題

一、選擇題

( ) 1. 由於電子票證發行管理條例已於 2009 年 1 月通過，以電子型態作爲儲值的 T 幣，須經金管會核准，且須將儲值金額辦理____。

(A) 過戶 (B) 信託 (C) 抵押 (D) 押匯

( ) 2. 支付寶旗下餘額寶，利用用戶交易後閒置資金，透過增利寶平台進行____投資。

(A) 平衡基金 (B) 債券基金 (C) 股票基金 (D) 貨幣基金

( ) 3. 下列何者非 O2O 雲端支付模式整合商家服務事宜？

(A) 移動定位 (B) 紅利集點 (C) 優惠活動 (D) 會員

( ) 4. 第三方支付主要建立在買賣雙方何種前提下所形成？

(A) 個資外漏 (B) 信任基礎薄弱 (C) 銀貨兩訖 (D) 交易安全

( ) 5. 第三方支付不能使用下列何種多元支付方式？

(A) 定期存款 (B) ATM 轉帳 (C) 行動付款 (D) 貨到付款

( ) 6. 下列何者非電子票證公司？

(A) 愛金卡 (B) 悠遊卡 (C) 一卡通 (D) 紅陽

( ) 7. 下列何者非中國大陸第三方支付主要業者？

(A) 支付寶 (B) 財付通 (C) 支付連 (D) 快錢

( ) 8. 下列何者非 O2O 項目？

(A) Open to Open (B) Offline to Online

(C) Online to Online (D) Online to Offline

( ) 9. 下列何者非 Yahoo 奇摩超級商城 O2O 之優勢？

(A) 虛實店面一次到位 (B) 長期銷售短期促銷

(C) App 行銷靈活 (D) 區塊鏈應用

(　) 10. O2O 發展模式包括大數據、移動訂位服務和____ 等技術結合與創新模式。

(A) 微定位（Beacon）　(B) 紅利集點　(C) 生物辨識　(D) 電子票券

二、申論題

1. 說明多元化電子支付包括哪幾類？
2. 說明傳統支付與第三方支付有何不同點？
3. 何謂 O2O？請分析其發展階段。
4. 第三方支付可能發生的風險爲何？

解答：1.(B)　2.(D)　3.(A)　4.(B)　5.(A)　6.(D)　7.(C)　8.(A)　9.(D)　10.(A)

Chapter 5 行動支付

根據國際電信聯盟報告（International Telecommunication Union, ITU），調查智慧型手機與筆電的滲透率（Penetration Rate）分析，自 2015 年智慧型手機已明顯超越筆電，智慧型手機滲透率逐年穩定成長，此宣告「滑世代」商機和新消費模式的來臨。支付市場可依行動商務（Consumer to Business Payment, C2B）、近端支付（Proximity Payment）和個人對個人支付（Peer to Peer Payment, P2P）等 3 種支付方式進行。依據 Ovum 諮詢顧問公司分析與估算，圖 5-1 指出全球支付市場中各支付管道均呈持續穩定成長態勢。

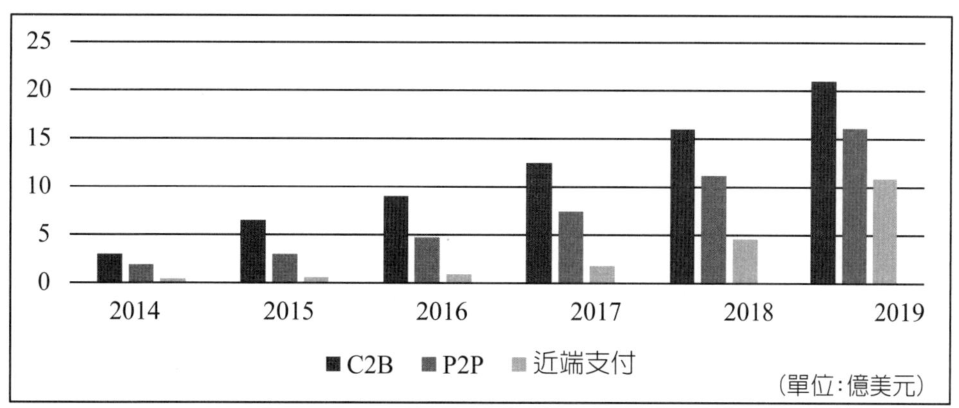

圖 5-1　全球支付市場狀況

資料來源：1. 經濟日報，徐旭東：推動無現金交易革命，2016.12.8。
2. Ovum諮詢顧問公司。

一、行動支付的定義

有別於消費者以現金和信用卡支付，在行動支付（Mobile Payment）模式下，消費者透過行動裝置（如穿戴式裝置、智慧手機和平板等），由網路下載相關 App 應用程式，使用藍芽設施、生物辨識系統與電子錢包，藉由語音、簡訊、二維條碼和距離無線通訊技術（Near Field Communication, NFC）晶片，綁定信用卡、現金、電子票證（如悠遊卡）、簽帳金融卡等，透過銷售終端機（Point of Sales, POS）進行購買商品和服務結帳。利用 Apple Pay 亦能綁定酬賓卡等付款。行動支付優點在於無須現金支付即可消費的模式，以同步電子化方式一併處理發票與收據，以便於查帳。未來相關軟硬體環境逐步建置，引進多合一刷卡讀卡功能的銷售終端機，解決各類支付工具設備繁多困擾，持續整合虛實通路，增進行動支付生態圈形成，民眾普及率應可望提升。

行動支付範疇包含電子票證、電子支付、第三方支付業者，透過手機業、電信業、網路／科技業、外（陸）商網路等結盟。2016 年 9 月 29 日金管會開放銀行業申請行動支付業務，允許 5 家金控業者（中信金、國泰金、台新金、玉山金、台北富邦）與國外手機信用卡行動支付業者合作，經由技術規格、介面接軌、軟硬體設備等接軌，合力進行系統開發與測試。另依據電子支付機構管理條例，非金融業第三方支付業者須取得電子支付營業執照，方能進行儲值、轉帳、第三方支付、跨境支付等服務。例如：LINE Pay 分別與 24 家銀行策略聯盟，共同發行聯名卡，前者儲值上限達 5 萬元。Garmin Pay 與銀行合作推展穿戴式手環和手錶搶攻市場先機，如圖 5-2 所示。

二、支付卡應用技術

隨者支付型態日新月異發展，從早期磁條卡、晶片卡，演進到目前行動支付模式。消費者擁有支付卡亦隨之增加，購物時支付卡的選用會依金融機構、店家所提供優惠措施與支付特別需求而定。圖 5-3 說明 DIGITIMES Research 所劃分近端／遠端與中高額／小額付費的軸線，所形成 4 種電子金融支付服務需求矩陣。

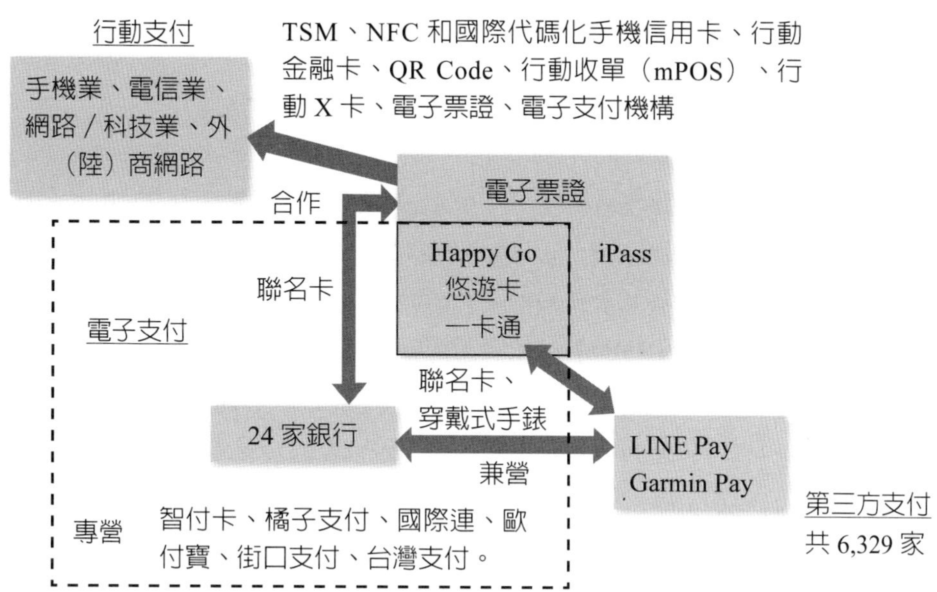

圖 5-2　行動支付範疇

資料來源：工商時報，戴在手上的錢包Garmin Pay上線，2018.3.29。

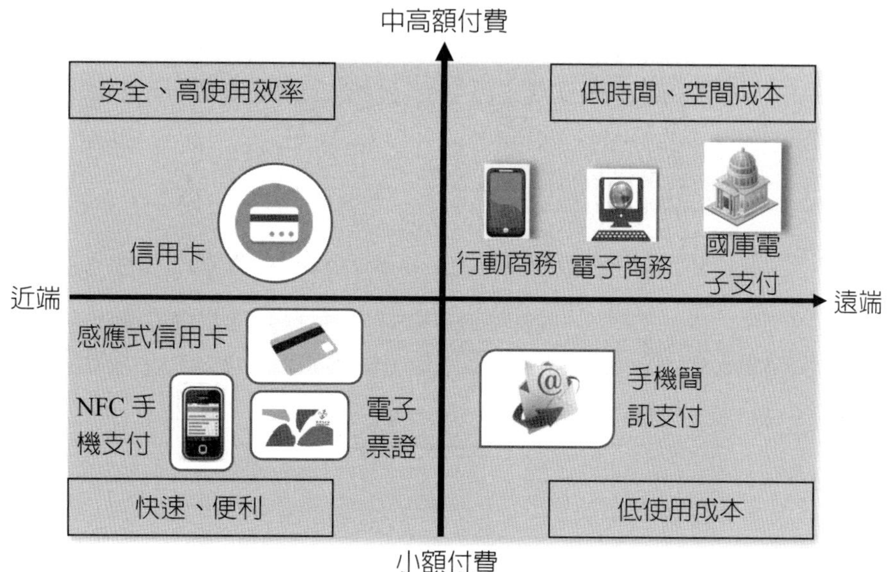

圖 5-3　電子金融支付服務需求矩陣

資料來源：1. Wikimedia Commons。
2. Wikipedia。
3. DIGITIMES，NFC行動支付水到未能渠成 展望2018年服務可望趨於普及，2015.10.7。

(1) 近端與中高額付費

消費者使用安全度和使用效率高的信用卡支付。

(2) 遠端與中高額付費

利用電子商務與行動商務交易，乃運用無線應用協（Wireless Application Protocol, WAP）之手機網路支付，屬於低時間和空間成本的支付模式。消費者付款前，須將信用卡或金融卡資料輸入，以及提供消費授權碼等方能扣款。另透過國庫電子支付業務，各機關付款憑證經網路傳至國庫署，辦理相關支付作業，大幅減少書面憑證郵費、人事成本與遞送成本等，節省廠商提領庫款 2-3 天時間。

(3) 近端與小額付費

在交易金額有限制的條件下，消費者使用便捷的感應式信用卡、近距離無線通訊技術（Near Field Communication, NFC）手機支付、與電子票證（如悠遊卡等）用於小額交易和運輸工具。以支付寶發表 2016 年中國全民帳單統計爲例，大約 4.5 億用戶之中，有 71% 用戶會使用手機交易付費。

(4) 遠端與小額付費

屬於低使用成本的手機簡訊支付。

三、支付卡應用層面

支付卡創新應用層面可分爲兩種方式，(1) 卡片提示模式：主要在於發卡面之卡片載具和收單面之刷卡相關接收設備的改革。(2) 無卡片提示模式：金融與非金融機構從事支付流程再造與機制的革新。圖 5-4 針對卡片提示模式和無卡片提示模式進行分類，相關說明如表 5-1 並比較上述兩者的不同點。

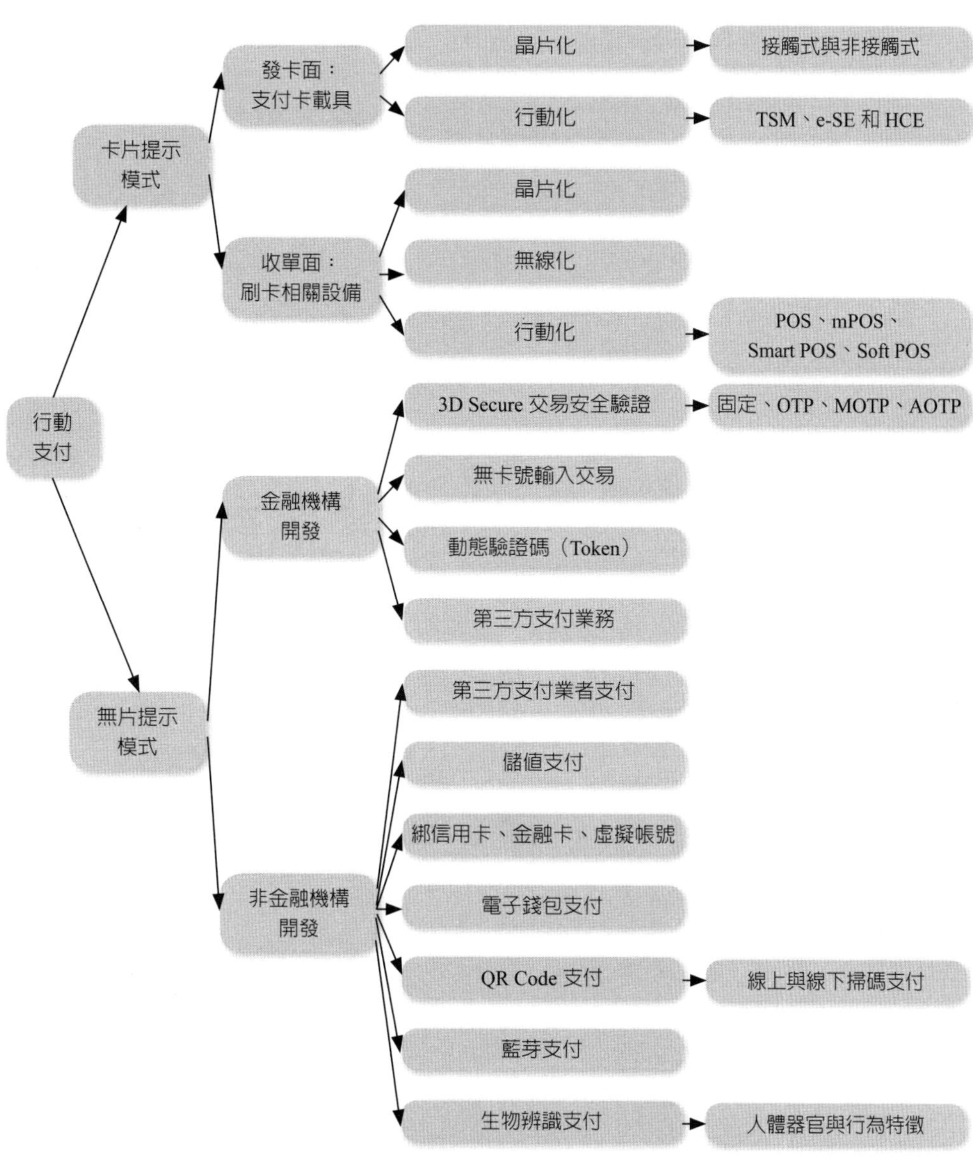

圖 5-4 行動支付卡片和無卡片提示模式

表 5-1 支付卡創新應用：卡片與無卡片提示模式比較

模式	項目		說明	案例
卡片提示模式	發卡面：支付卡載具	晶片化	接觸式： 發卡機構制定基礎密碼長度和密碼邏輯運作，傳輸時屏除連接機構人員的涉入，以改善磁條支付容易遭盜刷、竊取密碼和偽卡等風險，減少損失與風險管理成本。	金融業全面推動晶片化導入作業。
			非接觸式（感應式，Contactless）： 國際卡組織的感應技術乃遵循由Europay、MasterCard、與Visa（簡稱EMV）所共同設立的EMVCo的規範。採用密封式晶片具有容量大與安全性高的優點，亦有結帳迅速、處理成本下降、金融服務效率增加等作業程序。	1. 國際信用卡： Visa PayPass、JCB J/speedy、Master Card Paywave。 2. 中國銀聯：（QuickPass）。
		行動化	銀行業、電信業、軟體服務業合作，透過發卡銀行或委託卡片服務供應商，發行適用於智慧型手機的非接觸式近距離無線通訊（Near Field Communication, NFC）行動支付卡。利用App、無線網路和商家的配合、強化資訊安全的生態系統支援下，可分別導入兩套解決方案： (1) 信託服務管理方案（Trusted Service Manager, TSM）： 提供金鑰管理、卡片安全管理、資金管理、卡片生命週期管理等網路使用者資料。用戶以內建、外接、SIM卡、和microSD等方式嵌入安全元件晶片，並配合NFC技術完成行動支付。 (2) 虛擬卡模擬（Host Card Emulation, HCE）： 又稱主機卡模擬，由Google推出的內建NFC（又稱虛擬卡）服務與模擬晶片，無須加裝安全元件，可排除行動網路業者與安全元件供應商的連結。故生態系統複雜度較低。	利用智慧手機整合卡片／帳戶支付載具。實務可透過下列三種方式執行： 1. 通用晶片卡模式。 （Universal Integrated Circuit Card, UICC） 2. 嵌入式安全元件模式。 （Embedded Secure Element, e-SE） 3. 雲端（Cloud-Based）虛擬卡模式。 （Host Card Emulation, HCE）

表 5-1 支付卡創新應用：卡片與無卡片提示模式比較（續）

模式	項目		說明	案例
	收單面：刷卡相關設備	晶片化	由收單銀行配合處理端末機功能提升事宜，以利受理晶片卡支付活動。	1. 採用國際信用卡（EMV）。 2. 財金資訊公司金融卡二代晶片（The Financial Information Service Co., FISC II）。
		無線化	將實體連線刷卡機修改，符合通用封包無線服務技術（General Packet Radio Service，GPRS）、3G等無線通訊協定的可移動性無線刷卡設備，藉由網路與收單銀行連線取得授權交易。	餐館提供客人在餐桌直接刷卡付費服務。
		行動化	WEB ATM / Point of Sale （POS）模式： 持卡人攜帶具備WEB ATM / POS模式與金融卡二代晶片功能的刷卡讀卡機（Point of Sale, POS），透過網路可直接連接金融機構與商家系統，便捷完成消費支付與轉帳服務。	適用於金融卡於網路支付交易。
			移動式刷卡讀卡機（Mobile Point of Sale, mPOS）模式： 商家外接mPOS連接於智慧手機，經網路進行刷卡，過程十分簡便。在開放式行動設備與公開網路運作下，除符合EMV與PCIDSS （Payment Card Industry Data Security Standard）安全控制標準外， mPOS與收單銀行間須強化端點對端點交易資訊安全防護措施。	適用於市場、百貨、餐廳、微型零售業等交易。
			智慧刷卡讀卡機（Smart Point of Sale, Smart POS）模式： 具移動性與彈性支付，開放API給第三方開發商使用，整合POS形成生態圈，執行存貨、客戶關係管理，以提升忠誠度等。	

表 5-1　支付卡創新應用：卡片與無卡片提示模式比較（續）

模式	項目		說明	案例
			軟體刷卡讀卡機（Soft Point of Sale, Soft POS）模式： 商業移動設備軟體運作，以非接觸式介面接受卡片或移動支付，可直接透過經銷管道，且無須硬體設備。	
無卡片提示模式	金融機構開發	3D Secure 交易安全驗證	固定密碼驗證：交易流程可分成身分認證與授權階段。	網路商家。
			動態密碼（One Time Password, OTP）	網路商家。
			行動動態密碼系統（Mobile One Time Password, MOTP）	證券、銀行金流、電子商務購物、第三方支付、E政府、社群網絡交流、工業4.0運用、網路遊戲交易、資訊安全和雲端服務等。
			行動憑證驗證系統（Active One-Time-Password, AOTP）	台灣銀行第三方支付業務、遠東銀行簡訊非約定轉帳。
		無卡號輸入交易	由於傳統網路支付授權過程較為繁複，如持卡人須輸入卡號、效期、卡片驗證碼（Card Verification Value 2, CVV2）。為簡化相關流程與提升網路安全性，國際信用卡組織設立交易處理中介轉換平台（例如：Visa設置V.me），持卡人須先上網站，填寫帳號／密碼及預設扣款帳號。當線上交易時，持卡人輸入帳號／密碼，即可完成交易。	國際信用卡組織利用品牌與廣大客戶群利基積極推展。
		動態驗證碼	線上購物採動態驗證碼（Token）支付驗證方式，依商家代號、支付裝置、交易類別等動態參數所組成。	適用購物、行動商務、QR Code、行動錢包等交易。

表 5-1　支付卡創新應用：卡片與無卡片提示模式比較（續）

模式	項目		說明	案例
		第三方支付業務	金管會允許銀行業從事第三方支付，透過存款轉帳儲值、信用卡付款、點對點轉帳匯款、跨境支付、線上代收與轉付等服務。	目前台灣已有12家銀行提供第三方支付服務。
	非金融機構開發	第三方支付業者支付	可擔任收單機構之特約商店角色，負責支付款項有關請款與收受撥付款業務，依據與商家簽約規定，處理保管與交付交易款項的服務，並可從事跨境支付。	2016年已有5家專營第三方支付業者和22家兼營業者。
		儲值支付	當消費者選擇以儲值帳戶支付時，第三方支付業者開啟儲值帳戶扣款機制。如有餘額不足之情形，須補足方可繼續支付服務。依規定儲值帳戶可提現和轉帳作業。	支付寶已建置另類資金運用模式，成立餘額寶並提供客戶資金生息的投資。
		綁定帳號	第三方支付業者與銀行合作，支付方式綁定銀行卡（儲蓄卡或信用卡）、銀行匯款、ATM虛擬帳號、與虛擬儲值帳號等完成消費交易。	用戶在微信商城購物時，輸入密碼後，即可透過簽約銀行支付管道完成交易支付。
		電子錢包支付	為減低攜帶現金與找零的不便利性，利用行動通訊的發展，已有發卡行陸續推動電子錢包支付應用模式與相關技術。	NEC研發預付型電子錢包服務（House-Money）；推出QR Code支付型電子錢包。
		QR Code支付	利用QR Code支付應用模式： 1. 線上掃碼支付：可先掃描商家QR Code，並能連接至支付服務提供者，進行授權與支付相關事宜。 2. 線下掃碼支付：使用者透過App生成QR Code，續由商家端末設備掃碼，並進行支付服務提供者有關授權與支付處理。	使用者先下載行動裝置App後，亦可搭配線上到線下實質交易（Online To Offline, O2O）。

表 5-1　支付卡創新應用：卡片與無卡片提示模式比較（續）

模式	項目		說明	案例
		藍芽支付	定位準確與低功耗藍芽裝置（Bluetooth Low Energy, BLE）處理行動支付服務（如iBeacons設備）。當客戶接近Beacon合作商家時，會主動與客戶預先下載App連接，通知相關優惠與促銷活動等。	Apple和Paypal運營商推出iBeacons與PayPal Beacon。購物以Beacon支付工具迅速付費，自動處理後續流程。
		生物辨識支付	以人體器官（如臉部、眼睛、指紋等）與行為特徵為基礎，利用生物辨識技術與控管機制驗證身分，免除其他交易憑證，即完成付款模式。	Natural Security聯盟提出Proof of Concept模型，整合非接觸式裝置與強驗證生物特徵。

資料來源：1. Aite, Evolution of the Point-of-Sale Terminal: Survival of the Smartest.

2. NEC網站。

3. 宣揚電腦網站。

4. 翁世吉、林宗達，財金資訊季刊，支付卡創新應用之技術發展趨勢，79，2014.7。

1. 卡片提示模式

(1) 發卡面：支付卡載具

(A) 非接觸式（感應式）晶片化支付

國際卡組織的感應技術由 Europay、Mastercard、與 Visa（簡稱 EMV）所主導共同設立 EMVCo。EMV 感應卡是依據 ISO 14443 標準（即近端卡片感應）所建置規範，為一種協調端末設備（Terminal）、入口點（Entry Point）、卡片（Card）、讀卡機（Reader）、和核心功能（Kernal）間作業方式，密封式晶片優點在於容量大與安全性高。表 5-2 說明主要密封式晶片不同點。

表 5-2 密封式晶片差異性

組織	FISC	VISA	MasterCard	JCB	UnionPay
品牌	SmartPay	PayWave	PayPass	J/Speedy	QuickPass
卡片感應方式	晶片	磁條／晶片	磁條／晶片	磁條／晶片	晶片
端末受理方式	晶片	磁條／晶片	磁條／晶片	磁條／晶片	晶片
安全驗證	TAC	iCVV/ ARQC	CVC3/ ARQC	CVC3/ ARQC	ARQC
授權方式	Online	Offline/ Online	Offline/ Online	Offline/ Online	Offline/ Online
相關規格	FISC 6.20	VCPS VSDC	PayPass- Mag Stripe & M/Chip4	JCB-IC-CPS	UICS
ISO標準	ISO 14443 (Contactless)、ISO 7816 (Contact)				
行動支付感應	NFC				

註：1. ARQC：驗證要求密碼（Authorization Request Cryptogram）。
2. CVC3：磁條感應模式（Card Validation Code）。
3. iCVV：整合卡片驗證值（Integrated Card Verification Value）。
4. ISO：國際標準化組織（International Organization for Standardization）。
5. TAC：交易驗證碼（Transaction Authentication Code）。
6. UICS：閃付國際晶片規格（UnionPay International Chip Specification）。
7. VCPS：Visa感應技術規模（Visa Contactless Payment Specification）。
8. VSDC：Visa智慧金融／信用卡（Visa Smart Debit/Credit）。

資料來源：洪國峻、張銘洪，財金資訊季刊，未來金流之鑰-感應式金融卡，82，2015.4。

(B) 非接觸式（感應式）行動化支付

經過多年的研發與改良，業者已將手機內建近距離無線通訊（Near Field Communication, NFC）成爲標準配備，採遠端感應，結合無線射頻（Radio Frequency, RF）天線技術爲基礎，透過此技術可使手機能連結感應式讀卡機，具交易迅速與安全儲存卡片相關資料的優點。以支付方式的平均交易時間（秒）而論，支票（62）、信用卡 / 金融簽帳卡（48.5）、密碼式金融簽帳卡（44.4）、現金（28.5）、和 NFC（12.5）。顯然 NFC 交易時間較爲迅速，但感應式刷卡金額受 3,000 元以下的限制。目前 NFC 已發展出三種非接觸式行動支付模式。

(a) 通用晶片卡（Universal Integrated Circuit Card, UICC）模式

以行動支付網路服務商（Mobile Network Operator, MNO）扮演主導角色，提供行動網路服務，將插入手機內的用戶身分模塊（Subscriber Identity Module, SIM），即 SIM 卡，連結單線連接協定（Single Wire Protocol, SWP）的安全元件（Secure Element, SE）而構成 SWP-SIM。安全元件的主要功能在作爲信用卡資料與用戶資訊的存放空間，諸如 SWP-SIM 卡、額外晶片（Embedded SE）、

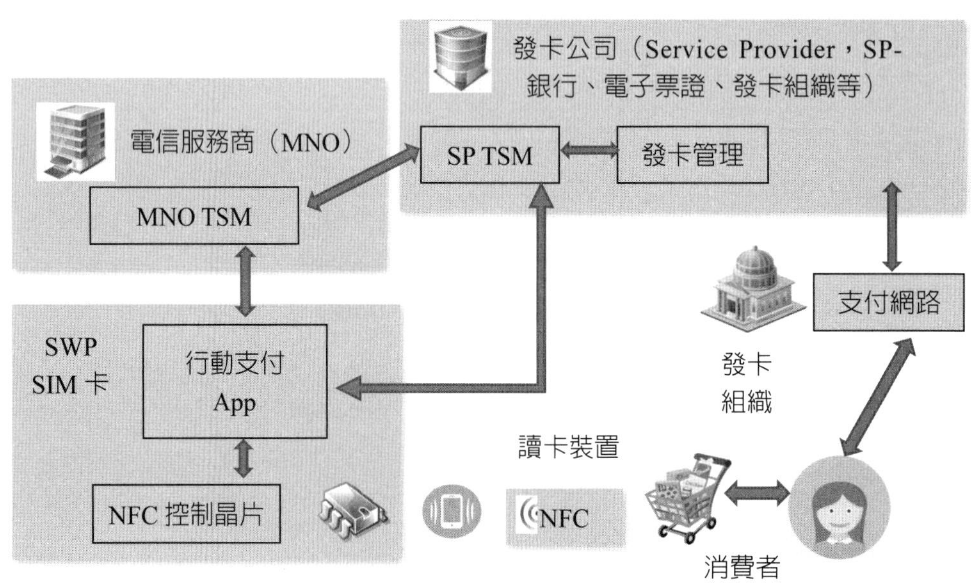

圖 5-5　通用晶片卡模式（UICC）

資料來源：1. 凌群電腦，淺談非接觸式行動支付發展，2015.5.5。
2. Wikimedia Commons。

及 Micro SD 卡。經由手機內建 NFC 控制晶片功能，便能安全地用於行動支付，如圖 5-5 說明。目前 UICC 模式可依信託服務管理平台（Trusted Service Manager, TSM）參與屬性劃分爲兩種方式：

(I) 安全元件發行商（Secure Element Issuer, SEI）信託服務管理平台（MNO TSM）：主要管理 UICC 卡 App 安裝程序與內容管理。

(II)發行卡服務公司（Service Provider）金流之信託服務管理平台（SP TSM）：由發卡公司處理 UICC 卡行動支付所涉及的個人資訊內容和交易管理。

(b) 嵌入式安全元件（Embedded Secure Element, e-SE）模式

圖 5-6 說明 Apple Pay 導入 e-SE 模式與交易流程啟動流程，消費者透過開啟錢包、綁定信用卡、識別偵測、驗證確認與指紋辨識等五項程序後，即完成便捷交易。

由手機製造業者於手機內裝設數位卡片存摺（Digitized Card Passbook）與電子錢包，例如：Apple 於 2014 年在 iPhone 6 和 iPhone Plus 內建的 Apple Pay，以及 SamSung 於 2015 年 2 月在 Galaxy S6 以上所內建的 SamSung Pay，均採用行動支付憑證化（Payment Tokenization Framework）機制，並運用 e-SE 模式。由安全元件發行商（Secure Element Issuer, SEI）所設置信託服務管理平台（Trusted Service Manager, TSM），提供行動支付應用（Mobile Payment Application, MPA）。透過網路商店 iOS App 與 Apple Pay 行動支付平台之整合作業，經由指紋辨識授權認定後，即可完成交易支付相關安全認證。另由憑證服務公司（Token Service Provider）的帳戶管理平台，將發卡公司（Service Provider, SP）與 e-SE 平台整合。由於銀行須向國際行動支付業者租借系統管道，透過 TSP 提供相關代碼技術與系統介接服務，並經 Visa 和 MasterCard 認證授權，方可將信用卡經代碼轉換成無卡化信用卡，於線上供持卡人使用。消費者可於 App 或實體店家購物時，選取爲支付卡片，利用商家讀卡裝置，使用NFC作爲交易用途。

(c) 雲端（Cloud-Based）虛擬卡（Host Card Emulation, HCE）模式

此非接觸式行動支付由 EMV（Europay、Master Card、和 VISA）組織共同制定。該組織隨後亦有 JCB、AE、與中國銀聯參與，並負責管理與維護 EMV 晶片卡有關的規格、標準與認證事宜。利用行動裝置作業系統所支援的虛擬卡（HCE）功能，嚴格執行客戶端與後端平台的認證，並透過 App 直接以通訊連

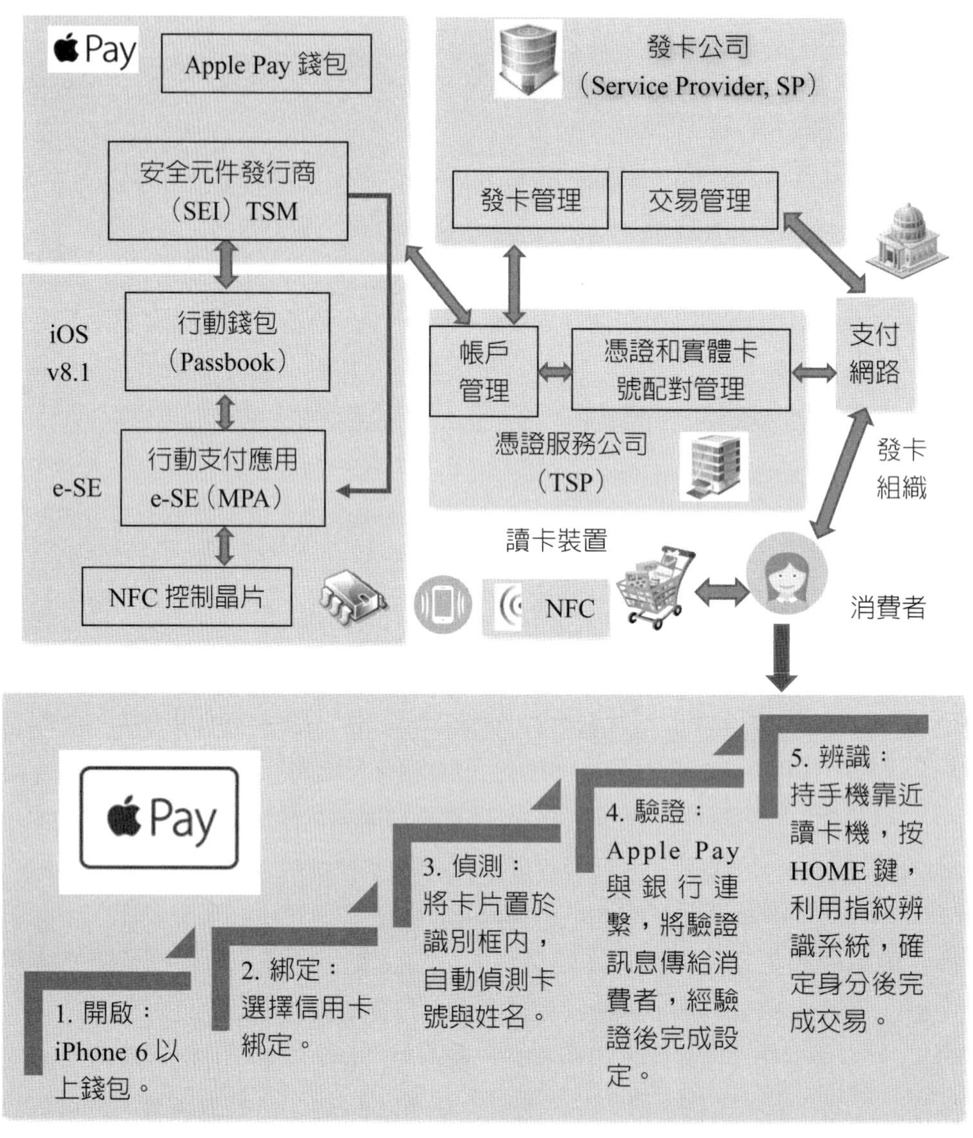

圖 5-6 Apple Pay 導入 e-SE 模式與交易流程啟動

資料來源：1. Wikimedia Commons。
2. Wikipedia。
3. 蘋果電腦網站。
4. 凌群電腦，淺談非接觸式行動支付發展，2015.5.5。
5. 經濟日報，Apple Pay月底開放登台，2016.9.10。

結非接觸式感應讀取裝置，實施行動支付作業模式，例如：Android Pay。EMV 晶片卡乃以憑證規格制定權（Tokenization Initiatives）替換安全元件（SE），轉而利用 HCE 雲端存取方式，便利地完成行動支付程序，如圖 5-7 所示。

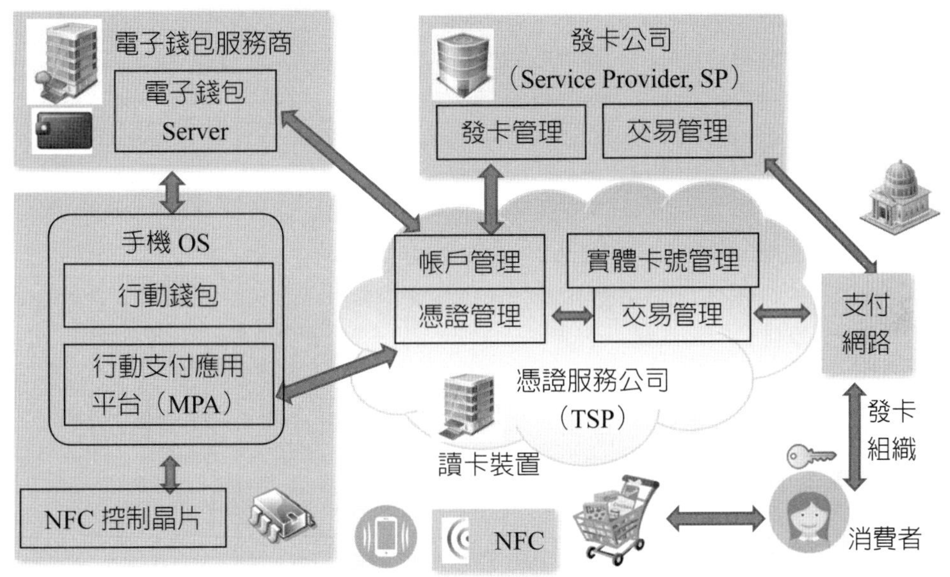

圖 5-7　雲端虛擬卡（HCE）模式流程

資料來源：1. Wikimedia Commons。
2. 凌群電腦，淺談非接觸式行動支付發展，2015.5.5。

由遠端主機發出 EMV 特別規格化付款憑證（Payment Token）時，由特定支付通路、消費者使用裝置、或商家所分別制定，取代持卡人實體號碼（Primary Account Number, PAN），透過雲端後端平台偵測與有效管理，防杜僞造情事發生，會同步啟動手機作業系統（Operating System, OS）行動支付應用（MPA）功能，結合其他額外增加資料，形成單筆交易唯一值（Transaction-Unique）型態的憑證密碼（Cryptogram），確保電子錢包每筆遠距支付（Remote Payment）均符合安全機制。

TSM 與 HCE 之不同點在於卡片資料儲存位置與安全相關機制，兩者讀卡機可相容。有關兩種系統的差異性比較，如下表 5-3 所示。

表 5-3 TSM 與 HCE 的差異性比較

項目	TSM	HCE
晶片卡	電信業者處更換晶片卡（SIM卡）。	不須換發晶片卡。
手機配備	手機須4G以上規格。	Android 4.4以上。
儲存位置	手機安全元件內，應用較具彈性。	存於雲端之一次性金鑰感應支付。
上網	無須上網。	依賴網路和對應平台受限的問題。
生態性	須電信業、安全元件供應商配合，複雜性較高。	不會連結安全元件供應商，較為單純。
安全性	安全元件協定、製造安全元件、和安全資料轉換。	完成付款或一小時後，金鑰會無效，安全性佳。
使用方式	以空中安全下載（Over The Air, OTA）技術，透過行動網路、WiFi。	無須OTA，以手機拍照即可。
優勢	適用於各種電子票證。	申辦或使用均便利。
業者	台灣Pay（t Wallet）、中華電信、台灣大哥大等。	台灣Pay（t Wallet+）、玉山Wallet、永豐fun錢包等。

註：t Wallet+ 可綁定金融卡。

資料來源：1. 手機王，圖解NFC行動支付與相關生態系並比較TSM、HCE間的差異，2014.11.7。

2. 工商時報，HCE信用卡，10月衝萬張，2016.10.18。

3. 經濟日報，Apple Pay上線狀況一籮筐，2017.3.30。

表 5-4 顯示行動支付平台初期是以 TSM 爲發展主軸，例如：群信行動支付。隨著 Apple Pay 導入 e-SE 模式和 HCE 的興起，亦有聯合國際和台灣行動支付（台灣 Pay）加入戰局。促使群信開始跨足第三方支付實名制的認證業務，積極推出「門號通 - 網路實名認證」，使用者綁定手機號碼、信用卡資料與密碼，並儲存於電信端平台，經上網登錄或結帳，便能以手機進行身分認證，可簡化相關流程，亦可降低外洩可能性。

表 5-4 台灣三大行動支付平台比較

	群信行動支付	聯合國際	台灣行動支付
股東背景	悠遊卡、中華電信、遠傳、台哥大、亞太、台灣之星、台新銀、國泰世華銀、富邦創投、國發基金、寶利資產管理	仁橋資訊、勝商、華邦電、日本任天堂關係企業	32家銀行、信合社、悠遊卡、財金公司、票據交換所、聯合徵信
成立時間	2013.11	2013.2	2014.9
資本額	4.166億	4億	6億
投入領域	TSM	HCE	TSM和HCE+QR Code P2P QR Code
其他經營業務	第三方支付實名制認證、行動支付認證業務	FlyBuy電子購物商城	行動金融卡、感應式信用卡、t Wallet
備註	協助電子票證與電信公司合作，使用NFC電子錢包，透過手機晶片安裝行動電子票證服務。TSM已完成任務並於2018年底解散。		1.「HCE及TOKEN代碼化雲端行動支付共用平台」。 2. HCE／TSP金融卡雲支付，將卡號轉代碼，提供手機轉帳與繳稅服務。 3. 推動共通QR Code實施於消費、繳費與轉帳。 4. 微型商家手機具收銀機功能，如退款、交易通知。 5. 商家貼出QR Code，消費者手機內台灣Pay的電子錢包，進行掃描。 6. 消費者於網路購物時，利用Cross App即可經各商家API介面與台灣Pay整合支付。

資料來源：1. 工商時報，群信轉型闢實名制登路線，2016.10.14。
2. 工商時報，普及行動支付讓地下經濟地上化，2017.1.9。
3. 工商時報，台灣Pay跨行共通QR Code有譜，2017.8.22。
4. 工商時報，國發基金挺群信行動支付，2017.1.19。
5. 經濟日報，QR Code支付統一星領先台灣，2018.4.17。
6. 自由時報，悠遊卡投控與5大電信公司成立群信年底解散，2018.6.29。
7. 經濟日報，台灣Pay搶市雲支付下週三上線，2017.3.25。
8. 經濟日報，財金公司揪郵局衝掃碼交易，2018.1.8。
9. 工商時報，台灣行動支付力推Cross App，2019.7.10。

(2) 收單面：刷卡相關設備

(A) 移動式刷卡讀卡機（Mobile Point of Sale, mPOS）模式

微型零售業交易所開發的 mPOS，建置成本相對便宜，外接於手機。除網路連線外，操作流程簡易如同 POS，廣為商家接受。金管會資料顯示，截至 2015 年台灣前五大信用卡收單機構（Acquirer）特約商店家數統計，中國信託最多，推展至計程車司機與保險業務員，進行信用卡收取車資與保戶繳納保費。其次，依序為聯信中心、美國運通、台新銀行、和花旗銀行。公開場所透過網路將 mPOS 與收單機構連接，須注重端點對端點資訊安全防護。圖 5-8 示點對點加密區安全防護機制（Point to Point Encryption Zone, P2PE），收單機構利用硬體安全模組（Hardware Security Module, HSM）的付款閘道（Payment Gateway），執行基礎密碼管理作業模式，建置安控元件與加強密碼管控機制，降低基礎密碼之不當存取與防範破解盜取情事。簡化作業管理機制，以求精進作業效率。

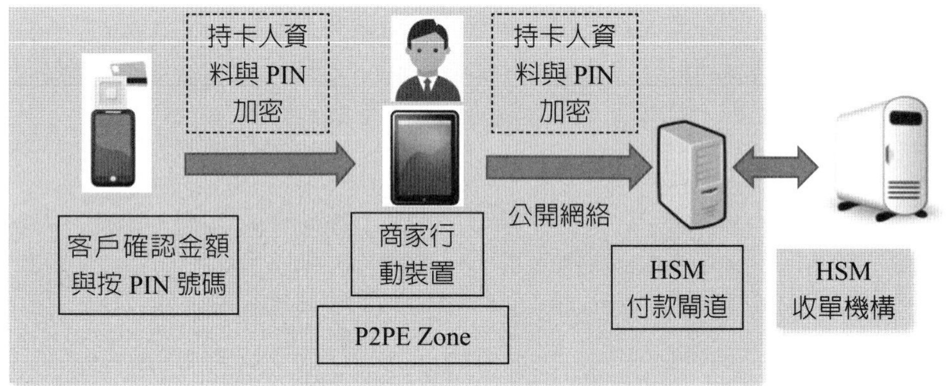

圖 5-8　P2PE Zone 加密流程

資料來源：1. Digital River, Payments in the Mobile World-Mobile Point of Sales is Growing Up, 2013.12.13。
2. 翁世吉、林宗達財金資訊季刊，支付卡創新應用之技術發展趨勢，79，2014.7。
3. Wikimedia Commons。

(B) 智慧式刷卡讀卡機（Smart POS）和軟體式模式刷卡讀卡機（Soft POS）

1980 年代端末設備開始支付服務，並未與銷售過程連結。2001 年 POS 系統啟動，讓商家網路連線銀行，進行支付與轉帳服務。2010 年演進爲 mPOS 移動支付，提供尖峰排序、整合付款、存貨與價格查詢、與顧客忠誠度等項目。2015 年推出 Smart POS，具備移動性與彈性支付功能，開放 API 給第三方開發商，整合 POS 系統，進而形成 App 生態圈。另注重存貨管理、客戶關係管理、顧客忠誠度、與分析等功能。預估 2020 年起，Soft POS 將利用商業移動設備軟體，透過非接觸式介面接受卡片或移動支付，買賣雙方運用直接經銷管道進行交易活動，無須硬體設備要求，如圖 5-9 示。

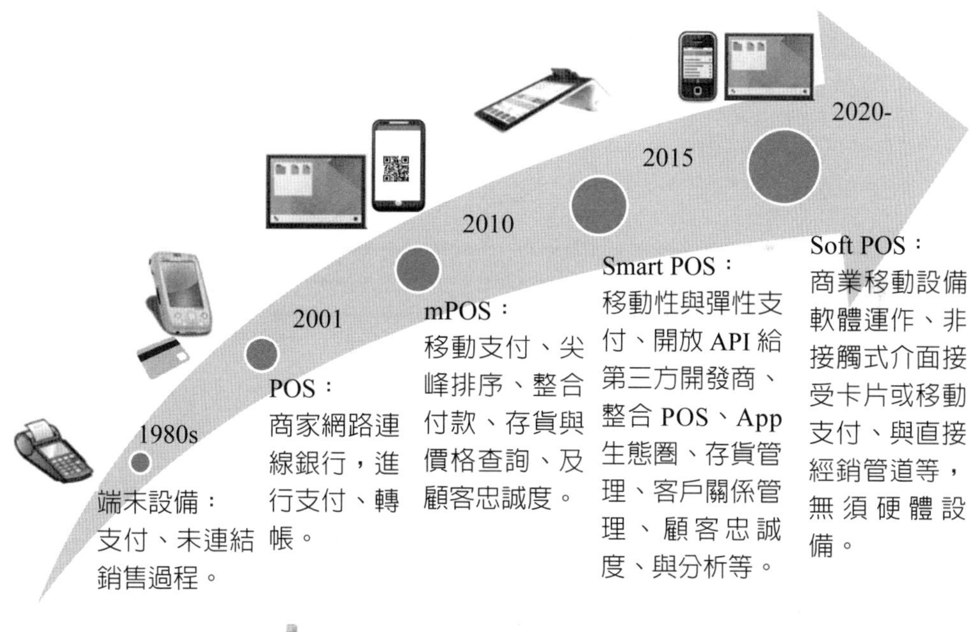

圖 5-9 刷卡讀卡機（POS）的演進

資料來源：1. Aite, Evolution of the Point-of-Sale Terminal: Survival of the Smartest。
2. Wikimedia Commons。

2. 無卡片提示模式

(1) 金融機構開發

(A) 3D Secure 交易安全驗證機制

指交易流程可劃分爲 3 個領域（Domain），收單機構、發卡行、與國際信用卡組織，如圖 5-10 示。其交易安全驗證機制如下：

(i) 持卡人已註冊信用卡，取得密碼，並於網路商家持刷卡消費購物。

(ii) 透過收單機構的商店驗證系統（Merchant Plug-In, MPI）核對正確身分後，由國際信用卡組織以目錄服務管理系統（Directory Service, DS）再次確認卡號與發卡行提供 3D Secure 驗證技術。

(iii) 繼續由持卡人的瀏覽器轉至發卡行取得管控伺服器（Access Control Server, ACS）系統，對持卡人進行身分驗證，並取得持卡人交易驗證（Cardholder Authentication Verification Value）。

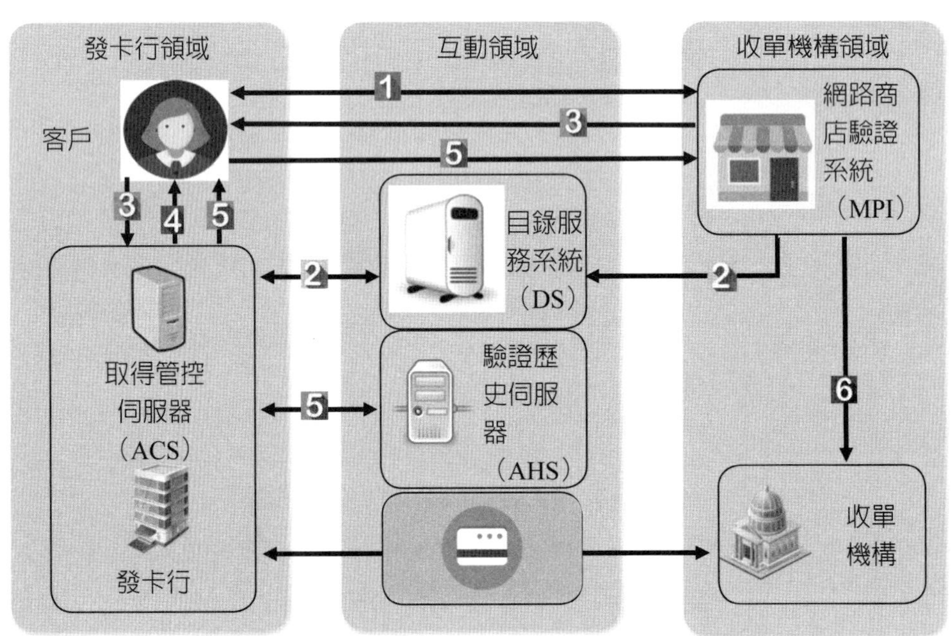

圖 5-10　3D Secure 交易安全驗證機制流程

資料來源：1. Cyber Plat, Security issues: CyberPOS with Cyberplat MPI Module。
2. Wikimedia Commons。

(iv)由持卡人在網路 ACS 系統輸入密碼。

(v) ACS 系統轉送交易授權至網路商家的 MPI，並且將交易資訊傳至驗證歷史伺服器（Authentication History Server），記錄過去所有利用 3D Secure 技術交易活動，以應付未來客訴和任何交易爭端的問題。

(vi)交易授權驗證無誤後，回覆收單機構，會知網路商家完成交易授權。

(a) 動態密碼（One Time Password, OTP）

有別於 3D Secure 機制採用固定密碼，發生持卡人記憶密碼不易和作業流程較長問題，以及易受駭客攻擊與竊取的缺點。OTP 機制採用隨機亂數密碼，依據事件每次均產生不同的一次使用性密碼，又稱一次性密碼。除簡化使用者存取流程外，OTP 符合無重複性、單次使用、和不能預測等特性。藉由兩種方式產生：(1) 動態密碼產生器（Token）以每 60 秒生成一組密碼。(2)OTP 讀卡機和晶片卡組合，依每張晶片卡鑰匙值（Key）和使用時的序號所形成。

圖 5-11 說明使用 OTP 過程，適用於各類載具如記憶卡、簡訊、App、QR Code、快閃記憶體卡（MicroSD）、認證載具（OTP Token）、Android Token、Apple Token、Master Card 顯示行智慧卡（電子紙）、開放認證挑戰回應式載具（Open Authentication (OATH) Challenge-Response Algorithms, OCRA）等，經由網路伺服器（Web Server）、資料伺服器（File Server）、和外部連接授權伺服器（External Connector Server），並連接動態密碼（OTP）伺服器。運用網路管理介面，管理相關使用者、載具、與稽核日誌（Log）等資訊。另 OTP 伺服器可支援帳號認證兩大系統：(1) 輕量型目錄存取通訊協定（Lightweight Directory Access Protocol, LDAP）。(2) 微軟 Server 的行動目錄（Active Directory, AD）。

(b) 行動動態密碼系統（Mobile One-Time Password, MOTP）

MOTP 採雙因素使用者認證模式，提供網路管理介面，增加使用者入口網、線上批次匯入與批次開通、稽核紀錄和可加密儲存重要資料等功能。適用於證券業務、銀行金流、電子商務購物、第三方支付、E 政府、社群網絡、工業 4.0、網路遊戲交易、資訊安全和雲端等事項。圖 5-11 顯示架構組成為：

(i) MOTP 伺服器：

以雙因素認證密碼進行使用者驗證，亦執行管理人員之認證政策。提供隨插即用的標準機架式伺服器（Appliance Hardware Server）和客戶端特別需求的虛擬伺服器（Virtual Machine Server）二款選擇。

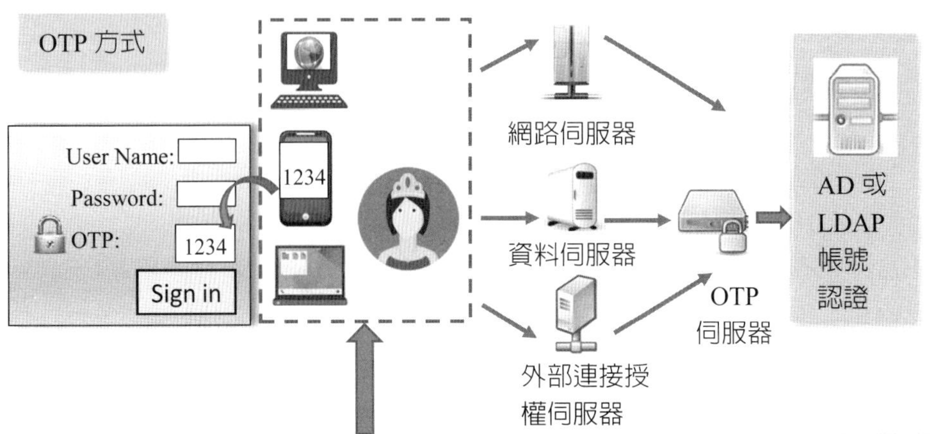

適用 OTP 認證載具：記憶卡、簡訊、App、QR Code、快閃記憶體卡（MicroSD）、認證載具（OTP Token）、Android Token、Apple Token、Master Card 顯示行智慧卡（電子紙）、開放認證挑戰回應式載具（Open Authentication (OATH) Challenge-Response Algorithms, OCRA）

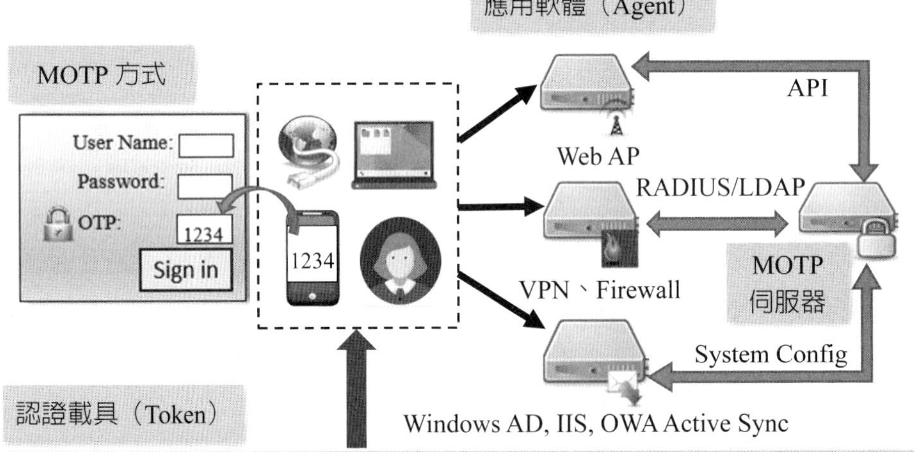

適用 MOTP 認證載具：簡訊、智慧手機、Push App（推播廣告）、平板電腦、具有 Intel 身分辨識保護技術（Identity Protection Technology, IPT）電腦、電子郵件、按鈕式 Token 設備、顯示型智慧卡（電子紙）、觸碰式認證隨身碟、OCRA

圖 5-11　動態密碼（OTP）與行動動態密碼系統（MOTP）流程

資料來源：1. jrsys網站。
2. 全景軟體網站。
3. Wikimedia Commons。

(ii) 認證載具（OTP Token）：

簡訊、智慧手機、Push App（推播廣告）、平板電腦、具有 Intel 身分辨識保護技術（Identity Protection Technology, IPT）電腦、電子郵件、按鈕式 Token 設備、顯示型智慧卡（電子紙）、觸碰式認證隨身碟、和 OCRA。

(iii)應用軟體（Agent）。

可使用下列 3 種方式連結 MOTP 伺服器：

(i) 網路版應用軟體應用程式介面（Application Programming Interface, API）。

(ii) 以遠端用戶撥入驗證服務（Remote Authentication Dial In User Service, RADIUS）和 LDAP 認證系統爲主，可支援各廠牌提供虛擬私人網路（Virtual Private Network, VPN）與防火牆（Firewalls）等功能。

(iii)微軟 Server 網頁伺服器認證（Internet Information Server, IIS）與 AD 認證系統，亦可使用 OWA（Outlook Web Access）與行動裝置郵件收發管控（Active Sync），整合網路服務的介面管理與處理同步通訊功能。

(c) 行動憑證驗證系統（Active One-Time-Password, AOTP）

圖 5-12 顯示由藍新科技所開發的身分驗證技術，爲一種加強版安全認證機制。此系統由商家請求，透過認證中心執行之驗證引擎處理，由資料庫提供 OTP 並於以記錄日誌（Log）後，回傳給商家。在線上交易時，使用者可獲得一次性動態密碼，利用其註冊的手機號碼作爲辨識機制。並以手機簡訊回傳此動態密碼至電信業者簡碼（83811），再傳給認證中心比對，待確認身分後，即可完成認證。AOTP 的特色如下說明：

(i) 符合法規與資訊安全要求：

遵照行動電信網路架構相關法規，以「手機發送認證」逐步取代「手機接收認 證」的方式，有效傳遞精準度提升安全機制，減少客訴、側錄等問題。

(ii) 採主動惡意偵測機制：

透過統計進行未通過認證紀錄分析，加強監測以阻止駭客入侵活動。

(iii)控制成本面的考量：

採取使用者付費原則，商家僅負擔驗證服務費。另商家可提供紅利或獎勵給使用者作爲促銷活動。

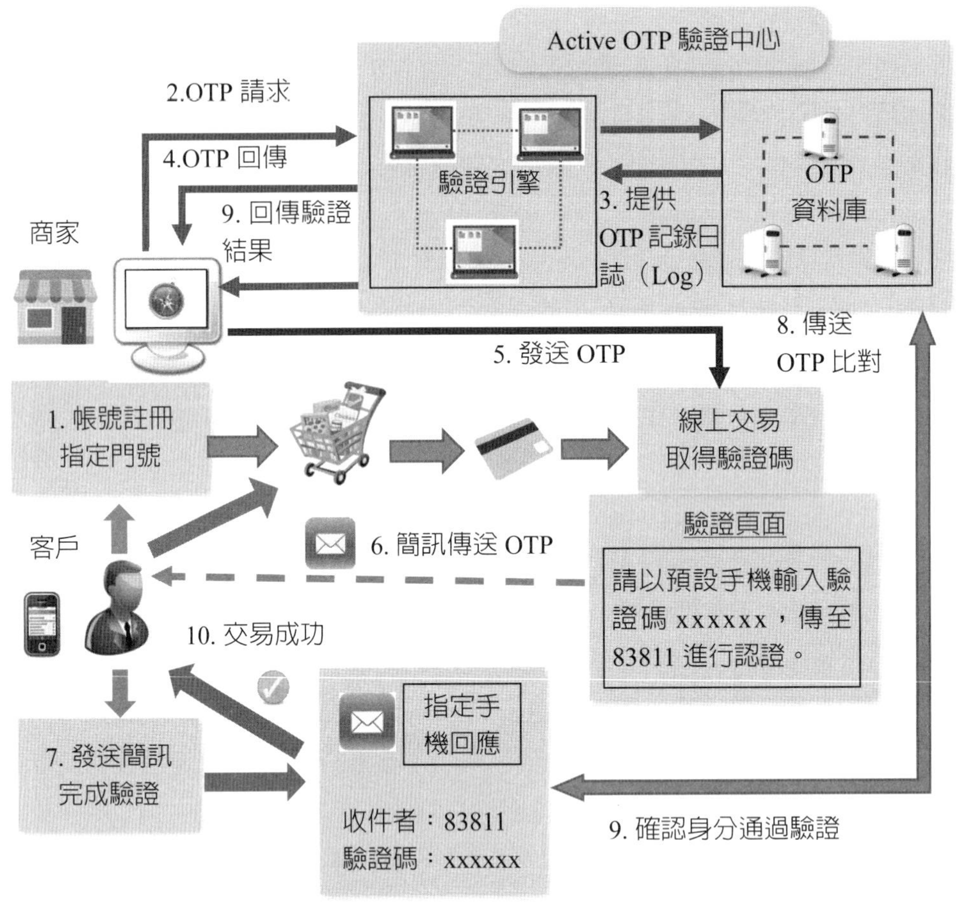

圖 5-12　行動憑證驗證系統（Active One-Time-Password, AOTP）流程

資料來源：1. 東森新聞雲，台銀拔頭籌開辦第三方支付創新引進AOTP機制，2015.5.31。
2. 網路暨電信應用安全驗證中心（Internet and Telecommunication Application Security Authentication Center）。
3. Gt智慧生活網站。
4. 科技新報，藍新科技推出AOTP認證系統，遏止「小額詐騙」與「幫我收個簡訊吧」，2015.2.9。
5. Wikimedia Commons。

以台灣銀行導入的行動憑證驗證系統（Active One-Time-Password, AOTP）爲例，使用者從事有關帳號註冊申請、線上刷卡付款、及個資修改等事宜時，先從網頁獲取驗證碼，並以指定手機簡訊方式，將驗證碼傳送商家進行認證。

遠東銀行開發「簡訊非約定轉帳功能」，用戶可至 ATM、Web ATM、或臨櫃申請該項服務，利用手機和電腦上網購物，待收到一次性動態密碼（OTP）簡訊後，可於 30 日內登入網路銀行進行設定，輸入密碼後，即可開啟雙因子身分認證與限額管控之非約定轉帳服務，如圖 5-13 所示。

圖 5-13　簡訊 OTP 服務流程

資料來源：1. 遠東商業銀行網站。
2. Wikimedia Commons。
3. Wikipedia。

(B) 代碼化（Tokenization）興起

行動支付的應用基礎乃建構於 2013 年，Visa、Mastercard、和 American Express 所共同研發的動態驗證代碼（Token）技術架構，又稱動態驗證碼。由於行動支付採免簽名，需透過一連串獨特的數字，代表 16 位信用卡號與有效日期等真實資訊予以隱藏，並限制使用裝置與特定環境。若在限制範圍外使用，則被認定爲虛假交易而停止進行，使持卡人無須憂慮卡號資料的安全性。圖 5-14 指出 Visa 和 Masterpass 代碼化（Token）技術支付與交易流程。

(a) 持卡人 / 消費者：

當持卡人 / 消費者購物時，使用行動支付裝置或經電子商務交易，須申請代碼。

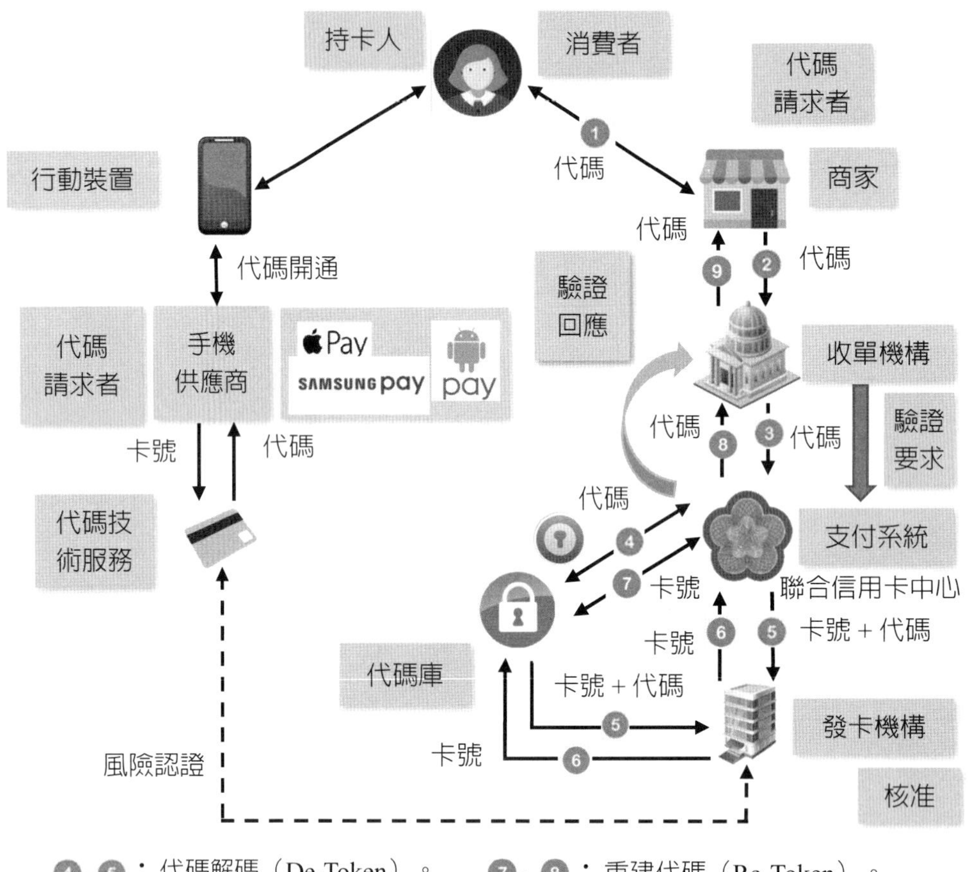

圖 5-14 Visa 代碼化（ToKen）技術支付與交易流程

資料來源：1. Wikimedia Commons。

2. 數位時代，Apple Pay中的Token到底是什麼？Visa用一張圖告訴你，2016.5.3。
3. Visa網站。
4. Wikipedia。
5. 卡優新聞網，數位支付信用卡代碼化Token取代卡號更安全，2015.9.23。

(b) 代碼請求者：

行動支付代碼請求者爲手機供應商，如 Apple（Apple Pay）、Google（Android Pay）和 Samsung（Samsung Pay）。另電子商務則是由網路商家爲代碼請求者。

(c) 代碼技術服務：

(i) 代碼請求者以持卡人的卡號向代碼技術服務提出申請，經確認信用卡有效期，並與發卡機構相互進行風險認證後，Visa 代碼技術服務回傳新的代碼給代碼請求者，之後則儲存於持卡人／消費者手機中完成程序。以線上購物時，代碼將儲存於網路商家的資料庫。

(ii) 當消費者使用智慧手機購物時，Visa Pay Wave 感應式讀卡機會將代碼傳至商家的收單機構，再經負責清算業務的聯合信用卡中心支付系統進行驗證。透過 Visa 代碼技術服務執行代碼解碼（De-Token），依序經由代碼庫（Token Vault）將代碼來回轉換成眞實卡號與代碼完成驗證，同時將代碼 + 卡號傳至發卡機構與授權。當解碼後，刷卡者眞實身分才會向發卡機構與聯合信用卡中心揭露。

(d) 發卡機構：

經核准該筆交易後，繼續回傳 Visa 代碼技術服務，需經過代碼庫重建代碼（Re-Token）的程序，將眞實卡號轉爲代碼，再依序傳回收單機構與商家刷卡機，完成前後約 1 秒鐘的作業流程。

(e) 代碼庫：

代碼解碼與重建代碼程序須經由代碼庫處理卡號資料，以一組卡號相應多組代碼與限定代碼使用情境模式管理，藉以提高安全性。

(2) 非金融機構開發

(A) 電子錢包支付模式

目前已有許多單位推出類似的電子錢包支付模式與運作方式，以下介紹 3 種模式：

(a) 預付型電子錢包服務：

由 NEC 公司所開發的預付型電子錢包，可讓商家發行企業獨有的電子錢包（House-Money），鎖定尚未申請信用卡的客群，藉由手機或電子錢包卡輕觸讀卡機，便可從事加值、獎勵與快速結帳等全方位服務。利用雲端系統有效處理餘額查詢、餘額管理、檢視紀錄與分析購買行爲等事宜。如圖 5-15 所示。

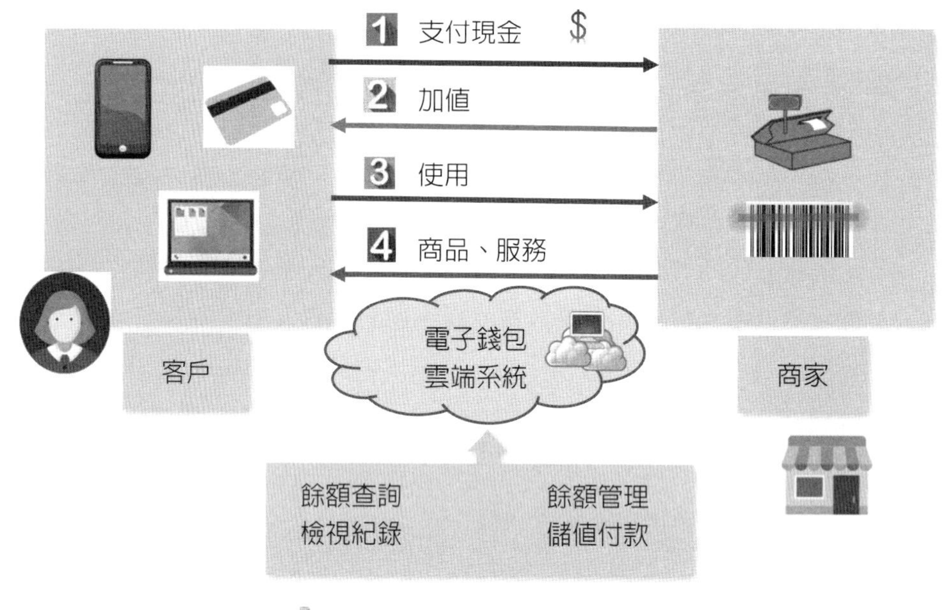

圖 5-15 預付型電子錢包服務

資料來源：1. Wikimedia Commons。
2. NEC網站。

(b) PayPal 雲端電子錢包

圖 5-16 說明第三方支付鼻祖 PayPal，發展安全與便捷的雲端電子錢包，經由電子郵件信箱，消費者可免費開設帳戶並綁定信用卡、簽帳金融卡及銀行帳戶等。在購買商品或服務時，可利用 PayPal 電子錢包支付方式，買方信用卡資料受保護，賣方無法得知。PayPal 實施全年全天候監控，如有商品運送不實或並未送達之情形，在 180 天內依消費者保護條款，完成相關手續後退費。此外，商家亦可透過折扣與優惠券行銷方式，吸引客戶利用 PayPal 雲端電子錢包作爲支付工具。

(c) QR Code（Quick Response Code）支付型電子錢包

宣揚電腦發展 QR Code 支付型電子錢包，整合各類支付工具（如信用卡、轉帳卡、NFC 小額付款等），客戶下載 MoneyCoin App，利用動態模式生成獨一 QR Code 之圖型密碼，經商家掃描後即可完成交易扣款，安全交易模式於 10 分鐘後會將 QR Code 做失效處理。另提供各優惠與促銷活動、消費管理、與會員卡功能等服務，如圖 5-17。

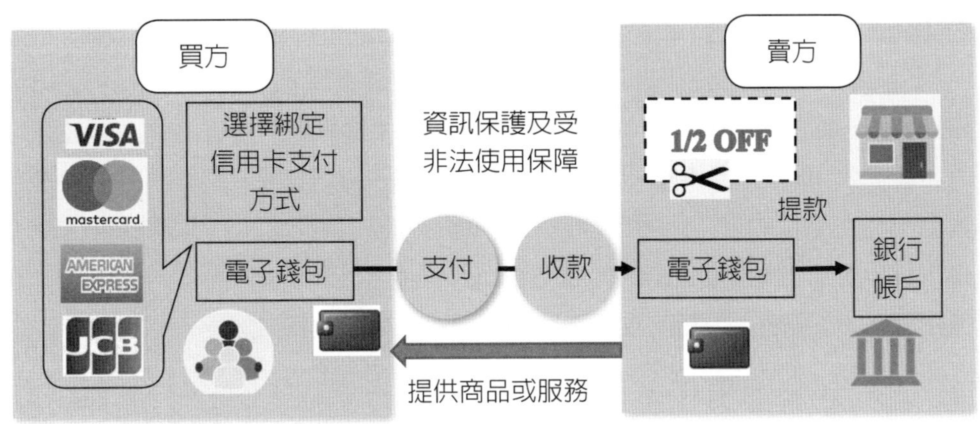

圖 5-16 PayPal 雲端電子錢包

資料來源：1. Nikkei Computer著，FinTech革命金融科技完全解析，遠見雜誌，2016.8.31。
2. Wikimedia Commons。
3. Wikipedia。
4. Visa網站。

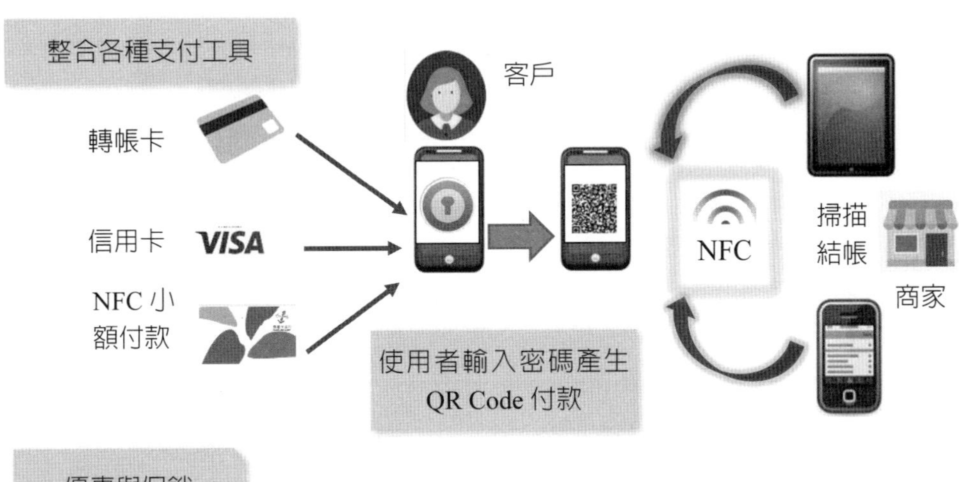

圖 5-17 QR Code 支付型電子錢包

資料來源：1. 宣揚電腦網站。
2. Wikimedia Commons。

(B) 藍芽支付

自 2013 年蘋果公司推出 iBeacon，屬功耗藍芽技術（Bluetooth Low Energy），通訊傳輸範圍於 30-50 公尺內，可與手機互動與精確定位。普遍受到許多新創公司的關注，紛紛推出新型服務與應用，透過雲端、物聯網與大數據技術應用於微定位的方式，開創全新的精準行銷的商業模式。以美國梅西百貨爲例，投入美金 20 億元裝設 4,000 顆 Beacon，並結合 Shopkick 所發展的 App 行動應用程式，提供紅利點數，提高來客率與營收，如圖 5-18 所示。

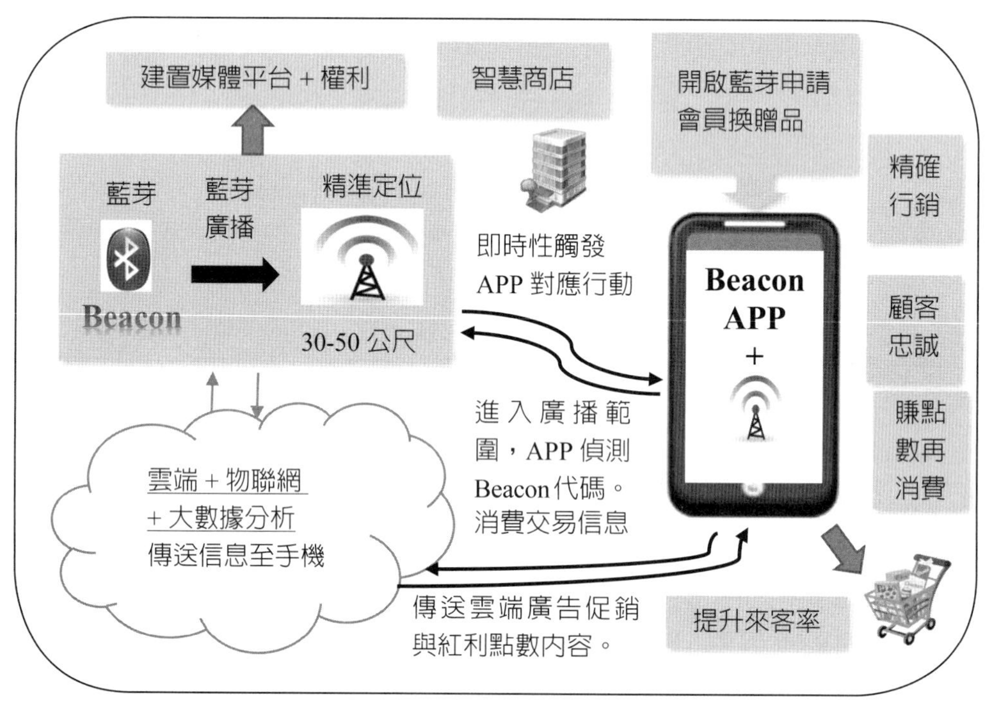

圖 5-18　Beacon 運作流程

資料來源：1. 財訊雙週刊，微定位把逛街人潮變錢潮，2016.6.16。
2. Wikimedia Comments。

(C) 生物辨識支付模型

物聯網與金融科技的興起，帶動生物辨識技術，利用人體器官（如臉部、虹膜、指紋、與靜脈等）與行爲特徵（如聲調等）爲基礎，透過生物辨識技術與有效控管機制，用於驗證使用者身分。不但可免除其他交易憑證，亦能進行交易付款模式。政府考量行動支付便利性與資安問題，修正「電子支付機構資訊標準及安全控管作業基準辦法」，金管會於 2018 年 1 月 1 日開放採取「間接驗證」方式，允許民眾利用手機存有的生物特徵，至電子支付平台登入並直接交易支付。另生物辨識技術已廣泛運用於電子金融、醫療、行動裝置、檢疫、門禁管制、電子投票、考試、影印管控、智慧零售和汽車等領域。

以人臉辨識爲例，透過消費者臉部肌理和紋路，估算出性別與年齡。利用大數據分析與人工智慧深度學習，連結 Beacon 微定位，開展推播促銷活動。新加坡樟宜機場，導入人臉辨識，尋找登機遲到乘客，提升航班準點。中國大陸支付業兩大龍頭騰訊與阿里巴巴積極推展無感支付時代，前者與深圳地鐵合作導入「生物辨識 + 信用支付」的售票和檢票系統，乘客直接經過螢幕即可開啟閘門無須排隊。後者與肯德基合作開展「自助收銀 + 刷臉支付」系統。因此，形成商機爆發趨勢，更帶動人臉辨識概念股產業興起。例如：半導體產業的辨識晶片、3D 景深感測、晶片封測、辨識鏡頭模組、與辨識系統等。

有鑑於臉部辨識技術疑有侵犯個人隱私的隱憂，2019 年 5 月 14 日美國舊金山市議會首度通過決議，除機場和聯邦監管設施外，明令禁止使用軟體或攝影機從事有關臉部辨識技術，以避免公民自由與權力的侵擾。

表 5-5 說明生物辨識系統的優缺點及相關案例，應用範圍層面而言，以指紋發展最爲成熟，約占生物辨識領域三成以上，具有準確度高、速度快、多樣性、與設備成本低廉等優點。在缺點方面，需要與指紋資料庫進行比對。可能會有僞造指紋的情事發生，甚至因受傷可能無法有效辨識，而使用者對於接觸辨識裝置亦可能產生抗拒感。一般而言，指紋辨識可分成兩種方式：

(i) 一對一指紋辨識：

資料庫中已登錄的指紋與按鈕上的指紋對照比較。例如：iPad 與 iPhone 指紋解鎖功能、員工登入等。

(ii) 一對多指紋辨識：

使用者的指紋與資料庫中指紋逐一比對。例如：刑事偵辦、護照等。

表 5-5　生物辨識之優缺點與案例

	人體器官				行為特徵	
	臉部	指紋	虹膜／視網膜	靜脈	聲紋	虛擬實境
辨識模式	利用眉毛間距、臉部骨骼等。	個人指紋圖案的獨有性。	虹膜與視網膜的影像圖。如眼白血管紋路等。	個人手指靜脈分布圖。	以電聲學確認聲波頻譜。	3D場景以凝視、點頭、與手勢等方式辨識。
優點	1. 不需接觸辨識設備。 2. 適用性高。	1. 準度高和速度快。 2. 多樣性設備。 3. 設備價格低。	1. 認證便捷。 2. 精準度高。 3. 偽造困難。 4. 虹膜獨有性。	1. 防偽性高。 2. 簡易使用。 3. 識別速度快。 4. 準確度高。	1. 快速辨識。 2. 適用於遠程身分確認。	虛擬購買體驗。
缺點	1. 認證辨識時間較長。 2. 眼鏡、假髮、與照明因素干擾。	1. 偽造指紋可能性。 2. 受傷和無指紋者無法辨識。 3. 辨識裝置之抗拒。 4. 大量指紋比對。	1. 認證設備價格不菲。 2. 使用者恐有抗拒心理。	1. 使用者對接觸辨識裝置之抗拒。 2. 靜脈會隨年紀和生理變動而不同。 3. 採集設備成本高。	1. 場地力求安靜，避免吵雜聲、混合聲的環境。 2. 聲音隨年齡、健康情況、情緒而不同。	1. 虛擬應用場景須持續豐富化。 2. 中下游廠商配合意願。
案例	Google手機加裝「Hands Free」App及PayPal Pay，結合臉部辨識與行動支付。	一對一： iPad與iPhone指紋解鎖。 一對多： Liquid Pay行動支付。	1. Samsung Note 7智慧手機採用虹膜解鎖。 2. 支付寶的「視網膜支付」	中國神農架景區採靜脈檢票機，只需3秒驗票。	花旗指紋登入、聲紋辨識身分，語音系統約30秒即完成帳戶預覽、網路銀行登入和轉帳等。	支付寶VR Pay（Virtual Reality，VR）付款，虛擬場景下，以凝視、點頭、與手勢等完成付款。

表 5-5　生物辨識之優缺點與案例（續）

	人體器官				行為特徵	
	臉部	指紋	虹膜／視網膜	靜脈	聲紋	虛擬實境
概念股	鴻海、夏普、大立光、玉晶光、台積電、穩懋、奇景光電、浩鑫	神盾、義隆、盛群、敦泰、台積電、聯電、世界先進、日月光、精材、南茂、泰林、鴻海	晶電、光鋐、億光			

資料來源：1. 工商時報，分秒必爭搶登入花旗祭指紋加聲紋，2016.6.22。
2. 工商時報，螞蟻買美商打造一眼支付，2016.9.15。
3. 科技政策研究與資訊中心，生物辨識技術應用領域再擴大，2016.3。
4. 經濟日報，3D場景支付阿里VR Pay 9月上線，2016.8.8。
5. 壹讀，幾種常見生物辨識技術的優缺點分析，2016.5.18。
6. Nikkei Computer著，FinTech革命金融科技完全解析，遠見雜誌，2016.8.31。
7. 經濟日報，指紋辨識支付掀消費革命，2016.8.9。
8. 經濟日報，你的身體就是密碼，2018.5.2。

2011 年國際 Natural Security 聯盟研發 POC（Proof of Concept）模型，整合非接觸式裝置與驗證生物特徵作業模式。先由商家提出需求，續由 Natural Security 擬定相關適用規格，選定生物辨識公司處理，再經實驗機構的研發，取得認證機構核可。另將適合的生物辨識產品設置於銀行、商家和電信單位等，使用特徵驗證模式能有效減少支付作業時間，提供優惠措施以吸引消費者接受新型驗證模式，並達成更為便捷與安全的支付交易模式，如圖 5-19。

圖 5-19　生物特徵驗證流程

資料來源：1. Natural Security網站。
2. Wikimedia Commons。

網路身分驗證機制可分成單和雙驗證方式。單驗證包括帳號密碼、生物辨識技術、動態密碼裝置、與智慧卡等，而雙驗證利用帳號密碼或生物辨識技術，外加問題詢答（Challenge/Response）與安全通訊協定（Secure Sockets Layer, SSL）機制，以提升安全性。針對建置維護成本、便捷性、防範與功能限制等因素考量，表 5-6 說明身分驗證機制相關優缺點與安全性比較。所面臨的駭客威脅，主要有下列五種方式：

(i) 線上猜測密碼（Online Guessing）：

駭客利用猜測密碼手法，獲取密碼通過驗證。

表 5-6 身分驗證機制與安全性比較

項目	線上猜測密碼	重送攻擊	竊聽	中間人	木馬程式	優點	缺點
帳號密碼						方便與成本低廉。	密碼易竊、無法得知密碼被竊、無法驗證交易訊息。
帳號密碼+Challenge／Response+SSL	V	V	V				
生物辨識技術	V					生物特徵難偽造。	需有成本較高的特殊裝置、無法驗證交易訊息。
生物辨識技術+Challenge／Response+SSL	V	V	V				
動態密碼裝置	V	V	V			不易複製裝置。	裝置與維護成本較高、使用年限、無法驗證交易訊息。
智慧卡	V	V	V	O	O	驗證交易訊息、不易複製卡片。	需搭配讀卡機與成本考量。

註：V：可防範此威脅。O：規劃設計防範此威脅。

資料來源：財金資訊季刊，網際網路服務使用者身分驗證機制之安全性研析，67，2011.7.7。

(ii) 重送攻擊（Replay Attacks）：

駭客依據以往伺服器已通過驗證訊息，利用重送，試圖再通過驗證。

(iii)竊聽（Eavesdropper）：

經竊聽伺服器驗證訊息，取得合法使用者密碼。

(iv)中間人（Man-in-the-Middle）：

駭客以釣魚頁面手法，在接收者與使用者均不知情下，冒充接收者伺服器以接收使用者訊息，再次冒充使用者訊息，傳送至正牌伺服器處，竊改訊息。

(v) 木馬程式（Trojan Program）：

駭客爲控制他人電腦，透過網路植入木馬程式，並僞裝成正常程式，被執行後則立即獲得電腦系統控制權。

四、共通支付標準與清算

政府爲扶植本土行動支付業，由前端交易界面著手，透過財金公司建置 QR Code 共通支付標準。由金融機構合作成立台灣 Pay，藉由共通 QR Code 能與國際接軌，確保行動支付安全無虞，加速非現金支付普及化。共通 QR Code 提供使用者從事消費、繳費（如繳稅、學費、公用事業費等）與轉帳事宜，而國際支付（如 Apple Pay）僅能用於消費支付。爲打入 iPhone 的 iOS 封閉式系統，發展 iOS App，試圖繞過 Apple Pay 搶攻市場。另開展 P2P QR Code 雙向掃碼，提供跨行、分帳與個人轉帳等功能，且無須申請 t Wallet 電子錢包。另建構交易數據資料、多元化支付管道、客戶金流與行爲軌跡、和手續費優勢等措施。結合財金公司與「公股事業金融科技研發成果整合平台」，該平台整合通路業者、金融機構與金融科技業者等，開展數位金融整合服務，鎖定行動支付、大數據、人工智慧與區塊鏈等，落實普惠金融。以新加坡標準化 QR Code 爲例，已成功整合由金融機構和電子支付機構所提供各種電子錢包，消費者持任一電子錢包掃描即可。

實務案例

電子支付「跨機構公用平台」

有鑑於電子支付、票證機構等與各銀行後端連結介接，以及 P2P 轉帳等情形日漸增加，面臨支付網絡龐雜與資訊安全管控不易等問題，如圖 5-20 說明。2018 年 11 月央行委由財金公司，規劃電子支付的「跨機構公用平台」建構架構，參考中國大陸「網聯平台」和香港「轉速快平台」模式。透過跨行金融資訊系統，內建支付訊息交換平台與跨行款項結算平台，有效處理電子支付交易所產生的交易訊息與跨機構款項清算，確實掌控交易資訊安全流程。同時，提高各銀行每日存放於央行的「跨行專戶」餘額，並可抵充準備金，由 4% 增加至 8%，以確保零售支付系統所需清算資金無虞。

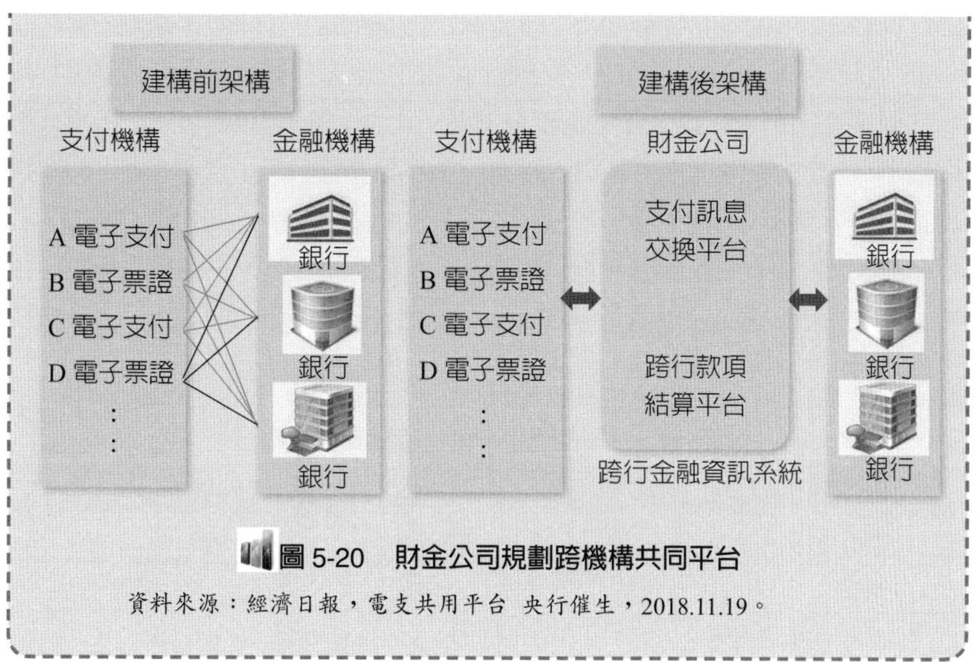

圖 5-20 財金公司規劃跨機構共同平台

資料來源：經濟日報，電支共用平台 央行催生，2018.11.19。

五、行動支付發展

1. 台灣行動支付發展

觀察 Google 和韓國 Korea It Times（2015 年上半年手機趨勢）統計，兩岸有關智慧型手機普及率（台灣 78% 和中國 74%）與電子支付普及率（台灣 26% 和中國 56%），顯示出台灣智慧手機較中國普及，而電子支付普及率卻差別 30% 之譜。將智慧手機結合信用卡業務與大數據分析所衍生的金融創新，此股銳不可當的趨勢，促使金融業與非金融業者對於行動支付躍躍欲試。另依據資策會調查顯示，台灣人每日平均手機使用時間爲 205 分鐘。另根據資策會調查，民眾考量使用行動支付的主要因素依次爲：安全性、優惠性、普遍性、穩定性、和便捷性。因此，行動支付成功主要關鍵在於完善的支付體驗、優質的收付環境、教育養成的持續耕耘。

根據金管會統計，表 5-7 指明台灣金融機構辦理九種行動支付技術家數，分別爲 TSM 手機信用卡、NFC 手機信用卡、國際代碼化手機信用卡、行動金融卡、QR Code 行動支付、行動 X 卡、行動收單（mPOS）、NFC 手機電子票證、和電子支付機構（O2O）。其中，台灣 Pay 推出 36 家行動金融卡獨占鰲頭，其次爲 20 家銀行所導入 TSM 手機信用卡業務，另 17 家銀行已取得 HCE 手機信用卡業務，包括於2016年分別與VISA和MasterCard手機信用卡合作，推出「VISA HCE 手機信用卡」，包括第一、華南、彰化、兆豐、新光、永豐、凱基、台新，以及「MasterCard HCE 手機信用卡」，包括台銀、第一、華南、彰化、兆豐、新光、永豐、凱基、台新、台北富邦、日盛等銀行。

表 5-7　台灣金融機構行動支付辦理

支付技術類型	家數	備註
TSM手機信用卡	20	
NFC手機信用卡	17	
國際代碼化手機信用卡	16	Apple Pay、Samsung Pay、Google Pay
行動金融卡	36	台灣Pay的t Wallet +HCE手機信用卡
QR Code行動支付	15	
行動收單（mPOS）	8	
行動X卡	2	
NFC手機電子票證	4	台北富邦銀行與悠遊卡合作推出
電子支付機構（O2O）	12	歐付寶等第三方支付業者，將儲值帳戶與手機連結的行動支付。

註：統計截至2017.10。
資料來源：1. 經濟日報，t Wallet+行動支付APP優惠回饋，2016.11.24。
2. 經濟日報，行動支付業揪伴抗外敵，2016.7.4。
3. 工商時報，行動支付交易額突破百億，2017.12.3。
4. 經濟日報，行動支付交易額衝破百億，2017.12.13。

此外，以異康公司出品的行動 X 卡爲例，由合作銀行（凱基、萬泰等）發行之多功能卡，具有錢包的功能。使用者可將 mircoSD 記憶卡插入智慧型手機成爲載具，並於實體商店和網路商家購物，亦可由上網設備從事轉帳、繳費、消費與捐款等網路交易事宜，並達成全程無紙化。另推動台灣醫療資訊 e 化，與台中慈濟醫院合作，進一步將電子病歷與行動醫療支付結合。在金管會大力推動下，至 2018 年 1-4 月整體動支付總金額為 281.3 億元。

有關台灣行動支付業者介紹，表 5-8 說明目前台灣行動支付是由手機業、電信業、網路／科技業、外（陸）商網路等所組成。例如：台灣大 Wali 智慧錢包推出行動支付功能，使用者申辦 NFC-SIM 卡並加裝於 Android 智慧型手機，下載 App 後，申請「手機悠遊卡」帳號，並選擇設定該帳號為支付用途。使用悠遊卡和 Wali 智慧錢包消費後，用戶即可累積點數，折抵電信帳單。此外，為因應行動支付的發展趨勢與消費支付的多元化，GO survey 市調網針對信用卡消費型態調查，結果顯示持卡人除要求便利性外，受訪者較喜好現金回饋（56.2%）和累積紅利（30.4%）。Happy Go 啟動三大支付工具，消費者以手機或卡片購物時，可同步進行累積、兌點好康紅利優惠等活動：

(1) 信用卡策略聯盟：分別與玉山、遠東、花旗銀行等發行聯名卡。

(2) 電子票證發行：聯合 HappyCash 推展「Happy Go 有錢卡」。

(3) 行動電子錢包：將 Happy Go 虛擬卡內建於遠傳 FriDay 電子錢包。

以非金融業第三方支付業者為例，表 5-9 說明依電子支付機構管理條例，取得電子支付營業執照的業者，可辦理第三方支付、跨境支付、儲值與轉帳等業務服務。另提供掃碼付款、支援 Android 與 iOS 系統、免除 SIM 卡和信用卡申請、及免綁電信業者等共通特色。先後推出多樣化的行動支付型工具，例如：手機信用卡、掃碼支付、悠遊卡等電子票證支付。結合實體與網路店鋪資訊與行動支付購物模式，為一種嶄新網路平台生態圈的形成，吸引消費者申請行動支付成為用戶，並下載 App，就可查詢附近商家資訊與各類優惠措施，例如：消費回饋、刷卡金、抽獎、折扣等活動紛紛出籠。GOMAJI 與 Mastercard 合作，甚至推出當日刷卡買 200 元送 100 元的超值優惠方案，回饋率高達 50%，企圖先行占有市場一席之地，以期增加消費者的「黏著度」。另外，歐付寶積極推展停車場雲端支付業務，2017 年推出「雲端智慧聯網停車場」服務，提供閘門自動偵測系統管控車輛進出，車主掃描 QR Code 即完成付費。

一卡通公司於 2017 年 7 月取得電子支付執照，全力朝聯名信用卡、聯名借記卡、和聯名金融卡發展。LINE Pay 為搶攻電子支付市場，雙方簽訂策略聯盟，並由 LINE Pay 於 2017 年 12 月投資一卡通公司約 30% 股權。LINE Pay 透過點數生態圈，回饋消費者各項補貼。除消費者支付補貼點數外，亦加碼綁定信用卡補貼，並涵蓋如繳稅、繳學費等的優惠，吸引民眾申請，使 LINE Pay 於 2018 年

表 5-8　台灣行動支付業者介紹

產業	電子票證業	手機業	電信業	網路社群 / 科技業	百貨 / 超商業	外（陸）商網路
業者	1. 一卡通 2. 悠遊卡 3. 愛金卡 4. 遠鑫	1. Apple 2. Samsung 3. Google	1. 中華電信 2. 台灣大 3. 遠傳 4. 亞太	1. 網路家庭 2. 夠麻吉 3. 歐買尬 4. 街口網絡 5. 樂點行動	新光三越 家樂福	1. Yahoo奇摩 2. LINE 3. 騰訊 4. 淘寶
產品	1. EasyCard 2. iPass 3. iCash 4. HappyCash	1. Apple Pay 2. Samsung Pay 3. Android Pay	1. Easy Hami 2. Wali 3. FriDay錢包 4. NFC行動支付	1. Pi行動支付 2. GOMAJI Pay 3. 歐付寶 4. 街口支付 5. 橘子支	1. Skm Pay 2. Carrefour Pay和 Carrefour Wallet	1. 奇摩超好付 2. LINE Pay 3. 微信支付 4. 支付寶
使用地點	百貨、醫院、商圈、交通、便利商店等。	接受信用卡商家。	接受信用卡商家、交通工具、便利商店。	醫院、餐飲、便利商店、計程車、停車場、百貨、購物網、夜市等。	新光三越百貨 家樂福賣場	網路商城、百貨、夜市、商圈、計程車、旅遊、航空、美妝、書店、捐贈等。
付款	智慧手機或穿戴內建	信用卡綁定	信用卡綁定	信用卡綁定	聯名信用卡綁定	信用卡綁定

表 5-8 台灣行動支付業者介紹（續）

產業	電子票證業	手機業	電信業	網路社群／科技業	百貨／超商業	外（陸）商網路
優勢	1. 線上付費與實體商店掃碼支付。 2. 掃碼小額支付與儲值服務。 3. 百貨聯名卡。	手機持有人基礎廣泛	1. Wali結合悠遊卡、一卡通交通票證。 2. FriDay與Happy Go卡、悠遊卡等合作。	1. QR Code掃碼支付。 2. 利用App集點各項優惠活動。	1. 三合一功能：支付、會員、累積點數。 2. 交易紀錄。	1. 境外旅客基礎。 2. 掃碼支付。
限制	需與行動支付合作	Apple手機限定	1. 部分要換SIM卡。 2. 空中安全下載技術。	1.規模設限。 2.商家教育訓練。	客戶下載App。	限定陸客在台使用
	1. 消費者尚未申請信用卡。 2. 資安問題而不願更換SIM卡或不加入錢包會員。					

資料來源：1. 經濟日報，外軍壓境本土行動支付備戰，2016.9.16。
2. 工商時報，行動支付開始10月百花齊放，2016.10.3。
3. 工商時報，Happy Go啟動支付概念，2016.9.2。
4. 經濟日報，行動支付商機熱概念股吸金，2016.11.14。
5. 經濟日報，LINE Pay千萬用户台灣是大咖，2017.2.14。
6. 工商時報，新光三越skm Pay上線2天吸破萬人次，2018.8.16。
7. 工商時報，拚行動支付家樂福錢包上線，2019.6.20。

表 5-9　台灣第三方支付業者行動支付比較

公司	品牌名稱	特色	信用卡	合作實體店鋪	合作網路店鋪	備註
Yahoo奇摩	奇摩超好付	平台式App	中國信託	全家、萊爾富便利店	Yahoo超級商城店鋪。	1. 2016.10.4開台。 2. 超好付行動錢包。
樂點行動支付	橘子支GAMA Pay	儲值帳號。		台灣大車隊、三商、復興航空、飯店業等。		1. 2016.10.20電子支付營業執照。 2. 儲值與轉帳服務。
網路家庭	國際連InterPay	1. Android與iOS系統支援。 2. 不需要申請SIM卡和信用卡。 3. 免綁電信業者。 4. 以掃碼付款。	超商限中國信託、台新	7-11、全家、敏盛醫院、黑松販賣機等。另鎖定公共支付。	PChome購物網、手機客製化點單系統。	1. 2016.10.26電子支付營業執照。 2. 透過QR Code和掃描條碼進行儲值與轉帳服務。 3. Pi行動錢包：行動支付、公共支付、和行動商店。
歐買尬	歐付寶		超商限永豐、玉山、新光、台新、遠東、凱基	台北和基隆路邊停車費、自動停車場、全家、萊爾富、OK	流行時尚、美食、居家、生活用品等店鋪。	1. 2016.10.7電子支付營業執照。 2. 儲值與轉帳服務。 3. 整合電子發票服務。
夠麻吉	GOMAJI		不限	全家以及約7,000家（餐廳、夜市）		與夜市、商圈店家合作，提供優惠折扣。

表 5-9 台灣第三方支付業者行動支付比較（續）

公司	品牌名稱	特色	信用卡	合作實體店鋪	合作網路店鋪	備註
街口網絡	街口支付		不限	全家、台灣大車隊，約2,000家（餐飲、美容舒壓、寵物、娛樂、購物等）		
LINE	LINE Pay		不限	餐飲、3C用品（三創數位園區）、百貨（美麗華、新光三越）、便利商店	團購、旅遊、航空、美妝、書店、捐贈等約200品牌。	1. 綁定信用卡（如中信聯名卡、遠東銀行）。 2. 簽帳金融卡（如中信銀）。 3. 投資一卡通股權約30%。

資料來源：1. 工商時報，行動支付開始10月百花齊放，2016.10.3。
2. 工商時報，5大行動支付優惠比一比，2016.6.21。
3. 經濟日報，行動支付結合商家資訊熱門，2016.9.7。
4. 工商時報，橘子推行動支付GAMA Pay，2016.7.21。
5. 經濟日報，網家Pi錢包應用升級，2016.6.28。
6. 經濟日報，網家國際連上線叫陣支付寶，2016.10.27。
7. 工商時報，行動支付戰國時代來臨，商家祭好康搶嗶商機，2016.10.14。
8. 工商時報，停車不必掏零錢歐付寶助你雲端支付，2017.1.12。
9. 經濟日報，中信銀行推LINE聯名卡，2016.12.20。
10.經濟日報，嗶經濟上線手機變錢包，2016.12.1。
11. 經濟日報，歐買尬電子支付報捷，2017.9.25。

居台灣行動支付首位，相關使用率和知名度等排名，如表 5-10 所示。

表 5-10 LINE Pay 在台灣行動支付排名

排名	知名度	使用率	選擇主因	最常使用場域
1	LINE Pay （79%）	LINE Pay （25.2%）	很方便 （50%）	便利超商 （62.3%）
2	Apple Pay （76%）	Apple Pay （17.9%）	有優惠 （46%）	量販店 （37.7%）
3	支付寶 （57.7%）	街口支付 （10.9%）	已習慣 （22.6%）	超級市場 （32.3%）
4	Android Pay （55.6%）	Android Pay （9.9%）	能省時 （22.2%）	百貨／購物中心 （30.2%）
5	歐付寶 （52.9%）	玉山Wallet （5.2%）	體驗佳 （20%）	連鎖餐廳 （29.7%）

資料來源： 工商時報，行動支付拚場LINE Pay最靚，2018.2.1。

表 5-11 說明 LINE 多元行銷服務功能，強化「即時、互動、客製化」為發展訴求，積極打造品牌與年輕族群之多元行銷策略，並鎖定旅遊、FinTech、電商與影音內容為發展重點。透過 LINE TV、LINE Live 直播、LINE 動態牆、LINE 新聞等功能，結合 LINE Pay 與 LINE Points，推出品牌策略與消費者互動模式，讓消費者參與實體行銷活動、品牌認識、下單等階段，增加客戶黏著度，並提供 Points 誘因，導入 O2O 模式消費。例如：中國信託銀行藉由 LINE Pay 推展，半年已達 60 多萬張卡（信用卡和金融卡），藉由高回饋率，吸引年輕客群申請，增加整體客戶數與提升單卡消費金額。另 LINE Music 透過 LINE 電話，擴展音樂串流服務，例如：電話答鈴、音樂鈴聲等。

表 5-11 LINE 多元行銷服務功能

項目	說明	回饋優惠
LINE Points	適用於品牌網頁導流、會員招募、廣告、貼文等活動。	1. Points點數吸引年輕族群。 2. 與Happy Go點數互換。

表 5-11 LINE 多元行銷服務功能（續）

項目	說明	回饋優惠
LINE動態牆	原生廣告（Native Ads）、推播品牌廣告吸引網友目光。	
LINE Today新聞	原生廣告、插播廣告、運動比賽直播贊助、合作內容等。	
LINE TV	主打插播廣告、偶像劇冠名，投資CHOCO TV。	強調在地化與數位匯流服務。
LINE品牌官方帳號	連結品牌其資料庫，並取得品牌App，以利客製化服務與互動。	
LINE Pay	1. 設點數生態圈，利用支付與聯名信用卡綁定雙重補貼搶市。 2. 與一卡通、Garmin穿戴裝置合作，進軍電子支付、電子票證。 3. 可綁9家銀行帳戶。	1. 中信卡繳稅優惠Points點數，另有紅利與購物金回饋2%。 2. 投資一卡通3.4億元，持股約30%成為最大股東。
LINE Mobile	與遠傳電信合作，將申請、查詢、客服與繳費均由LINE完成。	免綁約一站式服務。
LINE Finance	計畫進入保險、信貸、資產管理、財務商業領域。	
LINE Travel	旅遊頻道與雄獅旅遊、Agoda、KKday合作開發國際市場。	
LINE Music	音樂串流服務，例如：電話答鈴、音樂鈴聲等。	

資料來源：1. 工商時報，LINE完多元行銷搶拇指商機，2018.5.15。
2. 經濟日報，中信LINE Pay卡祭繳稅優惠，2017.3.28。
3. 工商時報，搶占行動支付市場吹起異業結盟風，2018.4.8。
4. 工商時報，LINE再玩跨界推一站式電信服務，2018.4.24。
5. 經濟日報，LINE Pay居行動支付一哥，2018.2.9。
6. 經濟日報，在台徵250人發展三大事業，2018.11.9。
7. 工商時報，LINE Music 登台進擊音樂串流服務，2019.7.11。

2. 國外手機信用卡行動支付業者

新加坡智慧型手機普及率約 85% 爲全球之冠，2016 年新加坡管理金融局鼓勵銀行業導入數位應用科技，建構 NFC 並全力推動行動支付。透過企業金融電子支付平台（PayNow Coporate），開展企業供應鏈金融。引進國外手機信用卡行動支付業者，SamSung Pay、Apple Pay、和 Android Pay 三種，採用 Token 代碼加密、無消費紀錄存留、與指紋驗證，NFC 感應技術爲基礎。另 SamSung Pay 亦採用傳統條碼掃描和磁條讀卡器驗證功能（Magnetic Secure Transmission，MST）兩項技術。MST 的特點在於 SamSung Pay 支付設備可發射磁碼（Magnetic Code）至刷卡終端設備完成讀卡，其使用範圍擴大，活躍用戶成長率亦能提升。例如：台灣 NFC 機台普及率僅二成，而有八成刷卡機台可支援晶片和磁條。故相形之下，對 SamSung Pay 業務推展具有優勢，如表 5-12 所示。以中信金爲例，全力開辦 NFC、藍芽、掃碼支付等業務，與 7-11 超商和台灣大車隊合作，提供 App 付款碼掃描與線上支付服務。

表 5-12　金融業從事行動支付概況

<table>
<tr><td rowspan="8">銀行</td><td rowspan="8">技術</td><td rowspan="8">市場布局</td><td colspan="4">國外手機信用卡行動支付業者</td></tr>
<tr><td>名稱</td><td>Apple Pay</td><td>SamSung Pay</td><td>Android Pay</td></tr>
<tr><td>發行日</td><td>2014.9</td><td>2015.2</td><td>2015.9</td></tr>
<tr><td>開刷日</td><td>2017.3</td><td>2017.5</td><td>2017.6</td></tr>
<tr><td>提款</td><td>有</td><td>有</td><td>無</td></tr>
<tr><td>支援機型</td><td>i phone 6 以上</td><td>Galaxy S6以上</td><td>Android 4.4以上</td></tr>
<tr><td>感應方式</td><td>NFC、Felica（日本）</td><td>NFC、掃碼、MST（註）</td><td>NFC、HCE</td></tr>
<tr></tr>
<tr><td>中信</td><td>1. 中信卡優惠。
2. 藍芽、掃碼支付。</td><td>1. 超商、101百貨合作掃描支付。
2. 台灣大車隊線上支付。</td><td colspan="4">1. 金管會於2016.9.29開放銀行業申請行動支付，以技術規格、介面接軌、軟硬體設備等，從事系統開發與測試。
2. 金管會要求國外業者三項協助：
(1)境內交易清算；</td></tr>
</table>

表 5-12　金融業從事行動支付概況（續）

<table>
<tr><td></td><td></td><td>3. 綁定信用卡、簽帳金融卡。</td><td rowspan="4">(2)境內非信用卡業者能參與國際支付；
(3)代碼提供業者（Token Service Provider, TSP）能參與國際支付。
3. 使用者持智慧手機，無須辦理信用卡申請，即為手機信用卡。亦可辦理新的信用卡連結。
4. 採Token 代碼加密、無消費紀錄存留。
5. 指紋驗證可使結帳加速、減少攜帶錢包與找零的煩擾。
6. SamSung Pay的感應方式具有NFC、掃碼、MST三項，商家的磁條刷卡機改裝後便可感應，其推展普及性較強。
7. 2016年Apple Pay、SamSung Pay與中國大陸銀聯合作。
8. Apple Pay的「硬體憑證」，可將付款帳號資料存放晶片內，相較其他存放至雲端的「軟體憑證」，其安全性較高。如客戶故意和重大過失等情事，仍須負擔冒用損失。
9. Apple Pay已綁定VISA、Mastercard、和JCB全球三大信用卡組織。
10.密碼與指紋辨識：Apple（全部）；SamSung、Android（部分）。</td></tr>
<tr><td>玉山</td><td>1. 玉山Wallet。
2. HCE手機信用卡。</td><td>1. miniPOS刷卡機整合各類支付。
2. 綁定玉山Visa和Mastercard信用卡、簽帳金融卡。
3. Master Card PayPass、Visa payWave、感應式刷卡機。</td></tr>
<tr><td>台新</td><td>1. Lets Pay行動錢包與儲值。
2. HCE手機信用卡、掃碼支付。</td><td>1. O2O跨境支付。
2. 全家超商付款。
3. 不限制台新帳戶會員。
4. 綁定信用卡、簽帳金融卡。</td></tr>
<tr><td>國泰世華</td><td>KOKO數位帳戶</td><td>1. 中華電信帳單、網路購物商城。
2. 綁定信用卡、簽帳金融卡。</td></tr>
</table>

註：磁條讀卡器驗證功能（Magnetic Secure Transmission, MST）。

資料來源：1. 經濟日報，四金控搶Apple Pay拚年底上線，2016.9.30。
2. 工商時報，Apple Pay登台金管會點頭，2016.9.30。
3. 數位時代，三星支付爲何比Apple Pay更被外界看好？2015.8.14。
4. 工商時報，銀行推App包辦行動支付、無卡取款，2016.7.26。
5. 經濟日報，外軍壓境本土行動支付備戰，2016.9.16。
6. 經濟日報，行動支付業揪伴抗外敵，2016.7.4。
7. 經濟日報，三行動支付夯四國銀搶辦年底開嗶，2016.10.18。
8. 經濟日報，Apple Pay使用約定條款曝光，2017.1.12。
9. 工商時報，玉山銀Apple Pay業務獲准，2016.11.3。
10.經濟日報，Apple Pay支付JCB卡入列，2018.6.20。

3. 中國大陸行動支付發展

隨著行動互聯網快速發展，中國大陸行動支付的規模日益增加。根據人民銀行 2013-2015 年行動支付交易總額數據顯示，由 2013 年總額約 9.65 兆元人民幣一路 10 倍以上暴增，至 2015 年總額約達 108.22 兆元。另根據普華永道公司（PwC）的研究報告，針對全球 23 各地區共 2.3 萬名消費者的消費偏好與購物管道進行分析，透過消費者對行動購物、社群網路、零售商創新等影響因素，試圖勾勒全球消費行為變化趨勢。根據中國行動支付市場季度監測報告，2017 年第一季公布支付寶（53.7%）與微信支付（39.51%）占行動支付市場高達 93.21% 之主導權，將難以撼動其市占率的地位。

以 2015 年調查報告為例，中國大陸消費者利用手機購物約 88%，領先全球手機購物約 54%。2016 年初，Apple Pay 和 Samsung Pay 亦不約而同與中國銀聯合作，爭食此塊大餅，手機使用者以升級軟體的方式，即可享受行動支付的服務。究其原因主要在於智慧型手機的普及化，透過蒐集統計數據如所得收入、購物習性和城市位置等因素，電子商務業者善用大數據分析，提供客製化商品相關訊息，並結合各項優惠吸引買氣，如表 5-13 說明。

表 5-13　行動支付優惠措施

公司	鎖定目標	策略	效益
小米	社群行銷	善用社群平台吸引核心用戶群組參與各項活動（如競賽、限時搶購等），並將產品發布塑造網路購物節以提升買氣。	手機網路銷貨比例上升。
阿里巴巴	打折促銷	1111光棍購物節、央視春晚推現金紅包。	銷售長紅。
騰訊	用戶活躍度	微信搖紅包、騰訊QQ紅包。由2014年1,600萬個躍升至2017年142億個。	市占率與爭奪O2O。

資料來源：1. 工商時報，陸人瘋手機購物領先全球，2016.6.8。
2. 行政院大陸委員會，大陸與兩岸情勢簡報，中國大陸行動支付市場概況簡析，中正大學傳播學系暨電訊傳播研究所，羅世宏教授，2016.3。
3. 工商時報，微信紅包超夯除夕收發衝142億個，2017.2.2。
4. 人民網，騰訊阿里死嗑紅包爭搶下一個O2O入口，2015.2.10。

4. 國外銀行業行動支付

2015 年 11 月美國行動支付先驅 Square 成功於紐約證券交易所掛牌上市，金融科技發展邁向新里程碑。自 2009 年推出 Square Reader 銷售支付小型讀卡機，可置於智慧型手機的耳機口的優勢，亦或採用具有 NFC 功能的讀卡機。另下載 App 並上網註冊，會員能利用信用卡付款和螢幕手指簽名，收據便直接寄至個人信箱。相對較低於信用卡手續費，Square 公司會向加盟店收取 3.25% 手續費，此便捷的支付方式與流程廣受中小型零售商的青睞，如圖 5-21 所示。Square Reader 支付的功能，可進而取代商家銷售點管理系統（POS）。2012 年 8 月 Square 和星巴克合作，使其聲名大噪。亦吸引其他產業如銀行、零售商、智慧型手機製造業開始進軍行動支付，引領風騷產生競合態勢。

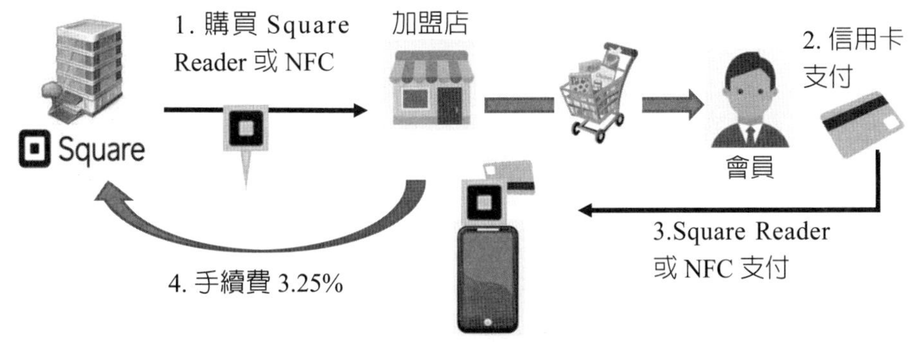

圖 5-21 Square Reader 支付流程

資料來源：1. Nikkei Computer著，FinTech革命金融科技完全解析，遠見雜誌，2016.8.31。
2. Square網站。
3. Wikimedia Commons。

圖 5-22 顯示利用近距離無線通訊（NFC）功能，智慧型手機製造業（Apple Pay、Samsung Pay、和 Android Pay）分別與零售業者（Walmart Pay）和銀行業行動支付（Chase Pay、Swish、和 Blik）正式對決。2015 年 7 月零售業者包括 Walmart、TARGET、SEARS、Best Buy 等亦成立大型零售商聯盟（Merchant Customer Exchange, MCX），進軍行動支付服務錢包業務。主要利用 QR Code、藍芽、與衛星定位等功能，支付方式可配合零售商聯名卡，試圖規避信用卡較高

的手續費。然而，測試期間受到駭客入侵之苦，無法順利完成。因此，Walmart 決議自主發展 Walmart Pay，其他大型零售商則紛紛投靠 Apple Pay、Samsung Pay、和 Android Pay，使得 MCX 飽嘗四面楚歌的困境。2015 年 MCX 另闢蹊徑分別與 Chase Pay 合作連橫，並吸引星巴克等 40 家公司加入，重整旗鼓並企圖扳回金融科技主導權。此外，2017 年起，Apple Stored 陸續開通銀聯支付、支付寶和微信支付，意圖吸引中國大陸消費者至平台購物，使得跨境付費服務用戶激增。

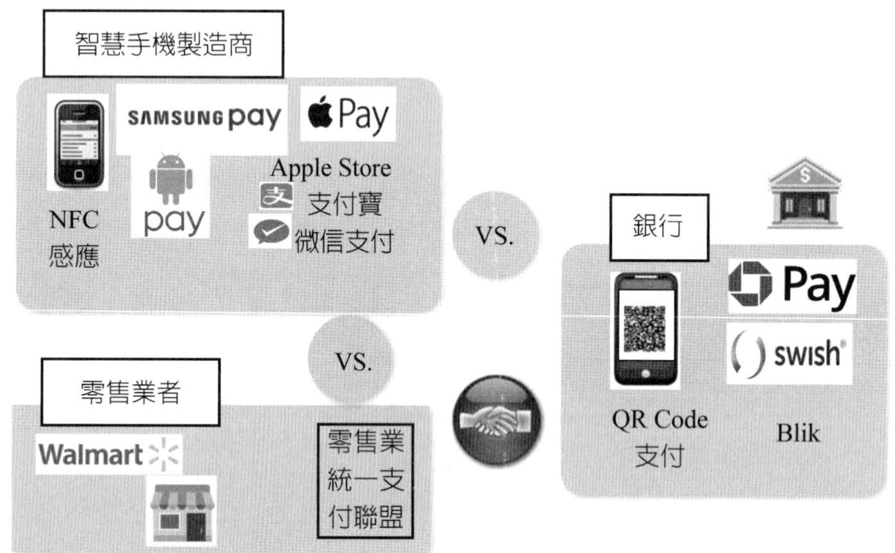

圖 5-22　行動支付競合時代

資料來源：1. Nikkei Computer著，FinTech革命金融科技完全解析，遠見雜誌，2016.8.31。
2. Wikimedia Commons。
3. Wikipedia。

有關近期銀行行動支付發展，包括 Swish P2P 行動支付和 Blik 行動支付平台已廣受好評，交易過程簡潔流暢，說明如下。

(1) Swish P2P行動支付

Swish 行動支付平台是源自於瑞典各主要銀行，採共通性發展的行動支付系統。在去紙幣化的趨勢下，2016 年約有 50% 的瑞典人普遍使用 Swish，人們彼此間可從事介於 10-20,000 瑞典幣的支付項目。如預先於網路銀行註冊，則可有高達 150,000 瑞典幣的交易活動。此外，商家為了節省信用卡讀卡機的裝設成本，亦會採用 Swish 行動支付系統。此系統操作簡便，消費者以電子商務網站或 App 行動商務購物時，可利用手機號碼於網路銀行註冊，並使用智慧手機下載 App，輸入銀行帳號與簽名後，即可支付金額至任何收款者手機（Swish 用戶）或商家網站，並即時匯入其銀行帳戶。另使用 Swish 時，可透過 Visa 或 Mastercard 等支付管道完成付款。若收款者並非 Swish 用戶，則平台會提供相關資訊，指示其註冊流程以便取得款項。此外，亦可利用 Swish 進行退費事宜，完成時，平台系統會自動通知收款者。Swish 行動支付平台主要分為 Swish e-commerce 電子商務和 Swish m- commerce 行動商務兩種支付方式，當消費者於網站選定購買物品時，其操作流程如圖 5-23 說明。

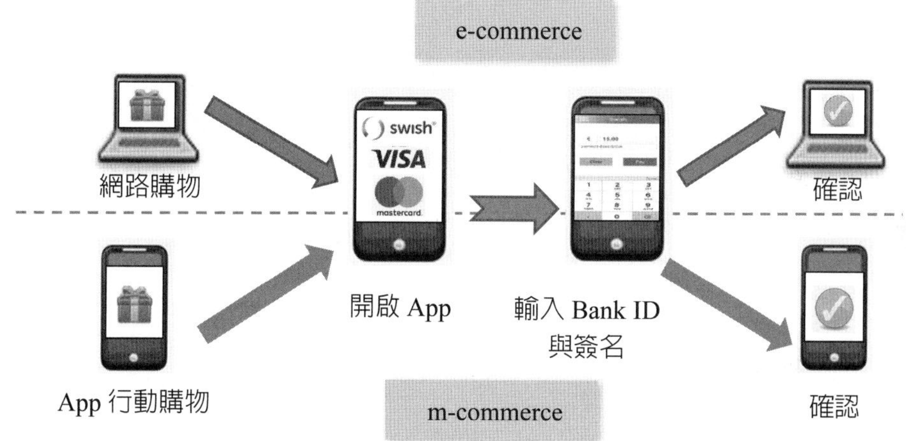

圖 5-23　Swish e-commerce 電子商務和 m-commerce 行動商務流程

資料來源：1. Slideshare網站。Swish網站，Integration Guide Swish API, 2015.8.25。
2. Wikimedia Commons。

(2) Blik行動支付平台

圖 5-24 說明 Blik 銀行轉帳的支付應用系統流程，由波蘭主要銀行合資共同開發Poland Standard Payment的行動支付平台，並開放應用程式介面（Application Programming Interface, API）與其他應用程式介接。使用者可先開啟 Blik App，

透過線上隨機 6 位代碼數執行使用者認證，並於 2 分鐘內，將金額與代碼輸入至商家終端機、網路及行動支付、或 ATM 即可確認交易完成。其優點在於稍微修改商家的信用卡刷卡機軟體，即可與 Blik 系統相容。然而，Blik 未具備第三方支付保障買方支付與賣方交貨的銀貨兩訖功能，其原因乃歐洲人普遍認爲消費者保護法與健全的司法制度已提供足夠保障功能，又何須第三方支付業者摻有畫蛇添足的過程。

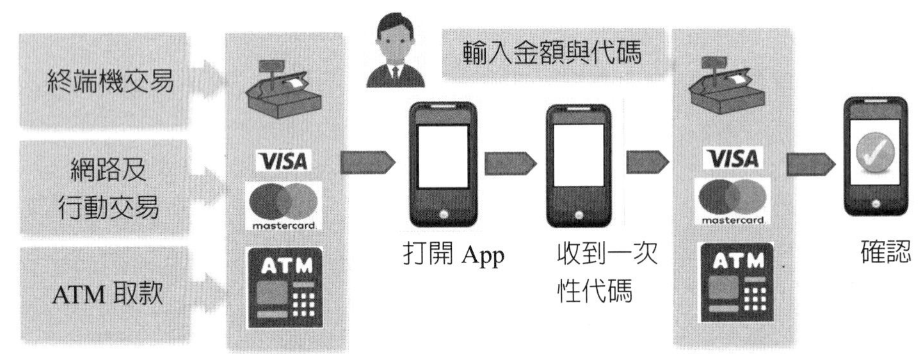

圖 5-24　Blik 行動支付操作流程

資料來源：1. Wikipedia。
2. 隨意窩日誌，支付服務向錢行—線上行動支付 Part 3，2016.5.26。
3. Wikimedia Commons。

六、行動支付生態圈

消費者利用智慧型手機於商家讀卡機「嗶一下」，即可便捷地完成交易，從此新型態的行動支付業務所引領的「滑經濟」正席捲市場。由於相關法規與技術標準日漸完整，使行動支付經營環境顯著改善，吸引許多產業趁此利基紛紛搶進，而行動支付生態圈的輪廓已明顯形成。有鑑於投入業者眾多、行業別多元，進而有不同系統和裝置派別勢力串連與競爭的態勢，也使行動支付生態體系的複雜度日增。圖 5-25 說明行動支付生態系統可劃分爲四種支派組成並扮演重要的角色，以下分類出從事行動支付相關業務屬性：

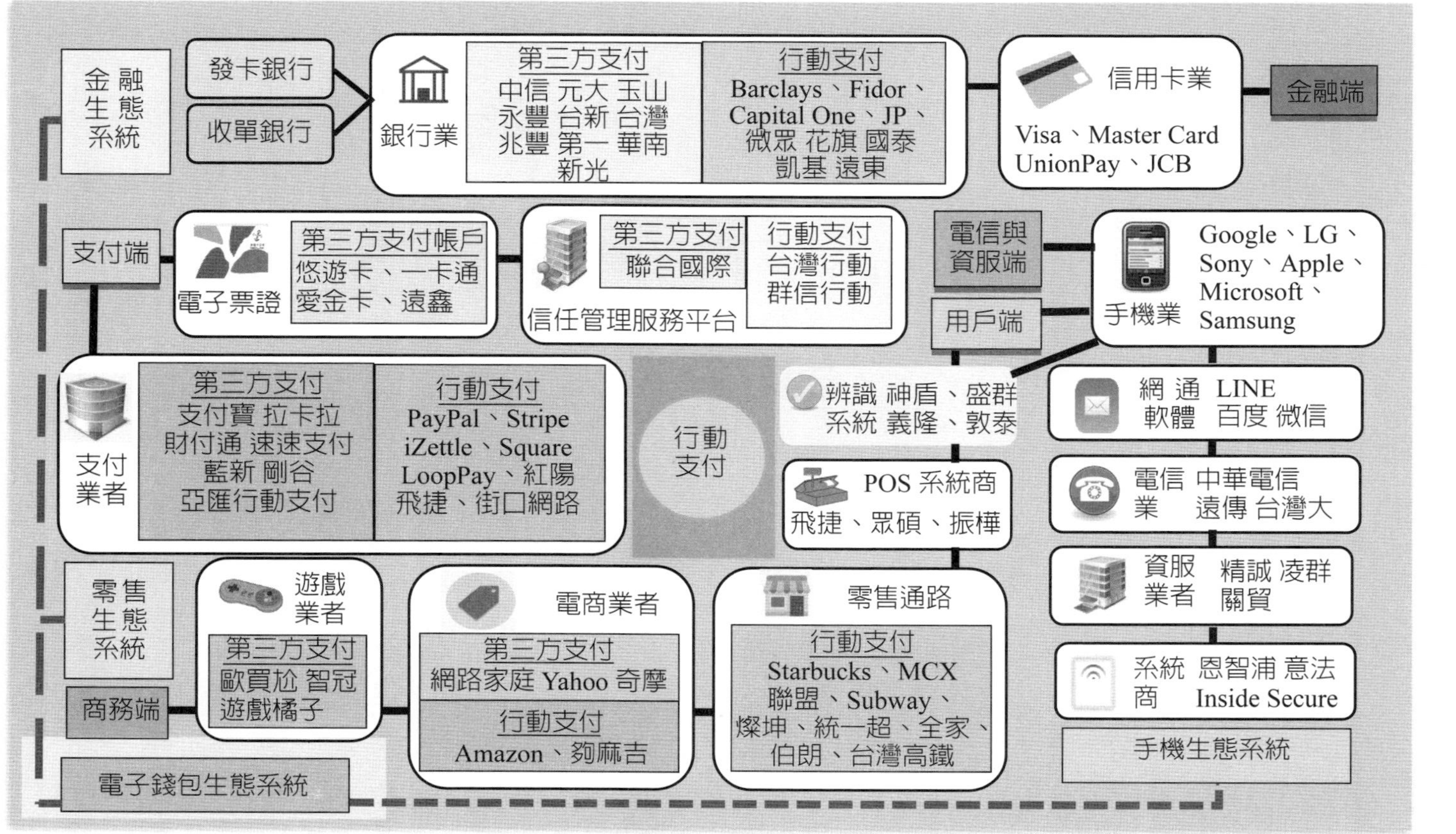

圖 5-25 行動支付生態圈

資料來源：1. 聯合晚報，行動支付拉幫結派嗶戰，2016.3.12。
2. 宅學習，行動支付_T Wallet電子支付工具，2016.4.28。
3. Wikimedia Commons。
4. 經濟日報，端點銷售指紋辨識贏錢潮，2016.12.1。 5. 資策會MIC。

1. 金融生態系統

此系統內涵蓋金融端和支付端。

(1) 金融端：包括 2 種延伸的業務。

(A) 申請第三方支付和行動支付業務的銀行。

(B) 信用卡業者與支援服務業務（如發卡銀行與收單銀行）。

(2) 支付端：此部分包含 3 項業務。

(A) 電子票證可進行第三方支付帳戶轉移。

(B) 申請第三方支付和行動支付業務的信任服務管理平台。

(C) 執行第三方支付和行動支付業務的業者。

2. 手機生態系統

有 2 種不同業務屬性。

(1) 用戶端：包括手機製造業者與網路通訊軟體業者。

(2) 電信與資訊服務端：相關業者有電信公司、NFC 晶片製造商、生物特徵系統與資訊服務業者。

3. 零售生態系統

商務端涵蓋執行第三方支付業務的網路遊戲、執行第三方支付與行動支付業務的電子商務業者、零售商、及 POS 系統商組成。另零售商較少申請行動支付業務，以提供據點合作方式為主。以 2016 年美國零售百貨商 Walmart 為例，推出 Walmart Pay 行動支付，企圖趕搭此般潮流以期扳回業績。電子商務業者以服務會員為開展策略，網路遊戲則全力推進第三方支付業務，及行動支付的布局，再延伸至線下支付等。例如：智冠旗下智通數位推出「旅行業代收轉付電子收據加值服務平台」，以減少旅遊業郵寄費用與管理負擔，改善消費者免除交易憑證容易遺失的缺點。

4. 電子錢包生態系統

根據 Mastercard 研究報告顯示，2015 年亞太地區電子錢包使用率前三名分別為中國（45%）、印度（36.7%）和新加坡（23.3%），如圖 5-26 所示。台灣使用率為 13%，仍低於亞太地區平均值 19.5%，而日本僅達 7.7% 居末。由於日本民眾使用現金支付約為 62%，高於美國 23% 和中國大陸 38%，日本政府已訂定十年計畫，促使電子支付比率能逐步從 18% 升高至 40%。

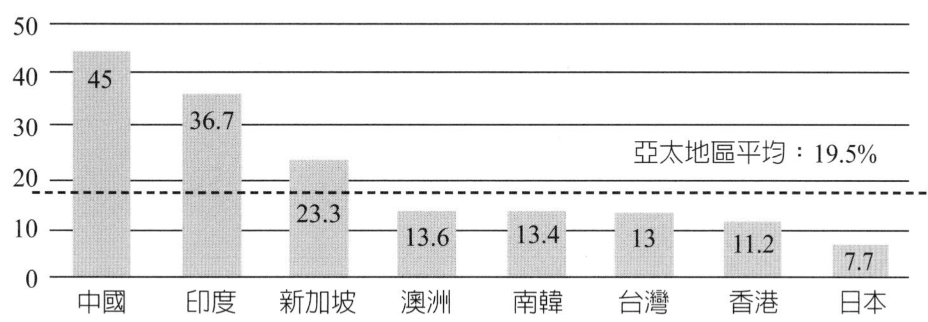

圖 5-26　2015 年亞太地區電子錢包使用率

資料來源：1. 經濟日報，徐旭東：推動無現金交易革命，2016.12.8。
2. 科技新報，亞太區電子錢包使用率誰最高？中國居首，日本、泰國居末，2016.2.24。

有鑑於此，2015 年台灣制訂「電子支付機構管理條例」，以提升電子消費比率，關鍵因素在於支付場景。利用行動支付基礎技術，如行動商務（Consumer to Business Payment, C2B）、近端支付（Proximity Payment）和個人對個人支付（Peer to Peer Payment, P2P），以創新服務模式與電子錢包應用，鎖定娛樂、繳費、理財與交通等活動連結，逐步串聯相關產業，凝聚為行動支付生態圈。台灣目前電子錢包已呈現競爭白熱化狀況，除國外手機業者如 Apple、Samsung 等大舉進攻外，各行業包括電信業、電子商務、銀行、遊戲、電子票證、軟體服務、和金流等，亦摩拳擦掌地蠶食大餅，如圖 5-27 所示。

在金融生態系統，玉山銀行推出玉山 Wallet 與 Mastercard 合作 MasterPass 電子錢包。手機生態系統中，Google Wallet、遠傳 FriDay 的電子錢包。零售生態系統內，網家 Pi 行動電子錢包。表 5-14 則顯示遠傳透過旗下通路與跨業通路合作，推出感應支付、條碼支付與生活服務功能，打造 FriDay 電子錢包生態圈。遠東藉由旗下金融、百貨、量販和電信等通路，欲將 FriDay 成為台灣最大電子錢包的雄心，有利提升整體行動支付普及率。由各生態系統內，相關業者自行建構或採取合作模式擴展，並連結跨業通路。另遠東銀行建置「FE 跨界行動

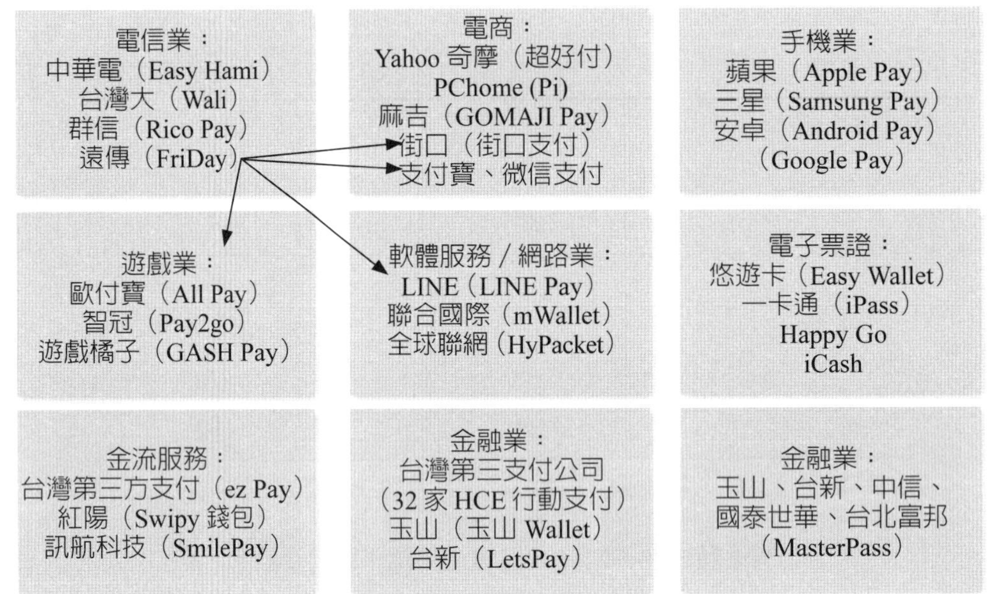

圖 5-27　電子錢包業者

資料來源：1. 工商時報，遠傳Friday電子錢包上線，2016.12.14。
　　　　　2. FriDay錢包網站。

表 5-14　遠傳 FriDay 電子錢包生態圈

	感應支付	條碼支付	生活服務應用
條件	遠傳用戶專用NFC SIM卡	1. 電子錢包App。 2. 選擇信用卡綁定。	1. 電子錢包App。 2. 選擇信用卡綁定。
生態系統	金融	零售	零售
應用產品或通路	電子票證： 1. 悠遊卡。 2. iPass。 3. HappyCash。 4. iCash 2.0。	通路： Big City、遠傳直營、遠東SOGO百貨、太平洋SOGO百貨、愛買量販、The Mall遠企、全家便利商店、City'super等。	支付功能： 小市集購物平台、eTag卡、電子發票、Happy Go卡、儲值網路遊戲點數、電影票、整合一般會員卡、代付停車費。

資料來源：1. 經濟日報，遠傳打造電子錢包生態圈，2016.12.14。
　　　　　2. 遠傳網站，遠東集團整合11大關係企業與9大國際廠商打造國內最大電子錢包生活圈，2016.12.13。

應用平台」，透過集團（FriDay Wallet）和非集團（LINE Pay、支付寶、街口支付、微信支付、歐付寶），將電子錢包與電子支付整合，採用 QR Coden 掃描支付，擴及 8,000 台 POS 零售端機台使用，並建構大數據分析資料庫。

七、行動支付政策誘因

爲整合通路業、支付業、電信業與金融業間資源，鼓吹相關單位共同成立「行動支付應用服務聯盟」，推展行動支付相關業務與服務。政府積極輔導小商家導入、電子發票使用與放寬免開統一發票門檻等措施，亦鼓勵商家、醫院、交通事業與政府機構等配合，全力提升行動支付普及率。台灣擁有全球 ATM 密度最高的優勢，但民眾提領現金和轉帳繳款的習性更改不易。若業者提供節省跨行轉帳手續費、相關稅率減免與優惠措施等，均對提高行動支付普及率有實質幫助。各項政策推動方案逐步進展，如表 5-15 所示。

表 5-15　台灣行動支付推動方案

項目	政策推動	執行日期
營業稅	1. 政府提供3年租稅優惠，公司月營收20萬元以下者（約40萬小商家），若月營收超過此金額者，免開立統一發票，仍課1%營業稅。 2. 稅籍登記：網路賣家每月銷售額8萬元；銷售勞務4萬元須辦理。 3. 電子支付營收（進貨淨額）占當年營業收入（進貨淨額）5%以上，涉及漏稅2萬元以下，可免罰。 4. 少報銷售稅額不可超過該期全部稅額10%，多報進項稅額不得超過全部稅額7%。	2020年截止
牌照稅	相關單位提供抽獎活動。	2018.4
水電費	自來水公司提供折扣。	2018.3
	電力公司提供折扣。	2018.3
加油	中油公司610座自營加油站。	2018.4.
交通	台鐵建置、機場捷運。	2018
醫院	醫療電子支付平台「醫指付」支援信用卡和金融卡支付。	

表 5-15　台灣行動支付推動方案（續）

項目	政策推動	執行日期
國民卡	刷卡優惠。	
統一發票	消費透過手機條碼可自動兌獎與獎金匯款等服務。	
彩券	台灣彩券公司規劃金融簽帳卡，讓消費者購買彩券。	
國外支付	消費者於海外消費可使用電子支付進行扣款。	2019.4.23

資料來源：1. 工商時報，加速行動支付賴揆端牛肉，2018.1.10。
2. 工商時報，牌照稅4月開徵行動支付應援，2018.3.29。
3. 經濟日報，政院推行動支付三路並進，2017.10.3。
4. 工商時報，推廣電子支付罰鍰也可享優惠，2017.5.23。
5. 工商時報，蘇建榮：QR Code共通規格打造行動支付大平台，2018.3.7。
6. 工商時報，行動支付的路障與解決之道，2017.5.29。
7. 工商時報，台彩導入數位支付今年上線，2018.1.10。
8. 經濟日報，醫指付App繳費更便利，2017.4.12。
9. 經濟日報，海外血拚可用電子支付了，2019.4.24。

行政院計畫 2020 年行動支付普及率爲六成，2025 年達九成的目標，隨著 3G 升級成 4G 智慧型手機換機潮、虛擬電子票證開卡量增加（如手機悠遊卡等）、及各種行動支付引進等利多。爲解決行動支付系統間互通整合問題，並配合刷卡讀卡機（POS）規格化，建構跨系統清算平台乃當務之急。例如：第一與玉山推出多元支付 POS 機，商家可免除建置各式 POS，可進行支付、電子發票、收銀與會員管理等功能。聯合信用卡中心亦推出整合型（All in One）端末機，適用於信用卡、金融卡、和電子票證用戶使用，落實「嗶經濟」發展，指日可待。

習題

一、選擇題

(　) 1. 下列何者爲遠端和小額支付？

(A) 信用卡　(B) 電子票券　(C) 手機簡訊　(D) 電子商務

(　) 2. 下列何者非 3D Secure 交易安全驗證？

(A) One Time Password　(B) Active One Time Password

(C) Mobile One Time Password　　(D) 生物辨識

( ) 3. 蘋果公司推出 iBeacon，屬於低功耗藍芽技術（Bluetooth Low Energy），通訊傳輸範圍於____公尺內，可與手機互動與精確定位。

(A) 10-20 (B) 20-30 (C) 30-50 (D) 50-70

( ) 4. 下列何者非行動支付生態系統可劃分爲四種支派？

(A) 金融 (B) 大數據 (C) 零售 (D) 電子錢包

( ) 5. 根據電子金融支付服務需求矩陣，行動商務是屬於____付費。

(A) 遠端中高額 (B) 遠端小額 (C) 近端小額 (D) 近端中高額

( ) 6. 行動支付卡片提示模式的收單面刷卡相關設備，不包括下列哪一項？

(A) 晶片化 (B) 無線化 (C) 行動化 (D) 儲值支付

( ) 7. Apple Pay 導入下列何種模式？

(A) Embedded Secure Element (e-SE)　(B) Host Card Emulation (HCE)

(C) Universal Integrated CircuitCard (UICC)　(D)PayWave

( ) 8. 下列何者由 Visa, American Express, Master Card 共同研發的技術？

(A) 動態密碼（OTP）　(B) 行動動態密碼（MOTP）

(C) 行動憑證驗證系統（AOTP）　(D) 動態驗證代碼（Token）

( ) 9. 下列何者不屬於中國大陸行動支付優惠措施之鎖定目標？

(A) 社群行銷 (B) 打折促銷 (C) 旅遊優惠 (D) 用戶活躍度

( ) 10. 下列何者不屬於行動支付生態圈之相關系統？

(A) 金融科技專利 (B) 金融 (C) 手機 (D) 電子錢包

二、申論題

1. 請說明 Beacon 如何運作？
2. 請說明生物辨識的種類與優缺點。
3. 請介紹電子錢包支付模式。
4. 行動支付優惠措施有哪些？

解答：1.(C) 2.(D) 3.(C) 4.(B) 5.(A) 6.(D) 7.(A) 8.(D) 9.(C) 10.(A)

金融業金融科技發展

一、全球金融科技創新

金融科技發展的潮流與日俱進，金融業亦刻不容緩因應數位科技化創新的迅速變遷，以免遭此股洪流吞滅。有鑑於此，2017 年 11 月英國英格蘭銀行已將金融科技納入壓力測試項目之一，以利評估銀行業獲利能力影響。由於美國證券業遭逢法律趨嚴和競爭加劇情形，高盛投資銀行積極從奇異資本銀行取得旗下 GSBank.com 線上存款平台，開始一般零售儲戶業務，提高存款優惠吸引零售儲戶開戶，如表 6-1 顯示。

表 6-1　國際金融業金融科技創新

公司	線上存款平台	FinTech 培訓	區塊鏈					
			即時跨境匯款	單據移轉	貿易融資	清算交割	貿易支付	密碼貨幣
高盛	v							
美國							v	
渣打		v						
匯豐					v			
星展					v			
瑞銀						v		
Visa			v					
巴克萊				v	v			

表 6-1　國際金融業金融科技創新（續）

公司	線上存款平台	FinTech 培訓	區塊鏈					
			即時跨境匯款	單據移轉	貿易融資	清算交割	貿易支付	密碼貨幣
梅隆								結算數位貨幣
花旗								Citicoin
高盛								SETLcoin
日本15家銀行			Ripple					

資料來源：1. 經濟日報，高盛擁抱小資族推1美元開戶，2016.4.26。
2. 工商時報，FinTech拚贏渣打BSSE尖兵出擊，2016.9.17。
3. 工商時報，匯豐星展貿易金融受惠，2016.9.14。
4. 工商時報，瑞銀等4大銀行組新數位貨幣聯盟，2016.8.25。
5. 經濟日報，區塊鏈紅火金融業拚場，2016.10.24。
6. 經濟日報，區塊鏈交易巴克萊打頭陣，2016.9.9。

有關區塊鏈技術創新方面，新加坡資訊通訊管理局偕同匯豐和美林，利用去中心化概念，進行跨境信用狀交易模擬，減少中央銀行與環球銀行金融電信協會（Society for Worldwide Interbank Financial Telecommunication, SWIFT）等參與，以簡化流程。另外，瑞銀開創結算專用幣（Utility Settlement Coin），以區塊鏈技術爲基礎，操作債券和股票等交易清算與交割的業務，以期簡化流程並提升效率。2016 年 9 月巴克萊宣布，運用以色列新創公司 Wave 設置的區塊鏈平台，提供簡便與快捷的信用狀交易，針對貨運單據與保險文件等進行數位加密簽章，爲全球首宗利用區塊鏈技術完成貿易融資交易，已使貿易融資進入嶄新時代。此信用狀交易由愛爾蘭 Ornua 合作社，以出口價值約 40 萬美元的乳酪和奶油爲擔保，依約保證出貨至貿易商。參與相關人士均可於網路追蹤電子文件檔與交易處理，不須第三方驗證流程，並簡化過去冗長和繁複流程，由傳統需費時 10 天程序，大幅縮減爲約 4 小時完成。

1. 數位銀行業發展階段

過去傳統銀行業務型態是以實體據點爲主，並逐步革新而形成依功能區別、差異化、層級劃分等服務導向的經營模式。但隨金融科技顛覆性帶動下，創新支付服務的崛起，使金融業受到莫大的衝擊而無一倖免。傳統銀行需轉型升級與自我變革，以期在網路金融時代屹立不搖。未來相關發展應注重理財業務的核心競爭力，提升網路技術與大數據技術應用研發，加強客戶需求調查與創新宣傳，增進客戶的黏著度。精進網路營銷模式與行動裝置功能，整合與簡化業務流程。建置便捷的網路金融交易平台，提供自然人與法人各項投資理財、網路融資業務、及消費者信用貸款等服務。強化資訊安全與支付安全，提升風險管理水準。表6-2 說明銀行業者所面臨的四種轉型階段：

(1) Bank 1.0

強調實體分行銷售業務的重要性。

表 6-2　數位銀行業發展階段

階段	內容	業務重點	說明
第一階段 Bank 1.0	實體分行擴點。	分行業務服務效率。	1. 開辦網路銀行業務。 2. 客戶評價選擇銀行。
第二階段 Bank 2.0	實體分行轉型網路銀行，落實金融交易電子化。	銀行互動介面與銷售通路的調整，因應消費者偏好的改變。	除存提款外，ATM的功能將由智慧型手機取代。
第三階段 Bank 3.0	虛擬銀行的興起將取代實體銀行。	生活應用相關產品與服務通路之調整。	行動錢包與行動支付的推展。
第四階段 Bank 4.0	去銀行化。（De-banked）	1. 實體銀行將式微。 2. 多元數位通路。 3. 核心能力與客戶體驗設計。 4. 服務嵌入生活。	1. 提供全方位虛擬式服務。 2. 在任何時點均可滿足客戶需求。 3. 人工智慧、雲端、大數據、與區塊鏈的整合創新。

資料來源：1. 吳欣展，迎向數位金融之財富管理發展策略探討—以個案銀行爲例，台北大學企管碩士在職專班論文，2015。
2. 工商時報，Bank 4.0掀金融業數位再造，2018.11.30。

(2) Bank 2.0

因應消費者行為的改變，網路銀行提供便捷與快速的服務取代大部分實體銀行之基礎業務處理，需加強銀行互動介面與網路銷售通路的建構。

(3) Bank 3.0

適應行動錢包與行動支付的推展，導入虛擬銀行全力搶攻生活應用產品與服務通路的運作。2017 年 10 月金管會為加速 Bank 3.0，開放銀行辦理 12 項業務線上辦理，另於 2019 年開放新貸款戶線上申辦信貸，如表 6-3 所示。

表 6-3　數位金融 Bank 3.0 開放計畫

項目	內容	對象
授信	無保證人貸款案之增貸。	既有存款戶、貸款戶、新貸款戶
信用卡	申請新卡、信用卡分期付款申請、循環信用貸款轉換分期付款或小額增貸申請。	既有存款戶、信用卡戶
存款	銷戶結清、約定帳號轉入、傳真指示扣款。	既有存款戶
財富管理	KYC、信託開戶、風險承受度、同意或終止推介。	
共同行銷	同意。	

註：客户認識（Know Your Customer, KYC）

資料來源：1. 工商時報，免跑分行金管會放行線上貸款，2017.11.6。

2. 工商時報，線上金融業務再鬆綁Bank3.0更便民，2019.5.15。

(4) Bank 4.0

去銀行化導致實體銀行式微，強調任何時點全方位虛擬服務。2018 年 4 月中國建設銀行首創無人銀行，提供人臉辨識門禁、理財機器人、ATM、遠程視訊櫃員機（Virtual Teller Machine, VTM）、和外匯兌換機等服務。

2. 數位銀行虛擬創新服務

過去網路資訊業與金融業的交集，僅限於前者提供網路資訊安全與後者支持融資服務的屬性。然而，2013 年網路企業開始進入金融業，此股壓力衝擊傳統金融業經營的模式。2015 年中國大陸在「互聯網 +」的推動下，金融業與非金融機構全力發展金融科技創新。有關數位銀行虛擬創新業務，包括直銷銀行、網路銀行與銀行網路化的開展，如表 6-4 說明。以直銷銀行爲例，採獨立法人資格營運，善用資訊技術與網路，能有效減低人員與成本，可提供優惠利率與合宜的理財服務費用。另與 Visa 和 MasterCard 合作，讓信用卡持卡人於提款機領取現金。銀行網路化可劃分爲：

表 6-4　數位銀行虛擬創新服務項目

項目	創新業務		銀行	區域
直銷銀行	1. 具備獨立法人資格。 2. 藉助於成熟資訊技術與虛擬網路，有效減少櫃台和實體據點的束縛。 3. 精實人員與成本低特性，提供優惠利率與理財服務費用。 4. 客戶持信用卡至標有MasterCard和Visa等提款機免費提取現金。		ING-DiBa Bank DKB Bank NetBank	德國
銀行網路化	銀行電子商務	1. 外包模式：商城服務由第三方購物平台管理，提供客戶資訊提升信用卡活躍度。 2. 電商模式：自建電子商務與網路金融業務，開發現有與外部客源。 3. 商城模式：銀行建置信用卡商城與積分商城，加強專業化營運。	1. 億百購物。 2. 民生電商。 3. 中國工商銀行（融e購商城）、光大銀行信用卡商城。	中國大陸
	微信客服	1. 以微信銀行的微信即時通訊軟體，導入行動網路新金融模式，提供信用卡、簽帳卡與特色服務功能。 2. 提供客戶各項活動體驗，降低營用成本與推展精準行銷模式。	全國性商業銀行	中國大陸
	民營銀行	1. 銀監會鼓勵金融創新，批准網路公司開辦民營銀行。 2. 以金融科技創新思維引領風潮，帶動傳統銀行變革。	騰訊、阿里巴巴	中國大陸

表 6-4　數位銀行虛擬創新服務項目（續）

項目	創新業務		銀行	區域
純網路銀行	依附型	1. 銀行網路技術線上新服務模式。 2. 銀行利用併購獨立型網路銀行或自行建置為主。 3. 網路申請、線上評估與審核，提供自助式網路貸款。	RBC Bank	加拿大
			Wells Fargo Bank	美國
	獨立型	1. 透過網路技術推動全方位發展，專注特有核心競爭優勢的業務。 2. 交易費用合理化的推展。 3. 大數據技術篩選同質客戶。	ING Direct FIBI Bank	美國
	非金融業依附型	1. 採低成本營運模式。 2. 以全球知名品牌、物聯網、第三方支付和網路購物業為核心，積極擴展海外業務。 3. 以網路專業鎖定房貸業務。	SONY、樂天銀行	日本
			微眾、百信、My Bank	中國大陸
			Kakao Bank	韓國
			樂天、LINE、Next Bank	台灣

資料來源：1. 曹磊、錢海利，FinTech金融科技革命，商周出版，2016.5.5。
2. 工商時報，純網銀開放政策原則，2018.8.7。

(1) 銀行電子商務

採取外包模式、電商模式與商城模式三種方式，積極招攬客源、提升信用卡活躍度、以及強化專業經營。

(2) 微信客服

運用行動網路新金融模式，推展信用卡、簽帳卡與特色業務等，強調客戶體驗、精準行銷與節省營用成本。

(3) 民營銀行

批准網路公司開辦民營銀行，以金融科技創新思維驅動傳統銀行變革。

純網路銀行（純網銀）建置包括：

(1) 依附型

藉由併購獨立型網路銀行或自行建置，提供自動網路貸款模式營運。

(2) 獨立型

展開全方位發展模式與核心優勢業務，以大數據技術篩選同質客戶層。

(3) 非金融業依附型

以全球知名品牌、物聯網和網路購物業爲核心，設立網路銀行擴展跨國業務，並強調低成本營運模式。

2019 年 7 月 30 日金管會開放樂天國際銀行、將來銀行、和連線銀行設立純網銀，無實體分行設置，主要宗旨在推展普惠金融。規定多數股權由非金融業主導，而金融業持股至少達 40%。純網銀形成鯰魚效應，促使金融業加快科技化腳步。金管會嚴禁掠奪式競爭，並將其流動準備提高，預計 3-5 年可達損益兩平。有關股東結構、目標客群、創新營運模式、金融監理與各項優勢，如表 6-5 所示。

表 6-5　台灣純網銀目標客群與經營模式

銀行名稱	樂天國際銀行（Rakuten Bank）	將來銀行（Next Bank）	連線銀行（LINE Bank）
股東結構	日本樂天銀（54%）、國票金控（49%）	中華電信（41.9%）、兆豐銀（25.1%）、新光金控（14%）、全聯（9.9%）、凱基銀（7%）、關貿（2.1%）	LINE（49.9%）、台北富邦銀（25.1%）、聯邦銀（5%）、中信銀（5%）、渣打銀（5%）、遠傳（5%）、台灣大（5%）
資本額	100億元		
目標客群	35-50歲白領、樂天電商客戶、哈日族、智慧手機重度使用戶	未能申請信用卡族群、小微企業、普惠民眾	2,100萬客戶、生態圈用戶

表 6-5　台灣純網銀目標客群與經營模式（續）

銀行名稱	樂天國際銀行（Rakuten Bank）	將來銀行（Next Bank）	連線銀行（LINE Bank）
創新模式	1. 超級點數串接跨境生態圈。 2. 樂天Pay串聯台日O2O。 3. 外幣數位存款。 4. 日幣ATM提款。	1. 線上短期轉金貸款與智能審核。 2. 存款帳戶轉帳。 3. 理財行事曆。 4. 繳費提醒。	1. 社群轉帳、分帳管理。 2. 一站式全方位旅遊服務。 3. O2O通訊金融。 4. 資金水位管理。
優勢	1. 提供24小時全年無休與即時資訊，提升便利性。 2. 節省分行設立與硬體成本，較傳統實體銀行省下1/6成本，能提供高存款利率、低貸款利率給客戶。 3. 強化整合性服務，如轉帳彈性、線上服務、理財機器人、P2P網貸、提醒繳費扣款、O2O、與第三方支付等業務。 4. 開戶手續簡便，採電子化進行。 5. 加強信用評分機制創新。		
金融監理	1. 遵照資本適足率規定，強化作業、信用、與資安風險等監理項目。 2. 注重網路安全與資訊安全評估，防止駭客入侵、網路釣魚等情事。 3. 加強洗錢防制，落實KYC措施。 4. 強調金融消費者保護。		

資料來源：1. 經濟日報，純網銀三家都上榜，2019.7.31。
2. 工商日報，純網銀放榜三家全上，2019.7.31。
3. 經濟日報，純網銀帶來三變革，2019.7.30。
4. 工商日報，開放純網銀不可忽略的監理問題，2018.2.8。

3. 金管會推動金融科技

2015 年 6 月世界經濟論壇（World Economic Forum, WEF）發表「金融服務的未來」（The Future of Financial Services）報告，科技創新的思維與發展趨勢，將改變金融服務業六大核心功能（即募資、支付、投資、保險、融資與市場供應）。

有鑑於此，金管會表達金融科技發展與應用的重要性，強調跨部會整合推動產業轉型和升級政策，其發展策略有四項：

(1) 設立金融科技推動辦公室

金管會首先規劃成立金融科技推動辦公室，由主委親自領軍以拉高層級。

(2) 籌設金融科技發展基金

委由金融總會向銀行與相關單位募集基金，預計成立資金規模達 10 億元，作爲扶植金融科技新創企業（3 年內補助 60 家）和培訓金融科技人才（3 年內培育 6,000 位學生）之目標。受補助上限 200 萬元的新創企業，必須提供 5% 股權給金融總會。而受補助和未受補助者均可免費接受相關輔導措施，如企業經營、工作坊實作、技術精進、與會計處理等課程。

(3) 建置金融科技創新園區（FinTechSpace）

於 2018 年 9 月成立，導入一站式服務，提供場域、設備、技術支援、人才媒合、與輔導新創公司等服務，注重數位沙盒、API 資料整合、創新育成加速、和監理診斷等項目。

(4) 建構金融大數據資料庫平台

金管會積極帶頭開放政府資料供外界運用。

金管會鼓勵金融業者創新規劃、區塊鏈技術研究、與培訓員工轉型等策略。表 6-6 說明 2016 年 9 月金管會推展「金融科技發展推動計畫」，訂定十項推動目標，以期逐步建置完整金融科技架構與兼顧風險管控機制，將涵蓋銀行、證券與保險業。

表 6-6　金融科技發展推動計畫

計劃	內容
推展行動支付應用及創新	1. 開放國外行動支付業如Samsung Pay、Apple Pay、Android Pay等。 2. 推動實體與虛擬卡號代碼化。 3. 促進第三方支付專營業者開辦。 4. 提高電子支付占民間消費支出比率。
協助股權型群眾募資平台推展	提增推薦單位及優質提案，以利新創公司順利募集資金。

表 6-6　金融科技發展推動計畫（續）

計劃	內容
鼓勵保險業利用大數據開發新商品	強化保單科技化、分析保戶行為模式、研擬精確保費與注重外溢效果。
推動基金銷售平台與智能理財	1. 成立基富通，引進理財機器人。 2. 擴增基金種類與籌資數量。
培育金融業金融科技專業人才	1. 強制銀行提列特別盈餘公積作為培訓員工或轉型用途。 2. 加強產學合作。
規劃銀行業與P2P借貸業者合作	1. 注重P2P平台徵信及內控要求。 2. 開展銀行業與P2P借貸平台合作事宜。
建構數位化帳簿劃撥作業模式	推動手機證券存摺與開展免臨櫃帳簿劃撥業務。
推廣分散式帳冊之區塊鏈技術	鼓勵黑客松競賽並推展區塊鏈研究。
建置金融資安分享與成立分析中心	1. 2017年起開始發展F-ISAC，強調資安的重要性。 2. 協助民間業者建立分析中心。
設置身分識別服務中心與業務推廣	1. 將自然人與金融憑證整合。 2. 朝免臨櫃跨業網路身分認證研發。 3. 台灣網路認證公司以公正第三方專業角色，提供便捷身分辨識機制。

註：F-ISAC： 金融資安資訊分享與分析中心 （Financial Information Sharing and Analysis Center）。

資料來源：1. 工商時報，區塊鏈試行商品年底有譜，2016.9.21。
2. 經濟日報，金管會拚FinTech急推十計畫，2016.7.21。
3. 金管會。
4. 工商時報，金融科技在台將進入深水區，2016.11.13。

4. 金融資訊安全分享架構與流程

金管會爲提升金融單位（會員）和金融市場權責單位對資訊安全的重視與防護意識，開始參考國外金融資訊安全中心發展（如美國、英國、日本等），如表 6-7 顯示。規劃於 2017 年開始建置金融資安資訊分享與分析中心（Financial Information Sharing and Analysis Center, F-ISAC），並透過協助機構，如政府資安資訊分享與分析中心（Government Information Sharing and Analysis Center, G-ISAC）和台灣電腦網路危機處理暨協調中心（Taiwan Computer Emergency Response Team / Coordination Center, TWCERT/CC），利用資安資訊分享子系統進行情資交換與分享。進階版 F-ISAC 鎖定在國家資安資訊分享與分析中心（National Information Sharing and Analysis Center）和其他 ISAC 跨領域資安聯網串接的聯防機制，進一步強化金融業資安防護功能，並採取資安事件繼續發生可能性的預防措施。

表 6-7　金融資安中心發展狀況

區域	美國 FS-ISAC	英國 CiSP	日本 F-ISAC-JPN	台灣 F-ISAC
會員資格	一般：金融機構、保險業、證券期貨業 附屬：非金融業、資安業	註冊公司、境內專營電子通訊網路業	一般：金融機構 附屬：資安業	金融機構、保險業、證券期貨業、投資信託、投資顧問
會費	一般： 每年$850-49,950 附屬： 每年$10,000	免費	正會員： 每年80萬日圓 準會員： 每年18萬日圓	會員：（美金） 初階（$850） 標準（$5,000） 進階（$10,000） 金級（$24,950） 白金（$49,950）
服務	靜態資訊	動態資訊	靜態資訊	靜態資訊

資料來源：1. 金管會。
2. 工商時報，金管會催生金融資安中心，2016.8.23。
3. 領域ISAC實務建置指引，國家資通安全防護整合服務計畫，2017。

爲預防資安事件擴大之情形，例如：不明病毒、流量異常、駭客入侵、資訊防火牆建置等防制，使用通報服務子系統蒐集會員所提供的資訊，並將公開資訊服務子系統的相關資安資訊經驗提供給會員參考。另外，藉由警訊發布子系統將會員資安事件通報資料作追蹤警訊和回覆，適時提供各會員預警資訊與分析報告，以期迅速排除資安事件，如圖 6-1 顯示 F-ISAC 規劃架構與作業流程。

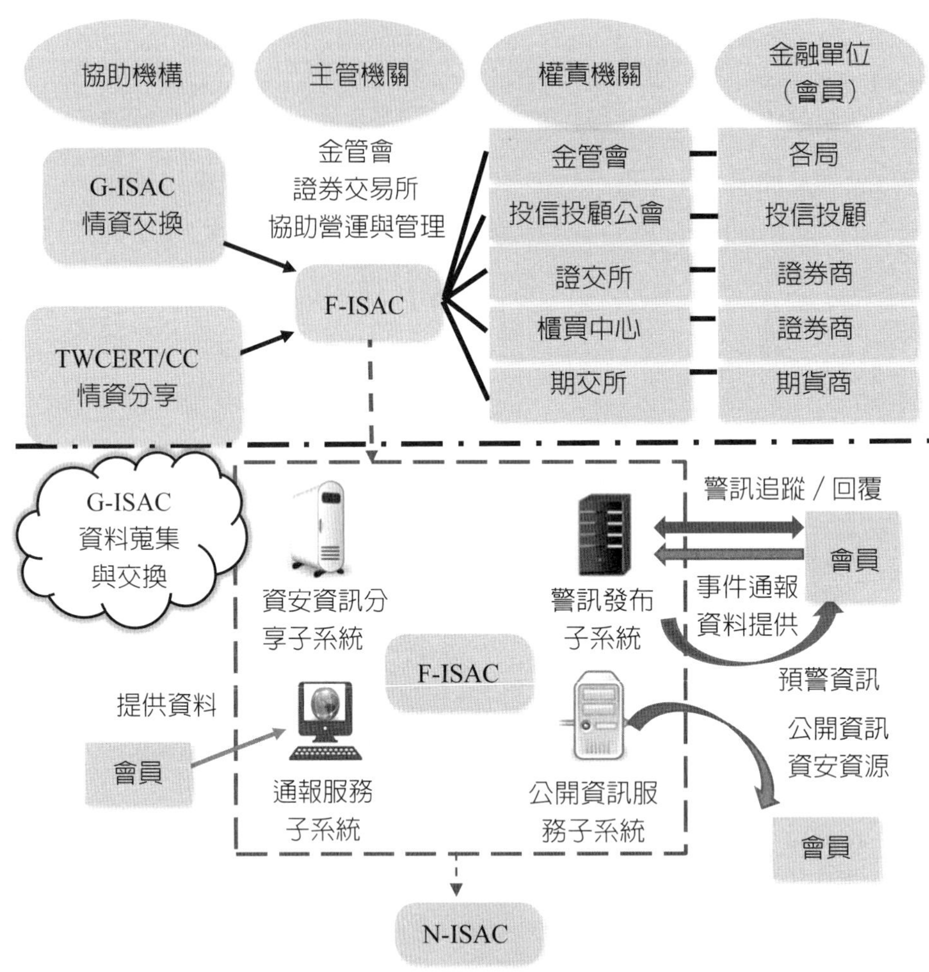

圖 6-1　F-ISAC 規劃架構與作業流程

註：1. G-ISAC：政府資安資訊分享與分析中心。
（Government Information Sharing and Analysis Center）
2. TWCERT/CC：台灣電腦網路危機處理暨協調中心。
（Taiwan Computer Emergency Response Team / Coordination Center）
3. N-ISAC：國家資安資訊分享與分析中心。
（National Information Sharing and Analysis Center）

資料來源：1. 台灣證券交易所，資安資訊分享平台（F-ISAC）規劃說明，2015.11.6。
2. Wikimedia Commons。

 二、銀行業進軍 FinTech 領域

金管會蒐集各國金融科技化發展活動，經研析後規劃台灣銀行業分行將朝向「實體」與「虛擬」共存經營模式，爲增加銀行金融科技競爭力，將於 2020 年前完成「4 化 1 雲」的推展，如表 6-8 說明。面對具有破壞型創新的金融科技發展，銀行公會爲幫助銀行開展 Bank 3.0 和推動金融支付，鼓勵銀行設置相關業務共通平台與專案小組等，例如：開設「信用卡共通性作業平台」、建置「跨境支付合作平台」、籌設「整合電子支付端末設備規劃專案小組」、及制定「手機信用卡業務安全控管作業基準」等，降低開辦費用。

表 6-8　銀行分行推動「4 化 1 雲」策略

策略	推動項目	說明
4化	多樣化	允許分行分租和導入異業合作。
	數位化	分行設備標準研擬與自動化流程之建構。
	營業時間彈性化	分行營業時間彈性開放並報備。
	服務延伸化	由傳統分行模式延伸至虛擬化與社區化架構。
1雲	結合信用預警大數據分析與金融互聯雲架構	整合雲端資料庫、內部徵信與授信資料、和聯合徵信中心信用系統，預先檢測信用風險，以期減低放款損失。

資料來源：1. 工商時報，虛實共存金管會推銀行4化1雲，2016.5.18。
2. 金管會。

表 6-9 顯示金融業均摩拳擦掌地進軍 FinTech 領域，導入各項創新機制與技術，包括金融科技專利申請、區塊鏈的推展、金融大數據的演算、第三方支付的申請（如行動支付、跨境支付等）、線上辦卡、設立數位分行、投資金融科技公司、成立金融科技相關部門、加強數位理財服務、善用人工智慧、添置理財機器人（Robot Advisor）、線上預約、互動式櫃員機、行動提款、行動銀行、即時推播訊息（iBeacon 客戶識別）和簽訂跨國備忘錄引進專業技術等新措施，以強化內部體質來面對未來挑戰。在投資金融科技公司方面，如玉山銀行於 2015 年 12 月投入 2.24 億資金，成爲金財通商務公司最大股東。2016 年 12 月國泰金控則加入國際知名 Plug and Play 創投加速器平台，成爲金融科技領域核心會員。此外，

表 6-9　銀行業導入 FinTech 領域

銀行	專利	API	區塊鏈	超商信用卡	大數據	行動支付	人工智慧	金融科技公司	機器人	線上辦卡	語音金融助理	ATM刷臉提款	ATM跨行存款	行動提款	數位分行	線上預約	互動式櫃員機	網貸合作	跨境支付	第三方支付	智慧理財	手機換匯	金融科技處	行動銀行	數位帳戶
華南	v		v	v	v	v	v							v	v	v	v		v	v		v			v
彰化	v		v		v	v								v	v										v
土地	v		v		v	v								v											v
台灣	v		v		v	v														v					v
第一	v		v	v	v	v	v	v	v					v	v				v	v					v
台新	v		v	v		v			v			v	v	v	v		v		v	v	v	v		v	v
中信	v	v	v	v	v	v		v	v		v	v		v	v		v		v	v	v			v	
玉山	v		v	v	v	v	v	v	v			v			v	v	v		v	v					
花旗		v				v			v	v		v			v										
元大			v			v								v					v	v					
永豐	v		v			v												v	v	v				v	v
新光			v	v		v								v	v				v	v					
兆豐	v		v			v				v				v					v	v		v			v
國泰世華	v		v	v		v		v	v					v			v		v	v					
合庫	v		v		v	v						v							v	v					v
瑞銀																					v				

表 6-9　銀行業導入 FinTech 領域（續）

銀行	專利	API	區塊鏈	超商信用卡	大數據	行動支付	人工智慧	金融科技公司	機器人	線上辦卡	語音金融助理	ATM刷臉提款	ATM跨行存款	行動提款	數位分行	線上預約	互動式櫃員機	網貸合作	跨境支付	第三方支付	智慧理財	手機換匯	金融科技處	行動銀行	數位帳戶
陽信						v													v	v			v		v
凱基	v	v	v			v		v											v				v		
台企	v		v		v	v																			v
台北富邦	v		v			v		v	v										v						
匯豐						v				v					v										
遠東						v				v				v	v										
上海			v			v								v										v	
台中			v			v																			
高雄			v			v								v											
聯邦						v								v											
王道						v			v						v						v	v			v
安泰						v																			
渣打						v			v			v						v				v			v

資料來源：1. 工商時報，進軍FinTech行庫帶頭衝，2016.9.26。
2. 工商時報，台新攜手韓亞銀簽MOU，2016.7.5。
3. 經濟日報，華銀推SnY數位帳戶，2016.7.5。

4. 工商時報，進軍策略瑞銀善用金融科技服務，2016.4.25。
5. 經濟日報，台新金3Pay齊發搶支付財，2016.10.31。
6. 經濟日報，陽信銀撒網強攻行動金融，2016.8.25。
7. 經濟日報，公股銀數位帳户全上線，2016.7.5。
8. 經濟日報，開發金布局FinTech數位生態系，2016.9.22。
9. 工商時報，區塊鏈聯盟刷卡紅利可跨行，2016.11.4。
10.經濟日報，張雲鵬：五大創新打破刻板印象，2016.12.20。
11.經濟日報，北富銀入股英FinTech公司，2016.12.23。
12.工商時報，中信數位分行主打視訊櫃台，2016.12.2。
13.工商時報，彰銀Q4拚8項FinTech專利，2016.12.7。
14.工商時報，金控布局金融專利國泰金最拚，2016.10.3。
15.數位時代，台灣金融科技專利數大幅落後美韓，2016.3.2。
16.經濟日報，攻FinTech國泰金結盟海外大咖，2016.12.30。
17.工商時報，攻FinTech台銀設專利工作小組，2017.4.11。
18.經濟日報，信用卡超商通路戰Q4開打，2017.10.5。
19.李沃牆，本國銀行發展金融科技概況，貨幣觀測與信用評等，130期，2018.3，70-77。
20.經濟日報，玉山銀刷臉提款下半年上路，2018.5.23。
21.經濟日報，中信創新金融服務吸睛，2017.9.12。

國泰金控、中國信託與富邦人壽亦加入 App Works 投資平台，全力擴展金融科技版圖。

1. 銀行區塊鏈應用

區塊鏈的核心技術採用去中心化之分散式帳本處理，網路交易具有無法竄改或停止的優點，可省去金融機構間清算與結算的過程，能降低匯款與轉帳的手續費用。另對於股票交割和清算，支付速度以秒計算且幾乎可同時達成。有關傳統金融系統與區塊鏈系統內容和應用領域的差異，如圖 6-2 說明。

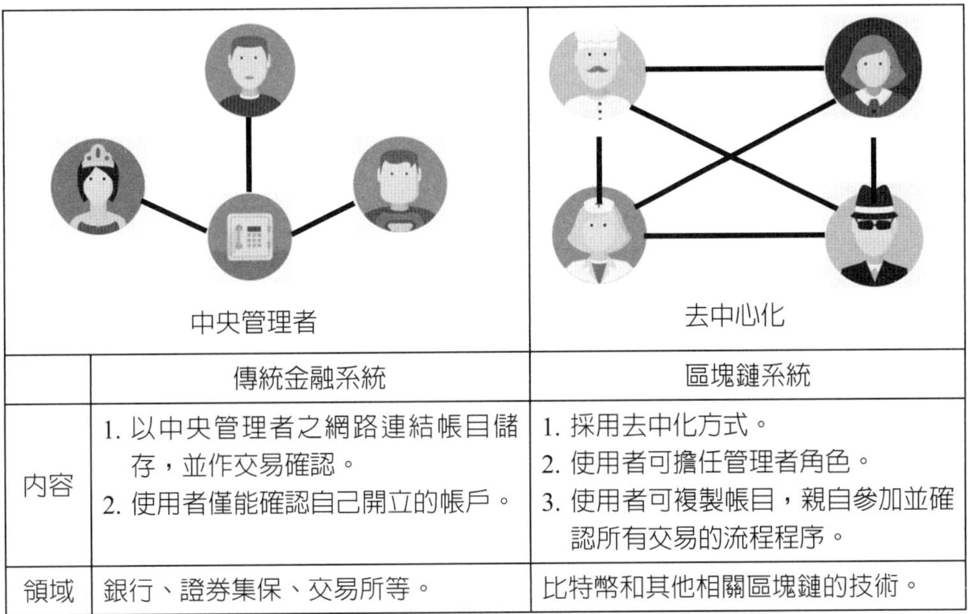

	傳統金融系統	區塊鏈系統
內容	1. 以中央管理者之網路連結帳目儲存，並作交易確認。 2. 使用者僅能確認自己開立的帳戶。	1. 採用去中化方式。 2. 使用者可擔任管理者角色。 3. 使用者可複製帳目，親自參加並確認所有交易的流程程序。
領域	銀行、證券集保、交易所等。	比特幣和其他相關區塊鏈的技術。

圖 6-2　傳統金融系統與區塊鏈系統的比較

資料來源：1. 經濟日報，區塊鏈交易巴克萊打頭陣，2016.9.9。
2. Wikimedia Commons。
3. 彭博資訊。

金融業紛紛加入區塊鏈的技術研發與應用的行列，如表 6-10 所示。例如：華南銀行自行研發，將區塊鏈結合行動裝置，利用 QR Code 連接手機畫面測試，發展出有價證券之數位價值傳遞與驗證功能，運用於金融應用模型操作介面，並

表 6-10　區塊鏈技術運用

銀行	區塊鏈																						
	有價證券交易	供應鏈融資	跨境匯款	貿易融資	信用卡點數交換	聯盟	小額電子支付	個人捐款	洗錢防制	智能合約	電子禮券履約保證	跨境融資	金融電子函證	商業場景	產學合作	保險理賠	保險計算	運動	公益	生產履歷	再生能源	資金調撥	KYC資料分享
華南	v						v						v										
彰化													v										
合庫													v	v									
台新					v	v							v										
台企													v									v	
玉山							v						v		v								
新光													v			v							
中信			v	v	v	v							v										
富邦金					v	v	v						v				v	v	v	v	v		
國泰金													v			v							
第一金		v							v	v	v	v	v										v
財金				v	v			v					v										v

表 6-10　區塊鏈技術運用（續）

銀行	區塊鏈																						
	有價證券交易	供應鏈融資	跨境匯款	貿易融資	信用卡點數交換	聯盟	小額電子支付	個人捐款	洗錢防制	智能合約	電子禮券履約保證	跨境融資	金融電子函證	商業場景	產學合作	保險理賠	保險計算	運動	公益	生產履歷	再生能源	資金調撥	KYC資料分享
元大													v										

資料來源：1.經濟日報，華銀區塊鏈應用大躍進，2016.10.20。
2. 工商時報，中信區塊鏈實驗室拚後年商轉，2016.10.27。
3. 經濟日報，中信銀設區塊鏈實驗室，2016.10.27。
4. 經濟日報，區塊鏈紅火金融業拚場，2016.10.24。
5. 經濟日報，蔡明忠揪同業組區塊鏈聯盟，2016.9.21。
6. 工商時報，區塊鏈聯盟刷卡紅利可跨行，2016.11.4。
7. 工商時報，一銀強攻供應鏈融資，2016.11.16。
8. 李沃牆，本國銀行發展金融科技概況，貨幣觀測與信用評等，130期，2018.3，70-77。

能串連行動裝置之創新服務，簡化交易相關流程。另研發交易收付款、轉帳交易等功能。台新銀行加入以太坊聯盟（Enterprise Ethereum Alliance, EEA）和全球紅利點數聯盟（Global Loyalty Network, GLN ），完成跨國紅利點數交換應用測試。EEA 主要發展策略乃利用以太坊技術，導引至商業應用層面。2016 年 10 月直屬中央銀行管轄的財金公司，邀請 47 家金融機構共組區塊鏈聯盟，進行跨國區塊鏈實驗室，建置金融區塊鏈平台，劃分個人金融與企業金融諮詢小組，先排定研發信用卡點數跨行自由交換、個人捐款、跨境貿易融資、供應鏈、客戶認識（Know Your Customer, KYC）資料共享等區塊鏈技術。另台北富邦銀行與政治大學合作，率先於校園推出區塊鏈支付「秒付」，透過 QR Code 即可消費支付。中國信託致力於區塊鏈，爲台灣加入 R3 金融區塊鏈聯盟的首家銀行，需繳年費 25 萬美金，可享跨國專業指導，以符合國際金融專業標準。成立區塊鏈實驗室，參與合作夥伴包括中華電信、R3、台大金融科技暨區塊鏈中心、和政治大學區塊鏈實驗室。研究團隊各具有銀行、保險、證券與法律等專業人才投入。研發技術發展有三項：

(1) 跨境鏈：包括跨境匯款、境外信託、聯貸、外匯交易、貿易融資。

(2) 境內鏈：計有證券交易、信用貸款、轉帳、保險理賠、信用卡點數交換。

(3) 行內鏈：洗錢防制、客戶審查、和資金調度等。

2. 開放投資金融科技公司

2016 年 11 月 3 日金管會修正，由原先投資內容可投資金融科技業與資訊服務業，就同一業別者僅限一家阻礙移除，修改成同一業別者不限一家，且考量主要營業收入來源不重複。另增加六項金融科技業務，包括風險管理、交易安全、網路借貸平台、洗錢防制、資訊安全和消費者權益保護。將網路借貸平台納入金融科技業務，允許銀行業者不受投資非金融事業 5% 限制，以最高 100% 轉投資網路借貸平台，如表 6-11 所示。2017 年 2 月金管會首次核准上海商銀投資以色列 OurCrowd 群眾募資平台，引進資安科技與新技術。

表 6-11　開放銀行投資金融科技公司比較

項目	現行規定	修正內容
投資內容	1. 資訊服務業、金融科技業。 2. 同一業別者僅限一家。	1. 同一業別者不限一家。 2. 主要營業收入來源不重複。
100%轉投資內容	1. 資訊服務業： (1) 金融機構資訊處理作業：電子資料處理。 (2) 涉及金融機構帳務處理：電子商務資訊處理。 (3) 金融機構業務發展：業務發展系統業者。 2. 金融科技業： (1) 資訊或網路科技，輔助金融業蒐集資料、供應、處理或運用，如大數據、雲端科技、機器學習。 (2) 以資訊或網路科技，加強金融服務或相關作業流程之安全或效率，如生物辨識、行動支付、區塊鏈等。	新增金融科技業務：風險管理、交易安全、洗錢防制、資訊安全、消費者權益保護。 (3) 其他以資訊或網路科技，提供設計、數位化推展、或創新金融服務業務。如網路借貸平台（P2P）。

資料來源：1. 經濟日報，銀行轉投資FinTech大鬆綁，2016.11.4。
2. 金管會。
3. 經濟日報，北富銀入股英FinTech公司，2016.12.23。

3. 數位帳戶開辦

2016 年 7 月台灣八大公股銀行包括台灣、土地、第一、合庫、兆豐、台企銀、彰化、和華南已順利導入數位銀行業務，此嶄新的虛擬帳戶僅提供網路轉帳功能，並不提供實體存摺，亦無現金存提款服務。有關開戶事宜可分爲首次申辦、自行舊客戶和他行客戶，依不同資料需求辦理，如表 6-12 所示。此外，台企銀將金融科技與民俗宗教結合，推出一系列項目。例如：朝天宮媽祖錢母數位帳戶、電子供品祈福、進香活動衛星定位、O2O 捐獻和添香繳費、線上點燈、朝天宮認同卡電子支付等。另渣打銀行心幸福數位帳戶提供高存款優惠利率，以利吸引客群。

表 6-12　數位帳戶開戶事項

開戶身分	資料要求	備註
初次申辦	自然人憑證	藉由身分證上傳與視訊認證等方式。
自行原客戶	現有帳戶資料	利用金融卡經讀卡機作上線認證。
他行新客戶	填報信用卡卡號或他行相關帳戶資料	僅接受他行實體帳戶資料。

資料來源：1. 經濟日報，公股銀數位帳户全上線，2016.7.5。
2. 痞客幫，台灣各大商業銀行線上開立數位帳户與一般預約開户總整理。

4. 台灣數位分行的建置

金融科技快速發展，銀行業除固守傳統臨櫃業務和網路銀行外，亦積極從事金融數位化的開展與創新業務，部分銀行設立數位分行，提供各項數位金融服務，如表 6-13 說明數位特色。例如：彰化銀行善用行動 App，提供客戶能使用預約取號、預填單、迎賓識別等功能，親自體驗多媒體數位金融服務。

表 6-13　數位分行發展現況

銀行別	所在地	數位特色
玉山	台北分行	1. 智慧機器人迎賓服務。 2. 以客戶為主體之使用經驗。 3. 一站式開放室提供開戶與房貸業務。 4. 數位體驗區行動裝置。
第一	永春分行	1. 智能機器人Pepper迎賓服務。 2. 遠程視訊櫃員機（VTM）。
台新	各相關分行	1. 智能機器人Pepper迎賓服務。 2. 24小時一對一即時互動服務。 3. 線上提供信用卡、信託、信貸開戶。
匯豐	東門分行	1. 營業時間延長至下午5點。 2. 設立數位專區櫃台。 3. 設置外幣提款機。
花旗	36間分行	1. 設花旗資訊生活家資訊外牆提供財經資訊。 2. 設置網銀理財區專用電腦供客戶自主查詢。

表 6-13 數位分行發展現況（續）

銀行別	所在地	數位特色
彰銀	內湖分行	1. 提供行動App，推出行動預約取號、預填單、迎賓識別等功能。 2. 多媒體數位金融服務體驗。
遠東	石牌分行	1. 提供理財大數據告示牌。 2. 一般存提款和無摺提款之三合一ATM。 3. 智慧互聯網財金諮詢系統。
中國信託	東湖簡易分行	1. 智慧型生物辨識系統：指靜脈ATM、臉孔辨識互動式迎賓牆、VIP客戶臉部辨識。 2. 動態理專諮詢服務：行動裝置、遠端視訊。 3. 便捷數位服務：視訊櫃台、預約服務等。
華南	台大智慧分行	1. 線上預約服務：客戶先取得App開戶或其他金融服務並取得QR code，再赴分行以QR code辦理，可節省時間。 2. 即時推播訊息：以i Beacon客戶識別裝置，提供客戶喜好商品訊息與客製化服務。 3. 互動示櫃員機：提供遠端視訊金融諮詢服務。 4. 繳款櫃員機：24小時繳款服務。 5. 無卡提款：客戶透過手機於ATM提款服務。

資料來源：1. 經濟日報，玉山數位分行，機器人坐鎮，2016.3.8。
2. 經濟日報，彰銀攻FinTech數位分行啟動，2016.10.14。
3. 工商時報，區塊鏈試行商品年底有譜，2016.9.21。
4. 工商時報，中信數位分行主打視訊櫃台，2016.12.2。
5. 工商時報，華銀台大智慧分行啟用，2016.6.23。

5. 機器人理財顧問服務

2015 年日本、新加坡和美國的金融創新領域，推出理財機器人（Robo-Advisor）服務，又稱智能理財，爲客戶提供投資理財與資產配置資訊，並進行投資組合操作，收取相關顧問費用。另解決理財人員流動率和新進人員比重偏高，所導致生產力下降的問題。舉例而言，依據瑞銀的評估，理財專員的服務客戶範圍約介於 30-50 人。當客戶越多時，相關人力成本勢必上升。而理財機器人服務客戶範圍較多，因而能降低人事成本。

依照 KPMG「機器人顧問」報告顯示，以美國理財機器人管理資產規模爲例，2016 年約爲 3,000 億美金，並預估 2020 年將達 2.2 兆美元。另商業智慧（Business Intelligence）也樂觀預估 2020 年全球理財機器人管理規模可至 8 兆美元，比較 2015 年千億美元成長 80 倍之譜，正快速吸引全球財富的焦點。此外，金融時報針對科技進步與發展趨勢，對未來 5-10 年受惠於數位與自動化的產業做評析，指出五種產業包括線上旅遊平台、3D 列印、自動駕駛車、電動車、與機器人顧問網站預估順勢崛起。由金融科技業與傳統金融業已摩拳擦掌，開始進軍機器人顧問網站。2016 年 12 月台北富邦銀行以約新台幣 4.85 億元，認購英國 Nutmeg 公司具轉換普通股權利的特別股增資，切入金融科技領域，藉由聯盟取得技術轉移與引進爲機器人理財業務。該公司成立於 2011 年，管理 2.5 萬名客戶約 6 億英鎊資產，投資於全球各類股票指數型 ETF（Equity Exchange-traded Fund）。

理財機器人具備去人化、系統化、與紀律化之元素，提供網路世代和中產階級具有便利性與低價化的服務優勢，其運作模式可分爲二：

(1) 純機器人模式

理財機器人功能依客戶需求與風險屬性，經大數據技術分析，屏除非理性因素，建議合適的資產配置，透過網路科技流程，提供自動化操作管理。如日本資金設計公司（Money Design）以最低 500 萬日幣資金，提供投資人日經指數型基金（ETF）爲操作標的。投資人先回答 8 個問題後，透過編製的演算法，建構股票、債券、期貨等最適組合分配建議。另隨市場行情變動幅度，理財機器人以每個月或不定期自動重返最初分配比例作調整，如圖 6-3 說明。

(2) 人機結合模式

理財機器人針對投資需求與風險屬性評估，作出合適的資產配置建議，再由理財專員解說內容與相關答詢，適時提出配置意見。以台灣金融業理財機器人爲例，對於資產配置、稅務規劃與關係互動等，尚未能提供全方位自動化流程以滿足投資人需求。故銀行業仍需作財富管理區隔與理財專員從旁輔佐，方能對客戶提出理財建議與資產配置。另理財機器人功能在於初步判斷與篩選的工具，實際仍仰仗理財專員的服務熱忱與專業來維繫客源。最早瑞銀所推出「智慧財富管理」業務，藉由資訊科技系統、投資研發人員與理財諮詢服務，提供私人化的投

8 題問答和操作標的（ETF）

建構投資組合演算法

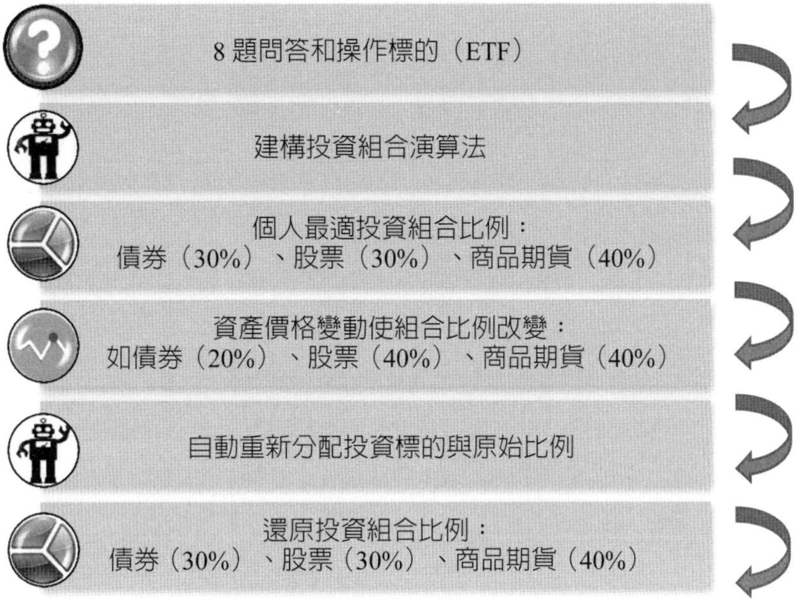

個人最適投資組合比例：
債券（30%）、股票（30%）、商品期貨（40%）

資產價格變動使組合比例改變：
如債券（20%）、股票（40%）、商品期貨（40%）

自動重新分配投資標的與原始比例

還原投資組合比例：
債券（30%）、股票（30%）、商品期貨（40%）

圖 6-3　理財機器人顧問服務

資料來源：1. Nikkei Computer，FinTech革命金融科技完全解析，遠見雜誌。
2. Wikimedia Commons。

資組合建議，類似於理財機器人的功能。金管會於 2016 年 5 月公布「金融產業發展政策白皮書」，提出機器人理財顧問針對一般民眾理財需求，所提供諮詢服務。許多銀行陸續申請國內外投資顧問牌照，以利後續機器人理財與線上理財服務。

台灣金融業趕搭理財機器人的風潮，利用客制化數位迎賓系統與互動式商品平台，透過理財機器人（小 i 和 Pepper）讓客戶親自體驗數位銀行創新環境，提供低費率、低門檻、高效率與高透明度的服務業務，如表 6-14 所示。例如：台新與 IBM 同發展理財機器人（Richart），鎖定年輕世代（25-40 歲）的體驗爲設計核心，以敏捷式開發流程，可隨時彈性調整數位銀行服務內涵，以滿足客戶多元化需求。

表 6-14　台灣金融業理財機器人和智能理財分析服務

金融業	名稱	服務項目	應用
中信	智動GO系統	智慧理財	採定期定額5千元，可自動調整投資組合。
王道	機器人理財2.0	智慧理財	每月一次或特殊事件機動調整建議，最低投資額1,000元。
台新	理財機器人Pepper	智慧理財	提供小資族群理財服務。
永豐	基金速配	數位理財	專屬投資配置和雲端下單。
瑞銀	智慧財富管理	數位理財	AI系統提供資產規劃和諮詢服務。
國泰世華	小Q	金融資訊智能投資	提供24小時諮詢平台與智能客服，推出客製化服務基金資產組合。
玉山	小i	金融資訊	與IBM、LINE合作，提供人工智慧金融顧問、和大數據分析。
兆豐	小兆	金融資訊	提供匯率、利率和理財諮詢。
台灣	台銀e哥	抽號碼牌、迎賓	簡易客服問答
土地	土銀哥、土銀妹	迎賓	簡易客服問答
台北富邦	社交平台	智能理財	「奈米投」協助選基金、匯兌與智能決策平台。
渣打	Pepper	聊天機器人	互動式溝通與精準性金融商品行銷。
第一、第一投信、國泰人壽	Pepper	迎賓任務、業務介紹	智能機器人

資料來源：1. 經濟日報，機器人理專全面進攻亞洲，2016.7.5。
2. 經濟日報，玉山數位分行，機器人坐鎮，2016.3.8。
3. 工商時報，Pepper機器人行員上工了，2016.10.7。
4. 工商時報，第一金投信首發FinTech基金，2016.10.27。
5. Digital Trends。
6. 經濟日報，土銀70歲見證台灣金融史，2016.8.30。
7. 蘋果即時，台銀機器人e哥與玉山銀「小i」同款，2016.5.19。
8. 李沃牆，本國銀行發展金融科技概況，貨幣觀測與信用評等，130期，2018.3，70-77。
9. 36氪網站。
10. 工商時報，北富銀創新科技再添2項，2018.8.2。
11. 工商時報，銀行拚財管掀AI機器人大戰，2018.3.21。
12. 工商時報，國銀衝AI競推殺手級服務，2019.4.7。
13. 經濟日報，門檻5,000元國泰金推機器人理財，2017.12.20。

根據理財機器人操作特色的演進，從機器人 1.0 逐漸升級爲 3.0 版本，如表 6-15 所示。早期 1.0 版本會依過去投資績效（如 ETF 和基金），預設預期報酬並設定比重，再適度挑選投資標的。2.0 版本除參考過去績效表現外，亦將相關客戶指標評判納入，以利評析走勢。至 3.0 版本注重於市場強弱分析，並蒐集總體經濟指標與投資人情緒指標，利用深度學習方法，觀測市場發展趨勢。理財機器人通常利用 ETF 作爲資產配置標的，主要原因乃相較於共同基金，ETF 收取手續費與基金經理費低廉，且種類齊全包括股票、外匯、商品期貨、與債券型等投資項目可供挑選。此外，交易靈活度佳，投資組合調整僅需日內（T+0 日），即可轉換完畢，而一般共同基金調整則需（T+3~+7 日）。

表 6-15　機器人理財演進

	機器人1.0	機器人2.0	機器人3.0
特色	1. 在設定預期報酬下，投資人以最小波動為考量。 2. 基金和ETF挑選前，預先設定資產投資比重。 3. 首重過去績效評析未來基金和ETF表現。	1. 參考過去績效表現。 2. 納入相關指標評判基金和ETF未來走勢。 3. 提供多維度互動與回饋機制，蒐集客戶心理、行為、和身分等資訊，進行客戶投資行為預測。	1. 蒐集各市場指標，分析市場強弱狀況。 2. 利用總體經濟與情緒指標等，利用深度學習，演算各情境和判讀市場趨勢，以利選擇具有潛力的基金和ETF。 3. 智能追蹤最佳配置，波動偏離軌跡自動回報。

資料來源：1. 工商時報，鉅亨基金交易平台攜工研院AI理財再進化，2017.12.13。
2. 經濟日報，機器人理財2.0重塑資產管理生態，2017.4.11。

由於理財機器人諮詢業務增加，理財專員角色將受到取而代之的影響。有鑑於過去投資理財的紛爭，基於落實投資者保障的需求與善良管理人注意的義務。爲減少資訊不對稱和不當銷售的詐欺行爲，理財機器人程式中，宜納入有關善良管理人注意義務，記錄完整交易與相關行銷檔案，有助於日後預防與處理紛爭參考。例如：美國證券交易委員會 2018 年 12 月首次處罰兩家機器人理財公司，原因爲 Hedgeable 利用旗下部分帳號計算投資報酬率，並與其他投資顧問公司評比而誤導客戶之嫌。另 Wealthfront Advisers 則是內控問題，未能善盡隨時監控帳戶活動，導致客戶無法操作假售回購（Wash Sale）機會，而喪失稅務抵免的優惠。

即未能讓客戶出售虧損證券並隨後買回等同證券，將未實現資本損失轉變成已實現資本損失，而不能善用稅務抵免。

6. 行動提款

表 6-16 說明行動提款包括網路銀行或行動銀行自行開發 App 所提供無卡提款，以及由台灣行動支付公司推出的遠端網路行動提款和 NFC 感應式提款等模式，進一步顯示各模式間有關 ATM 設置、系統使用、序號時間、提領限額、提領方式、和客群等差異與優劣處比較。

表 6-16　行動提款比較

項目	銀行無卡提款	遠端網路行動提款	NFC感應式提款
銀行／公司	台新、華南、第一、聯邦、中信、玉山、國泰世華	土地、第一、華南、兆豐、彰化、上海、高雄、新光、元大、日盛	
ATM設置	1. 新型無卡提款ATM。 2. 指靜脈ATM（中信）。 3. 臉部辨識+OTP（玉山）。	ATM提供行動提款功能。	ATM提供行動提款功能與NFC感應器。
系統	1. App序號。 2. 指靜脈系統。 3. AI臉部辨識。 4. QR Code。	1. 台灣行動支付公司t Wallet。 2. HCE行動金融卡與虛擬金融卡機制。	
序號限時	15分鐘內	驗證碼1分鐘內	
提款限額	單次5,000元； 單日累積3萬元。	單次2萬元；單日累積12萬元。	
提領方式	1. 網路或行動銀行App選無卡提款。 2. App產生一次性序號和密碼，利用簡訊發送。 3. 無卡ATM提款，選擇發卡行、提款金額、密碼和序號。	1. 手機產生行動提款驗證碼。 2. ATM選擇手機提款，輸入驗證碼、手機號碼、提款金額，於App輸入金融卡密碼。 3. 驗證帳戶正確才吐鈔。	1. ATM選手機提領金額。 2. 手機t Wallet選擇信用卡後，並至於NFC感應器附近。 3. t Wallet確認金額。 4. 輸入密碼後，再次將手機置於NFC感應器，ATM吐鈔。

表 6-16 行動提款比較（續）

項目	銀行無卡提款	遠端網路行動提款	NFC感應式提款
客群	金融卡客戶均能使用。	民眾須申請手機金融卡。	
優點	1. 無須申辦手機金融卡。 2. 預先設定交易。 3. 提供遠端提款。	1. ATM可免除加裝NFC感應器。 2. 安全等級同晶片卡。 3. 提供遠端提款。	1. 手機無須連線。 2. 安全等級相同於晶片卡。
缺點	1. 安全性需提升。 2. 行動網銀App需建置。	1. 手機須隨時保持連線。 2. 須申請手機金融卡。	1. 須申請手機金融卡。 2. ATM須設NFC感應器。 3. 無法提供遠端提款。

資料來源：1. 工商時報，搶數位金融ATM新機潮起，2016.8.8。
2. 工商時報，普及行動支付讓地下經濟地上化，2017.1.9。
3. 工商時報，玉山銀刷臉ATM上限，2018.12.26。
4. 蘋果日報，手機ATM跨行提款有譜，2016.12.29。
5. 財金公司。
6. 台灣行動支付公司網站。
7. 銀行公會。

台灣行動支付公司建構 t Wallet 行動支付 App 應用程式與清算架設平台，經由電信商（如中華電信）串流金融資訊，並利用 OTA（Over The Air）空中下載方式，植入手機內 USIM 卡中，再透過近距離無線通訊交易模式（Near Field Communication, NFC），即可使用金融卡於近端或遠端網路消費購物、繳費、繳稅、轉帳與 ATM 提款等活動。

7. 銀行行動支付業務

當金融科技湧進台灣金融業，啟動全面改革浪潮，引進數位金融。以行動支付創新業務服務爲例，許多銀行紛紛導入行動錢包、手錶支付、Apple Pay 手機支付、行動網路、跨境支付、帳號綁定扣款、NFC 和 HCE 手機信用卡等項目。根據 Google 調查報告顯示，建置行動網站（mSite）能有效提前洞悉消費者於手機搜索時的心理狀況，例如：消費者較難容忍瀏覽及加載網頁速度過慢。擁有使用便捷性和行動友善（Mobile Friendness）的網站較能受到消費者青睞，對提升網站銷售與營收有實質的幫助，如表 6-17 所示。由於運動風氣帶動下，使得穿戴式裝置銷售增溫。其中，智慧型手錶已廣為市場接受。台北富邦銀行與 Fitbit Pay 合作，2018 年 5 月推出 NFC 非接觸式手錶支付服務。

表 6-17　銀行行動支付服務比較

項目	台新	中信	國泰世華	玉山	台北富邦	聯邦	花旗
行動錢包	v	v	v	v			
Apple Pay、Samsung Pay	v	v	v	v	v		
NFC手錶支付					v		
NFC手機信用卡	v	v	v	v	v		
HCE手機信用卡	v	v		v	v	v	
mSite行動網站	v		v		v		v
跨境支付	v	v		v	v		
帳號綁定扣款（Account Link）	v						

註：1. NFC：近距離無線通訊技術（Near Field Communication）。
2. HCE：雲端（Cloud-Based）虛擬卡（Host Card Emulation, HCE）模式。

資料來源：1. 工商時報，Apple Pay來了台新銀首波支援，2017.2.6。
2. 工商時報，李瑞倉：看好區塊鏈走上實名制，2016.11.16。
3. 經濟日報，北富銀推出Fitbit Pay手錶支付，2018.5.24。

8. 數位銀行案例

(1) 陽信銀行iSunny系列

為趕搭 FinTech 的行列，陽信銀行 2014 年即成立電子金融部門，逐步建置完善電子金融環境與強化安全控管。開發線上註冊和即時儲值支付的交易方式，以單一窗口提供購物價金保管制，利用雲端技術（如雲支付、雲收款、雲櫃台），推出金融服務業務如手機信用卡、整合儲值帳戶、Web 支付、自建第三方支付平台、行動支付、和 O2O 支付等 iSunny 系列 App 服務。成立電商（陽信商店街）與新竹物流聯盟，進軍 O2O 虛實整合模式，提供多通路訂單與物流資訊同步的嶄新作法，提供消費者便捷消費付款模式，如圖 6-4 所示。

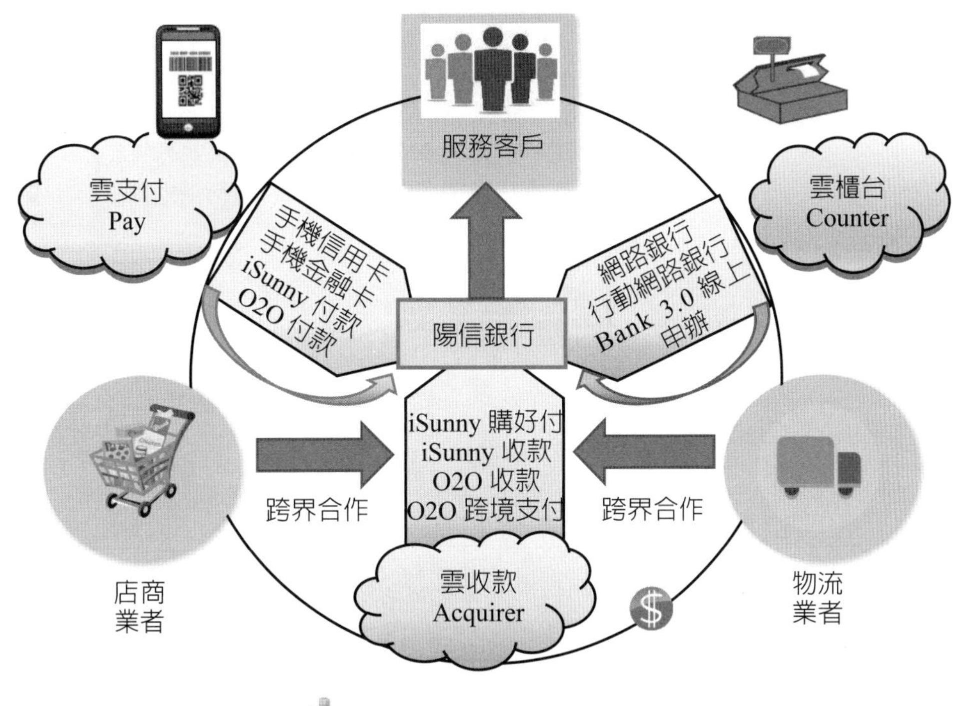

圖 6-4　陽信銀行電子金融網

資料來源：1. 經濟日報，陽信銀撤網強攻行動金融，2016.8.25。
2. Wikimedia Commons。
3. 陽信銀行網站。
4. 新竹物流網站。

(2) 凱基銀行「KGI Inside」服務理念

面對數位金融遊戲規則全面改寫衝擊下，金融科技業利用客戶體驗、流量掌控、社群集結與創新行銷等方式，可能直接衝擊目前金融業對消費者行銷的主導權，逐漸轉移至數位生活應用業者分配該主導權。而領先者的商業模式亦將轉變，品牌能見度由分行與 ATM 轉爲數位能見度（Digital Capability）。客戶取得的方式，將由線上開戶（Online Acquisition）取代傳統銷售通路與銷售團隊。

在客戶服務方面，由友善服務和多通路服務模式，轉變為客戶中心化（Customer Centric）為主軸，透過行動支付（Mobile Payment）專注於數位生活和支付方式。採速買配（SmilePay）建構的多元收款方式mPOS，並連結電子發票平台，以行動銀行（Mobile Bank）結合行動支付與金融理財的商業模式營運，如圖6-5所示。

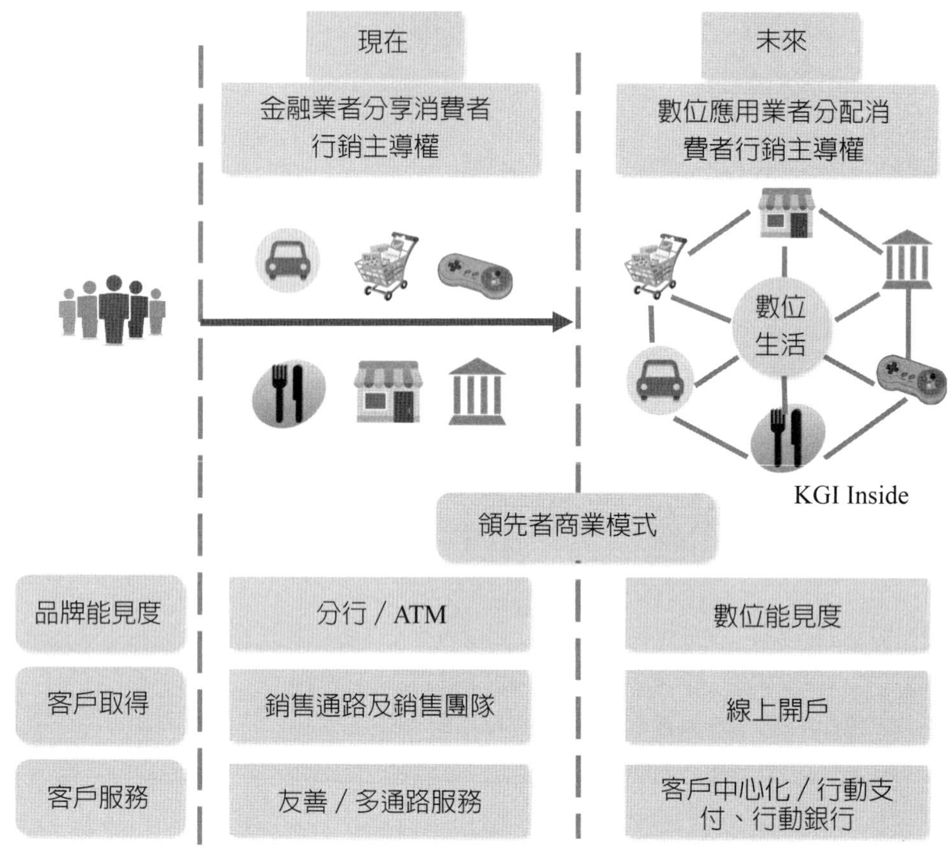

圖 6-5　行銷主導權與 KGI Inside 服務理念

資料來源：1. 經濟日報，開發金布局FinTech數位生態系，2016.9.22。
2. 工商時報，KGI Inside致勝關鍵開發金：開放與共好，2016.9.22。
3. Wikimedia Commons。

開發金控特別設立創新科技金融處，偕同旗下凱基銀行相關業務，朝「KGI Inside」服務理念，並以共好態度支持創新科技業者，致力於金融科技關鍵基礎與數位生態系統的整合。運用金融科技策略之統籌、投資、與技術研發之創新，逐步推展關鍵服務元件，例如：行動支付、跨境支付、小微企業資金託管、小額信貸、電商風險模式、與線上核貸平台建置等業務。透過數位生態系統，以開放平台協助客戶與商業夥伴作相關連結。例如：KGI 與 Park Pay 合作，利用 eTag+ 車牌辨識技術，建置停車場快速通關系統。另 KGI 與資廚 iCHEF 平台異業聯盟合作，利用餐廳專屬 mPOS 與大數據分析應用，提供店家便捷方式取得相關金融資源與金融體驗場景。

 三、開放銀行（Open Banking）

爲推升支付產業之競爭能力，2015 年 10 月歐洲會議針對歐盟區銀行業需開放應用程式介面（Application Programming Interface, API），使非銀行業者以及 App 開發者能有機會參與支付服務，並於 2018 年正式實施，此即第 2 號支付指令（Revised Payment Services Directive, PSD2），如表 6-18 說明相關法規。銀行客戶資料庫開放連結 API 領域共七項：

(1) 財務資訊：包括信用卡額度、貸款、帳戶、證券等明細。例如：凱基銀行、中華開發金控。

(2) 貸款資訊：例如：房貸、車貸等相關訊息。

(3) 獎勵資訊：如回饋點數、折扣等消息。例如：中國信託與 7-11 紅利點數兌換。

(4) 非財務資訊：提供帳戶整合、消費者背景等資料。

(5) 交易資訊：約定帳戶進行清算、退款、匯款認證、自動扣款、跨境代付及信用卡認證等訊息。例如：花旗銀行與 PChome 合作。

(6) 位置資訊：提供鄰近便捷服務。

(7) 產品資訊：諸如產品使用相關規定等。如星展提供企業客戶即時銀行服務。

表 6-19 比較英國、新加坡與香港有關開放銀行模式，在銀行業提交資料方式，英國透過修法採取強制性措施，指定具公權力特定單位爲資料接受者並制訂資料格式。有別於英國，新加坡與香港則無須修法，採取自願性提交資料等，差異性明顯不同。

表 6-18　開放銀行法規制定

期間	國家／地區	法規／規劃	說明
2015.10.8	歐洲	第2號支付指令（Revised Payment Services Directive, PSD2）	歐洲議會規定歐盟區銀行將應用程式介面（Application Programming Interface, API）開放。
2018.1.13			正式實施。
2015	英國	開放銀行標準	研擬與制定。
2016		開放銀行計畫	競爭和市場管理局（Competition and Markets Authority, CMA）制定。
2018.1		開放銀行計畫實施	由9大銀行配合辦理。
2018.7.18	香港	銀行業API開放	金管局要求分四個階段開放： (1) 產品查詢：如利率、匯率。 (2) 產品申請：如線上開戶、投保。 (3) 帳戶查詢：如客戶資訊查詢、第三方業者量身訂作規劃。 (4) 財務交易：如轉帳繳費、簽發電子支票等。
2018.11	台灣	開放銀行計畫研擬	金管會指派銀行公會研析。

資料來源：工商時報，落實金融消費者資料自主性，2018.12.10。

表 6-19　開放銀行模式比較

模式	英國	新加坡	香港
銀行業提交資料方式	強制性	自行組團、自願性質、自律規範	
接受資料者	具公權力特定單位	尋求合作平台	
資料格式	特定單位制定	無強制格式要求	
法律	需修法	不需修法	

資料來源：工商時報，台版Open Banking研議開放，2018.10.26。

傳統銀行保護客戶資料，僅提供內部 API 與私有 App 給客戶使用並收取手續費。開放銀行經客戶同意，將具商業資產價值的金融資訊，提供給第三方，整合不同銀行的金融理財分析並予以建議。即 PSD2 規定開放 API 客戶／銀行資料，由開發者、第三方平台與金融比價平台的 App，客戶挑選創意項目並滿足蒐集效果。如紅利兌換、貸款利率比較、或最佳理財配置等，如圖 6-6 所示。開放銀行重要性在於轉換金融數位相關資訊的使用權與所有權，由銀行業轉移給金融消費者，提升其資料自主性。未來開放銀行生態圈將由銀行、非銀行業、與金融科技新創之業務合作與分工而形成，如圖 6-7 所示。

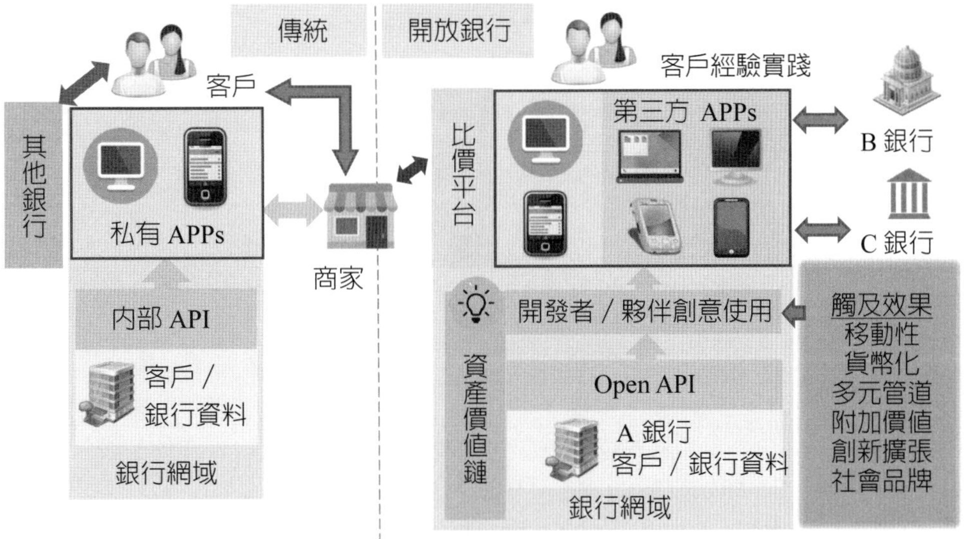

圖 6-6 開放銀行支付模式

資料來源：1. Medium, Open Banking & the New Payments Platform for Superannuation Funds, 2017.8.4.

2. 工商時報，台式開放銀行會是什麼味？2019.3.13。

3. Wikimedia Commons。

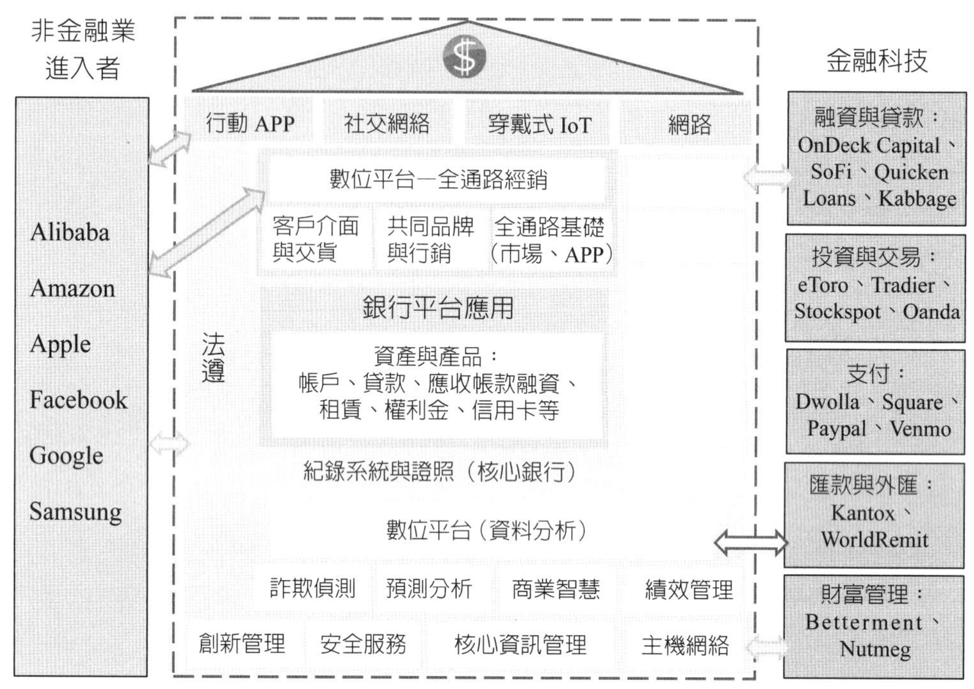

圖 6-7　開放銀行生態圈

註：洗錢防制（Anti-Money Laundering, AML）。

資料來源：1. Cognizant, Why Banks Must Become Smart Aggregators in the Financial Services Digital Ecosystem, 2018.8.

2. Wikimedia Commons。

四、保險業金融科技發展

網路保險最早於美國形成，隨著社群團體與行動裝置技術的提升，促成網路保險普及率與使用者數量逐年明顯增加。目前美國幾乎每家保險公司均採網路保險行銷模式經營，透過保險商品電子化，提升客戶服務品質。根據「2015 年全球網際網路保險基準報告」顯示，壽險和產險公司分別有 33% 和 40% 提供線上保單業務，並朝 O2O 行銷模式前進。

由於金融科技所帶來的破壞型創新，顛覆傳統金融經營模式，金管會預期金融科技變革將直接衝擊保險業。考量壽險具有道德風險的問題，金管會於 2014

年 8 月開放網路保險業務，吸引 25 家壽險和產險公司陸續開辦網路投保。另同意 10 家網路保險公司，由保險經理 / 代理人公司和保險公司分別各 5 家投資設立。新創 P2P 保險公司與科技業所主導網路保險行銷企業的競爭態勢，使客戶直接上網作保單比價，保險商品將趨向透明化，以及有形商品（如智慧型配戴裝置、感應器等）結合無形商品（如創新型保單），均對未來台灣 30 萬名保險業務員的就業環境有顯著影響與挑戰。例如：金融科技對「保險業務員管理規則」有關業務員進行「親晤親簽」政策的挑戰，此政策限縮保險商機與保戶的便利性，未來透過行動化與網路設備，再搭配生物特徵身分驗證，完成等同親簽的法定效果。

1. 保險業發展現況

表 6-20 說明保險業為因應金融科技旋風與趨勢發展，針對金管會所推展「金融科技發展推動計畫」之目標，包括網路投保平台應用、人才培育、資安措施、大數據、區塊鏈與犯罪防治等議題，開始積極布局，以求創新突破。舉例而言，公勝保險經理人公司則為第一家經營公司上線的網路投保平台（GOGO），提供許多壽險產品。另第一人壽亦提供網路投保利率變動型年金險，使民眾可獲取雙重效益，包括無時間限制與宣告利率累積報酬。台灣金融科技公司呼籲保險業者，重視大數據與區塊鏈的基礎工程建置，以便利用大數據技術掌握與分析保戶消費行為模式，運用區塊鏈技術以確保客戶資料安全。此外，元大人壽推出共享區塊鏈，針對保單、資訊擷取、與理賠效率等強化服務。

表 6-20 保險業發展金融科技現況

公司	論壇與研討	區塊鏈	大數據	LINE 服務	人才培育	網路投保	
						註冊會員數（萬）	平台
遠雄人壽	創新保險新趨勢： 1. 保險通路改變。 2. 銷售模式轉變。 3. 保險金融商機。						
台灣金融科技		v	v				

表 6-20　保險業發展金融科技現況（續）

公司	論壇與研討	區塊鏈	大數據	LINE服務	人才培育	網路投保	
						註冊會員數（萬）	平台
公勝保險經理人							v
中國人壽			v		財務策劃師	2	v
第一人壽							v
國泰人壽	大數據金融應用於風險管控、客戶經營、保單精準行銷與服務。		v	v		11.5	v
南山人壽			v			1.5	v
富邦人壽			v	v		4	v
富邦產險		v					
新光人壽			v			2.4	v
台灣人壽		v	v	v		0.7	v
三商美邦						0.64	v
全球人壽							v
元大人壽		v					v

資料來源：1. 工商時報，遠雄人壽舉辦金融論壇，2016.10.4。
2. 經濟日報，公勝網路投保平台上線，2016.10.7。
3. 工商時報，中壽參與RFP選拔迎向FinTech挑戰，2016.8.7。
4. 經濟日報，國泰金創新研討金融科技，2016.11.22。
5. 經濟日報，買利變年金險e指搞定，2017.2.23。
6. 工商時報，業界首創國泰產用LINE出險理賠，2017.12.2。

爲鎖定目標客群、專注保戶在購率、提高生產力、自動化作業流程、風險管控與加強行銷精準度，壽險業導入數位行銷，透過人工智慧（Artificial Intelligent, AI）+大數據（Big Data）+雲端（Cloud），簡稱 ABC 數位行銷，藉由客戶投保數據與保單資訊所形成大數據，利用人工智慧演算分析，挑選目標群客戶名單。由再造計畫訓練完成業務員行銷，加強行動投保配備與大數據系統結合，打造全方位保險與理財規劃業務，有效提高行銷精準度、節省核保時程、和精進理賠服務等，促使客戶滿意度與業績提高，範例如表 6-21 顯示。

表 6-21　壽險業 ABC 數位行銷

公司	模式	成效
國泰	1. 首創Cathay Box，提供拜訪客戶最適時間。 2. 經大數據分析後，提供最佳保單推薦。	成功率上升4倍。行銷精準度成長75%。
南山	1. 預先分析現有保戶保單之保障缺口（如壽險、意外險、住院醫療、手術醫療、癌症、長期照護等）。 2. 依不同客群鎖定名單，建議業務員溝通內容。	生產力6-40倍增加銷售。
富邦	1. 導入客戶動態管理平台做大數據模組分析。 2. 結合理財機器人，提供投資組合模型與大數據分析，提高行銷精準度。	評估中。
中壽	1. 近1年熱銷保單，鎖定既有客戶1成為目標。 2. 更精準執行業務。	成功率來自於鎖定目標客群之3-6成。
台壽	1. 商品智慧化、分析模組化、需求客製化為發展主軸。 2. 目標客群量身訂做，如附智慧手錶健走保單。	再購率為2.5倍。

資料來源：工商時報，數位行銷夯壽險業決戰ABC，2018.4.2。

由於人工智慧和物聯網的串聯形成最佳通路，使保險業後端服務自動化技術已漸成熟，內勤人員將直接受到衝擊。在網路保險商品方面，去中介化打亂傳統價格競爭模式，並將部分中介成本回饋保戶，因而造成業務人員流失。在監理沙盒的帶動下，打破保險公司高門檻設立的藩籬，促使保險業積極尋求轉型契機。此外，創新保單 O2O 行銷模式亦蠶食部分市場。

2. 保險市場數位藍圖

保險公司因應物聯網與數位科技時代的來臨，在轉型過程中，持續經營與良好業績水準乃爲業者關注的議題。保險業運用金融科技，加強數位行銷、數位服務與數位通路，培訓業務員成爲行動櫃檯已經積極展開。例如：網路投保、O2O

行銷模式、精準行銷、個人化行銷與自動化功能（如核保、理賠、資訊安全等）均受到重視，說明如圖 6-8 所示。

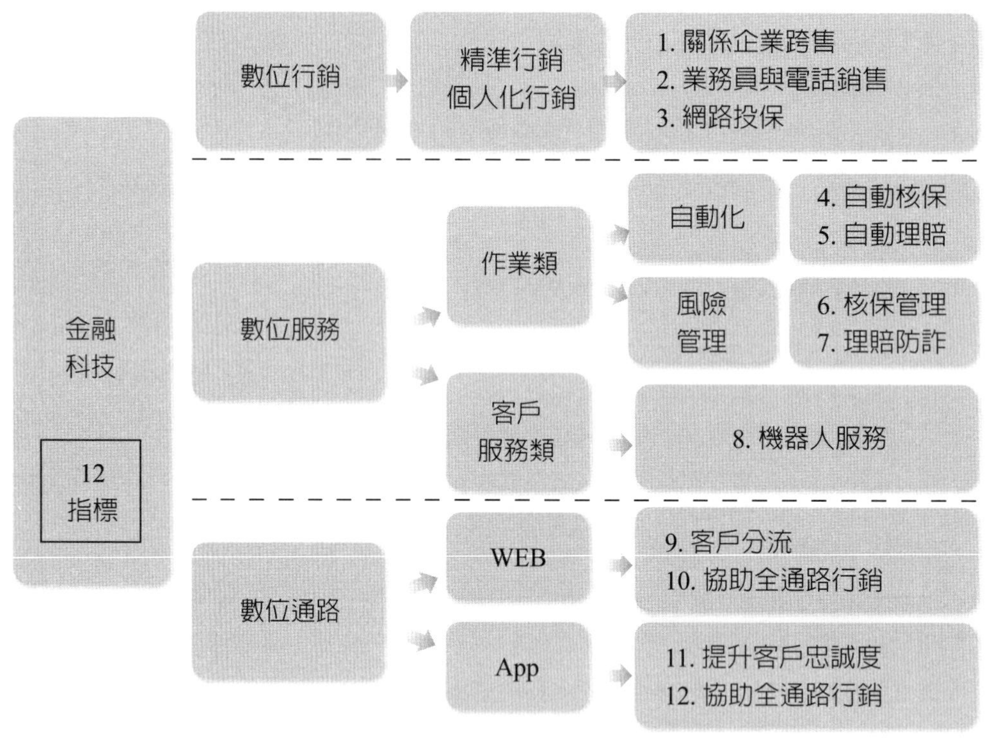

圖 6-8　金融科技對保險業的影響

資料來源：吳崇璿、陳冠瑾、黃品瑄，Fintech浪潮下保險業因應之道，保險專刊，第33卷第2期，165-196頁。

(1) 數位行銷

爲提高成交率，透過關係企業跨售、業務員與電話銷售、網路投保方式，利用精準行銷和個人化行銷達成。精準行銷乃利用大數據分析將客源分群，並逐一檢視與預測各群需求後，針對某客群之共同特殊保單需求，優先開發符合需求的新型商品，所採取行銷利基的手法。另個人化行銷乃爲個人客戶（如 VIP 客戶）或單一客群所量身訂做的保單與服務，期能提升客戶的回應率。

(2) 數位服務

在客戶服務方面，導入機器人理財服務，提升服務效能。落實自動化核保與理賠，注重核保風險管理與理賠防詐監控，執行內部作業程序成本管控。核保風險管理之內涵，包括體檢、理賠紀錄、與補件等項目，亦涵蓋客戶因財務風險所引發的道德風險。此外，經大數據分析結果亦有其侷限，因缺乏機器學習篩選機制，僅將相關變數直接投入分析，並解釋複雜的核保程序則過於牽強。資料分析人員分析結果，經由實務面操作的商業智慧人員研判，如欠缺核保風險概念與願景，則恐造成分析結果與核保實務脫節之狀況。

在保險詐欺監控方面，分別有社會網絡分析、大數據預測分析、及社會顧客關係管理三種偵測分析方式，如圖 6-9 說明。

(A) 社會網絡分析（Social Network Analysis, SNA）

SNA 屬於混合型分析方法，計有組織商業規則、統計、樣式分析、網路連結分析等，從大數據中發掘各項連結關係。在理賠防詐偵測時，透過連結分析推導各叢聚（Cluster）的關聯。運用各種結構式與非結構式的公眾資料來源（如判決案、法拍、犯罪紀錄、破產、理賠拒絕紀錄、個資更動和地址變更等）存於資料庫，並提取所需多種因素的資料整合於分析模型中，分別依分數衡量出詐欺風險機率高低程度，並進行異常偵測與預測分析。新光人壽理賠風險案為例，利用大數據綜合分析，建立客戶風險分數之「壞人模式」，主動推測詐保可能性評估，有效減少被詐保的機率。

(B) 大數據預測分析

保險公司採用大數據分析方法，將結構式數據存入資料庫（例如：Sybase IQ）作預測，另能延伸至非結構式數據，並導入文字分析與敏感分析作預測。若無法偵測出理賠詐欺活動，則將理賠金額支付給索賠者。2016 年 9 月保險犯罪防制中心利用大數據分析，結果顯示特定保戶經常至特定醫院掛號，並由特定醫生看診。將此保戶就醫型態向檢警舉報，而順利破獲保險黃牛與醫師勾結詐領保險金與健保補助案。

(C) 社會顧客關係管理（Social Customer Relationship Management）

保險公司將整合多階層機構之社會媒體平台（例如：臉書、Twitter 等），取得相關資料，並採互惠的客戶中心生態系統（Customer-Centric Ecosystem），

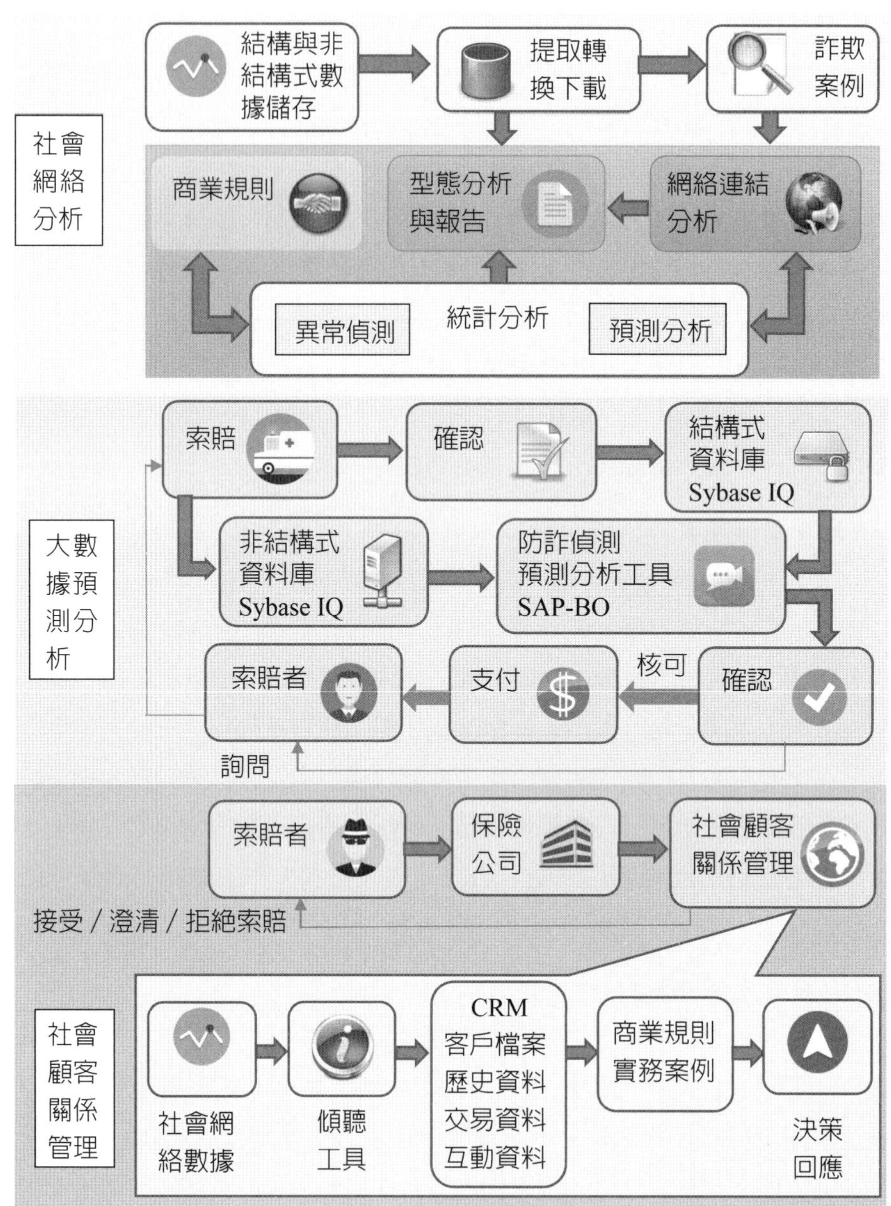

圖 6-9　理賠防詐監控

註：1. SAP-BO爲SAP公司發行Business Objects軟體。

2. Sybase IQ爲SAP資料庫。

資料來源：1. Ruchi Verma and Sathyan Ramakrishna Mani, Using Analytics for Insurance Detection, 2013.12, 1-8.

2. Wikimedia Commons。

連結至內部顧客關係管理。依據公司規定，透過案例管理系統作分析，並由理賠管理系統回應詐欺成立與否的參考資訊，作爲調查員確認理賠詐欺依據。

(3) 數位通路

積極建立業務員與客戶間溝通的電子管道（如網路與行動通信），將自動核保與電子商務合作，加強核保風險管理。圖 6-10 說明自動核保與電子商務互動行銷模式，利用大數據資料建構，即時追蹤客戶網頁瀏覽紀錄和以往資料，即時評估客戶喜好與風險，並推薦所需保單與自動核保流程。另將客戶分流處理，導入全通路 O2O 行銷，以便提升客戶忠誠度。

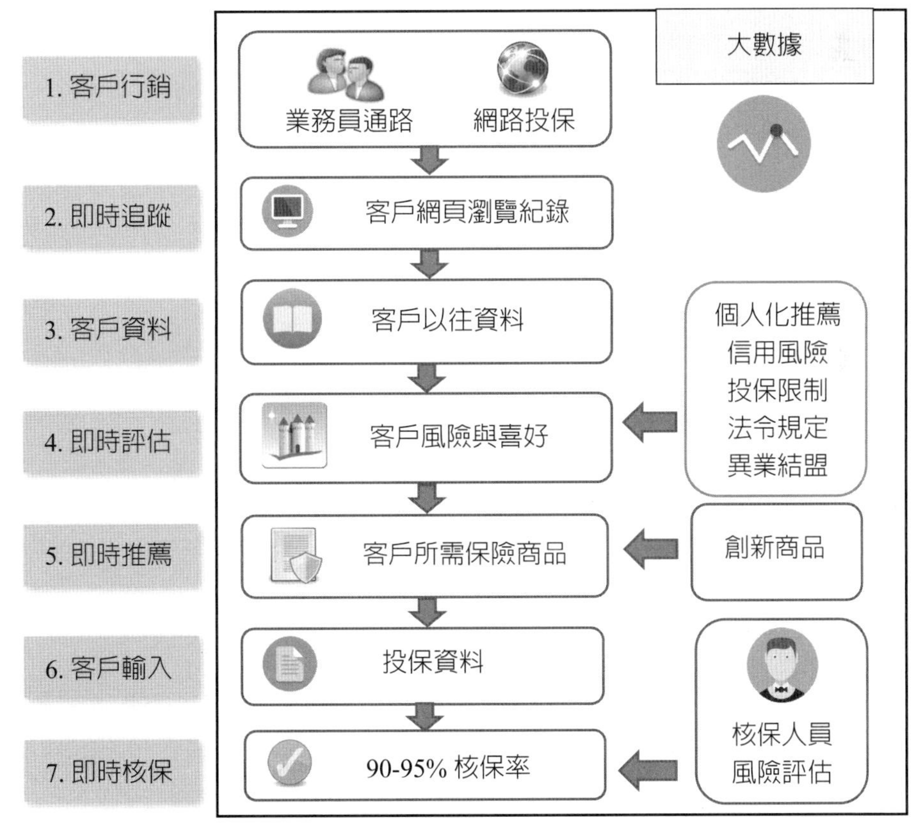

圖 6-10　自動核保與電子商務互動行銷

資料來源：1. 吳崇璿、陳冠瑾、黃品瑄，Fintech浪潮下保險業因應之道，保險專刊，第33卷第2期，165-196頁。
2. Wikimedia Commons。

3. 保險業大數據應用

表 6-22 說明金融科技保險實務案例，針對保險業利用大數據開發新商品爲例，保險業運用大數據監控分析行車紀錄之汽車保險車聯網（Usage-Based Insurance, UBI），依照行駛里程、時段、與駕駛行爲（如緊急煞車、急加速、平均時速等）等巨量資料作人工智慧分析與風險精算。目前保險局已核准泰安、富邦、國泰世紀、兆豐等產險公司 UBI 保單。當車載診斷系統（On-board Diagnostic, OBD）結果出爐，得知駕駛經常有超車紀錄，表示發生車禍的機率提高，則保險公司在維持現有保費計算標準下，以相關動態因素精確調高有關車險的保費。另外，巨星安潔莉娜裘莉擔心家族乳癌病史，透過基因檢測而提早切除乳房，遂引發民眾對基因定序與檢測的青睞，市場規模穩定成長。醫界透過大數據分析，拓展精準醫療並結合保險客製化時代來臨。由於精準醫療（Precision Medicine）的普及，使保險公司願意支付基因檢測費，以期減少保險理賠率並增加收益。

表 6-22　金融科技保險實務案例

公司／案件	創新項目	說明
中國大陸眾安保險	網路保險商品	新興網路銷售，注重開發新型商品創新研發，以提升競爭優勢和招攬新客群。
中國大陸淘寶	網路保險提供假貨理賠險	為買家降低風險。
中國大陸淘寶	退貨運費險	大數據分析定價，推出即時出險率分析與即時核保機制等嶄新保險服務。
IBM公司	員工租車險服務	提供租車業租車險，可節省租車險成本。
汽車保險車聯網	利用大數據技術分析新型保險案	保險車聯網（Usage-Based Insurance, UBI）以開車時間與用車習慣等資訊，包括駕駛年齡、性別、車齡、違規紀錄等靜態資料。利用車聯網與大數據分析評估風險，提供具彈性的保費調整。
國泰人壽	行動保險技術、大數據分析、與雲端儲存結合	透過iPad串連行動投保、保全與理賠業務，提供客戶即時訊息與市場動態消息，使作業效率提升。

表 6-22　金融科技保險實務案例（續）

公司／案件	創新項目	說明
瑞士Roche精準醫療	1. 人工智慧和醫療大數據對基因定序、基因檢測作數據分析。 2. 精準預防與早期治療。	1. 精準醫療（Precision Medicine）結合個人化治療、醫療大數據分析與伴隨式診斷。 2. 跨業併購與聯盟，有效提升醫療品質。 3. 保險公司支付基因檢測費，以期減少保險理賠率。
國泰產險	智能產險： 飛機航班延誤險	1. 當航班延誤達理賠標準，將理賠金直接匯入指定帳戶。 2. 「理賠零時差」目標。

資料來源：1. 經濟部技術處。
2. 工商時報，國壽Fintech專利申請成效卓著，2016.9.30。
3. 工商時報，科技化變革讓理賠零時差，2019.2.3。
4. 經濟日報，精準醫療引爆兆元商機報，2018.5.15。
5. 工商時報，華南銀行獲4項Fintech專利，2016.9.22。
6. iThome，大數據分析化身精算師，即時制定淘寶每筆退貨運費險的合理保費，2016.11.19。

淘寶網爲解決 7 天無理由退貨商品規定，所引發買賣雙方對退貨運費的支付糾紛，而推出退貨運費險。起初由買家按貨價 5% 保險費率支付，若退貨取得退款後，於 72 小時內由保險公司賠付相關退貨運費。然而，因保費低廉，許多消費者訂購多項物品後，只留下喜歡的貨品，其餘辦理退貨，導致此項保險業務虧損。隨後運用保險精算方式，以出險率作爲定價因子，並延伸多因子數據分析模型，依然防堵不見成效。最後，導入大數據分析進行定價，利用數百萬帳號特徵，結合及時特徵分析與機器學習方法，並提供即時出險率分析與即時核保機制等嶄新保險服務，因而轉虧爲盈扭轉劣勢。僅 2015 年雙 11 光棍節就售出 3 億筆退貨運費險，並解決棘手問題，如圖 6-11 所示。

4. 網路保險

網路保險係指保險公司或保險經理／代理人公司，以網路與電子商務平台，拓展保險經營與網路行銷活動，多數網路保險商品爲意外險、旅遊險、車險、和健康險等商品。網路保險大致可分爲兩種模式：

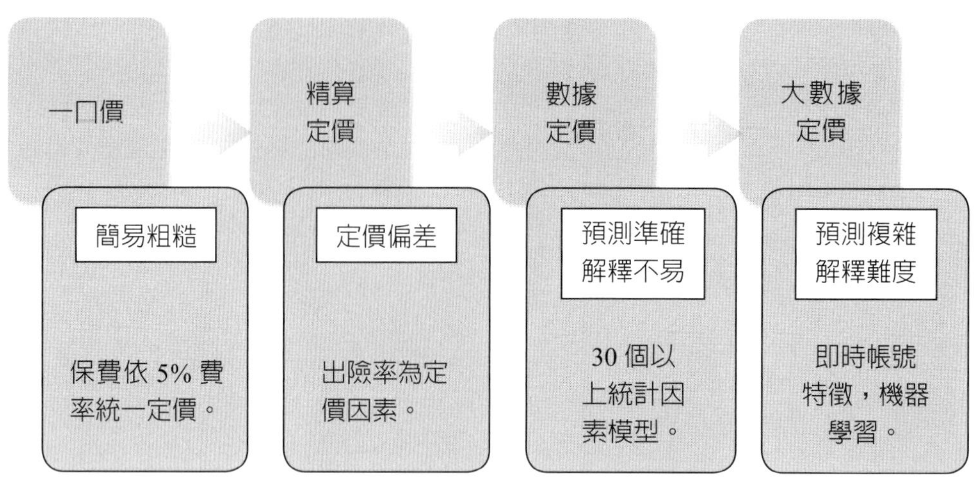

圖 6-11　淘寶網退貨運費險發展

資料來源：iThome，大數據分析化身精算師，即時制定淘寶每筆退貨運費險的合理保費，2016.11.19。

(1) 保險網路化

保險公司增加新型網路行銷模式，即 Direct 模式，提升服務水準。例如：2015 年 9 月 19 日國泰產險與螞蟻金服建立戰略夥伴關係，強化保險網路通路實力。另金管會核准保險經紀代理人公司與玉山、中信、國泰與華銀四家銀行網路合作保單銷售。

(2) 網路保險創新化

保險公司體認新興網路銷售的重要性，加強開發新型商品創新研發，以提升競爭優勢和招攬新客群。以中國大陸眾安保險公司爲例，其網路保險商品十分創新，吸引許多網友購買保單，客戶人數成長迅速。

過去台灣由於保險法規的保守性，使保險公司僅能提供網路服務的事宜。自 2014 年金管會開放網路銷售保單並逐步鬆綁相關限制後，並分爲五階段開放網路保險，如圖 6-12 所示說明。保戶亦可利用身分證、牌照等，透過行動應用程式（App）進行投保、理賠查詢和理賠紀錄等，無須再辦註冊和驗證等程序。由於網路保險能克服時間與空間障礙，保戶享有折扣、刷卡購買和保費便宜等優勢。根據富邦人壽客戶大數據分析得知，七成客戶年齡層落在 35-54 歲間。2018

階段	內容
第一階段	開放網路保險與臨櫃申請憑證，既有保戶網路註冊投保強制汽車險、傷害險、旅遊平安險、定期人壽險。
第二階段	非既有保戶網路註冊，有效契約投保上限提高。
第三階段	放寬網路投保利變型年金險、養老險等。
第四階段	放寬網路投保險種、增加網路投保額與保險服務。
第五階段	放寬網路投保與徵信管道、放寬產險(登山險、寵物險、居家綜合險、任意車險)、壽險(小額終身保險)、旅遊平安險投保額上升、要保人與被保險人非同一人。例如：家人替7歲以下小孩買旅遊平安險。

圖 6-12 網路保險開放階段

資料來源：1. 金融監督管理委員會。
2. 經濟日報，上網買保單又快又便宜，2017.12.2。

年網路壽險主力產品爲利率變動年金險、旅遊平安險、旅平險附加海外突發疾病醫療險。

5. 網路保險的優勢與弱勢

有關網路保險的優勢，包括下列幾項說明：

(1) 節省成本

網路保單業務可下降管理成本、人事費用與產品費率，相較於傳統保險通路可節省 20-70% 費用。

(2) 資料分析與創新

透過客戶資料的蒐集與分析，能進一步開發潛在客戶需求與設計適合網路行銷的創新保險商品。例如：富邦人壽針對斜槓青年，即追求多重職涯身分與多樣生活經歷爲區隔訴求者，提供網路旅遊險、小額躉繳年金險等，使斜槓青年成爲主要客戶群之一。

(3) 便捷交易流程

客戶可經由網路平台蒐集保險資訊、產品介紹、投保須知等，透過繳費連線後，由登錄網頁取得電子保單，手續非常簡便。例如：某些歐洲國家網路保險對於體檢報告與健康狀況，客戶無須任何提交和告知的要求。

(4) 品牌形象建立

利用搜尋引擎、網站等，加強公司知名度，以利品牌形象與影響力的宣傳效果。

(5) 智能合約理賠

透過智能合約系統自動執行理賠流程，大幅降低人工理賠估算時間，能迅速完成理賠作業。

(6) O2O創新服務

利用 O2O 創新模式，兼顧網路保險與客戶量身訂做專屬服務模式，可有效擴展網路世代的準客群。

發展網路保險亦面臨相關劣勢，說明如下：

(1) 網路銷售支付疑慮

網路保險偏向低廉且標準式保單，方能受到年輕族群的青睞，而對保費較貴與複雜式保單存有疑慮。

(2) 保單範圍限縮

網路保險提供用戶挑選與改變保單的機會，使保單費用會趨於一致性，導致保單範圍限縮的情勢。通常具強制購買、風險度強等險種，如汽車險、旅遊險、醫療險等會吸引客戶主動詢問。

(3) 保險知識侷限

有些保單條款複雜與客戶專業知識的不足，使客戶需專業保險人員協助與諮詢。而網路保險採陳列方式，對部分客戶產生無安全感與銷售效果打折的效應。

(4) 監管力道不足

以法律層面而言，中國大陸跳躍式網路保單的增長，已引發行業監管不易的亂象窘境，如下表 6-23 說明。

表 6-23 網路保險監管缺口

監管缺口	說明
保險法律糾紛	網路保險利用電子簽章，然尚有法律與程序不完備之處，若處理不當，容易形成糾紛。
代理與仲介問題	網路保險經紀人可能發生私吞保費、未全數上繳保費、與假保單等事件，造成無法理賠的風險。
個資外漏的隱憂	保險公司蒐集保戶真實詳細資料，可能遭駭客取得或有心人士盜賣、兜售等情事，而造成個資保護的漏洞。
保險提示自行判讀	網購保單考驗投保人規劃的能力，相關資訊披露包括免責條款、考量期間、退保損失、保單價值與風險提示等，需自行研判。
網路核保不易	核保因素眾多，透過網路搭建保險公司與客戶溝通橋梁不易，影響保單種類與保障範圍，使投保人或被保險人權益保障不足。
網路索賠詐欺	網路保險詐欺頻傳，各類手段不斷翻新，保險公司常受到此風險的威脅。
責任條款複雜	保單牽涉健康險、投資類險種等，相關保險責任條款複雜且保費較高，宜尋求專業人員解說與處理。
購買網路保單回饋	許多保險公司吸引客戶購買產品，提供促銷優惠活動，例如：贈送集分寶、打折、電子購物券、送現金等回饋，疑似違規活動。

資料來源：曹磊、錢海利，FinTech金融科技革命，商周出版，2016.5.5。

6. 中國大陸網路保險銷售

中國大陸保險公司之創新開發、行銷理念變革與保險仲介日漸擴大，逐漸取代分支機構的設立與直銷模式，使互聯網保險平台銷售呈現快速發展，並進入成熟穩定局面，每年電子商務平台複合成長率均超過 100%。依據聯合艾瑞諮詢「2016 中國創新保險行業白皮書」報告，預估 2016 年網路保險用戶為 4.9 億和滲透率達 68.1%，並上升至 2019 年互聯網保險用戶規模將達 5.9 億，用戶滲透率預計達 77.6%，如圖 6-13 顯示。

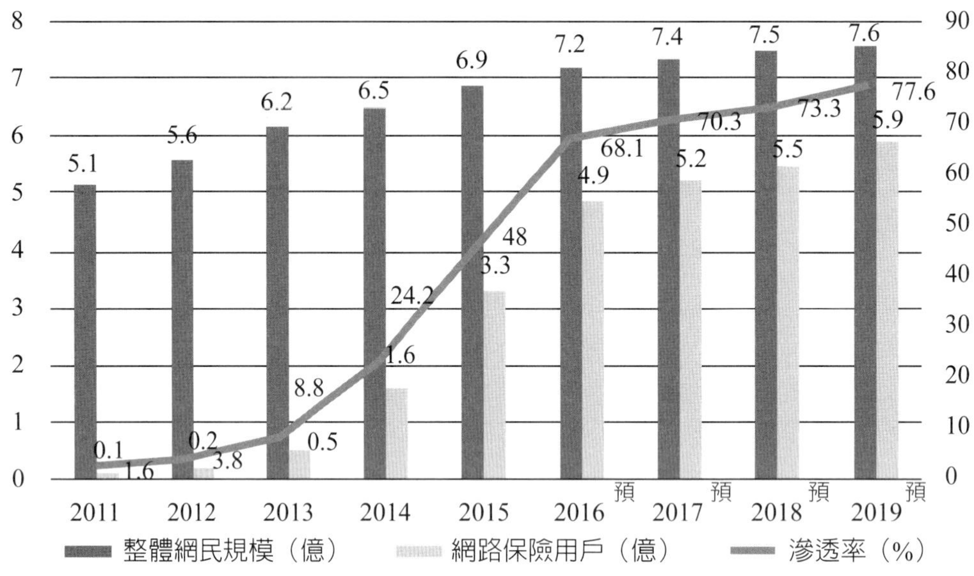

圖 6-13　2011-2019 年中國大陸互聯網保險規模與滲透率

資料來源：新浪香港，眾安保險發布行業白皮書年底互聯網保險保民將達4.9億，2016.8.29。

(1) 中國大陸網路保險發展

網路保險發展沿革可分爲四階段，包括初創期、培養期、成長期與繁盛期，如表 6-24 所示。初創期於 1997 年展開，然市場環境和技術條件等不純熟且網購意願不高。培養期除政府制定監管規定外，相關技術、創新商品與行銷管道均提升。成長期民眾認知度增溫，促使網路保險種類與規模增加。繁盛期預計網路保險結合大數據技術之創新保單將引領風騷。

表 6-24　中國大陸網路保險發展四階段

階段	期間	說明	特點
初創期	1997-2007年	1. 1997年網路銷售保單出現。 2. 2000年出現保險官網。	市場與技術條件尚未成熟，網購意願不高。
培養期	2008-2011年	1. 2010年淘寶保險商品上線。 2. 2011年訂定「互聯網保險業務監管規定」。	開拓網路行銷管道、技術提升與創新商品研發。

表 6-24　中國大陸網路保險發展四階段（續）

階段	期間	說明	特點
成長期	2012-2016年	1. 2012年批准19家仲介網銷。 2. 2013年「雙十一」網路保險銷售超越6億人民幣。 3. 2013年眾安在線產險公司發展互聯網保險業務。 4. 2014年阿里巴巴和京東電子商務平台加入產壽險保單銷售。 5. 開放保險公司對業務員自主管理與考照。 6. 開放互助保險業務。	險種規模、民眾認知程度與網路保險監管均上升。
繁盛期	2017-	1. 個人化車險形成。 2. 網路保險朝行動裝置推行。 3. O2O與反O2O將盛行。	網路保險成為主要銷售管道與網民滲透率高。另利用大數據技術打造創新網路保險。

資料來源：1. 曹磊、錢海利，FinTech金融科技革命，商周出版，2016.5.5。
2. 工商時報，大陸壽險業務多元通路發展，2017.7.2。

(2) 中國大陸互聯網保險發展模式

自 2013 年眾安在線產險公司開始布局互聯網保險業務後，吸引許多相關行業加入營運，並逐漸衍生成互聯網保險發展模式，包括官網、協力廠商電子商務平台、代理、專業互聯網保險公司四種模式，如表 6-25 說明。相對而言，互聯網保險業務之保費規模占整體保費規模不大，然在民眾認知程度、金融創新、與互聯網環境日趨成熟的趨勢下，互聯網保險業務的增長不容小覷。例如：有鑑於手機毀壞、浸水等情事不斷發生的痛點，小米手機與眾安保險跨界合作，開展保險價值鏈，推出手機意外險，迎合消費者多元需求而廣受用戶青睞。

表 6-25　互聯網保險發展模式

發展模式	說明	備註
官網	保險公司或保險仲介企業設立官網，專注品牌、導入客戶關係管理系統、和銷售業務，提升客戶相關需求。	中國人壽設置電子商務部全力推展官網保單行銷與管理。
協力廠商電子商務平台	協力電子商務平台與保險公司合作銷售保單，並無擔任仲介性質。	淘寶與京東金融提供電子商務平台，推播合作保險保單。
代理	1. 兼業代理。 2. 專業仲介代理。	航空公司與攜程網合作，代理網路保險業務。另保險360成立專業仲介代理公司。
專業互聯網保險公司	1. 產壽險綜合性金融互聯網平台。 2. 專業產險或壽險互聯網行銷平台。 3. 純互聯網保險公司。	2013年10月眾安在線成立，屬於純互聯網保險公司。

資料來源： 工商時報，互聯網保險大陸崛起，2017.7.2。

(3) 中國大陸網路保險交易平台

圖 6-14 說明網路保險交易平台與流程，透過網路保險交易平台，使用者可經由管道層取得投保資訊與各項產品資料，實際網路保單的購買與體驗。由業務邏輯層處理線上支付、報價、核保、和通訊作業，並利用核心技術層中基礎架構作支援，提供異常處置、登錄問題、程式開發與客戶集中管理模式等協助。另網路保險交易流程操作簡易，用戶上網瀏覽各項保險產品與服務項目，挑選欲購買的保單並試算保費。在填報個人資料後，可選擇以電子保單或實體保單，以不同付費管道完成交易，使保單開始生效。

7. 保險科技（Insurance Technology, InsurTech）

網路化興起起源於保險網路化（Direct 模式），使保險業注重行銷通路的建置與改良，規劃制式化與簡單化的產品於網路，並提供各式保單讓客戶選擇、保單資訊查詢與網路理賠服務等功能，以利節省實體通路成本，並降低保費。然而，針對保險流程與客製化需求仍有許多痛點待解。金融科技新創公司的顛覆創新模式，引發保險科技（Insurance Technology, InsurTech）的崛起，透過即時、

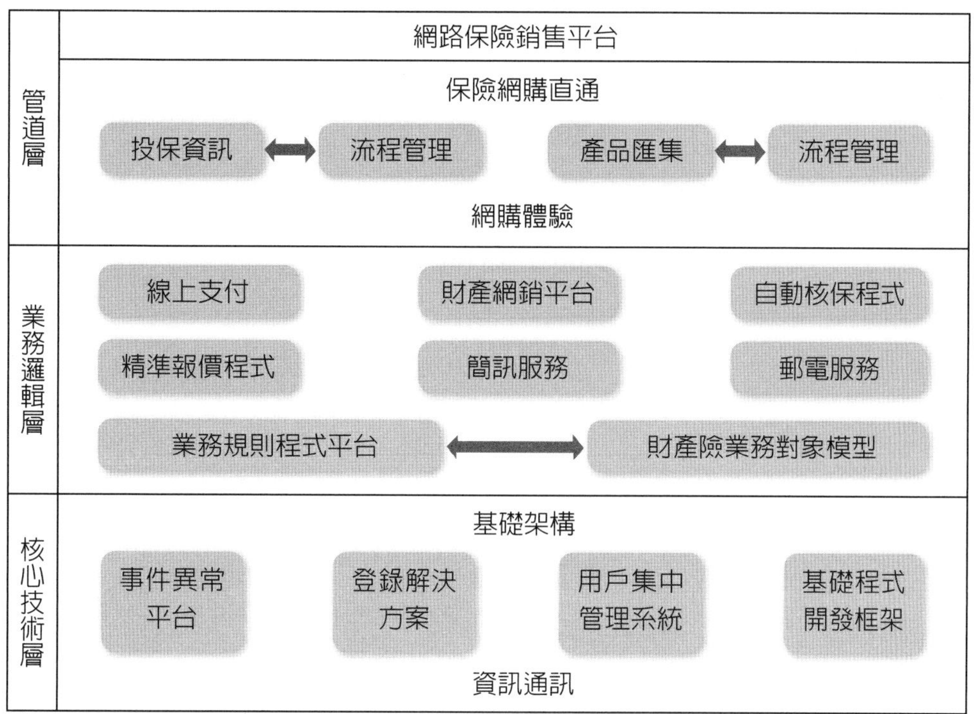

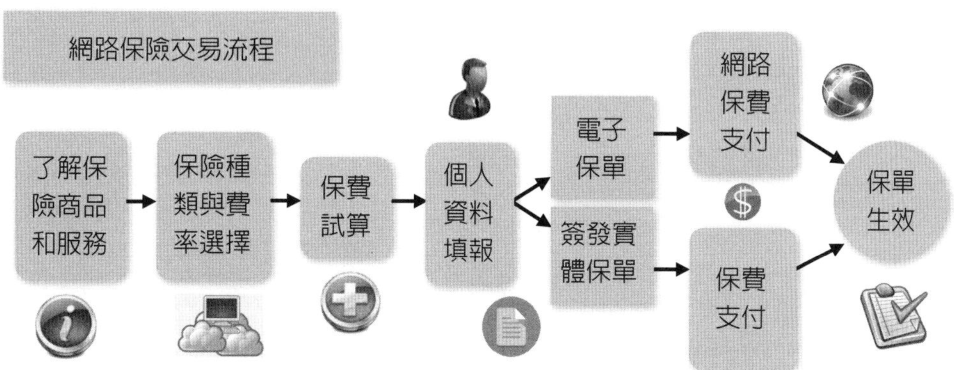

圖 6-14 網路保險交易平台與流程

資料來源：1. 曹磊、錢海利，FinTech金融科技革命，商周出版，2016.5.5。
2. Wikimedia Commons。

便捷、自動化與分散風險的優點解決痛點，發掘商業機會，檢視保險業流程的各環節，尋求創新與突破，運用大數據分析、區塊鏈、智能合約、物聯網、人工智慧、無人飛行載具（無人機，Unmanned Aerial Vehicle, UAV）與 P2P 等技術，適時提供產品改革或創新服務，進而橫掃保險市場。

舉例而言，富邦產險設計社群健康保險回饋機制，以過去健康理賠經驗制定預期損失率為 60%，若在有效期內，實際損失率為 45%，則差額 15% 可運用紅利點數回饋給參與者。其他相關保險科技創新保單，例如：P2P 保險、大數據應用與科技結合、客戶導向產品設計、和創新保險銷售通路等，如表 6-26 所示說明。

表 6-26　保險科技創新服務項目

<table>
<tr><th>項目</th><th>代表企業</th><th>特點</th><th>說明</th></tr>
<tr><td>P2P保險</td><td>Friendsurance</td><td>客戶自組選擇潛在風險低的人，如親友、臉書和Linkedin等社群，組成投保團體，與保險公司協商降低保費。</td><td>1. 保費分為傳統保費和部分投入回報資金池保費。
2. 保單到期若無出險，會員從資金池領回約四成保費為獎勵。若遇出險時，先由資金池保費基金賠付，不足時再由保險公司負責。</td></tr>
<tr><td rowspan="4">大數據應用與物聯網科技結合</td><td>Oscar、國泰人壽</td><td rowspan="2">透過穿戴式／感應器科技，簡化投保健康險／保險車聯網，利用大數據分析客戶數據，提供差異化保費定價。</td><td>1. Oscar健康險提供線上醫療資源，降低就診次數。
2. 若保戶符合健康要件並續保，國泰人壽提供保費優惠，已和健康促進獎勵金退回前期部分保費。</td></tr>
<tr><td>Metromile、泰安產險</td><td>Metromile保險車聯網和泰安產險以車載感應裝置紀錄開車里程，自動偵測汽車狀態，訂定客製化收費。</td></tr>
<tr><td>眾安、小米手機</td><td>健康管理的保單「步步保」。</td><td rowspan="2">1. 結合可穿戴裝置與大數據分析的新型健康險。
2. 外溢效果之計步保單：特別將被保險人的運動量，如運動步數達成預期目標，作為重大疾病定價參考並提供保費折抵優惠。例如：1 年要求120天以上，每日5,000步的保戶享有保費降低的優惠。</td></tr>
<tr><td>富邦、台灣、國泰、中國人壽</td><td>智能健康管理外溢保費減免。</td></tr>
</table>

表 6-26 保險科技創新服務項目（續）

項目	代表企業	特點	說明
客戶導向產品設計	Esure Group	以女性客群的需求為出發點，推出女性車險（Sheilas' Wheels）。	1. 利用臉書分享客戶體驗心得與影片，吸引粉絲訂閱，並提高品牌忠誠度。 2. 客戶樂於推薦。
無人機應用	再保險公司AIG	加速理賠處理時間作業，例如：廠房屋頂漏水、毒氣、輻射汙染等環境。	1. 利用無人機對欲投保客戶之被保資產取得影像。 2. 保險期間檢視被保資產狀況，執行預防措施。 3. 客戶要求理賠時，能迅速進行被保資產損失狀況，減少理賠處理時間與提升理賠人員安全。
創新保險銷售通路	Zenefits	跨業結合主打企業客製化保單。	1. 將傳統保險B2C模式，延伸出B2B行銷模式。 2. 提供企業人力資源相關業務和保險服務。
	國泰人壽	自助投保機。	於機場設立24小時全天候自助投保機，提供旅行平安險保單。
人工智慧應用	日本富國生命保險公司	提升核保與理賠作業流程速度。	1. 針對可視性方式解析非結構視資料（如影像），彙整理賠所需項目，如醫療證明、醫療紀錄、手術費用與住院天數等。 2. 縮減核保與理賠時程（由3天減至幾分鐘）。
	Lemonade		1. 利用手機App，回答身分問答與保費試算，AI機器人約90秒可完成產險保單。 2. 身分核對與防詐演算後，AI機器人約6秒完成理賠作業。
資訊安全險	華南產險	電子及電腦犯罪綜合保險。	保障金融業因駭客入侵使相關資料遭竄改或毀損，因而導致財產損失。包括詐欺（如電子資料、程式、病毒、電子通訊、電子證券等）、電子資料毀損等。例如：遠東商銀遭駭外幣事件。

表 6-26 保險科技創新服務項目（續）

項目	代表企業	特點	說明
		資料保護保險。	保障個人、企業、外包廠商因駭客入侵或個資外洩，對第三者賠償其損失的責任。例如：Uber被駭客盜走5,700萬筆客戶資訊。
區塊鏈應用	台北醫學院	全球首張區塊鏈技術的智慧健康隨行卡。	1. 藉由區塊鏈結合電子病歷，並利用智能合約的簽訂與授權，使保險公司進行病歷線上存取。 2. 病患無須至醫院申請病歷資料，保險公司即可理賠給付作業。
	富邦產險	社群保險： 1. 分散式保險回饋系統。 2. 社群集體保險之風險評估系統。 3. 社群集體保險之行動管理系統。	1. 透過區塊鏈技術完成社群集體保險之回饋機制。 2. 成員表現良好行為可獲回饋點數。 3. 利用App和物聯網架構，成員彼此監督。
	台灣人壽	理賠服務區塊鏈。	台灣人壽與高雄榮總醫院合作設立理賠區塊鏈，提供病歷摘要、就診資訊、收據和各類醫療險申請保單，加快理賠過程及線上尋查。

資料來源：1. 工商時報，台灣人壽推理賠服務區塊鏈平台，2018.12.13。
2. 陳鼎文，非懂不可FinTech，金融研訓院。
3. 遠見雜誌，三大趨勢一次看懂保險科技InsurTech，2017.1.23。
4. 台灣銀行家，人工智慧×金融科技開創金融新藍海，2017.12。
5. IT經理人，保險業的無人機應用，82，2018.4。
6. IT經理人，北醫phrOS導入區塊鏈，79，2018.1。
7. 網管人，大數據及物聯網技術加持商業風險管理如虎添翼，2017.1，42-43。
8. 經濟日報，富邦產推社群保險區塊鏈助攻，2018.5.19。
9. 經濟日報，防駭華南產推資安險，2017.12.1。
10.經濟日報，InsurTech保險業拚數位服務，2018.11.14。

圖 6-15 說明保險科技流程中洞悉商業機會，可分爲對內與對外關係兩部分：

(1) 對內關係

利用現有資料分析洞見保險新商機，不斷開發新產品。在保單管理分面，採新方法預期與減少風險爲訴求，改良客製化保單。加強處理營運執行能力之培養，有效處理各項理賠作業與客戶服務事宜。

(2) 對內關係

以顧客角度設計相關保單，符合顧客需求並刺激購買慾望，避免淪爲削價競賽的困境。加強策略規劃能力，強調生活化和多元化保單與服務，建構密切的顧客互動關係，致力於提升顧客黏著性與注重忠誠度。

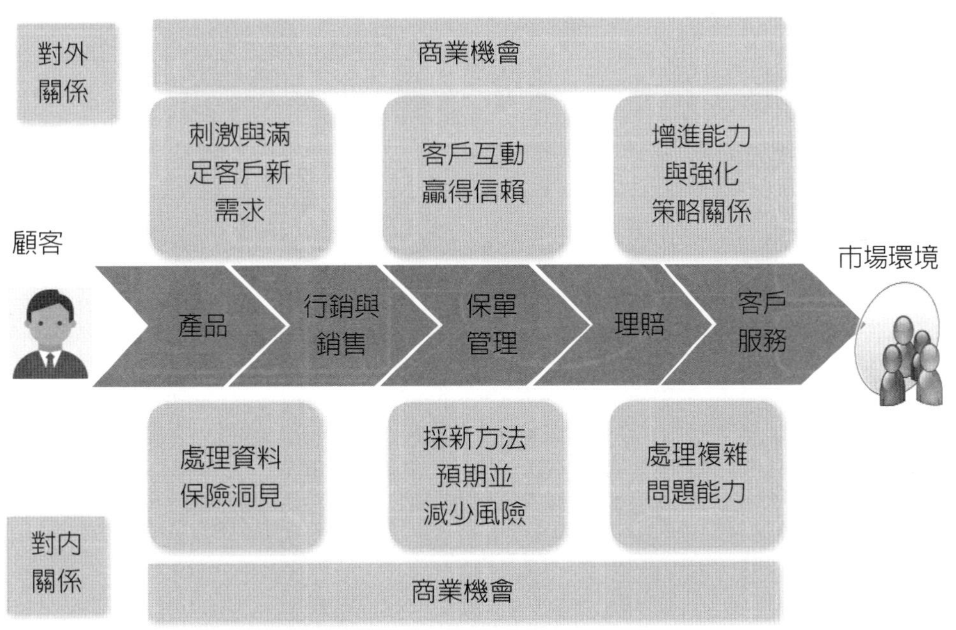

圖 6-15　保險科技的商業機會

資料來源：1. 陳鼎文，非懂不可FinTech，金融研訓院。
2. Wikimedia Commons。

實務案例

LINE 金融布局

南韓 Next Human Nextwork（NHN）於 2000 年 9 月 4 日成立日本 LINE 株式會社，另於 2018 年 1 月設立 LINE 金融公司，分成資產管理、保險、信貸、財務商業等領域。在資產管理方面，投資 FOLIO 公司專注於新型投資業務，另與野村集團合資成立 LINE 證券。在保險方面，與日本保險合作，進軍台灣市場，鎖定新型非壽險類保險（如低風險與低金額的理財保險、UBI），建置保險科技聯盟。另向日本監管機構申請成立虛擬貨幣交易所（BITBOX），利用區塊鏈技術從事貸款、保險、轉帳、行動支付等。以 LINK 代幣為主軸，發展遊戲、娛樂、媒體、分享、和商務業務，衍伸 LINK 生態圈，圖 6-16 顯示 LINE 金融組織架構與相關業務。另開辦 LINE

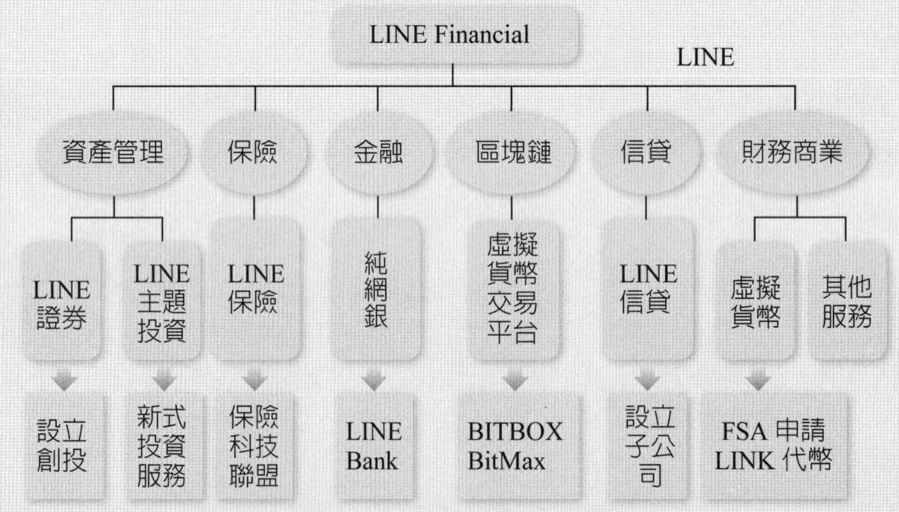

圖 6-16　LINE 金融公司業務

註：Financial Services Agency, FSA。

資料來源：1. LINE網站。
2. 經濟日報，LINE重塑業務強攻區塊鏈，2018.6.29。
3. 野村集團網站。
4. 工商時報，LINE參戰純網銀拉4國銀助陣，2018.10.8。
5. Wikimedia Commons。
6. Sompo Japan Nipponkoa Insurance網站。
7. 數位時代，繼證券和虛擬貨幣之後，LINE再跨足保險市場，2018.4.25。

Pay 進軍行動支付，分別與保險業和銀行業合作，提供 LINE 服務平台業務，如壽險、產險、車險等網路保險及理賠查詢。LINE Pay 享有相關回饋，如表 6-27 說明。透過利變年金保險、網路保費刷卡和 LINE Pay 卡回饋率等，使壽險網路投保金額增長。2018 年 7 月 LINE Pay 首次海外釋股，吸引台北富邦、聯邦銀行入股。

表 6-27　金融業導入 LINE 服務平台

項目	保險			銀行			
	國泰產險	富邦人壽	新光產物	國泰世華	中信	台新	台北富邦
綁定				668.6萬	260萬	325萬	200萬
相關功能	車險理賠、理賠進度查詢	壽險網路投保	車險理賠、理賠查詢、續保專區	KOKO優惠、吃喝好康、全支付	個人化通知與查詢服務、智能客服	R幣專區、帳務查詢、收款服務	網路壽險、產險投保與理賠、網路證券
中信 LINE Pay		網路投保單次最高刷100萬元，利變年金保單熱銷。		登錄送刷卡金。	台灣人壽網路保單。紅利與購物金回饋2%。	綁定台新全家悠遊聯名卡，最高享回饋22%。	

資料來源：1. 工商時報，業界首創國泰產用LINE出險理賠，2017.12.2。
2. 工商時報，壽險網路投保LINE Pay卡幫一把，2018.1.12。
3. 工商時報，謝謝LINE Pay富邦網路投保暴衝，2018.1.3。
4. 工商時報，LINE Pay刷卡享回饋金優惠，2015.10.12。
5. 台新銀行網站。

五、證券期貨業金融科技發展

因應金融科技思維與發展，政府推動證券數位化帳簿作業環境，實施免臨櫃帳戶劃撥與手機證券存摺業務等服務。證券期貨業者亦加強數位化與行動化轉型業務，注重行動資訊安全防護網，表 6-28 說明證券期貨業發展金融科技現況。群益證券導入中華電信企業行動力管理平台（VMware AirWatch），有效進行資訊安全防護網、雲端服務與客戶身分辨識等一站式服務業務，引進 GOODi 智能理財機器人，透過機器智慧學習結合大數據分析技術，提供客戶有關股東會、除權息、財報揭露和理財報導等資訊，輔助營業員並適時轉型爲財富管理顧問角色。集保結算所開放政府資料（Open Data）供外界利用，開發世界首創智慧型手機與平板電腦的集保 e 存摺，利用「股東 e 票通 App」，作爲公司股東會投票系統介面和除權除息等訊息推播。另集保基金平台提供境內外基金整合資訊查詢。基富通證券連結公會、投信業者、及相關資訊廠商，開辦網路基金銷售平台，提供客戶一次購足與智能解說平台服務。

表 6-28　證券期貨業發展金融科技現況

公司／機構	線上借貸	聊天機器人	LINE 理財服務	理財機器人	e 存摺	金融科技基金	網路基金/ETF 平台	大數據	自動下單平台	線上開戶	智慧 API	電子投票平台
群益金鼎證券／期貨／投信				v				v		v		
元大證券／期貨／投信			v	v			v				v	
新光證券	v	v	v									
富邦證券				v								
玉山證券	v											
國泰證券										v		
集保結算所					v		v	v				v
基富通證券				v			v		v			
第一全球 FinTech基金						v						
策略無限									v			
日盛證券				v								

表 6-28 證券期貨業發展金融科技現況（續）

公司／機構	線上借貸	聊天機器人	LINE理財服務	理財機器人	e存摺	金融科技基金	網路基金/ETF平台	大數據	自動下單平台	線上開戶	智慧API	電子投票平台
投信業：野村、復華				v								
投顧業：瑞銀、王道、商智、大拇哥				v								
兆豐、華南永昌、永豐金證、凱基			v							v		

資料來源：1. 經濟日報，群益證券行動化完美詮釋FinTech轉型，2016.9.22。
2. 工商時報，打造集保成爲FinTech舞台，2016.8.5。
3. 經濟日報，第一全球FinTech基金攻守兼備，2016.11.7。
4. 工商時報，雲端化期貨程式交易策略無限，2016.12.15。
5. 經濟日報，趙永飛注入人性發展金融科技，2017.1.6。
6. 經濟日報，凱基證LINE上限服務投資人，2017.1.6。
7. 工商時報，智能理財崛起小資族也有私銀級服務，2017.4.19。
8. 工商時報，亞洲第一個ETF AI投資平台，2018.1.2。
9. 經濟日報，集保基金平台人氣紅不讓，2018.5.22。
10.經濟日報，集保e存摺用户突破30萬，2018.5.25。
11.工商時報，元大期創新推出Smart API，2018.5.3。

第一全球 FinTech 基金與富時指數合作，客製化全球首支金融科技指數爲參考指標。策略無限公司開發全球首宗「雲端化期貨程式交易」，以大數據與策略運算作全自動下單。元大投信推出亞洲首創指數型基金結合 AI 投資平台，稱爲 ETF-AI 智能投資平台。提供退休規劃、動態投資組合、和投資理財顧問等服務。投資項目包含外匯、商品期貨、股票和債券等商品，從事多空、槓桿、智選（Smart Beta）等各類型 ETF 操作。元大期貨推出智慧應用程式界面，亦稱爲 Smart API，讓 R 與 Python 程式連結，以便取得報價、成交、未平倉與帳務等資訊。

表 6-29 說明金融業理財機器人比較，例如：復華投信理財機器人提供客戶市場多空操作，最低門檻金額較高，手續費較低廉。另金管會於 2019 年 7 月將投信投顧業及兼營投顧業的銀行（如王道銀行），列爲專案金檢理財機器人之業務。表 6-30 顯示凱基證券與 LINE 合作，爲首家個人服務資訊的券商，提供「凱基樂活投資人」LINE 官方帳號，可與凱基證券帳號連結，進行限價下單、買賣股票、成交回報與競標拍賣等功能。

表 6-29　金融業理財機器人比較

行業	銀行	證券	投信		
公司	王道、中信	富邦	元大	群益	復華
訴求	自動化調整投資組合	最適化長期投資組合	AI智能投資平台	智能、客製、全自動化與平衡機制	多空操作
最低門檻	1,000元	3,000元	--	100,000元	120,000元
投資標的	共同基金、ETF	ETF	ETF	共同基金	共同基金
費用	信託管理、手續費、平台使用	手續費	會員制會費	一次性顧問費	手續費
資產配置	v	v	v	v	v
動態篩選			v	v	v
定期定額			v	v	
智能投資			v	v	

資料來源：1. 經濟日報，理財機器人強勢通上線，2017.11.8。
2. 工商時報，群益投信全自動AI理財創新，2018.5.22。
3. 經濟日報，元大ETFxAI智能投資平台理財利器，2017.4.9。

表 6-30　凱基證券 LINE 帳號服務功能

LINE官方帳號	凱基證券	其他券商
個人化資訊（委託與成交回報、限價提示、競標結果、出借股票等通知）	v	x
股價和產業情報查詢	v	x

表 6-30 凱基證券 LINE 帳號服務功能（續）

LINE官方帳號	凱基證券	其他券商
觀盤重點提示	v	v
行銷訊息與活動	v	v

資料來源：1. 經濟日報，凱基證LINE上線服務投資人，2017.1.6。
2. 凱基證券。

1. 群益期貨金融科技模式

群益期貨爲金融科技領航先知之一，自 2006 年起，致力於金融科技研發。依用戶需求回應，透過業務部門反饋與研析，逐步轉成開發項目，提供便利性、一站式、與功能性服務。創新模式包括數據分析、線上支付、科技服務、與網路平台等範疇，已開發多項創新模式。例如：群益快豹訊息行動平台提供全球即時財經資訊參閱，大數據避險模組引導用戶投資風險管控。另透過統計分析與量化交易模式，導出最適投資需求建議，如圖 6-17 顯示。

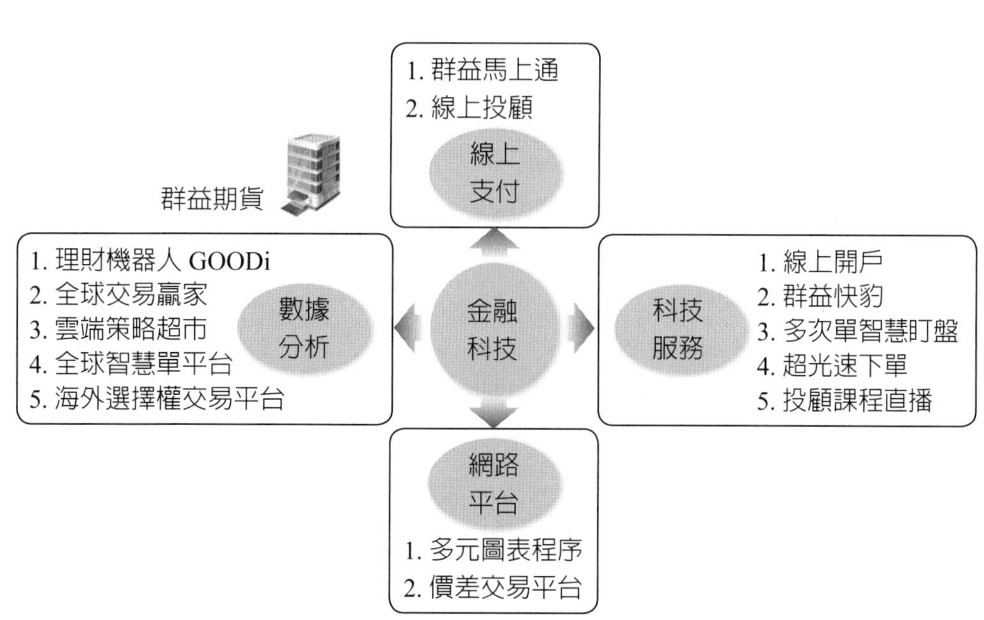

圖 6-17 群益期貨金融科技模式

資料來源：1. 貫中道，期貨人，新經濟、新金融與新生態，第59期，69-77頁，2016年第三季。
2. 群益期貨網站。

2. 股東 e 票通專用平台

自 2008 年 6 月集保結算所建置股東會電子投票平台，經由公司法第 177 條之 1 修正，逐次明訂上市（櫃）公司實收資本額條件，以及初次上市（櫃）強制性納入股票 e 票通，使股東會議事表決朝透明化與普及化邁進，減少許多股權紛爭，進而強化公司治理，如表 6-31 所示。另 2014 年 12 月開始建置跨國投票直通處理（Straight Through Process, STP）機制，保管機構取得外資客戶持股對帳、提供股東會英文版議案、與處理外資跨國投票指示作業等事項。

表 6-31　股東會電子投票平台沿革

日期	項目	說明
2008.6	股東e票通	1. 金管會委託集保結算所建置電子投票平台。 2. 解決股東會日期集中化的現象。
2009.3.30	正式上線	可提供股東快捷與安全的投票機制。
2012.1	公司法修正第177條之1	1. 符合資格條件上市（櫃）公司必須將電子投票管道納入股東會表決權行使選項之一。 2. 實收資本額100億元以上。 3. 前次停止過戶日，計算股東名簿記載達一萬以上人數。
2014	強制執行電子投票	1. 實收資本額50億元以上。 2. 前次停止過戶日，計算股東名簿記載達一萬以上人數。
2014.12.29	建置STP	允許外資利用跨國投票直通處理（Straight Through Process, STP）機制進行跨國投票。
2015.4.30	設立行動投票App	電子投票App使自然人可用智慧型手機與平板電腦，在排除時間與空間限制下，進行股東會投票。
2016	強制執行電子投票	1. 實收資本額20億元以上。 2. 初次上市（櫃）公司納入。
2017.3.6	全面電子投票實施	為提升公司治理，2018年起，所有上市櫃公司須強制執行。

資料來源：1. 證券暨期貨月刊，集保結算所推動股東會電子投票之介紹，第34卷第1期，2016.1.06。
2. 工商時報，上市櫃公司全面電子投票今年達陣，2017.3.6。

2015 年 4 月推出全球首創股東會電子投票專用平台 App 版，配合全面執行電子投票作業實施。2017 年共 1,223 家上市（櫃）使用電子投票系統，電子投票總數約 233 萬筆，電子下單金額市占比為 53.4%。另電子投票占股東會出席比例（即電子投票率）的平均值為 49.4%，呈現上升趨勢，而近年股東會平均會時間下降為 48 分鐘。兩者呈負相關，顯示電子投票能改善議事效率。

圖 6-18 顯示股東 e 票通平台架構，首先針對使用者身分，包括自然人、法人、保管銀行、投信、自營商、發行公司、股務單位、基金與政府機關等，依照各式憑證種類（如自然人憑證、工商憑證、網路憑證等）作識別，如表 6-32 所示。電子投票平台建置資料庫、安全控管機制、備援機制，提供完善各項作業功能服務。例如：透過同地與異地雙備援機制，取得政府與外部稽核資訊安全管理認證，使上市（櫃）公司股東會電子投票運作安全無疑。操作流程方面，股東和法人登入平台網頁後，利用一貫化與標準化電子投票程序，於各投資標的歸戶行使 / 撤銷 / 修改投票權、查詢議案與投票結果等事宜。另一方面，發行公司與股務代理寄送股東會通知與相關投票事務予股東和法人，亦提供股東名冊與議案資料給電子投票平台進行作業程序。

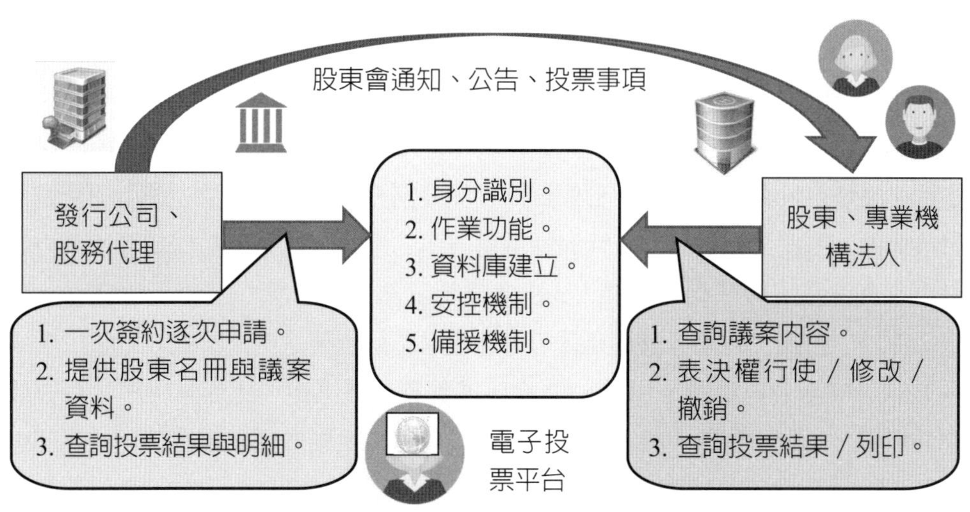

圖 6-18　股東 e 票通架構

資料來源：1. 證券暨期貨月刊，集保結算所推動股東會電子投票之介紹，第34卷第1期，2016.1.06。
2. Wikimedia Commons。

表 6-32　股東使用憑證種類

使用者身分	憑證種類					
	證券商網路下單憑證	證券暨期貨共用憑證	網路銀行憑證	自然人憑證	工商憑證	政府憑證
自然人股東	v		v	v		
法人股東	v	v	v		v	
保管銀行／投信／自營商		v			v	
發行公司／股務單位		v			v	
政府機關／基金					v	v

資料來源：股東e票通網站。

有鑑於國際投資發展趨勢，許多國家（英國、荷蘭、中國大陸、韓國、印尼、印度、土耳其等）推展其國內電子投票平台，朝股務作業標準化和國際投票平台接軌政策推進。因此，集保結算所依「推動國際連線，建置外資股東跨國投票直接處理機制」之藍圖，積極開展跨國投票直通處理（STP）機制，以期減緩外資股東有關時間與資訊不足的負面影響。

圖 6-19 說明透過集保結算所股務資訊網與股票 e 票通的有效連結，使保管銀行與股務單位針對停止過戶日外資持股、分割股票身分等項目，運用加密電子對帳傳檔，可使流程增加時效性與降低錯誤率的發生。此外，集保結算所致力於股東會英文議案標準化的推展，先由六家保管銀行（匯豐、花旗、德意志、摩根、渣打、台銀）將議案進行簡譯，再經集保結算所傳送至國際知名電子投票平台 Broadridge 公司處理，利用 STP 合作推動英文議案標準化作業程序，有效減少各保管銀行重複翻譯與議案翻譯不一的現象。後續屬於電子投票公司，將經由股票 e 票通平台完成投票程序。另屬於非電子投票公司則依指派書，交由保管銀行派代表或外資股東參加股東會投票。

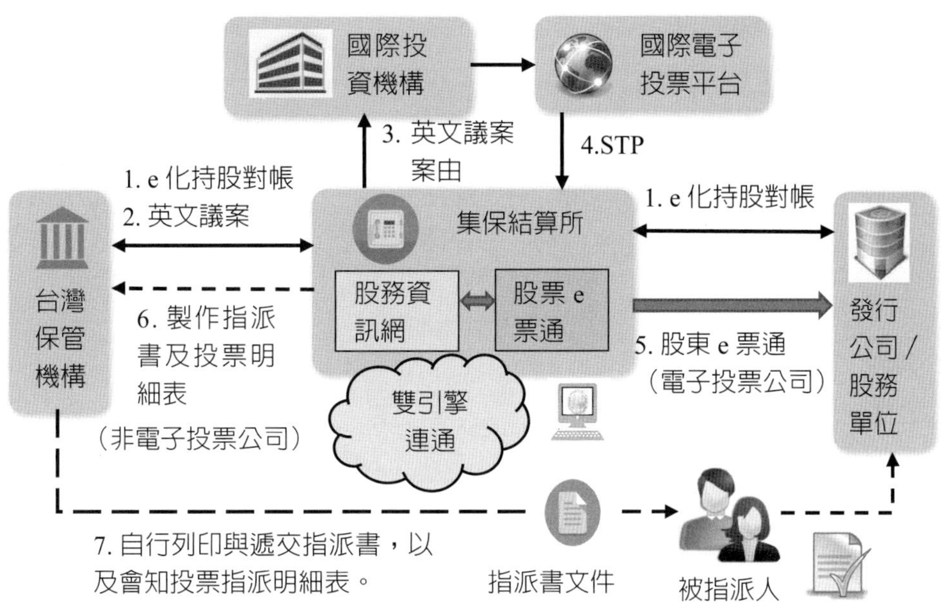

圖 6-19 股東跨國投票 STP 流程

資料來源：1. 證券暨期貨月刊，集保結算所推動股東會電子投票之介紹，第34卷第1期，2016.1.06。
2. Wikimedia Commons。

六、網路基金銷售平台

櫃檯買賣中心推出「開放式基金受益憑證交易平台」，於 2014 年 10 月 27 日正式上線，採用電腦議價系統和系統外議價兩種方式交易。其中，電腦議價系統可分成五個階段，包括開戶、造市商報價、價格揭示、委託下單與成交回報之交易流程，如圖 6-20 說明。

(1) 開戶

投資人先向證券商辦理櫃檯買賣帳戶開戶手續，方能進行交易流程。

(2) 造市商報價

已登錄掛牌開放式基金受益憑證之買賣價格，須由造市商提供。

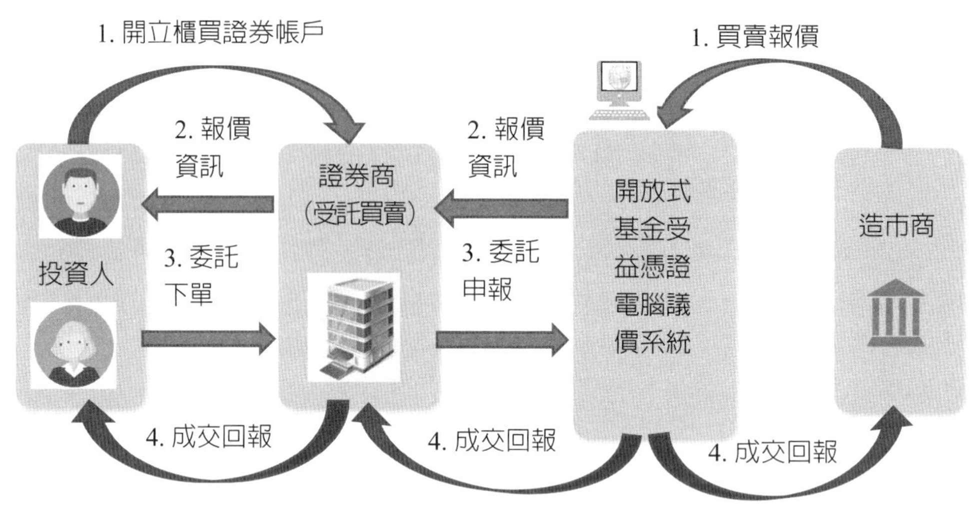

圖 6-20　櫃買基金交易平台流程

資料來源：1. 工商時報，基金交易平台2種方式交易，2014.10.23。
　　　　　2. 櫃檯買賣中心。

(3) 價格揭示

櫃買中心平台即時揭示相關造市商報價。

(4) 委託下單

投資者先參考報價，於營業時間內（9：00～15：00），經券商委託下單。最小交易為一個受益權單位，買賣無漲跌幅限制。

(5) 成交回報

櫃買中心提供成交資訊給證券商，再由證券商回報給投資者。

1. 基金銷售平台與智能理財

金管會於 2016 年 9 月所訂定「金融科技發展推動計畫」十項推動目標之一，即推動基金銷售平台與智能理財。期望透過金融科技化與網路行銷的結合，提供便捷與成本低廉的基金投資管道，利用智能解說程式與理財機器人，彙整分析各項投資建議，以利投資人進行理財投資活動。進而扶植國內投信產業朝穩健模式經營，去除大型業者把持通路的問題。網路基金銷售平台具有下列六項特徵：

(1) 效率性

網路行銷平台提供投資者自主性的挑選基金與網路客服業務，減少銷售環節交易流程效率提升。

(2) 節省性

銷售環節縮減使基金公司將相關成本回饋於投資者，使其節省成本。

(3) 互動性

投資者可自由查詢相關基金訊息與收益情形，並可利用平台所提供論壇式的網頁，與其他投資者於網站上交流互動。

(4) 即時性

基金公司藉由網路行銷基金平台，獲取網路造訪流量數、客戶留言與需求等對網站架構、客服業務與行銷模式等，即時適度修改並符合客戶所需。

(5) 行動性

投資者利用智慧型手機的行動裝置，安裝所取得官方軟體，便捷地於網路平台購買基金與帳戶管理。

(6) 智能性

將金融科技創新理念融入服務流程及市場通路多元化策略，推出理財機器人結合大數據分析技術演算，提供智能顧問理財服務。

2. 基富通證券介紹

爲實踐數位化金融環境 3.0 的政策，金管會全力推動基富通證券設立，於 2016 年 1 月 27 日獲得證期局許可證照後正式成立，主要股東結構爲官股（集保結算所與櫃買中心占 60%）和民股（34 家投信投顧業者業占 40%）。另分別與投信業者、公會和資訊廠商合作，導入網路行銷基金與智能理財功能，充分利用金融科技的顛覆革新的屬性，推動安全、便捷與費用合理的基金投資平台管道，兼具單一窗口與一站購足平台服務業務。表 6-33 說明相關基富通證券與其他銷售通路差異比較。

表 6-33　基富通證券與其他銷售通路比較

基富通證券	項目	其他銷售通路
櫃買中心、集保與投信業者等。	主要股東	金融機構、企業。
提供智能顧問理財服務。	服務型態	銷售專員／電話行銷服務。
涵蓋已核備90%境內／外基金，多達1,700檔基金。	產品數量	基金產品有限或僅銷售特定基金商品。
客戶自主性理財方式挑選基金。	服務差異化	業績掛帥且理專諮詢服務具有排他性限制，僅能做單一客戶服務，而非多人同時進行。
全年無休隨時下單。	服務日期	理財專員時間受限，而傳統型網頁查詢則不受時間限制。
優惠體驗時段為1.68折。	手續費	平均為3-5折。
無	信託保管費	0.2%
$3,000	定期定額門檻	$3,000
$3,000	單筆投資門檻	$10,000
1. 線上填表申請： 需人工對保與核印等程序，約7-10天工作日。 2. 晶片金融卡申請（註）： 一卡開通。 （當日開通、隔日交易）	開戶	各家採線上填表申請，工作日所需時間不一。
機器人主播台、品牌旗艦館、基金聯合國、基金專賣局、基金泡泡圖等。	網站功能	

註：第一階段開放華南、兆豐、國泰世華、彰銀、元大銀、台企銀參與。

資料來源：1. 中時電子報，基富通暖場就爆棚，2016.7.20。
2. 聯合報，一卡開通加持基富通年底前衝2萬開戶數，2016.10.10。
3. 經濟日報，基富通證券引領金融創新，2016.11.27。
4. 經濟日報，基富通推智能理財，2017.1.19。

表 6-34 列出台灣境外基金銷售平台，透過平台、投信投顧、銀行和券商等，說明銷售模式差異點。比較成立期間、基金機構／基金數、手續費優惠與特色等。例如：基富通證券基金網路平台可銷售已核備 90% 境內／外基金達 2,000

表 6-34　境外基金銷售平台一覽

類型	平台名稱	公司	成立期間	基金機構 / 數	手續費優惠	特色
網路平台	先鋒基金	先鋒投顧	2002年 2007年設立基金平台	29/750	股票型：2.99折 平衡型：0.89% 債券型：3.99折 貨幣型：0.59%	1. 不定期零手續費。 2. 可採日日扣。 3. 單筆、定期定額、定期不定額、天天選月月扣、小資Happy扣（$1,000）等交易。
	FundYES	鉅亨網投顧	2014加入鉅亨網集團	21/757	股票型：2.99折 平衡型：0.89% 債券型：3.99折 貨幣型：0.59%	提供新開戶優惠：首月可不限筆數，僅收取手續費0.45%。
	myfund888	向威投顧	2012年	20/821	股票型：2.99折 平衡型：0.9% 債券型：3.99折 貨幣型：0.6%	1. 不定期提供1折手續費。 2. 不定期提供限量限價限時零手續費。
	基富通	基富通證券	2016年1月	核備90%境內 / 外基金達2,000檔	股票型：1.68折 債券型：2.68折	1. 理財機器人以大數據技術提供智能顧問理財。 2. 定期定額1.1折優惠。
投信投顧	萬寶基金	萬寶投顧	1997年	17/485	0.6-0.9%	2007年成立基金事業部。
	野村	野村投信	1998年	7/479	股票型：1.2% 債券型：0.6%	1. 生日優惠。 2. 提供紅利點數。

表 6-34　境外基金銷售平台一覽（續）

類型	平台名稱	公司	成立期間	基金機構 / 數	手續費優惠	特色
	柏瑞	柏瑞投信	2010年 由盈科收購	4/118	股票型：0.9% 債券型：0.45%	生日優惠。
	宏遠	宏遠投顧	1993年	3/120		2008年境外基金
		容海投顧	2011年	17/400		提供信託與集保平台銷售海內外基金。
		瑞邦投顧	2000年	5/358		銷售海內外基金，提供客製化服務。
券商					3.8%（限首購）-7%	提供單筆、定期定額、定期不定額交易。
銀行					3-6折	提供單筆、定期定額、定期不定額交易。

資料來源：1. 經濟日報，基富通上線基金手續費大戰引爆，2016.9.1。
2. 基金Centurio，基金平台開打，投資人有福了！2016.6.4。
3. 基富通證券網站。
4. 經濟日報，管理財富五年增80倍，機器人顧問夯，財管新寵兒，2016.11.27。

檔，透過理財機器人運用大數據技術，提供客戶智能顧問理財服務。另以 1.1 折手續費優惠給定期定額的客戶。

3. 中國大陸網路基金銷售平台

以基金公司於電子商務公司（如淘寶）之網路基金銷售平台爲例，乃由投資人直接上網路銀行，利用相對應的銀行卡帳戶，至電商平台網站瀏覽，投資者自行挑選各類已受評等的基金（如股票型、貨幣型、債券型、與衍生性商品等），經第三方支付交易核對無誤後，便完成交金購買交易。網路銀行基金交易業務包括簽約、解約、認購與申購等項目，亦提供贖回、轉換和撤單的功能，可從事定期定額、資訊查詢與交易查詢等服務，如圖 6-21 所示。

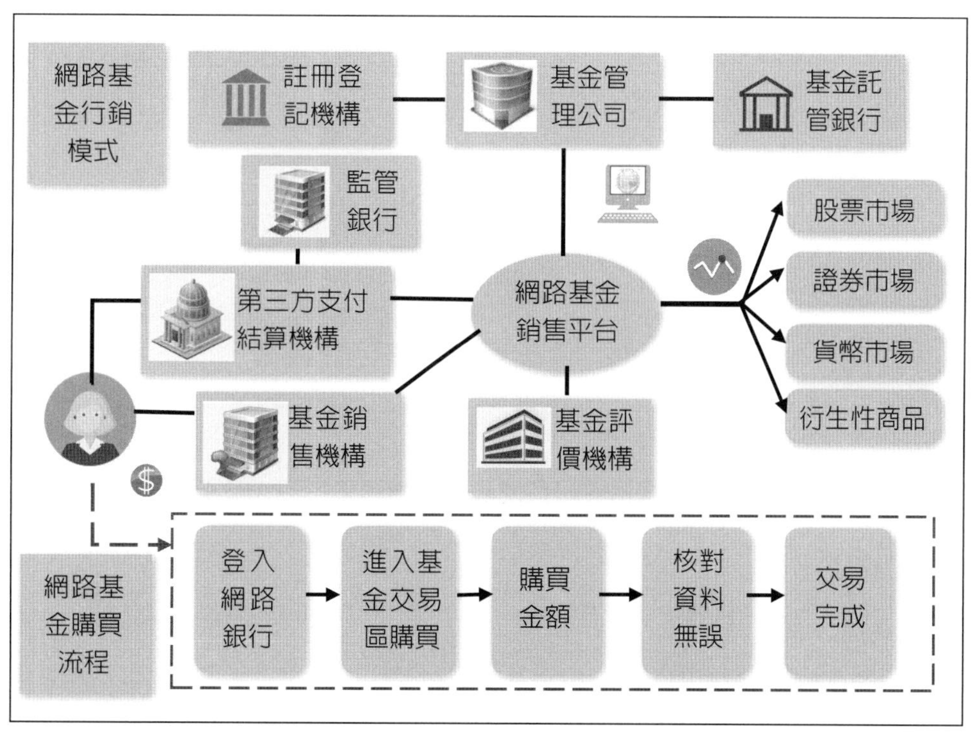

圖 6-21　網路基金銷售模式與購買流程

資料來源：1. 曹磊、錢海利，FinTech金融科技革命，商周出版，2016.5.5。
2. Wikimedia Commons。

4. 網路金融商品銷售風險與監管

爲維護市場公平交易秩序、保護投資人權益、與強化基金銷售業務規範，需強調監管的重要性，防範風險的發生，以求降低社會不安的氛圍。例如：中國大陸許多網路新貴採取「燒錢」方式，於網路行銷廣告大打補貼文宣，企圖提高市場占有率，然此舉已提升同業惡性競爭，甚至影響投資人對具流動性功能的貨幣基金，產生高收益誤導的假象，隨著補貼方式的減緩，使投資人稍退，進而可能造成貨幣市場的動向，如圖 6-22 顯示。

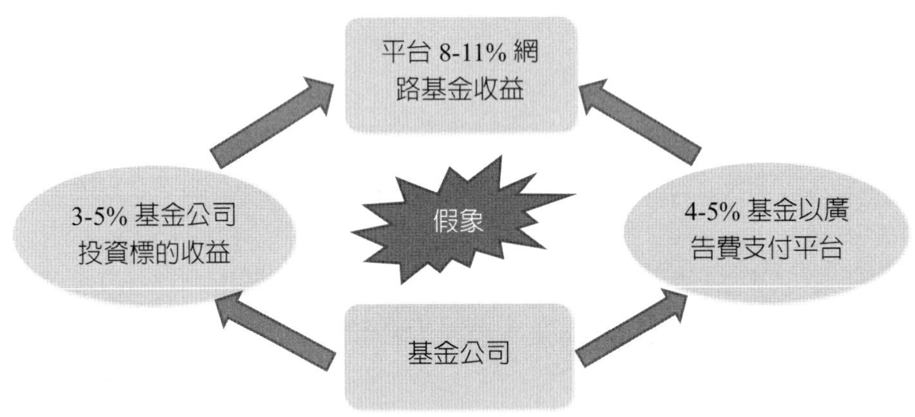

圖 6-22　中國大陸網路基金收益模式

資料來源：曹磊、錢海利，FinTech金融科技革命，商周出版，2016.5.5。

網路金融商品銷售模式常有產品風險、法律風險、與人員風險，如下說明：

(1) 產品風險

(A) 宣傳涉及違規

網路銷售產品涉及違反證券投資基金銷售管理辦法的文宣用語，包括披露預測收益與承諾收益等，如「收益高」、「低門檻」、和「超短期」等廣告語。

(B) 缺乏創新產品

僅將一般線下現有基金或保險商品，透過電商平台架構作連結或引入，並非具有創新的新產品推出上線。

(C) 銷售成本提升

由於網路銷售機構增加，擁有管道通路與入口流量的電商平台和網路公司，提高收取手續費，導致網路行銷成本上升，侵蝕網路銷售公司的盈利。

(2) 法律風險

(A) 相關承諾事項

根據證券投資基金銷售管理辦法，網路基金公司披露基金資訊，不可有預測收益、承諾收益、或承擔損失等情形。

(B) 涉及虛假宣傳

從事網路廣告時，除網路銷售公司須遵從合法資格外，廣告內容亦須符合眞實性，不得有預測收益和承諾事項之宣傳活動。

(3) 人員風險

(A) 業務透明度與行業自律不足

公司內部業務管理不確實，且自律性不足，往往造成員工道德風險、投資管理風險、與資訊披露風險等情事。

(B) 內線套利模式

由於網路基金公司內部治理與監管鬆散，基金經理人從事個人違法套利行爲，並未依照基金管理人的指示行事。

表 6-35 顯示中國大陸網路行銷基金違規事件，主要違規招攬項目計有未事前申報、預測收益率、和貼錢變相補貼收益率等，相關宣傳均涉及違規事項等非法證券活動。

爲落實網路銷售基金正常化發展，可分爲下列措施說明：

(1) 銷售行為規範

推行遵守網路銷售行爲規範與監管制度，以誠信原則披露相關資訊，例如：完整合約條款、價格、服務內容、免責條款、風險評估、與售後服務等事宜。

表 6-35　中國大陸網路行銷基金違規事件

日期	基金	違反法規	說明
2013.6.21	餘額寶	1. 證券投資基金銷售管理辦法，第29條和30條規定。 2. 證券投資基金銷售結算資金管理暫行規定，第9條規定。	因支付寶客戶透過餘額寶，購買天弘基金所發行增利寶貨幣型基金，以獲取投資報酬。此業務並未向證監會事前申請，違反部分規定。由於證監會支持創新業務，僅要求基金銷售支付時，在結算帳戶限期內提出備案。
2013.9.30	活期寶	天天基金網宣傳涉及違規。	廣告宣稱8.06%收益率，乃經篩選當日之7天年化收益公布。
2013.10.28	百發	金融產品不得預測收益率。	百度公司百發基金上線前，承諾提供8%收益率於投資者。
2013	數米基金網	補貼涉嫌違規。	利用「數米勝百八」活動所得收益，轉換成貨幣基金形式，做為補貼投資人價差使用。
2013.12.25	添金計畫	涉及跨線違規。	網易提供年化收益5%現金紅包，補貼客戶投資此理財計畫。

資料來源：1. 曹磊、錢海利，FinTech金融科技革命，商周出版，2016.5.5。
2. 新華社，支付寶「餘額寶」違規但未被叫停，2013.6.22。

(2) 提升產品創新與服務

可透過電商平台蒐集的大數據資料庫，利用演算法針對客戶需求、特點、和風險偏好等分析，研發適合潛在客戶目標群的創新產品。另網路銷售金融商品之業務服務，可分爲下列兩項精進：

(A) 線上到現下實質交易（Online To Offline, O2O）模式

於網路進行各種行銷推廣活動，並引導投資者線下尋求協助和詳細解說，亦或至線下完成交易程序。

(B) 全部線上銷售模式

透過電商平台進行理財顧問服務與線上購買交易之輔導，並以標準購買程序順利完成交易。

(3) 重視投資者教育

樹立正確理財觀念與辨別不實廣告文宣推薦，需審視自身財力情況與風險承受度，方能挑選適合的基金產品。

(4) 強化監管能力

表 6-36 說明中國大陸網路行銷監管相關法規，如光大永明保險之「增利寶」在網路上登出「低門檻、收益高、隨時支取、送禮品」等屬於「擦邊球」的廣告，疑似違反保險法第 116 條規定。然而，監管部門針對此模糊地帶，尚未明確說明所涉及相關監管規定。因此，改進網路行銷監管層面仍有下列努力的空間：

表 6-36 中國大陸網路行銷監管相關法規

日期	法規	說明
2013.3	證券投資基金銷售機構通過第三方電子商務平台開展業務管理暫時規定	1. 保障基金公司於電子商務平台銷售業務能安全推展。 2. 保護投資人合法權利之維護。
2009.9.27	人身保險新型產品資訊披露管理辦法。 第8條：「不得使用比率性指標與其他保險產品以及銀行儲蓄、基金、國債等進行簡單比對。」	1. 網路金融商品銷售之查核。 2. 保險公司違規列出產品收益率與其他理財商品之評比。
2009.2.28 修正	保險法第116條： 「保險公司不得給予獲承諾給予投保人、被保險人、受益人保險合約約定以外的保險費回扣或者其他利益。」	1. 保險公司贈送天貓商城的積分政策「集分寶」的活動，疑似違反此項規定。 2. 監管部門尚未明確說明此模糊地帶的監管規定。

資料來源：1. 曹磊、錢海利，FinTech金融科技革命，商周出版，2016.5.5。
2. 騰訊財金，淘寶售賣保險多違規監管失位致亂象，2013.7.12。

(A) 建立企業內控機制，採用實名制以保證眞實性的內容。

(B)政府應建置各產業分類分級監管細則，妥善提示網路風險、市場風險處置、退場機制安排與網路安全檢測等情事，以防範未然。

(C)強化行業自律，輔導相關金融科技協會的設立與發展，輔佐政府機構建置金融科技行業統計資料的蒐集，例如：違規處罰、舉報案件、定期監理、非法集資、訴訟案、信用評等、黑名單、投資者教育、從業人員培訓、證照推展等項目，以進行有效推動與適度調控管理，扮演社會第三方公正監督的角色。

七、金融科技指數編制

根據金融服務機構 BEST 研究指出，全球金融科技相關行業包括支付轉帳、資訊安全、資料處理與分析、投融資、認證與基礎建設等，實質成長獲利平均約爲 10-40% 幅度，正式邁入成長期階段。另有多家金融公司和機構編制相關金融科技指數，以提供共同基金操作參考指標。

(1) 那斯達克金融科技指數（KFTX）

2016 年 7 月 KFTX 指數爲美國投資銀行 Keefe、Bruyette & Woods（KBW）和那斯達克證券交易所共同編制，總市值約 7,850 億元，占金融股權重約 18%。鎖定金融科技相關行業，包括金融服務銷售、電子交易與資料業務等 49 家上市櫃公司爲主。例如：網路 P2P 貸款平台 LendingClub、第三方支付業者 PayPal、行動支付業者 Square 和信用卡業者如 Visa、MasterCard、及 American Express 等。

(2) 金融科技指數（Financial Innovation Index, FII）

爲提升台灣金融科技創新優勢，金融研訓院以 2016 年第二季爲基期 100，參考國際貨幣基金會制定金融創新指標爲範本，考量台灣金融創新趨勢，涵蓋銀行、保險、證券、第三方支付、財金公司和聯合徵信中心等，如表 6-37 所示。

表 6-37　金融創新指數相關因子

投入面	產出面
制度與環境 人力資源、員工訓練 研究與發展 基礎網路設施 市場成熟度 國際化程度	行動金融 其他金融業務創新 雲端服務 大數據 生物辨識 區塊鏈
金融創新問卷	

資料來源：台灣金融研究院。

利用投入面指標、產出面指標和金融創新問卷三項加權構成金融科技指數，以期觀察金融科技發展程度之脈動，相關指標因子。以投入面而言，研究與發展上升明顯，其次為人力資源與員工訓練的投入。另產出面以行動金融的推動表現優良。問卷調查中可知，業者期盼政府能加強金融創新政策的制定與推動。

習題

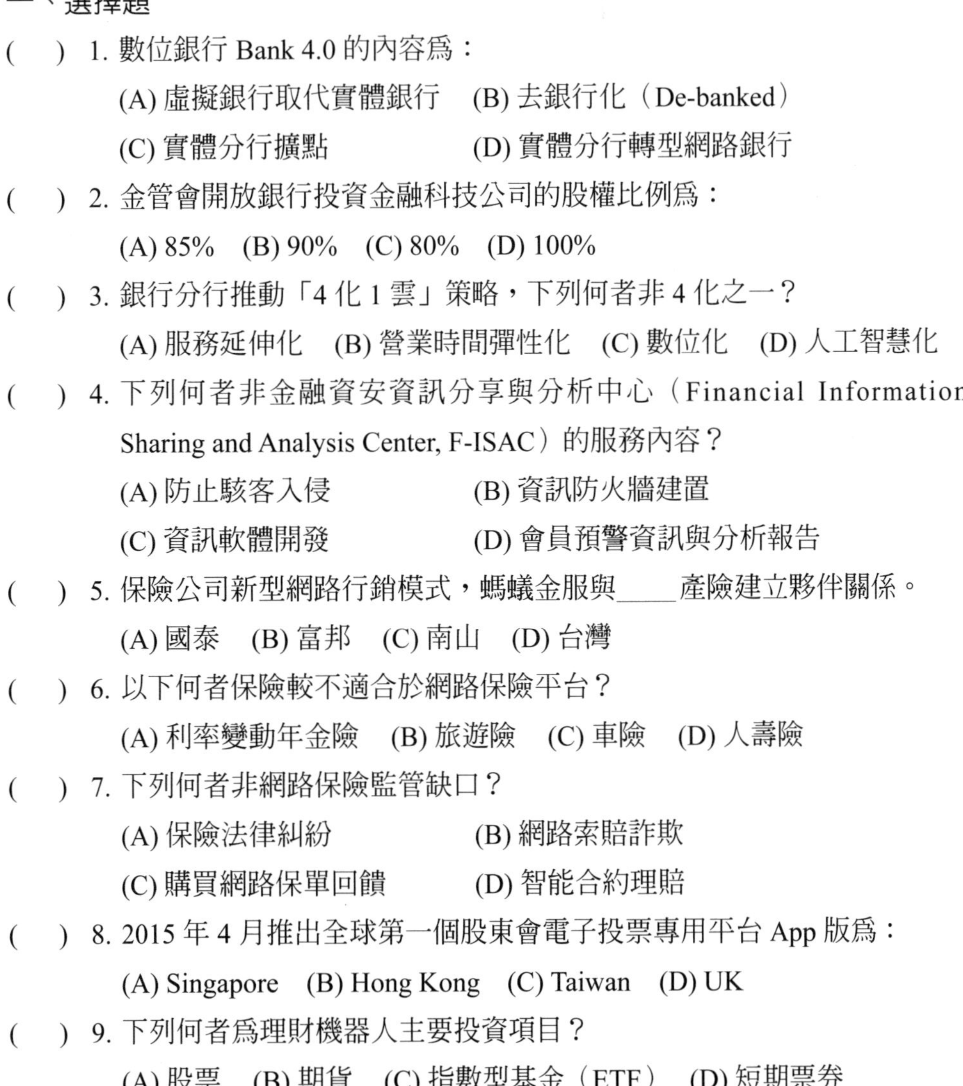

一、選擇題

(　) 1. 數位銀行 Bank 4.0 的內容為：
(A) 虛擬銀行取代實體銀行　(B) 去銀行化（De-banked）
(C) 實體分行擴點　(D) 實體分行轉型網路銀行

(　) 2. 金管會開放銀行投資金融科技公司的股權比例為：
(A) 85%　(B) 90%　(C) 80%　(D) 100%

(　) 3. 銀行分行推動「4 化 1 雲」策略，下列何者非 4 化之一？
(A) 服務延伸化　(B) 營業時間彈性化　(C) 數位化　(D) 人工智慧化

(　) 4. 下列何者非金融資安資訊分享與分析中心（Financial Information Sharing and Analysis Center, F-ISAC）的服務內容？
(A) 防止駭客入侵　(B) 資訊防火牆建置
(C) 資訊軟體開發　(D) 會員預警資訊與分析報告

(　) 5. 保險公司新型網路行銷模式，螞蟻金服與____產險建立夥伴關係。
(A) 國泰　(B) 富邦　(C) 南山　(D) 台灣

(　) 6. 以下何者保險較不適合於網路保險平台？
(A) 利率變動年金險　(B) 旅遊險　(C) 車險　(D) 人壽險

(　) 7. 下列何者非網路保險監管缺口？
(A) 保險法律糾紛　(B) 網路索賠詐欺
(C) 購買網路保單回饋　(D) 智能合約理賠

(　) 8. 2015 年 4 月推出全球第一個股東會電子投票專用平台 App 版為：
(A) Singapore　(B) Hong Kong　(C) Taiwan　(D) UK

(　) 9. 下列何者為理財機器人主要投資項目？
(A) 股票　(B) 期貨　(C) 指數型基金（ETF）　(D) 短期票券

(　) 10. 下列何者適用於基富通證券的服務方式？
(A)O2O　(B) 網路行銷基金與智能理財
(C) 電話行銷服務　(D) 證券經紀

二、申論題

1. 請介紹數位銀行業發展階段。
2. 請說明台灣金融業機器人理財顧問服務模式。
3. 網路保險的優劣點爲何？
4. 請說明股東 e 票通業務。

解答：1.(B)　2.(D)　3.(D)　4.(C)　5.(A)　6.(D)　7.(D)　8.(C)　9.(C)　10.(B)

金融科技專利與監理

全球金融環境變遷迅速，有些國家積極針對去紙幣化進行研擬，鬆綁與修訂相關條款，政府訂定執行時程並落實與深化監理。一國金融科技的發達與否，可端賴二種指標：電子支付比率和金融科技專利（Financial Technology Patent）。

一、電子支付對經濟的貢獻度

以 2016 年為例，北歐國家如瑞典、丹麥、芬蘭爭取全世界第一個無現金支付的國家。瑞典央行指出非現金交易已占整體交易約 92%。北歐國家居民消費的主要便利支付工具為智慧型手機刷卡付款，已直接跳躍實體卡片付款方式的問題，如整合標準不一的各類讀卡機、店家營收曝光等。2016 年 1 月丹麥甚至宣布要求大部分商店取消現金付款方式，積極推動電子支付，已達成處理效率提升和現金處理成本降低、提振消費帶動經濟成長、增加金融透明度來降低地下經濟、及下降偽鈔犯罪率的目標。

2016 年 4 月印度政府公布成功建構「統一支付介面」（Unified Payment Interface, UPI），此自動化電子貨幣系統只需電話號碼、身分認證碼、與虛擬帳號等，透過 email、簡訊等方式完成交易。使印度能有機會跳脫金融服務和信用卡支付等金流模式，直接進入金融科技時代。藉由智慧型手機的普及化，使消費者利用智慧手機的應用程式，便可透過印度所有與電子錢包業者 Paytm 合作的銀行進行支付。因此，利用行動金融加速電子商務發展。另為打擊社會貪腐惡習，2016 年 11 月印度政府推動廢鈔制度，促成行動支付產業迅速擴展，民眾使用便捷的行動支付意願大幅增加。

依據 Moody's Analytics（2016）分析，圖 7-1 指出 2011-2015 年間各國電子支付卡消費（如信用卡、金融卡、及儲值卡等）對 GDP 與就業貢獻度。比較後可知中國大陸和印度的電子支付卡對 GDP 貢獻度約爲 0.05% 和 0.07%，就業附加價值約爲 427.1（千人）與 336.93（千人）。足以顯示多元穩健發展電子支付服務政策，對就業市場和經濟成長有顯著實質幫助。

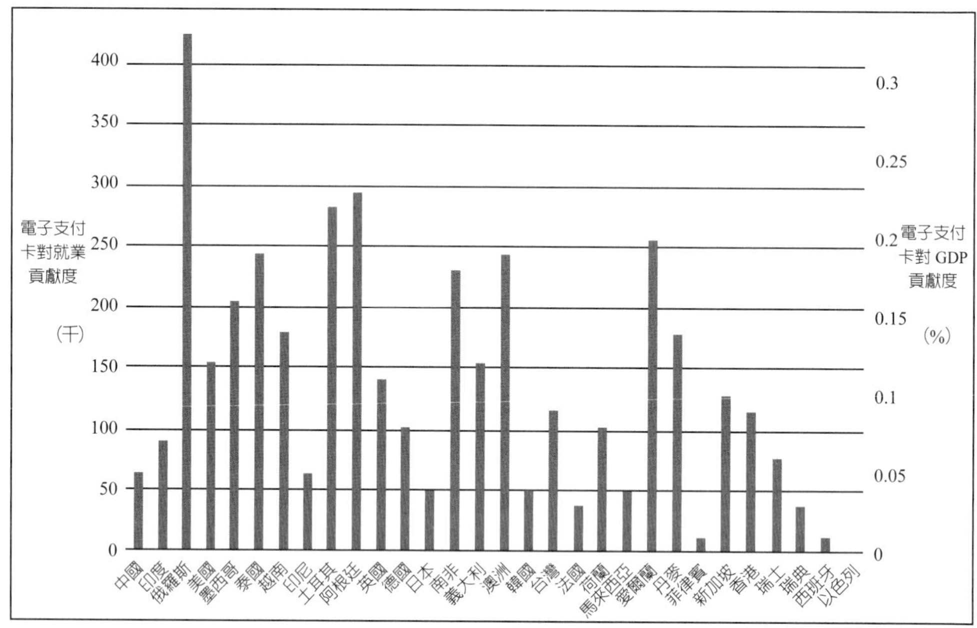

圖 7-1　電子支付卡對 GDP 與就業貢獻度

資料來源：Moody's Analytics (2016), "The Impact of Electronic Payments on Economic Growth".

二、電子支付（Digital Payment）比率

圖 7-2 顯示電子支付比率，其公式爲亞洲電子支付占個人消費支出比率。例如：2015 年電子支付比率發展先進的國家或地區，包括南韓（77%）、香港（65%）、中國（56%）、新加坡（53%）等均遠高於台灣（26%）。以南韓爲例，政府採減稅激勵措施，爲行動支付大力做多，增加民眾許多誘因，使其電子支付比率高達 77%。中國大陸由於地廣遼闊，無線基地台建置較具經濟效益，

而政府鼓吹互聯網 +、強化普惠金融、電子商務與社群的連結等政策，並如火如茶地進行手機行動支付，藉由第三方支付可確保交易安全、避免僞鈔犯罪、減少實體貨幣發行和鑄造成本等，均有利於行動支付的「嗶經濟」推展。台灣由於支付環境已十分友善與便捷，民眾習慣於 O2O 虛實整合模式，即「網路訂貨、超商取貨」交易方式。此外，治安良好與僞鈔比例相對偏低等因素，均可能造成民眾無感於電子支付業者補貼與行動支付需求的迫切性。

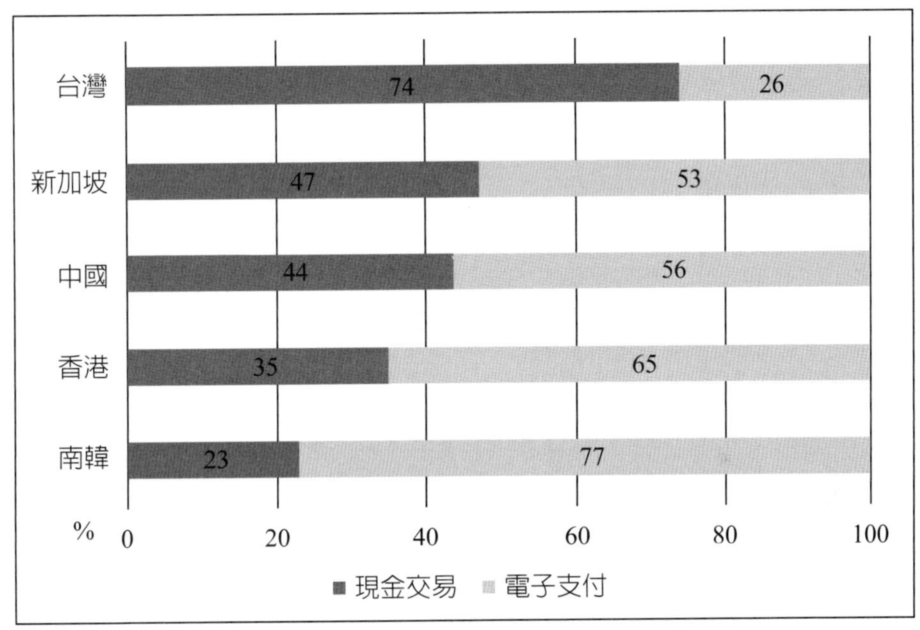

圖 7-2　亞洲電子支付占個人消費支出比率

資料來源：1. 經濟日報，電子支付比拚過半，金管會喊提前達陣，2016.12.8。
2. Big Data Group。

以台灣電子支付爲例，依照央行「我國電子支付機制之發展」報告，支付性質可分爲大額支付（Wholesale Payment）與小額支付（Retail Payment）兩種，各有不同交易類別，並可透過央行同業資金調撥清算作業系統與財金公司之財金系統，建置出完穩健的電子支付清算資產處理方式，可由表 7-1 說明。央行注重大型金融機構間有關大額支付的安全性與效率性，同時亦期待兼顧小額支付的多元發展趨勢。

表 7-1　台灣電子支付性質、類別及處理方式

支付性質	交易類別	處理方式
大額支付	1. 同業拆款。 2. 準備金調整。 3. 債、票券等有價證券交割價款。 4. 企業大額匯款。 5. 外匯交易。 6. 金融機構間資金移轉。	各銀行資金移轉時，可透過央行同業資金調撥清算作業（同資）系統帳戶進行。以央行貨幣為清算資產。
小額支付	1. 信用卡消費扣款。 2. 民眾匯款。 3. 電子票證（如悠遊卡等）儲值消費。 4. 票據款項收付等。 5. ATM金融卡提款轉帳。	1. 透過財金系統處理，並採央行專戶清算。 2. 跨行交易：利用央行貨幣作為清算資產。 3. 銀行內部往來交易：採用商業銀行貨幣作為清算資產。

資料來源：1. 科技新報，台灣電子支付、虛擬貨幣前途茫茫：我們不僅有保守的金管會，還有更保守的央行，2016.3.29。
2. 中央銀行，央行理監事會後記者會參考資料，2016.3.24。

表7-2顯示2015年電子資金移轉消費金額（約659兆元）占全年消費金額（約662兆元）之大部分比例，並呈現穩健發展，而多元且蓬勃發展的電子貨幣支付金額（約646億元）僅占全年消費金額約0.0096%。央行認爲此項對貨幣政策無影響，只採取消極保守的持續觀察作爲。故央行態度對於落後的電子支付體系並無實質加分的作用。

相對而言，爲加強金融科技創新，逐漸跟上全球金融潮流，金管會採取積極開放的作爲。除了要求各公、私銀行朝金融科技化發展轉型，並與大學開辦金融科技專題講座。在實務操作方面，於2015年11月成立「金融科技諮詢委員會」，訂定5年電子支付比率倍增計畫，由26%上升至52%。同時，核准專營電子支付機構執照等，以加強行動支付擴展與創新。截至2016年10月底，金管會已核准多家電子支付機構與兼營電子支付機構（如銀行與郵局）。例如：「橘子支」公司專門提供線上到線下實質交易（Online to Offline, O2O）通路支付服務業務執照，以期增添民眾消費革新與生活便利。

表 7-2　2015 年台灣電子支付工具消費金額統計

電子支付工具類別	日均交易消費金額	全年交易消費金額	占比%	備註
電子資金移轉	2.64兆元	659兆元	99.54	財金跨行系統約135兆元與央行同資系統524兆元。
信用卡、金融卡、銀聯卡	82億元	3兆元	0.45	
電子票證	2.58億元	646億元	0.01	愛金卡、一卡通、悠遊卡、及遠鑫HappyCash卡等。
合計	2.65兆元	662兆元	100	

資料來源：1. 科技新報，台灣電子支付、虛擬貨幣前途茫茫：我們不僅有保守的金管會，還有更保守的央行，2016.3.29。
2. 中央銀行，央行理監事會後記者會參考資料，2016.3.24。

三、金融科技專利

在金融科技專利方面，表 7-3 顯示各國金融科技專利統計數與比率，可知全球約有 10 萬筆，以美國約為 4.5 萬筆（約占 38.07%）最高，依次為日本約為 1.7 萬筆（約占 14.23%）和韓國約為 1 萬筆（約占 11.7%）領先各國。相關金融科技業者無不卯足全力，積極申請專利。然而，近 10 年來台灣金融科技專利數僅獲得 887 件（約占 0.74%），令人氣餒。根據 Envision IP 的統計資料顯示，美國於 1996-2009 年期間涉及金融與付款系統相關的專利，大多是以科技公司為申請人。2010 年起則轉變為銀行，而自 2012 年起，銀行申請件數大約高於科技公司二倍之譜。

表 7-3　金融科技專利統計

區域	專利數	%
美國	45,410	38.07
日本	16,978	14.23
其他	13,958	11.70

表 7-3　金融科技專利統計（續）

區域	專利數	%
南韓	9,902	8.30
中國大陸	8,178	6.86
歐洲	7,630	6.40
加拿大	4,596	3.85
澳洲	4,491	3.76
德國	1,516	1.27
英國	1,087	0.91
台灣	887	0.74

資料來源：金管會，金融科技白皮書，2016。

綜觀過去，金融業普遍認爲申請專利需要花費許多時間和精力，金融電腦程式主要用於會計和管理層面，專利的附加價值有限。而且，電腦技術變化非常大，生命週期較短，獲取專利亦可能產生過時的窘境。此外，同業侵權舉證亦十分困難。然而，近年來美國軟體專利和商業方法專利的訴訟案件屢破新高，侵權官司所獲高額的賠償亦持續上升。故美國金融業乃紛紛強化軟體和商業方法的專利申請，以尋求金融科技專利爲保護的利器。自 2010 年以來，申請專利熱門項目爲行動金融、物聯網（Internet of Things, IoT）、雲端運算等。例如：摩根大通（JP Morgan Chase）將雲端錢包的安全技術，運用至行動支付系統中所開發的大通付費（Chase Pay），於 2015 年取得專利權，費時約 5 年。

以 2015 年爲例，VISA 囊括 1,342 筆金融專利名列第一，美國銀行和日立公司分別爲 1,052 和 1,048 緊追在後，如圖 7-3 所示。比較全球前 5 大金融公司的金融科技專利數，計有 VISA、美國銀行、新韓銀行（Shinhan Bank）、Mastercard、JP Morgan Chase，均遠超過國內金融業總專利數 24 件（如國泰世華 12 筆、台北富邦 6 筆、中國信託 4 筆、永豐 1 筆、玉山 1 筆）。非金融業的阿里巴巴擁有在台通過專利數 36 件，高於金融業專利總和。

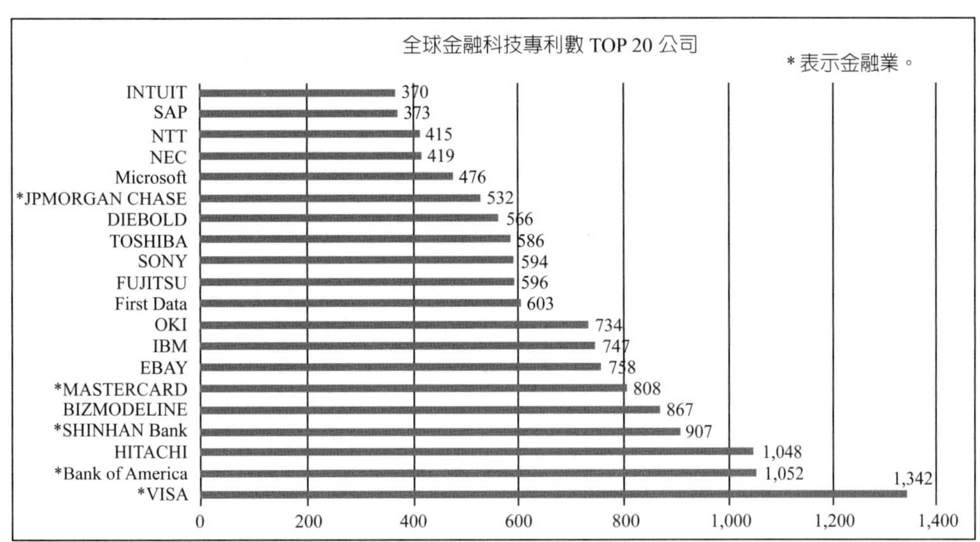

圖 7-3　全球金融專利數

資料來源：1. iam, FinTech Patents: Where Finance Meets Technology, 2015.10.28.
2. Relecura IP Intelligence Report, 2015.

表 7-4 針對金融專利進一步細分爲財務分類（包括支付、銀行、財富管理、資本市場、保險、貸款）和技術分類（包括資料分析、物聯網、行動平台、證券、雲端計算、密碼貨幣），並做交叉比對分析，可知大多數的業者將其技術投入支付項目。其中，以物聯網 + 支付的金融科技專利爲 21,994 最多，資料分析 + 支付爲 18,447 次之。以日立公司爲例，在此兩項專利數獨占鰲頭。在交叉比對下，密碼貨幣相對於各財務分類項目較少，主要原因在於密碼貨幣爲較新的發展技術，區塊鏈的研究與應用爲各相關業者正緊鑼密鼓地推展與研擬中。例如：利用區塊鏈進行搜尋可疑的使用者和加密貨幣交易之風險評估設定等，預計未來專利數將持續上升。以 2017 年世界智慧財產權組織（Wipo）資料顯示，全球區塊鏈專利總計 406 項，中國大陸申請名列前茅共 225 項，美國 91 項次之。從表可端倪出，綿密的「金融科技專利壁壘」以衍然形成，專利地雷無所不在，不利於申請金融專利，還需繳交權利金，並處處箝制於人，對於金融業的發展與布局具有一定的殺傷力。

表 7-4　金融科技專利：財務與技術分類交叉比較

技術分類	財務分類					
	支付	銀行	財富管理	資本市場	保險	貸款
數據分析	18,447 Hitachi (475) Sony (391)	8,736 Hitachi (860) Oki (353)	4,154 Shinhan Bank (85) Hitachi (68)	3,278 Dalwa (91) MUFG (48)	2,679 Hartford (163) Hitachi (46)	2,353 Shinhan Bank (91) Bizemodeline (77)
物聯網	21,994 Hitachi (390) Visa (322)	6,738 Hitachi (200) Shinhan Bank (176)	2,708 Trading Tech (43) JPMorgan (40)	2,856 Hitachi (67) Trading Tech (57)	1,443 Hartford (37) Accenture (15)	1,957 Shinhan Bank (37) Bizemodeline (32)
行動平台	16,426 Visa (654) Mastercard (257)	3,229 Visa (126) Shinhan Bank (93)	827 Bizemodeline (24) Woori Bank (20)	567 Mitake (19) Orbis Patents (10)	609 Hartford (32) State Farm (21)	763 Bizemodeline (30) Shinhan Bank (19)
證券	8,540 Visa (245) Hitachi (144)	2,602 Hitachi (111) Oki (82)	1,330 ITG Software (29) Goldman Sachs (28)	1,424 Hitachi (35) Goldman Sachs (33)	639 Hartford (19) ITG Software (18)	790 Shinhan Bank (35) Freddie Mac (18)
雲端計算	4,585 Visa (107) Diebold (89)	1,365 Am. Express (44) Capital One (25)	984 GE (32) Am. Express (15)	612 Accenture (12) Blackbird Holding (12)	556 Hartford (39) State Farm (21)	516 Am. Express (23) Rawllin Int. (12)

表 7-4　金融科技專利：財務與技術分類交叉比較（續）

技術分類	財務分類					
	支付	銀行	財富管理	資本市場	保險	貸款
密碼貨幣	597 B. of America (13) Mastercard (12)	113 Paypal (4) Sony (4)	57 Am. Express (4) Content Tech (3)	28 Phone 1 (2)	15 Zynga (4) Digonex Tech (2)	58 IBM (3) Socolof Alex (3)

資料來源：1. Relecura IP Intelligence Report, 2015.

2. iam, FinTech Patents： Where Finance Meets Technology, 2015.10.28.

以防禦的觀點而言，可向具有各國專利經歷、金融業務與科技資訊的外部顧問尋求協助，方可精準界定相關專利範疇，以免除侵權風險的困擾，須積極檢索現存相關專利（如創新商業方法與流程、演算法、和軟體系統等），採用迴避設計（Design Around）避免落於專利地雷區。否則，須仰仗專利舉發的方式防範。爲有效落實智慧財產管理制度，可參酌下列方式：

(1) 強化員工智慧財產的觀念，持續推動專利教育訓練。

(2) 針對企業智慧財產（如專利、商標、營業祕密和著作權等）進行盤點。

(3) 爲加強保護自有技術，提出專利申請與維護專利的規劃。

(4) 定期檢視與評估商品與服務侵權的可能性，並擬定相關因應措施。

(5) 導入智慧財產管理制度亦刻不容緩，將管理制度相容於各法規（如法遵、風險管控等）、政策（如稽核等）和相關業務流程。

2016 年 3 月立法院所舉辦「金融科技專利」公聽會，根據智慧財產局近 5 年金融科技專利申請前 3 名分別爲，騰訊（29 件）、阿里巴巴（22 件）、和中華電信（22 件），如圖 7-4 說明。騰訊著重雲端系統專利申請，強化安全機制的專利佈局。阿里巴巴則專注雲端專利外，加強對大數據的研究，利用演算法計算消費者於電子商務平台的瀏覽模式與購買偏好。以中華電信爲例，致力電子帳單系統（如電信帳單付款技術、金融付款技術、條碼發行與應用、電子

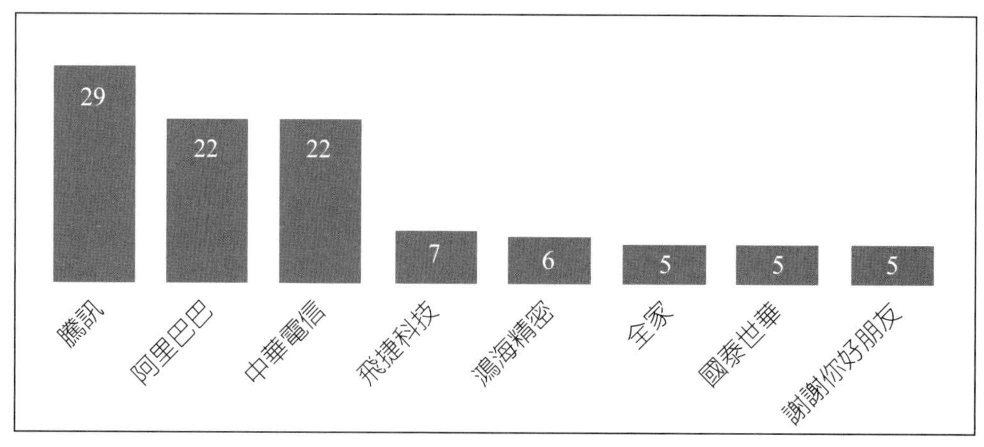

圖 7-4　近五年金融科技支付類專利申請案

資料來源：1. 經濟日報，金融科技專利紅潮壓境，2016.3.2。
2. 經濟部智財局。

收費）和行動支付（如行動付款商業模式、近距離無線通訊錢包支付 Near Field Communication, NFC）的專利布局，並以每年營收的 2% 作爲研發技術的投入。反觀金融業著重於多元服務項目，對於金融科技創新與專利申請則力道不足，且與美、日、韓、中國亦有所差距，呈現相對弱勢的局面，値得省思。歸究其原因乃金融與資訊跨領域人才缺乏和不易聘僱所導致。

表 7-5 說明 2007-2016 年前十大金融科技專利核准件數，外商和本土企業核准件數分別爲 162 和 191 件。其中，外商樂天和雅虎在台灣布局金融科技核心專利，如「支付架構」、「商業」和「金融保險」，有規劃性地從電子商務平台延伸至支付架構平台，並邁向金融保險相關技術專利。反觀中華電信是申請件數唯一破百的台灣企業，著墨於自家業務的延伸，申請保守型防禦專利。未來布局於用戶資料庫、大數據分析、多元通路、行動應用與社群規模等服務。喬美獲得 39 件核准件數，爲金融科技類專利第一。而金融業獲得核准件數寥寥可數，公股銀行甚至掛零。此外，自詡爲「國際級應用科技研發機構」的工研院和資策會，亦尚未於此金融科技領域有所琢磨。

表 7-5　2007-2016 年前十大金融科技核心專利核准件數

排名	公司	區域	核准件數	申請件數
1	樂天	日本	73	95
2	雅虎	美國	48	125
3	中華電信	台灣	44	113
4	阿里巴巴	中國大陸	41	150
5	喬美國際網路	台灣	39	88
6	三竹資訊	台灣	30	46
7	統一超商	台灣	28	41
8	南台科大	台灣	20	41
9	全家便利	台灣	17	31
10	微軟	美國	13	58

資料來源：1. 工商時報，FinTech專利布局 台灣慘輸，2016.7.17。
2. 自由時報，搶攻台FinTech專利外資，中資最積極，2016.7.19。

金融科技對傳統金融業和數位服務業帶來衝擊與融合的契機。2016 年底公股銀行積極開始申請金融科技專利，例如：彰化銀行提出 8 項申請（如線上文字客服系統、客服知識管理系統、智能行銷和智慧機器人等）、台灣企銀提出 12 項金融科技專利（如廟宇金流系統、醫療繳費、智慧分行等）。第一銀行取得 16 項專利，包括供應鏈融資、海外分行、黃金存摺等系統。此外，民營金融機構如國泰人壽、中國信託、和永豐銀等，亦積極布局金融科技專利申請。在保險業方面，富邦、安泰、和國泰產險於 2019 年 6 月取得專利，例如：車輛保險、分散式車險評估、車輛認證、車聯網、保險請款、理賠審核、行動投保和分散式保險回饋等系統。

金融業在全面提升金融科技與加強專利申請時，亦有下列幾項注意事項：

(1) 妥善金融業著作權管理與定期盤點

爲避免智慧財產權的侵權而遭訟累，金融業者應注重智慧財產權的管理和教育訓練，使軟體開發人員和相關人員了解軟體著作權的重要性，定期盤點內部和外部所使用的軟體，以期通盤了解著作權取得與管理維護措施。

(2) 善用營業祕密保護

金融軟體與商品舉凡買賣交易、財務資訊、或電子商務等，涉及演算法與處理方式，適用於營業祕密保護，相關程式碼受保障可不公開。宜盡量避免以原始碼之內容申請專利，而公布於世。

(3) 強化金融科技智慧權保護

有鑑於破壞性創新的金融科技，金管會要求銀行公會需設立「專利小組」，提出相關金融科技專利申請之研擬，制定特殊營業模式，例如：專利授權以獲取利潤。另協助金融業強化智慧財產權的保護措施與管理策略，積極面對此股金融科技的發展趨勢。

(4) 強化金融科技專利布局

侷限於各國對金融產品的法律規範與高度管制，創新金融產品須核准後，方能銷售的規定。各地交易習性亦有所不同，如手機支付在非洲國家很普及，其原因乃大部分民眾使用信用卡資格不符所致。因此，金融科技專利布局須以因地制宜爲考量，並更爲縝密的全盤規劃爲宜。首先，應著重於金融科技專利的現況，運用相關分析技巧如魚骨圖、技術功效圖等，以便了解金融科技發展狀況、基本申請量與時間、專利內容評估、和專利布局狀況等，方能描繪出金融科技的專利布局與輪廓。

(A)技術導向之金融科技，宜採重要區域性專利申請爲主，例如：區塊鏈應用於安全防護技術。

(B)收購專利方式，評析專利有關內容與有效性，逐步建置專利布局。

(5) 金融科技標準化建立

爲考量消費者使用金融科技產品的便利性與通用性，相關創新技術的標準設定亦將成爲趨勢發展。即早推出亦或參與協議業者的專利技術，可獲得市場接納與使用習慣的利基。

1. 專利分析與商業布局

2015 年世界智慧財產權組織（World Intellectual Property Organization, WIPO）公布，全球計有專利申請（290 萬件）、商標申請（600 萬件）、以及工業設計應用申請（87 萬件）。其中，中國大陸申請人囊括三項第一，美國申請人在專利和商標部分名列第二，工業設計應用則由南韓名列第二。此大量申請件數的數據不僅顯示各國知識財產領域的專業度與發展趨勢，亦透露各種技術的精進與突破。透過市場資訊的連結與交叉剖析，可形成可靠的商業情資報告，有助於經營者的策略規劃與決策參考，洞悉發展趨勢與商業潛力，適時布局取得先機。爲即早掌控關鍵技術與強化專利組合，利用企業購併方式取得經營權，其附加價值在於掌握相關智慧財產權。除提升商業競爭力外，亦可搶攻創新領域的利基。

例如：2016 年 7 月日本軟體銀行（SoftBank）利用現金與舉債方式，以溢價約 43%，出資約 320 億美元收購英國安謀公司全數股權。該公司爲全球智慧型手機處理器智財權之冠，市占率高達九成。軟體銀行透過跨國併購案，將半導體基礎端結合網路應用端，主攻物聯網產業發展，逐漸延伸至安全監控、自動車、無人機、智慧製造與機器人應用等領域，全面開展新契機。

綜觀全球產業模式與相關遊戲規則變化迅速，企業除認知此事實外，傳統經營的思維包袱須適度評估，善用智慧財產權大數據分析與跨業併購優勢，掌握商業布局的契機。政府也當盡速檢討過時法規，勿成爲阻礙產業創新發展模式與轉型的絆腳石。

2. 金融科技生態圈（Financial Technology Ecosystem）

根據資誠（Pwc）於 2016 年全球金融科技調查報告（Global FinTech Report 2016），透過 45 個國家共 544 位金融業和金融科技業高階主管的問卷調查，指出未來趨勢將由區塊鏈技術改變金融業經營模式，金融科技相關業者直接切入傳統金融服務缺口，成功地將成本壓低、加強差異化的服務、與有效增加客戶黏性爲其主要利器。報告顯示金融業者約 57% 表示不確定未來因應方式、75% 認爲金融服務與產品須以顧客爲導向作開發、83% 對區塊鏈感到陌生，83% 擔憂業務會被金融科技業搶走。另金融業深感威脅項目分別爲：利潤下滑（67%）、市占率下降（59%）、資訊安全與網路隱私漏洞（56%）及客戶流失（53%）。因此，與其被金融科技業攻城掠地，金融業已主動採借力使力的方式，利用各種管道介入金融科技業的發展。調查報告顯示金融業約 67% 開始規劃布局金融科技業、32% 以建立長期合作關係、22% 已成爲金融科技業的客戶、15% 加強金融科技的培育工作、9% 透過併購的方式取得金融科技公司的經營權。根據 KPMG 與 CB Insights 機構的研究報告顯示，全球創投業亦看準金融科技公司未來的潛力，紛紛投資此創新領域。2015 年投資額高達 138 億美元，較 2014 年成長逾 2 倍。其中，針對區塊鏈的投資約 4.74 億美元，預計將持續快速成長。

創新的金融科技變革，顛覆傳統銀行的經營模式，包括行動支付、第三方支付、P2P 交易模式、貸款型群眾募資、機器人理財服務等，牽涉許多跨行業資源的分享，並結合雲端運算、巨型資料的建置、智慧聯網的技術、與人才的交流等，相關變革的案例如表 7-6 說明。2016 年爲台灣金融科技元年，尚未有金融科技生態圈形成，金融業需與時俱進，加強內部轉型與導入金融科技投資，強化雲端系統建置與大數據技術引進，積極連接金融科技生態圈，爲金融業開展新契機。目前 IBM、交通大學、與台灣金融科技（Fusions 360）策略聯盟，將科技業的技術導入金融業。IBM 利用動態資料（Data in-Motion）的江河運算（Streams Computing），建立內在信貸、風險評估、即時融資等數據庫，結合交大即時金融大數據分析技術，分析信用歷史、身分、社群互動、性格、消費行爲模式等資訊，使金融業節省信用評等與徵信的成本、提供微型企業信貸需求，以期提供青年創業一臂之力。

表 7-6 金融科技的創新變革案例

公司／案件	創新項目	傳統金融	說明
中國平安保險集團	1. 網路投融資。 2. P2P財富管理平台。	無	在4年內營收占總集團營收1/4。
美國Lending Club	網路P2P借貸平台。	無	借貸成本：Lending Club小於2%低於傳統銀行約6-7%。
中國淘寶	網路保險提供假貨理賠險。	無	為買家降低風險。
IBM公司	提供員工租車險服務。	提供租車業租車險。	節省租車險成本。
Payday Loan公司	超高利潤短期小額貸款業務。	無	違約率高達30%，但利潤極高仍可獲利。
阿里巴巴Mybank	微型個人貸款服務。	無	透過芝麻信用取得淘寶商城與支付寶客戶的大數據資料，評定小型企業與個人信用狀況，延伸至傳統金融無法進入領域。
創新徵信	利用大數據技術分析信用狀況。	聯合徵信中心依照個人過去的歷史紀錄提供信用狀況。	金融科技業注重客戶目前使用行為與狀況，提供更精準的風險掌控。
汽車保險車聯網（Usage-Based Insurance, UBI）	利用大數據技術分析新型保險案。	駕駛年齡、性別、車齡、違規紀錄等靜態資料為依據，進行風險評估。	UBI以開車時間與用車習慣等資訊，利用車聯網與大數據分析評估風險，提供具彈性的保費調整。
國泰人壽	行動保險技術、大數據分析、與雲端儲存結合。	現有資訊系統升級，強化金融科技創新。	iPad串連行動投保、保全與理賠業務，提供客戶即時訊息與市場動態消息，使作業效率提升。

表 7-6　金融科技的創新變革案例（續）

公司／案件	創新項目	傳統金融	說明
華南銀行	推出現金行動支付機制、地理資訊與安全防護大數據系統、生物辨識安全認證。	依據現有堅實的金融基礎，逐步發展導入金融科技元素。	行動支付與「華銀搖紅包」行銷策略結合，提供客戶便利的金融智慧生活。

資料來源：1. 經濟部技術處。
2. 工商時報，國壽Fintech專利申請成效卓著，2016.9.30。
3. 工商時報，華南銀行獲4項Fintech專利，2016.9.22。

透過金融科技的發展，金融業與科技業中間藩籬已漸打破，國際知名的資訊科技業者，例如：Google、IBM、和 Microsoft 正積極投資於金融相關事業，不僅熱衷於金融科技的投資與主導區塊鏈的研發，彙整相關技術知識與網絡建置，亦積極金融科技專利的申請，可見不久將爲金融產業帶來重大的改革。圖 7-5 說明 Microsoft 創投項目，大約 41% 資金投資於一般企業、娛樂和休閒、批發、與健康醫療等，而金融科技相關的投資項目大約占 42%，諸如雲端、教育科技、物聯網、大數據、應用發展、資訊安全、行動應用、電子商務、金融科技、訊息傳送、和行動裝置等。Microsoft 投資金融科技生態圈的公司，如圖 7-6 所示。以德國金融科技生態圈爲利，具多元性並涵蓋許多金融科技相關業者，如圖 7-7 所示。此外，針對 12 國金融科技生態圈功能分類情況，以生態圈的規模而言，表 7-7 顯示歐洲名列前三名的國家，分別爲德國（176）、瑞士（144）、荷蘭（109）。

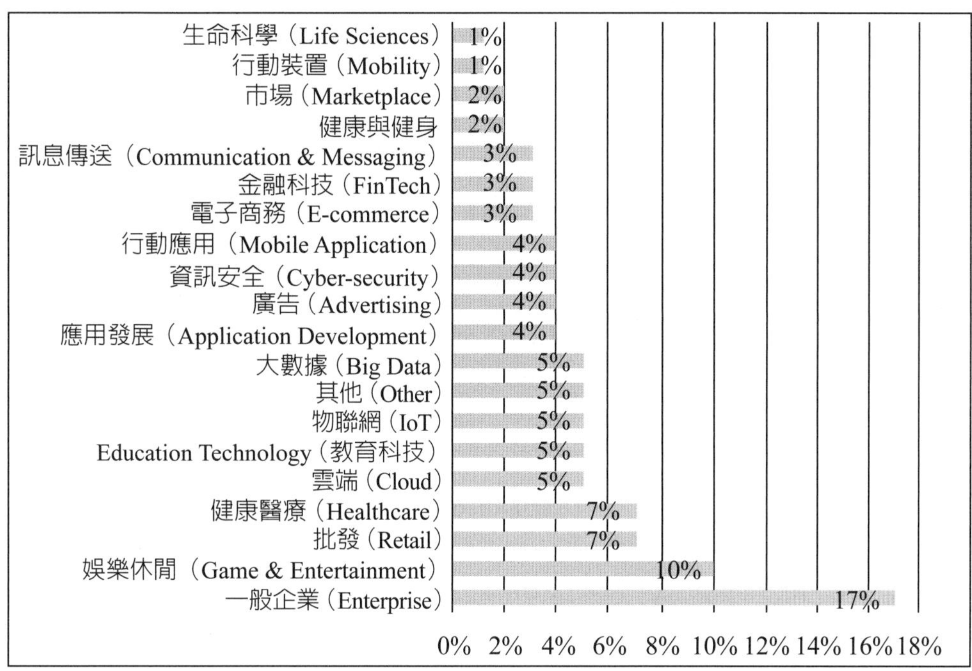

圖 7-5　Microsoft 創投項目

資料來源：Let's Talk Payments, Microsoft Has an Eye on FinTech, 2016.2.12.

圖 7-6　Microsoft 投資金融科技生態圈公司

資料來源：1. Let's Talk Payments, Microsoft Has an Eye on FinTech, 2016.2.12.
2. Wikimedia Commons。

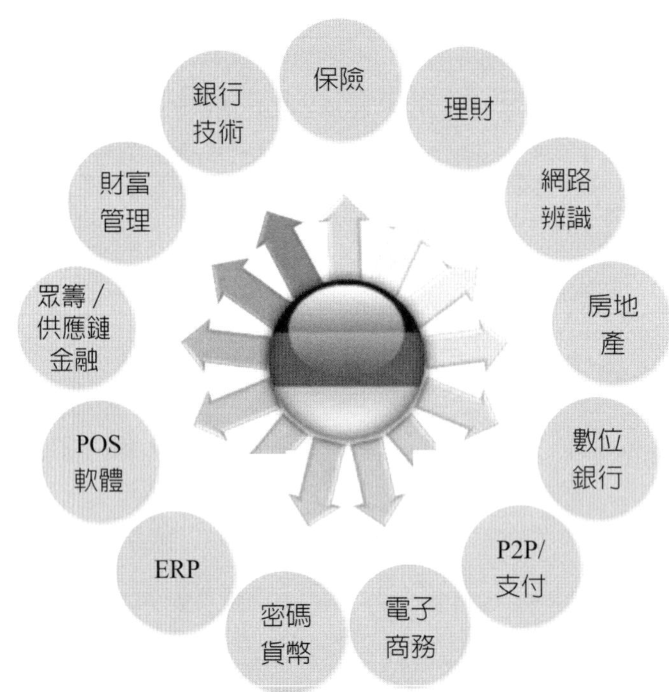

圖 7-7　德國金融科技生態圈

資料來源：1. Let's Talk Payments, Germany's FinTech Ecosystem: A Wheel in the European Innovation Machine, 2016.2.9.
2. Wikimedia Commons。

表 7-7　金融科技生態圈功能分類

	以色列	新加坡	加拿大	英國	德國	俄羅斯	瑞士	澳洲	墨西哥	法國	香港	荷蘭	合計
區塊鏈／密碼貨幣	11	7	2	8	8		16	5	1	3	13	7	81
投資／交易／基金／顧問／儲蓄／財富管理	18	11		13	42		35	13		10	6	12	160
貸款／融資	12	4	6	9		11	13	11	8	20			94
分析／資料／研究／大數據	5	5	2	9		4	27	4	3	2	6	22	89
個人理財管理／保險	5	3		2	17	6	10	6	3			10	62

表 7-7　金融科技生態圈功能分類（續）

	以色列	新加坡	加拿大	英國	德國	俄羅斯	瑞士	澳洲	墨西哥	法國	香港	荷蘭	合計
客戶關係	2										1	7	10
支付／P2P／交易所／轉帳／經紀商／信貸	26	15	12	12	32	13	23	8	7	23	14	19	204
群眾募資		1			21	3	12	2	2	23			64
市場交易		2				1		2	1	1			7
教育		3				1		1					5
資訊安全／認證／隱私／風險管理	15	2	2	3	5	1		2				12	42
會計／財務管理／另類財務			2			2			1		14	17	36
銀行／數位銀行／應用程式（API）／技術	5		6	4	21	7	8			11	3	2	67
外匯／匯款			2	5					3			1	11
POS軟體／結帳					7					2			9
其他：可視化、錢包、權利金、電子商務、房地產、企業資源規劃（ERP）					23	1		1					25
合計	99	53	34	65	176	50	144	55	29	95	57	109	

資料來源：Let's Talk Payments。

四、金融科技監理

過去台灣面臨銀行過多（Over-Banking）、密集度最高的便利商店、信用卡與金融卡的濫發、和 ATM 提款機持續上升，民眾習於使用金融業者所提供各式支付、轉帳與匯款等便利服務，而政府與金融業者亦沉靜於保守與穩健的經營環境之中，對於全球金融科技發展的漠視，甚至視爲洪水猛獸一般而無所作爲。在歲月流失的沙漏中，無視環境變遷而逐漸喪失先機。面對金融科技如排山倒海而來的創新與科技業者的挑戰，使得全球金融業如坐針氈，促使傳統金融業針對業務內容、服務通路、金融法規與服務價值鏈等，開始一系列的反思與改革。此外，金融科技監理與風險管控的相關規定與執行層面，亦須與日俱進，接受挑戰迎向改革的浪潮，將過時的法規與辦法逐一更替，並審視全球發展趨勢，在輔導創新與審慎監理的氛圍下，適時鬆綁開放納入新法規的增訂，以期逐漸趕上金融科技先進國家的腳程。然而，以金融科技發展快速的中國大陸為例，金融科技監管政策與法規仍在進行式中，對於有效掌控從事金融科技的行業還須努力適時制定。

洗錢防制法於 2017 年 6 月 28 日正式施行，金融業須加強與遵循反洗錢（Anti-Money Laundering, AML）和反資恐（Counter Financing Terrorism, CFT）相關規範。以洗錢防制與打擊非法資助恐怖組織為例，其管控架構的建置以「客戶風險評估」、「客戶盡職調查」、「可疑交易申報」為主。然而，金融科技的時代，交易是以非臨櫃與匿名方式進行，傳統處理流程已無法應付。故監理科技化的運用，如採多管道數據採集和統計分析工具的應用，進行持續監控和強化事前身分辨識等，似有其必要性。另銀行、證券、與保險商業同業公會臚列有關疑似洗錢與資恐交易相關態樣重點，銀行業務類型涵蓋匯款、授信、國際金融業務（Offshore Banking Unit, OBU）客戶、貿易融資、通匯往來、跨境交易、保管箱與異常交易等。證券則依客戶帳戶、資恐類、交易類和國際證券業務分公司（Offshore Securities Unit, OSU）客戶，分別說明須預警的相關狀況。而保險業業務類型包括提前解約、保單資訊異動、密集投保、保費支付、保單借款和國際保險業務分公司（Offshore Insurance Unit, OIU）客戶等。如表 7-8 所示。此外，為因應國際評鑑規範，金管會要求 OIU 至訂防洗錢原則，設立逃漏稅警示指標、加強險管控、與落實培育等事宜，如表 7-9 說明。

表 7-8　金融業疑似洗錢或資恐交易態樣重點

金融業	業務類型	須警示狀況
銀行	存提匯款	1. 靜止戶突有大筆金額進出。 2. 一定期間累積達金額限制。 3. 存入後迅速提款。
	授信	擔保品為變現性高資產，透過呆帳企圖迫使銀行處分。
	OBU客戶	1. 非營業相關之結構性商品買賣。 2. 經常存入境外旅行支票。 3. 期間內境外帳戶匯款給多個國內帳戶。
	貿易融資	1. 交易商品申報不盡詳實。 2. 信用狀經常修改（如延期、付款地點變更）。 3. 交貨產品不符營業項目。
	通匯銀行	往來通匯銀行資金流量暴增並高於存款。
	保管箱	開啟頻繁或非原租人多次使用。
	異常交易	拋售金融債券求現。
	客戶資訊異常	地址變更異常和同地址多人註冊。
	跨境交易	高度避稅風險和金融保密國家或地區進出資金頻繁。
	資恐類	年輕客戶異常提領和匯款。
	其他	不同國家進行同一預付及儲值卡儲值資金達金額限制。
保險	提前解約	大額購買長期保單，並提早集中解約取現金。
	保單資訊異動	短期變動要保人和受益人身分，隨後辦理大額保單借款。
	密集投保	1. 壽險：短期內密集投保高額給付保單，但與投保人收入明顯具差異。 2. 產險：投保內容與公司營業項目相左。
	保費支付	非利害關係人或當事人支付大額保費。
	保單借款	以資金來源不明的金額償還保單借款。
	OIU客戶	未能掌控境外保單客戶與收益人的身分。
證券	客戶帳戶	1. 無合理原由開立許多戶頭，實質受益人為同一人。 2. 申請多個帳戶並派共同或授權委託人為相同人士。
	資恐類	交易資金疑似或懷疑涉及恐怖活動、恐怖組織有關聯。

表 7-8 金融業疑似洗錢或資恐交易態樣重點（續）

金融業	業務類型	須警示狀況
	交易類	1. 客戶迅速鉅額證券買賣交易。 2. 無合理原因且交易對象相同。 3. 人頭、員工、特定團體開戶，進行大額頻繁證券買賣。
	OSU客戶	客戶在一定期間內從事下列事宜： 1. 帳戶內大額資金，並無交割結算，且常匯款至高避稅、高金融保密、高洗錢與高恐資的國家或地區。 2. 常於各國從事證券交易，如高洗錢與高恐資國家。 3. 高額且頻繁購買境外結構式商品。

註：離境金融中心包括：1.國際金融業務分公司（Offshore Banking Unit, OBU）分公司。
2.國際保險業務分公司（Offshore Insurance Unit, OIU）。
3.國際證券業務分公司（Offshore Securities Unit, OSU）。

資料來源：1. 工商時報，洗錢防制態樣20變53銀行喊苦，2017.7.3。
2. 工商時報，保險洗錢防制OIU列清查重點，2017.8.21。
3. 證券商業同業公會，證券商防制洗錢及打擊資恐注意事項範本。

表 7-9 OIU 防制稅務洗錢風險原則

項目	內容
了解客戶稅務洗錢風險	將客戶身分確認、交易監控、續查等涵蓋於防制洗錢相關流程。
稅務洗錢風險的防制	對高風險客戶群執行監控，並評估終止時機。
建立逃漏稅警示指標	對高稅務所涉及洗錢風險制定警示指標。
員工訓練	提供相關訓練學習常見逃漏稅類型之防制。
員工行為道德守則	建立道德守則，並嚴守規定則，不協助客戶逃漏稅意圖。

資料來源：經濟日報，OIU防洗錢金管會訂五原則，2018.8.6。

表 7-10 顯示台灣各類電子支付服務納入金融監理及其相關法規，適用於銀行業與非銀行業發行各種電子貨幣（如儲值卡、第三方支付、與行動支付）與支付系統（如央行同資系統、ATM、跨行通匯、金融卡、與信用卡等）規範。

表 7-10　各類電子支付之適用法規與規範

<table>
<tr><th colspan="2">項目</th><th>適用法規</th><th>規範目的或主要內容</th></tr>
<tr><td colspan="2">央行同資系統</td><td>中央銀行同業資金電子化調撥清算業務管理要點</td><td>1. 大額清算風險下降。
2. 加強資訊安全。
3. 運作效率上升。</td></tr>
<tr><td colspan="2">財金公司跨行通匯、ATM等系統</td><td rowspan="3">適用銀行法相關規定（金管會）</td><td rowspan="3">1. 加強資訊安全。
2. 洗錢防制法執行。
3. 消費者權益保護。</td></tr>
<tr><td colspan="2">金融卡</td></tr>
<tr><td colspan="2">信用卡</td></tr>
<tr><td rowspan="2">儲值卡</td><td>銀行發行</td><td rowspan="2">電子票證發行管理條例（金管會）</td><td rowspan="4">1. 加強資訊安全。
2. 洗錢防制法執行。
3. 消費者權益保護：
儲值餘額須交付銀行信託，餘額超過50億元者，須依央行規定先提存準備金，扣除準備金後餘額再交付信託。
4. 儲值限額：
電子票證：1萬元。
第三方支付儲值帳戶：5萬元。</td></tr>
<tr><td>非銀行發行（如悠遊卡）</td></tr>
<tr><td colspan="2">第三方支付</td><td rowspan="2">電子支付機構管理條例（金管會）</td></tr>
<tr><td colspan="2">行動支付服務</td></tr>
</table>

資料來源：中央銀行，央行理監事會後記者會參考資料，2016.3.24。

根據微軟資料顯示，2015 年全球每月計有 3,000 億以上的各式認證需求、10 億次以上系統更新、提供惡意程式與垃圾郵件掃描約 2,000 億次。資訊安全問題解決以達刻不容緩地步，否則問題嚴重性將持續攀升。隨著全球金融業數位化精進，亦伴隨網路經濟犯罪騷擾，依據「2016 年全球經濟犯罪調查報告－金融服務業」指出，約 49% 金融業者曾遭遇網路犯罪侵害。另防毒軟體公司賽門鐵克研究報告，指出全球網路犯罪手法不斷創新，每年受影響人次高達 4 億，使消費者付出 1,130 億美金損失。為降低消費型金融服務業遭網路攻擊與加強網路交易公平性，微軟於 2013 年成立數位犯罪中心（Digital Crimes Unit, DCU），利用高階數位分析系統與安全性解決方案，串連各國執法單位，共同合作有效打擊網路駭客和消滅網路詐欺，已成功地減少約 98% 的惡意軟體詐欺事件。

表 7-11 指明歷年來全球重大資料被竊案，Yahoo 個資被駭案名列第一，已使公司面臨用戶使用不便、產能損失、及信譽喪失的衝擊。該公司已啟動雙層驗

證，主要提供「帳號金鑰」服務，要求用戶登入時，須以接收一次性訊息來做認證，以期亡羊補牢，改正弊端。

表 7-11　歷年重大資料竊案

排名	年	公司	規模（億）	受影響客戶數	受影響帳戶／信用卡數
1	2016	Yahoo	5-10	v	
2	2009	Heartland	1.3		v
3	2016	LinkedIn	1.17	v	
4	2011	Sony	1	v	
5	2007	TJX	0.9		v
6	2015	安森	0.8	v	
7	2014	摩根大通	0.76	v	
8	2013	Target	0.7	v	
9	2014	家得寶	0.56		v
10	2005	CardSystems	0.4		v

資料來源：1. 經濟日報，史上最嚴重雅虎5億用户個資被駭，2016.9.24。
2. 蘋果即時，雅虎再公布，逾10億用户個資遭駭客入侵，2016.12.15。

根據資誠「2016 全球經濟犯罪調查報告—金融服務業」指出，全球金融業約 49% 曾遭網路犯罪侵擾。相關資訊安全問題不僅危及個人名譽，亦對企業經營風險和國家安危等問題具影響性，如表 7-12 所示。如爲防範第一銀行 ATM 盜領案再次發生，金管會要求金融業全面清查同型 ATM，確認安全無虞。另要求銀行公會提出強化安全控管與銀行監控機制。同時，全面性實施資訊檢查（如資訊系統、網路銀行等）、防火牆功能及模擬駭客攻擊測試等。

表 7-12　資訊安全案例

知名案例	期間	說明
美國Target遭駭客入侵	2013	約4,000萬筆信用卡、簽帳卡資料遭竊。
南韓電視台、金融業者遭駭客攻擊	2013	同時間發生電腦網路當機、網路銀行與ATM交易中斷。
雲端儲存私密照被盜	2014	帳號被破解，好萊塢女星私密照網路流傳。
Sony Pictures電腦遭駭侵	2014	重要資料與多部上映影片遭竊。
Mt.Gox遭駭客攻擊	2014	91億台幣等值比特幣被竊，交易網站破產。
美國國務卿希拉蕊身陷郵電門（Emailgate）風波	2015	使用私人帳號收發公務郵件，涉及逃避國家監督之嫌。
The DAO智慧合約遭駭客盜領370萬個以太幣，造成大跌40%。	2016.6	1. 強制等待凍結27天，駭客無法提領。 2. 投資人投票可採軟分叉（Soft Folk）或硬分叉（Hard Folk），決議使用硬分叉。
第一銀行ATM盜領案	2016.7	國際駭客以惡意程式植入倫敦分行，侵入ATM系統，60小時內盜領約8,000萬元。
台灣遭勒索病毒攻擊氾濫	2016.9.22	經網路廣告瀏覽植入病毒，2016年上半年約200萬次攻擊，而受害者約26%願意付款。
Yahoo用戶個資被駭	2016.9.24	承認2014年約5億用戶資料被盜取。
證券業遭駭客勒索比特幣，癱瘓網路下單。	2017.2.6	Armada Collective集團勒索高橋、元富、大展、陽信、群益、金鼎、大眾等券商。
Apple Pay驚爆首次盜刷	2017.8.26	台灣盜刷者冒用持卡人和更換手機識別資訊，取得一次性密碼（OTP），而後進行盜刷。

資料來源：1. 蘋果日報，比特幣交易所MT.GOX聲請破產保護，2014.3.1。
2. 台灣微軟，數位金融，數位金融季刊，No.2，2016.3。
3. 聯合報，一銀案破案追回六千萬，休假警建功，3洋盜落網，2016.7.18。
4. iThome，DAO遭駭事件打破區塊鏈不可逆神話，2016.7.30。
5. 經濟日報，史上最嚴重雅虎5億用户個資被駭，2016.9.24。
6. 工商時報，勒索病毒猖獗Q2受害季增4倍，2016.9.22。
7. 經濟日報，券商被駭急改人工下單，2016.2.7。
8. 數位時代，不是Bug是功能？區塊鏈新創The DAO智慧合約「同意」駭客盜領超過6千萬美元，2016.6.21。
9. 工商時報，Apple Pay爆首宗盜刷，2017.8.26。

1. 監理沙盒（Regulatory Sandbox）

金融科技蘊含的破壞式創新（Disruptive Innovation），除改變金融業面貌與經營效能外，亦隱含著風險危機。政府若依現行金融法規監管，往往會牴觸未來商業發展模式，使金融創新侷限於框架內。而創新科技的導入，亦可能使資訊安全的控管形成漏洞。故監理沙盒的實施，除適時全面檢視相關金融法規外，亦需考量消費者保護機制的建立，並強化風險管控與資訊安全管理。

監理沙盒源自於 2015 年 3 月，由英國科技政府辦公室（Government Office for Science）政策報告「金融科技未來：英國如何成爲世界金融科技的領頭羊」提出。同年 11 月由金融管理局制定監理沙盒指導文件，次年 3 月新加坡政府開始引進並提出諮詢文件。2016 年 12 月新加坡貨幣管理局與英國金融管理局共同簽署協定，提倡有關金融服務創新共享使用的模式，以奠定兩國位於全球金融科技的領先群。新加坡利用金融科技的開展優勢，進而結合馬來西亞資本市場，欲成爲南亞金融中心的重鎮。相關沿革說明，如表 7-13 所示。

表 7-13　金融監理沙盒的沿革

日期	區域	規則／報告	說明
2015.3	英國	科技政府辦公室（Government Office for Science）政策報告：「金融科技未來：英國如何成為世界金融科技的領頭羊」。	串連金融監理單位、金融機構、金融科技新創公司與學界的協同合作模式。
2015.11		金融行為監管局（Financial Conduct Authority, FCA）制定監管沙盒指導文件。	說明有關監管的目的、流程、限制、參與的誘因與風險考量等事宜。
2016.12		金融管理局開始收件。	24件申請包括區塊鏈、數位貨幣等案件。
2016.3	新加坡	貨幣管理局（Monetary Authority of Singapore, MAS）。	提出監理沙盒諮詢文件。
2016.11		開辦金融監理沙盒。	接受申請。
2016.12		新加坡與英國簽訂共享金融服務創新使用協定。	證交所、8家銀行將區塊鏈技術導入跨行支付應用。

表 7-13 金融監理沙盒的沿革（續）

日期	區域	規則／報告	說明
2016.3	澳洲	證券與投資委員會（Australian Securities & Investments Commission, ASIC）制定。	負責管理監理沙盒業務。
2016.12		開辦金融監理沙盒。	符合資格者於1內年銷售金融商品，無須政府許可與執照。
2016.9	香港	金融管理局成立金融監理沙盒。	金融科技聯絡辦事處提供監理諮詢服務。
	南韓	機器人理財顧問平台與沙盒管理機制。	機器人理財顧問演算法測試。
	泰國	監理沙盒白皮書。	區塊鏈、電子支付、投資顧問、KYC支付應用。
2016.10	馬來西亞	監理沙盒框架。	支付公司申請。
2016.11	印尼	金融科技辦公室。	監理沙盒計畫。
2018.2	印度	設立工作小組研究金融沙盒。	建置金融沙盒及創新中心。
2017.12	中國大陸	設置金融科技模式。	金融科技示範區內測試與應用。
2016.12.12	台灣	金管會以行政權開放金融業監理沙盒機制。	同意金融服務業與金融科技業申請有關匯款、存款、與境外基金等八項實驗業務。
2016.12.19		立法院財政委員會初審通過「金融科技創新」相關法案。	1. 名稱：「金融科技創新」取代「監理沙盒」。 2. 金融業與非金融業參與。 3. 試驗期間享刑法豁免。
2017.1.12		行政院提出「金融科技創新實驗條例」草案。	金管會召開審查委員會60日內進行相關申請審核。
2017.12.29		金融科技發展與創新實驗條例。	三讀通過。
2018.1.31		金融科技發展與創新實驗條例實施	總統公布。

表 7-13 金融監理沙盒的沿革（續）

日期	區域	規則／報告	說明
2018.5.1		金管會開放申請。	自然人、法人均可。
2018.6		輔導與正式案件提出申請。	輔導36件和正式1件。
2018.7.2		金融總會成立金融科技創新園區（FinTechSpace）。	推展金融科技產業生態的實體共創場域。
2018.10.16		園區成立金融監理門診。	一對一法律諮詢服務，並於10個工作天內回覆，邀請金管會官員、相關機構專家、輔導員提供服務。

資料來源：1. 經濟日報，引進金融沙盒解除金融創新路障，2016.10.8。
2. 工商時報，數位國家譜藍圖拚全球前10，2016.11.21。
3. 經濟日報，試辦監理沙盒金管會Ready，2016.11.2。
4. 經濟日報，金融科技創新八法過頭關，2016.12.19。
5. 經濟日報，金融創新別輕忽隱形反作用力，2017.1.17。
6. 工商時報，金融監理沙盒的「是」與「不是」、「能」與「不能」，2018.2.5。
7. 黃健澤、林世寰，金融科技創新趨勢監理沙盒面面觀，台灣銀行家，2018.5月號。
8. 工商時報，首例金融創新實驗已遞件申請，2018.6.19。
9. 經濟日報，金融監理門診顧立雄上陣，2018.10.17。

藉由監理沙盒引進，主管機關同意金融業與非金融業者均適用，在可控風險與無損消費者權益環境中，於場域中專心從事創新研發與事業開展試驗，並探索潛在的風險，享有法規約束的豁免權利。因此，監理沙盒彈性兼顧金融創新發展與金融秩序管控，不但現有產業法規無須變更，亦不影響其公平性。監理沙盒運作階段可分爲三階段，包括申請評估階段、試驗中階段、試驗完成階段，各階段內容於圖 7-8 顯示。以英國金融管理局（FCA）的監理沙盒爲例，依照條件篩選申請的創新公司，要求擬定消費者保護計畫。例如：以逃避賦稅爲訴求的創新活動申請，勢必將無法通過篩選。在試驗中階段允許 3-6 個月實驗測試期間，將創新產品和服務提供給客戶消費。試驗完成階段後，開始測試期成效，進而制定監理相關政策，亦或終止該項成效不彰的實驗。

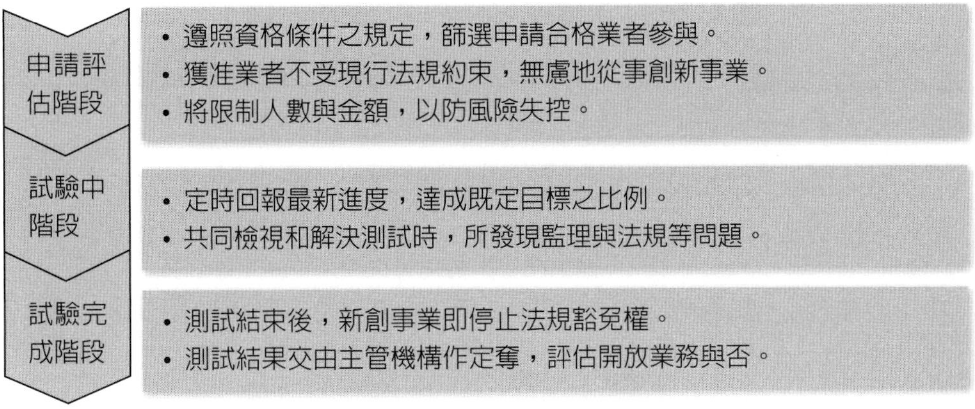

階段	內容
申請評估階段	• 遵照資格條件之規定，篩選申請合格業者參與。 • 獲准業者不受現行法規約束，無慮地從事創新事業。 • 將限制人數與金額，以防風險失控。
試驗中階段	• 定時回報最新進度，達成既定目標之比例。 • 共同檢視和解決測試時，所發現監理與法規等問題。
試驗完成階段	• 測試結束後，新創事業即停止法規豁免權。 • 測試結果交由主管機構作定奪，評估開放業務與否。

圖 7-8　監理沙盒運作階段

資料來源：1. 經濟日報，引進金融沙盒解除金融創新路障，2016.10.8。
　　　　　2. 金管會。

2. 台灣金融科技創新法案

有鑑於台灣金融開放程度相對保守與犯錯容忍度較低的情形下，政府開放「暫時豁免」的監理沙盒彈性制度，例如：暫時豁免期間內，對於相關法遵等可先不予考量，對於創新創業者的容忍度提升，預期能有效激發出創新的熱忱與揮灑的試辦空間，均有助於經濟轉型與金融創新契機。表 7-14 說明台灣監理沙盒修法項目，2016 年 12 月 12 日金管會提出金融消費者保護法之單一法案修正，積極與行政院和立法院協調，以行政權先行開放金融業監理沙盒機制，使台灣成全球第 5 個進行監理沙盒的領先群之一。將允許金融服務業與金融科技業申請，進行匯款、存款、與境外基金等八項業務的實驗活動。

表 7-14　金融科技創新相關法案重點

項目	內容
申請資格	1. 金融服務業：銀行、保險、證券等。 2. 非金融業：如金融科技業等。
金融科技業定義	主要業務符合下列之一者： 1. 運用資訊或網路科技，協助資料蒐集、資料處理、分析或供應於金融業務發展。

表 7-14　金融科技創新相關法案重點（續）

<table>
<tr><th colspan="2">項目</th><th colspan="2">內容</th></tr>
<tr><td colspan="2"></td><td colspan="2">2. 利用資訊或網路科技，有助於改善作業流程或提升金融服務的效率或資訊安全。
3. 其他資訊或科技為基礎，增進設計、數位化或金融創新。</td></tr>
<tr><td colspan="2">金融科技創新核定業務</td><td colspan="2">1. 銀行法：存款與匯款。
2. 電子支付之儲值與帳戶轉移等。
3. 電子票證之發行。
4. 信託業務等。
5. 期貨業務等。
6. 券商與證金公司相關業務。
7. 保險業務等。
8. 證券投資信託與顧問法：代理銷售境外基金等。</td></tr>
<tr><td colspan="2">實驗期間</td><td colspan="2">1. 1年為限，屆滿前1個月得申請延長，最長一次6個月為限。
2. 內容涉及修法時，則可多次延長，總期間不得超過3年。</td></tr>
<tr><td colspan="2">實驗期間相關事項與程序</td><td colspan="2">1. 金管會須於60天內完成相關申請審查程序。
2. 主管機關設跨領域專家審查會，對金融科技創新實驗審查。
3. 審查項目：(1)許可業務，(2)創新性，(3)風險評估與因應，(4)提供參與者有關保護措施與補償，(5)提升金融服務效率、降低相關成本、與增加消費者及企業效益。
4. 核可後3個月內須開始執行。
5. 如有牴觸刑法情形時，參與者享有豁免機制。
6. 主管機構對個案作調整，或豁免遵循相關行政規定與事項。
7. 危及金融市場與消費者保護時，主管機關命令停止其活動。
8. 實驗結案後3個月內得送行政院予以備查。
9. 主管機構依試驗結果，檢討法規妥適性與簡化申請程序。
10.經營業務經通過者，須遵守相關金融法規之規定運作。
11.經營後調整期的許可。</td></tr>
<tr><td colspan="2">限制項目</td><td colspan="2">1. 個資保護。
2. 洗錢防制。
3. 經營者人格及資格。</td></tr>
<tr><td rowspan="4">風控項目</td><td>總曝險額</td><td colspan="2">資金、交易或曝險金額總計不超過1億元。</td></tr>
<tr><td rowspan="3">分項控管</td><td>分項</td><td>單一參與者金額限制</td></tr>
<tr><td>消費信貸（含外幣）</td><td>50萬元</td></tr>
<tr><td>保險保費／金額</td><td>10 /100萬元</td></tr>
</table>

表 7-14 金融科技創新相關法案重點（續）

項目		內容	
		其他金融商品或服務	25萬元
		專業投資機構	不限
	退場機制	可能造成退場原因、時點、協商退款方式等。	
	補償機制	專用存款信託、銀行履約保證（實驗期另加計6個月）	

資料來源：1. 經濟日報，監理沙盒三金融科技業先行，2016.12.12。
2. 經濟日報，金融科技創新八法過頭關，2016.12.19。
3. 工商時報，監理沙盒有助我國金融創新，2016.12.23。
4. 經濟日報，金管會訂專法給半年試驗期，2016.12.20。
5. 金管會，金融科技創新實驗，2017.1.12。
6. 經濟日報，FinTech跨足金融開大門，2017.1.13。
7. 工商時報，金融科技李瑞倉釋利多，2017.1.25。
8. 工商時報，台版監理沙盒曝險額上限1億，2018.2.5。
9. 經濟日報，央行：沙盒可作外幣信貸，2018.3.8。

另 2016 年 12 月 19 日立法院財政委員會以「金融科技創新」取代「金融監理沙盒」，初審通過「金融科技創新」相關法案，並允許金融業與非金融業申請，提供試驗期間享有刑法豁免的優惠等。2017 年 1 月 12 日台灣「金融科技創新實驗條例」草案通過，但隨後有些新創公司聯合聲明，認爲條列違反監理沙盒精神、建議採用報備制以及期望行政院主導金融科技辦公室（如跨單位結合金管會、央行、與經濟部）等訴求。此外，實驗結束後至法規修改前的空窗期，因尚無法規適從的窘境，可能使業者有恐遭停業的疑慮。

「金融科技創新」相關法案重點說明，將不侷限於金融業，其他非金融業包括綠能、擴增實境（Augmented Reality, AR）/ 虛擬實境（Virtual Reality, VR）技術等均可納入推展，促使生態鏈維繫創新的活力。然而，銀行業者的通路將直接受到衝擊，理財人員亦將面臨嚴峻的挑戰。由於金融科技創新實驗具有高度風險性之可能，爲減緩對傳統銀行業的直接影響，會以不涉及大眾存款與相關資金的創新業務爲優先考量，例如：支付平台與理財機器人等業務。此外，在跨境匯款部分，對於提供在台勞工匯款服務有興趣的業者即可申請實驗。以電子票證發行爲例，依票券金融管理辦法相關規定，由主管機關核准 P2P 業、金融科技新創公司、和聯合徵信中心等有意願的業者合作執行，於業務屬性範圍內試辦。此外，證券期貨業亦引頸期盼推動金融科技創新，以加速轉型，諸如試推展純網路銀行、純網路經紀商、加密貨幣發行（Initial Coin Offering, ICO）、虛擬貨幣交易所、O2O 網路券商模式、電子支付、結合身分辨識、與網路免臨櫃服務等，創新業務的試點活動。

圖 7-9 顯示開放金融科技創新業務實驗相關申請與審查流程，由申請人提出擬訂計畫，經適法性查詢後，正式申請實驗，由金管會成立委員會於 60 日內完

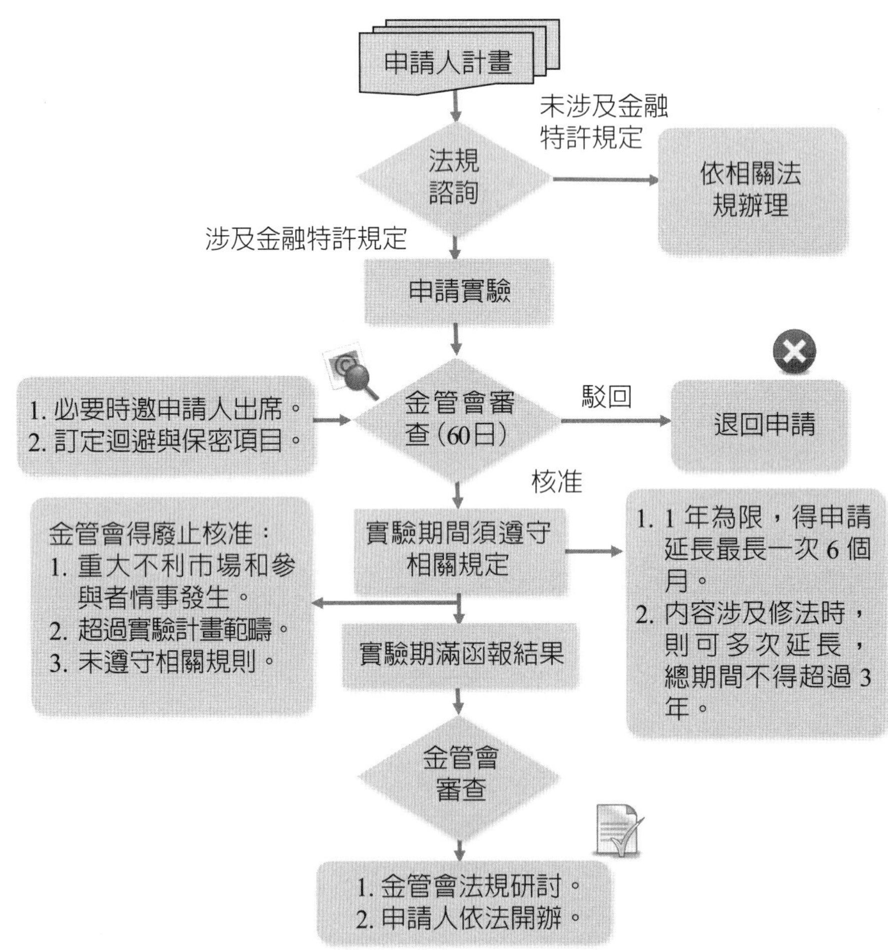

圖 7-9　金融科技創新實驗申請與審查流程

資料來源：1. 金管會，金融科技創新實驗，2017.1.12。
2. 工商時報，金融科技李瑞倉釋利多，2017.1.25。
3. Wikimedia Commons。

成審查。如獲核准則可進行實驗並得延長，期間內不得有逾越法規等情事，否則金管會可廢止核准。期滿後需函報金管會，再經審查實驗結果通過，申請人就可正式開辦有關新創業務。同時，金管會亦針對相關法規的適法性作增訂或修正。

2013 年日本制定「產業競爭力強化法」，使新創事業透過實驗機制，暫時免除部分法規的枷鎖，期使增進技術升級與開展新商業模式。有鑑於此，2017 年 8 月台灣推動「創新法規沙盒」涵蓋「法規釐清諮詢」與「創新應用實驗」兩項機制，以彈性應對法規限制的衝擊，移除創新技術建置的阻礙，以其促進產業發展動能與轉型契機，如圖 7-10 所示。在相關法規諮詢方面，透過協商諮詢，函請主管機關釐清法規並回覆審查結果，申請人則可逕自開始營運、轉介政府輔導計畫、或引介推動創新應用實驗。另申請人提出創新應用實驗，藉由諮詢協商後，方可啟動實驗並定期回報主管機關，以利適度管控，將成果回饋並與有關法規作適當調和之參考。

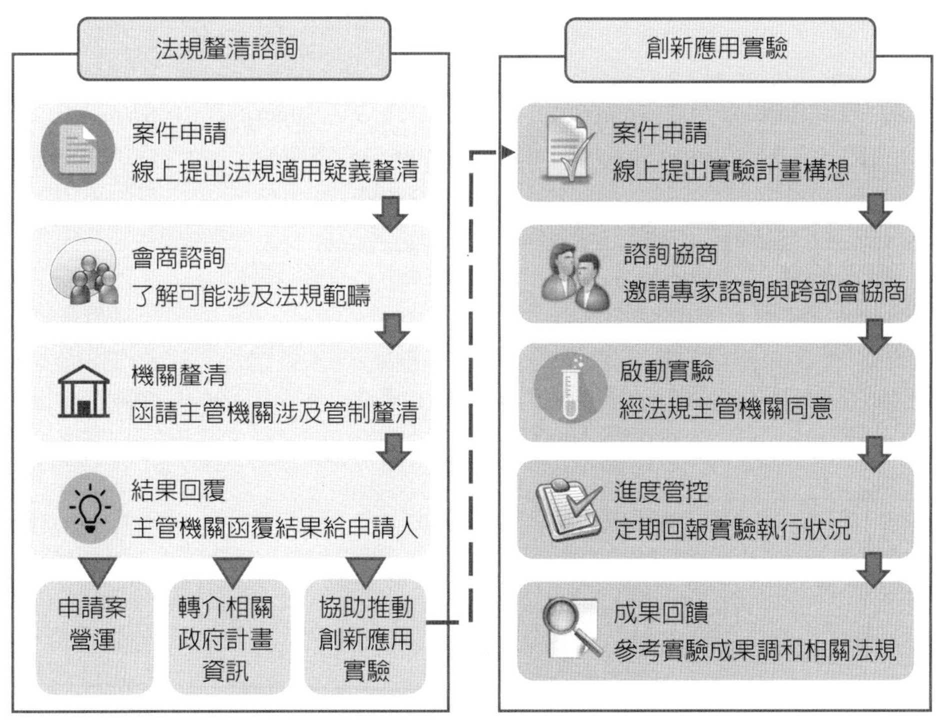

圖 7-10　創新法規沙盒運作機制流程

資料來源：1. 工商時報，創新法規沙盒挹注產業活水，2018.9.15。
2. Wikimedia Commons。

表 7-15 說明各政府推動監理沙盒項目，包括適用對象、審查期間、試驗期間及消費者保護等。以試驗期間而言，香港和新加坡採個案處理方式較具彈性。相對於英國和台灣，澳洲允許實驗期間為 1 年內，讓實驗者有較長的適應期。然而，跨部會支援建置仍有所不足。為強化跨領域金融科技監理，美國聯邦政府設立「金融服務創新辦公室」（Financial Services Innovation Office, FSIO），連結聯準會、財政部及證監會等機構。在新創企業測試產品時，提供相關協助，並於 FSIO 內部成立聯繫委員會。除分享跨單位資訊外，透過正式化程序向國會報告，達成立竿見影的監理效果。另中國在有關互聯網金融監理問題處理上，採跨單位合作與指派銀監會主導，可供其他政府參考。

表 7-15　政府監理沙盒推動狀況比較

	英國	新加坡	澳洲	香港	台灣
主管機關	金融行為監管局 The Financial Conduct Authority, FCA	貨幣管理局 Monetary Authority of Singapore, MAS	證券與投資委員會 Australian Securities & Investments Commission, ASIC	金融管理局 Hong Kong Monetary Authority, HKMA	金融監督管理委員會 Financial Supervisory Commission, FSC
適用對象	金融業 非金融業	金融業 非金融業	非金融業	僅限銀行	金融業 非金融業
審查期間	3個月及測試準備期約10週。	初步審查21天，再進入實質審查（未規定天數）。	採用報備制，送件後14天開始審查。	未規定	60天內完成申請審查
試驗期間	3-6個月	依個案	12個月內	依個案	1. 以1年為限得申請延長最長一次6個月。 2. 內容涉及修法時，則可多次延長，總期間不得超過3年。

表 7-15 政府監理沙盒推動狀況比較（續）

	英國	新加坡	澳洲	香港	台灣
消費者保護	揭露風險與提供補償	管控風險與消費者保護措施	訂定服務人數與金額限制，提供補償保險規劃	透過賠償機制讓客戶有退場的機會	如危及消費者保護時，主管機關可命令停止相關活動。

資料來源：1. 金管會，金融科技創新實驗，2017.1.12。
2. 工商時報，金融科技李瑞倉釋利多，2017.1.25。

實務案例

金融科技創新園區概況

2018 年 7 月 2 日金融總會開辦「金融科技創新園區」（FinTechSpace）開始招募入駐，推展金融科技產業生態的實體共創場域，並於 2018 年 9 月 18 日正式開幕，預計 2018 年金融業投資金融科技約達 138 億元之譜。合作類型計有數位沙盒（Digital Sandbox）－雲端平台、金融類 API、區塊鏈 API、共創聯盟、企業實驗室、國際新創推薦、國際新創實體進駐空間交換、與國際新創輔導資源交換，各項相關合作單位，如表 7-16 所示。

表 7-16 金融科技創新園區合作夥伴

合作類型		合作單位
數位沙盒	雲端平台	Amazon Web Services (AWS)
	金融類API	證券交易所、期貨交易所、集保中心、櫃買中心、財金資訊公司、上海商銀、中國信託金控、凱基銀行、時報資訊。
	區塊鏈API	台灣微軟
共創聯盟		青年科技創業基地、會計研究發展基金會、創投公會、台灣天使投資協會、政治大學（金融科技研究中心）、成功大學（金融創新與投資研究中心）、與清華、台灣科技、中山、高雄科技大學等。
企業實驗室		中國信託金控、星展銀行、上海商銀、悠遊卡。

表 7-16　金融科技創新園區合作夥伴（續）

合作類型		合作單位
國際	新創推薦	美國在台協會商務處、英國在台辦事處、澳洲辦事處商務處。
	新創實體進駐空間交換	金融科技新創加速器Startupbootcamp、新加坡金融科技協會、新加坡金融科技共創空間80RR、美國矽谷共創空間Casa Hacker。
	新創輔導資源交換	澳洲區塊鏈產業推展協會。

資料來源：工商時報，創新實證數位沙盒招募啟動，2018.8.29。

2018 年 9 月 18 日台灣首宗金融監理沙盒案件，凱基銀行與中華電信團隊申請通過，以手機號碼身分辨識與電信帳單信用評分機制，推動電信行動身分認證，進行信用卡循環信貸與線上個人信貸應用實驗，如表 7-17 所示。另金管會於 2018 年底通過第二件申請案，透過超商或虛擬帳戶，從事移工跨境匯款業務。2019 年 8 月則通過區塊鏈基金交換、旅遊網站買保險、和區塊鏈跨行轉帳資訊流。

表 7-17　電信行動身分認證貸款

產品	循環信貸	個人信貸
性質	隨借隨還	分期攤還
優惠	最高折抵1,499元電信費	
核貸後	一個月內動用： 399元電信費	核貸10萬元以上： 一次領取1,499元電信費
每月動用一次	每次動用： 100元電信費（最多11個月）	—
專案期間	2018.12.5-2019.1.31	

資料來源：工商時報，用手機就能貸，銀行攻年輕客，2018.11.24。

 五、金融科技租稅優惠

有鑑於台灣金融科技研發相較於其他國家，已呈現裹足不前與受制於人的窘態，爲推動金融業迎向金融科技發展的挑戰與創新思維，金管會鼓勵金融業研發，特別針對創新、前瞻性、產業領導性、或產業技術具貢獻者，適用於投資抵減營利事業所得稅與減免租稅優惠，如表 7-18 說明。

表 7-18　金融業投資金融科技的投資抵減

投資抵減項目	具有創新思維、前瞻性主導、引領產業發展、或對產業長期技術難度有突破貢獻者，可提出申請。
時間點劃分	2016年5月底報稅為限，如未能於時效前完成者，則在年底前申請到核可完成亦可。
可扣抵稅額	採同一課稅年度營所稅額15%抵減，並未超過應繳營所稅額30%為限制。

資料來源：1. 工商時報，金融科技創新享投資抵稅，2016.4.24。
2. 工商時報，金融科技專利。
3. 業者申請投資抵減，2017.2.2。

此外，南韓政府爲鼓勵民眾使用電子支付消費普及率，達到 85% 的目標，積極祭出三項減稅優惠措施：

(1) 訂定一年內非現金支出交易超過一定門檻，則商店獲得抵稅優惠。

(2) 企業使用感應式收單系統裝置，可獲得營業稅率減免的獎勵。

(3) 民眾使用新用卡或借記卡等消費亦可獲相關優惠。

爲達成於 2020 年「電子化支付比例五年倍增計畫」的目標，電子交易支付比率能由 26% 上升至 52%。財政部亦擬修正「稅務違章案減免處罰標準」第 15 條，增列營業人導入電子支付銷項與進項免罰相關標準。表 7-19 明列出免罰門檻與相關罰則對照，說明政府的決心，全力引導營業人開始連結電子化支付，並配合法規鬆綁的措施。

表 7-19　營業人導入電子支付免罰稅法修正

項目	計算比例	免罰門檻	罰則
銷貨	電子支付帳戶收款銷售額占整體銷售額比例5%以上。	有關點漏報、短報營業稅額占整體稅額7%以下，免罰僅補稅。	營業稅法： 除追繳補稅外，案漏稅額加罰5倍以下罰鍰。
進貨	電子支付帳戶進項金額付款占當期營業稅全部進項稅額比例5%以上。	相關當期申報營業稅虛報進貨項目占該期全部進項稅額比例5%以下，可免罰。	1. 不實進項稅額憑證申報：依下列二法擇一並考量從重處罰： (1)營業稅法第19、51條。 (2)稅捐稽徵法第44條。 2. 無進貨事實者： (1)營業稅法第15條第1、3項及第51條第5款補稅。 (2)涉及詐欺和不正當手段者，移送刑事偵辦。

資料來源：1. 經濟日報，稅務違章免罰納入電子支付，2016.12.13。
2. 工商時報，提升電子支付財部鬆綁免罰標準，2016.12.13。

六、金融科技的挑戰與因應

面對金融科技的浪潮與挑戰，人才的招募與培訓、商業模式與經營流程的轉變，新科技的研發與導入等，金融業轉型策略迫在眉梢。

(1)「三跨」商業模式的興起

新興金融商業模式強調跨界、跨境、跨業之「三跨」所結合的創新模式與技術，並以服務客戶爲核心、強化客戶體驗效益、和滿足客戶需求爲發展思維，此變革已打破業界藩籬。金融科技的應用能提供用戶於消費活動中，更爲便捷的支付方式。以金融監理的觀點而言，「三跨」所帶來的衝擊，已使金融業無法置身事外，將面臨各國的監理機構或監理規定不同調的困境。

(2) 虛實整合與服務平台的運作

透過服務平台，將全球各地的供應商、策略聯盟夥伴、與使用者作整合，能有效地提供彈性化與客製化的開放空間，在網絡中相關業務資訊的交換與傳達快速。隨之而來的挑戰在確實辨別使用者眞實身分與個人資料的保護。在金融監理方面，須強化消費者權益的保障與落實風險管控的要求。

(A)即時客戶體驗功能，彙整消費者意見表達，經適度修正強化消費者權益。

(B)將傳統 KYC（Know Your Customer）檢查至最終實際受益人，進階爲 KYDC（Know Your Digital Customer）。即透過數位互動模式，檢視客戶身分、信用查核、風險評等與償債能力評估等，符合金融監理有關消費者保障與洗錢防制等規則。OECD 明訂銀行業跨國業務有關「實益擁有人」之查核標準作業流程，除 KYC 外，導入認識客戶的客戶（Know Your Customer's Customer, KYCC）、客戶盡職調查（Customer Due Diligence, CDD）、加強客戶盡職調查（Enhanced Due Diligence, EDD），與遵照美國外國帳戶稅收遵從法（The Foreign Account Tax Compliance Act, FATCA）相關條例。

(C)加強法遵科技（Regulatory Technology, RegTech）實施，主管機構透過民間第三公證人（相關協會等，如比爾蓋茲基金會），運用資訊科技，建構相關監理制度與法規等資料庫，對受監管業者（包括金融業及非金融業者）營運管理自動提供即時監控活動、分析與適時管理協助，以利業者遵循相關法規，並完成合乎規範的報告，減低繁瑣的人工判別作業風險的疏漏發生，解決資安預警、潛在違規活動、風險管控與消費者保護等項目。例如：美商鄧白氏建構大數據資料庫，涵蓋持股 0.1% 以上股東，並予以編碼和串聯有關資料，監控與管制「實益擁有人」活動，包括母公司、子公司、轉投資公司和企業所有者關係架構，遵循銀行業法遵制度與落實企業治理。另全球監理活動遽增與容錯範圍縮小，如全球銀行業因應歐洲央行支付服務指令第二版（PSD2）與歐盟金融工具市場規則（Markets in Financial Instruments Directive, MiFID）業務，使成本壓力暴增。導入 AI、大數據、生物辨識與區塊鏈技術，透過法規資料庫、深度機器學習與自然語言處理等方式，以改善欠缺系統化法規知識累積與變動追蹤管理機制的困境。

(3) 金融科技價值鏈的形成

隨著金融科技的發展與消費型態的轉變，金融業者須凝聚內部共識，制定應變計畫和改革目標，引進相關技術與創新思維，積極導入金融科技之應用，研擬現行業務流程整合與未來整體發展相互磨合，以開創透明交易、便捷服務、和系統管控等核心服務價值的優勢，逐漸串聯成金融科技價值鏈。而在多元化和多樣性的科技應用與鼓勵創新的推展下，有效監管的執行與規則的制定須取得平衡，此將成爲監理機構無法避免與有待克服的難題。

(4) 金融人才的轉型與前瞻性專業人才培育

有鑑於金融科技的風潮已成爲不可逆轉之勢，多元複雜交易型態孕育而生，風險的多樣性不斷發生，而國際詐騙事件亦時有所聞。因此，將金融業吸引科技人才招聘與金融從業人員轉型的培育工作列爲重點發展項目。另金融業與資訊科技業聯手舉辦相關金融科技創意創業競賽，發掘新秀相互切磋，對金融科技發展的精進則指日可待。

(A) 金融從業人員轉型的培育

面對金融科技化轉型的衝擊，支付數位化降低現金使用量、理財自動化減少交易成本、社群興起下降投資門檻、透過網路與手機提供便捷的存貸業務、投資與理財服務結合大數據功能等，使銀行客戶對於未來臨櫃的需求大幅降低。因此，銀行將金融人才的轉型與第二專長的培養，視爲當務之急。金融業宜重新設計員工職涯規劃與獎勵措施，營造創新模式，積極塑造品牌形象。爲因應金管會有關金融業員工轉型的規定，自 2016 年起，未來 3 年內，銀行需提列 0.5-1% 的稅後純益作爲特別盈餘公積，以支付發展員工轉型與訓練費用所需。金融業者面對金融科技化之趨勢，開始紛紛提列相關轉型訓練經費與人員重新配置，如表 7-20 所示。

表 7-20　金融業員工數位轉型計畫

公司	進度	內容
國泰世華銀行	提撥約10億元輔導員工轉型。	1. 自動化設備逐步取代傳統作業。 2. 協助員工提升附加價值轉型。
台北富邦銀行	提撥員工轉型基金10億元。	1. 針對中高齡共同學習培訓。 2. 培養第二專長。 3. 數位內容與使用方式的輔導。

表 7-20 金融業員工數位轉型計畫（續）

公司	進度	內容
永豐銀行	預估空中分行員工數500人，會占全體員工一成。	建置空中分行。
保險業者	提撥金融科技員工轉型基金。	1. 訓練內、外勤轉型員工約35萬人。 2. 3-5年期轉型培訓計畫，再造數位能力與加強第二專長。
證券、期貨、與證券投資信託商	提撥金融科技發展與員工轉型之特別盈餘公積。	自106會計年度起，因應金融科技發展所需，編列有關員工轉職、安置或轉型教育訓練支出。

資料來源：1. 經濟日報，國泰富邦砸10億養數位人才，2016.6.6。
2. 工商時報，發展FinTech證券業籲速推監理沙盒，2016.8.11。

(B) 前瞻性專業人才招聘與培育

有關金融科技、資訊安全、金融監理和風險控管的專業人才聘用與培訓等事宜，爲人力資源發展的重點項目之一，以期訓練出具有前瞻性金融科技規劃、制定監理流程與風險管理的跨領域人才。對於跨領域整合的金融科技教育，將學術理論與實務應用結合並與日併進，強化專業證照的推展，將扮演提升金融科技領域專業知識的重要推手。近期台灣學術單位相關金融科技學程、金融科技研究與產學合作案，如表 7-21 所示。

(a) 玉山銀行與台灣大學 Gcoin 區塊鏈技術團隊合作，研擬開放的銀行應用介面（Banking API）與開放的區塊鏈 API 做連結應用。

(b) 國泰金控積極挖角，鎖定具有國際大型銀行升級資訊系統之專業人士，擔任資訊高階主管，以提升金融數位化服務。此外，爲因應國際金融科技發展的趨勢，國泰金控與政治大學科技管理與智慧財產研究所合作，培育金融科技人才，並提供相關實習機會。

(c) 富邦金控與台灣大學財務金融系共同開設「金控經營管理實務」課程，加強數位金融內容，以實務角度訓練學生了解金融業創新發展。

表 7-21　學術單位相關金融科技研究與產學合作案

學校	日期	單位	目標	研究／產學合作
東吳大學	2016.10.3	金融科技開發中心	跨域創新思維和實務運作	與富蘭克林簽訂產學合作，鎖定區塊鏈與理財機器人領域研究。
	2016.10.11	巨量資料管理學院	金融科技人才培訓	與富邦金控合開「巨量資料與科技金融」
	2017	金融科技學程		修課學分數：21學分。
亞洲大學	2016.10.19	金融科技與區塊鏈中心	金融科技人才培訓	結合產官學研究與合作雙軌發展，專注核心技術研發與應用導向。
	2017	金融科技與區塊鏈應用跨領域學程		修課學分數：15學分。
台灣大學	2016.10.3	台大電資學院	深耕金融科技教育與研發	與國泰金簽訂合作備忘錄，提供企業實習機會、研究、獎學金、及國泰金Fintech講座等。
	2016.5.24	金融科技暨區塊鏈中心	區塊鏈技術創新與應用推展	與玉山銀行合作，透過G-coin團隊，組成區塊鏈發展技術團隊。
	2019.7.15	金融科技研究中心	AI與新金融	國泰、富邦、玉山金控合作。
政治大學	2016.11.1	金融科技研究中心	產官學知識平台	監理沙盒、區塊鏈、電子支付、大數據、保險科技、群眾募資、人工智慧、機器人和智慧資產與專利。
	2017	金融科技專長學程	金融科技人才培養	修課學分數：20學分。
	2017.8	金融科技碩士學分班	產業創新培訓	注重於資訊科技、創業模式創新、與人工智慧等。
交通大學	2016.10.16	金融科技創新研究中心	金融科技產學聯盟	元大證券產學合作發展專業與實務應用金融科技，導入證券業運作和培養數位金融人才。

表 7-21 學術單位相關金融科技研究與產學合作案（續）

學校	日期	單位	目標	研究／產學合作
健行科大	2016.11.17	建教專班	產學策略聯盟	與亞東電子商務（GoHappy）合作，推展大數據應用，培育專業人才。
明德財經	2016.9.13	產學合作專班	金融科技人才培訓	1. 慧與科技、三商電腦產學合作。 2. 板信、華南、陽信、彰化、群益投信、富邦期貨，提供業界師資。
中興大學	2016.11.18	企業導師計畫	培育金融科技人才	與永豐銀行簽訂產學合作，企業導師實務講座、座談與參訪活動等。
清華大學	2018	金融科技學分學程	培育金融科技人才	修課學分數：18學分。
銘傳大學	2018	金融科技應用學士學位學程	金融科技人才培訓	四年制學位。
實踐大學	2018	金融管理系程式設計金融組	金融科技人才培訓	四年制學位。
致理科大	2016.9.11	大專生金融就業公益專班	跨領域、跨應用人才養成	承辦集保中心專班，共計台北、德明財經、致理、中原、朝陽、東海、虎尾、義守、東華十所參與。
中央大學	2017.6.22	金融研究發展中心	金融科技數位人才培育	野村投信產學合作。

資料來源：1. 工商時報，GoHappy攜手健行科大投入大數據，2016.11.18。
2. 經濟日報，銀行育才開FinTech產學班，2016.9.14。
3. 今日新聞，企業導師前進校園永豐銀與興大產學合作培育金融人才，2016.11.18。
4. 工商時報，FinTech養成產學合作當紅，2016.9.14。
5. 工商時報，王儷玲成立政大金融科技研究中心，2016.11.2。
6. 大專生金融就業公益專班網站，翻轉人生金融圓夢105學年度「大專生金融就業公益專班」10所院校同步開課，2016.9.11。
7. 工商時報，東吳富蘭克林金融科技合作計畫啟動，2016.10.4。
8. 台大金融科技區塊鏈網站，國泰金與台大產學合作首創Fintech獎學金，

2016.10.7。
9. 玉山銀行網站，玉山銀布局金融科技 攜手台大G-coin發展區塊鏈，2016.5.24。
10.工商時報，亞大催生金融科技研究中心，2016.10.20。
11.工商時報，康和證券、交大攜手FinTech開發，2016.10.17。
12.經濟日報，富邦金攜手東吳培育人才，2016.10.11。
13.工商時報，學者憂法規沙盒成蛋塔化，2016.11.5。
14.工商時報，金融科技大學招生新熱點，2018.3.5。
15.工商時報，FinTech碩士學分班交大領先開授，2017.8.23。
16.經濟日報，NN投資夥伴產學合作培育台灣金融人才，2017.6.22。
17.工商時報，費時三年台大金融科技中心將揭牌，2019.7.15。

(5) 金融科技競賽培植新秀

爲激發莘莘學子對金融科技的創意與創業的心志，連結學界與業界加乘的效果，將創意落實於實務應用層面與提升經濟動能。學界和民間機構已舉辦各式創意創業競賽活動，2016 年 5 月由旺旺中時媒體集團所舉辦「FinTech 創意大賞企劃競賽」，提供學生創新創意平台。藉此邁入金融科技時代發展尖端的機會，以期未來能轉變爲實質商業模式應用。參與活動的經歷亦視爲進入產業敲門磚，爲金融業者急需應聘的生力軍，相關得獎事蹟說明如表 7-22。

表 7-22　2016 年金融科技競賽與獲獎說明

活動	獎項	團隊名稱	大學	獲獎說明
FinTech創意大賞企劃競賽	金賞獎	一手掌握世界	交通	「以超音波資訊隱藏學」與「物聯網裝置」技術應用。觀眾透過接收器，直接訂購影視節目內相關演員服飾與用品等。
	銀質獎	Lady不累	台北商業	「Hawkeye鷹眼-行車紀錄影音平台計畫」，行車紀錄器將車禍影音傳至平台，以釐清肇事責任，提升保險理賠效率。
	銅牌獎	熊貓168	交通	「iAdvisor全球金融商品即時泡沫指數監測系統」，使用者App系統，取得大數據技術與各項演算法的投資相關資訊。
	特色獎—銀行類	渦輪巴菲特	成功	匯集投資策略的社群網絡平台，藉由知識分享與策略構思，共創雙贏局面。

表 7-22 2016 年金融科技競賽與獲獎說明（續）

活動	獎項	團隊名稱	大學	獲獎說明
	特色獎—保險類	WAF	台灣	透過健康手環的個人健康資訊，利用大數據統計分析和雲端科技的創新思維，提出「物聯網醫療險」營運模式概念。
	特色獎—證券期貨類	PandAPC	交通	「Match Trade」媒合程式交易平台企劃案，以共享經濟為核心，結合資金擁有者、交易策略者、和程式撰寫者，透過平台媒合，作出互補共利的投資。
FinTech校際總動員	金獎	Transfomula	台灣科技	創新行動銀行App，以遊戲與回饋獎勵吸引年輕客群，強化依賴度與黏著度。
	創新應用技術獎	HOLIHI	景文台大	1. 創新行動支付與精準行銷為訴求，以綠色消費生態系為目標。 2. 影像辨識、社群資訊、大數據（結合地理、時序、和消費資訊）、與智能優惠演算等技術，完成轉帳和精準行銷。

資料來源：1. 工商時報，FinTech賽創意王交大奪第一，2016.4.29。
2. 工商時報，吳當傑：FinTech讓普惠金融變可能，2016.12.29。
3. 經濟日報，華南金FinTech競賽反應熱烈，2017.1.19。

2016 年 7 月台灣科技大學育成中心舉辦第七屆「遇見創意遇見創業」活動，特別因應金融科技的發展，增加「金融科技事業組」競賽。2016 年 12 月華南金控舉辦「FinTech 校際總動員金融科技創新競賽」，以打造惠普金融爲號召，成功吸引許多團隊報名參加，並透過競賽發掘潛在金融科技人才。

面對金融科技日益月新的發展，金融業在享受生產效率的提升與專業價值的成長，而資訊安全亦有嶄新的樣貌，隨時都有暴露於網路攻擊的情況發生。例如：中國大陸支付寶採實名認證制，但執行相對寬鬆。爲打擊不法，於 2016 年 7 月開始，其客戶如無法提報實名，將凍結帳戶，直到實名認證通過，才能恢復。因此，金融業者針對資訊安全防護、監理制度的強化、風險管控的機制，亦需審愼因應。

然而，爲彌補資訊安全漏洞與個資外漏疑慮，加強客戶端安全責任的措施，如網路認證日益複雜，卻使得消費者對網路安全產生負面評價，其原因乃網路認證步驟（如身分確認、風險分類、安全設定及例外管理等流程）太過繁瑣所致。因此，未來金融科技發展須兼顧網路安全與使用者便利性爲考量。2016 年金融穩定理事會（Financial Stability Board, FSB）面對金融科技衍生的系統性風險與全球監管的議題，指出因應全球金融科技發展，金融監理已朝向協調合作的階段。

習題

一、選擇題

( ) 1. 南韓採____措施，增加誘因提升電子支付。
(A) 投資獎勵 (B) 減免關稅 (C) 減稅 (D) O2O

( ) 2. 下列何者科技分類之 FinTech 專利相對較少？
(A) 區塊鏈 (B) 人工智慧 (C) 雲端 (D) 物聯網

( ) 3. 台灣金融科技創新法案之實驗期間爲____年。
(A) 0.5 (B) 1 (C) 2 (D) 3

( ) 4. 2016 年金融穩定理事會面對金融科技衍生的系統性風險與全球監管的議題，指出因應全球金融科技發展，金融監理已朝向____階段。
(A) 雙贏 (B) 法遵 (C) 協調合作 (D) 反洗錢

( ) 5. 下列何者曾在台灣獲得金融科技類專利第一？
(A) 基富通 (B) 國泰金 (C) 元大證券 (D) 喬美

( ) 6. 有鑑於台灣在金融開放程度相對保守與犯錯容忍度較低的情形下，政府開放「____」的監理沙盒彈性制度。
(A) 有限豁免 (B) 彈性豁免 (C) 永久豁免 (D) 暫時豁免

( ) 7. 爲達成 2020 年「電子化支付比例五年倍增計畫」的目標，電子交易支付比率能由____上升至____。
(A) 25%；50% (B) 24%；48% (C) 26%；52% (D) 30%；60%

( ) 8. 新興金融商業模式強調____之「三跨」創新模式與技術，並以服務客戶爲核心、強化客戶體驗效益、和滿足客戶需求爲發展思維。
(A) 跨界、跨市、跨業 (B) 跨界、跨境、跨業
(C) 跨界、跨區、跨業 (D) 跨界、跨國、跨業

(　) 9. 以下何者最具備未來申請專利之潛力？

(A) 密碼貨幣　(B) 物聯網　(C) 雲端科技　(D) 數據分析

(　) 10. 在台灣監理沙盒（Regulatory Sandbox）的主管單位爲：

(A) 法務部　(B) 財政部　(C) 金管會　(D) 中央銀行

二、申論題

1. 何謂監理沙盒？其運作階段如何進行？
2. 請比較 KYC、KYDC、KYCC 有何不同？
3. 請說明法遵科技（Regulatory Technology, RegTech）並舉出實際案列。
4. 何謂反洗錢和反資恐？請列舉出三種疑似洗錢或資恐的交易態樣。

解答：1.(C)　2.(A)　3.(D)　4.(C)　5.(D)　6.(D)　7.(C)　8.(B)　9.(A)　10.(C)

金融業大數據

爲順應金融科技服務的潮流，配合數位化金融環境 3.0 的政策導向，以提高消費者便捷性爲方針，全球金融業莫不卯足全力進行轉型改革，導入大數據分析，爲提升業績的商機而努力不懈。

一、大數據定義

所謂大數據（Big Data），又稱巨量資料，乃過去在合理的時間內，無法以現有人工方式與一般資料庫技術，處理結構複雜的電腦、智慧手機、監視器與環境監控設備等連結網際網路，以擷取跨組織的各項活動紀錄，而今透過相關巨量資料技術能有效儲存與分析應用。主要由資料儲存（Storage）、資料（Data）、資訊內容（Information）、及商業智慧（Business Intelligence, BI）所組成。經由應用產業智慧化的發展，已成功的導入電子商務、批發商、製造、公共服務、軟體、金融等產業，於各行各業中掀起旋風，發展出新型商業模式與精準行銷，提供優質便捷的消費服務與商品。自 2013-2020 年，全球大數據市場規模預計持續成長，由 19.5 億美元上升至 98.3 億美元約達 5 倍的規模，如圖 8-1 所示。

商業智慧透過有系統性和組織性蒐集內外部資料，予以妥善儲存，並著重於彙整的過程。而分析則是利用商業智慧所提供的事件與歷史資料，洞悉過去與現行可視化（Visualization）的內涵，而逐漸形成有助於商務決策的專業知識和預測未來趨勢發展，以增加營業效益。同時，儘量避免打擾無購買意願的客戶。另資訊內容與商業智慧可進一步利用資料探勘（Data Mining）、神經網絡（Neural Network）、圖形識別（Pattern Recognition）、統計型機器翻譯（Statistical

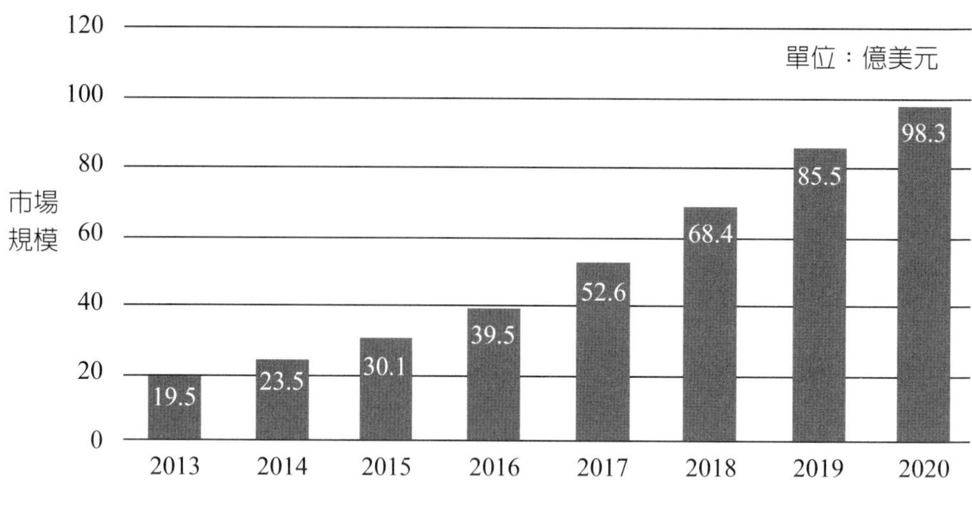

圖 8-1　全球大數據市場規模

資料來源：中時電子報，數據分析大廠競逐金融3.0，2015.2.5。

Machine Translation）、和資訊萃取（Information Retrieval）等分析，經處理巨量資料轉化成具有商業情報價值的智慧，精準描繪社會和經濟行爲範疇，加強地域經濟觀點與全球布局，以期增加企業競爭力與發展核心特色，以免錯失商機。

自 2015 年起，金融業聚焦於數據科技（Data Technology, DT）的開展，並邁入數據經濟（Data Economy）的階段，進而影響人們生活型態與改變全球經濟的運作。同年，中國大陸發布「關於促進互聯網金融健康發展的指導意見」，特別將互聯網金融分類，包括股權眾籌融資（股權型群眾募資）、網絡借貸、互聯網基金、互聯網保險、互聯網支付、互聯網信託、和互聯網消費金融等項目所形成龐大數據量，進行金融創新與風險監控，對客戶提供具有價值的金融服務。

圖 8-2 說明從 1980 年代起，商業智慧發展過程對商業影響的程度，由分析現況走向預測未來爲主要脈絡，在不同年代有各種方式影響商業活動。分析的方式由傳統的報告方式、利用 Excel 多維度分析、透過儀表板（Dashboard）和計分卡（Scorecard）的監控與測試等，延伸至巨量資料的探勘作精準預測分析和最佳化的洞悉。以互聯網金融爲例，利用巨量資料的數據分析平台，挖掘商業附加價值、辨別客戶需求、和加強信用評估等，對於降低交易成本和提升營運效能有所助益。另外，根據 2017 年美國商品期貨交易委員會研究指出，2012-2016 年

間芝加哥商品交易所（CME），利用大數據演算的大宗商品自動交易比率最高者爲外匯期貨交易，而原油期貨合約交易大約占 2/3 成交量。因此，原物料自動交易已成爲顯學，提高獲利的利器。

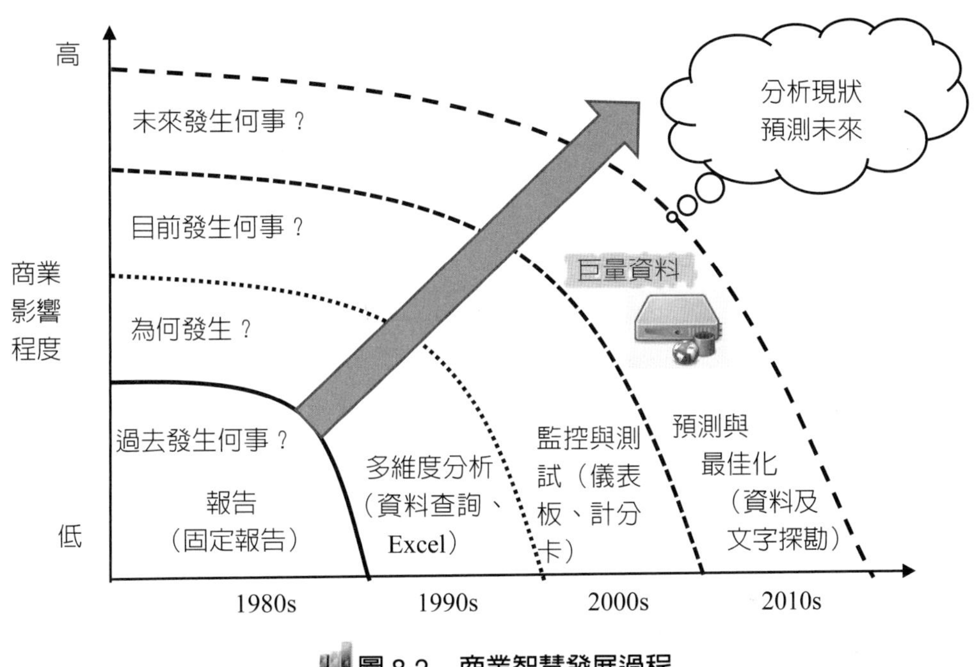

圖 8-2　商業智慧發展過程

資料來源：1. 成田眞琴，大數據的獲利模式，經濟新潮社，2013.8。
　　　　　2. Wikimedia Commons。

舉例而言，從互聯網金融借貸的數據庫中，計算出貸款戶違約率公式，並套用至客戶信用額度，以有效減緩逾放款問題，對金融業者具實質的參考價値。此外，測試乃透過連串的控制實驗所產生的新數據，進而有所洞見，證明因果關係的存在。另在網頁測試用版中，分別設定紅色與藍色結帳按鈕，在取得資料後分析，了解顏色按鈕對客戶結帳的行爲模式。例如：利用預測分析經演算後，依照客戶屬性，以有效的方式指派合適的客服專員任務。簡易事項由新手處理（如修改帳單地址），客戶問題複雜度較高時，派經驗老手處理，而非僅依 VIP 特別專員和一般專員模式處理。

巨量資料可分為狹義與廣義兩種型態，如圖 8-3 所示。狹義巨量資料為儲存相關結構化數值（如營收和庫存等）與非結構化資料（如網路點擊串連資料、資料頻率、文字探勘、感測資料和社群資料等）[1]。另廣義的巨量資料乃透過大數據專業人才與組織執行資料分析，利用統計分析技術，從龐雜資料中，篩選具有實質價值的資訊與統計意涵。然而，若無法聚焦分析範圍，則大數據的應用如同在資訊的大海中撈針一般，恐無實質成效。事實上，大約 80% 的商業決策

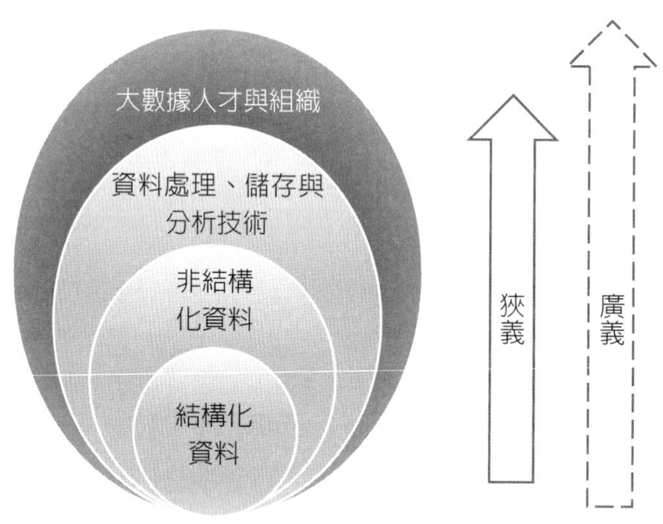

圖 8-3 廣義與狹義巨型資料

資料來源：1. 成田眞琴，大數據的獲利模式，經濟新潮社，2013.8。
2. 野村總合研究所。

[1] Power Query for Excel：藉由資料簡化功能探索，用於存取及處理共同作業程序，以強化自助式商業智慧體驗，屬於 Excel 增益集延伸項目。主要功能在於搜尋公開資料來源，如維基百科、政府資料開放平台、臉書等。（www.microsoft.com/zh-TW/download/details.aspx?id=39379）

Power Map for Excel: 利用 Excel 隨時間變化的資料與地理空間模型，以 Bing 地圖服務繪製 3D 地圖，並顯示影片導覽視覺效果，使人能深入理解動態資訊變化效果。（support.office.com/zh-tw/article/Power-Map）

NodeXL for Excel：可外掛於 Excel 的社會網絡分析（Social Network Analysis, SNA）免費軟體，可運用於擷取如 Yahoo 奇摩新聞、報紙等約一週內的臉書粉絲貼文與使用資訊，進而剖析相關事件所構成的網絡關係與數據資料。（kangliping.wordpress.com/2015/09/01）

利用基本的分析技術已足夠，許多中小企業均無法支應龐大費用，導入大數據分析所需的軟硬體設備與專業人才的雇用。因此，中小企業可藉由免費商業分析軟體（如微軟Power Query for Excel、Power Map for Excel、NodeXL for Excel等），不斷累積問題解決與分析能力，持續追求經營效益的提升，針對部分龐雜資訊與待解決的疑惑，可借重大數據分析商的高階分析專業，協助企業作出明智決策。

圖 8-4 顯示有關 Power Query 和 Power Map 的成果展示。例如：蒐集美國各城市包括糖果花費、房屋價值、家庭所得、犯罪率、和步行環境五項變數資料，以動態視覺、影音和地理空間的效果，分析出最適合萬聖節要糖搗蛋活動（Trick or Treat）的城市，分別爲 Honolulu、Boston 和 San Francisco。另利用 NodeXL 分析社會網絡關係的可視化圖形，如圖 8-5 顯示。蒐集相關推文和留言內容，透過文字探勘、字詞、成對字詞（Word Pairs）等統計出現的次數，進而衡量字詞特徵值（Salience）、相互訊息值（Mutual Information）的關聯性與依賴性。利用可視化的圖形顯示中介樞紐（Hub）、核心（Core）、與周邊（Periphery）狀況，以了解社會網絡節點（Node）與鄰點間所相互聯繫（Link）的重要聚集（Cluster）程度與訊息涵義。例如：利用 NodeXL 分析 Twitter- 占領華爾街社會網絡關係。

圖 8-4　Power Query 和 Power Map 案例

資料來源：Wikimedia Commons。

影片：YouTube。（www.youtube.com/watch？v=bIgM-N4wbnM）

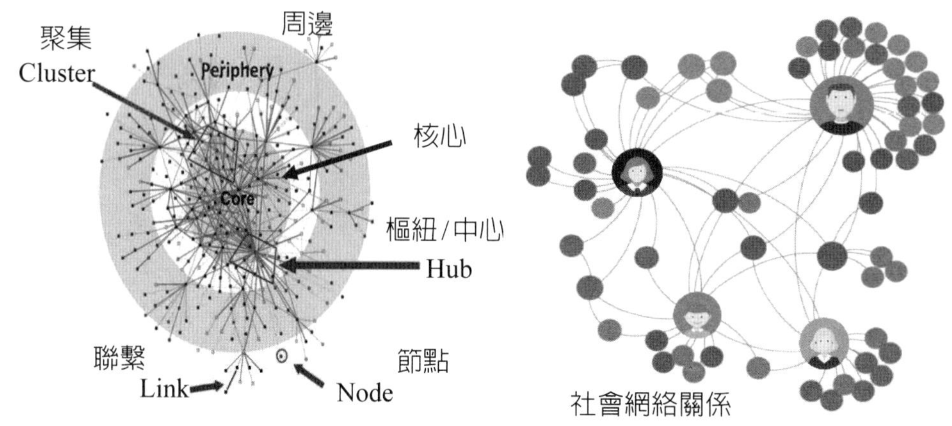

圖 8-5 NodeXL 分析社會網絡關係

資料來源：1. Johanna Morariu, How to Make a Social Network Map with NodeXL, depict data studio, 2013.11.1.
2. Beth Kanter, Can Social Network Analysis Improve Your Social Media Strategy? 2010.6.18.
3. Wikimedia Commons。

此外，利用視覺化界面，進一步作文字分析與尋求解決方案，易於存取與管理資料庫，製作兼具互動式與視覺化的報表來檢視績效，便於掌控客戶對產品需求、評價與偏好，即時調整產品生產和銷售策略，有利於創造附加價值之決策，精準呈現客戶預測與趨勢預測。有關大數據分析流程，如圖 8-6 所示。

兩種資料型態管理和處理技術截然不同，透過傳統的資料庫與資料倉儲（Data Warehouse），可延伸進行結構化數值分析，增加競爭優勢與洞悉趨勢發展。但針對感應器和數位通路所取得龐雜之非結構化資料，則需運用開放原始碼的 Hadoop 分散式處理架構、擴充性的 NoSQL 資料庫與機器學習模式等，進行高速彙集處理與儲存程序。透過 Hadoop 能一併解決過去成本考量與時間限制的枷鎖，在各種查詢條件下，允許不斷反覆試誤與測試，已達成最佳化效果與精準分析。而傳統資料倉儲與 Hadoop 亦具有互補效應，用戶可先使用 Hadoop 將非結構式資料予以結構化，之後再匯入資料倉儲中，並利用傳統 SQL 作分析，亦可整合結構式與非結構式資料進行分析。

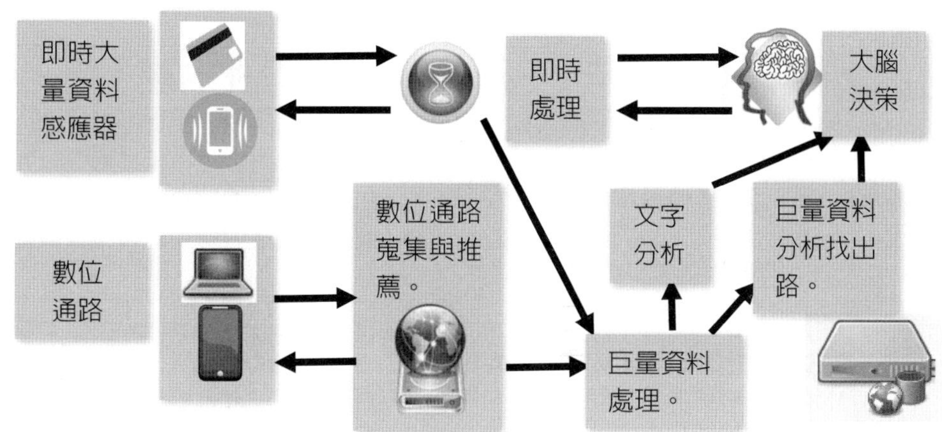

圖 8-6　SAS 大數據分析流程

資料來源：1. 經濟日報，賽仕：大數據帶來甜美果實，2015.6.18。
2. 野村總合研究所。
3. Wikimedia Commons。

1. 金融業大數據之應用

國際管理諮詢顧問機構，麥肯錫公司（McKinsey & Company）近期公布的報告「大數據的下一個前沿：創新、競爭和生產力」，指出保險金融業為應用價值極具潛力與適於大型資料量蒐集的行業，可突破區域空間的限制，重視客戶信任關係，透過大數據分析與客戶行為預測，採貼近客戶消費需求的決策。金融業大數據之應用，主要可劃分為以下四類，如表 8-1 說明與範例應用：

表 8-1　金融業大數據之應用

應用類別	說明	應用範例
客戶關係管理	透過外部環境與產業鏈的認知，整合結構與非結構式資料，取得社群網絡、媒體、電子商務等資料，分析有關客戶的行為模式、交易數據等涵義，藉以了解消費需求與偏好。	藉由客戶瀏覽的網頁（如旅遊、退休、房屋廣告、教育基金等），可得知客戶近期有關旅遊保險、退休投資基金、貸款、子女教育基金等需求。

表 8-1　金融業大數據之應用（續）

應用類別	說明	應用範例
風險管理	為降低融資與營運風險，建置風險管理系統，提供即時風險管控措施與防禦。以大數據分析處理異常交易、辨別消費詐欺、與理財風險控管等事宜。	利用巨量資料分析與應用，加強信用卡風險評估與管理機制、強化金融犯罪管理平台、社群媒體資料的管控與增加理財投資風險管控等。
精準行銷	依照客戶群分類，強調精準定位每類別金融服務的需求與行為分析，有效進行客群行銷模式，並達成預設業績目標。	精心規劃客戶經營策略，積極連結客戶生活資訊平台，利用收入潛力度與貢獻金額多寡劃分不同客戶分群，並以各項金融服務與商品交叉推薦給客戶，以提高績效為導向。
優化服務	藉由監控各通路服務的情況，將客戶的消費行為轉化為有效資訊，了解客戶消費行為與偏好，以期準確預測客戶需求，提供優質創新服務項目。	規畫分行洽辦業務區，並利用「眼球追蹤儀」的分析結果，設計出最適客戶習慣的網頁版面等，提高客戶使用率與忠誠度。

資料來源：朱啟恆，大數據於金融業之應用，財金資訊季刊，2015.10，第84期，12-18頁。

(1) 客戶關係管理

金融業針對自然人客戶的個人資料與法人客戶的企業內部資料彙整，亦需蒐集外部資料。如客戶在社群媒體的行爲資訊、電子商務的交易資訊、中下游產業鏈資料等。有關客戶結構化數値，如年齡、財力、信用評等、投資項目等。透過社群網站所蒐集有關非結構化資料，包括相關金融商品討論、銀行服務評議、網頁擊點量與客戶數位足跡等。經由結構式與非結構式資料彙整、萃取、和分析後，運用客戶投資獲利項目，可推薦給類似背景的社群客戶作投資參考，以創造雙贏的局面。並逐步了解客戶需求，維持良好關係。

(2) 風險管理

銀行採防禦措施，建立各項風險管理與即時回報系統，減緩融資與營運風險。以客戶在 Facebook 負面貼文爲例，若銀行未即時處理此負面評價，將影響銀行商譽，可能造成無法挽回後果。另製作客戶風險分析、量化信用額度，與客製化貸款條件，以滿足融資需求。在投資組合方面，透過大數據技術可計算風險控管之最佳化處理。利用大數據資料分析客戶消費行爲，辨別交易詐欺與異常事件。如 IBM 所發展的「金融犯罪管理解決方案」，協助金融業利用大數據技術，建置金融犯罪管理平台，以預防和管理金融犯罪事件。

(3) 精準行銷

在良好客戶關係管理基礎上，開展各類業務行銷活動，根據客戶即時狀況、資產規模、理財活動、與交易記錄等，對客戶群精準定位消費模式，開展行銷推廣策略提高績效。藉由客戶瀏覽的網頁（如旅遊、退休、房屋廣告、教育基金等），得知客戶近期的理財需求，並主動提供客戶相關旅遊保險、投資基金、貸款資訊、子女教育基金等訊息，以積極開發客源與滿足客戶需求。

(4) 優化服務

銀行利用大數據技術，監控各通路服務狀況，分析客戶消費行爲，並轉換爲有效資訊，藉此掌握客戶消費行爲與偏好，繼而預測客戶需求，以利精準行銷擴及優化和創新服務。

金融業者將龐雜的數據資料庫做彙整、處理與標記客戶分群等，導入大數據技術分析結果，均有助於了解終端客戶對金融商品和服務的需求，依照客戶的特徵（如持有產品數、偏好、貢獻度等），以利規劃客戶經營策略。圖 8-7 顯示金融業者可依收入潛力度與貢獻金額多寡，來劃分客戶分群。

(1) 重量級客戶

對高收入潛力和貢獻金額大者，採創新策略開發新型產品，強化客戶黏度性。

(2) 高潛力客戶

對於高收入潛力和貢獻金額小者，可利用各類產品進行交叉行銷活動。

(3) 需活化客戶

一般低收入潛力和貢獻金額小者，加強銷售通路，提升業績。

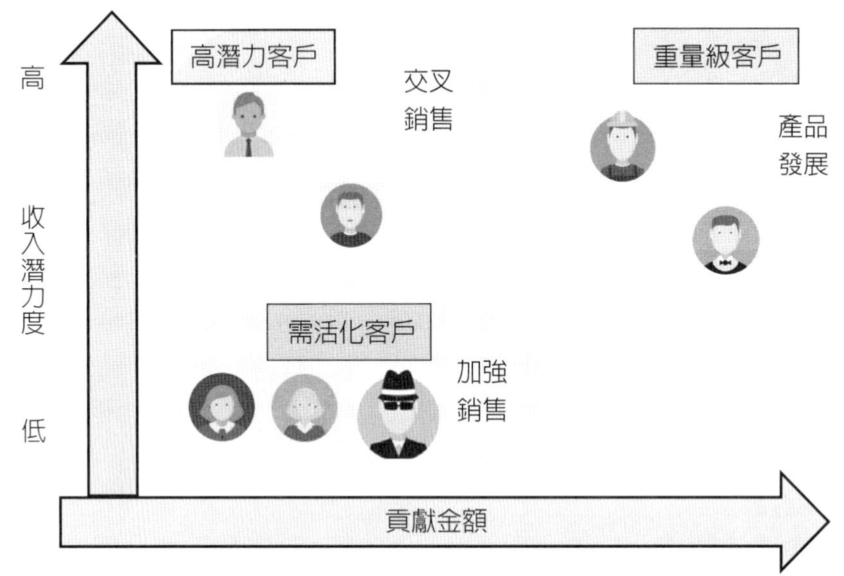

圖 8-7　金融業客戶經營策略

資料來源：1. 李育英、簡均儒，資料分析於金融業之發展與營運變革，會計研究月刊，2015.11，360，99-107頁。
2. Wikipedia Comments。

2. 非金融業大數據之應用

大數據應用已落實於各領域實務運作，並增進營運效益。例如：國際知名電子商務 eBay 於 2018 年 11 月建置跨境易貿通智慧平台，利用大數據分析優化定價策略和潛力市場鎖定，爲強化買賣雙贏銷售目標，採用高評價自動配對、物流追蹤、與降低收現天數，以利提升毛利與成交率，如圖 8-8 所示。

有關全球知名大數據應用案例，如表 8-2 說明。例如：裝設智慧電表來預測電力需求、利用大數據分析用於促銷活動、使用監視器觀察消費行爲分析等創新項目，均深化各領域的應用與提高商業附加價值。另表 8-3 比較台灣金融與非金融業大數據之案例，以非金融業爲例，包括商品陳列、觀光人數、房貸性別、逃漏稅等分析。

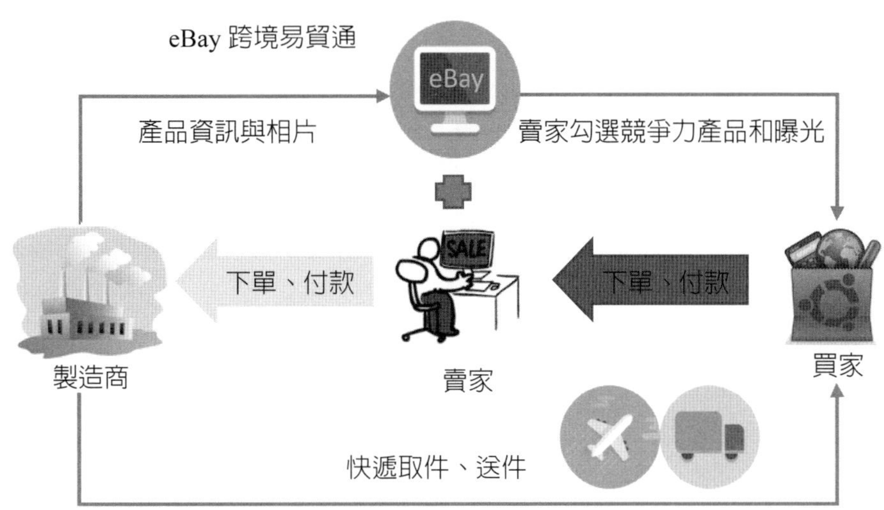

圖 8-8　eBay 跨境易貿通步驟

資料來源：1. 經濟日報，eBay跨境易貿通台廠無痛布局跨境電商，2018.11.29。
2. Wikipedia Comments。

表 8-2　全球知名大數據應用案例

行業	名稱	區域	說明
非金融業	Centrica電力公司智慧電表	英國	1. 每30分鐘透過網路讀取智慧電表，觀察客戶用電行為。 2. 提升預測用電需求精準模式，調節不同電力輸配。
	Zynga社交遊戲公司臆測人性	美國	1. 傾聽客戶回饋意見進行微調關卡、修正顏色、與變更尺寸等。 2. 提高玩家向心力，使營收增加。
	迪士尼公司大數據行銷	美國	1. 「星際大戰7」預告片於體育頻道廣告時段，吸引影迷關注，上網訂購預售門票。 2. 透過大數據取得客戶資訊、影片喜好等資料，可用於未來促銷活動。
	Korea Telecom最佳公車路線	韓國	根據民眾位置、公車站位置等資訊，規劃夜間最佳公車路線。

表 8-2　全球知名大數據應用案例（續）

行業	名稱	區域	說明
	衛生與公眾服務部醫療支出案	美國	北卡羅萊納州降低醫療補助濫用、詐欺、與減少政府醫療支出。
	Family Dollar Stores消費行為分析	美國	利用監視器影片觀察消費行為分析，指出暢銷產品陳列於吸引顧客目光處，則營收可增加20%。
	Suica和PASMO交通IC卡	日本	1. 產生搭乘與電子貨幣支付交易等紀錄。 2. 分析車站附近商家的潛在客群。
	Decide.com即時價格預測資訊	美國	1. 每日蒐集約10萬筆以上，許多網路商家價格資料、產品網路文章、與新聞稿等。 2. 透過雲端服務，運用Hadoop作彙整與分析，提供網友即時價格預測資訊。
	亞馬遜商品推薦	美國	1. 結合大量消費資料與點擊串流資料。 2. 自動計算與推薦客戶最合適的產品。
	eBay強化行銷計畫	美國	1. 利用資料倉儲、Singularity平台和Hadoop平台，涵蓋結構化、半結構化與非結構化資料。 2. 提升行銷、客戶忠誠度與使用者經驗。
	eBay跨境易貿通	美國	1. 跨境電商平台採用高評價自動配對方式，擴大外銷市場，以利提升毛利。 2. 潛力市場分析，提高成交率。
	卡特琳娜行銷集團Catalina Marketing 行銷計畫	美國	1. POS系統將消費者紀錄儲存資料倉儲，以資料探勘技術分析和預測消費者傾向。 2. 針對客戶消費內容與特性搭配優惠券。
	麥當勞一對一行銷模式	日本	1. 記錄消費者活動，分類不同型態，並分送優惠券於具有電子錢包的智慧手機用戶。 2. 一對一行銷（One-to-One Marketing）。
	稅務局大數據查稅	中國大陸	針對假發票、虛列費用、及漏開銷項發票等查稅。

表 8-2 全球知名大數據應用案例（續）

行業	名稱	區域	說明
	日本電信業振興觀光	日本	政府為振興新觀光產業，透過觀光客手機資料，分析飯店地點、飯店類型、停留時間等，開發新的觀光景點。
	Kabbage徵信模式	美國	1. 蒐集網路商家銷售、信用紀錄、網站流量、價格、存貨與互動訊息等作為評等。 2. 依據評等提供貸款額度與利率水準。
	Google大數據防疫網	美國	1. 以網路搜尋關鍵字頻率，對照疾病管理局流行感冒傳播數據，建置大數據防疫網。 2. 分析病菌傳播速率、關聯區域等預測，以提前將疫情控制。
	Roche精準醫療	瑞士	1. 以精準醫療（Precision Medicine）結合個人化治療、醫療大數據分析與伴隨式診斷。 2. 跨業併購與聯盟，能有效提升醫療品質。
	麥肯錫數據分析留才模式	美國	1. 結合數據蒐集與機器學習演算法，經由研討會與訪談形成假設，測試與引導洞見。 2. 分析薪資上下限，有效下降人才離職率。
金融業	銀行業分析潛在商品需求	澳大利亞	1. 利用信用卡辨識有嬰兒出生的客戶。 2. 分析客戶對壽險產品具有潛在需求。
	Ubank客戶分類	澳大利亞	1. 推出互動式網頁（People Like U），藉由客戶輸入的資料，提供在同地區內具有相似嗜好的其他客戶數目。 2. 可蒐集客戶喜好資訊與屬性分類。
	Alfa-Bank追蹤活動	俄羅斯	定存戶配戴跑路追蹤器，連結銀行端活動平台。跑步距離愈長，銀行愈提高定存利率。
	星展銀行客製化服務	新加坡	1. 分析客戶消費行為、未來動向與消費需求。提供客製化精緻服務，提高忠誠度。 2. 與房仲業合作，開發行動房貸程式，提供行動看屋與房貸試算服務。
	安平集團精準行銷	中國大陸	1. 積分平台透過異業合作業者（如餐廳、航空）提供客戶點數，追蹤消費習慣。 2. 客戶資料彙整與分群，依需求制定潛在購買指數，客群精準行銷提升購買機率。

表 8-2　全球知名大數據應用案例（續）

行業	名稱	區域	說明
	貝萊德基金社群網站分析	美國	1. 長期追蹤數位足跡，搜尋Google關鍵字和社群網站文章分析消費行為，將領先官方所公布的經濟成長數據約2週。 2. 蒐集Facebook和Twitter相關讚美和抱怨文章，了解公司前景，作為投資依據。

資料來源：1. 成田眞琴，大數據的獲利模式，經濟新潮社，2013.8。
2. 工商時報，星戰7預售票熱揭大數據行銷時代，2015.12.17。
3. 朱啟恆，大數據於金融業之應用，財金資訊季刊，2015.10，84期，12-18頁。
4. 李育英、簡均儒，資料分析於金融業之發展與營運變革，會計研究月刊，360，99-107頁。
5. 商業周刊，這個團隊靠大數據買股績效贏大盤，464期，2015.12。
6. 經濟日報，大數據構建防疫網，2017.1.11。
7. 經濟日報，精準醫療結合大數據照亮前景，2016.10.31。
8. 工商時報，麥肯錫如何利用數據分析留住頂尖人才，2016.7.27。
9. 經濟日報，對岸大數據查稅時代來臨，2018.5.9。
10.經濟日報，eBay跨境易貿通台廠無痛布局跨境電商，2018.11.29。

表 8-3　台灣金融與非金融業大數據應用比較

行業	公司	大數據應用	成效	案例
金融	中央銀行	大數據監控短期資金與外匯交易	穩定外匯市場	1. 防止熱錢外抑制新興市場，導入大數據分析與監控。 2. 減緩短期資金進出造成的外匯市場衝擊。
	中信金	提供經營決策、強化客戶服務所需、簡化流程與提高效率。	客戶滿意度增加、提升產品成交率約27%。	1. 藉由客戶曾於網頁查詢房貸和理財資訊，櫃員從系統得知訊息，主動詢問客戶意願後，請理財專員介紹投資產品。 2. 大數據分析5,500台ATM地點與補鈔頻率，建置最佳鈔票存量模式，有效下降缺鈔率及提高資金使用效率。 3. 建立歸戶評分模型、收入預估與房價格預測、導入「End-to-End客戶管理決策系統」等，以線上即時決策核貸予核準額度的意見，使消費金融業務規模擴大。

表 8-3　台灣金融與非金融業大數據應用比較（續）

行業	公司	大數據應用	成效	案例
	國泰金	強化壽險業務、設立理賠風險評分模型、加強商業智能、業務流程改造	壽險業務員成交率上升2.7倍	1. 運用大數據技術分析直效行銷，發覺關鍵變數和建立模型，找出成交機會名單，並成立對照組交叉分析。 2. 利用家戶數據資料處理建立理賠風險評分模型，有效協助理賠人員做風險評斷，快速和正確的理賠服務。 3. 將排程方式導入客戶管理，主動提醒業務員尚未服務的客戶、最適服務的方式、運用科技強化客戶連結。
	合庫金	存款戶資料分析、為客戶量身訂作金融商品、業務開發度由5%上升至10%	存放款、財富管理、財務操作大幅上升	1. 房貸、存款、退休規劃、醫療長照納入大數據開發。 2. 與大學大數據中心合作，建立大數據資料庫，找出客戶屬性、歸納與重整分析，聚焦潛在理財需求。 3. 開發房貸連結的長照商品，結合年金險與醫療險。 4. 鎖定135萬戶定存戶，提供基金和保險相關產品。
	中國信託	客製化分行臨櫃專區、裝設「眼球追蹤儀」觀察客戶	提供優化服務，提高客戶網頁使用率與提升忠誠度	1. 大數據分析對高齡客戶較多分行，增設矮櫃服務台與大型螢幕。 2. 觀察客戶視覺熱點、市場調查分析、與模擬測試等，確定客戶使用習性，用以改變網頁設計。
	玉山銀行	建構e指可貸數據模型	大數據與金融科技吸引新客戶	新舊客戶只須分別回答18題與6題，經大數據技術演算，快速提供客製化精準額度與利率。
非金融	外貿協會	導入數位化精準行銷	協助廠商海外商機	全球經貿數據庫提供廠商與經貿單位，評估海外市場潛能。
	精誠	大數據發展導向消費市場	提升轉型效益	1. 整合大數據技術開發，拓展其他創新應用。 2. 加強大數據人才培訓。
	金管會	房貸性別大數據分析	提供銀行業參考	1. 男性房貸逾放風險高於女性申貸者。 2. 男性平均房貸利率2.17%超過女性2.15%。

表 8-3 台灣金融與非金融業大數據應用比較（續）

行業	公司	大數據應用	成效	案例
	觀光局	大數據分析中國限制來台觀光人數影響	下降陸客銳減的衝擊	1. 中國觀光客對台灣產品偏好、消費種類、包裝與行銷活動等數據。 2. 將相關資訊開放給旅遊業者使用。
	全國電子	利用大數據決定商品陳列	提升通路收益	1. 設立市調中心作大數據分析，開店或舉辦活動前三個月，在當地商圈作市調。配合市場研究中心調查結果進行商品能量分析。 2. 針對家電用品調查品牌忠誠度與喜好程度，決定商品陳列位置。
	特力	進軍電子商務加強大數據應用	提升網購電商占營收比	積極推展行動改革，擴大兩岸電商經營，透過大數據應用分析，注重客戶關係維繫。
	聯徵中心	成立購置住宅貸款統計資訊	使房價與房貸市場透明化	利用台灣住宅貸款統計資料，以大數據技術分析貸款人、貸款金額與擔保品等交叉比對，提供房市與貸款資訊。
	財政部	電子發票開放資料	分析消費動能與GDP變動	電子發票可提供具有即時與巨量資訊，作為大數據分析總體經濟參考指標。
	國稅局	以大數據獵網購業、店家交易逃漏稅	網購業與店家補稅與罰鍰提升	1. 鎖定進口金額多、數量多、品項多的自然人為查核對象。 2. 查核重點為無申報營業登記和進口貨品單價低於3,000元（化整為零方式規避進口稅捐）。 3. 查核方式：消費者檢舉、電腦分析、銀行金流對照、喬裝查核。

資料來源：1. 工商時報，大數據淘金也能防危機，2016.2.29。
2. 經濟日報，合庫翻轉大數據打造新商品，2015.9.5。
3. 工商時報，廖燦昌祭四招讓合庫金轉骨，2015.4.20。
4. 工商時報，合庫金700萬存户納入大數據，2015.9.18。
5. 經濟日報，貿協創新行銷三路進擊，2016.1.15。
6. 經濟日報，精誠攻大數據營運衝，2016.1.13。
7. 工商時報，大數據說話房貸利率……男 > 女，2016.1.15。
8. 經濟日報，善用大數據做大陸客市場，2016.4.12。

9. 今周刊，全國電子摸透大數據獲利尬贏對手，2015.11.2。
10.經濟日報，特力強攻電商營運衝，2017.1.6。
11.工商時報，彭淮南：將用大數據監控，2016.9.27。
12.經濟日報，銀行去化爛頭寸大數據立功，2016.12.20。
13.工商時報，及保力拼FinTech舉辦大數據創新應用服務共創營，2016.10.4。
14.工商時報，大數據獵漏網購業者稅上身，2016.7.26。
15.經濟日報，大數據運用電子發票先做，2017.9.15。
16.經濟日報，大數據獵漏店家短報挨罰，2017.4.19。

3. 大數據的特性

根據 IBM 公司所提出巨量資料具有 Volume、Variety、和 Velocity 三 V 關鍵字的特性，自 2013 年起，有關數據的營運與應用日益重要，而延伸出實踐大數據 Value 的特性，如圖 8-9 所示。

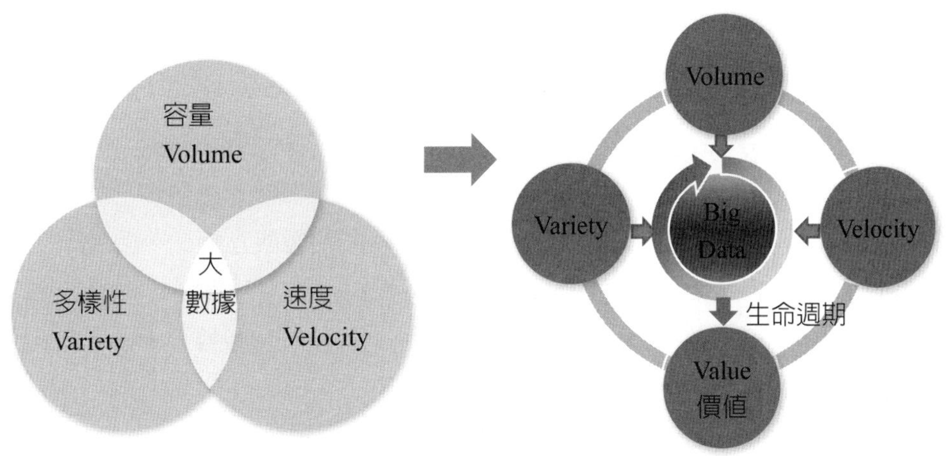

圖 8-9 巨量資料的特性與生命週期

資料來源：1. 成田眞琴，大數據的獲利模式，經濟新潮社，2013.8。
2. 譚磊、陳剛，區塊鏈2.0，電子工業出版社，2016.4。

(1) 容量（Volume）

大數據的定義爲無法以現有技術進行資料庫的管理，目前資料量是以 10^{12} 位元組（Terabyte）～10^{15} 位元組（Petabyte）爲基礎，未來隨著技術提升亦可朝向 10^{18} 位元組（Exabyte）的巨型資料量爲基準。因此，不同於過去資料庫的資料處理技術，先將資料放入硬碟內，再利用應用程式作資料處理、查詢與運算等，將結果放置記憶體中。由於過程中資料寫入、讀取、存取等操作，使資料量增加而導致效能下降的情況，查詢時亦會產生時間差的問題。當使用巨量資料技術時，則須利用串流資料處理架構。於輸入資料時，直接在記憶體中作即時高速處理。

(2) 多樣性（Variety）

有別於以往企業內部統計數據的蒐集，例如：銷售與庫存資料等結構化資料。為加強企業競爭能力，以適應外界的資訊變化，近期許多大型企業紛紛導入非結構化資料，包括網站日誌（Log Data）、客服通話紀錄、推特、臉書等社群資料，以及數位通訊（行動電話和智慧手機）之全球定位系統（Global Positioning System, GPS）位址資訊、感測器資料、網路圖片、監視器影片等，此等資料往往無法儲存於相關結構化資料型資料庫。然而，已儲存愈來愈龐雜的非結構化資料，卻未加妥善分析與應用。

(3) 速度（Velocity）

巨量資料的特點之一在於資料產生與更新的頻率快速上升。例如：透過 POS 系統的銷售資料、網路擊點串流資料、推特推文、車輛流量感應器等，每日均持續快速增加龐大的巨量資料。以 2013 年中國大陸開始發展互聯網金融（即物聯網金融）為例，金融業者可從網路取得更新頻率快速的用戶資料，透過各項存款、貸款、匯款、支付、保險代理、理財等業務，經由巨量數據分析後，有效採取相關策略，以增加客戶的黏度。

(4) 價值（Value）

從核心資產的巨量資料中萃取有價值的資訊，經由資料生命週（Data Life Cycle）各階段的淬鍊為關鍵，並轉化成商業智能的應用，以提升企業競爭力。以日本 Suica 交通 IC 卡與 PASMO 電子貨幣系統互聯為例，利用乘客搭車路徑和車站附近消費行為之巨量資料，深入客戶消費行為活動分析。例如：篩選出女性客戶之年齡層、搭車路線、車站購物喜好程度、購物時間、購物花費等細節資料，以利合作企業擬訂出有效營運價值決策。

4. 資料生命週期

有關資料生命週期的流程，從新資料的蒐集、初步分析、過濾資料、探勘資料、演算法、可視化、動態處理、決策等過程。一般而言，客戶個人資訊可永久保留，有關非結構式資料（如虛擬通路、社群媒體資訊）隨時更新，並以近期的資料作觀察與趨勢分析較具說服力。因此，企業可制定資料保留時間，期限後則於以銷毀。資料生命週期有下列九項步驟：

(1) 持續取得新資料集

取得客戶消費行爲相關的網站瀏覽內容、購物偏好、感測資訊等資料。

(2) 初步分析資料集

將資料做初步審視與歸類，並於原始數據庫中保存。

(3) 過濾資料與系統化

透過系統性的數據管理方式，制定儲存格式，將來自多源性、多樣性和差異性的資料進行數據過濾，以便篩選具有實踐價值的資訊。

(4) 資料探勘與模式形成

探勘目標在發覺隱藏於過去未知且具有潛在價值的數據，可採用相關模型技術的應用，調整模型參數至最佳值。

(5) 利用相關演算法分析

各項演算法運算與統計分析，將數據轉化成商業價值之預測趨勢發展。

(6) 可視化資料呈現方式

圖表應用軟體、地圖軟體和儀表板等，彙整資訊內容，以可視化資料呈現。

(7) 以故事內容生動描述與表達資料

透過建設性方式生動描述資料的屬性，以商業智慧解讀資料意涵。

(8) 從事動態處理資料

透過動態資料處理，考量時間變動下，相關因素影響程度，掌握趨勢變化脈動與釐清盲點，進行適度修正。如銀行針對客戶於社群網絡貼文，了解客戶對產品與服務反應意見與滿意度，迅速微調與改進措施。藉互動模式洞悉客戶需求。

(9) 依據資料內容進行決策

經大數據分析過程，尋找出客戶消費行為的規律，開展新業務模式與可行性方案決策，注重時效性與邏輯性影響，以利提升經營績效。

圖 8-10 說明資料科學家與商業智慧專家參與資料生命週期，各階段的投入時段配比，可知資料科學家投入時間心力較長。相對而言，商業智慧專家在過濾資料與業務決策上亦扮演重要諮詢角色。

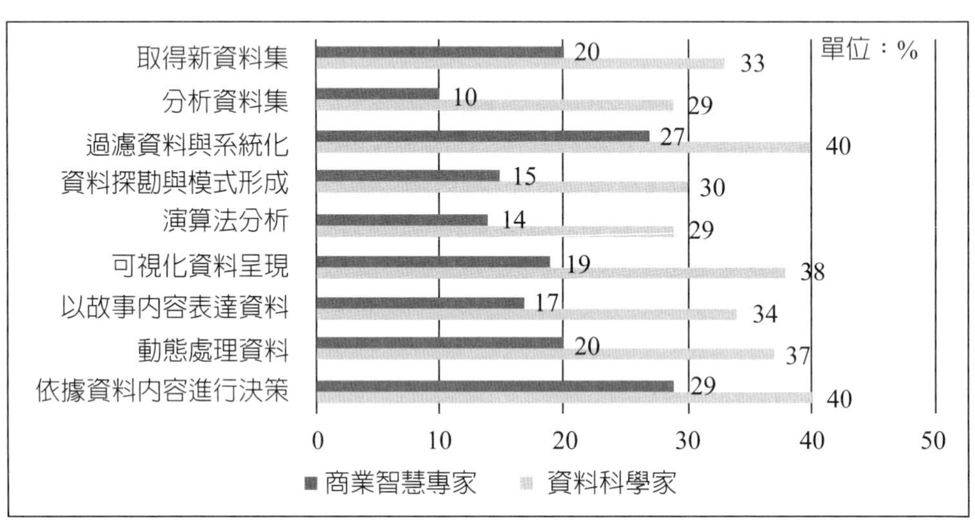

圖 8-10 資料生命週期階段

資料來源：成田眞琴，大數據的獲利模式，經濟新潮社，2013.8。

二、大數據的發展趨勢

表 8-4 說明大數據（巨量資料）發展趨勢，由早先妥善利用客戶關係管理（Customer Relationship Management, CRM）資料作分析，提高客戶忠誠度的方式，開始有企業提供一站式購足資料服務。透過連結開放資料倡議，分別有美、

表 8-4　大數據發展趨勢說明

日期	項目	國家	說明
1997	強化客戶關係管理（CRM）與提高客戶忠誠度之行銷手法的投資	美國	哈拉斯娛樂集團（Harrah's Entertainment）所提出的核心策略，提高客戶忠誠度方案「博彩積分回饋計畫」（Total Rewards）。
2008	資料市集		一站式購足資料。
2009-2010	開放式政府	美國 英國 日本	秉持透明度、國民參與、互助原則，將原始資料對外開放。
2009.2	連結開放資料 （Link Open Data）	英國	Timothy John Berners-Lee（WWW之父）倡議。
2010.2	資料洪流 （The Data Deluge）	英國	經濟學人雜誌出版巨量資料文章
2011.5	巨量資料-創新產出、競爭優勢與生產力提升的下一個新領域	美國	麥肯錫全球研究院報告指出「巨量資料」為關鍵字。
2011.6	從混沌中提取價值（Extracting Value from Chaos）		數據研究中心（IDC）預測，全球數據量每兩年成長一倍。

資料來源：成田真琴，大數據的獲利模式，經濟新潮社，2013.8。

英、和日本等國，採開放式政府策略，強調透明度、國民參與、互助原則，將原始資料免費對外公開。依據國際數據研究中心（IDC）的預測，全球數據量每兩年成長一倍之譜。另大數據的演變可初略分為三個階段：

(1) .com網路時期

早期主要針對 log 資料，蒐集使用的 Cookie 與網站搜尋等分析，進一步了解顧客消費行為。

(2) 社群網路時期

透過社群網站（如 Facebook、Twitter、部落格文章等）所蒐集的龐大的結構與非結構資料，以大數據技術分析顧客行為模式，藉以改善產品和服務品質，滿足消費者需求。

(3) 物聯網時期

設置感測器、穿戴式裝置、嵌入式裝置、智慧家庭等蒐集到的巨量資料作分析，轉化成商業生產力與競爭力，以促進顧客體驗與行銷效益。

1. 巨量資料模式

巨量資料模式可依縱軸、橫軸分別為「個別優化與全體優化」和「批次處理型與即時資訊型」表示，分為 2×2 矩陣四種類型，包括「個別優化 × 批次處理」、「個別優化 × 即時資訊」、「全體優化 × 批次處理」、和「全體優化 × 即時資訊」，如圖 8-11 詳見。

(1) 個別優化×批次處理：

透過鎖定個人或事物的大量資料蒐集和儲存後，以不限時間的原則下，推薦客戶相關合適的商品與服務，亦或提供最適的處理模式。諸如依開車經驗提供保險費折扣、顧客流失預估、與機器故障預測。日本麥當勞依據消費活動紀錄與分類，不限時間原則下，運用一對一行銷（One-to-One Marketing）方式，提供各類優惠券給持有電子錢包的智慧手機用戶消費使用。2019 年 1 月財政部透過電子化查帳與雲端憑證，啟動大數據查稅，以期降低企業與自然人逃漏稅。前置期包括電子檔案準備、電子表單填報、跨單位比對尋找異常處、以及電子審計事宜四階段，如圖 8-12 所示。

中國眾安保險依照客戶生活與醫療習慣等數據，針對糖尿病患者設計出「浮動保額」制醫療保險。客戶飯前用血糖測試器達標準值，則保險額度提高人民幣 100 元（獎勵上限為 2 萬元）。當客戶須手術治療時，以浮動保額作為理賠給付，如圖 8-13 所示。

(2) 個別優化×即時資訊

業者持續蒐集和儲存個人和特定事物的相關資料，經電腦資料庫處理後，即時提出精準的商品、服務、最佳時間點與最適處理模式推薦給客戶。例如：利用地點資訊的保險行銷、遠端操控卡車冷氣最適溫度、依瀏覽紀錄精準推薦商品。旅遊網站 Expedia 採即時監看客戶旅遊意向與模式，篩選購買套裝行程可能性高的客戶，提供即時合理的報價，以增加營收。另保險公司利用解決方案機制（Assurant Solution），將客戶與客服人員的親和度作分數區別，再依兩者親和

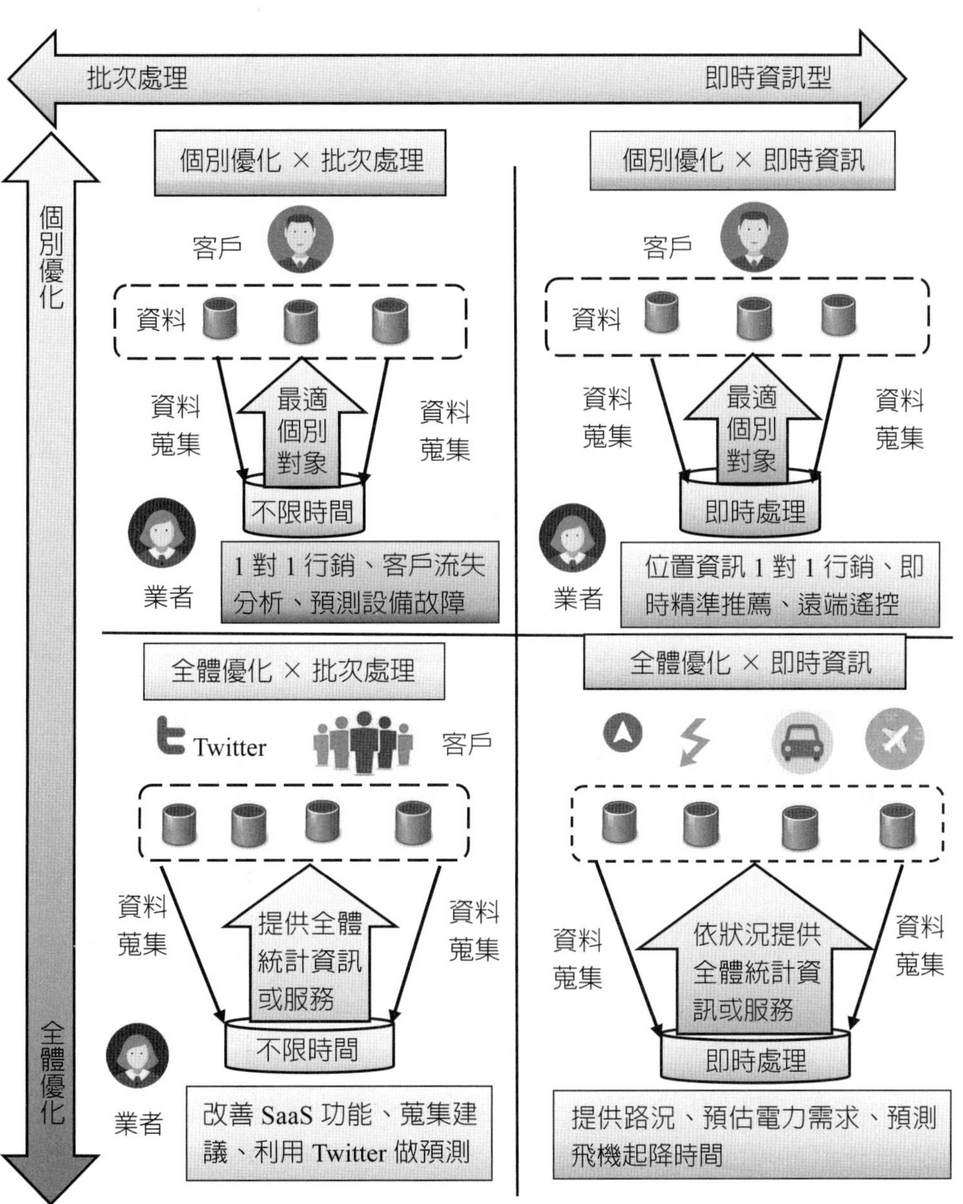

圖 8-11 巨量資料模式運用

資料來源：1. 成田真琴，大數據的獲利模式，經濟新潮社，2013.8。

2. Wikimedia Commons。

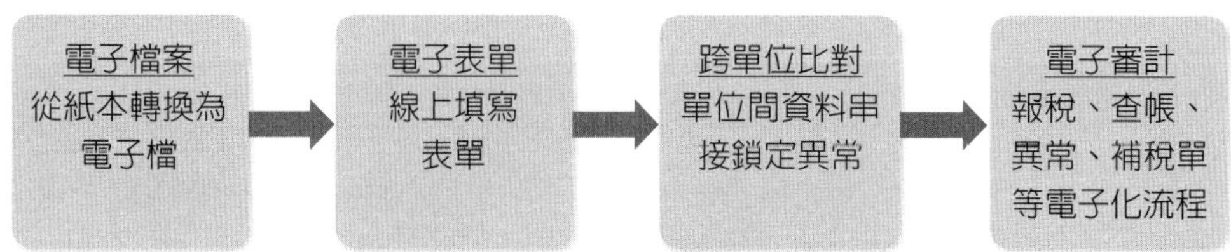

圖 8-12 大數據查稅四階段

資料來源：經濟日報，財部：用大數據追稅，2019.1.21。

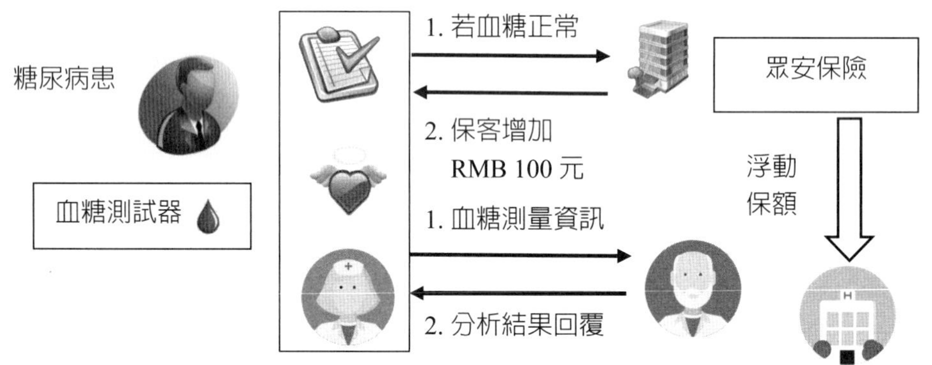

圖 8-13 眾安保險：醫療大數據

資料來源：1.眾安保險。
2. Wikimedia Comments。
3. 數位時代，中國FinTech業者：其實眞正的金融科技是大數據金融，2015.12.10。

度的不同，即時撮合轉接出最適合的客服人員，可防止解約率與增加營收。航空公司則提供行李追蹤機制，即時通知乘客行李遺失或遲到的通知服務。

圖 8-14 顯示自 2014 年中國第二大電子商務京東商城，推出類似信用卡功能的「京東白條」，主推「先消費後付款」的成功策略，提供客戶最大信用額度爲人民幣 1.5 萬元，可分 24 期分期消費京東商城的商品，並將業務推展至旅遊、租房等領域。2015 年特別針對消費金融打造出大數據徵信體系與信貸業務，蒐集與彙整用戶基礎數據、行爲數據、物流數據、支付數據、與風控數據。著重貸款前、中、後期的授信過程，並依照數據組成三種模式：

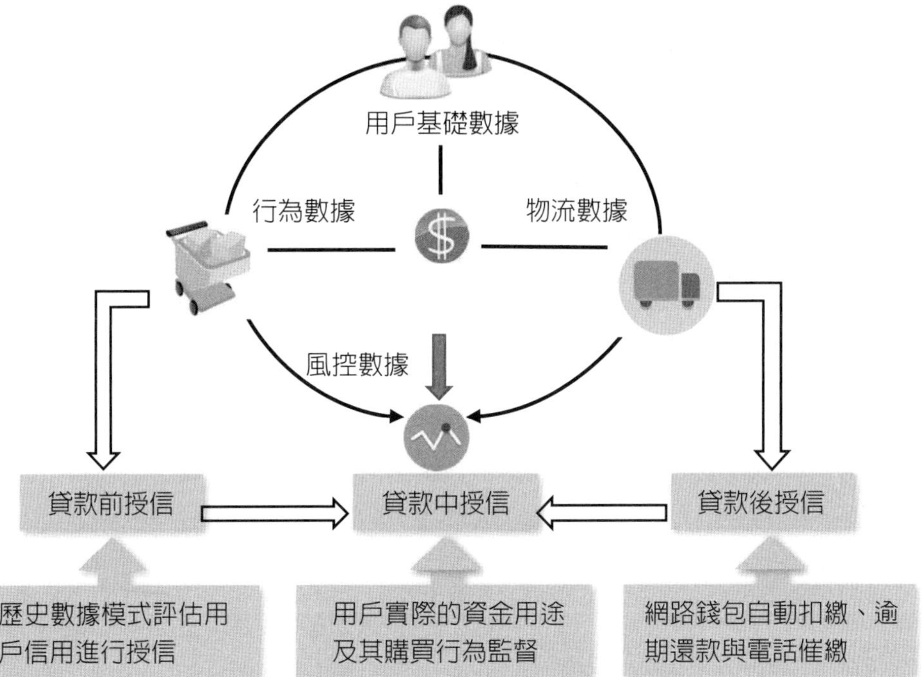

圖 8-14 京東金融大數據運作

資料來源：1. Wikimedia Comments。
2. 艾瑞諮詢。
3. 數位時代，中國FinTech業者：其實眞正的金融科技是大數據金融，2015.12.10。

(A) 風險控制

包含申請、詐欺、催收等評分項目，及交易監測與套現識別等模式。

(B) 量化營運

蒐集價格敏感度、用戶活躍度、消費購買力與信貸需求等數據，以便建立量化資料提供營運參考。

(C) 用戶洞察

主要在於識別與挖掘用戶資料，並針對用戶資產、身分特徵、履約歷史、網路偏好、與社交網絡等資訊進行評估。

由於電子商務的崛起直接衝擊實體商家的銷售業績，2015 年台灣電子商務成長率約 14%，而百貨業者成長率約為 4%，便利商店僅成長 2%。然而，自 2016 年第一季開始，部分百貨業成衰退的光景，使得百貨業、超商業與零售業等實體店面無不絞盡腦汁尋求良方，表 8-5 顯示引進 Beacon 公司的相關成果。

表 8-5　已設置 Beacon 的台灣公司成果

公司	目標	成果
京華城	吸引看電影和吃飯人潮至其他樓層購物	1. 蒐集人潮資訊。 2. 持發票享受打折訊息。
微風廣場	消費前給獎勵	1. 來客數上升30%。 2. 營收增加20%。
全家便利商店	有效行銷的智慧商店	1. 建立媒體平台與行銷通路。 2. 品牌商付權利金。 3. 大數據分析與精準行銷，為客戶量身訂作的專屬優惠。 4. 約8成客戶願意領取優惠，促銷商品成長7倍。
新光三越	即時推出量身訂作的促銷與活動訊息	1. 個人化行銷模式。 2. 發送優惠吸引客戶前往新櫃。
遠東百貨	運用科技經營商場	1. 提供獨家優惠訊息。 2. 擴大購買率。
富奇想	聚焦陸客來台商機	1. 與中國微信支付公司合作。 2. 陸客抵達機場和捷運，使用微信的搖一搖，即可獲得微信紅包。並收到優惠訊息。

資料來源：財訊雙週刊，微定位把逛街人潮變錢潮，2016.6.16。

透過資策會「萬點 Beacon」計畫，搭配 App 的手機互動模式，利用藍芽廣播的方式，從雲端與物聯網所連結的數據庫，以大數據技術分析，主動即時提供優惠促銷活動與紅利點數等，將人潮引導至實體智慧店面，亦或吸引人潮由銷售熱區移至銷售冷區。不但能增加來客率與忠誠度，亦能透過精準行銷與建置媒體平台的策略，提高業績與權利金來提升營業收入。此計畫有別於以往的被動行銷模式，當客戶進入店面時，店員不了解客戶的喜好與需求，在結帳時才詢問是否為會員，而相關消費紀錄如無進一步的分析亦是枉然。因此，當 Beacon 計畫引進時，吸引實體店面業者目光，趨之若鶩地導入 Beacon 系統，利用各項優惠引導客戶開啟手機藍芽功能的連結。

(3) 全體優化×批次處理

乃針對多數人或事物活動進行大量資料蒐集與儲存，並就整批資料作技術處理與統計分析，不限定時間與不限回饋資料的原則下，提出對個人、社群、社會有益的資訊，以期持續優化業務處理能力。諸如改善軟體即服務（Software as a Service, SaaS）[2] 計畫、避險基金投資方案、網路訂房流程精進、搜尋 Twitter 內容預測股市與感冒流行等。此外，Google 利用分辨垃圾郵件機器人程式（Spam Program, bot）與眞人使用者圖形驗證服務，用於阻擋無數的垃圾郵件與留言，導入 reCAPTCHA（網頁驗證機制服務）來進行書籍數位化的推展。

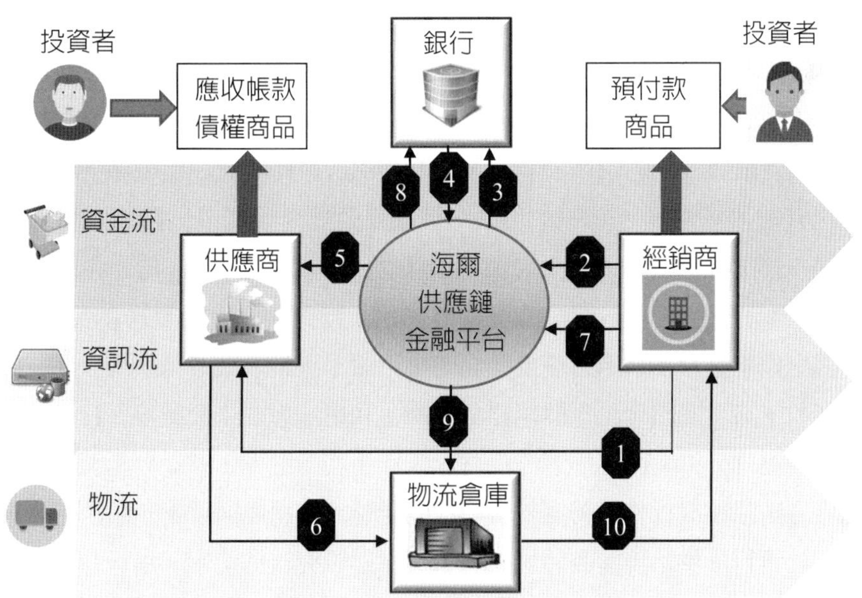

● 1. 通過海爾 B2B 平台下訂單。2. 申請融資。3. 額度與保證金比例。4 放款至經銷商受監管帳戶。5. 交易支付。6. 發貨至監管倉庫，貨物質押狀態。7. 申請提貨。8. 經銷商還款。9. 通知倉庫貨物解除質押。10. 通知經銷商提貨。

圖 8-15　中國海爾金融供應鏈大數據：經銷商信貸

資料來源：1. 數位時代，中國FinTech業者：其實眞正的金融科技是大數據金融，2015.12.10。
2. Wikimedia Comments。
3. 瀝智匯金融知識庫。

[2] SaaS 乃是企業透過網路向軟體提供商租用商業軟體，無須負擔軟體維護與管理。（MBA Lib 網站，wiki.mbalib.com）

以中國海爾所提出創新的「供應鏈金融」爲例，2014 年 12 月建置「海融易」金融平台，註冊用戶高達 150 萬人，擁有上游供應商約 5,000 家和下游經銷商約 3 萬家，在交易過程中產生金流、物流與資訊流的巨量資料，利用大數據技術進行理財規劃與風險管控，提供經銷商信貸，如圖 8-15 說明。此外，爲提高合作供應鏈商家的資金周轉率，首先設計出供應商對海爾「應收帳款的債權」的金融商品，轉賣給投資人並提前獲得應收資金，貨款到期時，由海爾旗下公司支付帳款給投資人。另針對經銷商訂貨時，需支付預付款當成訂金，此部分資金對經銷商無收益，海爾將其包裝成「預付款理財」商品賣給投資人，使經銷商活化資金而獲益。

(4) 全體優化×即時資訊

以提供公眾事務的優化爲目標，持續蒐集與儲存巨量資料，並經由資料彙整與統計分析，依據設定的情境與狀況，即時提供最新相關資訊給公眾，以其優化業務與提升服務滿意度。例如：預估飛機誤點資訊、預測最佳購買時機、路況預測資訊、電力需求預估等。以 2013 年日本川崎市與 Sony 公司合作所進行的「藥方筆記本」實驗服務爲例，如圖 8-16 顯示。提供用戶非接觸式 IC 卡（Felica 卡），當用戶就醫時，拿處方箋至藥局的專用讀卡機讀取藥方筆記本，在雲端即時更新資料，亦可閱讀過調劑的紀錄。同時，利用病患的生活紀錄（Lifelog）的資料統計值進行分析，諸如病患的症狀、副作用和過敏等，亦能分析流行病地區分布，處方數量和流行性趨勢等社會層面的影響。在用戶同意下，將不包含個人資訊的統計資料提供給自治團體、製藥公司、與研究機構使用。用戶也可透過手機得知即時流行性疾病的資訊，而醫院可更新藥劑的處方與用量。

2. 大數據的隱私權問題

巨量資料技術達成「個別優化」的目標，在網路上可能牽涉到廣泛蒐集使用者資料的疑慮，包括個人資訊、追蹤行爲紀錄等，此資訊亦可能牽連個人隱私敏感層面的資訊。爲避免侵犯隱私，金融業開始執行「資訊治理」，並透過「稽核軌跡」的配套措施，嚴格訂定資料庫使用權限、使用者記錄、查詢資料記錄等，落實可回溯的管理機制。隨著「社群顧客關係管理」概念日益普遍，使用社群相關個人資料來創造潛在商業價值，已漸成主流趨勢。然而，許多反對浪潮亦蜂擁

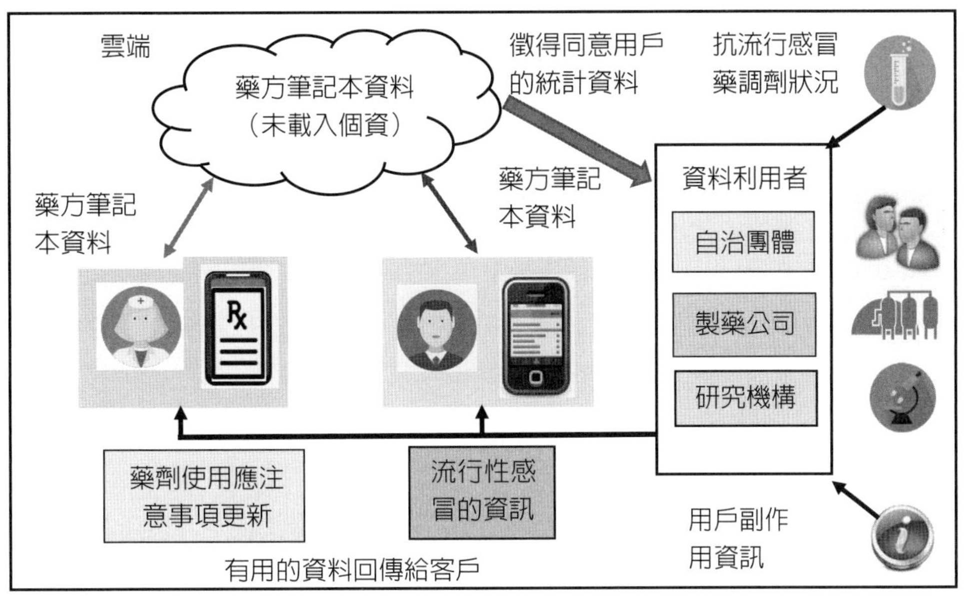

圖 8-16　藥方筆記本電子化

資料來源：1. 張振燦、張君逸合譯，物聯網應用全圖解，和致科技公司，2015年。
2. Wikimedia Commons。

而至。另利用巨量資料技術完成「全體優化」目標，統計資料呈現並未涉及個人隱私，蒐集資料業者需刪除相關個人部分資訊。

亞馬遜在 2011 年 9 月推出平板閱讀器（Kindle Fire），利用 Android 作業系統和瀏覽器（Amazon Silk），透過「雲端」系統來提升網路瀏覽速度，並藉由機器學習（Machine Learning）記錄至多 30 天有關使用者瀏覽網路模式，包括已造訪的網頁網址、IP 位址等保存。在社群網站（如 Twitter、Facebook、LinkedIn）利用追蹤使用者網路動態（Behavior Tracking）系統，蒐集公開個人資訊檔案，掌握潛在客戶特質（如興趣、嗜好等）與產品需求，亦牽連個人隱私問題。美國 Rapleaf 新創企業從事社群網站、部落格等公開資訊蒐集，並彙整非公開資訊（如本名、地址、電子郵件地址等），舉凡個人基本資料、家庭背景、所得、投資項目、房地產、居住狀況、興趣等，提供詳細資訊給網路廣告公司爲主要業務，而令人詬病。各國從原先不干預態度，以免妨礙技術發展，及至開始重視網路隱私的規則與改善鬆散的相關法律規定，如表 8-6 說明。以美國、

表 8-6　各國保護網路隱私相關規定與廢止

日期	項目	區域	機構	法律規定	說明
1995	考量各行業屬性差異之指導原則	日本		個人資訊保護法	1. 法令架構採個人資訊保護法與各行業訂定之個人資訊指導原則。 2. 依行業別可採用「選擇性參與」或「選擇性退出」方式，提供個人資料給第三方使用處理指導原則。
2002	行為定位廣告「選擇性退出」	歐盟		電子隱私保護令（E-Privacy Directive）	採「選擇性退出」方式，允許先將資訊儲存，並將全面性使用目的告知使用者下，才允許使用。同時使用者亦有拒絕的權利。
2009	行為定位廣告「選擇性參與」	歐盟		電子隱私保護令修訂	採「選擇性參與」方式，允許先將資訊儲存並全面性告知使用者，在事前獲得同意後方可使用。
2010.3	資訊大航海計畫	日本	經濟產業省	個人資訊使用指導原則	1. 兼顧個人隱私與促進個人化資訊服務和資訊探勘等創新發展。 2. 為減緩網路隱私問題，利用集合匿名（Group-Based Anonymization），將可辨識的資訊（如姓名）進行切割分離或模糊化演算處理後，再將此資訊透過集合化處理所取得之新資訊。
2012.2.23	請勿追蹤功能選項	美國	總統頒布	消費者隱私保護法（Consumer Privacy Bill of Rights）	1. 使用者有獨立控制「請勿追蹤」功能選項的權力，取消行動廣告。 2. 使用者享有隱私權、資訊安全等相關透明資訊。 3. 尊重使用者所處狀況，網路廣告業者不得將蒐集個人資訊作為雇用調查、信用調查、投保審查等項目。

表 8-6　各國保護網路隱私相關規定與廢止（續）

日期	項目	區域	機構	法律規定	說明
2012.1	為提高使用者對線上服務的信任	歐盟		歐盟資料保護綱領修正	1. 1995年制定歐盟資料保護綱領，使用者有權要求刪除過去資訊。 2. 業者在尚未取得使用者同意前，不得使用其個人資訊。利用可攜資料（Data Portability）權利，使用者可在社群網路轉移個人資訊。
2017.4.3	妨礙創新與抑制公平競爭	美國	總統頒布	廢止消費者隱私保護法	採納去識別化（De-identification）、匿名化（Anonymization）、虛名化（Pseudonymization）、掩蔽（Masking）和資料混淆（Data Obfuscation）。
2017	虛名化的規範	ISO		ISO 25237：2017	國際標準化組織（International Organization for Standardization）制定健康資訊虛名化的參考標準與規則。

資料來源：1. 成田眞琴，大數據的獲利模式，經濟新潮社，2013.8。
2. 工商時報，去識別化-應用大數據和AI於金融科技的重要基礎建設，2018.1.16。

日本、歐盟為例，各國政府對處理網路隱私的態度有所不同。在行為定位廣告上，歐盟採取一貫嚴格保護使用者的立場，客戶同意之前，會以「選擇性參與」（Opt-in）預設為「關閉」為訴求。因而造成妨礙創新與抑制公平競爭遂引發爭議，各國須權衡個人資訊保護與社會公益（如公開資訊等）的平衡點並適度調整。

有鑑於此，2017 年 4 月 3 日美國川普總統簽訂廢止 2012 年所頒定網路隱私保護法，解決扼殺創新活動與阻礙公平競爭之情況。倡導去識別化（De-identification）、匿名化（Anonymization）、虛名化（Pseudonymization）、掩蔽（Masking）和資料混淆（Data Obfuscation）等準則，說明如下：

(1) 去識別化

為減少使用者非欲意揭露個人相關資訊之風險，針對可辨識的個人資訊予以移除或模糊之過程。

(2) 匿名化

去除敏感性原始資料的過程，生成資料仍保有原來格式與不可逆推原始資料的特性。日本與歐盟針對個人資訊亦有不同的看法，日本政府將無法辨識姓名之網路商品搜尋、網路瀏覽、網站消費型行為紀錄等，視為不屬於個人資訊的範疇。甚至可利用集合匿名（Group-Based Anonymization），把可辨識的資訊（如姓名）切割分離或進行模糊化演算，即可不涉及個人隱私問題。

(3) 虛名化

以其他虛擬辨認機制取代並除去原始資料相關辨認連結。例如：國際標準化組織（International Organization for Standardization, ISO）制定 ISO 25237：2017，提出健康資訊虛名化的參考標準與規則。

(4) 脫敏

移除具有敏感性的資料欄位與相關格式。

(5) 資料混淆

將資料混亂並於以匿名的方式。

上述項目亦可能牽涉再識別化（Re-identification）和還原可逆資訊，導致敏感個人資訊外漏而產生三種風險的疑慮：

(1) 特定者風險（Prosecutor Risk）

取得特定者有關資料，予以再識別化所產的不定性的過程。

(2) 非特定人風險（Journalist Risk）

蒐集非特定人相關資料，並利用再識別化過程所導致不確定性。

(3) 多數者風險（Marketer Risk）

駭客入侵取得最多筆個人資訊，而予以再識別化的過程所產生的風險疑慮。

三、連結開放資料

爲因應全球大數據發展趨勢，強化跨域結合與掌握數據制高點，追求資源互聯與共享的綜效，透過產官學的聯合形成「大數據聯盟」，如圖 8-17 顯示連結開放資料（Link Open Data, LOD）的流程。巨量資料技術開發與應用，乃建立於各類數據的蒐集與彙整，經由分析運用後，方能產生附加價值、提高效率與節省成本的好處。

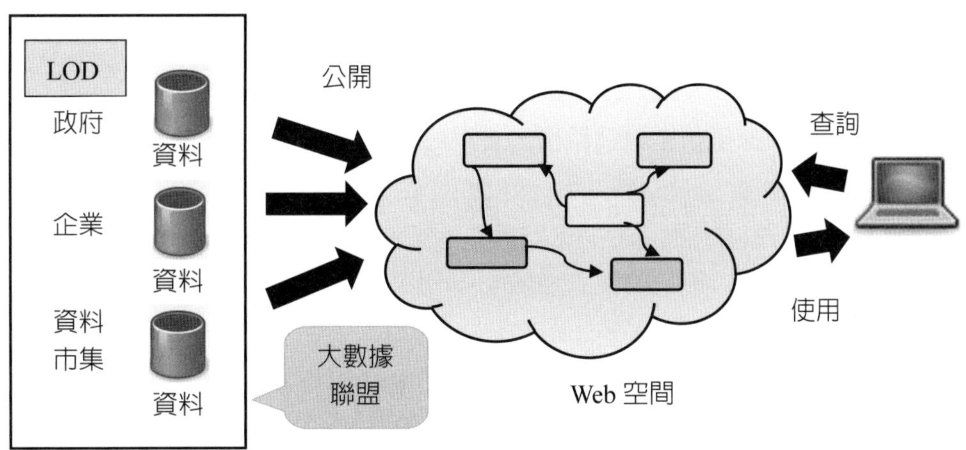

圖 8-17　連結開放資料（LOD）流程圖

資料來源：1. 成田眞琴，大數據的獲利模式，經濟新潮社，2013.8。
2. LOD Challenge大賽執行委員會資料。
3. 工商時報，台北大數據+聯盟30日啟動，2015.12.28。
4. Wikimedia Commons。

表 8-7 說明連結開放資料（LOD）沿革，爲健全資料的流通與一站式的服務模式，資料市集（Data Marketplace）雛型早於 2008 年孕育而生，如 Infochimps、Windows Azure Marketplace、Public Data Sets on AWS、和 Factual，提供免費、付費、認證、資料格式管理等服務功能。2009 年 Timothy John Berners-Lee（WWW 之父）呼籲各國政府應將統計資料、地理資訊、和科學資訊等原始資料開放（Open Data），並連結共享，形成連結開放資料（LOD），提供使用者自網路查詢與使用相關巨量資料，以期創造社會價值。另美國、歐盟、日本政府亦響應 LOD 的精神，以透明、參與、和互助的模式，積極落實「開放式政府」的概念，提供免費原始資訊。同時，鼓勵企業提供相關開放資料的業務，亦促使許多新創企業的加入。

以台灣發展「大數據聯盟」爲例，2015 年底正式啟動「台北大數據 + 聯盟」。兩岸產官學跨域結合，包括官方單位（財政部財政資料中心、主計總處電子處理資料中心、和衛福部）、學界（台北大學）、與產業界（台灣微軟、宏碁、北京華通人、上海玖道等）共同簽訂意向書，針對開放資料、技術研發與教育項目進行合作。自 2013 年台灣推展公開資料（Open Data），政府資料平台至 2015 年底已蒐集相關資料總數爲 12,932 筆。其中，金管會所提供有關金融領域的資料爲 1,032 筆約占 10%，如圖 8-18 所示。

以中國大陸發展金融科技之數據交換爲例，有別於傳統金融模式，核心價值在於建置大數據徵信服務爲目標，可以分爲五個階段推展，包括自身平台數據、外部網路數據、金融業數據、政府監管數據、和資料徵信體系，如圖 8-19 所示。目前金融數據交換處於第二階段：外部網路數據，經由電子商務（如阿里巴巴）、支付企業、社交網路（如騰訊）、物流等交易資訊，以及搜尋引擎（如百度）評價資訊結合，透過合作與併購方式取得巨量資料，運用傳統金融徵信與風險控管模式，進一步開發適用於金融科技的徵信與風險控管系統。爲邁向第三階段：金融業數據與補足金融市場徵信不足的情況，中國人民銀行已於 2014 年核發 8 張金融科技徵信執照給芝麻信用（阿里巴巴集團）、騰訊徵信（騰訊集團）、小米信用（小米手機）等公司。

表 8-7 連結開放資料（LOD）沿革

日期	項目	用途	說明
2008.4	資料市集：Infochimps	提供相關一站式購足資料。	注重社群網站資料蒐集，例如：Twitter文中的表情符號、背景顏色等，萃取流行話題、品牌、流行文化等商業價值資訊。
2008.12	資料市集：Public Data Sets on AWS	提供相關一站式購足資料。	利用雲端服務進行分析與資料處理，提供科學家和研究人員有關公開資料集儲存庫。例如：人類基因組資料、美國國情調查資料、生物技術中心資料等。
2009.1	美國「開放式政府」	1. 國內航線航班準點績效與誤點。 2. 軍種別人員組成資料。	1. 政府秉持透明度、國民參與、互助為原則，建置Data.gov網站，將原始與區域別資料對外提供。 2. 公開App應用程式下載服務。 3. 資料公開主要以機器可讀的格式進行。 4. 紐約市舉辦「NYC Big Apps」程式設計公開資料創意競賽。 5. 利用市政府公開資料，參賽者開發出有利於市民、觀光客、企業等應用程式。
2009.2	連結開放資料之倡議	呼籲各政府將統計資料、地理資訊、科學資訊等原始資料開放（Open Data）。	「科技、娛樂暨設計會議」邀請Timothy John Berners-Lee（WWW之父）演講。
2009.9	資料市集：Factual	提供相關一站式購足資料。	蒐集網路公開和相關組織捐贈資料，提供各國地點相關資料。
2010	Raw DATA Now！	英國泰晤士報網路版開放原始資料與地圖資料，提供使用者查詢與使用。	Timothy John Berners-Lee在TED University演講，大聲疾呼開放原始資料。

表 8-7　連結開放資料（LOD）沿革（續）

日期	項目	用途	說明
2010.1	開放街圖（OpenStreetMap）	GeoEye公司決定開放高解析度衛星影像給全球義工，以利抵達難民營。	海地發生芮氏7級地震。
2010.1	英國「開放式政府」	1. 住宅變動紀錄。 2. 最近藥房地點。 3. 道路坑洞及路面危險標示。	1. 建置Data.gov.uk網站，邀請Timothy John Berners-Lee負責監督。 2. 政府開放資料包括犯罪、交通、教育等資料和App應用程式。
2010.7	日本「開放式政府」	1. 全國輻射值地圖。 2. Google Map汽車通行現況資訊地圖。	1. 開始設立Open Government Lab網站。 2. 資料公開主要以非機器可讀的格式進行，例如：PDF、Excel。 3. 提供市民生活低度相關性資料，無法吸引應用程式開發。 4. 2011年311大地震後，開放資料使用已有進展。 5. 2011年舉辦Linked Open Data Challenge Japan，利用徵求資料作為製作應用程式的基礎。
2011.6	資料市集：Windows Azure Marketplace	提供相關一站式購足資料	徵求資料發布者（Publisher）利用網路雲端，依照環境共享與操作格式提供使用者資料。
2014.8	中國開放數據中心委員會	開放平台與互聯網基礎設施標準化協作	開放數據中心委員會（Open Data Center Committee, ODCC）由英特爾、中國電信、中國移動、騰訊、阿里巴巴、百度等隊組成。

表 8-7 連結開放資料（LOD）沿革（續）

日期	項目	用途	說明
2015.12	台灣資料開放應用成果發表	1. 交通資料整合應用服務平台。 2. 運輸物流應用服務平台。 3. 精緻農業應用服務平台。	1. 英國開放知識基金會（Open Knowledge Foundation）編制開放資料指標（Open Data Index）評比出爐，台灣榮獲2015年第一名。 2. 由經濟部工業局輔導廠商，聚焦開放資料加值服務與創新應用。
2016.7	台灣開放資料應用論壇季前瞻思維產業沙龍	1. 國際物流即時資訊服務。 2. 旅遊規劃平台。 3. 生態教育雲端平台。	1. 經濟部工業局邀請Google公司Open Data專案與新創公司Mapbox分享資料加值運用與創新。 2. 邀請博連科技、Funlida、采威公司分享Open Data規劃。
2017.2.7	修改產業創新條例	1. 開放資料與民間共享。 2. 補助與輔導企業運用開放資料發展創新商業模式。	提供交通網大數據資料，如車流與人流資訊，以作為連鎖店評估商機與拓店依據。

資料來源：1. 成田眞琴，大數據的獲利模式，經濟新潮社，2013.8。
2. 經濟日報，資料開放應用成果上市發表，2015.12.25。
3. Infochimps、Windows Azure Marketplace、Public Data Sets on AWS、Factual網站。
4. 工商時報，開放資料應用論壇交流創新服務商機，2015.7.19。
5. 工商時報，連鎖店拓點政府大數據助陣，2017.2.7。
6. 開放數據中心委員會網站。

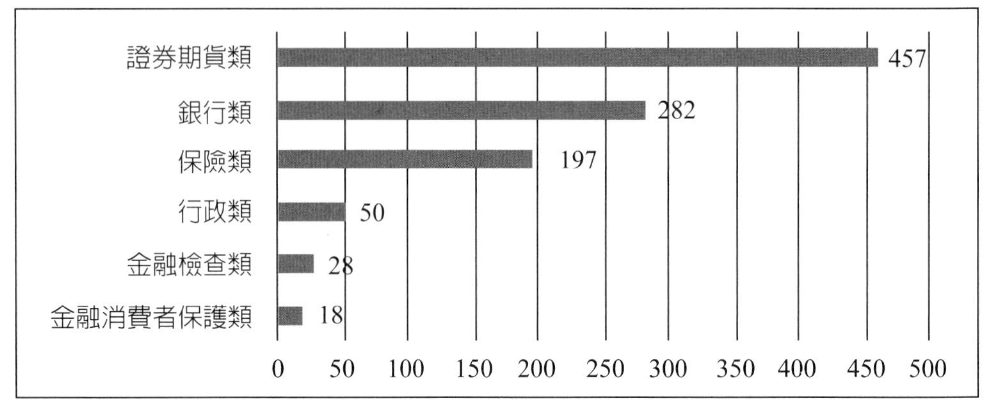

圖 8-18　政府資料開放平台金融領域資料數

資料來源：1. 工商時報，台北大數據+聯盟30日啟動，2015.12.28。
　　　　　2. 金管會。

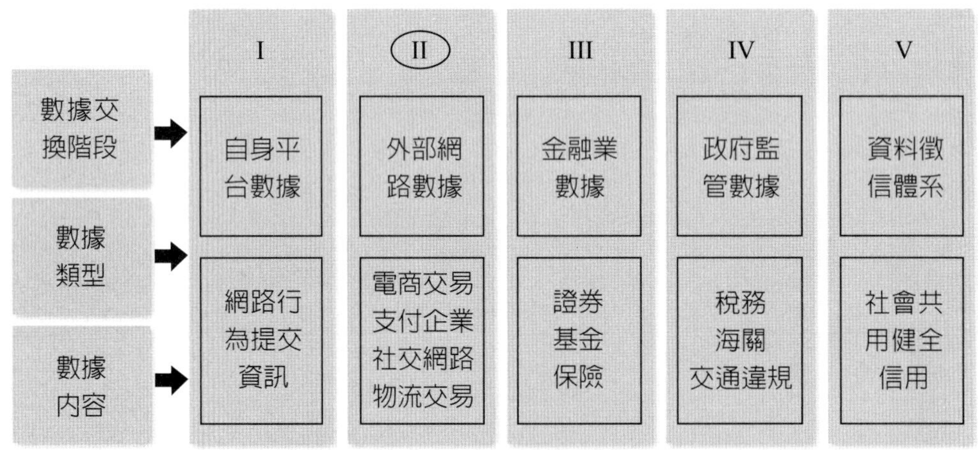

圖 8-19　中國大陸數據交換階段

資料來源：1. 數位時代，中國FinTech業者：其實眞正的金融科技是大數據金融，2015.12.10。
　　　　　2. 麥肯錫：互聯網金融對傳統銀行的衝擊與啟示：以中國市場爲例。

實務案例

芝麻信用評分

芝麻信用的業務擴展，諸如出國簽證、快速安檢、免押金租車、結婚篩選等服務。民眾可透過電商、支付寶、餘額寶等管道，利用 App「芝麻信用」查明用戶評分數據，浮動評分間距為 390-950 分。分數愈高表示信用愈佳，信用違約機率可望下降。一般而言，650 分以上代表屬於信用中上程度，如表 8-8 說明。

表 8-8 螞蟻金服旗下芝麻信用的業務擴展

合作案	項目	分數	說明
出國簽證	新加坡簽證	700分以上	旅客上傳護照、照片、申請表。
首都機場	快速安檢	750分以上	旅客享受快速安檢通道優惠。
神州租車	免押金服務	限定分數以上	客戶不需支付押金租車。
世紀佳緣	結婚對象篩選	限定不同分數	依信用分數高低篩選另一半。
眾安保險	急速理賠	650分以上	客戶透過手機官網投保。

資料來源：1. 數位時代，中國FinTech業者：其實眞正的金融科技是大數據金融，2015.12.10。
2. 眾安保險。

1. 巨量資料的經營策略

在巨量資料的蓬勃發展下，除利用免費或部分收費的連結開放資料（LOD）外，爲提升公司於產業內的競爭優勢，取得和使用巨量資料的經營策略，必須考量取得容易度所劃分之內、外部資料，並且能依據市場價值，區分爲可吸引客戶具差異化的核心資料與其他產業相關的背景資料，圖 8-20 顯示利用四個象限所組成的策略架構。

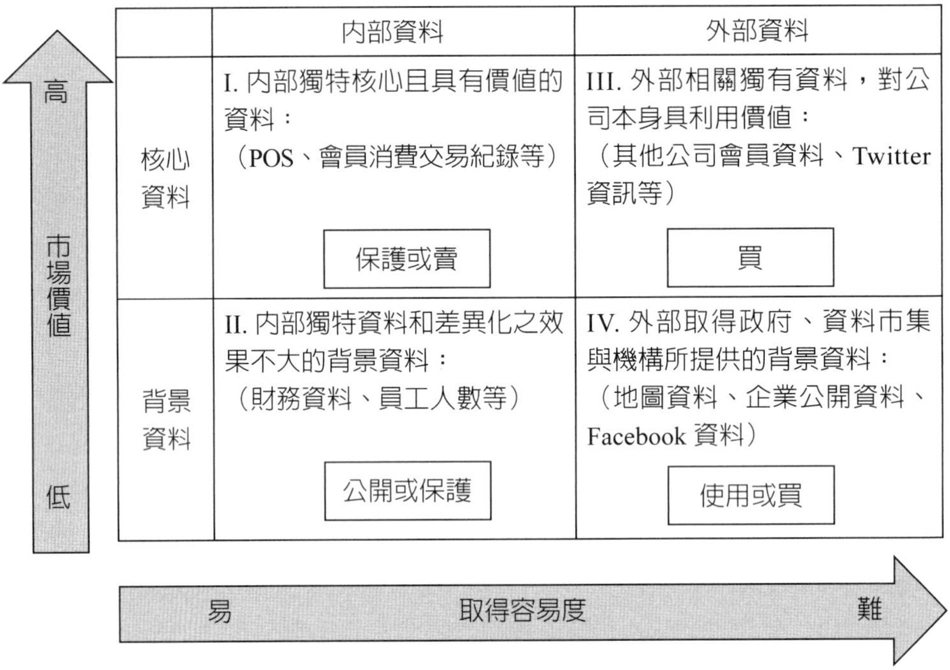

市場價值：高 ↑ 低

	內部資料	外部資料
核心資料	I. 內部獨特核心且具有價值的資料：（POS、會員消費交易紀錄等） 保護或賣	III. 外部相關獨有資料，對公司本身具利用價值：（其他公司會員資料、Twitter 資訊等） 買
背景資料	II. 內部獨特資料和差異化之效果不大的背景資料：（財務資料、員工人數等） 公開或保護	IV. 外部取得政府、資料市集與機構所提供的背景資料：（地圖資料、企業公開資料、Facebook 資料） 使用或買

易　取得容易度　難 →

圖 8-20　巨量資料的策略架構

資料來源：1. 成田眞琴，大數據的獲利模式，經濟新潮社，2013.8。
2. 野村總合研究所。

(1) 象限I

企業擁有內部獨特的核心資料，並具有市場潛在價値的資料，例如：POS 系統資料、會員消費紀錄等，可視爲企業策略性資產予以保護，亦或透過策略聯盟方式來共享和交換資料。另可考慮運用管道像是資料整合業者（Data Integrator），出售此內部核心資料以獲取利潤。例如：2011 年 6 月日本 Lawson 超商與日本雅虎合作，在徵求客戶同意下，雙方互相取得消費紀錄、網頁瀏覽紀錄等，傳送相關活動內容至客戶智慧手機的服務。

(2) 象限II

有關內部獨特與資料差異化效果不大的背景資料的組合，例如：公開發行上市公司內部的財務報表，依據規定必須定期在股票市場公布財報。而內部人員相關的個人資訊則需極力保護。

(3) 象限III

外部相關企業獨有資料，例如：Twitter 推文、客戶資訊等，對公司本身具有很高的市場價值與吸引客戶差異化的效益。如美國 Twitter 的用戶群通常為年輕（18-29 歲）、拉丁美裔、和非洲美裔等族群使用，並針對具有感染性的偶發事件和公共議題討論。公司須經謹慎評估後，透過資料整合業者，並支付相關資料使用費方可取得，亦或願意直接以併購的方式進行。例如：2016 年 6 月 13 日微軟公司花費 262 億美元鉅額，買下 LinkedIn 社群網路平台，主要原由在於直接取得大數據庫，以便擁有來自 200 多個國家，大約 4.33 億個會員履歷、手機流量約占六成，以及 700 萬個招聘活動列表等。透過微軟的雲端處理，將大數據進一步分析，精進企業行銷思維模式和掌握未來發展輪廓，藉以強化人力資源、招聘、職場培訓、廣告服務與客戶關係管理（CRM）領域為目標。

(4) 象限IV

藉由連結公開資料（LOD）的管道，以免費或部分付費方式，所取得政府、資料市集與機構所提供的外部與背景相關資料，例如：地圖資料、企業公開資料、Facebook 資料等。一般而言，美國年長者及女性的 Facebook 用戶關注於家庭、友誼關係、品牌喜好等議題溝通。另以國際信用評等公司為例，過去曾面臨營利性質和操縱信評的道德兩難風險而影響信評品質。有鑑於此，2016 年 7 月新加坡國立大學成立非營利信用風險平台，建立全球 6 萬多家上市公司的違約機率數據庫，並轉化為智能數據，以公共財的方式提供外界免費使用，改善信用評等制度。

2. 資料整合商與大數據分析商發展

資料整合商（Data Integrator）主要任務乃利用資訊管理技術，導入客戶資料整合系統與持續蒐集資料，以省去資料運用業者針對消費者或廠商所付出交涉心力與時間的困擾。舉例而言，早於 2005 年 8 月 IBM 宣布購併客戶資料整合軟體研發商（DWL），正式進軍資料整合新商機領域，將軟體技術模組化，從金融業的開發擴展至電信與零售業等。

在客戶同意下，資料整合商持續彙總各超商顧客消費紀錄、物流系統資料整合、個人醫療資訊、電力資訊、汽車感應資料等，透過優化分析與整合工作，提供具有市場價值的相關巨量資料給資料運用業者（如廣告 / 行銷公司、電力公司、車險公司、健康諮詢服務公司等），如圖 8-21 所示。此外，支付服務業（如 VISA、American Express、PayPal 等公司）亦朝向資料整合服務延伸業務。以 VISA 爲例，蒐集相關消費紀錄與分析消費傾向，將分析結果提供合作企業進一步預設條件（如店家地址、消費商品、偏好等）。在消費者同意下，選擇性提供優惠券傳到智慧型手機，以期提升消費誘因。

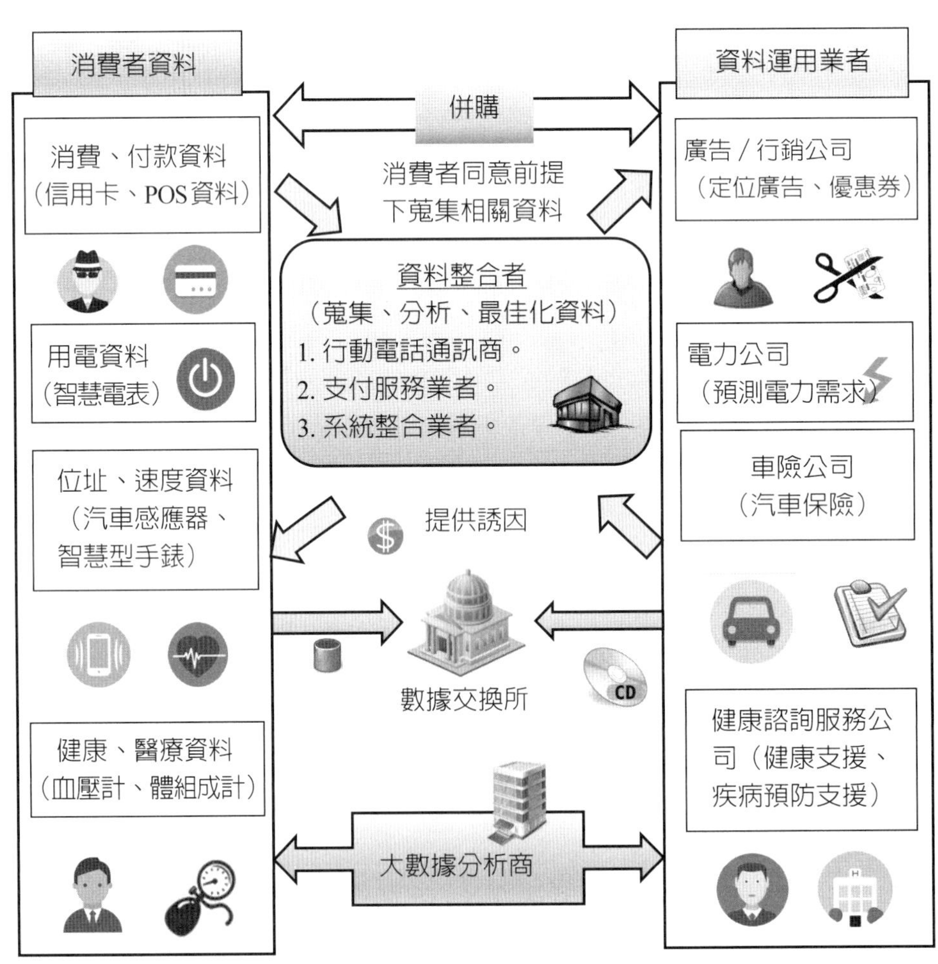

圖 8-21　資料整合者的功能

資料來源：1. 成田眞琴，大數據的獲利模式，經濟新潮社，2013.8。
2. 工商時報，蘋果收購大數據分析商，2015.9.18。
3. 工商時報，建構與負面景氣脫鉤的大數據型企業，2016.7.1。
4. Wikimedia Commons。
5. 商業周刊，無所不賣的「數據交易所」來了，149期，2016.6。

根據國際數據研究中心（International Data Corporation, IDC）市場調查報告顯示，拜大數據新創公司創立之賜，2017 年全球大數據市值約 324 億元。許多潛力新秀專注於大數據應用分析切入市場並嶄露頭角，提供客戶優質服務與價值。包括資料搜尋分析平台、癌症治療巨量數據分析、中小企業網頁瀏覽分析、追蹤客戶投訴與補救分析、商業智慧雲端平台決策分析、Hadoop 預測分析等服務。另大數據分析公司（Big Data Analyzer）亦受到國際知名公司的青睞，例如：2015 年 9 月美國蘋果公司規劃進入自動駕駛車市場，建置地圖服務資訊，並結合物聯網汽車與智慧手機定位系統，宣布收購 Mapsense 大數據分析商，以強化地圖應用程式語的功能。

台灣富盈數據公司專攻廣告投放、O2O、成效優化分析等服務，提升企業價值爲公司核心目標。強調消費者行爲模式與消費過程分析，例如：零售業發行電子目錄常鎖定過去曾消費量多的客戶群，然此客戶乃因結婚或搬家所衍生的需求，經交叉比對過程分析後，去除此客戶群較爲適宜，方能避免數據陷阱所導致的無效益情況。

在 2016 年 3 月日本政府提出「東京數據交易所」的構想，審核通過的企業可將感測器等蒐集的資料數據登錄至交易所，欲購買者可藉由交易所搜尋系統選定，經由供需機制決定價格並撮合成交，交易所會下達指令，由賣方的伺服器將資料傳送給買方的伺服器完成交易程序。另位於美國的新創公司 Every Sense，創建「物聯網數據交易所」試用版，利用公司所發行的虛擬貨幣作結算。公司營收來源包括買方每月支付使用服務費與相關聯絡賣方的手續費。

銀髮世代的來臨與長照醫療的衝擊，近十年促使日本安健全球網開啟雲端醫療體系建構，並興起全方位醫學（All Medical）觀念，即保健 + 醫療 + 護理服務。透過手機與平板等移動應用程式，結合雲端醫療服務，跨業提供預防保健、家庭照護、和急性診斷等相關服務。涵蓋四項關鍵整合，包括跨裝置行動醫療即時照護系統、長照與醫療 e 話系統、遠距醫療與視訊會診、以及跨國醫療資源連結等，並藉由大數據技術分析與人工智慧診斷功能，可進行醫療預測，以提升醫療品質與治療成效，達到節省開支與降低醫療糾紛的目標，如圖 8-22 所示。

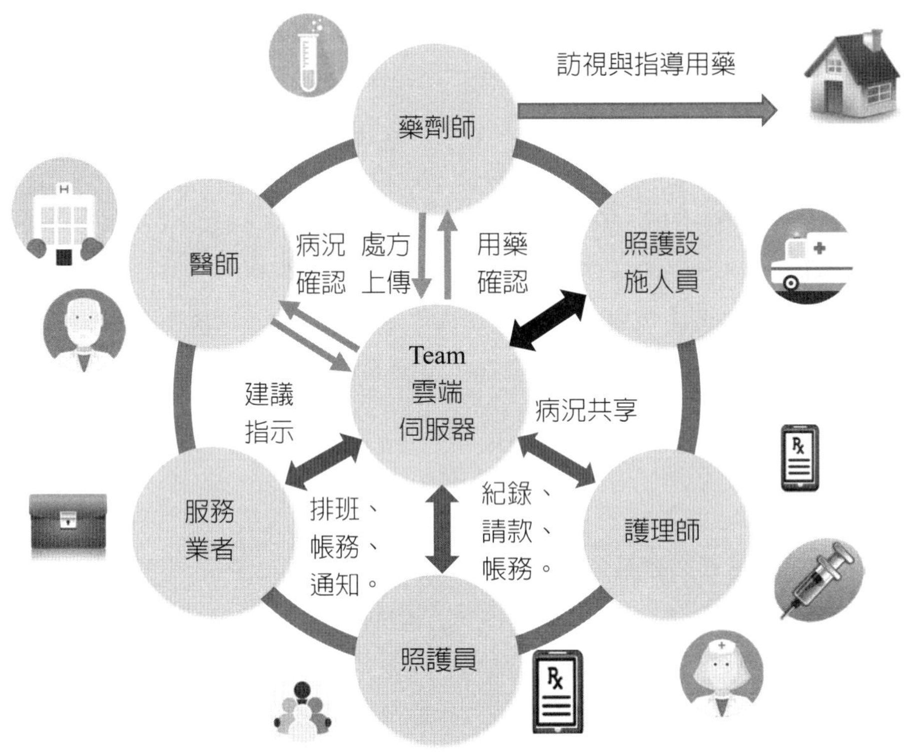

圖 8-22 Team 雲端多職種醫療合作

資料來源：1.經濟日報，邁入銀髮世代雲端醫療興起，2016.11.17。
2. Wikimeida Commons。
3. 安健全球網。

 四、巨量資料的挑戰與契機

自 2015 年以來，大數據發展迅速，對於技術分析的需求快速成長，已成爲產業發展與提升競爭力的契機。然而，企業首當其衝的是專業人才的匱乏、分析服務價格的困擾、大數據智慧聯網生態圈、與大數據和區塊鏈的彙整等挑戰。

(1) 專業人才的需求

由於大數據技術的興起，爲組成具備技術前瞻性與應用開發團隊，了解政策導向與未來資訊需求的發展趨勢，雇用「資料科學家」已刻不容緩。哈佛商業

評論（Harvard Business Review）已將其列為「21 世紀最性感的職業」。包括招募相關資訊科技人才，其次是網羅數學、統計專業背景人才。遴聘條件技能主要為：

(A)具備程式撰寫和資訊知識背景。

(B)擁有統計和數學專長，具有操作 Python、R、MATLAB、SAS 或 SPSS 等統計分析工具和資料探勘的能力。

(C)使用分散式技術處理非結構式資料的經驗，包括 MapReduce、Hadoop、及 Hive 等計算工具。

(D)通曉網路語言（如 Script Language）和關聯資料庫（如 NoSQL）。

(E)結合各類應用軟體分析、圖表資料、地圖資訊和儀表板等工具，作可視化複合呈現功能。

此外，對於具備有商業背景、企業診斷、法律諮詢、精準行銷、稅務處理與產業分析能力的商業智慧人才團隊的聘任亦為關鍵。透過深度商業應用與消費者行為模式分析，方可兼顧資訊技術、產業分析、客製化服務加值與實務應用等跨領域層面。在高等教育階段應可設計相關跨領域學程，以期培養應用構想與創意思維的新血輪。另特別針對跨技術與應用層面，並善用各類數據資訊與分析能力的專業人才需求大增，如圖 8-23 所示大數據人才金三角的整合，方能提升產業附加價值與建構出新藍海的願景。然發展初期人力資源的經歷與訓練有限，同時兼顧大數據金三角專才聘任，實屬不易。

(2) 分析服務成本的困擾

一般企業礙於規模與成本的考量，對於蒐集、分析與應用巨量數據相關整合能力相對薄弱。有鑑於國內巨量數據分析與產業共同平台仍屬萌芽段，若尋求國際專業公司提供巨量資料分析服務與應用，涵蓋物聯網系統、終端伺服器、雲端服務，分析軟體、應用軟體、特殊演算晶片與顧問服務等項目所費不貲。以銀行導入大數據與分析應用軟體工具為例，大約每年需投資 4,000-5,000 萬元左右。此金額對中小型企業財務負擔造成困擾，對於提升產業智慧化程度，可能有所障礙須予以克服。可喜的是能有效處理非結構式資料技術，包括 NoSQL 資料庫和 Hadoop 分散處理技術等軟體的價格下降，以紓緩部分成本考量的壓力。

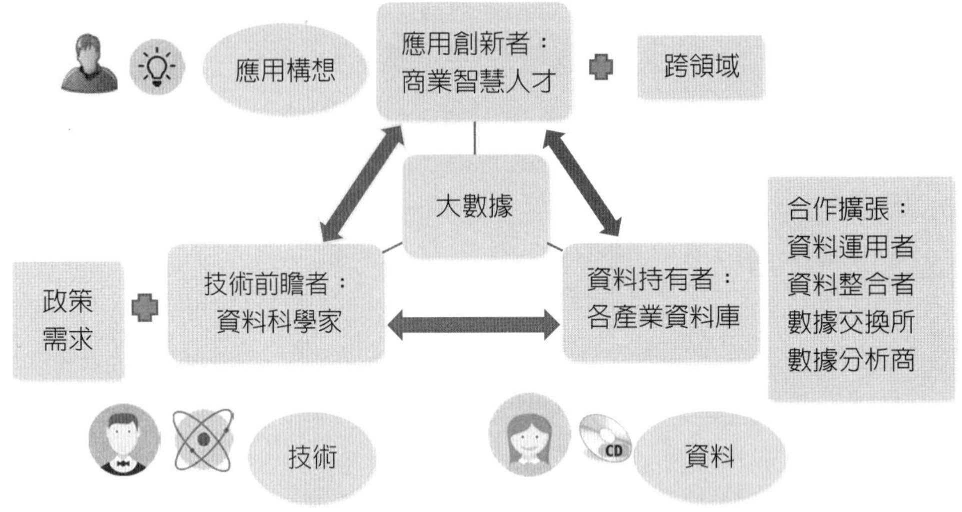

圖 8-23　大數據人才金三角

資料來源：1. 黃曉雯，會計研究月刊，數位化金融浪潮來襲，361期，2015。（圖：實踐大學企管系李志仁助理教授）
2. Wikimedia Commons。

(3) 大數據智慧聯網生態圈的建造

爲全力推展數據經濟，跨界開展大數據智慧聯網生態圈，包括雲端計算、大數據、智慧物聯網、資訊創新等技術串連已勢在必行，透過非結構式資料的蒐集與活用，並將社群、商情、廣告等分析，精煉出具有商業智慧的情資，方可將產業所面臨的創新衝擊轉化爲產業升級的動力。有鑑於全球專利訴訟損害賠償日趨升高，包括生醫、電腦、電子產業專利訴訟名列領先群，台灣孚創雲端公司（Patent Cloud）鎖定生醫產業的發展趨勢與專利布局的挑戰，建置雲端資料庫整合全球每年約 1 億筆的專利資訊，採用大數據演算法分析，標定出具有價值的專利與關鍵技術。此外，設置「Patent Cloud 專利檢索平台」提供生態圈內使用者查詢相關資訊，亦於 2016 年在美國設立全球首創「雲端智慧財產交易所」提供創新的專利交易服務。

台灣東森集團有意建構數據生態圈，積極發展大數據技術應用於行銷活動，建置企業私有數據管理平台（Data Management Platform, DMP），利用東森新聞雲的每日高網路流量，以及東森購物近 880 萬筆消費者行爲資料庫，以大數據技術進行演算分析，提供零售業能精準投入網路廣告效益的方案。

在金融業方面，為因應「金融 3.0」的衝擊，須導入金融科技的應用與創新，調整利基戰略與強化關鍵技術研發。此外，透過政府的協助，建立金融科技共同平台，以利加速金融創新事業開展，進而優化商業模式，以提升核心競爭力。

(4) 大數據和區塊鏈的彙整

目前在物（互）聯網 Web 2.0 時代下，有別於以往 Web 1.0 所提供的使用項目，主要在於用戶自主產生內容（User-generated Content）的新增功能。即用戶接受外來資訊和透過網路工具（如 Facebook、LINE、簡訊等）自我產生資訊內容的雙重資訊匯流大數據。在物聯網的基礎架構下，未來可將巨量資料應用於區塊鏈技術生態圈中，利用數據分析與數據挖掘等技術，提供最佳化的商業智能決策方案。關鍵處在於利用智能合約（Intelligent Contract）的特點，依照自主金融協議的規定，當設定各項條件滿足時，自動執行此合約。即智能合約可使區塊鏈系統具備有商業智能的效果。在安全性的考量下，利用區塊鏈（Blockchain）具有無法篡改的特性，將原始數據作哈希（Hash）演算與時間戳章（Timestamp）處理，並存入區塊鏈中，則可確保資料的眞實性。

習題

一、選擇題

(　) 1. 利用_____的特點，依照自主金融協議的規定，當設定各項條件滿足時，自動執行合約。

(A) 智能合約　(B) 智慧合約　(C) 區塊鏈　(D) 精準行銷

(　) 2. 下列何者非大數據人才金三角的整合？

(A) 資料持有者　(B) 商業智慧人才

(C) 資料科學家　(D) 人工智慧專家

(　) 3. 下列何者屬於市場價值高與取得容易度難？

(A) Google Map　(B) Bitcoin　(C) Twitter　(D) POS

(　) 4. 自 2013 年台灣推展公開資料（Open Data），下列何單位提供最多筆資料？

(A) 金融消費者保護　(B) 證券與期貨　(C) 銀行　(D) 保險

(　) 5.「芝麻信用」浮動評分間距爲 390-____ 分。

(A) 850　(B) 900　(C) 950　(D) 1,000

(　) 6. 1990 年代商業影響程度以____爲衡量。

(A) 多維度分析　(B) 儀表板　(C) 文字探勘　(D) 巨量資料

(　) 7. 下列何者可分析占領華爾街社會網絡？

(A) Power Query　(B) Power Map　(C) SAS　(D) NodeXL

(　) 8. 針對高收入潛力和貢獻金額大者，採創新策略開發新型產品，以強化客戶____。

(A) 忠誠度　(B) 黏度性　(C) 附加價值　(D) 分群

(　) 9. 下列何者非大數據的特性？

(A) 速度　(B) 價值　(C) 多樣性　(D) 智慧

(　) 10. Beacon 屬於下列何者？

(A) 個別優化 × 即時處理　(B) 個別優化 × 批次處理

(C) 全體優化 × 批次處理　(D) 全體優化 × 即時資訊

二、申論題

1. 何謂連結開放資料？其影響性爲何？
2. 請說明歐美日各國政府對大數據隱私問題相關規定爲何？
3. 試分析大數據發展趨勢。
4. 請說明大數據的特性。

解答：1.(A)　2.(D)　3.(C)　4.(B)　5.(C)　6.(A)　7.(D)　8.(B)　9.(D)　10.(A)

密碼貨幣發展趨勢

隨著時代的變遷，不同民情風俗和生活習性，影響社會活動與經濟形式的改變，亦使貨幣支付型態呈現出多元風貌的演進。

一、貨幣支付型態的演進

1. 商品貨幣

早期人類的生存活動主要在於尋求食物溫飽，透過「以貨易貨」（Barter Trade）方式可能暫時滿足所需。然而，侷限於可攜帶性、分割、時間考量、與交換比率等條件因素下，往往會遭遇到所謂「雙重需求偶合」（Double Coincidence of Wants）的煩惱。即雙方合意交換行為，同時能滿足其供給與需求的要求。由於人類活動範疇的擴大和物品多樣化的情形，同時可當成商品交易或貨幣交換功能的商品貨幣（Commodity Money），又稱實體貨幣（Material Money）作為交易媒介。

2. 金屬貨幣

貨幣制度逐漸演變使用含金屬成色與秤重的金屬，其價值穩定、具可攜帶、可分割、耐用性、儲存性、稀有性與容易辨認等功能，的確解決雙重需求偶合之困境與不便利性。如春秋戰國時期形狀如鏟型農具的晉國「布幣」、漁獵工具的齊國「刀幣」、紡紗工具的楚國「圜錢」等，但此種貨幣易產生二項問題：

(1) 劣幣驅逐良幣（Greshman's Law）

以金屬製造之鑄造價值（例如：金、銀、銅、鐵等）會因形狀、成色和重量多寡不一，而促使百姓將相對優質的貨幣收藏，導致劣質的貨幣流通在外。

(2) 通貨膨脹（Inflation）

受金屬存量的直接影響，若存量過低，恐怕有發行不易之窘境；若存量過多，則會引發通貨膨脹的隱憂。例如：西班牙（哈布斯堡王朝）於 16 世紀發現新大陸後，陸續將黃金及白銀從南美洲運回，並爲其利益在歐洲開啟戰端，企圖削弱法國勢力，遂引發通貨膨脹。

3. 信用貨幣

隨著時代轉變，金屬產能的限制、經濟交易型態的改變、與攜帶便利性需求的提升，而形成信用貨幣（Credit Money）的產生。世界出現的紙幣首例是在宋朝時期，當時官府特許民間經營交子鋪（類似銀行）自行發行交子（票據和紙幣），並爲其信用背書。於義大利文藝復興時期，民眾將可收受與領取貨物的票據，視爲有價值的紙幣，使其形成當時經濟體系不可或缺的一環。近代紙幣的發行，則由瑞典央行於 1660 年代開始印製。早期信用貨幣採取供應量較穩定的黃金或白銀爲基準，持有紙鈔者可隨時將本位貨幣換取一定重量與成色的等值黃金或白銀，稱爲金本位制（Gold Standard System）或銀本位制（Silver Standard System）。另金本位制主要可劃分爲：

(1) 金幣本位制（Gold Coin Standard System）

一國法律規定紙鈔可自由兌換具有無限法償之金幣爲本位貨幣，金幣可自由鑄造、熔化、和輸出入。

(2) 金塊本位制（Gold Bullion Standard System）

一國法律規定具有無限法償資格的紙鈔爲本位貨幣，可自由輸出入，但限制等價兌換一定重量和成色金塊的貨幣制度。

(3) 金匯兌本位制（Gold Exchange Standard System）

一國法律規定中央銀行以其他金本位制國家貨幣爲準備，發行本位貨幣，但不可自由兌換黃金，須依固定匯率自由兌換其他貨幣，以間接與黃金保持一定的等價關係。

有鑑於金本位制匯率僵化、無獨立的貨幣政策、及黃金數量不足等問題，均不利於全球經貿的發展。此外，兩次世界大戰帶給國際金融市場失序，引發經濟浩劫。爲促進全球經貿合作與平衡發展、穩定匯率政策。1944 年 7 月共計 44 國代表齊聚美國新罕布夏爾州（New Hampshire）的布列頓森林（Bretton Woods），舉辦「聯合國貨幣金融會議」（The United Nations Monetary and Financial Conference），簽訂「國際貨幣基金協定」（Articles of Agreement of the International Monetary Fund），另會員國出資同意成立「國際貨幣基金」（The International Monetary Fund, IMF），合力打造布列頓森林制度（Bretton Woods System）。

此制度針對金匯兌本位制作修正，制定可調整的貨幣評價機制爲主，即以美金和黃金間採取平價兌換基準（即 1 盎司黃金 = 35 美元），亦作爲國際準備資產。要求會員國貨幣兌美金須維繫固定平價 1% 範圍內，美元以外的幣別則相互維繫於 2% 範圍內。若會員國的國際收支發生失衡時，通常指持續發生鉅額順逆差之情形，方可調整兌美金之平價範圍，但如欲調整超過 10%，則需經國際貨幣基金（IMF）核准。此外，爲促進自由貿易的前提下，依照貨幣自由兌換的原則處理，並允許抑制資本移動的外匯管制，以利穩定國際金融。

自 60 年代起，高通貨膨脹使美國競爭力下滑，經常帳逆差擴大，對外負債持續增加，黃金存量下滑，各國對美國開始質疑履行黃金兌換之義務與能力。至 70 年代國外政府與私人持有美元總額更超越黃金準備約 6.3 倍。國際流動性和對美國兌換能力的信心所產生矛盾的現象，稱爲「流動性困境」（Liquidity Dilemma）或「特里芬矛盾」（Triffin's Paradox）[1]。法國於 1962 年付諸實際行動，以美元準備提領黃金。而後國際間美元的氾濫已使布列頓森林制度邁向崩潰邊緣。由於美國無力兌換黃金之態勢已定，1971 年 8 月 15 日迫使前總統尼克森（Richard Nixon）片面宣布，除符合美國整體利益外，暫時凍結美元兌換黃金之義務。此舉無異敲響布列頓森林制度的喪鐘，如圖 9-1 所示。

1 Robert, Triffin, 1960, Gold and the Dollar Crisis: the Future of Convertibility, Yale University Press.

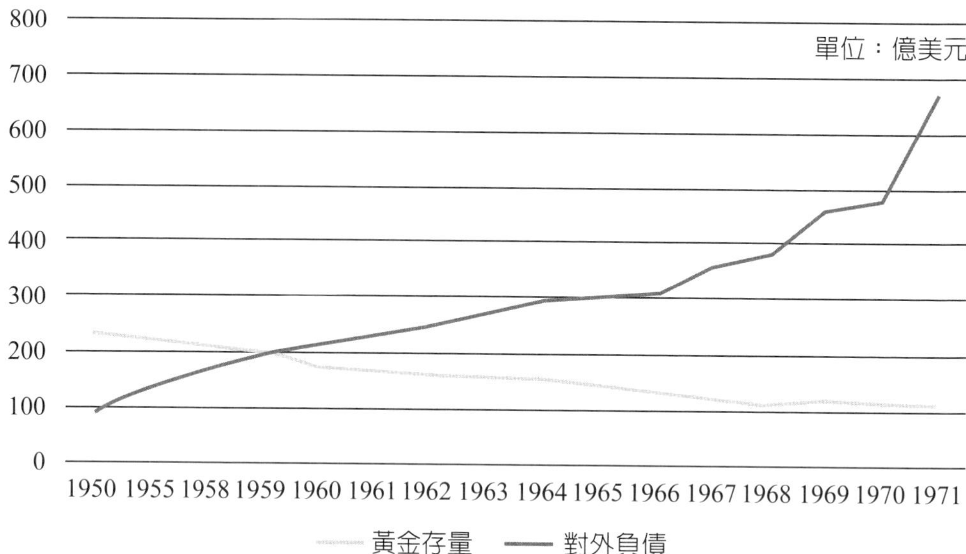

圖 9-1 美國黃金存量與對外負債金額

資料來源： Kenneth W. Dam, The Rules of the Game University of Chicago press, 1982.

爲消弭美國暫時凍結黃金兌換的衝擊，1971 年 12 月 8 日 G10 國家（美國、英國、法國、西德、荷蘭、義大利、比利時、瑞典、日本和加拿大）於美國華盛頓特區史密松寧博物館，各國簽訂「史密松寧協定」（Smithsonian Agreement），以對美金新平價 2.5% 擴大波動幅度。美元貶值由 1 盎司黃金 = 35 美元調整爲 1 盎司黃金 = 38 美元。另各國仍以美元爲外匯準備，不可要求美國將黃金和其他資產兌回美元。然而，國際金融情勢仍繼續惡化，致使美元兌換黃金逐漸貶值到 1 盎司黃金 = 42.22 美元。引發各國拋售美金進而放棄平價。進入浮動匯率的時代，亦宣告布列頓森林制度的滅亡。

浮動匯率制度的施行，各國須忍受匯率劇烈波動的衝擊，導致國際收支失衡的現象，屢見不鮮。國際貨幣制度的改革風聲已箭在弦上。1976 年 1 月 8 日 IMF 會員國在牙買加首都金斯頓（Kingston）簽訂「牙買加協定」（Jamaica Agreement）。其主要內容包括：

(1) 匯率制度可採「自由選擇原則」（Freedom of Choice Principle）

會員國貨幣制度多樣化，可自由選擇，無須釘住黃金計價，例如：浮動匯率（Float Exchange Rate）、固定匯率（Fixed Exchange Rate）、管理浮動匯率（Managerial Float Exchange Rate）、匯率目標區（Exchange Rate Target Zone）等。此外，各貨幣匯率政策須經 IMF 監督。

(2) 黃金非貨幣化（Demonetization of Gold）

會員國貨幣和特別提款權（Special Drawing Right, SDR）不再以黃金計價。

(3) 特別提款權成為IMF的計價單位

用於國際準備資產、配額（Quotas）價值、基金資產、會員國交易媒介等。

值得一提的是特別提款權（SDR），建置於 1971 年 12 月，係由 IMF 透過會員國合作，比照每一美元兌純金作爲單位價值，又稱紙黃金（Paper Gold），共同創設與承認新國際準備資產（New International Reserve Asset），爲一種國際貨幣制度的「記帳單位」（Unit of Account）。會員國須繳足其攤額比例始能獲得 SDR，並可於會員國間作爲短期融通的工具。創設主要目的在於透過 SDR 分配至會員國，解決國際流動性不足的問題，反之亦或縮減部分 SDR，以減緩過多的國際流動性問題。此外，SDR 具有「信用便利」（Credit Facility）的功能，國際收支逆差的會員國可經由特別提款帳戶，向國際收支順差的會員國進行融資。

於 1974 年 7 月 1 日起，SDR 的價值改變以國際貿易前 16 國的通貨，依照「標準籃」（Standard Basket）的公式，按商品與勞務輸出占世界總輸出值 1% 以上者，換算爲各若干比例組合成每單位 SDR。之後，標準籃簡化僅採五種通貨（美元、西德馬克、日圓、英鎊和法國法朗）計算，並規定每五年調整修正 SDR 的計價籃（Valuation Basket）。

歐洲各國亦以 SDR 爲藍本，逐漸發展單一貨幣機制。歐洲經濟共同體（European Economic Community, EEC）創立於 1958 年，並且於 1973 年 4 月成立歐洲貨幣合作基金（European Monetary Cooperation Fund, EMCF），提供各會員國的中央銀行短期融資的需求。另於 1978 年 7 月經會員國同意設立歐洲貨幣機制（European Monetary System, EMS），另於 1979 年 3 月建置匯率機制（Exchange Rate Mechanism, ERM），並依照會員國之國民生產毛額和貿易量，計算標準籃構成單位數與雙邊中心匯率，設立每五年調整一次的歐洲通貨單位（European Currency Unit, ECU），藉以達成區內貨幣穩定、貿易成長與政治和諧目標。1988 年 6 月由 EC 會員國提案建立歐洲貨幣同盟（European Monetary Union, EMU），並推動成立歐洲中央銀行（European Central Bank, ECB），建置獨立性的歐洲貨幣政策，以期穩定物價。採固定 ERM 內各國交叉匯率的方式，朝單一貨幣發展。1991 年 12 月 11 日 EEC 會員國領袖於荷蘭的馬斯垂克簽訂「歐洲經濟際貨幣同盟」，又稱「馬斯垂克協議」（Masstricht Treaty）。會員國須依照通貨膨脹率、利率、預算赤字占 GDP 比率、政府債務負擔比例與匯價穩定之條件，通過資格多數決的門檻，並且設定時程完成單一貨幣的建置。期間雖然歷經英國表決退出、丹麥的公投、提供歐洲發展基金援助等難題。歐元仍順利於 1999 年 1 月 1 日正式上路，成爲僅次於美元交易量的的二大貨幣。

根據 IMF 每五年調整 SDR 相關通貨、權值及利率等之例行性檢查，確保標準籃中的組成貨幣能切實反映在全球貿易的重要程度。自 2000 年開始，將歐元納入標準籃中計算。當時美元權值占 45%，歐元權值占 29%，其餘爲日圓和英鎊，各占 15% 和 11%，如圖 9-2 所示。歐元權值於 2005 和 2010 年時，兩度調升，而美元和日圓權值則調降。因中國大陸經濟的崛起和金融的改革，全球生產重鎮對世界貿易的影響程度與日俱增，於 2015 年 12 月 IMF 正式將人民幣納入 SDR 標準籃，並訂定人民幣權值爲 10.92%，宣告人民幣國際化已邁向新里程碑。

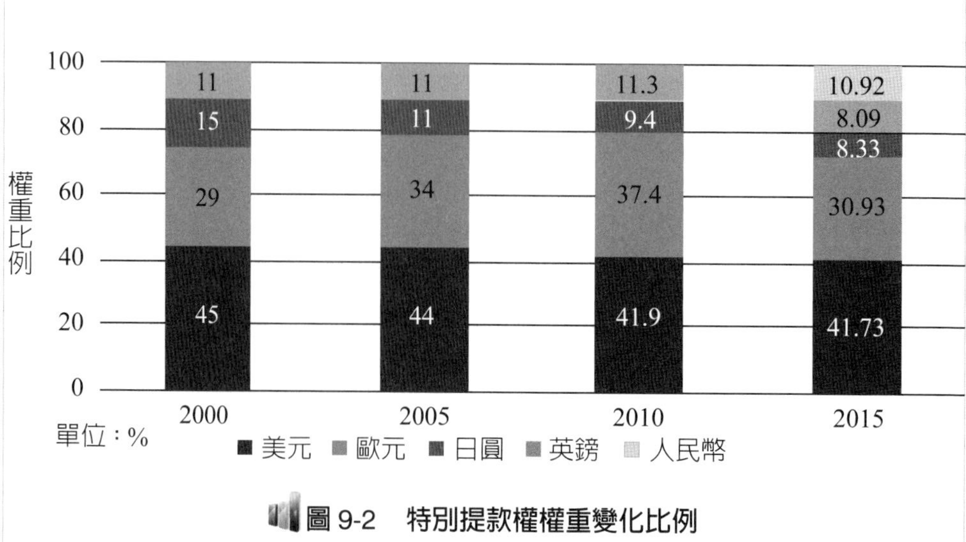

圖 9-2　特別提款權權重變化比例

資料來源：1. Wikipedia。
2. 路透社。

歐洲工業革命帶動工商業蓬勃發展，原有的本位貨幣已不足以應付交易活動之日常所需。有些英國銀行遂發行票據，即銀行券（Bank Note），亦稱銀行貨幣（Bank Money）。保證任何持券人可至發行銀行提示，換取等值的本位貨幣，因而廣受歡迎。然而，當時管制鬆散，有些銀行超額發行，以致產生部分銀行券無法兌換的困境。故英國政府於 1844 年制定皮爾銀行法案（Peel's Bank Act），規定只允許英格蘭銀行發行銀行券，但須以公債、黃金與白銀為發行準備。

隨著時代的變遷和科技的創新，貨幣類型的更新，使得人們支付習慣隨之改變。例如：攜帶輕便的紙幣取代沉重的金屬貨幣，因而達成節省資源的目的。以支票開立大筆金額，可取代大額紙幣攜帶不便與「財不露白」的風險疑慮。廣義而言，金融體系的活期存款（Demand Deposit）和支票存款（Checkable Deposit），亦可視為銀行貨幣，屬於銀行的一種負債。由於活期存款具有提領、匯款和轉帳的功能，其性質與貨幣相似；在支票存款開戶後，存戶可利用支票為支付工具，持票人將支票至銀行提示兌現，透過票據交換所（Cleaning House）的交換票據業務功能，使得持票人順利完成清算程序，亦具有兌換成貨幣的功能。然而，銀行貨幣除了有上述偽造、變造、拒絕往來戶等問題外，各國票據交換所亦須花費高額的支票處理費和人力資源。

4. 塑膠貨幣

隨著現代社會進步的演進與日常支付需求日增，60 年代各國塑膠貨幣（Plastic Money）業務開始成長。塑膠貨幣可分為下列幾項：

(1) 信用卡（Credit Card）／借記卡（Debit Card）

信用卡的問世已逐漸取代支票付款，成為塑膠貨幣的角色。以 2015 年為例，台灣全年消費總額約 3 兆元，信用卡支付約占七成，顯示信用卡與日俱增的重要性。信用卡乃銀行或發卡機構融合信用支付憑證和信用貸款業務，提供持卡人憑卡支付消費使用，並於每月接到帳單時，持卡人可決定全額償還付款金額，亦或部分償還付款金額，其餘額還須付循環利息。通常各家銀行或發卡機構允許 1-3 天緩衝期，若持卡人有逾期償還的情況，須繳交違約金。此時，各銀行視逾期未繳的不良紀錄之嚴重性，適時通報聯合徵信中心。持卡人可向銀行辦理自動約定轉帳扣款項目，只要存款帳戶內有足夠餘額，即可避免此不良紀錄發生。信用卡的好處在於交易支付資源的節省，若金融主管機關未加管制，並放任發卡單位進行各項業務，例如：發卡數量上升，循環額度擴增，付款期限延長等，恐間接有助長通貨膨脹的壞處。

信用卡的雛形起源於 1915 年，當時百貨商店、餐廳、娛樂業、和加油站等，爲增加營業額，提供所篩選的客戶賒銷服務，並約期償還付款金額。利用金屬徽章作爲信用籌碼，後演變成塑料卡片。1951 年推出大來卡（Diners Card）後，奠定現代版信用卡的初型。於 1952 年正式由美國加州的富蘭克林國民銀行率先發行信用卡。1959 年美國部分銀行開始採用循環信用付款業務，使得信用卡發卡量增加。結合金融業務與電腦技術的迅速發展，全球消費者信用卡支付普及率快速成長，可部分替代傳統現金流通的功能。信用卡使持卡人在增加安全性和簡化收款手續的考量下，能刺激購物消費需求。目前全球兩大信用卡機構爲 VISACard 和 MasterCard，在日本則由三和、三井、大和等各大銀行組成 JCB International，並於 1981 年開始發行信用卡。國內則由中國信託公司（中國信託商業銀行前身）於 1974 年率先引進發行。

早期國內信用卡發行量不大，一般民眾因資格條件的限制不易申請。自 1989 年政府修改銀行法，開放民營銀行申請，使得銀行業競爭日益嚴峻。其後因金融風暴的影響，企業逾期放款比率（Non-Performing Loan Ratio）增加。爲刺激經濟景氣，中央銀行持續採取寬鬆的貨幣政策調降利率，使得銀行傳統融資業務的存貸款利差縮小。此時消費型態與支付方式的改變，消費金融新型服務業務，例如：循環信用額度（Revolving Line of Credit）、預借現金（Cash Advance）的信用卡功能；購買基金、代繳服務、代償餘額、理財商品和保險銷售等服務，相關手續費和高額利息收入成爲銀行創造利潤的新管道。[2] 各發行銀行使出渾身解數，利用優惠措施吸引客戶，諸如免年費、核卡送禮、現金回饋、海外旅遊險、紅利點數、和飛行里程等，各類不同交易功能和信用額度的信用卡出爐，例如：聯名卡、商務卡、銀卡、金卡、白金卡、及無限卡等，希望在信用卡市場能占有一席之地。例如：麥當勞與銀行合作發行聯名卡，消費者可透過電子點餐系統，持卡點餐消費，以期增加便利性與下降人事成本。

---

[2] 中央銀行網站資料顯示，外商銀行的循環利率高達約 20%，國內銀行多介於 13.14%-19.893% 之間。（www.cbc.gov.tw/gopher/chi/busd/bkrsa/index.htm）

信用卡由申請人依契約提出申請，並確立眞實性聲明，授權發卡機構調查其相關資訊，經由信用審核與財力能力標準評估，核發信用額度於持卡人。於一定的期間內，透過電話或網路完成開卡程序，並於卡片背面簽名，才可開始以非現金交易付款簽名的消費方式進行，收到每月帳單時再繳費結算，或以信用貸款方式支付循環利息。此外，針對信用卡消費三千元以下的小額付費，實體感應式信用卡持卡人可利用銀行免受權和免簽名機制，透過無線射頻識別（Radio Frequency Identification, RFID）之感應式讀卡機直接感應完成刷卡消費。此項消費支付方式類似中國銀聯公司所推出的閃付（QuickPass），以非接觸式晶片卡技術，利用電子錢包（ E-Wallet）儲值方式刷卡消費。

信用卡的結構主要有下列四個主體組成：

(A) 發卡人（Card Issuer）

乃信用卓越和資本雄厚的銀行或機構所單一發行或聯合發行的信用卡業務，並對特約商家提供結帳保證。

(B) 持卡人（Cardholder）

經由發卡人核發之信用卡申請人，在特約商家以簽帳記帳或小額免簽方式消費。每月收到結帳單後，再以現金轉帳方式繳交帳款，亦或利用循環利息借款繳交。透過信用卡消費模式可降低貨幣和支票使用頻率。

(C) 特約商户（Member Store）

指全球各地之各行各業特約商家，分別與發卡人（代辦人）簽訂合作協議，依照相關信用卡處理規定，提供持卡人消費或支付費用的業務服務之受理單位。

(D) 代辦行（Card Agency）

即銀行與發卡人簽約，委託負責某區內的信用卡交易的結算工作。

由於信用卡業務逐年擴增，其種類和功能亦趨繁多，主要可分爲狹義和廣義的定義。狹義定義指無須存款的限制，採先消費後還款方式，並且能取得信用貸款消費的一般信用卡業務。廣義的定義則包括信用卡、準貸記卡、借記卡 / 現金卡 / 金融卡（Debit Card）、儲蓄卡（Automatic Teller Machine Card, ATM Card）、及賒帳卡（Charge Card）等。

以台灣發行的現金卡爲例，萬泰銀行率先於 1999 年發行喬治瑪麗（George

& Mary）現金卡，具有無擔保借款功能，可經由提款機預借現金，需支付高額循環利息。另外，中國大陸銀行和發行機構會要求預先存款方能消費所發行的借記卡，亦或僅允許部分小額或善意透支的準貸記卡（Secured Credit Card）業務。爲推動中國大陸銀行卡的發展與建立跨行信息交換網絡，人民銀行於 2002 年 3 月 26 日批准成立銀聯股份有限公司，簡稱銀聯（UnionPay）。2014 年 11 月 17 日銀聯與蘋果電腦公司合作，允許銀聯持卡人至蘋果公司設置數位化應用發行平台（App Store）購買商品。於 2005 年陸續推展至 150 多個國家和地區，同年銀聯卡的交易總額及發卡量均超過 VISA，首度躍居全球銀行卡清算組織龍頭地位。2016 年銀聯金融卡之簽帳服務占全球商家消費數約 49.08%，支付率名列首位，銀聯持卡人至有銀聯標識的自動櫃員機 / 提款機（Automatic Teller Machine, ATM）或銷售終端機（Point of Sales, POS）進行包括查詢、刷卡消費、與提取現金等跨行金融服務。另建置創新電子化支付技術，提供銀聯持卡人包括線上支付、手機支付、閃付等服務項目。以中國永亨銀行爲例，表 9-1 指出該行與銀聯相關金融服務項目與功能。

表 9-1　中國大陸永亨銀行與銀聯金融服務業務

渠道 / 功能	本行管道				銀聯受理網路	
	網點櫃台	網上銀行	ATM	電話銀行	ATM	POS
帳戶查詢	v	v	v	v	v	v
存入現金	v		v			
支取現金	v		v		v	
轉帳匯款	v	v	v	v	v	
購物消費						v
綜合理財	v	v				
帳戶管理	v	v		v		
密碼管理	v		v	v		

資料來源：中國永亨銀行。

金融卡在美國稱支票卡（Cheque Card），又稱 Visa 金融卡（Visa Debit）或稱借記卡（Debit Card）。發行是結合儲值型信用卡（Visa 卡）/ 儲值型消費卡

（ATM 卡）兩項功能。持卡人利用具有自助銀行功能的 ATM／自動存款機，將通訊、電腦技術串連，進行存款、取款、轉帳和修改密碼等銀行服務事宜，其帳戶內存款金額是依照活期存款計息。當持卡人刷卡時需簽名或輸入個人身分確認碼（Personal Identification Number, PIN）密碼，其消費金額由存款帳戶直接扣款，不致產生超刷、透支的情況，亦無須使用循環利息。如同使用信用卡一般，金融卡持卡人應注意在海外 ATM 提現時，另須輸入海外提款密碼，方可提領當地貨幣。而賒帳卡則是持卡人卡先消費簽帳，在到期日時，須全數償還款項，若逾期則須加收還款費用，大約介於每月餘額的 3 至 3.5% 左右。

根據聯合信用卡處理中心（National Credit Card Center of R.O.C., NCCC）、聯合徵信中心（Joint Credit Information Center）及各發卡機構的資料顯示。自 1996-2005 年間，經各發行銀行積極推展與獎勵措施的帶動下，信用卡的流通卡數與簽帳金額雙雙迅速成長。然而，經濟不景氣所導致的無薪假（No-pay Leave）風波，以及信用卡逾期循環利息借款的推波助瀾下，在 2004 年 10 月 -2005 年 8 月間，每人每月循環信用餘額由 3.9 萬元推升至 5.2 萬元，已達 33% 之譜。當時共計約有 40 萬卡債族（卡奴）平均欠款 60 萬元。爲解決此社會不安的氛圍，政府依「消費者債務清理條例第 53 條條文」，要求最大債權銀行召集其他債權銀行，妥適處理無擔保債務總額達新台幣 30 萬元以上，包含現金卡、信用卡、信用貸款等，且債權銀行家數至少 2 家以上者。協助卡債族申請前置協商（Pre-negotiation Phase），達成每年償還金額占債務總額 15% 以上的條件，以獲取減息或更改還款期限的機會；若前置協商不成，方能聲請更生、清算的程序。接著於 2008 年遭逢次級房貸風暴（Subprime Mortgage Crisis），全球經濟遭到重創百業蕭條。以美國爲例，當時失業率創 26 年新高，直接衝擊信用卡市場，債務總額約 1 兆美元。其壞帳率占業務總量約 5.5%，並破紀錄上升高達 18%。而美國政府祭出信用卡手續費與利率彈性設限的規定，全面衝擊發卡公司的利潤根基。另根據司法院統計，在風暴後 2008 年 4 月 -2009 年 3 月期間，台灣法院外前置協商之申請總金額與累積總件數，由少數金額與案件，分別高漲至 782 億元和 46,427 件之譜。另 2005-2009 年間，流通卡數下滑與簽帳金額略降。之後，兩岸和平穩定發展和經濟的復甦，兩指標又紛紛上揚，如圖 9-3 顯示。

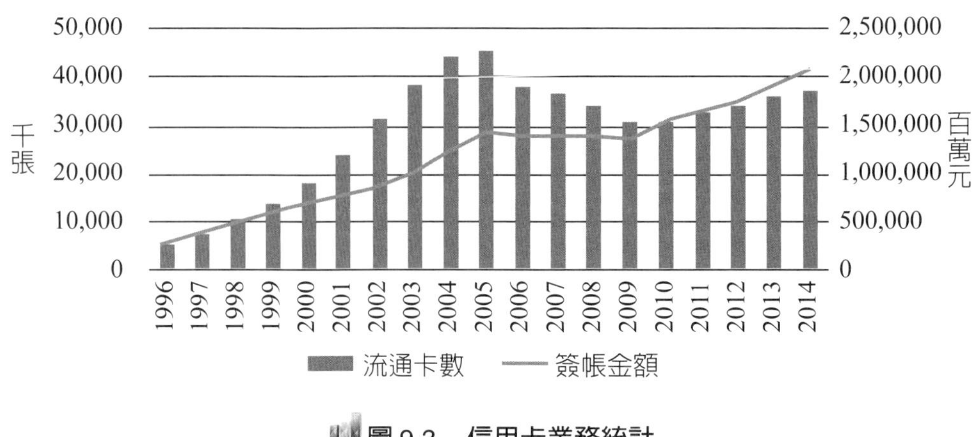

圖 9-3 信用卡業務統計

資料來源：財團法人聯合信用卡處理中心及各發卡機構。

觀察「金融業務統計輯要」有關金融機構發行金融卡與設置 ATM 統計顯示，自 2001-2008 年次級房貸風暴前，金融卡交易金額與 ATM 裝設數呈穩定成長的情形。在金融機構大力推廣下，金融卡流通張數成大幅躍進之勢。而於風暴期間，金融卡交易金額略微下降，ATM 裝設數維持一定水準，金融卡流通張數則呈現小幅波動狀況。於風暴後，經濟復甦促使金融卡交易金額與 ATM 裝設數緩步上升格局。在金融機構努力耕耘布局下，似乎恢復以往動力快速攀升，亦端倪出競爭激烈態勢，如圖 9-4 所示。

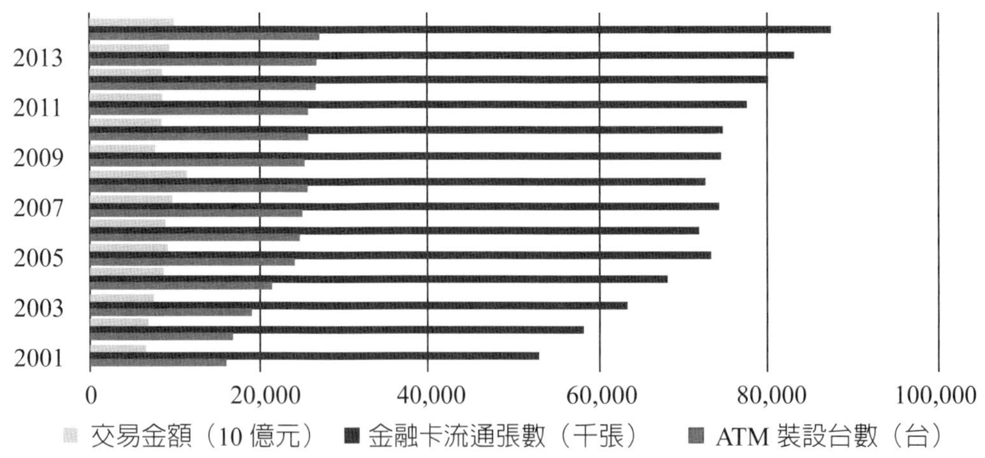

圖 9-4 金融機構發行金融卡及裝設 ATM 統計

資料來源：金融業務統計輯要月報。

隨著各項支付方式蓬勃發展，各商家遇到相關詐欺（Fraud）的問題也浮上檯面，各類商家均遭到打擊，詐欺損失金額占收益比例呈現逐年上升的趨勢，如圖 9-5 顯示。其中，又以行動商務和國際商務之比例較爲嚴重。圖 9-6 顯示 2014 年信用卡詐欺比例最高，而其他支付方式相對較低。由於信用卡採先消費後付款的方式，交易使用方式主要透過手動壓印機、銷售終端機（Point of Sales, POS）、感應式讀卡機、網絡支付、預授權進行刷卡，造成許多安全上的漏洞。

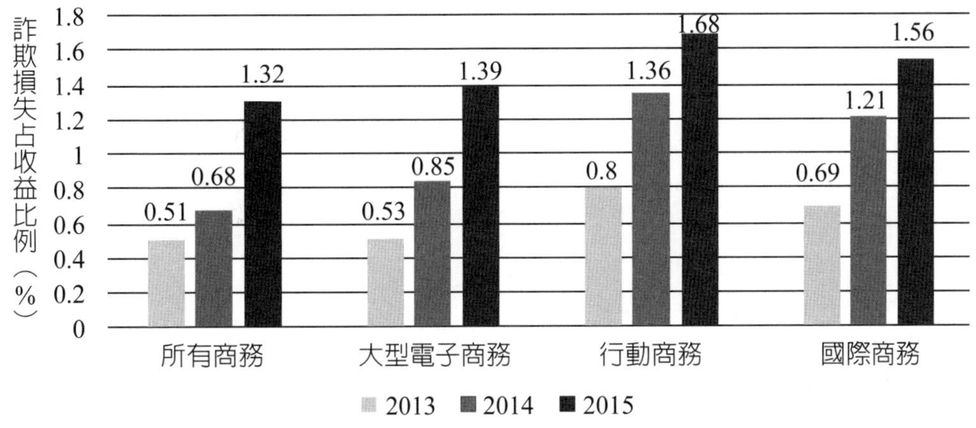

圖 9-5 詐欺損失金額占收益比例

資料來源：2015 LexisNexis Report: Understanding the True Cost of Fraud, 2015.9.25.

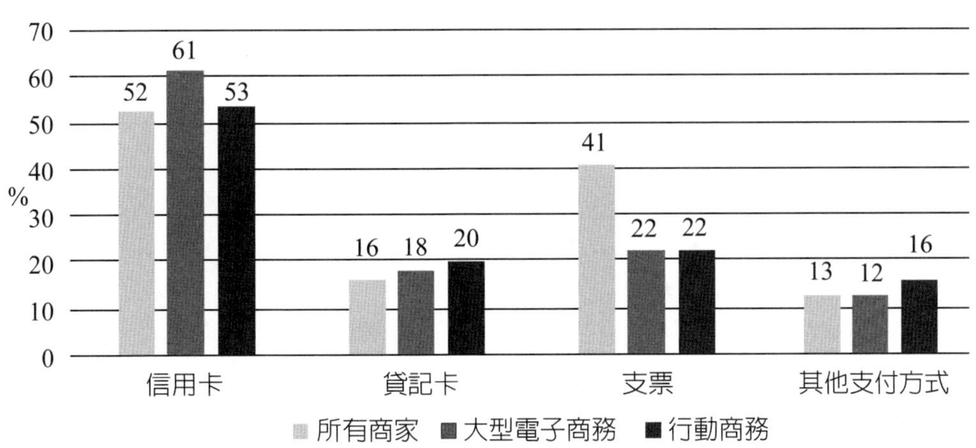

圖 9-6 2014 年各支付方式詐欺比例

資料來源：1. 2014 Lexis Nexis True Cost of Fraud mCommerce.

2. Credit Cards.com, Credit Cards Fraud and ID Theft Statistics, 2015.9.16.

(A)POS 設備並未要求信用卡安全碼（Card Validation Code）資料情形時，遭盜取相關個人資訊製造僞卡。信用卡安全碼在卡上位置如圖 9-7 所示。
(B)不肖人士利用廢卡冒充正卡使用，企圖瞞天過海欺騙商家。
(C)發卡機構電腦系統或 POS 遭到惡意病毒侵入。
(D)商家服務人員刻意利用消費者刷卡過程時超刷金額，抑或竊取相關資訊至實體和網路虛擬商家購買貨品。
(E)歹徒利用網絡釣魚（Phishing）手段，假冒信譽卓著的知名網站騙取用戶資料。

運通卡

威士、萬事達、發現、銀聯、JCB 卡

正面：運通卡（American Express）；CID（Card Identification Number），4 位數字。背面：威士卡（Visa）；CVV2（Card Verification Value 2），3 位數字。萬事達卡（MasterCard）；CVC2（Card Validation Code 2），3 位數字。發現卡（Discover Card）；Card Member ID，3 位數字。銀聯卡（China UnionPay）；CVN2（Card Validation Number 2），3 位數字。JCB 卡（Japan Credit Bureau）；CAV2（Card Authentication Value 2），3 位數字。

圖 9-7　信用卡安全碼位置

資料來源：維基百科。

由於詐欺受害者呈現穩定上升的態勢，逐年詐欺金額則介於 160-210 億美金間，顯示詐欺問題已成爲各商家困擾的地步。若能加強風險管控，打擊支付詐欺，將可使客戶的忠誠度和銷售上升，如圖 9-8 所示。

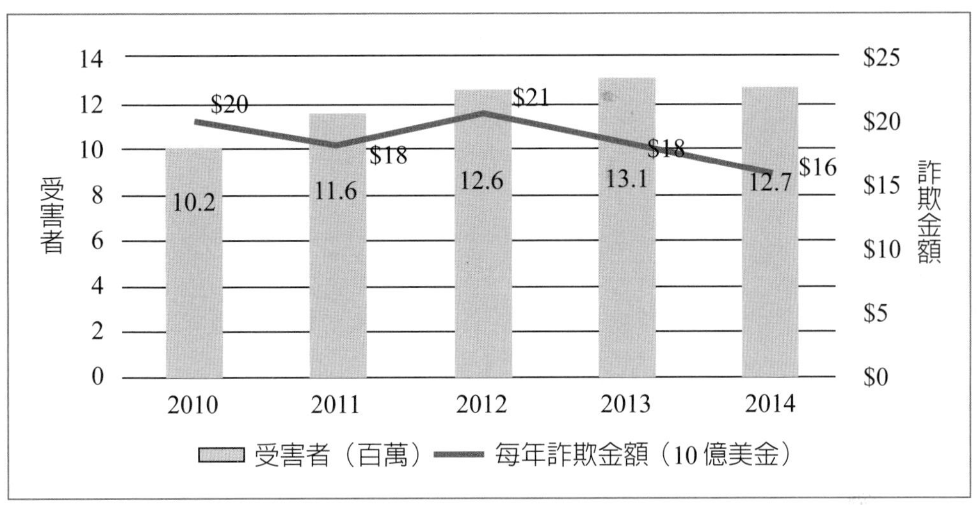

圖 9-8　每年詐欺受害者與金額

資料來源：1. Credit Cards.com, Credit Cards Fraud and ID Theft Statistics, 2015.9.16.
2. Javelin Strategy and Research.

(2) 儲值卡（Value Card）

係指消費者須向主管機關核准有權發卡的企業單位，以不計名、不掛失的預先付款方式，辦理 IC 卡[3]和儲值後，方可憑卡用於支付小額消費並進行扣款，持卡人可重複儲值，又可稱爲預付卡（Pre-paid Card）、智慧卡 / 智能卡（Smart Card）。通常發卡單位會提供各項優惠以吸引消費者目光。例如：贈品、折扣、累積點數、生日等優惠。例如：悠遊卡、一卡通、電話充值卡（神州行）、7-11 的 i-Cash、香港的八達通、Starbucks 的隨行卡、美國知名公司的薪水卡（具有提款、轉帳、簽帳功能）、銀聯標準旅遊預付卡、禮品卡等各式琳瑯滿目的儲值卡。

值得一提的是儲值卡多屬於封閉式發行消費模式，若發卡單位發生財務危

[3] 積體電路卡（Integrated Circuit Card，IC 卡）是指將積體電路晶片嵌入可攜式塑膠卡片中，透過微處理器、Input/Output (I/O) 介面和記憶體，在離線的作業環境下，可從事資料運算、安全控制存取模式、身分辨認、不易仿冒性與高儲存空間等功能，廣泛運用於各行業交易活動。

機、信譽堪慮，引發倒閉的情況，造成持卡人的儲值金額無法支用且無法返還窘境，遂引發民怨。故經濟部於 96 年 4 月 1 日正式實施「零售業等商品（服務）禮券定型化契約」，於應記載及不得記載事項中，特別要求電子禮券或儲值卡的發行商家，需有履約保證責任。

5. 數位貨幣（Digital Currency）

80 年代由於資訊技術興起與快速成長，數位支付衍然形成，日漸成爲民眾生活不可或缺的支付工具。有鑑於電腦運用的普及和通訊技術的提升，物聯網發展與應用已逐漸滲透於各產業，透過電子商務經營模式，改變社會經濟消費行爲，蘊藏無限商機正逐步開闢。面對全球經濟一體化和網路化的融合，金融業者須與日俱增地加強電子金融化的擴展，以現代化通信、電腦軟硬體設備更新、網路系統建置爲基礎技術，建立物聯網架構並延伸至各產業消費端。邁向業務處理自動化和經營管理資訊化爲準則，致力於提升工作效率、節省開銷、和便捷服務，以期強化競爭優勢。電子金融乃金融服務業透過日新月異的物聯網技術創新與發展，透過全球連通的開放網絡，使客戶在不受時間和地點的限制下，隨時隨地利用便捷與成本低廉的金融服務，完成各項消費和支付等活動。有關數位貨幣的優缺點，可歸類如表 9-2 列所示。

表 9-2　數位貨幣優缺點

	優點
1	降低紙幣發行與流通相關成本（如進口原料、高耗電等）。
2	增加交易活動透明、安全性和便利性。
3	兼具保護隱私和嚇阻非法犯罪活動，例如：洗錢、貪瀆和逃漏稅等。
4	央行貨幣供給和貨幣流通管控有所助益，配合經濟發展，協助普惠金融實施。
5	改善支付體制，能提高清算效率，以協助經濟升級。
	缺點
1	對貨幣體系具有衝擊性，間接影響央行宏觀調控能力。
2	衍生性金融操作風險倍增，危害金融市場穩定。如比特幣價格偏離幅度過大。

表 9-2 數位貨幣優缺點（續）

3	具有匿名性和不受地域限制性，容易被作為非法活動，破壞金融誠信。
4	支付網站相容性和技術安全性仍須加強。

資料來源：1. 經濟日報，人行去紙幣化要發數位貨幣，2016.1.22。
2. 聯合報，周小川：陸將發數位貨幣，2016.2.17。 3.經濟日報，去紙幣化人行將推數位貨幣，2016.2.17。

1996 年所發展出的電子金幣（Electronic Gold E-Gold），最早是以黃金爲存底，在數位貨幣中占有重要的角色。2006 年由 Liberty Reserve 公司推出一種屬於中心化的電子貨幣服務系統，僅受取 1% 的費用，提供使用者自由換美金和歐元，或兩種幣別兌換 Liberty Reserve Currency。後因易於洗錢的緣故，因而被美國政府勒令停止。2009 年比特幣興起成爲廣泛接受的密碼貨幣。2015 年 6 月厄瓜多爾（Ecuador）政府宣布正式導入全球首創的公共密碼貨幣，以流動性資產作擔保，與該國交易媒介美金並行流通。央行明訂 360 天內，全國各銀行必須採用此一新的數位貨幣系統。另中國人民銀行表示，未來推出的數位貨幣視爲法定貨幣，可替代紙幣。如同傳統貨幣一般，有關發行、流通、和交易事宜，均一體化實施管理，2017 年 2 月已成功開發區塊鏈數位票據交易平台。有關人民銀行推展電子貨幣與區塊鏈進程，如表 9-3 所示。

表 9-3 人民銀行推展電子貨幣與區塊鏈進程

日期	項目	內容
2014	法定數位貨幣	開啟法定數位貨幣的可行性研究
2016.1.20	數位貨幣研討會	全球首次舉辦數位貨幣研討會
2016.2.17	實施一體化	法定數位貨幣將實施一體化管理
2016.11	專業人才聘任	聘僱數位貨幣軟硬體專業人才
2017.2	數位票據交易平台試行	區塊鏈交易平台試運行法定數位貨幣
2017.9	中鈔區塊鏈技術研究院成立	開辦絡譜區塊鏈登記開放平台、中鈔金融區塊鏈解決方案等業務
2018.1	數位票據交易平台	區塊鏈導入數位票據簽發、承兌、貼現等
2018.6	深圳金融科技公司	相關技術研發、維護、諮詢服務等

表 9-3　人民銀行推展電子貨幣與區塊鏈進程（續）

日期	項目	內容
2018.9	深圳灣區貿易金融區塊鏈平台	試運作應收帳款融資與同步監測業務

資料來源：1. 工商時報，人行推數位貨幣領先全球央行，2017.2.7。
2. 財新網。
3. 經濟日報，人行跨足貿易金融區塊鏈，2018.9.6。

二、貨幣矩陣（Money Matrix）

有別於實體貨幣（現金、硬幣），數位貨幣以網際網路為基礎，經由電子資訊方式傳輸和保存的替代貨幣（Alternative Currency），擁有即時性和無國界的眞實商品和服務交易媒介與移轉功能。依照貨幣矩陣表可劃分爲密碼貨幣（Crypto Currency）和無密碼基礎（Not Based on Cryptography），並根據法律地位屬於非管制和管制類別。如各類電子貨幣和銀行電腦登錄的存款屬於管制型和無密碼基礎數位貨幣。比特幣屬於去中心化，以區塊鏈（Block Chain）之交易資料庫連結相關分散式分類帳（Distributed Ledger）技術。透過 P2P 網絡模式，以校正與密碼技術，透過新區塊計算證明（Proof of Work）方案，確保發行、管理、和流通安全性的一種密碼貨幣。

貨幣型態發展按貨幣矩陣中貨幣形式與法律地位，如表 9-4 說明。法律地位包括管制、部分管制與非管制三種形式，如央行獨立自主權力掌控貨幣政策，舉凡現金發行、存款金額、和央行數位通貨均影響貨幣供給量。在 IMF 封閉金融體系下，以數位形式所發行具有會計記帳功能和具備「無限法償」性質的 SDR。另比特幣原屬於非管制、去中心化和加密貨幣形式，由於接連負面因素，使各國政府開始採保留態度，實施相關禁止辦法，而成爲部分管制性質。如洗錢防制、客戶身分確認、課稅、禁止挖礦、批准制和交易所停業等措施。

表 9-4　貨幣矩陣（Money Matrix）

<table>
<tr><th colspan="3" rowspan="3">貨幣矩陣</th><th colspan="3">貨幣形式Money Format</th></tr>
<tr><th rowspan="2">實體
Physical</th><th colspan="2">數位Digital</th></tr>
<tr><th>無密碼基礎
Not Based on
Cryptography</th><th>密碼貨幣
Crypto Currency</th></tr>
<tr><td rowspan="8">法律
地位
Legal
Status</td><td rowspan="4">非管制
Unregulated</td><td rowspan="3">中心化
Centralized</td><td rowspan="2">折扣券
Coupon</td><td>網路折扣券
Internet Coupon</td><td rowspan="4"></td></tr>
<tr><td>行動支付折扣券
Mobile Coupon
高雄幣</td></tr>
<tr><td>地方／社群貨幣
Local/
Community
Currencies</td><td>中心化虛擬貨幣
Facebook Credits
Amazon Coins</td></tr>
<tr><td rowspan="3">去中心化
Decentralized</td><td rowspan="2">商品貨幣
Commodity
Money</td><td>Ripple、Stellar</td></tr>
<tr><td rowspan="2">部分管制
Partial
Regulated</td><td></td><td>部分管制
Bitcoin、Ether</td></tr>
<tr><td>區域貨幣
Regional
Currency
Brixton
Pound</td><td>去中心化
央行數位通貨</td><td>部分管制
達悟幣</td></tr>
<tr><td colspan="2" rowspan="2">管制
Regulated</td><td rowspan="2">現金
（紙鈔和
硬幣）</td><td>電子貨幣
E-Money</td><td rowspan="2">公共密碼貨幣
Petro、SOV、
Ecuador數位貨幣</td></tr>
<tr><td>存款
SDR</td></tr>
</table>

註：儲存格底色為灰色表示虛擬貨幣（Virtual Currency）。

資料來源：1. 維基百科。

2. 區塊客，The Next Big Thing－關於以太坊不可不知的3件事。
3. 科技報橘，國際清算銀行BIS：數位貨幣加速「金融脫媒」，勢必衝擊現有央行運作，2015.12.15。
4. GT News Ecuadorian banks must adopt new cryptocurrency in 360 days, 2015.6.5。
5. 工商時報，川普對委國石油幣下封殺令，2018.3.21。
6. 經濟日報，沈大白反轉FinTech做大庶民經濟，2019.3.22。

利用以太坊區塊鏈設置達悟幣，屬部分管制和去中心化區域加密貨幣。解決偏遠區域（如蘭嶼）有關授信、支付等金融服務流程之困境，使金流能匯集於區域內，形成 P2P 區域經濟應用層面。經自主申請與部落認證過程，取得達悟族人數位身分與蘭嶼觀光護照，相關資料即被記錄於以太坊。另 2018 年 3 月委內瑞拉發行管制型公共密碼貨幣，屬於主權數位貨幣的石油幣（Petro），每枚 Petro 可換一桶原油方式交易，以避免石油價格崩跌與規避歐美各國金融制裁。然而，美國禁止使用 Petro，認定爲資助獨裁政權的非法管道。2018 年 3 月馬紹爾群島共和國的國會正式通過，加密貨幣（Sovereign, SOV）爲法定貨幣流通。

實務案例

貨幣花

國際清算銀行（BIS）發展貨幣花（Money Flower）用於闡明各貨幣類型之特性，圖 9-9 所顯示四種特性：

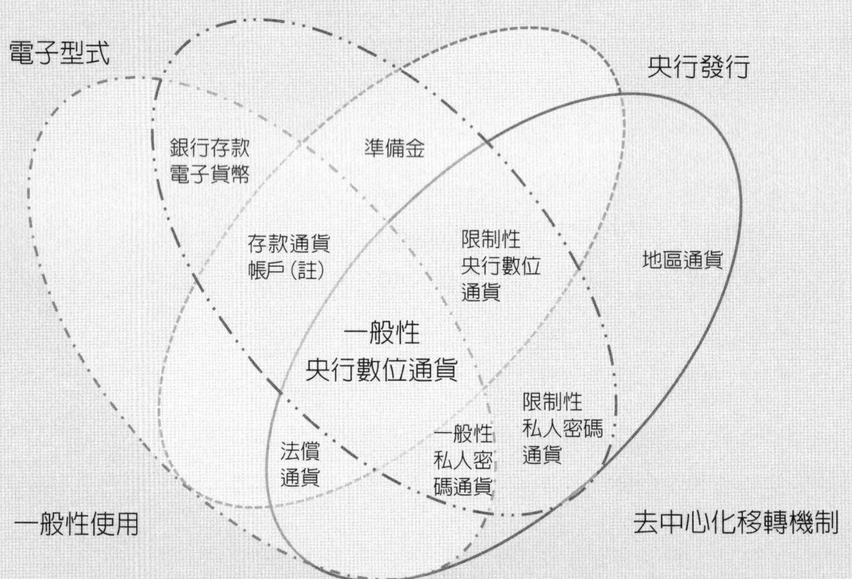

電子型式
央行發行
一般性使用
去中心化移轉機制
銀行存款
電子貨幣
準備金
存款通貨
帳戶（註）
限制性
央行數位
通貨
地區通貨
一般性
央行數位通貨
限制性
私人密碼
通貨
法償
通貨
一般性
私人密
碼通貨

圖 9-9　貨幣花示意

註：類似厄瓜多央行提供行動支付服務（Dinero electrónico）。
資料來源：工商時報，央行出新招邀民眾賞貨幣花，2019.3.15。

1. 發行者：以中央銀行或私人發行為主。例如：央行發行為準備金、存款通貨帳戶、法償通貨、限制性央行數位通貨、與一般性央行數位通貨（Central Bank Digital Currency, CBDC）。
2. 發行形式：以電子型式或實體型式發行。
3. 實用普及性：(1) 限制性 CBDC 指批發支付為發行對象。(2) 一般性 CBDC 以消費者為發行目標。如烏拉圭電子披索（e-Peso）、瑞典電子克朗（e-Krona），符合央行發行、電子型式、一般性使用、與去中心化的特性。
4. 移轉機制：劃分為中心化或去中心化，例如：去中心化移轉表示，支付者與接受者不需中介者能直接資金移轉。

在非管制方面，圖 9-10 指明分爲中心化（Centralized）和去中心化（Decentralized）二類系統。中心化性質的電子貨幣的組成，包括儲値卡、電子支票、塑膠貨幣、電子現金、和電子錢包（Google Wallet、Apple Pay）亦爲普及的支付工具。因此，對貨幣政策會造成一定程度影響。故各央行除制定規定管制外，採嚴謹監控措施，以期穩定金融。

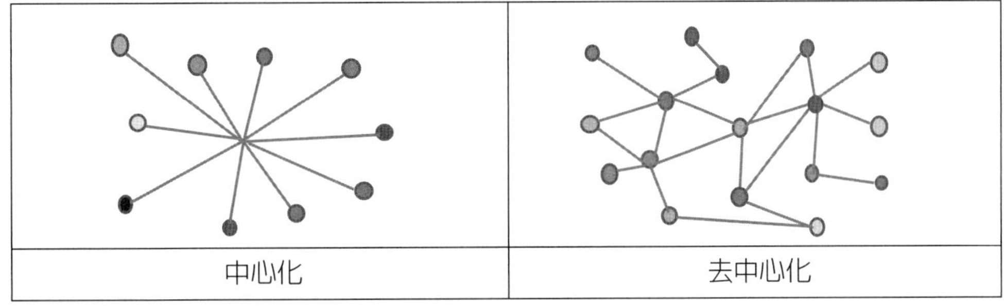

圖 9-10 中心化網絡和去中心化網絡之對比

資料來源：Stellar網站。

(1) 中心化（Centralized）系統

業者在網站採取中心化系統建置，主導相關資訊集中於核心伺服器內儲存與管理，並決定將資訊分享傳給其他電腦。若將某電腦移除，使用者無法順利運作系統。實體貨幣計有折扣券、地方貨幣等。以數位貨幣而言，例如：網路折扣券、行動支付折扣券、智慧型手機折扣券、第三方支付業 Paypal、Facebook Credit、Amazon Coin、手機轉帳 M-pesa 等。以高雄幣而言，即屬於數位化折價模式，透過「幣多多」App，消費者至合作商圈消費，可享有折扣優惠。

(2) 去中心化（Decentralized）系統

隨著專業網站與專業人群主導相關內容型態，逐漸形成多元化的網絡服務形態，並由各自獨立使用群（Peers）電腦所共同組成。使用者可平等參與多樣性內容創作和協商過程，利用訊息分散模式儲存於各處電腦內，使電腦具備檔案伺服器功能。此多數檔案伺服器所組成的新型網絡型態，形成扁平化趨勢和平權化變革，成爲影響網站生存的關鍵力量。去中心化可擺脫個別網站或群體主導方式，改由集體參與方式作決策與維護。如數位貨幣系統屬去中心化模式：(1) 密碼貨幣：比特幣（Bitcoin）、萊特幣（Litecoin）；(2) 付系統：Ripple、Stellar 等。

1. 電子支票（Electronic Check）

因網路與資訊科技發達，各國逐漸立法由實體票據轉爲無實體型態的「電子支票」（Electronic Check），又稱電子票據。解決過去支票遺失、僞造、變造、毀壞、遭搶、空白支票、拒絕往來戶仍簽支票和手續繁瑣等問題。透過電子簽章（Electronic Signature），結合閘道系統與通信加密，簡化簽發、承兌、背書轉讓、貼現、質押、保證、兌付、融資、存入託收、撤銷付款委託、提示交換與追索等流程，透過通信網路由債務人簽發電子支票於債權人，依約定日期安全移轉存款，並結清債務。提高企業與銀行 e 化作業效率。實體票據及電子票據簽發流程如圖 9-11 所示。

美國於 2000 和 2004 年分別通過「聯邦電子簽章法」和「二十一世紀支票交換法」；韓國於 2004 年制訂全球首部電子票據專法「電子票據發行與流通法」。因應票據無實體化潮流，2003 年國內並未制訂相關法案，僅依現有「票據法」及「電子簽章法」法源基礎，輔以台灣票據交換所配套契約規範。至 2011 年因歷年使用量低、商業習性差異、紙本列印、法律適用性等問題，票據交換所暫停此業務。

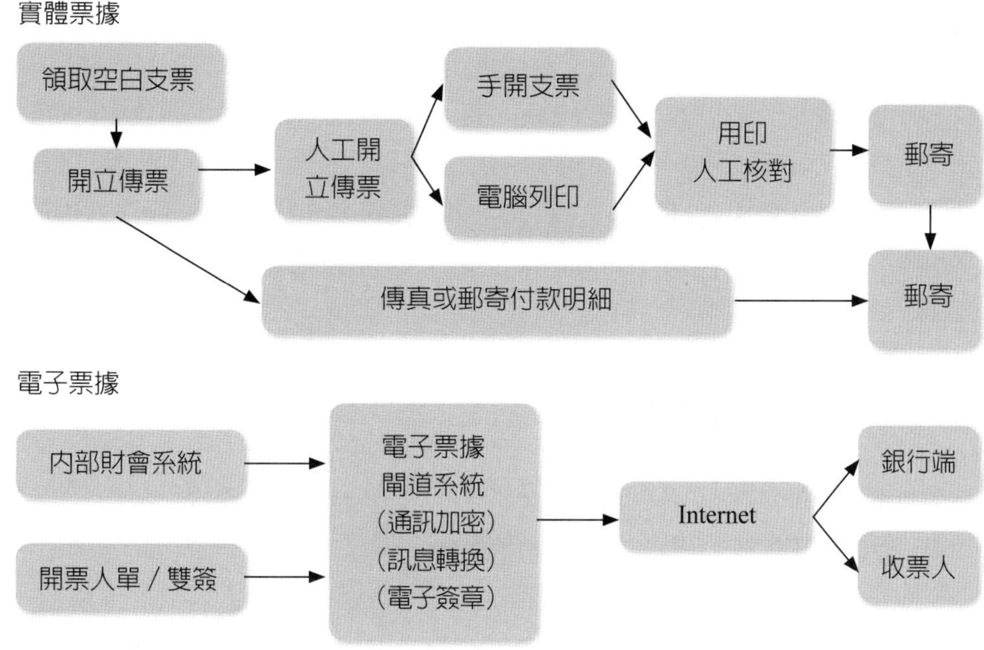

圖 9-11　實體票據及電子票據簽發流程

資料來源：1. 工商時報，電子票據上陣終結傳統票據亂象，2003.2.15。
　　　　　2. 票據交換所。

2. 電子現金（Electronic Cash, E-Cash）

電子現金乃現金數值以電子形式模擬結合各項密碼技術，利用加密序列數作轉換，以強化安全性，此序列用於表彰各種幣值，經由電腦資料的儲存及傳遞，透過網路流通，可於用戶間任意轉讓，亦可進行任意金額的消費。又稱為數位貨幣（Digital Cash）。

電子現金形式上有三個主體：商家、客戶、銀行；主體間須簽訂四個安全協議，包括初始化協議、提款協議、支付協議和存款協議。電子現金的種類依照儲存方式可分為：智慧卡型與網際網路型電子現金。將電子現金價值安全保存在智慧卡中，持卡人可隨時支付消費活動。即智慧卡型電子現金具有交易媒介和重複儲值之功能，可取代傳統的貨幣交易模式；而網際網路型電子現金則利用網路環境，使用二進位數據方式呈現貨幣價值，客戶與商家雙方可設定電子給付款系統，另可經由網路銀行或實體 ATM 轉帳來進行儲值。

電子現金具備匿名性、節省交易費用、支付便捷、防重複性支付、防偽造性、不可跟蹤性、減緩持有風險等特點。電子現金的完全匿名性可保護用戶的隱私權，然而，此特點卻遭不法分子利用從事違法犯罪活動，例如：惡意敲詐、強行勒索、貪汙賄賂與非法購買等。即使警方已獲贓款，基於完全匿名性的保護傘，仍無法鎖定犯罪分子進行逮捕，而使不法分子繼續逍遙法外。電子現金支付流程可參考圖 9-12 所示。

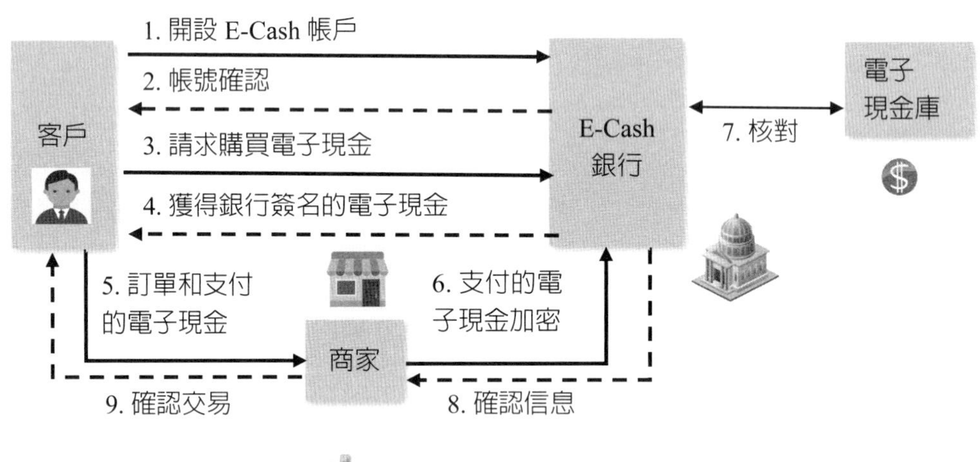

圖 9-12　E-Cash 支付流程

資料來源：1. 中文百科，電子商務支付系統。
2. Wikimedia Commonts。

(A)客戶須向銀行辦理電子現金帳戶和儲存電子現金。

(B)銀行提供相關帳號給客戶。

(C)客戶進行 E-Cash 購買與儲存。

(D)客戶獲得銀行簽名的 E-Cash。

(E)客戶瀏覽商家網路，欲購買貨品之幣別、數量與價格等訊息，並確定訂單，以電子錢包中 E-Cash 支付，並利用銀行公用密鑰加密。

(F)商家將相關支付信息與加密電子現金轉至銀行。

(G)銀行核對客戶的電子現金庫。

(H)銀行確認無誤後，通知商家。

(I)收到 E-Cash 支付後，商家確認交易，開始交貨和開立收據事宜。

3. 電子錢包（Electronic Wallet, E-Wallet）

有鑑於全球電子化交易和網際網路交易的熱絡發展，許多公司已積極建立電子錢包的系統，爲確保網路上信用卡交易的安全性，且須符合 VISA/Master Card 於 1997 年所制訂「安全的電子交易」（Secure Electronic Transactions, SET）之系統驗證標準規範，相關授權流程如圖 9-13 所示。爲免除個資外洩與維護金融資訊隱密性，SET 系統所發展的縝密技術與付款閘道（Payment Gateway），使用公開金鑰（Public Key）編串的密碼文件（Cryptography）進行加密傳送，除可辨認用戶身分功能外，亦能發送和保存卡戶誠信的交易紀錄與信息，透過支付指令執行有效性驗證。此外，銀行端亦可運用特殊軟體技術解讀金融資訊內含之密碼，並藉以確認信用卡機構所提交的數位認證（Digital Certificate）。如 VISA cash、Microsoft MS Wallet、Master Card cash、IBM Commerce POINT Wallet、Google Wallet 和 Mondex 等電子錢包，提供使用者較爲安全便利的小額購物線上支付模式，進而取代現金交易的方式。

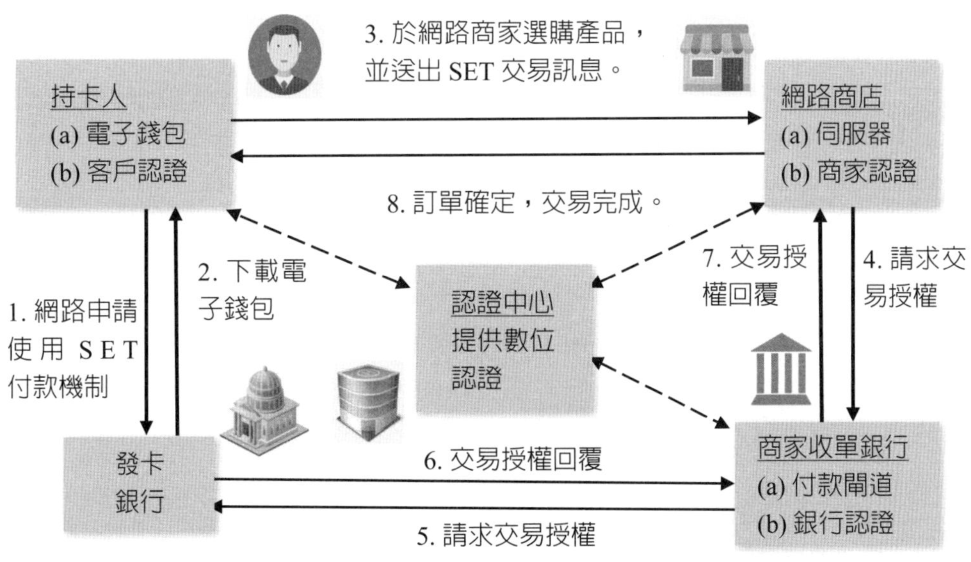

圖 9-13　SET 交易授權流程

資料來源：1. 吳仁和，資訊管理：企業創新與價值創，智勝文化事業有限公司，2015.8。
2. Wikimedia Comments。

包羅萬象的項目納入電子錢包中使用，例如：電子現金、信用卡、現金卡、登機證、門票、集點卡、會員卡、禮劵、折扣券等。使用者將銀行帳戶與電子商務系統伺服器的免費電子錢包軟體連接，輸入相關電子現金、金融卡、信用卡等數據資訊。如欲信用卡付款時，只需點選相對應的圖標便可輕鬆購物。此外，使用者可申請 SIM 卡（用戶身分模塊，Subscriber Identity Module），即智慧卡可存儲用戶身分識別、簡訊和電話號碼數據等，置於手機中。到商家消費結帳時，只要將手機靠近接觸NFC（Near Field Communication）的感應式裝置[4]，即可安全迅速完成手機付款各項交易。

根據萬事達卡調查顯示，台灣民眾上網行動普及率高達 88.3%，而其中 45% 的民眾曾利用手機進行消費，在亞太地區成長速度最快，市場十分具有開發潛力。爲積極推展行動支付（Mobile Payment）服務，中華電信於 2014 年攜手悠遊卡公司、萬事達卡公司、銀行等，推出「Easy Hami 手機錢包」行動支付服務，引進「空中安全下載」（Over The Air, OTA）技術，提供整合多張支付卡片於一機多卡之手機服務體驗。透過跨電信業者信託管理服務平台（Trusted Service Management, TSM）[5]。爲提供跨電信公司服務與不受門號的限制，使用者均可申請手機行動支付服務，利用 MasterCard PayPass 感應式信用卡支付，選擇各項優惠功能卡片，便利地完成結帳手續，因而廣受各界佳評。TSM 行動支付作業流程如圖 9-14 所示。秉持持續創新理念，中華電信與一卡通（iPass）票證合作，於 2015 年推出首發 OTA 的電子票證「NFC 一卡通」，提供民眾搭乘大眾運輸、小額支付消費等，便捷和優惠的行動支付服務。中華電信深化行動支付的業務和擴大生態圈，於 2016 年 2 月 4 日起，提供持有 NFC 功能手機的客戶申辦 4G NFC SIM 卡，透過 OTA 空中下載，結合具有預載悠遊電信卡與一卡通電子票證服務功能的「Easy Hami 手機錢包」，以利客戶輕鬆掌握一機多卡的行動消費服務與電子發票交易查詢功能。

---

4 NFC 稱短距離無線通信，乃爲短距離（在十釐米内）高頻無線通信技術標準，結合 RFID 和物聯技術的創新發展，可使電子設備間相互允許非接觸式點對點數據傳輸交換。（Wikipedia，zh.wikipedia.org/wiki/ 近場通訊）

5 TSM 乃跨領域整合應用之信託管理服務平台，爲 NFC 行動支付之基礎核心，扮演整合金鑰管理系統、應用程式生命週期管理、第三方公信認證、以及提供各類 NFC 服務上架等功能。（數位時代，超強股東陣容，群信支付大戰搶先發，2015.1.2）

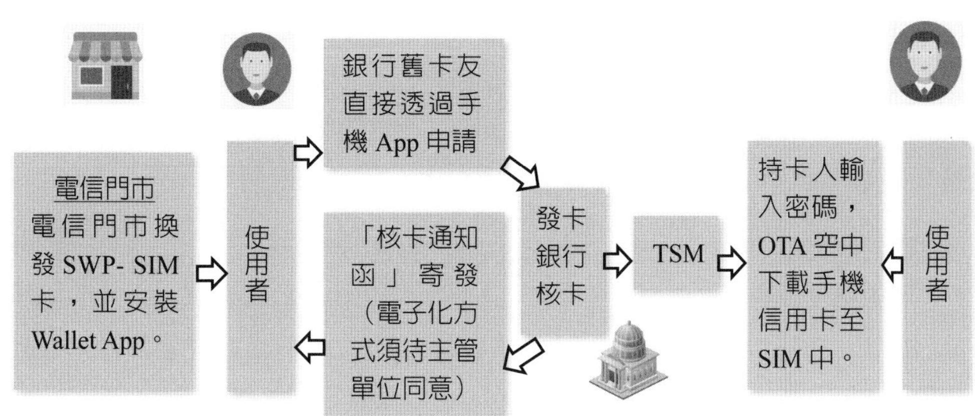

圖 9-14　TSM 行動支付運作流程

資料來源：1. 數位時代，超強股東陣容，群信支付大戰搶先發，2015.1.2。
2. Wikimedia Comments。
3. 群信行動數位科技公司。

4. 電子貨幣（Electronic Money, E-money）

自 1980 年代，資訊技術蓬勃發展，爲提升支付制度的安全性和便捷性，消費者以現金或存款支付給發行者，經兌換取得等額之數據，並完成儲值與預付的法定貨幣系統。此外，晶片卡於 1973 年發明，其用途可作爲電子貨幣儲存的功用。美國亦於 1982 年創立資金傳輸系統，使得電子貨幣快速普及而成爲主流。發行者會利用該數據進行記帳記錄與多元化業務，例如：轉帳結算、儲蓄、匯兌、清償債務和消費貸款等功能。一般而言，可區分爲卡片式與網路式電子貨幣兩類。卡片式內嵌 IC 感應元件或磁條，可用於小額支付與獎勵等的消費活動，例如：儲値卡、智慧卡、信用卡、電子錢包卡等。網路式則包括電子現金、電子支票、電子錢包等，透過手機、平板、電腦等上網，並經由網路銀行、第三方支付平台（如支付寶、Paypal 等）、行動支付等支付工具進行消費交易活動。

由於電子貨幣系統所發行的等値數據之性質等同銀行存款與現金，如發行者稍有不愼導致經營不善而破產，可能會使電子貨幣支付制度遭遇嚴重的存活風險，進而波及其他支付制度的營運，恐使得整個支付系統之公信力蕩然無存。

(1) 安全性的考量

有鑑於電子貨幣之高度匿名性與價值轉移性，大眾對於僞造的風險和駭客入侵的隱憂，亦與支付制度的安全性息息相關，倘若防範不及，將直接影響大眾的接受程度，因而可能會造成難以預測的潛在損失。

(2) 鑄幣稅收入（Seigniorage Revenues）的減少

各國中央銀行具有發行通貨（紙鈔與硬幣）的獨占性，透過發行通貨所產生面值高於貨幣鑄造成本的差額，即鑄幣稅收入。當貨幣需求上升時，央行增加貨幣發行流通，可提供政府具有收益性的免費資源。以便用於補貼央行操作成本、兌換外匯、弭平財政赤字和彌補軍費開支等。各國央行發行通貨具獨占性的法規並不擴至電子貨幣工具。未來當各類電子貨幣支付小額交易工具的普及率愈高，亦或各國大力推展「去紙幣化」（Demonetizing Banknote）時，恐將直接衝擊並侵蝕鑄幣稅的收益。根據 1996 年國際清算銀行（Bank for International Settlements, BIS）報告，指出電子貨幣的流通可能導致鑄幣稅收入占 GDP 比重減少，間接影響實施貨幣政策之有效性。

(3) 對貨幣政策的衝擊

隨著金融電子化的發展，由網際網路技術結合加密序列，而形成虛擬無貨幣實體的數字符號。電子貨幣的便捷性、交易流動性和轉換成本等優勢，對傳統貨幣需求動機（如交易、預防和投機等動機）的明確性產生衝擊。亦使得不同貨幣需求動機的界限日趨模糊。電子貨幣的普遍將逐漸取代通貨，例如：硬幣和短期票券，亦使活期性存款受影響，可能導致貨幣總計數之價值下降。此外，中央銀行的資產負債表中負債項目亦可能明顯減少，進而影響央行公開市場的操作效率。爲減緩流動性的壓力，部分歐美和新加坡等國制定相關法律，強制要求電子貨幣發行者，須提列最低比例之法定準備和流動資產準備，並將電子貨幣餘額導入存款保險制度中，以期保障消費者權益。未來央行之廣義貨幣如能涵蓋將電子支付工具，視數位貨幣爲部分儲備資產，爲調控金融操作工具之一，則應可確保有效的貨幣政策。

5. 虛擬貨幣（Virtual Currency）

隨著電腦通訊技術的提升和網際網路交易體系的發展，60 年代主要作爲軍事通訊用途，至 90 年代已逐漸開展為民間和商業應用之電子商務，近年來物／互聯網（Internet of Things, IoT）形成，更帶動人工智慧科技、資料庫雲端技術精進並結合虛擬市場的商業發展。透過物聯網的建置將相關的事物包括一般物品、人、動物等，均設置唯一識別碼（Unique Identifiers, UID），在網路間互相傳輸資料。從人與機器的互動模式，延伸機器對機器的互動模式，藉以完整提供企業有效的訊息和即時發覺潛在的消費需求，以利監測經濟動脈，適時調整經營方針。使得虛擬情境與現實社會的商業關係愈加密切。虛擬社群使用者日益增加，使得虛擬市場交易活動的提升，未來均有賴於便捷的支付方式。

虛擬貨幣為一種支付系統，又稱為數位價值移轉（Digital Value Transfer, DVT），使用者可於遊戲網站、特定商家和相關社群等，便利且有效地移轉購買力。2012 年歐洲央行定義為：「虛擬貨幣為一種非管制的電子貨幣，通常由開發商自行發行與管制，於特定的虛擬市場會員間流通。」美國財政部於 2013 年簡潔地定義為：「處於一些環境下，誠如貨幣一般，虛擬貨幣具有交易媒介的功能，但並未擁有所有實際貨幣的屬性特徵。」

一般而言，虛擬貨幣已被自然人和法人接受，具備有下列功能：

(1) 交易媒介（Medium of Exchange）

具有便捷且可分割之電子交易功能。

(2) 記帳單位（Unit of Account）

可儲存價值和比例調整的功能。

(3) 匿名特性

相較於其他電子支付系統，虛擬貨幣的匿名性較佳。

根據 2012 年歐洲央行的「虛擬貨幣架構」（Virtual Currency Schemes）報告，虛擬貨幣的優點可包括以下幾點：

(1) 交易成本

由於虛擬貨幣利用 P2P 支付方式較傳統支付系統更為簡化，可除去對中介機構（Intermediaries），如銀行和金融機構的依賴，也可免除相關手續費用，達到節省的目地。

(2) 交易便捷

虛擬貨幣交易處理過程和交易清算速度約 10-60 分鐘，較傳統銀行支付模式約一週，便捷許多。

(3) 金融包容性（Financial Inclusion）

世界銀行（World Bank）於 2014 年發表《全球金融發展報告：金融包容性》（*Global Financial Development Report: Financial Inclusion*）指出，全球半數約 25 億成年人，因侷限於成本、路程和文件要求等不利因素，在金融機構尚未開戶（Unbanked）。另在發展中國家估計約 35% 小型企業曾經歷籌措資金困窘。故已有 50 多國訂定提高金融包容性目標，在 2020 年達成電子貨幣帳戶和電子移動錢包創新之技術等目標，提升金融服務的普及化與強化公民自主權，以協助低收入戶、弱勢群體、女性、年輕人、和農村居民等，能至金融機構利用儲蓄、信用和轉帳服務等，以期減輕貧窮的問題。虛擬貨幣為替代選項亦有利於推展工作進行。

(4) 跨國匯率成本

根據世界銀行全球匯款價格（The World Bank: Remittance Prices Worldwide）調查，2014 年全球匯款價格平均占總匯款金額約 7.99%。以 Bitpesa 公司使用比特幣為例，僅收取約 3% 匯率手續費用，此提升便捷和成本低廉的金融服務，已對傳統銀行跨國匯款業務帶來壓力。

(5) 商業風險

虛擬貨幣提供交易確保的機制，保護商家免除未送達索賠（Non-delivery Claims）和欺詐扣費（Fraudulent Chargeback）。有別於信用卡屬於可撤銷交易，虛擬貨幣則屬於不可撤銷（Irreversible）交易性質，一旦交易完成，就不可撤回。過去因信用卡詐欺事件頻傳，使得網路商家開始對信用卡支付起疑慮，進而轉向虛擬貨幣，成為替代交易媒介。

(6) 識別風險（Identity Risk）

虛擬貨幣交易無須顧客個人資訊，而信用卡交易需要個人資訊，其用戶證明亦分享於相關機構，容易造成用戶證明遭盜取風險。

從歷史回顧可知，便捷和安全的支付系統，通常逐漸取代功能不佳的支付系統。如硬幣取代以物易物交易方式，紙幣的便利性取代硬幣。電子交易時代的來臨又逐漸取代紙幣的流通。而虛擬貨幣支付方式，在最後取代過程扮演驅動的角色。在人類的歷史洪流中，歷經無數的戰爭內亂，天災人禍造成社會動盪不安。惡性通貨膨脹所導致民不聊生的浩劫，亦時有所聞。各種貨幣制度改革的瓦解和經濟體制的脆弱，引發貨幣風暴的侵襲，使得百姓的身家性命遭到洪流吞滅。

近代的法定貨幣（Fiat Money）的支撐力量，主要建置於民眾對政府被迫無奈的信心，以及政府財政惡化的信用危機。一旦政權垮台，其信用貨幣慘遭民眾唾棄，此情況在歷史的洪流中，殷鑑不遠。各國寅吃卯糧導致財政破產的情況屢見不鮮，各國央行如不斷地採取量化寬鬆（Quantitative Easing, QE）政策，持續挹注資金投入無底深淵的債務之中，頗令人觸目驚心。當危樓傾倒在一夕之間時，靠政府法律支撐的法定貨幣制度，毫無金銀成分的硬幣和無任何實體價值的紙幣，恐將成爲民眾毫不眷戀的「劣幣」，對經濟的危害與衝擊亦十分令人堪憂。

相對而言，隨著網際網路高度的發展，貨幣虛擬化形式更加活絡，亦對實體經濟之虛擬化形成一股無可避免的壓力。在虛擬經濟演進過程中，有別於以央行集權式管制，虛擬化特點在於透過非管制虛擬貨幣的貫穿交織，藉由數位系統的延伸，依照使用密碼基準作分類，形成中心化（集中式）和去中心化（分散式）之價值機制。當民眾親身經歷虛擬貨幣所帶來的便利性、流動性和安全性，建立個性化價值體系的成熟感，並潛移默化地認同虛擬商品和服務活動，例如：飛行里數兌換免費機票的價值實現。民眾則會凝聚內心愉悅和安全的消費感受，將虛擬貨幣視同「良幣」一般，透過人際網絡分享並影響社群的觀感。

一般而言，虛擬貨幣在社群媒體與遊戲中，它是以新型現實價值形式扮演一般貨幣的角色，可以分成以下三類，如圖 9-15 所示。

(A)虛擬貨幣無法與實體貨幣兌換，只能使用於虛擬的商品和勞務，有時視情況而定，以免費或繳納費用方式（如會費與認購費用）吸引會員加入。例如：網路折扣券、行動支付折扣券、網路遊戲、外匯與股票模擬操作等。此外，網路商家亦採用各類實體貨幣獎勵方式，引導並鼓勵會員開始使用實際商品和勞務進行交易。例如：東森購物於 2018 年 8 月 1 日啟動東森幣，以 $1 現金 = 1 枚東森幣，採消費贈送 10% 東森幣，可用於未來折扣購物，以期推升回購率。

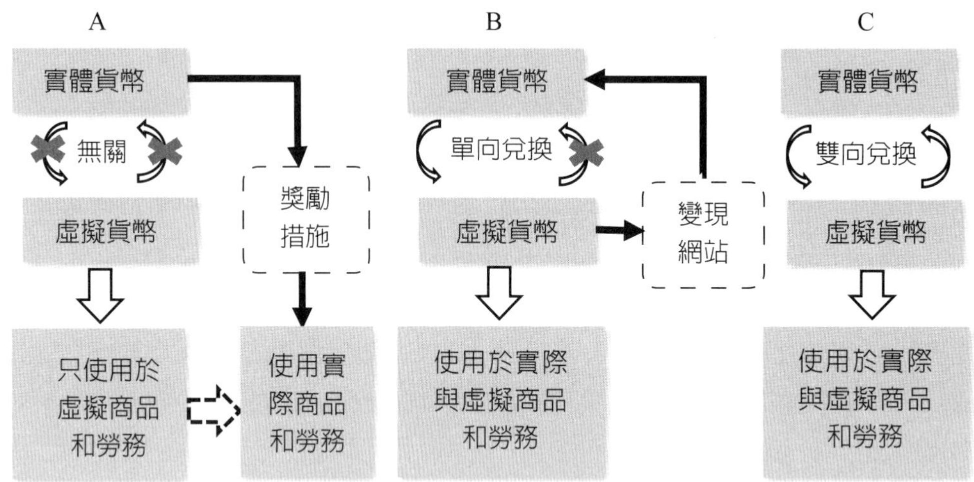

圖 9-15　虛擬貨幣的種類

資料來源：1. 歐洲央行（European Central Bank），Virtual Currency Schemes 15（2012）。
2. Edward Castronova，虛擬貨幣經濟學，野人文化，2015.1。

(B)在虛擬環境中，實體貨幣可單向兌換虛擬貨幣，在無時效或限定時間內，購買實際與虛擬商品和勞務。如飛行常客獎勵計畫、任天堂點數等。涵蓋中心化虛擬貨幣包括騰訊 Q 幣，Facebook Credits、亞馬遜幣（Amazon Coin）等購買會員資格與增值服務。以亞馬遜幣爲例，會員至亞馬遜網站內購買所有商品。紅利點數乃爲一種企業貨幣系統，具有如實體貨幣般功能進行購買活動。當玩家付費取得臉書免費網路遊戲點數，購買虛擬商品。通常臉書和開發商會簽訂契約，以三七分帳方式獲得收益。以 2013 年紅利飛行里數爲例，飛行常客可將紅利點數至里程變現網站，依照一英哩 = 1.4 美分計價進行交易獲利。爲此，花旗銀行決定將常客紅利飛行里數轉爲貨幣計算，並申報稅務事宜。

(C)虛擬貨幣與實體貨幣可依買入價和賣出價作雙向兌換，並使用於實際與虛擬商品和勞務。例如：比特幣等。

在電子商務蓬勃發展的趨勢下，隨著人們使用網路時間持續增加，造成實體互動時間的壓縮，數位價值移轉扮演著關鍵的角色，虛擬貨幣可介於眞實與虛擬情境中，無縫移轉價值。然而，各國相關法規的制定略嫌遲滯，尚未跟上時代巨變的步伐，許多不法情事的浮現，已屢見不顯，亦凸顯事態的嚴重性。

(1) 欺詐行為問題

實體貨幣與虛擬貨幣可以進行雙向流通，使得部分人士利用私下黑市交易，以低價大量收購虛擬貨幣和產品，然後以高價分批賣出賺取價差。促使許多專業級玩家專門從事遊戲活動，以贏取虛擬貨幣並轉賣獲利。不但造成虛擬貨幣價格泡沫化，也間接衍生出各種網路犯罪，如銷贓和洗錢的不法情事。

(2) 網路安全隱憂

民眾透過各種方式（如現金、手機簡訊、網路轉帳、電話儲值等），購買無防偽密碼技術的虛擬貨幣。不肖人士利用安全漏洞，從事盜用、駭客入侵、製造僞幣等問題。另虛擬貨幣交易性質、虛擬物品非法交易、逃漏稅等問題，尚待法律條文作明確規範。

(3) 金融體系的風險

網路虛擬貨幣逐漸具備替代現實貨幣流通的功能，其發行法律地位會由央行管制，傾向非管制網路商家主導。透過跨國商家利用相同標準機制互相通兌，使許多小型虛擬貨幣，能邁入可轉換性貨幣系統，而漸漸形成全球性虛擬轉換系統，等同於實體通貨。因此，涵蓋於貨幣供給項目外的虛擬貨幣，若日後逐漸茁壯到無法控管的態勢，可能對各國貨幣和經濟政策造成潛在威脅與貨幣市場未知傷害。

6. 資訊協議

(1) 環球銀行金融電信協會（Society for Worldwide Interbank Financial Telecommunications, SWIFT）系統

假設美國進口商是中小型支付銀行客戶，該銀行須將款項轉至大型地區銀行以及國內往來銀行。由於各銀行間分別操作不同核心帳務記錄，因而無法直接交易，須經由聯邦儲備局的清算系統方能資金轉移。另往來銀行會在歐洲銀行體系開立外幣存款帳戶（Nostro Account）作爲預存歐元資金之用途。國內往來銀行經由清算系統收到美金資金後，便可從外幣存款帳戶作抵銷，並將歐元轉至收款銀行（Beneficiary Bank）。由於各銀行亦有不同的核心帳務記錄，歐洲往來銀行

須利用歐洲央行的清算系統，將該筆歐元資金轉移到歐洲出口商的收款銀行。如圖 9-16 說明 SWIFT 系統。有鑑於國際支付系統須經由一系列的區域銀行、中央銀行和往來銀行的外匯業務每一環節均牽涉相關程序。例如：外匯轉換費、外匯保存管理費、交易處理費、結算和交易對手風險、延遲等。均使傳統國際支付系統形成複雜度較大、工作較長（二天以上）、及成本較高的情況。

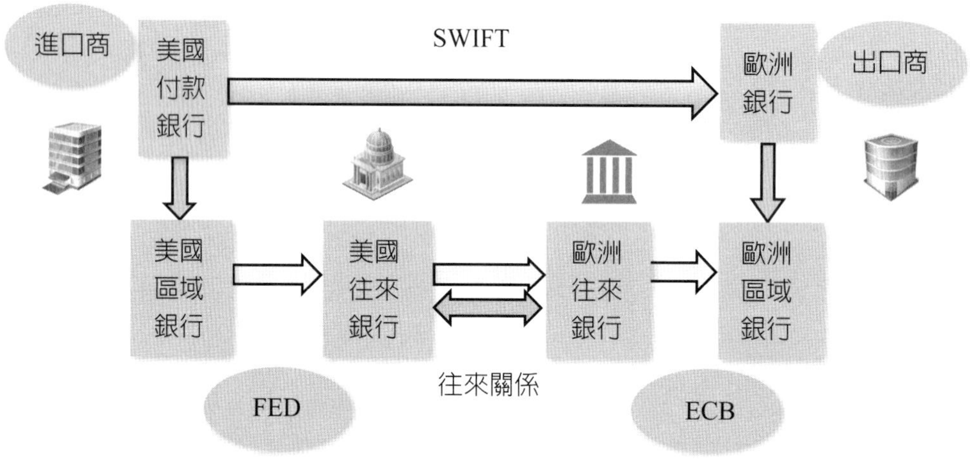

圖 9-16　SWIFT 交易流程

資料來源：1. The Ripple Protocol: A Deep Dive for Finance Professionals Ripple Labs Inc. 2014.11.
2. Wikimedia Comments。

(2) 比特幣

在比特幣的資訊協議架構下，網絡系統之電腦間相互串聯，並經由管理帳目能追蹤此數位資產之所有者。並可剔除清算機構，使得點對點（Peer to Peer, P2P）的資金移轉不需透過媒介機構。因此，可以有效降低相關費用和交易對手機構不履約的風險，如表 9-5 所示。

表 9-5　不同訊息與交易清算通訊協議

	SWIFT	Bitcoin	Ripple
結構（Architecture）	中心化	去中心化	去中心化
結帳過程（Settlement Process）	一系列清算和結帳（Batch Clearing and Settlement）	工作量證明機制（Proof of Work）	一致認定記帳（Consensus）
速度（Speed）	2天以上工作日	10-60分鐘	3-6秒
尖峰交易量（Peak Volume）	19 million交換電文（Messages）／每日	600,000交易量（Transactions）／每日	86 million交易量（Transactions）／每日
貨幣（Currency）	法定貨幣	比特幣	法定和密碼貨幣
交易成本（Transaction Cost）	外匯交易費（Operator Fee）	挖礦費（Mining Fee）	保全成本（Security Cost）

資料來源：The Ripple Protocol: A Deep Dive for Finance Professionals Ripple Labs Inc., 2014.11.

例如：美國進口商可透過交易商，將美金轉換爲比特幣，並直接轉移至對手交易商的受益人比特幣帳戶後再將比特幣轉換爲歐元給歐洲出口商，以便存入當地歐洲銀行內。所需時間約 10-60 分鐘，此種 P2P 國際付款流程較傳統銀行支付方式更爲節省與便捷，如圖 9-17 所示。然而，交易商間需在 60 分鐘內取得網絡系統彼此確認，期間內無可避免會仍有貨幣波動的變數存在。此外，比特幣交易時亦會產生流動性的問題。

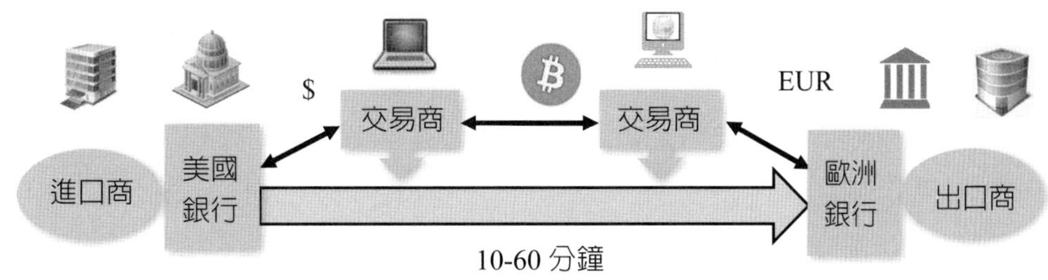

圖 9-17　比特幣交易流程

資料來源：1. The Ripple Protocol: A Deep Dive for Finance Professionals Ripple Labs Inc., 2014.11.
2. Wikimedia Comments。

(3) Ripple

在現實生活中，民眾透過彼此間信賴關係，進行資金借貸活動。而 Ripple 就屬於網路世界的資金流動體系的實現。Ripple 發源於美國的金融科技公司，致力於區塊鏈技術與跨境轉帳，亦採用 P2P 交易結算與去中心化公開網絡方式，提供國際支付系統快速便捷、降低風險與節省成本的服務。2016 年已有 17 個國家的銀行加入資訊協議，2018 年日本金融業 47 家銀行已成功導入 Ripple。優點在於使用者無須將當地貨幣轉換成該資訊協議之代表貨幣，XRP 或 ripples。日常生活對他人信任轉換爲對閘道器（Gateways）間信任關係，並視閘道爲網路與現實世界的一種介面。例如：Bitstamp 交易所爲 Ripple 主要閘道之一，約占九成以上交易。而金融機構扮演爲閘道器的功能，交易商則爲造市者（Market Makers）的角色，提供各種貨幣轉換流動的買 / 賣報價。Ripple 資訊協議則透過網絡途徑，將爲每筆交易尋求信任交易商間之最佳報價，可簡化支付流程，不必透過區域銀行和往來銀行之冗長處理程序。例如：美國進口商的銀行直接利用 Ripple 跨帳本協議（Inter Ledger Protocol），開始操作美元換歐元的交易。交易商間彼此競爭，自美國銀行買入美金，賣出歐元於歐洲銀行方式，提供買 / 賣匯率報價。Ripple 資訊協議保證，採用成本最低的交易商的報價，大約 3-6 秒完成交易，如圖 9-18 所示。

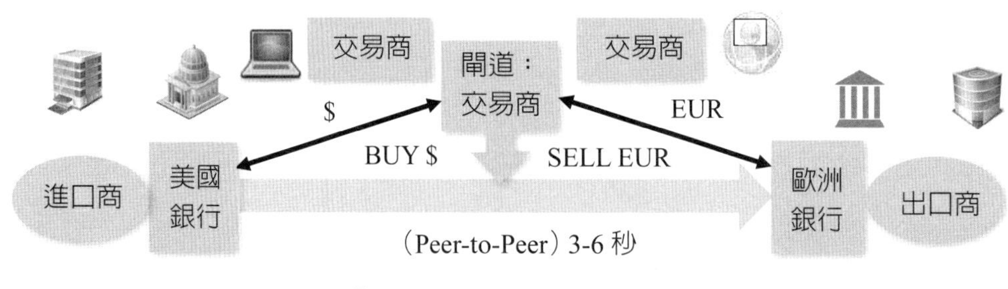

圖 9-18　Ripple 交易流程

資料來源：1. The Ripple Protocol: A Deep Dive for Finance Professionals Ripple Labs Inc., 2014.11.
2. Wikimedia Comments。

然而，Ripple 爲加快用戶端確認速度，其弱點在於並未下載區塊鏈，捨去已驗證的歷史交易紀錄之總帳本，節點（Node）僅保留最近已驗證的總帳本。

2013 年 6 月曾發生多起線上錢包被竊事件，7 月亦遭受駭客大量分散式小額轉帳攻擊，癱瘓平台正常服務，導致服務中斷。此事件雖非系統攻擊，但造成用戶的恐慌與信任感下降的隱憂。

(4) Stellar

Stellar 於 2014 年成立，乃是一種開放原始碼的資訊協議，採用加密系統，具有無法偽造的支付工具。以去中心化架構，串聯全球不同電腦伺服器，取得同步與相同買賣資訊記錄分類帳方式（Ledger）。即使有部分伺服器毀損亦不會影響整體網絡的運作。在例行時段內，以每 2-4 秒運作一致認定記帳（Consensus）機制處理每筆交易，特別針對開發中國家，許多無法至銀行開戶的民眾，提供各種小額貨幣價值跨國轉帳網絡，以及成為兌換任何貨幣的交易媒介。以比照第三方支付的 Paypal 系統為例，採用中心化系統和閘道器的架構。當使用者在指定銀行帳戶存款後，Paypal 就提供使用者信貸額度（Credit）於帳戶，將此信貸額度移轉給其他 Paypal 帳戶的使用者，並透過其開戶的銀行現金提款。2018 年 IBM 公司正式與 Stellar 合作，在東南亞市場布局，試圖減低跨境匯款成本與時間。

圖 9-19 顯示 Stellar 採用一致認定記帳方式過程，不同點在於具備分散式的多重閘道器的優勢，使用者利用閘道器所提供各種最優的匯率報價，並轉換成各類信貸額度記載帳戶表內，再串聯全球各地帳戶表，依照預先敲定的報價，公開

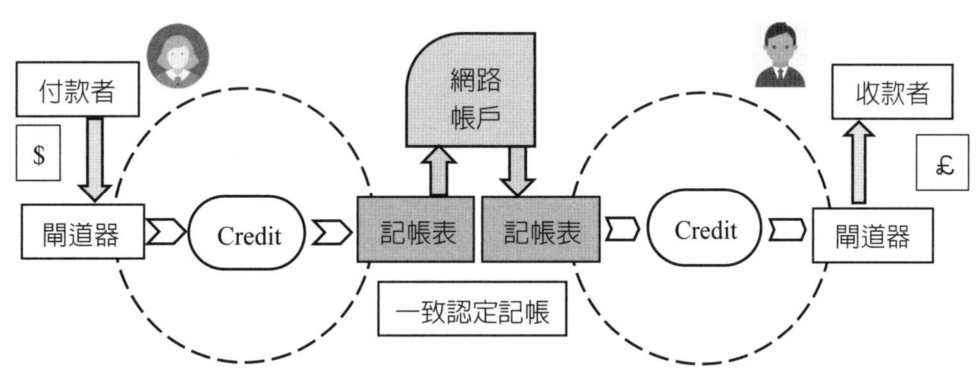

圖 9-19 Stellar 交易流程

資料來源：1. Stellar網站。
2. Wikimedia Comments。

進行移轉完成支付活動，提供服務便捷和成本低廉的跨國轉帳，以及多重貨幣兌換交易（Multi-Currency Transaction）之信用網絡系統。另透過各地記帳表的順序記錄冊（Order Book），可查閱各項交叉匯率之無縫接軌轉換的交易記錄。

三、B2B 跨境支付價值鏈的問題

B2B 乃企業對企業（Business to Business）之間，透過物聯網的方式從事產品、服務及資訊交換。圖 9-20 與 9-21 分別說明 B2B 跨境支付價值鏈之問題和區塊鏈技術可應用於 B2B 跨境支付應用。

B2B 跨境支付需經第三方中介銀行，耗時約 2-3 天且各環節需付許多手續費，使跨境匯款效率不彰、便捷性不佳、和結算過於緩慢。利用區塊鏈技術時，由於去除中介銀行，可省下相關中介費用，使成本下降。採用分布式帳本技術，交易安全性、流程透明度和便捷性均可上升。

A 國	B 國
付款方 → 付款方銀行 → 支付系統 → 中介銀行 A	中介銀行 B → 支付系統 → 收款方銀行 → 收款方

操作成本高	1. 每次資金轉帳成本高。 2. 對價值鏈之前一方收取多次手續費。 3. 各項費用和外匯業務利潤高，導致成本較高。
不方便、不安全	1. 貿易活動可靠性和安全性不一。 2. 缺乏便捷性，跨境兩地均需銀行，並於工作時間內辦理。 3. 必須輸入正確銀行帳戶和匯款代碼。
結算流程緩慢	1. 匯款可能發生延遲。 2. 流程速度比較緩慢。

圖 9-20 B2B 跨境支付價值鏈之問題

資料來源：1. 麥肯錫大中華區金融機構諮詢業務，區塊鏈—銀行業遊戲規則的顛覆者，2016.5。
2. Wikimedia Commons。

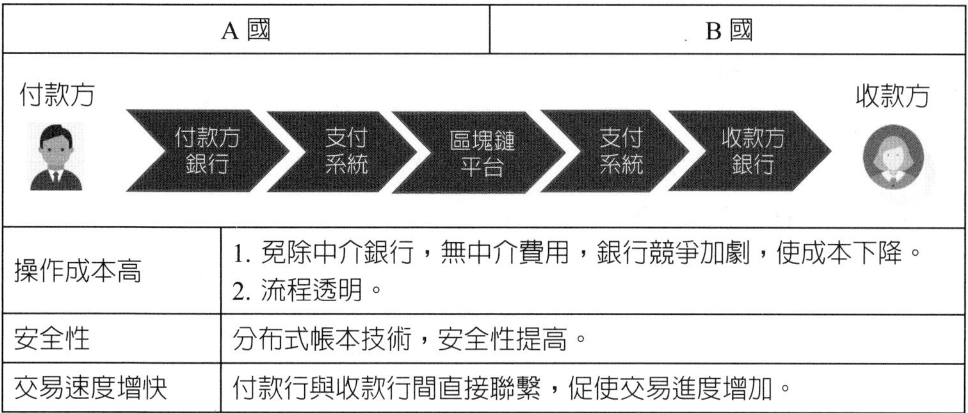

操作成本高	1. 免除中介銀行，無中介費用，銀行競爭加劇，使成本下降。 2. 流程透明。
安全性	分布式帳本技術，安全性提高。
交易速度增快	付款行與收款行間直接聯繫，促使交易進度增加。

圖 9-21　區塊鏈技術應用於 B2B 跨境支付

資料來源： 1.麥肯錫大中華區金融機構諮詢業務，區塊鏈-銀行業遊戲規則的顛覆者，2016.5。 2. Wikimedia Commons。

習題

一、選擇題

(　) 1. 2015 年 12 月 IMF 正式將人民幣納入 SDR 標準籃，並訂定人民幣權值爲____%。

(A) 7.86　(B) 8.96　(C) 10.92　(D) 12.2

(　) 2. 下列何者非信用卡的結構之四個主體組成？

(A) 清算行　(B) 發卡人　(C) 特約商戶　(D) 持卡人

(　) 3. 貨幣矩陣中，Ripple 屬於下列何者？

(A) 無密碼基礎、中心化　(B) 密碼基礎、中心化

(C) 無密碼基礎、去中心化　(D) 密碼基礎、去中心化

(　) 4. 在虛擬環境中，實體貨幣可單向兌換虛擬貨幣，並在無時效或限定時間內，可購買實際與虛擬商品和勞務。例如：____。

(A) 認購費用　(B) 飛行常客獎勵計畫　(C) 比特幣　(D) 會費

(　) 5. 下列何者主要提供各種小額貨幣價值跨國轉帳網絡服務？

(A) Bitcoin　(B) Ripple　(C) Ether　(D) Stellar

(　) 6. ____成爲 IMF 的計價單位：用於國際準備資產、配額（Quotas）價值、

基金資產、會員國交易媒介等。

(A) Bitcoin　(B) Ripple　(C) SWIFT　(D) SDR

(　) 7. ____的問世已逐漸取代支票付款，成爲塑膠貨幣的角色。

(A) 信用卡　(B) 比特幣　(C) SWIFT　(D) 悠遊卡

(　) 8. 以下何者符合去中心化和密碼貨幣的特性？

(A) Ripple　(B) Bitcoin　(C) 行動支付折扣券　(D) SDR

(　) 9. 世界紙幣首例是在____時期，當時官府特許民間經營交子鋪（類似銀行）自行發行交子（票據和紙幣），並爲其信用背書。

(A) 唐朝　(B) 明朝　(C) 宋朝　(D) 以上皆非

(　) 10. 特里芬矛盾（Triffin's Paradox）乃暫時凍結美元兌換黃金義務的原因，爲下列何國提出？

(A) UK　(B) USA　(C) Japan　(D) Germany

二、申論題

1. 數位貨幣優缺點爲何？
2. 請比較 SWIFT、Bitcoin、Ripple 的差異處。
3. 何謂特別提款權（SDR）？其重要性爲何？
4. 銀行如何解決「卡奴」問題？

解答：1.(C)　2.(A)　3.(C)　4.(B)　5.(D)　6.(D)　7.(A)　8.(B)　9.(C)　10.(B)

Chapter 10

密碼貨幣與區塊鏈

觀察近代資訊技術的進化過程，大約每 10 年會出現顛覆性的突破。在 70 年代為大型電腦（Mainframe）開創資訊先鋒，80 年代個人電腦（Personal Computer）的普及，使資訊產業蓬勃發展，90 年代透過網際網路（Internet）科技的發展，帶動物聯網系統的創新、提升雲端計算可信度、與強化終端安全儲存。從 2000 年起，移動智慧手機與社群網路開始連結，影響社群行銷與電子商務經營模式。而 2010 年起，區塊鏈技術的革新，虛擬市場滲透至各行各業的影響下，使得消費行為和偏好的改變，商業交易模式亦產生巨大的變革。面對銳不可當的趨勢，全球金融支付體系亦加快腳步，在安全性的考量下，提供更為便捷多元的支付系統，並尋求降低交易成本的可能性。

一、去紙幣化

有鑑於各國逐步朝貨幣電子化方向發展，利用數位型態的電子貨幣作為主要支付系統工具。部分國家的中央銀行，包括北歐國家（如丹麥、瑞士、瑞典）和中國大陸，相繼投入「貨幣型態改革」之研究，試圖分析當利率為零或負時。即當利率接近「零利率界限」（Zero Lower Bound），此時央行可能會面臨兩難的情況。如改變通膨目標，對經濟穩定性產生影響；如採取量化寬鬆政策亦有副作用產生。此外，當採用負利率政策時，預期會刺激通膨或放款，亦可能產生凱因斯的「流動性陷阱」，因而抵銷貨幣政策之有效性的解決之道。當負利率政策一旦實施後，可能導致民眾持有現鈔，而不願支付帳戶資金管理費給銀行。此時，為維繫一般流動性和新的現鈔需求，央行需準備印製更多現鈔，因而使其營運成本增加。然而，由於銀行存放款利差縮小，使得銀行利潤面臨壓力，在考量風險管控和資產品質下，對於風險較高的企業融資會下降，影響整體放款規模，進而上調房屋貸款成本之可能。

2015 年國際清算銀行報告指出，解決之道仰賴於央行發展數位貨幣的時程。目前數位貨幣的發展受限於資訊安全與爭端解決機制，導入區塊鏈技術之應用範圍擴大，提升清算速度和成本優勢，並安全無疑地處理帳戶間各項支付流程，其先決條件視各國貨幣電子化發展程度而定。如以北歐國家爲例，民眾有高電子支付比率，現金交易比例僅約 6%，則意味著去紙幣化的先決條件已漸完備。表 10-1 說明各國訂定政策，以達成「去紙幣化」目標之情況。

根據 Javelin 金融服務公司資料顯示，2011 年全球實體現金使用量占交易量約 27%，預期將下降至 23%，而估計每年虛擬貨幣的交易量約 1% 的速度增長。以歐洲爲例，每年非現金的交易量以 7% 成長。隨著網際網路結合物聯網的發展、智慧型手機應用軟體（Application Software, APP）的普及，均促使網路購物規模逐年擴大。全球支付和結算方式，已由信用卡、借記卡，逐步轉爲行動支付等電子貨幣。在此勢不可擋的趨勢下，虛擬貨幣將扮演重要角色，也爲比特幣奠定良好的發展條件。然而，根據瑞典全國預防犯罪委員會報告顯示，由於隱瞞收入的問題與網路詐欺案件層出不窮，使得電子貨幣的網路安全已成爲隱憂。

二、比特幣的緣起與介紹

1974 年和 1976 年諾貝爾經濟學得主，海耶克（Friedrich von Hayek）和弗里德曼（Milton Friedman）分別對新貨幣制度提出想法。海耶克教授於 2007 年出版「貨幣非國家化」（Denationalization of Money），提出顛覆傳統貨幣制度的想法。強調在自由競爭下，政府應採用私有銀行所發行的自由貨幣，逐步廢除央行壟斷性的貨幣制度，以取得較優質的貨幣制度。弗里德曼教授則以太平洋雅浦島爲例，居民會在石幣作記號，向公眾公布其交易活動。此舉無異於聯邦儲備局（Federal Reserve Board, FED）有關黃金儲備帳單移轉的記錄方式。因此，建議未來可利用數學和計算技術，建置相較於國家信用更爲穩定可靠的貨幣機制。

表 10-1　各國「去紙幣化」目標

區域	實施狀況
丹麥	1990年，約有80%的民眾使用現金和支票為主要支付工具。2014年約有75%民眾使用記名轉帳卡至線上購物，而現金和支票僅約25%。以訂定「貨幣全面電子化」為目標發展而言，自2012-2016年以來，約85%民眾用手機內的電子錢包作為電子交易支付工具。
瑞典	電子支付超過80%的交易總量，民眾普遍使用信用卡或智慧手機App程式（Swish）付款。根據國際清算銀行資料指出，瑞典全國現金交易僅占整體經濟活動約2%。
挪威	民眾使用現金消費比率已低於6%。
韓國	政府提供相關「減稅誘因」給消費者與商家，以提升刷卡消費利用率，進而取代現金支付。
台灣	2015年開始推動「無現金社會五年計畫」，要求公部門和大型醫院接受信用卡和悠遊卡等支付方式，以期將電子支付占個人消費支出比率，五年內由26%提高至52%的目標。
中國大陸	民眾透過支付寶、微信支付等方式，已從現金交易習慣改變成電子支付消費方式。另外，於2013年比特幣交易額已達世界交易額40%以上，許多大型企業亦開始接受比特幣支付方式。
美國	2015年民眾仍有47%以上仰賴現金交易。

資料來源：1. 李鈞等人，2014，比特幣過去現在與未來，遠流出版。
2. 經濟日報，人行去紙幣化要發數位貨幣，2016.1.22。
3. 聯合報，周小川：陸將發數位貨幣，2016.2.17。
4. 聯合報，丟掉收銀機……瑞典人幾乎不用現金，2016.2.17。
5. 工商時報，陳俊：電子鈔票是負利率最佳夥伴，2016.2.29。
6. NIUS妞新聞，丹麥決定根現金說掰掰！全國一致擁抱電子貨幣時代來臨，2015.6.11。
7. 商業周刊，沒有現金的時代來臨：北歐國家讓經濟和業績大漲，原本都不用「錢」！2015.5.11。

2008 年由中本聰所提出，一種顛覆性創新之軟體開放原碼（Open Source）的架構，不受任何央行管制，以嚴密數學演算法和網路架構爲信用基礎。分散式去中心化的數位貨幣，可除去貨幣發行機構和交易擔保的參與。以網路中的點對點 P2P 協定方式，將所有用戶端電腦成爲伺服器，在協定的架構下、形成網路上各節點（Node）間相互通信往返，並連串伺服器的運算資源，利用演算法與非對稱加密流程，形成公開的公鑰（Public Key）與保密的私鑰（Private Key）兩種，並自行完成安全性線上價值傳輸、交易轉發等事項，每一節點平等建構出交易總帳的一致性記帳副本，此即區塊鏈的形成。同時，可驗證新交易區塊和新比特幣的生成。每枚比特幣產生和消費均有公開記錄，並採匿名通報全網用戶。故可消除「假幣」的存在可能性。表 10-2 指出傳統貨幣和比特幣的不同點，分別以樣式、取得方式、製造、交易方式、保存與價值等特點差異比較。

表 10-2　傳統貨幣與比特幣的不同點

特點	傳統貨幣	比特幣
樣式	紙鈔、錢幣、存摺數字	私鑰或比特幣錢包數字。
取得	勞動或贈送	挖礦或贈送
製造	中央銀行	P2P網絡挖礦
保存	錢包、皮夾、儲蓄	比特幣錢包
價值	國家信用與人民的信心	演算法、P2P網絡、人民信心
交易	現金、信用卡、金融卡	公鑰與私鑰進行

資料來源：曹磊、錢海利，FinTech金融科技革命，商周出版，2016.5。

區塊鏈節點的國家分布排行如表 10-3。例如：早期全球節點最多的國家爲美國約占 33.4%，中國大陸有許多比特幣的交易，然而節點比例僅 1.83%，並不高。

表 10-3　區塊鏈節點的國家分布

排名	區域	節點
1	美國	1,949（33.4%）
2	德國	792（13.57%）
3	法國	419（7.18%）
4	荷蘭	335（5.74%）
5	加拿大	271（4.64%）
6	英國	269（4.61%）
7	俄羅斯	170（2.91%）

表 10-3　區塊鏈節點的國家分布（續）

排名	區域	節點
8	瑞典	139（2.38%）
9	中國大陸	107（1.83%）
10	澳大利亞	105（1.80%）

資料來源：譚磊、陳剛，區塊鏈2.0，電子工業出版社，2016。

比特幣誕生及普遍性的發展，相關重大事記如表 10-4 所示。2008 年 11 月比特幣創始人中本聰（Satoshi Nakamoto）曾發表〈Bitcoin，一種點對點的現金系統〉，開始描繪出新型數位貨幣的理念、發行方式、與帳戶管理相關機制。

表 10-4　加密貨幣重大事記

日期	區域	事記
1982		David Chaum開展不可追蹤性的密碼網路支付系統研發，此為區塊鏈技術之雛形。
1998		Wei Dai發表於cypherpunks函件，提出可匿名分布式加密貨幣系統（b-money）。
2007.8.1	德國	1974年諾貝爾經濟獎得主，Friedrich von Hayek出版《貨幣非國家化》（*Denationalization of Money*），提倡貨幣發行宜採自由競爭改革，由私營銀行發行自由性貨幣，取代國家發行壟斷性貨幣。
2008.8.18	芬蘭	比特幣官方網站bitcoin.org註冊。
2008.11.1		比特幣創始人中本聰（Satoshi Nakamoto）在隱祕密碼學討論小組會議，發表〈Bitcoin，一種點對點的現金系統〉。闡述新型數位貨幣的設計理念、發行、交易與帳戶管理機制。
2009.1.3	芬蘭	第一枚比特幣誕生，中本聰運用P2P系統開源使用者群，透過節點和雜湊函式系統，挖出第一個區塊鏈，並擁有50枚比特幣。
2010		Hal Finney開創「可重複使用的工作量證明機制」技術，並接受中本聰10枚比特幣轉帳。
2010.5.21	美國	電腦程式設計師Laszlo Hanyecz欲以售一萬枚比特幣，開價50元美金。最後以2張等值的Pizza優惠券成交，成為第一筆以比特幣購物案例。以2013年折合新台幣約3,600萬元。

表 10-4　加密貨幣重大事記（續）

日期	區域	事記
2010.7.17	日本	比特幣交易網Mt.Gox成立，每枚比特幣價格為$0.05。
2010.10	中國大陸	任教於江西高校的愛爾蘭籍教師詹姆士．麥卡錫為中國第一位比特幣投資與使用者。
2010.12.5		使用者願捐贈比特幣給維基解密，但中本聰認為比特幣處於萌芽階段，因而反對。
2010.12.12		中本聰在比特幣論壇表達完全退隱，由全球志願者維護系統運作。
2011.5	美國加州	比特幣支付方案創業公司Bitpay成立。
2011.5	瑞典	海盜黨（第三大政黨）創始人理查．法爾克維，其寫作〈為什麼我把我的積蓄都換成了比特幣〉引起廣大迴響。
2011.6		維基解密開始接受比特幣捐贈。
2011.6	中國大陸	淘寶網售出30萬筆比特幣。
2011.6		民眾建置46張顯示卡組裝23台挖礦機。
	日本	全球最大交易平台Mt.Gox的半年交易量成長為287倍。
2011.7		「比特幣秀」節目開展。
2011	法國	首宗比特幣官司，工商銀行關閉Mt.Gox銀行帳戶，認定經營比特幣屬非法行為，但法院判決Mt.Gox可繼續經營比特幣業務。
2011		Slush礦池透過合併挖礦，利用兩個區塊鏈的算力，同時開挖兩種貨幣，以提高報酬。
2012.3.15	芬蘭	HTML5軟體公司首度以匯率計算比特幣，發放薪資。
2012.4.19	美國	BitInstant和Coinapult交易平台合作，開展郵件發送比特幣業務。
2012.6.20		富比士雜誌公布「比特幣富豪榜Top250」，首富擁有438,824枚。
2012.7	德國	第一台歐元兌換比特幣的自動販賣機原型問世。
2012.7.10	中國大陸	以人民幣10萬元成立比特幣對沖基金「老端比特幣一號」。
2012.8		比特幣基金會成立，致力於推廣、保護、維護比特幣，為比特幣半官方非營利組織。
2012.9	美國	風險投資IDG天使投資人，投資Coinbase比特幣公司。

表 10-4　加密貨幣重大事記（續）

日期	區域	事記
2012.10	歐洲	歐洲央行發表「虛擬貨幣方案」，指比特幣支付系統並非「龐式騙局」（Ponzi scheme），市場需求對央行信譽造成影響，須定期評估。
2012.10		Bitpay宣稱超過1,000商家利用比特幣支付系統。首次應用區塊鏈技術於交易活動。
2012.11		部落格軟體發展商WordPress接受比特幣捐款。
2012.12	法國	全球第一家由政府核准比特幣交易所「比特幣中央」（Bitcoin-Central）成立。核准銀行使用的辨別身分國際帳號，並取得支付服務提供者（Payment Service Provider, PSD）資格，可從事存款、提款、轉帳、匯款、電子錢包和第三方支付業務，但無貸款服務。
2012.12	美國	Bitfunder開設比特幣股票交易所。
2012		Coinbase透過群眾募資設公司，直接由銀行帳戶買賣比特幣服務。
2013.1		比特幣付款處理公司Bitpay客戶已超過2,000家。
2013.2.17		社交新聞網Reddit開始接受比特幣付款。
2013.3	賽普勒斯	全球第一台比特幣自動取款機設置，在賽普勒斯危機中，民眾可將儲蓄換成比特幣。
2013.3.18	美國	金融犯罪執法局發表〈虛擬貨幣個人管理調例〉，制定虛擬貨幣有關管理、交易、和使用規範，此視為比特幣合法化的象徵。
2013.3.20	中國大陸	推出雲端計算的國際比特幣專業交易平台42BTC。
2013.4	美國	第三大政黨自由黨正式接受比特幣作為政治獻金。
2013.4		免費社交網站OkCupid接受比特幣購買。
2013.4		線上比特幣時尚商店Bitfash開幕。
2013.4.21	中國大陸	深圳壹基金公益基金會收到共233枚比特幣之地震賑災捐款。
2013.4.30	美國	Foodler網站接受0.16枚比特幣支付外賣中餐。
2013.5	英國	政府監督比特幣交易所註冊制，為交易合法化的創舉。

表 10-4　加密貨幣重大事記（續）

日期	區域	事記
2013.5	美國	Bitcoin ATM公司開始設置美元、歐元、和比特幣相互兌換的自動取款機，並進軍全球各大城市。
2013.5		比特幣Coinbase從創投Union Square取得全球首輪融資。
2013.5	日本	為防制洗錢活動，Mt.Gox要求用戶提取美元需驗證身分。
2013.5.3	中國大陸	中央電視台播放「揭祕比特幣」，教導下載程式挖礦，引起民眾投資比特幣熱潮。
2013.5.6	美國	商品期貨交易委員會對監管比特幣、投資保護等討論。
2013.5.17		由比特幣基金會舉辦〈全球第一屆比特幣大會〉，重點在於技術平台的監控與安全等議題。
2013.5.19	中國大陸	比特幣節點高達85,220，占全球總數22.8%，名列前茅。
2013.5.28	哥斯大黎加	虛擬貨幣交易所「自由儲備」，被美國聯邦檢察官指控，幫助全球洗錢60億美元。其中，並無比特幣犯罪參與。
2013.5	美國	Bit Angel天使投資平台建立，聚焦比特幣創業公司，提供資金與孵化器。
2013.6.3	中國大陸	上海國際貨幣會議關注比特幣的發展。
2013.6.8	香港	港府同意GBL經營虛擬貨幣（如比特幣等）兌換業務。
2013.6.28	美國	Mt.Gox獲得美國FinCEN牌照，合法經營貨幣兌換業務。
2013.6.24		金融管理局認定比特幣基金會非法進行金融活動，將面臨罰款和被起訴。基金會反駁該會屬於非營利組織，在華盛頓州西雅圖登記，且未從事比特幣交易活動。
2013.6.26		Mt.Gox公司向財政部金融犯罪執法網路處提出申請，並正式取得貨幣服務核准。
2013.7.2		溫克萊沃斯比特幣信託基金向證券交易委員會提交IPO申請，發行比特幣交易開放型指數基金。
2013.7.12	德國	費朵銀行（Fidor Bank AG）和比特幣交易網站Bitcoin.de達成協議，為比特幣交易提供責任傘保險。
2013.7.12	美國	Coinbase首創即時交易兌換功能，無須經由銀行系統。

表 10-4　加密貨幣重大事記（續）

日期	區域	事記
2013.8.8	美國	德州聯邦法院對比特幣儲蓄和信託基金（BTCST）詐騙案裁決，認定比特幣是「一種遵守相關美國法律的貨幣形式」。
2013.8.19	德國	財政部認定比特幣具有「記帳單位」和「私有資金」功能，可作為私人交易及小範圍多邊清算的金融工具。即全球第一個國家承認比特幣合法之法律和稅收地位。
2013.8.26	美國	比特幣基金會與聯邦政府討論，包括聯邦調查局、國稅局、聯邦儲備委員會、貨幣監理署、聯邦存款保險等。
2013.8.30	英國	牛津線上詞典收錄Bitcoin為有影響力的新詞。
2013.9.2	美國	猶他新婚夫婦決定婚後90天僅用比特幣度日，設置Life on Bitcoin網頁記錄生活點滴。透過群眾募資Kickstarter網站募集570枚。
2013.10.30	中國大陸	果殼建置比特幣支付功能，客戶在比特幣官網購買產品。
2013.10	加拿大	比特幣自動提款機啟用，交易額度設限每日3,000加幣。
2013.11.18	中國上海	BTC China 比特幣交易量已超越日本Mt.Gox，躍升為全球最大交易平台。
2013.11.19	美國	司法部和證券交易委員會認同比特幣為合法金融工具。
2013..11.20	中國大陸	人民銀行宣稱不干預比特幣作為民間自由參與互聯網的買賣行為，短期內亦不承認其合法性。
2013.11.21	賽普勒斯	私立尼科西亞大學設立全球第一所比特幣碩士學位。
2013.12.3	中國大陸	人民銀行、國家工業和資訊化部、銀行業監督管理委員會、證券監督管理委員會、保險監督管理委員會聯合聲明〈關於防範比特幣風險的通知〉，提防比特幣洗錢活動。
2013.12.5		人民銀行禁止銀行業進行比特幣支付業務。
2013.12.8		人民銀行禁止第三方支付業從事比特幣託管和清算業務。
2013.12.9	美國	藍寶堅尼以91.4枚比特幣，賣出第一台比特幣交易汽車。
2013.12.11	台灣	華義線上遊戲商宣布，旗下購物商城接受比特幣交易。
2013.12.13	澳大利亞	國立大學詞典研究中心將比特幣之廣泛流行性選入「2013年澳大利亞年度辭彙」。

表 10-4　加密貨幣重大事記（續）

日期	區域	事記
2013.12.16	中國大陸	諾貝爾經濟學獎得主Thomas J. Sargent認為比特幣可成為未來國際儲備貨幣。
2013.12	香港	企業家李嘉誠跨國投資Bitpay。
2014.1.1	台灣	購物平台Wmall利用Bitpay系統，接受比特幣付款交易。
2014.5.24	中國大陸	人民銀行禁止支付寶使用比特幣交易。
2015		針對數碼貨幣有關發行流程、運作架構、關鍵技術、流通環境、法律規定等，已達成階段性擴展目標。
2016.1.20		中國人民銀行數碼貨幣研討會提倡數碼貨幣的優點，如降低紙幣發行和流通成本、提升交易透明性與便捷性、減少洗錢和逃漏稅、強化貨幣供給與流通控管、區塊鏈技術及加強普惠金融活動等。
2016.1.20	瑞士	國際貨幣基金會（IMF）指出，虛擬貨幣及區塊鏈技術提供便捷和低廉成本的金融服務，具有正面效益。未來對發展中國家的金融包容性政策亦有助益。但需要更細緻的監督機制，以防範洗錢、恐怖分子資金管道、詐欺、逃避資本管制等非法活動。
2016.2.17	美國	IBM將應用「區塊鏈」（Blockchain），發展相關軟體結合無線射頻識別標籤（Radio Frequency Identification, RFID），整合後台系統，並簡化作業流程，免費開放（Hyperledger Project）原始編碼。
2016.2.24		JP Morgan Chase擴大金融科技支出，以研發「區塊鏈」（Blockchain），測試「分散式分類帳」（Distributed Ledger）技術，降低貨幣清算與結算時間，加快資金周轉和降低交易風險可行性。
2016.3.4	日本	內閣批准虛擬貨幣合法性，視為一種付款方式。
2016.5.2	澳洲	澳洲企業家Craig Steven Wright向BBC、經濟學人、GQ雜誌坦承，於2008年發表比特幣論文的作者中本聰為其本人。
2017	日本	虛擬貨幣法正式承認代幣具有金融價值。
2017.4.1		加密貨幣交易所監管法規之專法管理，承認虛擬貨幣合法。
2017.1	中國大陸	人民銀行約談比特幣平台負責人與檢查比特幣交易所。
2017.9		人民銀行將首次貨幣發行（Initial Coin Offerings, ICO）認定為「非法融資」，導致比特幣中國（BTC China）停止業務。

表 10-4　加密貨幣重大事記（續）

日期	區域	事記
2017.12	美國	芝加哥商品交易所（CME）推出比特幣期貨，每日漲跌幅+/-20%。
2018.1.2	日本	由於中國全面封殺虛擬貨幣，使日圓兌虛擬貨幣交易量上升40%。
2018.1.12	中國大陸	互聯網金融風險專項整治工作領導小組要求地方政府，嚴格用電規範，引導挖礦業務退場。
2018.3	G20	將加密貨幣定調為「加密資產」（Crypto-Assets）。

資料來源：1. 嚴行方，2014，貨幣之王比特幣，稻田出版。
2. 李鈞等人，2014，比特幣過去現在與未來，遠流出版。
3. 經濟日報，IBM攻金融科技測試區塊鏈，2016.2.17。
4. 經濟日報，小摩砸大錢攻金融科技，2016.2.24。
5. 工商時報，推動區塊鏈技術的應用已刻不容緩，2016.1.28。
6. 經濟日報，人行去紙幣化要發數位貨幣，2016.1.22。
7. MBA智庫百科。
8. 薛智文，道高一尺魔高一丈：比特幣是怎麼回事？科學月刊，2014.1.23。
9. Coindesk, Bitcoin stock exchange BitFunder announces closure, 2013.11.12.
10.iThome，比特幣發明人果然是他！澳洲企業家Craig Steven Wright終於坦言證實，2016.5.2。
11.經濟日報，人行反洗錢查比特幣交易所，2017.1.12。
12.比特幣資訊網，日本正式承認比特幣和數字貨幣爲貨幣，2016.5.9。
13.工商時報，虛擬貨幣暴跌挖礦概念股成災區，2017.9.16。
14.工商時報，大陸出重手掐斷比特幣挖礦路，2018.1.12。
15.工商時報，區塊鏈、加密貨幣與ICO，2018.6.4。
16.工商時報，我的虛擬貨幣不是有價證券，2018.5.11。
17.工商時報，比特幣期貨下月中旬上路，2017.11.15。
18.工商時報，大陸封殺虛擬貨幣交易所轉戰日本，2018.1.2。

1. 虛擬通貨監管程度

至 2018 年 6 月已有 1,512 個加密貨幣發行，除比特幣和特殊幣外，大部分加密貨幣依以太坊之 ERC-20 協議發行，各國對比特幣和首次貨幣發行（ICO）的認可與監管態度不同。表 10-5 描述各國政府對比特幣與 ICO 相關適用性、稅務處理、警示性、交易平台、金融業參與、和禁止發行或使用等項目。2013 年 8

月首先德國認可比特幣成爲合法貨幣，2015 年歐盟宣布比特幣爲一種貨幣，並非商品交易。處於高通膨與資本管制的國家（如希臘、委內瑞拉等），民眾視比特幣爲更穩定與保值的一種交易貨幣。2016 年 3-4 月日本和俄羅斯正式認可比特幣合法性，視爲一種付款方式。日本於 2016 年 5 月修改「資金結算法」，增加專章「虛擬貨幣」。交換業之登記需向日本金融廳申請，最低資本額爲 1,000 萬日幣，並承擔有關資安管理、財產分別管理、資訊接露、接受監督四項義務。並將虛擬貨幣分爲兩類：

(1) 1 號虛擬貨幣：成立要件乃以對價方式從事對不特定人買賣、財產性價值、貨幣性計價資產、電子方法紀錄與移轉等規定，例如：比特幣與以太幣。

(2) 2 號虛擬貨幣：具體要件爲對不特定人兌換 1 號虛擬貨幣、財產性價值、電子方法紀錄與移轉等規定。

表 10-5　各國政府對虛擬通貨之監管態度

區域	AML/CFT[1] 適用現行法規或警示	證券代幣	合法性	稅務處理	平台須特許或註冊	禁止挖礦	禁止匿名帳戶	消費者警示	禁止 ICO 發行	金融業警示或禁止虛擬通貨	禁止掛牌	禁止使用
阿根廷	警示							v		警示		
玻利維亞									v			v
加拿大	修訂法規		v	v				v				
中國大陸					禁止	v			v	禁止		v
南韓	加強監管						v		v	禁止		
法國	現行法規			v				v				
德國	現行法規											
義大利								v		警示		
日本	新法規[3]		v		v			v				
俄羅斯	現行法規		v					v	v			
新加坡	新法規			v				v	v			

表 10-5　各國政府對虛擬通貨之監管態度（續）

區域	AML/CFT[1]適用現行法規或警示	證券代幣	合法性	稅務處理	平台須特許或註冊	禁止挖礦	禁止匿名帳戶	消費者警示	禁止ICO發行	金融業警示或禁止虛擬通貨	禁止掛牌	禁止使用
南非								v				
英國	現行法規			v								
美國[2]	聯邦法			v	v		v	v	v			
澳洲	現行法規			v			v					
以色列											v	
台灣	現行法規	v		v			v					
香港、阿聯		v										
瑞士	修訂法規		v									
丹麥、印度				v								

註：1.洗錢防制（Anti-Money Laundering, AML）與打擊資助恐怖主義（Combating the Financing of Terrorism, CFT）。

2.美國商品期貨交易委員會（CFTC）已將虛擬貨幣（如比特幣）歸類為大宗商品，並受其監管。

3.日本於2016年5月修改「資金結算法」，增加專章「虛擬貨幣」。批准比特幣之合法性，並視為付款方式之一。

資料來源：1. 科技新報，台灣電子支付、虛擬貨幣前途茫茫：我們不僅有保守的金管會，還有更保守的央行，2016.3.29。

2. 工商時報，以色列擬禁止比特幣公司掛牌，2017.12.27。

3. 工商時報，買賣比特幣財長：應課徵營業稅，2018.3.27。

4. 比特幣資訊網，日本正式承認比特幣和數字貨幣為貨幣，2016.5.9。

5. IMF (2016), “Virtual Currencies and Beyond: Initial Considerations,” IMF Staff Discussion Notes, No. 16/3.

6. 中央銀行，央行理監事會後記者會參考資料，2016.3.24。

7. 經濟日報，防止數位貨幣遭竊交易所註冊審查交易所註冊審查趨嚴，2018.5.7。

8. 工商時報，比特幣交易禁令延燒平台主管禁離京，2017.9.19。

9. 工商時報，香港證監會監管加密幣再出招，2019.5.31。

然而，玻利維亞等國採取禁止發行或使用的政策。由於虛擬通貨作爲計價單位鮮少、交易媒介性不足、使用範圍甚低、規模較小、價格波動幅度較劇等因素，以經濟觀點而言，虛擬通貨作爲價值儲藏性不高。2017 年 9 月中國大陸則全面封鎖加密貨幣交易所，例如：比特幣中國、火幣網、OKCoin 等。另部分國家視比特幣交易爲一種投資，2013 年 11 月美國司法部和證券交易委員會認同比特幣爲合法金融工具之一，將比特幣和其他虛擬貨幣列爲期貨商品。2018 年 6 月 30 日加拿大 Harvest Portfolios 推出全球第一檔區塊鏈 ETF。而有些國家視虛擬貨幣具有高投機性數位產品。如台灣採相對保守態度，視虛擬通貨爲高投機屬性之虛擬商品，須課營業稅與營所稅，未認可其具法償效力之合法貨幣性質。2018 年 10 月金管會認定虛擬貨幣爲「虛擬通貨」，屬於洗錢防制法界定之「非金融相關事業」，要求虛擬貨幣交易平台需採實名制進行相關交易。另 2019 年 6 月金管會規定，在超商現金購買虛擬貨幣不納入防洗錢管制範圍，乃由虛擬貨幣業者透過代收付契約，管控每日虛擬貨幣限額。

2. 比特幣流通

自比特幣創建後，經開源社團、交易所、礦工、用戶等多方共同維護，自發性建置出獨特權利契約，利用礦機和礦池來生成比特幣，購買時則可透過交易所和交易中間商提供各項轉帳、兌付和兌換的服務，並於虛擬錢包儲存比特幣的價值。此系統無須機構監控、去中心化、密碼發行、法幣雙向流通的貨幣。圖 10-1 指出每一相互交錯環節涉有不同的服務、利益計算、人員和機構參與，形成比特幣產業鏈與流通。

首先，必須至比特幣官網下載用戶端程式，取得一串如亂碼般無意義字元的地址（帳戶），並完成密碼設置。此程式由開源社群開發軟體與測試，並維繫比特幣系統正常運作。在拷貝或輸入地址時，若用戶操作疏漏，亦不會發生將錢誤轉至其他帳戶的問題。圖 10-2 說明自 2009 年 1 月起，全球獨立活躍地址數穩健上升，2013 年 10 月已達 42,924 地址數開始激增，至 2016 年 4 月已接近 395,942 地址數，此顯示比特幣已廣爲民眾接受並參與交易。

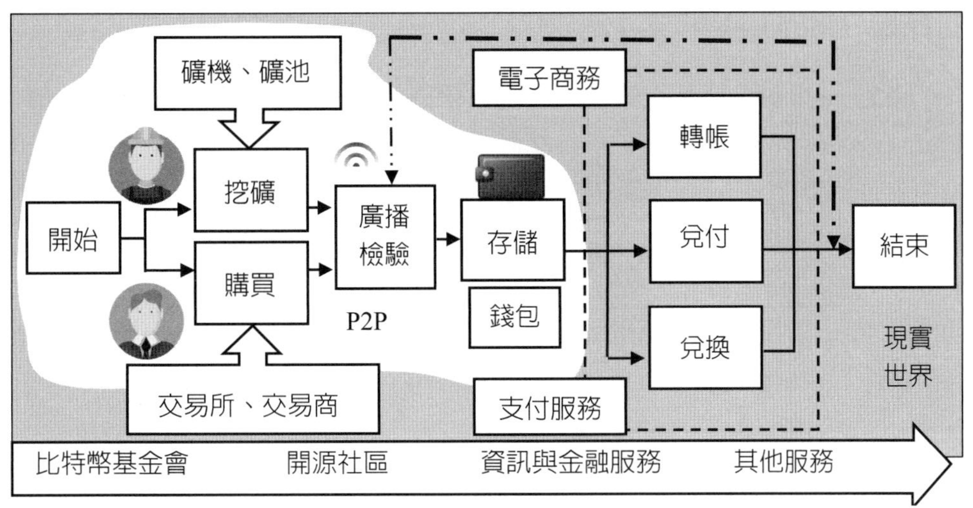

圖 10-1　比特幣流通

資料來源：1. 李鈞等人，比特幣過去現在與未來，遠流出版，2014。
2. 薛志文，道高一尺魔高一丈：比特幣是怎麼回事？，科學月刊，2014.1.23。
3. Wikimedia Commons。

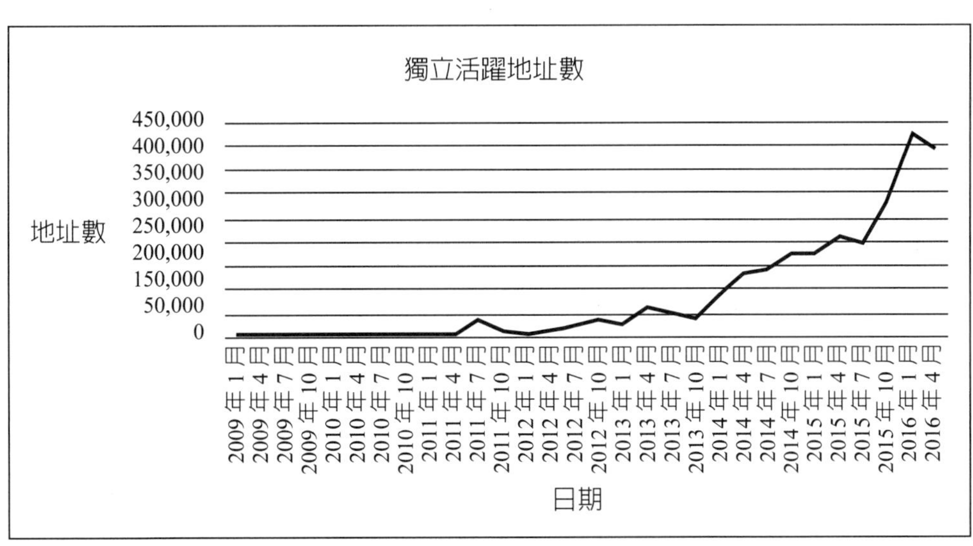

圖 10-2　全球獨立活躍地址數

資料來源：Blockchain Info。

3. 挖礦（Mining）方式

礦工（Miner）下載比特幣專門運算挖礦免費程式，例如：GUI Miner、50Miner、CG Miner、Diablo Miner 等。輸入帳戶和密碼資訊後，按「運算」開始加入礦工們行列，進行類似挖掘金礦的挖礦競賽，此爲比特幣生成的唯一途徑。如同實際挖礦一般，必須探勘地質資料作爲預測礦脈的依據。單打獨鬥型電腦需作「探礦」活動，即需大量算力來猜測數字，即每猜一次表示執行一連串哈希散列（Hash）函數（又稱雜湊函數）。同時，考量挖礦速度和安全性等因素實屬艱難。利用難度係數可衡量礦工挖礦的困難程度，此係數採創立新區塊計算量與全網區塊計算量的比值。難度爲 1 表示約 7(MH/s)[1]，而一般電腦僅能每秒執行少數幾個（MH/s）。由於礦工利用智慧手機挖礦，容易導致電池耗損，使 iPhone 或 iPad 產生過熱的問題。2018 年 6 月蘋果公司宣布禁止 iOS 挖礦活動。

自 2014 年至 2019 年困難度係數開始持續攀升到天文數字與倍數，說明挖礦實屬異常艱辛過程，因而衍生比特幣礦池與礦機產業興起，如圖 10-3 所示。另有雲端挖礦公司成立（如 Genesis Mining 等），專門從事算力業務，礦工購買算

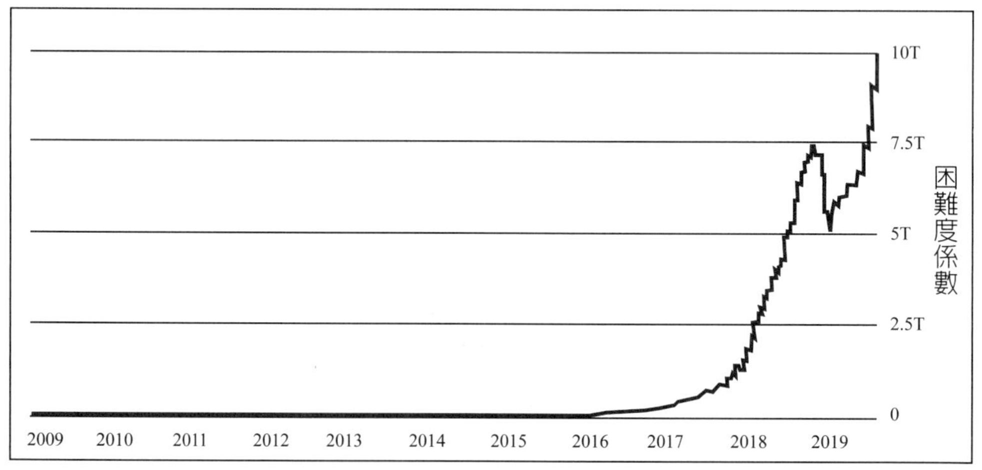

圖 10-3　比特幣難度係數

資料來源： Bitcoin Visuals。

[1] H/s = 哈希數 / 每秒；KH/s = 千次哈希數 / 每秒；1MH/s = 1,000KH/s；1GH/s = 1,000MH/s；1TH/s = 1,000GH/s；1PH/s = 1,000TH/s；1EH/s=1,000PH/s。

力後，公司每日將挖礦獲取的比特幣，依算力比例分配給礦工並扣除維護費。然而，隨者到期日，亦或比特幣價格的波動，當礦工所得比特幣不足以支付維護費時，則算力契約即刻終止。此外，比特幣水龍頭（Faucet）網站（如 Moon Bitcoin Faucet）提供免費比特幣，瀏覽者透過影片觀賞、廣告瀏覽、遊戲互動等方式，即可累積 Satoshi（比特幣基本單位）獲取比特幣。

(1) 礦池

礦工加入已發掘比特幣的集體挖礦池（Pool），例如：Deepbit、Slush's Pool、BTC Guild 等，進行協同挖礦，表 10-6 指出礦池挖礦相關步驟。礦池功能是匯集各獨立礦工的算力，經由軟體針對挖礦量作拆分和分配之統一調度。礦工收益乃依礦池獲得記帳權後，按規則比例貢獻度進行分配。圖 10-4 顯示全球挖礦算力和比例的礦池排行，以 2016 年 3 月期間爲例，全球算力約爲 1,083,100（TH/s）。排名第一爲 AntPool，擁有區塊數爲 1,024 和持有比重 26.97%。

表 10-6 礦池挖礦步驟介紹

名稱	Deepbit	BTC Guild	Slush's Pool
網站註冊	v	v	v
錢包地址	v	v	v
時區			v
監控挖礦狀態			v
設置挖礦設備	v	依照GPU設置多重挖礦設備，不限用戶數。	v
下載挖礦軟體	v	v	v
啟動挖礦軟體	v	v	v
創建採礦器	v	v	v
選擇伺服器	v	v	v
輸入密碼	v	v	v
開動礦機	v	v	v

表 10-6　礦池挖礦步驟介紹（續）

名稱	Deepbit	BTC Guild	Slush's Pool
等待收益	即時支付： 1. 按次固定支付。 2. 按比例支付。	1. 按次固定支付。 2. 按最後開放輪次支付。	按算力貢獻比例支付
通知新區塊資訊	v		
礦池手續費用	3%	3%	2%
其他			高速挖礦機設計使用 Application Specific Integrated Circuit（ASIC）。

資料來源：李鈞等人，比特幣過去現在與未來，遠流出版，2014。

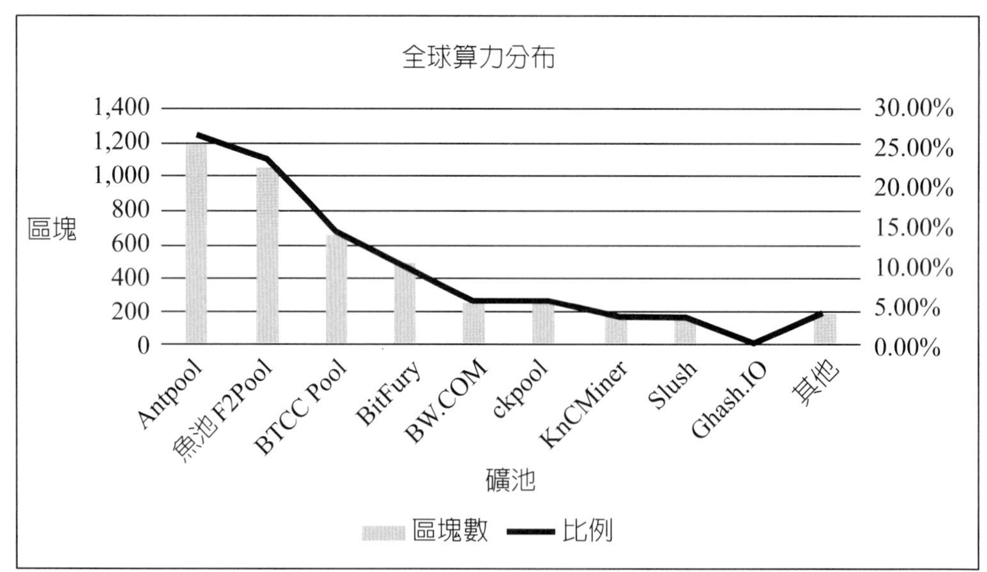

圖 10-4　全球算力分布

資料來源：QuKuai區塊。

(2) 礦機

早期挖礦工具乃利用以邏輯運算的 CPU 爲主，製造新區塊。之後，陸續加入許多礦工，使計算的難度增高。相關公司爲提高生產效率和優化處理，採用了圖形處理的 GPU，可進行大量的演算法計算和重複運算。以圖 10-5 全網挖礦總算力統計可知，由 2009 年 9 至 2019 年期間，算力逐月暴增，可端倪出近期礦機技術的提升與礦工投入的心血。隨著比特幣總市值的增加，方能吸引更多礦工的加入和硬體設備升級來維護比特幣系統。

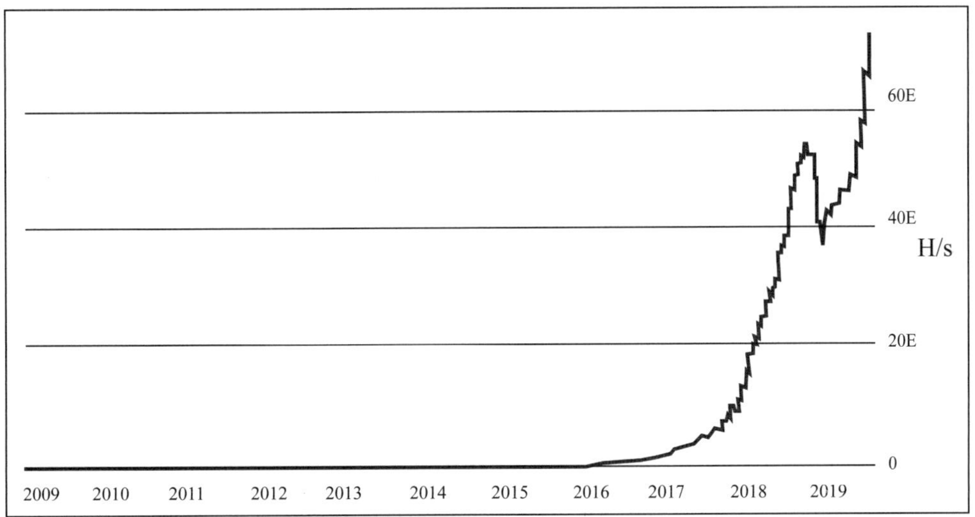

圖 10-5　全網挖礦總算力趨勢圖

註：Estimate (E) = 困難度 * 2^{32} / time。
資料來源：Bitcoin Visuals。

表 10-7 說明礦機的發展史，近期專業礦機的問世（例如：ASIC 和 FPGA）、礦機租賃與雲挖礦代理服務，則大幅倍增挖礦的效能。以中國爲例，礦機公司（如烤貓、七彩神仙魚）利用股權型眾籌和預付款方式，以比特幣爲支付媒介的創舉，順利完成籌資。

表 10-7　比特幣挖礦發展

日期	區域	規格	事件
2008		CPU	第一位礦工Hal Finney運用中央處理器（Central Processing Unit, CPU）挖礦。

表 10-7　比特幣挖礦發展（續）

日期	區域	規格	事件
2011		繪圖處理器（Graphic Processing Unit）	駭客利用GPU繪圖處理器編寫挖礦程式，促成比特幣礦業第一次產業升級。GPU的平行處理能力約CPU的50到100倍。
2011	中國大陸	FPGA（Field Programmable Gate Array）	第一、二代場效可程式邏輯閘陣列（FPGA）礦機，分別提供360-400MH/s，其速度超過GPU數倍。
2012.8.9		ASIC（Application Specific Integrated Circuit）	特定應用積體電路（ASIC）礦機公司（烤貓）向全球網友籌募資金，以每股0.1比特幣募集股權型眾籌，發行40萬股份。此礦機可提高哈希計算效能，增加挖礦效率。
2013.5.19			礦工（節點）數量達85,220個，占全球22.8%，名列全球第一。
2013.9		ASIC	ASIC.COM平台推出第一代ASICME Avalone系列挖礦機。
2013		FPGA（Field Programmable Gate Array）	場效可程式邏輯閘陣列（FPGA）可提供高電源效率和克服原有可程式邏輯閘陣列電路數有限的問題。
2013.4.30	瑞典	ASIC設計和生產	ORSoC與KNCminer合作開發礦機。
2013.5	中國大陸	雲挖礦代理	Dig Coin平台利用雲計算方式，組成礦機集群，透過計算力分享、技術研發和系統維護，協助客戶挖礦。
2013.6.29		Bit.sh V1 ASIC礦機	七彩神仙魚透過QQ（騰訊通訊軟體），以預付款方式籌資3,000比特幣，成功研發Beehive蜂巢式礦機。
2013.9.2			算力約達700（TH/s），較6月成長6-7倍。
2016.6.21	中國大陸	Avalon礦機	嘉楠耘智公司發展數位區塊鏈設備，以人民幣30.6億元被收購。
2017.6.12	台灣	NVIDIA和AMD繪圖晶片	挖礦風潮帶動繪圖晶片需求暴增，使顯示卡和挖礦主機板受惠。

表 10-7　比特幣挖礦發展（續）

日期	區域	規格	事件
2018.5.10	中國大陸	首檔礦機股IPO	嘉楠耘智公司赴香港IPO。

資料來源：1. 經濟日報，比特幣礦機公司身價爆紅，2016.6.21。
2. 嚴行方，貨幣之王比特幣，稻田出版，2014。
3. 科技報橘，比特幣礦業史（上）：故事的開始CPU時代，2013.5.22。
4. 科技報橘，比特幣礦業史（中）：群眾的覺醒顯卡時代，2013.5.23。
5. 科技報橘，比特幣礦業史（下）：巨頭的誕生ASIC時代，2013.5.27。
6. 比特幣研究院，比特幣挖礦（Bitcoin mining）簡介——硬件篇，2013.11.7。
7. 工商時報，虛擬貨幣爆熱輝達超微加溫，2017.6.12。
8. 工商時報，首檔礦機股嘉楠耘智赴港IPO，2018.5.10。

4. 生產交易紀錄（Coinbase）

電腦程式會利用演算法（Algorithm）計算與搜尋電腦 64 位元數字，並透過資料探勘（Data Mining）方式開採。比特幣發行的過程，乃依據數學結構，由參與者貢獻各自電腦運算能力之消耗，形成網絡，並以密碼學之演算法逐一估計，尋求特定且無法預測的數字作反覆解密，以求取有效的區塊（Block），並取得新區塊的記帳權利。並以記帳權礦工爲收款人的生產交易紀錄，亦即比特錢包服務特殊交易紀錄，如圖 10-6 所示。因此，新交易區塊因而產生，且 Coinbase 交易紀錄列於其中，則協同礦工們即可獲取 50 枚比特幣，並以未花費交易輸出（Unspent Transaction Output, UTXO）紀錄作爲報酬。此爲礦工採礦的原動力，並依貢獻運算力之多寡，平均分配於連線的礦工。

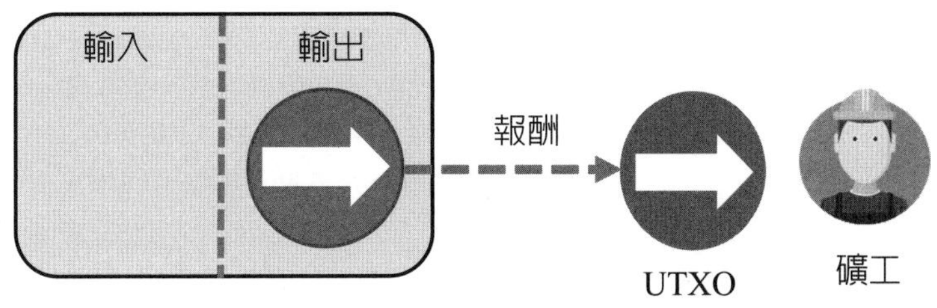

圖 10-6　Coinbase 特殊交易紀錄

資料來源：1. Nikkei Computer，FinTech革命金融科技完全解析，2016.8。
2. Wikimedia Commons。

三、區塊鏈技術演進階段

區塊鏈技術演進包括區塊鏈 1.0：密碼貨幣、區塊鏈 2.0：智慧財產（Smart Assets）、區塊鏈 2.5：智慧契約（Smart Contracts）、及區塊鏈 3.0：智能合約（Intelligent Contracts）等四階段，如表 10-8 說明。區塊鏈 1.0 基礎技術可結合互聯網，開展金融資訊交換、數位貨幣、或支付系統等應用。區塊鏈 2.0-2.5 則利用自動設定程式，建構智能合約與智慧資產，應用於數位認證、貨幣以外資產交易（如證券、產權、和金融商品）等執行業務。區塊鏈 3.0 專注於社會治理層面和私有鏈應用，提升效率與安全管控。以租車業十天租車期間智能合約爲例，合約成立日時，租車人需透過電子錢包完成扣款，若到期後未補款則無法發動汽車。此外，Airbnb 亦利用區塊鏈所延伸的智能合約，導入全球性租屋服務，並連結清潔公司，形成生態圈經營形式。

表 10-8　區塊鏈技術演進四個階段

階段	年代	名稱	技術演進
區塊鏈1.0：密碼貨幣	1982	密碼學網路支付系統	David Chaum提不可追蹤性、隱私安全密碼學網路支付系統。
	1985	橢圓曲線密碼學	Neal Koblitz和Victor Miller創立橢圓曲線密碼學（Elliptic Curve Cryptography, ECC），建置安全性高公開金鑰加密演算法。
	1990	不可追蹤的密碼學網路支付系統	David Chaum利用此網路支付系統，建置非去中心化的eCash。
	1991	使用時間截確保數位文件安全	由Stuart Haber和Scott Stornetta創造出此協議。
	1992	橢圓曲線數位簽章演算法	Scott Vanstone等人率先發展橢圓曲線數位簽章演算法（Elliptic Curve Digital Signature Algorithm, ECDSA）。
	1997	Hashcash技術和工作量證明機制（Proofs of Work, POW）演算法	Adam Back創造Hashcash技術，具不可逆性成本函數，易於驗證和難於破解的屬性。最早是運用於阻絕垃圾郵件。

表 10-8 區塊鏈技術演進四個階段（續）

階段	年代	名稱	技術演進
	1998	匿名分散式電子現金系統（B-Money）	B-Money導入工作量證明機制，具P2P交易與不可竄改屬性。
		去中心化數位貨幣系統（Bit Gold）	Nick Szabo發表Bit Gold，參與者結合運算力，一起合力解謎。
	2002	Hashcash論文發表	Adam Back正式發表Hashcash系統論文。
	2005	可重複使用的工作量證明機制（Reusable Proofs of Work, RPOW）	Hal Finney發表可重複使用的工作量證明機制，將B-Money和Hashcash演算法連結，為密碼學貨幣創成之先驅。
	2008	比特幣	中本聰發表比特幣論文。
區塊鏈2.0：智慧資產	2012	彩色幣（Colored Coin）	區塊鏈開源協議（Open Assets Protocal）發行與轉移貨幣以外數位資產，如股票與債券交易。
區塊鏈2.5：智慧契約	2014	代幣	代幣應用於金融領域聯盟制區塊鏈，如1：1美元法幣數位化。
		Ripple密碼貨幣	無交易所之國際匯款網路。
		Factom和MaidSafe密碼貨幣	資料層區塊鏈（Data Layers Blockchain）、分散式帳本（Distributed Ledgers）儲存、人工智慧（Artificial Intelligent）之金融應用。
區塊鏈3.0：複雜型智能合約	2014	Ethereum密碼貨幣	區塊鏈3.0導入政府、醫療、科學、音樂版權、文化與藝術領域。如再生能源、身分識別、生產履歷、票務交換、公證、仲裁、審計轉/分帳自動結算、簽證、投票、社會治理或網域名稱等事務。

資料來源：1. iThome，區塊鏈技術演進史，2016.4.23。
2. 工商時報，區塊鏈跨足運動發現新藍海，2017.1.5。
3. 工商時報，台灣區塊鏈技術應用3契機，2016.8.16。

區塊鏈技術的發展，其創新改革性優點已獲認同。起初區塊鏈分爲非實名制與實名制。前者爲比特幣和其他密碼貨幣，後者遵循治理架構（Governance Structure）與商業邏輯（Business Logic）爲導向，透過認許制（Permissioned）或其他方式控管節點，配合金融監管機構執行反洗錢和身分驗證的規則，以篩選節點參與交易驗證和資訊存取。

2016 年 11 月 16 日台灣網路認證公司啟動身分識別中心，提供身分識別服務作爲網路交易基礎，取代網路交易臨櫃辦理業務。如電子保單、證券投信線上開戶、網路金融、與扣款授權等憑證業務。然而，比特幣和其他加密貨幣交易所曾遭駭客入侵時有所聞，透過加密貨幣進行非法洗錢亦層出不窮。

日本於 2018 年 6 月 24 日要求加密貨幣交易平台，開始執行反洗錢措施。台灣依照歐盟的洗錢防制法，於 2018 年 6 月 4 日依照洗錢防制法第 5 條，將比特幣業者（如交易所、交易平台、和代理商等）納入管理，需比照金融業，開始執行實名制、客戶認識（KYC）、交易紀錄保存、綁定存款帳戶、法務部調查局申報（如一定金額以上）、和隨時監控等項目。另於同年 11 月 2 日三讀通過第 5 條修正案，將虛擬貨幣平台與相關交易業務，一併納入洗錢防制管理。此法確立虛擬貨幣具備交易媒介、轉帳、儲值、與交易工具等方式，其交易須採實名制，以便政府單位監督。

1. 區塊鏈交易流程

綜觀區塊鏈的結構並非單一技術，而是由數個跨領域的技術合併使用，例如：密碼學、數學演算法、和經濟模型等透過 P2P 網絡和去中心化模式，無須節點間信任基礎，即可確保交易安全核可追蹤性的創新技術，其交易流程如圖 10-7 所示。

2. 區塊鏈關鍵技術

區塊鏈 1.0 涵蓋 5 項關鍵技術，包括工作量證明、橢圓曲線之數位簽章演算法、哈希（Hash）演算法、摩客樹（Merkle Tree）機制、和時間戳章伺服器（A Timestamp Server）說明，如圖 10-8 所示：

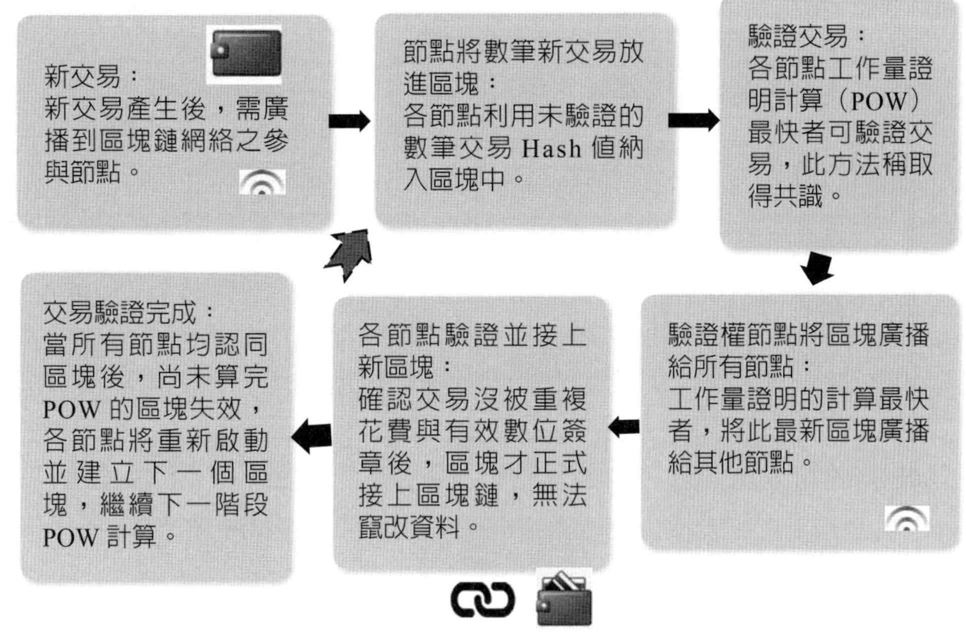

圖 10-7　區塊鏈交易流程

資料來源：1. 遠見雜誌，區塊鏈大潮爲何讓金融界大咖又愛又怕，2016.5。
2. iThome，區塊鏈運作原理大剖析：從事一筆交易看區塊鏈運作流程，2016.4.23。
3. Wikimedia Comments。

(1)哈希函數（Hash）

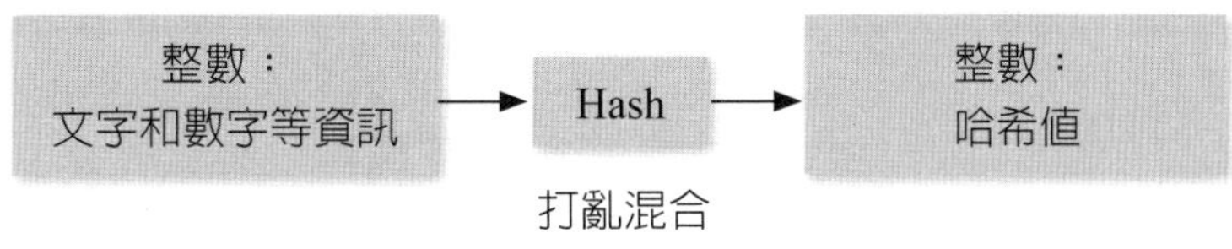

(2) 交易網

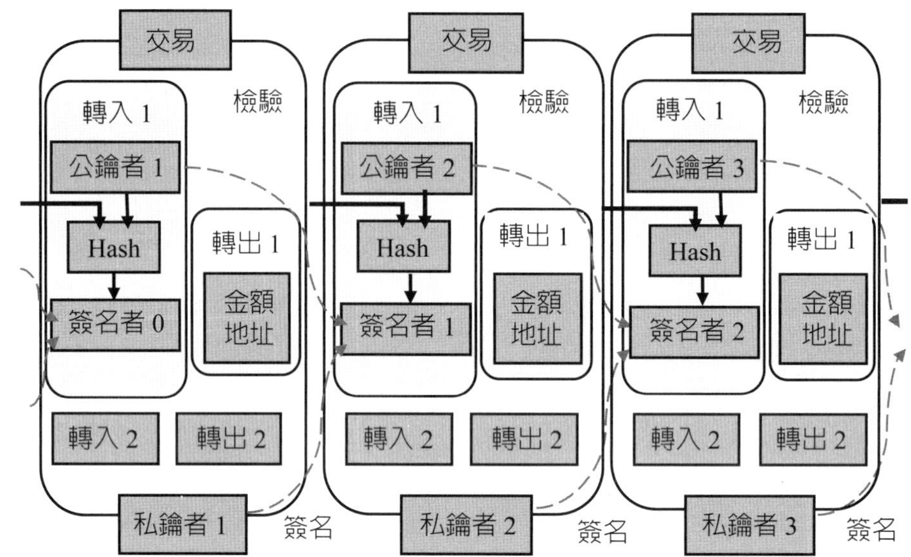

(3) 工作量證明機制（Proof of Work）與時間戳章服務器（A Timestamp Server）

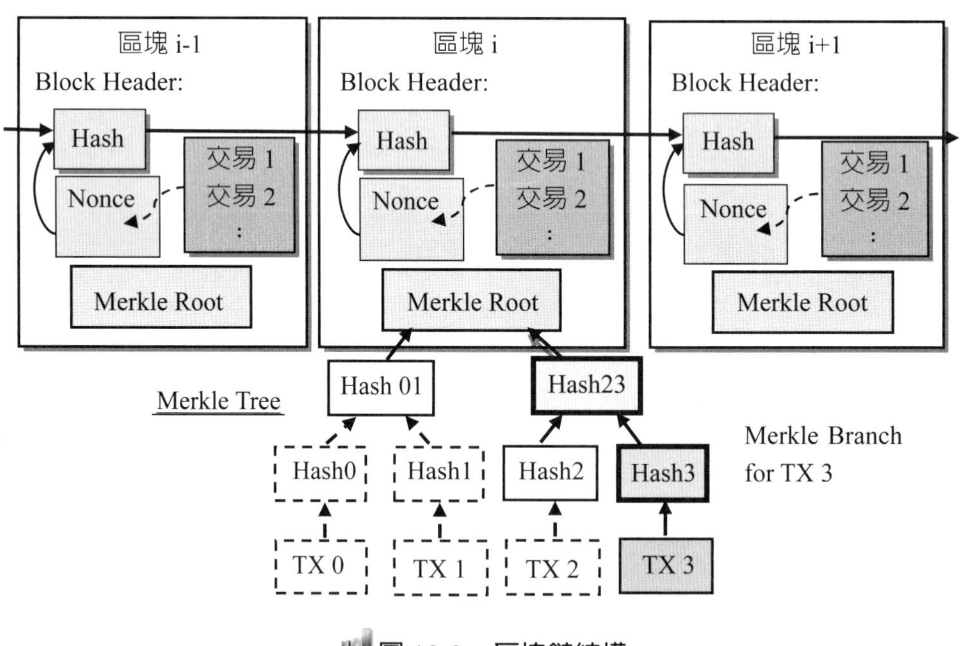

圖 10-8　區塊鏈結構

註：1.TX表示相關交易信息（Message）。

2.虛線表示可移除，以節省儲存空間。

資料來源：1. Milton Lim, Bitcoins, Banking and the Blockchain, 2015.4.24.

2. 薛智文，科學月刊，道高一尺魔高一丈：比特幣是怎麼回事？2014.1.23。

(A) 以工作量證明落實去中心化和公平性目標

以 Adam Back 所創造的哈希（Hash）演算法作爲工作量證明，如圖 10-8 (1) 顯示。此利用不可逆性之成本函數，易於驗證和難於破解的特性。另由 Hal Finney 發表可重複使用的工作量證明機制（Reusable Proofs of Work, RPOW）作爲區塊鏈關鍵核心。舉例而言，當一群人玩骰子遊戲，持 3 個 6 點骰子隨機重複擲出，只要任何一人擲出 3 個 1 點時，表示得勝可獲獎勵。此玩法正符合容易驗證但達成困難的特性。

以技術的觀點，挖礦原理乃利用非常複雜的加密解密方法進行離散數列計算，運算交易鏈塊的哈希函數（Hash）和隨機亂數（Nonce）。當產生哈希函數時，由 0 到 32 位隨機亂數便開始增長。挖到礦則表示經過不斷地反覆試驗（Trial and Error），礦工運用電腦設備或礦機猜中一個隨機亂數（Nonce）值，使哈希值小於隨難度遞增作線性調整的目標值（Target Value），又稱難度值（Difficulty），此過程即工作量證明機制（Proof of Work），並由其他節點能容易地依照相關數學公式作驗證，如圖 10-9 說明。由於每個參與節點基於零信任基礎，可針對交易作共同驗證、協同維護系統、和共享總交易帳本，形成去中心化之 P2P 網絡系統。

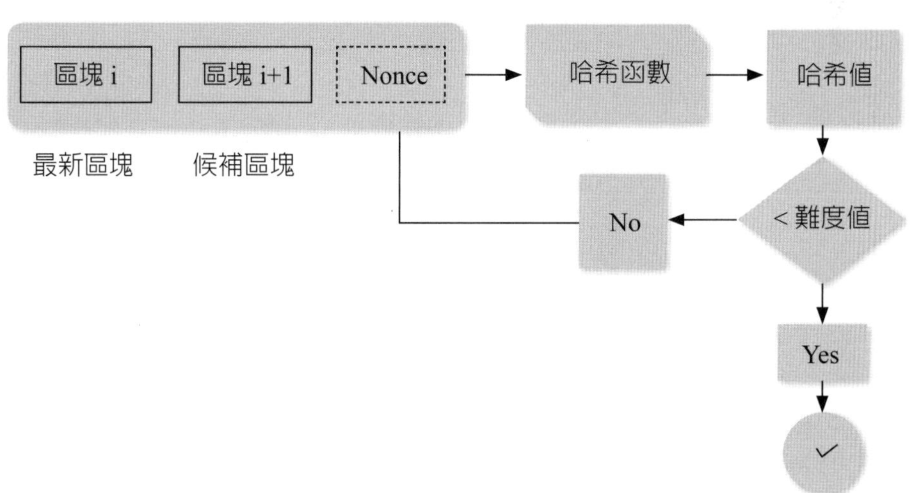

圖 10-9 工作量證明系統

資料來源：Ali, Robleh, John, Barrdear, Roger, Clews, and James, Southgate, “Innovations in Payment Technologies and the Emergence of Digital Currencies,” Bank of England Quarterly Bulletin, 2014 Q3.

(B) 採用橢圓曲線之數位簽章演算法加密傳輸

比特幣的資料傳輸是以非對稱演算法爲主，採用橢圓曲線之數位簽章演算法（Elliptic Curve Digital Signature Algorithm）（secp256k1）。此演算法亦使用哈希函數計算，具有高度安全性、低計算量、小存儲空間、和低寬頻的要求。非對稱加密方式流程乃將密鑰分爲公開的公鑰（Public Key）和保密的私鑰（Private Key）兩種。圖 10-10 說明使用者可將私鑰進行資訊加密後，成爲識別名稱（Distinguished Name, DN），即比特幣地址。經廣播後獲得加密資訊的另一方則可用公鑰解密。在安全性考量下，由私鑰可推算出公鑰，而公鑰回推計算出私鑰則否。

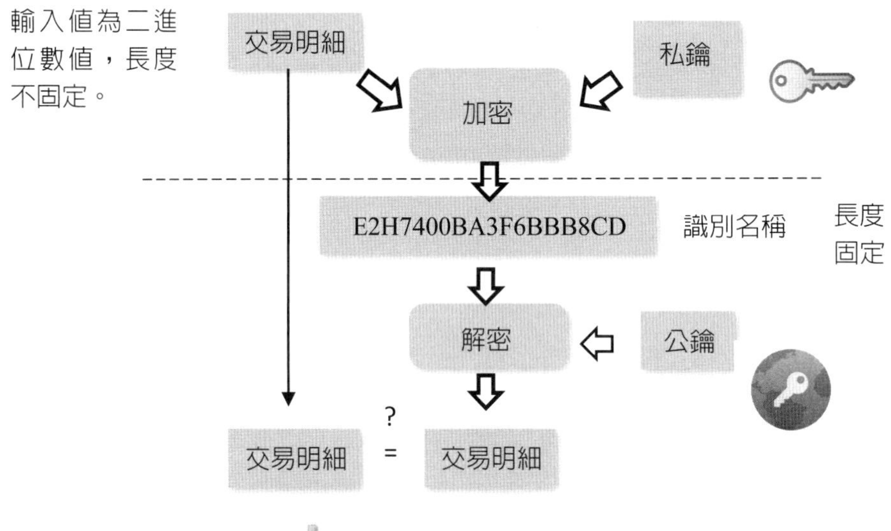

圖 10-10　加密解密過程

資料來源：1. Ali, Barrdear, Clews and Southgate, "Innovations in Payment Technologies and the Emergence of Digital Currencies," Bank of England Quarterly Bulletin, 2014 Q3.
2. Wikimedia Commons。

從交易網可得知，每筆交易紀錄可包含多筆轉入（如交易摘要、位址、公鑰和私鑰等）、轉出（如金額、位址等）、和 UTXO 等資訊。用戶根據轉入的資訊做查詢和檢驗交易金額，支付時則須簽章，並透過轉出資訊表達花費情況。虛擬錢包會依優先設定的條件，將轉入和轉出的金額相關資訊作成合成資訊，隨後廣播給全網作檢驗，並透過各個交易資訊的串連而形成交易網。另轉入和轉出差額，稱為手續費。如有找零的情況，則須將零錢轉給該用戶的特別帳戶。而輸出 UTXO 資訊記錄於區塊內收款人管理，可作為下次支用的預算。在比特幣交易紀錄中，出現數個輸入與輸出紀錄，價值移轉均保持總量不變。即輸入與輸出總量保持一致，UTXO 總量與輸出相同，如圖 10-11 顯示。

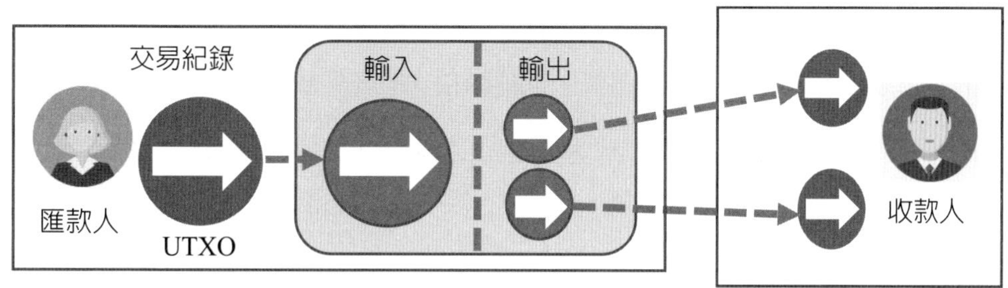

圖 10-11　輸入與輸出總量一致

註：價值總量不變（1、2、3）。

資料來源：1. Nikkei Computer，FinTech革命金融科技完全解析，2016.8。
2. Wikimedia Commons。

(C) 透過哈希（Hash）演算法與多種 Hash 函數來確保資訊不易被竄改

中本聰創造比特幣的主要貢獻在於引入 P2P 機制，導入哈希演算法，並撰寫出相關程式。圖 10-8(2) 說明哈希演算法利用含有文字與數字的整數資訊，經由偽隨機性（Pseudo-Random）打亂混合出另一哈希值。亦利用較少資訊的哈希值為摘要，以表彰原整數資訊。此外，放棄部分資訊的單向加密方式，因無法採取優化演算法，只能從零往上演算，適用於驗證傳輸結果的準確性。即將前一筆資訊或摘要成為目前該筆部分資訊，經由哈希演算法轉化成新摘要，再將此整筆資訊或摘要進而成為下一筆部分摘要，透過每筆資訊的嚴謹串連，而形成不同先後的時間順序。哈希函數的特性在於哈希值重複的機率微乎其微，且不易回推輸入數字。例如：A=1、B=2、C=3…，HORSE = 8+15+18+19+5 =65，此法很容易計算出總數為 65。若僅知道總數為 65，欲反推 5 個英文字母所代表的動物名稱，需花費許多心力與時間，才能得知。

(D) 以摩客樹（Merkle Tree）機制將許多訊息縮短爲一個 Hash 值

各區塊鏈中每筆交易均形成 Hash，將其代碼廣播至各節點，並融入於各節點許多筆交易資訊之 Hash 值中。圖 10-8(3) 指明透過散列二叉之摩客樹（Merkle Tree）兩兩一組不斷重複的方式成爲新的 Hash 值，到最終 Hash 值會被記錄到區塊頭（Block Header），針對摩客根（Merkle Root）做驗證即可。因此，利用此機制可以有效降低傳輸量與節省運算耗能。如摩客枝（Merkle Branch）的交易信息 3（TX 3），內容包括前筆交易取得比特幣參考資料、支付地址、與分別支付金額三項基本元素，以及電子簽章、手續費和其他支付條件等。

(E) 運用時間戳章伺服器（A Timestamp Server）作區塊序列確認

區塊鏈乃革命性的創新變革，其加密演算技術和電腦程式，使網絡進行分散式自動化交易活動與即時紀錄，並且具備更優質的安全性和透明性的所有權轉移、稽核與監管功能。作爲比特幣的核心技術，採取符合安全性高和成本低的哈希演算編程方式（Secure Hash Algorithm, SHA-256）[2]，透過其資料檔嵌入區塊鏈中，以表彰存在性證明，並使用時間戳章服務器（A Timestamp Server）。即每個區塊 Hash 附上時間戳章（Timestamp）證明此時段之有效性後，便向外發布。針對前一手的交易訊息和戳章再次與目前戳章作 Hash，以此類推，即可成區塊鏈之串連，並確保前任持有者尚未使用該比特幣。

3. 區塊鏈分支的形成

由無數區塊所組成的區塊鏈，即電腦間彼此玩哈希遊戲，利用 SHA-256 演算法，合計上一個區塊的哈希值與 10 分鐘內驗證新交易紀錄值之最小哈希值，求取記帳權。新區塊第一筆輸入記錄爲獲取全新 50 枚比特幣獎賞的地址。此記錄稱爲生產交易（Coinbase）紀錄。另第一筆輸出記錄則爲花費挖礦所得到的比特幣。表 10-9 顯示區塊結構內容，每個區塊包含區塊尺寸（Block Size）、

---

[2] 單向 Hash 函數計有 MD5、SHA-1、SHA-256、SHA-384、及 SHA-512。MD5 和 SHA-1 的 Hash 值長度分別爲 128 和 160 位元。爲提高安全性，美國國家安全局（NSA）發展更爲複雜的 SHA-2 演算法，Hash 值長度含有 224、256、384、512 位元等。以 Hash 函數 SHA-256 爲例，若由 Hash 值反推回輸入值，需要 2 的 256 次方運算量，而全宇宙原子總量約爲 2 的 266 次方。（Wikipedia，zh.wikipedia.org/wiki/SHA 家族）

區塊頭（Block Header）、交易數量（Transaction Counter）、和已執行哈希值的交易資訊（Transactions）。其中，區塊頭設定爲 80 位元組（bytes），計有追蹤區域鏈協議升級版本（Version）和設置三組區塊中繼資料（Block Metadata），包括第一組：前區塊之哈希值（Hash Previous Block）；第二組：時間截章（Timestamp）、難度值（Difficulty Target）、和隨機亂數（Nonce）表示與工作量證明相關的資訊；第三組：摩克根（Merkle Root）可彙整多筆兩兩交易紀錄哈希值之資料結構，藉由摩克樹演算法取得之哈希值。

表 10-9　區塊結構

數據項	描述內容	更新時間	大小
魔術數字（Magic No.）	例如：0xD9B4BEF9		4 bytes（位元組）
區塊尺寸（Block Size）	到區塊結束的位元組長度		4 bytes
區塊頭（Block Header）	1. 版本（Version）：追蹤區域鏈協議升級版本。	更新軟體	4 bytes
	2. 前區塊之哈希值（Hash Previous Block）：為SHA-256位哈希值，確認區塊序列與正確的歷史紀錄。	新區塊生成時	32 bytes
	3. 摩克根（Merkle Root）：摩克樹演算法匯集過去交易紀錄計算出哈希值。	接受交易時	32 bytes
	4. 時間截章（Timestamp）：以秒為單位的目前截章。	每幾秒更新	4 bytes
	5. 難度值（Difficulty Target）：工作量證明演算法過程乃依難度遞增之線性調整的目標值。	當挖礦難度調整時	4 bytes
	6. 隨機數（Nonce）：從0至32位隨機，表示執行工作量證明演算法的次數。	每回Hash生成而隨機數增加	4 bytes
交易數量（Transaction Counter）	輸入與輸出數量均為正整數。		1-9 bytes

表 10-9　區塊結構（續）

數據項	描述內容	更新時間	大小
交易資訊（Transactions）	每一筆於區塊中的交易資訊		依交易數量bytes
範例：			
Block #407030			
Block Size (4 bytes): 129.575KB			
Block Header 1. Version (4 bytes): 4 2. Previous Block Hash (32 bytes): 00000000000000000654120e44c08813da2091ec5dsa95bf951865a047f57ff9 3. Merkle Root (32bytes): d7889ba79c8ffdsf050298352f 4. Timestamp (4 bytes): 1618752156 5. Difficulty (4 bytes): 1668515132827772 6. Nonce (4 bytes): 154600755			
Transaction Counter (1-9 bytes): 226			
Transactions			
紀錄226筆交易的Hash值 TX1: eb68541ca32e6c4795dfdofd28ea388b24880517oeda920b4aa0c16f7a4212fc...			

資料來源：1. 巴比特，比特幣塊鏈和挖礦原理，2014.3.30。
2. iTome, 區塊鏈運作原理大剖析：區塊到底是什麼？2016.4.23。

礦工利用網際網路的中繼聊天（Internet Relay Chat, IRC），考量每一礦工的網路傳輸速度不一，所獲取的交易資訊亦有差異。故每次挖到新礦後，需將上回挖到礦的部分資訊、新礦資訊、以及相關交易資訊一併彙整成爲一個區塊（Block），以 P2P 方式廣播至全網其他礦工處接受檢驗。礦工們有權拒絕接受延遲（如生成前 11 個區塊所需時間的中位值）或較新（兩小時之後）的區塊，亦或確認此新區塊並重新接著繼續開挖。每廣播一次代表生成新的區塊，並且串連上一個區塊資料，便可組成從頭到尾不斷驗證且分支的區塊鏈（Block Chain）資料。新區塊內的交易和其串連區塊鏈的交易過程中，不容許有矛盾的現象，否則視此新的區塊爲無效。

區塊鏈亦採資訊無形串連的方式，保證各有效區塊均無任何矛盾交易，使雙重花費的問題迎刃而解，如圖 10-8(3) 所示。區塊 i 可追溯於前區塊 i-1 的摘要、隨機亂數（Nonce）與所有其他資訊（包含多筆交易資訊摘要），透過哈希函數合成爲本區塊摘要。例如：交易 1 表示礦工首次挖到礦後與其第一次獲得獎勵能花費的資訊。

由圖 10-12 可知每一區塊均可追溯到最早的初始區塊（Genesis Block），即 2009 年 1 月 3 日首先挖礦所挖出的區塊，並獲得 50 枚比特幣獎勵。反之，亦可由前往後追蹤區塊鏈中的任何資訊。區塊鏈中各區塊均有編號序列，例如：初始區塊爲 0，並由有效區塊 1 來確認，並以此類推。因此，前者爲父區塊（Parent Block），其後爲子區塊（Child Block）稱之。由於各礦工收到廣播區塊的資訊時效不一，僅能依最先收到的有效區塊資訊進行串連並繼續開挖，可能會產生同一序號的父區塊與暫時分支（Fork）的 2 個相同序號的子區塊情況。在此情況下，礦工們只能以二擇一的方式繼續開挖，但何者是被公認的有效區塊，仍有待確定，因而面臨拜占庭將軍的問題[3]。在短時間內，P2P 網路將視子區塊開挖速度而定。在礦工彼此競合的環境下，若一個子區塊又被新區塊確認，則所有礦工便形成類似民主表決之共識，再擇優調整至此分支繼續挖礦，並形成較長工作量的存活分支，成爲公認的主區塊鏈，又稱最長鏈（Longest Chain）。礦工會放棄較短的分支，因而成爲孤兒區塊（Orphan Block），並保留爲深色區塊。在孤兒區塊內的任何交易仍需再確認一次，但無法獲得獎勵。因此，在資訊不對稱和不確定的前提下，消除暫時分支的狀況，並解決拜占庭將軍的問題，使區塊鏈能形成相關機構、用戶和礦工間彼此互助的生態圈，以實現跨國價值轉移的目標。

---

[3] 拜占庭將軍問題（Byzantine Generals Problem）：1982 年 Leslie Lamport 指出拜占庭羅馬帝國時期，疆域遼闊，軍隊防禦相隔甚遠，需靠信差傳消息。在戰爭烽火時，軍隊內所有將軍和副官需形成共識，如有贏的機會才決議攻打敵方陣營。然而，軍隊中隨時有叛徒和間諜出沒，擾亂軍心和秩序，企圖影響決定，而共識結果亦可能並非表達大多數的意見。故在此詭異的情況下，將軍們如何在不受各項干擾因素的影響下，達成共識協議，決定是否出兵，即所謂拜占庭將軍問題。當延伸至點對點（P2P）分布式計算時，乃透過電腦交換訊息以形成共識，但過程中可能會有系統錯誤與交換訊息錯誤等問題干擾，因而影響系統一致性的串連。經由錯誤發生的事件和次數，企圖尋求容錯性的分散性系統，找出可能解決方案，並可驗證相關機制的有效程度。（Wikipedia，en.wikipedia.org/wiki/Byzantine_fault_tolerance）

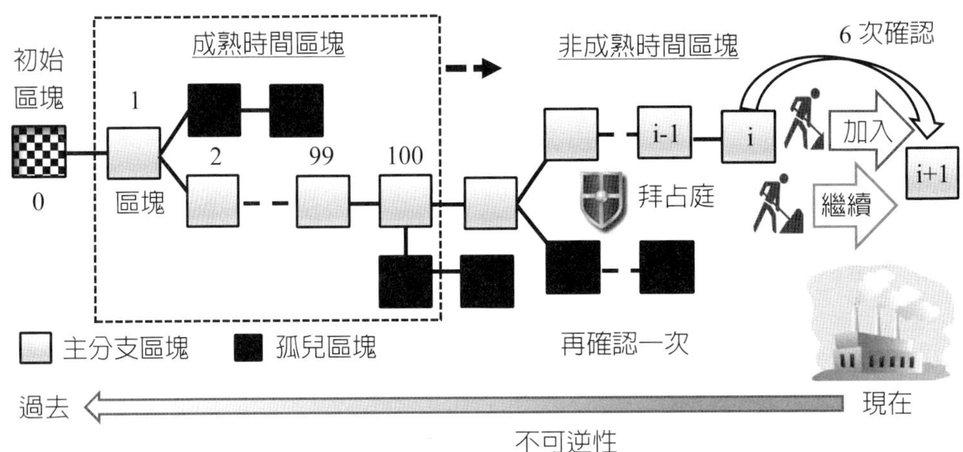

圖 10-12　區塊鏈生成

資料來源：1. 巴比特，比特幣塊鏈和挖礦原理，2014.3.30。
2. Wikimedia Commons。
3. 薛智文，科學月刊，道高一尺魔高一丈：比特幣是怎麼回事？2014.1.23。

一般而言，主分支表示從頭至尾的區塊算力難度最高的考量下，取得最長的分支。而非僅考量最多區塊且最長的分支，以防止有心人士建構大量低算力區塊，企圖製造分支的舉動。在主分支中，可劃分爲成熟時間（Maturation Time）區塊和未成熟時間區塊。隨時間順序串連增加的區塊須達 100 次後，才可視爲成熟區塊內，並獲獎勵的限定，因獲得比特幣收益的礦工，此時才能開始使用。新礦工加入必先下載取得一致性區塊鏈相關資訊，並由主分支末端開始進行挖掘。在未成熟區塊中，可能還有少數礦工選擇繼續未完成的挖礦，其他礦工會由交易資訊中消除區塊內資訊，並於以確認，而後繼續在此區塊開挖。此外，虛擬錢包亦會下載區塊鏈執行檢驗的例行工作。

當獲取有效哈希值時，須迅速將新生成的區塊轉發給其他礦工，待確認此區塊更優於以往，礦工便以其爲基礎展開下一輪區塊之計算。依據比特幣交易不可逆轉的屬性，每筆交易涵蓋於區塊內並於全網廣播，視爲一次確認。挖出新區塊還需經由 6 個區塊確認，即可表彰全網的有效確認，至少約 1 小時的確認時間。如修改任何一個區塊的交易資料，均會導致所有區塊的哈希值驗證失效。每一區塊必須重新計算符合條件的哈希值，且算力須占整體網路算力 51%，才能獲得轉發權。

每隔 10 分鐘產生新交易區塊，會獎勵 50 枚比特幣給記帳權者，每日產生共 7,200 枚。若 10 分鐘內沒搶到記帳權的礦工，則須重新加入下一輪的競爭。另各參與的電腦會自動控制調整難度。如某電腦運算較快，計算出正確數字，即可獲得 50 枚比特幣。估計每 4 年比特幣新增數量較前 4 年減半，即每個運算塊獎勵爲 25 枚，每日爲 3,600 枚比特幣，以此類推，至 2140 年共可獲取 2,100 萬枚。

另比特幣的礦工們可視爲參與貨幣發行和流通的相關人員角色，包括印鈔場人員、銀行行員、保全人員、運鈔人員等，除了辛苦挖礦獲得比特幣回報外，還須擔起維護系統安全的任務。當 2140 年比特幣挖完後，礦工們收入主要來自於手續費收入，在挖盡前，此比例會逐漸增加。

四、區塊鏈要素與特性

數位經濟之父 Don Tapscott 認爲電子郵件乃將郵件複製版本寄送並分享資訊，而視區塊鏈爲網際網路進階版本，因能傳送錢財、證券、或選票等，卻能寄送後不留複本，眞正達成交換價值的功能。「經濟學人」雜誌認爲區塊鏈可說是一種「可信賴的機器」（The Trust Machine），其創新應用層面的影響更遠勝於比特幣的生成。區塊鏈的建構首先須經由底層技術協定的達成，逐步完成資訊連結、加密解密和運算基礎建置。中層則發展應用程式介面（Application Programming Interface, API），強化與第三方開發者的系統溝通介面，並延伸其他相關應用程式開發。上層進一步將金融科技服務廣泛應用於各領域。區塊鏈的基本要素與特性如下所述：

1. 區塊鏈要素

一般而言，區塊鏈形成分爲私有區塊鏈（Private Block Chain）和公開區塊鏈（Public Block Chain），以比特幣爲例符合下列四點基本要素，屬於公開區塊鏈。例如：美國高盛公司 SETLcoin 密碼貨幣，以創建全球證券即時交易和結算系統。

若區塊鏈系統未涵蓋競合的賽局制度者，則屬於私有區塊鏈。例如：巴克萊（Barclays）、滙豐（HSBC）、瑞銀（UBS）等公司，有意發展屬於邀請制度的私有區塊鏈技術。另台灣新創公司如 Maicoin、DiQi、和 DTCO 分別導入 Ethereum 區塊協議，利用智慧合同（Smart Contract）和杜寧一完備腳本（Turing-Complete Script）程式語言功能[4]，有效處理複雜的契約內容，並制定應用程式介面（API）。Maicoin 以區塊鏈的方式解決跨平台金流的問題。建置認許制（Permissioned）網絡，推展私有區塊鏈。DiQi 推動聯盟制區塊鏈，並創造 GCoin 協議。以工作量證明機制爲基礎，創新開發動態非線性工作量證明機制（Non-Uniform and Non-Liner Proof of Work），可解決比特幣分叉問題。透過智慧合同允許多種資產運作，並縮短結算時間至 15 秒。DTCO 則推出資料打包（Bunch of Data）與資料層（Data Layer）功能，透過錨定方式（Anchor），將私有區塊鏈透過雲端化區塊鏈，連結至公有區塊鏈，以確保資料不被竄改。利用開發的交易鏈（Tradechain）與智慧收據（Smart Invoice）導入於供應鏈的追蹤與電子單據、契約與憑證等事務。相關基本要素和特點，如圖 10-13 所示。

(1) 點對點（P2P）對等網路協議

依協議架構下，網絡架構內電腦間相互對等串連，形成各節點間相互資訊往返與價值移轉，而無須中介機構處理。

(2) 可供驗證的數據結構

在區塊鏈中，新有效區塊均可取得記帳權，記錄有關比特幣的生成和公開交易所形成的各項數據資訊串連結構，而其他節點亦可平等獲得交易總帳的記帳副本，以供驗證傳輸準確性。除非控制大部分電腦，方可修正相關內容，否則無法竄改數據庫。

(3) 分布式的共識協定

採取分布式的共識形成機制，針對資訊不對稱和不確定的情況，可移除區塊鏈中暫時分支的狀況，解決拜占庭將軍的問題。另透過至少 6 個區塊確認交易，應可避免雙重支付（Double Spending）的問題[5]。

---

[4] 電腦科學之父，Alan Mathison Turing。（www.nou.edu.tw/~prompt/utf8_web/sno204/content/w00/0-7/1.pdf）

[5] 使用鈔票支付，僅一方持鈔，不會出現雙重支付（Double Spending）。但電子形式的文字和檔案，如數位貨幣卻十分容易複製。因此，數位貨幣運作條件在於排除雙

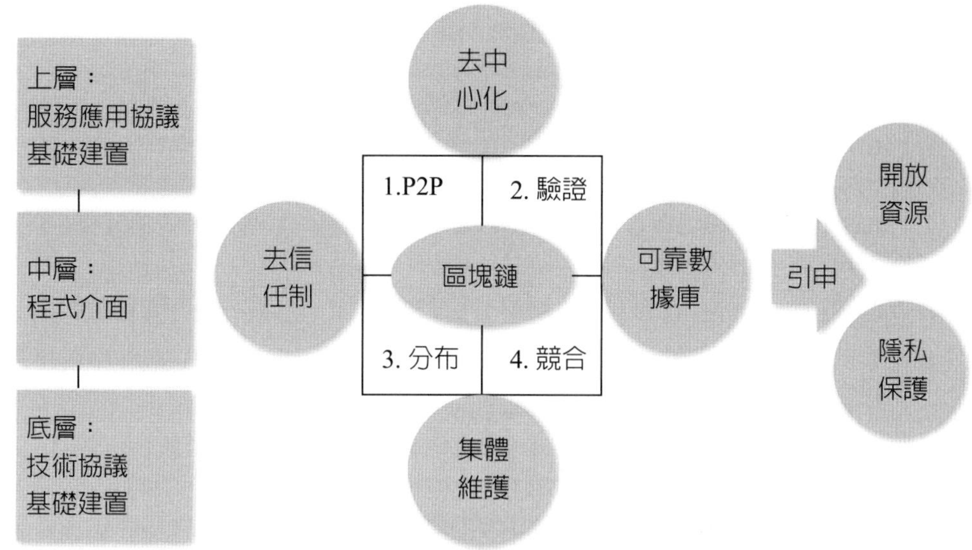

圖 10-13　區塊鏈基本要素與主要特性

註：1. 私有區塊鏈＝1＋2＋3（如金融領域）；

2. 公開區塊鏈＝1＋2＋3＋4。（如供應鏈、食品履歷等）

資料來源：1. iThome，台灣新創DTCO鎖定電商、零售產業應用，打造可和公有區塊鏈掛鉤的私有鏈，2016.4.20。

2. 區塊鏈鉛筆，什麼是區塊鏈，2015.10.19。

(4) 競合的賽局制度

礦工們利用礦機並選擇投入礦池，透過彼此競爭，取得有效區塊記帳權，而區塊鏈串連機制亦須礦工們和相關機構相互合作方能運行。此競爭和合作融合的微妙關係，符合納許賽局模式（Nash Equilibrium），又稱非合作賽局模式，能演化出穩定且兼顧利己與利他的思維策略。

2. 區塊鏈特性

區塊鏈技術的應用主要涵蓋四種基礎特性，即去中心化、去信任制、可靠數據庫、和集體維護。另針對一般民眾參與意願和隱私考量需求，可延伸出開放性

重支付。比特幣經區塊鏈之不可竄改性與信任機制，使得虛擬價值交換的可能性成立。

和隱私保護的特點。

(1) 去中心化（Decentralized）

網絡中無須中心機構或硬體，任何節點均具備相同的權利與義務。如有任一節點損壞，並不會造成整個網絡停擺。

(2) 去信任制（Trustless）

網絡同儕節點間的連串，無須採相互信任的機制，相關系統規則和數據內容交換，均以公開透明的加密網路資訊協定方式，處理價值的傳遞。故在系統所指定的規則和時間範圍內，節點間不會有欺瞞的事件存在。

(3) 集體維護（Collectively Maintain）

有關共享帳本的資訊安全，可經由任何人取得資格參與者，透過自願性維護功能的系統同儕節點，共同維護區塊的運作。

(4) 可靠數據庫（Reliable Database）

區塊鏈採用分散式儲存協議，網絡內對等串連節點間均擁有總帳副本之紀錄。單一節點片面修改或毀壞，無法影響其他節點副本的內容，除非依大多數共識形成，能控制系統中 51% 以上節點才能有效修改。系統中參與節點愈多、算力愈強，使數據安全可靠度提升。另除區塊鏈網絡可將所有交易帳本傳達至用戶端外，還能保證讓用戶修改各自的財產交易，並透過 P2P 將更動傳播至整個網路帳本，有待超過 51% 以上用戶端均記錄完畢後，才屬交易成功。

(5) 隱私保護（Anonymity）

系統保障用戶匿名需求與自由度，節點間無須公布身分，可避免個資外洩和遭駭客盜取。

(6) 開放資源共享（Open Source）

區塊鏈所有相關的規則和電腦程式，乃以「互聯互通」和「可管可控」的帳聯網新模式進行，均採開放資源提供外界共享使用。

3. 區塊鏈技術應用與優勢

商業銀行營運相關架構模式可分爲 6 層，如圖 10-14 所示。透過不同的技術發展，可涵蓋各個層面的未來進展的輪廓。在上層部分，用戶應用與介面層的發展，主要由物聯網所帶動創新應用，例如：P2P 借貸、群眾募資、線上理財等；使用雲端平台可改變業務處理模式與基礎設施方式，以期降低營運成本和資訊設備投入；大數據分析可精進風險管控機制，引用機器學習取代經驗辨別，例如：發展全自動信貸模式。底層部分包括規則設定層、系統訊息層、和清算基礎設施，由於金融業者需信用中介的要求，過去銀行商業模式位於底層的相關技術與邏輯，包括規則設定、系統訊息和清算基礎設施，並無太大的變革。去中心化的區塊鏈能顛覆底層技術基礎，利用相同的技術協議與不能篡改的性質，可逐步取消清算機制與同步完成帳本更新的效果。

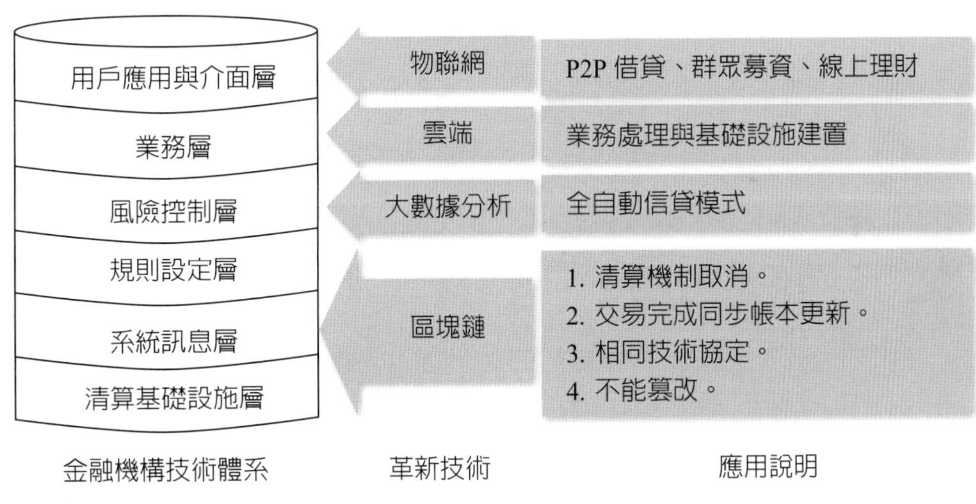

圖 10-14　區塊鏈應用於金融業

資料來源：麥肯錫大中華區金融機構諮詢業務，區塊鏈銀行業遊戲規則的顛覆者，2016.5。

金融機構與金融科技公司合作，將區塊鏈技術導入銀行業務，如結算支付、票據業務、證券發行與交易等領域。以解決流程中效率瓶頸、交易延滯、詐欺、和操作風險等問題。藉由自動化資訊處理取代人工操作與驗證等工作，由智能合約替代傳統紙本合約，減少系統疏失的損失與節省成本等，如表 10-10 顯示。

表 10-10　區塊鏈技術優勢

金融服務交易環節	金融交易發起	交易前驗證	交易審核	契約簽訂	交易處理	帳務處理	交易完成
現有流程問題	人員發起與人工干預	1. 人工驗證／審核。 2. 資訊分散、不透明。 3. 詐欺事件。 4. 多方介入：公證、律師。 5. 等待時間較久。		契約傳送成本高	1. 交易時間延滯。 2. 系統失誤與不兼容。 3. 手工處理。		
區塊鏈技術優勢	系統自動觸發（智能合約）	1. 迅速實行驗證／審核。 2. 無須第三方參與。 3. 資訊透明、安全性高。 4. 實施反詐欺。 5. 無紙化作業。		智能合約	跨系統資訊即時同步和最小化誤差。	無	永久交易紀錄且不能篡改。

資料來源：麥肯錫大中華區金融機構諮詢業務，區塊鏈—銀行業遊戲規則的顛覆者，2016.5。

五、比特幣交易所

自比特幣成功挖掘以來，2010 年中本聰以 10 枚比特幣轉帳給 Hal Finney 完成首次交易。隨後，礦工 Laszlo Hanyecz 透過 1 萬枚比特幣交換 2 張合計 50 美元等值的 Pizza 優惠券交易。然而，隨著比特幣的普及化發展，許多礦工和持有者欲將比特幣兌換爲各種法幣，亦或許多投資者欲擁有比特幣而非加入挖礦的行列，此供給與需求的形成，促成比特幣交易所的建置。例如：Mr.Gox 於 2010 年 7 月 17 日設立於日本。有關比特幣交易所的功能，如表 10-11 所示。

表 10-11　比特幣交易所的功能

項目	Mt. Gox	Bitstamp
交易買賣	比特幣	比特幣、XRP幣
加值	由銀行、平台、錢包進行儲值至用戶帳戶。	由銀行、平台、錢包進行儲值至用戶帳戶。
提現	從帳戶提取至銀行、平台、錢包。	從帳戶提取至銀行、平台、錢包。
帳戶	查看加值、提現、歷史交易紀錄。	查看加值、提現、歷史交易紀錄、未完成訂單、驗證、安全、設置等。
商家中心	提供商家使用相關功能。	
安全中心	提供附加安全措施，增加帳戶安全。	
設置	提供個性化資訊、密碼修改、認證申請等。	
常見問題	服務支援、客戶論壇等。	
新聞與概覽	提供官方消息。	提供官方與市場交易資訊。
訂單簿		買賣家報價資訊。

資料來源：李鈞等人，2014，比特幣過去現在與未來，遠流出版。

比特幣的有關支付與流通的作用，包括以下幾點：

(1) 虛擬錢包

比特幣的用戶、投資者和礦工，首先必須先至相關網站平台，申請虛擬帳戶，取得比特幣地址，即取得一個或多個虛擬錢包，作爲存放私鑰之處。依照錢包生成和儲存的方式，亦可分腦錢包和紙錢包兩種。前者將密鑰存於電腦，後者則將之列印於紙上。圖 10-15 顯示利用各類演算法可形成私鑰與公鑰的步驟。

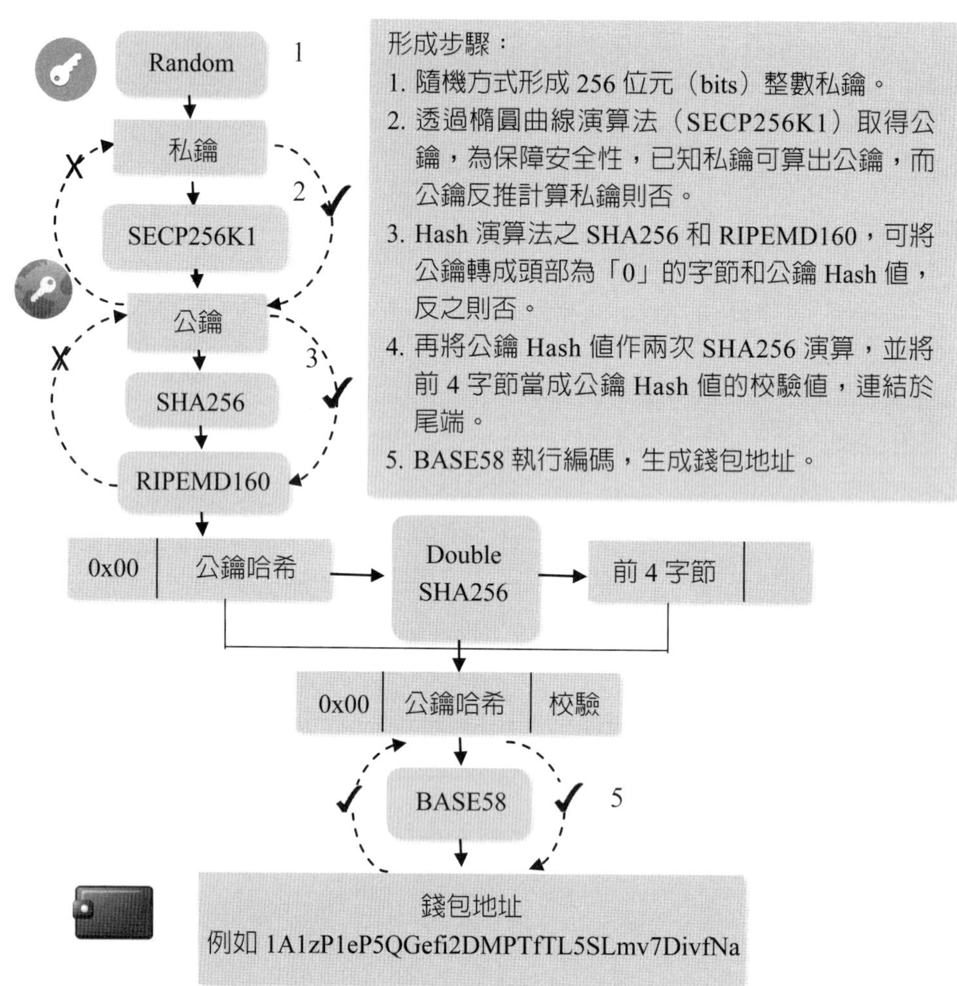

圖 10-15　錢包地址的形成

資料來源：1. 比特幣資訊網，比特幣私鑰、公鑰、錢包地址之間的關係，2014.11.27。
2. Wikimedia Commons。

實務案例

Base58 進位字母

比特幣地址可由公鑰取得，並利用 58 個字母和數字作編碼（Base58 編碼），並除去「0OIl」容易讀錯的字元，如表 10-12 所示。通常開頭為 1 代表使用一個私鑰就可解密；開頭為 3 則表示需要多個私鑰才能解密。另外，每個地址僅能轉帳一次，假使遺失私鑰，意味著對應的比特幣將永久遺失且無法補發。值得一提的是地址約有 2,160 個，大概為每秒 4.6x1,032，並持續一億年使用。故無須擔心用完或重複的問題。

表 10-12　Base58 進位字母表

索引	字符	索引	字符	索引	字符	索引	字符
0	1	16	H	32	Z	48	q
1	2	17	J	33	a	49	r
2	3	18	K	34	b	50	s
3	4	19	L	35	c	51	t
4	5	20	M	36	d	52	u
5	6	21	N	37	e	53	v
6	7	22	P	38	f	54	w
7	8	23	Q	39	g	55	x
8	9	24	R	40	h	56	y
9	A	25	S	41	i	57	z
10	B	26	T	42	j		
11	C	27	U	43	k		
12	D	28	V	44	m		
13	E	29	W	45	n		
14	F	30	X	46	o		
15	G	30	Y	47	p		

資料來源：譚磊、陳剛，區塊鏈2.0，電子工業出版社，2016.4。

錢包可擁有多個帳戶，每一帳戶亦可擁有多個私鑰，以表彰錢包內數位所有權歸屬，用戶利用私鑰進行簽名，並向全網宣告擁有地址內比特幣。如至Bitcoin.org 選擇智慧手機、電腦、網路等不同類型電子錢包。圖 10-16 顯示利用電子錢包進行比特幣交易流程。爲了避免雙重支付和保證交易不可逆性，比特幣特別設定每區塊需要 10 分鐘等待確認，且至少須 1 小時等待 6 個資料區塊確認，因而產生交易不便情況。透過信任虛擬錢包，雙方交易可瞬間由系統完成內部轉帳，解決時間確認的問題。故比特幣生態圈乃透過線上電子商務交易模式，線下採類似現金交易的支付系統，運用虛擬錢包的轉帳功能完成付款購物。

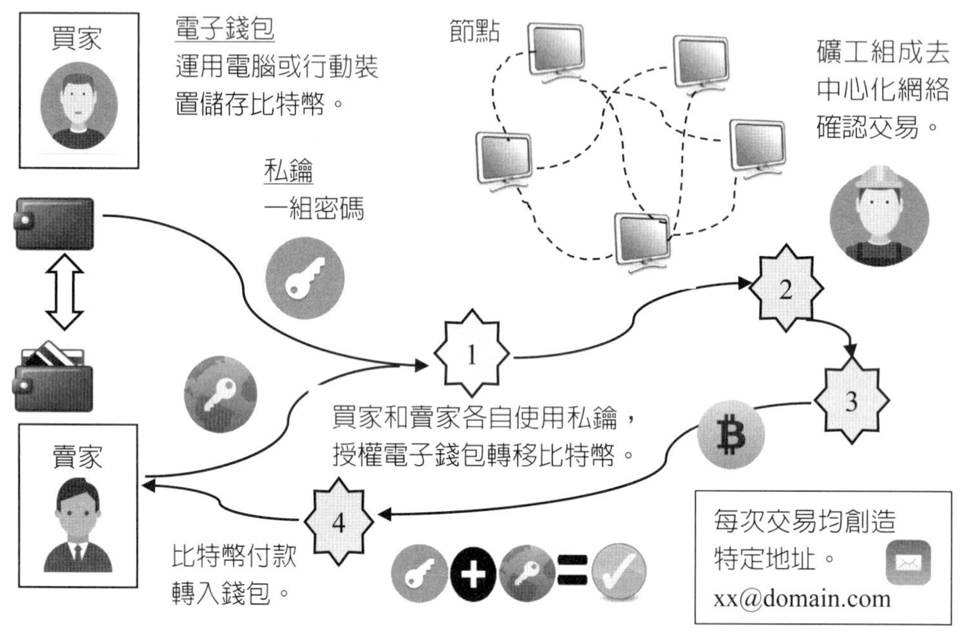

圖 10-16　比特幣交易支付流程

資料來源：1. 聯合報，四招看懂比特幣，2016.5.3。
2. 法新社。
3. Wikimedia Commons。

圖 10-17 顯示 Blockchain 網站錢包用戶總數，2012 年至 2014 年 1 月呈現緩步上升，之後，愈來愈多用戶加入，呈大幅成長的態勢。爲防止電腦故障、刪除、無備份、中毒等，而使 wallet.dat 檔資料遺失或被盜，應隨時備份錢包

wallet.dat 檔。亦可將此檔製作成壓縮檔並設立加密錢包的密碼，須於付款時輸入密碼方能完成轉帳支付，否則只能看到餘額。亦將私鑰存入隨身碟或印在紙張上保存。

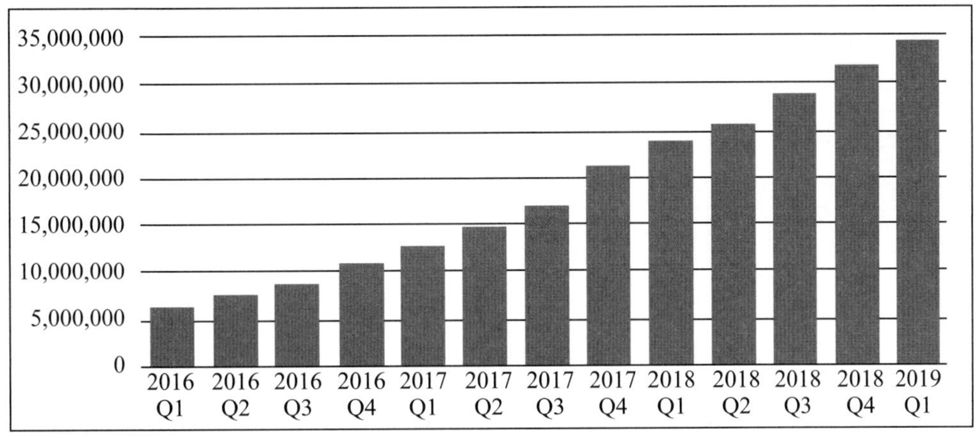

圖 10-17　錢包用戶總數

資料來源：Statista, 2019。

(2) 支付

商家和消費者可利用比特幣作爲收付工具。例如：全球許多知名的企業，包括 Amazon、Subway、Expedia、Bloomberg.com、Apple、Bing、Wikipedia、Microsoft、Dell 等，開始接受比特幣作爲付款媒介。另 Bitpay 公司則專門從事比特幣支付解決方案。2014 年 10 月台灣全家便利店亦與 BitoEX 公司合作，提供現金券消費、比特幣代收與代購服務，透過店內 FamiPort 機器列印繳費後，待手機接收密碼簡訊後回應至 BitoEX 網頁成功，則比特幣就會存入電子錢包內。此外，2017 年 4 月萊爾富便利店與 MaiCoin 合作，提供代收與代購比特幣服務。據統計 Infosy Strategic Vision 報告，2015 年全球已有約 140,000 商家接受比特幣交易。

(3) 兌換

比特幣的發行除礦工開採外，必須透過實體貨幣的兌換來取得。以 Mt.Gox 和 Bitstamp 爲例，兩家交易所均可作法幣與比特幣的兌換。另 BTC-e 能進行比特幣與多種虛擬貨幣的兌換，並酌收手續費。因此，比特幣除了具有虛擬貨幣的性質，亦擁有部分實體貨幣的特性。民眾可使用比特幣交易平台和比特幣提款機取得現金。目前比特幣提款機平均買入和賣出比特幣費用分別爲 5.39% 和 8.17%，單向與雙向兌換比特幣提款機的比例分別爲 59.8% 和 40.2%。圖 10-18 顯示近年來比特幣提款機成長幅度快速增加。

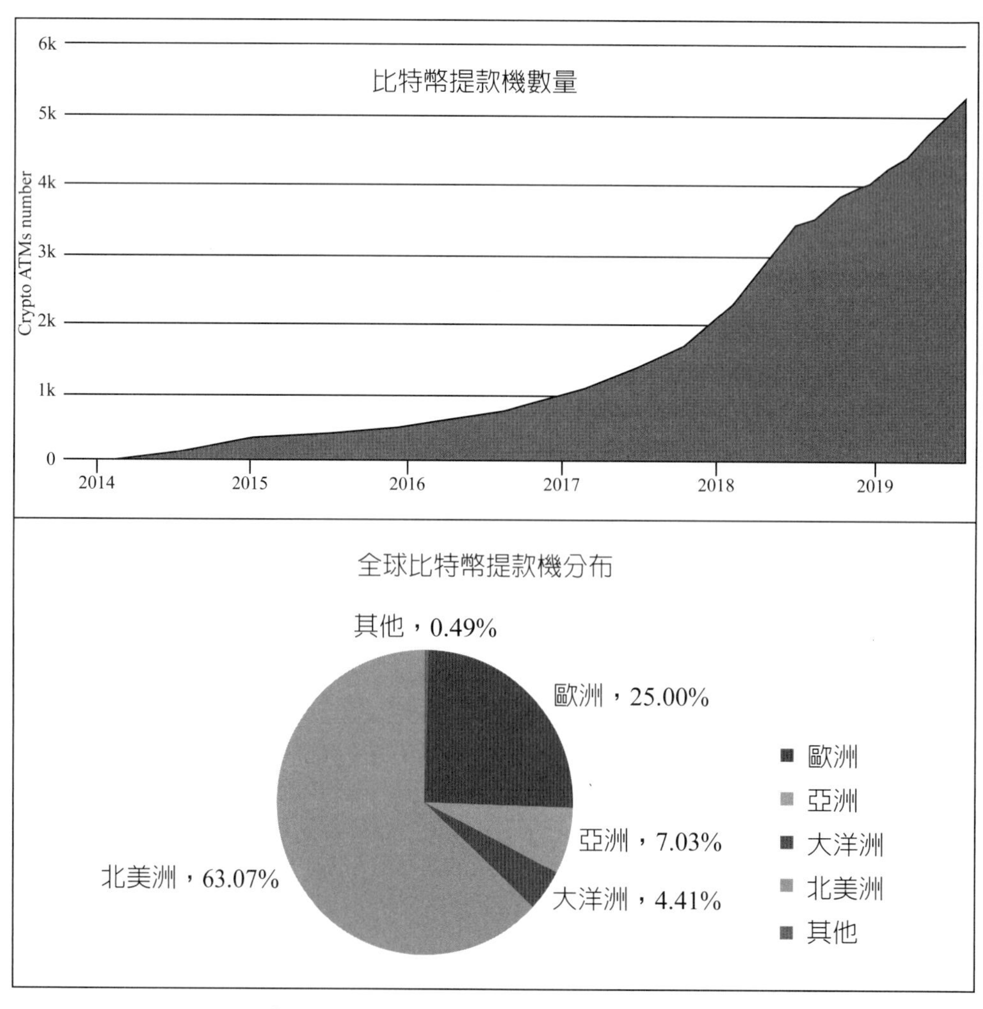

圖 10-18　全球比特幣提款機裝置統計

資料來源：Coin ATM Radar。

(4) 兌付

當前比特幣生態圈普遍接受的交易模式，其包含兌換和支付兩個環節。可利用比特幣支付公司作爲中介，透過程式將買方的比特幣換成法幣，而後再支付給賣方。以解決商家不願接受比特幣的窘境。

(5) 投資

比特幣總量恆定和挖礦困難度與日俱增的性質，吸引許多礦工加入挖礦的行列，亦有慕名而來的投資客前往，均期待從中獲利。根據比特幣線上儲存和交易平台 Coinbase 客戶調查，約有 1% 的礦工和 99% 投資者。

圖 10-19 和表 10-13 指出比特幣價格巨幅變動與主要影響因素。由 2010 年 7 月 17 日比特幣交易網站 Mt.Gox 開始交易，歷經駭客攻擊、禁止交易、交易所申請破產、和禁止 ICO 等負面因素，仍一路攀升。藉由硬分叉、比特幣期貨、與合法支付工具等利多因素，於 2017 年 12 月 14 日達到 $20,000 高峰。因監管問題和反洗錢措施，使比特幣價格暴跌至 $3,000。另因富達投資（Fidelity）介入加密貨幣託管與交易業務，及臉書欲建置類似 SDR 一籃通貨法幣機制，推出 Libra 加密貨幣（天秤幣），獲 VISA、Master、Paypal、Uber 等公司支持，

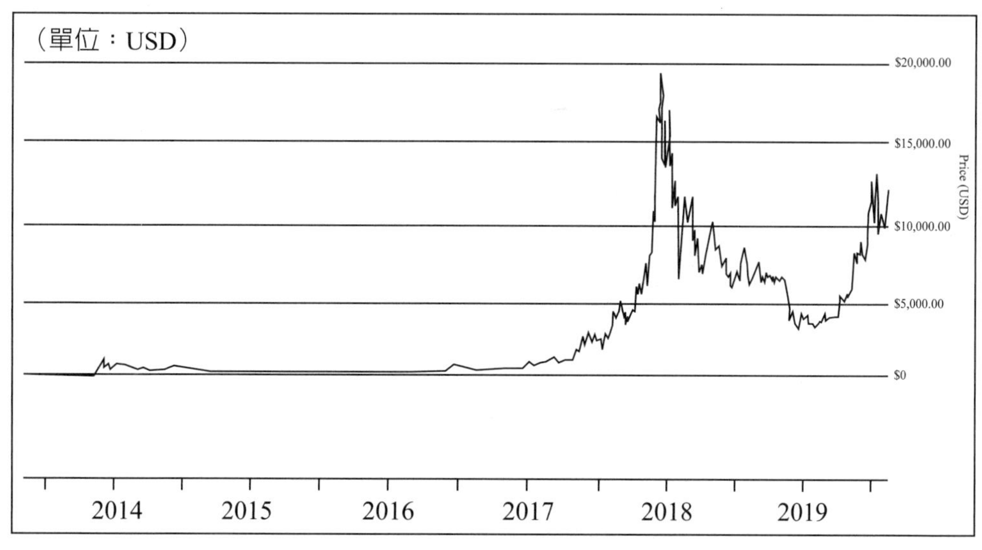

圖 10-19　比特幣價格走勢

資料來源：Coinmaketcap.com。

再度攀高至 $11,250。後因美國聯邦儲備局、英國金融監理會、國際清算銀行有關個人隱私問題、洗錢、金融穩定、金融監理及消費者保護的隱憂，迫使跌破 $10,000。

表 10-13　比特幣價格變化說明

日期	價格	說明
2010.7.17	$0.05	比特幣交易網Mt.Gox成立，開始交易。
2011.6.20	$0.01	Mt.Gox遭駭客攻擊資料被盜，價格暴跌。
2013.3.25	$65	塞浦路斯銀行業經營鉅額虧損，民眾瘋狂下載比特幣錢包。
2013.4.10	$105	交易所遭駭，瞬間價格暴跌60.5%。
2013.12.5	$1,023	中國禁止比特幣交易，導致價格開始狂跌。
2014.2.28	$552	Mt.Gox申請破產，價格下滑。
2015.1.4	$293	Bitstamp交易平台遭駭客入侵。
2016.12.23	$800	全球政經動盪，投資人持比特幣避險。
2016.12.28	$929	中國大陸和印度實施資本管制，導致需求大增。
2017.1.6	$1,140	傳中國大陸將打壓虛擬貨幣，價格高點開始暴跌20%。
2017.1.9	$752	中國大陸調查比特幣平台有違規配資情形。
2017.5.12	$1,800	FED肯定區塊鏈技術。
2017.5.25	$2,400	ICO開始普及。
2017.8.1	$3,000	比特幣硬分叉，比特幣現金開始發行。
2017.8.14	$4,200	北韓核彈試射危機，投資人尋求避險。
2017.9.15	$4,000	中國大陸禁止ICO與比特幣交易所。
2017.11.2	$6,600	CME擬推出比特幣期貨。
2017.11.12	$6,500	硬分叉SegWit2X因不受支持而暫時停擺。
2017.11.30	$10,000	日本金融廳准許比特幣為合法支付工具。
2017.12.2	$10,670	美國商品期貨交易委員會核准CME開辦比特幣期貨。
2017.12.7	$12,000	比特幣價格上升，市值超越可口可樂公司。
2017.12.8	$16,000	市值超過$2,530億美元，超過標準普爾500指標股前20名。

表 10-13　比特幣價格變化說明（續）

日期	價格	說明
2017.12.11	$18,000	芝加哥選擇權交易所（CBOE）推出比特幣期貨，標的物為一枚比特幣。市場熱絡曾觸發有兩次熔斷機制（Circuit Breaker）。
2017.12.14	$20,000	亞洲散戶為比特幣上漲主力，交易量占全球約八成。
2017.12.18	$19,600	芝加哥商品交易所（CME）正式開放比特幣期貨交易。
2018.1.17	$12,000	各國增強監管與人民銀行各分支機構禁止虛擬貨幣交易。
2018.2.7	$6,000	美國各大銀行禁止信用卡刷卡購買比特幣。
2018.3.20	$8,544	G20金融穩定穩員會拒絕監管比特幣，使價格上漲。
2018.6.24	$6,000	日本要求加密貨幣平台加強反洗錢措施。
2018.12.8	$4,200	比特幣ETF延後審查。
2019.6.25	$11,250	臉書欲發行Libra加密貨幣，獲VISA、Master、Paypal支持。

資料來源：1. 嚴行方，貨幣之王比特幣，稻田出版，2014。
2. 李鈞等人，比特幣過去現在與未來，遠流出版，2014。
3. 中央社，比特幣等虛擬貨幣 央行：有五大挑戰，2016.3.27。
4. 工商時報，瘋狂比特幣行情回來了，2016.5.30。
5. 經濟日報，香港比特幣遭駭幣值暴跌，2016.8.4。
6. 工商時報，比特幣飆破800美元，2016.12.23。
7. 經濟日報，中印需求飆比特幣帳翻天，2015.12.8。
8. 經濟日報，比特幣價格四小時崩跌20%，2017.1.6。
9. 經濟日報，比特幣平台違規價格應聲跌，2017.1.9。
10.經濟日報，人行反洗錢查比特幣交易所，2017.1.12。
11.工商時報，G20 拒絕監管比特幣歡呼，2018.3.20。
12.經濟日報，比特幣期貨首日發飆，2017.12.12。
13.工商時報，第2檔比特幣期貨開跑，2017.12.18。
14.工商時報，比特幣市值超越可口可樂，2017.12.7。
15.經濟日報，比特幣跌破6,000美元，2018.2.7。
16.經濟日報，比特幣失守12,000美元大關，2018.1.17。
17.工商時報，比特幣狂瀉2天暴跌千美元，2017.11.12。
18.工商時報，日本反洗錢比特幣嚇跌，2018.6.24。
19.工商時報，比特幣破3,400美元15個月新低，2018.12.8。

表 10-14 說明歷年比特幣負面事件，比特幣交易主要透過比特幣交易平台進行，許多平台因交易量不足，一年內倒閉機率爲 29.2%，平均平台僅能生存 381 天。由於駭客攻擊事件頻傳，美國對比特幣監管由國土安全部執行。以 2011 年 6 月駭客入侵比特幣平台 Mt.Gox 爲例，盜取用戶證書，將比特幣轉至其他帳號，並大量拋售，使比特幣價格暴跌。但由於匿名性的關係而無法追回。2013 年底礦機技術突破、比特幣取款機設置增加、算力提升、虛擬錢包申請和交易數量上升等因素，均直接推高比特幣的價格形成泡沫。然而，相關負面的報導，例如：缺乏嚴謹制度規範、非法活動的影響、破產事件、禁止交易、駭客入侵等因素打擊，戳破此巨大泡沫，使價格波動劇烈。

表 10-14　加密貨幣負面事件

日期	地點	事記
2011.2	美國	「絲路」網站允許用戶匿名交易比特幣，並發展「洋蔥路由」技術，使追蹤非常困難，而受非法人士利用。
2011.5		比特幣是「史上最危險貨幣」，可能擾亂經濟，使走私猖獗。
2011.6		確認比特幣永久失去數量為18,838.32。
2011.6.13		首宗比特幣竊盜案，網路用戶宣稱2.5萬枚被盜。
2011.6.20	日本	Mt.Gox交易平台遭駭客攻擊，客戶資料被盜，比特幣暴跌。
2011.7	波蘭	Bitomat公布遺失1.7萬枚比特幣的訪問許可權。
2011.8		My Bitcoin遭駭客入侵而關閉，78,000多枚被盜。
2012.6	英國	Bitcoin Exchange交易平台被駭客盜走18,547枚比特幣。
2012.7	俄羅斯	BTC-e虛擬貨幣兌換所遭駭客入侵盜走4,500枚比特幣。
2012.8	美國	比特幣交易平台Bitcoin Savings and Trust宣布關閉。另一家Bitcoinica遭法院起訴為「龐式騙局」。
2012.9		總統候選人羅姆尼收到恐嚇信，要求100萬美元等值比特幣。
2013.3.12		使用0.8.0版本用戶端礦工建置新區塊鏈與0.7.0舊版之區塊鏈不相容，因而產生區塊鏈分叉衝突。
2013.3.23	中國大陸	比特幣交易平台發生錯誤操作，267枚比特幣以10元人民幣賣出。

表 10-14 加密貨幣負面事件（續）

日期	地點	事記
2013.3	美國	財政部表示虛擬貨幣從事交易或轉帳，屬於「貿易服務業」，需提交相關資訊與說明避免洗錢之措施。此舉引發比特幣相關企業遷移至巴拿馬。
2013.4		發現1,503個與比特幣相關的病毒，電腦感染會被盜取比特幣，甚至幫駭客挖礦。
2013.4	美國	BTCGuild礦池算力接近50%，引發社群對算力投票51%攻擊憂慮。當算力投票操過45%，該礦池主動採取限制，依協定關閉伺服器和新用戶註冊，使算力投票降低至40%以下。
2013.4.12	日本	Mt.Gox宣布暫停交易。
2013.4.12	美國	諾貝爾經濟獎得主保羅．克魯曼在紐約時報發表見解，認為比特幣挖礦是浪費社會資源和不明智之舉。
2013.5.28		聯邦檢察官指控設立於哥斯大黎加的「自由儲備」虛擬貨幣交易所，涉及全球洗錢活動。
2013.6		國土安全部決議凍結Mt.Gox銀行帳號。
2013.6.4		比特幣平台Bitfloor關閉，償還客戶資金。
2013.7	泰國	政府缺少相關法規和資本管制，宣布禁止比特幣交易。
2013.10.3	美國	因懷疑比特幣毒品交易，聯邦調查局查封比特幣交易網（絲路），沒收約2.6萬枚比特幣。
2013.11.12		Bitfunder比特幣股票交易所關閉。
2013.12.5	中國大陸	比特幣發行與流通快速發展，已非政府能管控，將比特幣列為「非法貨幣」，並要求相關金融和支付機構停止交易。
2013.12		發現第一個勒索比特幣惡意程式CryptoLocker。
2013.12.30	台灣	央行與金管會聯名新聞稿，標題「比特幣並非貨幣，接受者請注意風險承擔問題」，指出比特幣具有高度投機的特性以及欠缺法律保障的風險性。
2014.2	新加坡	比特幣交易網站執行長自殺身亡。
2014.2.28	日本	知名比特幣交易網站Mt.Gox約有價值91億台幣的比特幣被駭，隨即宣告破產。

表 10-14　加密貨幣負面事件（續）

日期	地點	事記
2014.9	美國	比特幣基金會前副董事長認罪，其經營「絲路」網站從事非法匯款和共謀洗錢。
2014.9		雲端儲存名模和女星等裸照遭駭客竊取，並以比特幣交易。
2015.1.4	英國	Bitstamp交易網站遭駭客入侵。
2015.1	台灣	BTCEXTW交易平台遭駭客盜幣，因而導致關閉。
2015.6	香港	港星主持經營比特幣交易平台疑發生倒帳情形。
2015.8	台灣	香港「氪能－比特幣礦業」赴台灣從事比特幣詐欺活動。
2015.10.28		香港東方明珠石油主席涉及詐欺、洗錢案獲交保，赴台療傷未歸，遭擄人勒贖7,000萬港幣等值比特幣匯至指定帳戶。
2016.4	日本	正式立法規範虛擬貨幣交易所，須向金融廳登記。
2016.6.6	台灣	網路勒贖軟體詐財猖獗，自2015年-2016年案件量倍增，比特幣淪為網路犯罪與洗錢工具。
2016.8.1	香港	Bitfinex平台電子錢包被盜11萬枚，損失約6,500萬美金。
2016.11.16	台灣	老鼠會手法投資黑暗幣、霹克幣涉詐財。
2017.9	中國大陸	全面禁止比特幣交易所與ICO發行。
2017.12.9	斯洛維尼亞	NiceHash挖礦公司慘遭入侵。
2018.3.15	日本	加密貨幣交易所被駭客非法移轉價值約5.23億美元的新經幣（New Economy Movement, NEM）。
2018.1-3	美國	Facebook和Google禁止比特幣、其他加密貨幣、ICO廣告。
2018.5.3	英國	蘇格蘭的醫院設置加密貨幣上癮症勒戒所之醫療服務。
2018.5.25	美國 加拿大	計畫掃蕩部分ICO投資案。
2018.6.12	南韓	交易所Coinrail駭客入侵。
2018.8.24	美國	SEC否決9檔比特幣ETF申請。
2018.9.27		Facebook部分解禁ICO廣告，允許美國和日本刊登。

資料來源：1. 嚴行方，貨幣之王比特幣，稻田出版，2014。
2. 李鈞等人，比特幣過去現在與未來，遠流出版，2014。

3. 經濟日報，IBM攻金融科技測試區塊鏈，2016.2.17。
4. 經濟日報，小摩砸大錢攻金融科技，2016.2.24。
5. 工商時報，推動區塊鏈技術的應用已刻不容緩，2016.1.28。
6. 經濟日報，人行去紙幣化要發數位貨幣，2016.1.22。
7. 經濟日報，港富商獲救比特幣當贖金，2015.10.28。
8. 薛智文，科學月刊，道高一尺魔高一丈：比特幣是怎麼回事？2014.1.23。
9. 中央社，比特幣等虛擬貨幣 央行：有五大挑戰，2016.3.27。
10. Coindesk, Bitcoin stock exchange BitFunder announces closure, 2013.11.12.
11.工商時報，勒贖軟體詐財台灣延燒，2016.6.6。
12.工商時報，10年內跨進數位新台幣時代，2016.3.9。
13.經濟日報，香港比特幣遭駭幣值暴跌，2016.8.4。
14.民視新聞，熟女詐騙誆投資虛擬貨幣吸金近5千萬，2016.11.16。
15.工商時報，虛擬貨幣遭駭延燒日政府開查交易所，2018.1.30。
16.工商時報，區分幣圈與鏈圈讓區塊鏈大步向前走，2018.7.24。
17.工商時報，英開加密貨幣勒戒所，2018.5.31。
18.工商時報，加密貨幣血崩3天蒸發500億美元，2018.5.25。
19.經濟日報，比特幣又被駭引發拋售潮，2018.6.12。
20.經濟日報，比特幣崩跌啟示錄，2017.9.24。
21.工商時報，9檔比特幣ETF發行申請SEC全數駁回，2018.8.24。
22.工商時報，谷歌加密貨幣廣告禁令鬆綁，2018.9.27。

六、比特幣 SWOT 分析

比特幣曾經歷政府的排擠、價格變動過大、挖礦困難度大增等劣勢。此外，交易網站時刻面臨駭客騷擾和其他密碼貨幣競爭等威脅。從毀譽參半的歷程中，透過修正與法規的制定，均有利於比特幣逐漸茁壯與穩定發展。未來可端倪出政府和機構對區塊鏈的高度興趣，並開創相關技術延伸至各類金融結構與商業合作的契機。有關比特幣 SWOT 分析項目，彙整於表 10-15。

表 10-15　比特幣的 SWOT 分析

優勢（Strength）	劣勢（Weakness）
1. 去中心化：可避免央行不良的貨幣政策與人為操作，可能造成通貨膨脹的隱憂，可降低交易成本。 2. 信用效益：具有防偽、不能撤銷、無限分割和無假幣的特點。 3. 總量恆定：演算法設定發行上限，採稀少性發行，有保值的作用。 4. 支付媒介：流通於各種交易、償還債務、工資和繳稅等。 5. 社交性：礦工挖礦和使用期間，透過彼此討論而加強緊密聯繫關係。 6. 匿名性：保障使用者的個人資訊之匿名與自由度，例如：捐贈。 7. 普遍性：交易便捷性，使日常購買活動接受度提高。 8. 避稅效果：交易不受政府管轄，可享避稅好處。 9. 挖礦：礦工用特定程式生產。 10.無外匯限制：全球流通性強。 11.節省成本：採P2P分散式結構，去除中間環節，節省支出。如無匯款、造幣費用、維護系統費等。 12.開放性：利用協議和開放性應用編程介面，鼓勵創新交易行為、公開交易總帳資訊和錢包查詢等服務。	1. 價格變動：比特幣價格具有暴漲暴跌的趨勢，屬於原始流通階段。 2. 風險性：為避免被盜和遺失造成無法回復之風險，需將比特幣地址備份，並將其密碼保管妥善。 3. 不穩定性：交易平台屢遭駭客侵擾、資金缺乏、和市場發展尚未成熟，導致部分平台倒閉，甚至捲款潛逃，使用戶蒙受損失。 4. 法律規範不足：各國相關法律規範付之闕如。用戶若因權益受損而起訴訟，法院恐無法受理。 5. 限制交易：部分國家規定禁止銀行、第三方支付機構、相關金融機構等從事比特幣交易活動。 6. 技術性問題：區塊鏈分叉事件顯示擁有巨大計算力技術的礦工，會對比特幣系統造成安全威脅。 7. 困難度：每四年產量減半規定，使生產成本大幅增加。 8. 礦機博弈性質：礦機增加使全網運算力暴增，相對收益可能下降。 9. 詐欺案： ICO詐欺相關案件增加。 10.期貨交易下降：期貨交易量萎縮。 11.比特幣ETF：申請未過關。
機會（Opportunity）	**威脅（Treat）**
1. 激勵性：吸引許多企業開展多種密碼貨幣、新型支付方式、和創新研發虛擬貨幣。 2. 全球一體化：比特幣技術發展與應用已成熟，順應全球經濟一體化的趨勢，各大知名企業陸續表態接受比特幣支付和交易活動。 3. 保值效果：比特幣總量恆定與開採難度漸增，價格具高度波動上升格局。	1. 駭客入侵：一旦遭駭客侵入盜取比特幣，將使投資者損失不菲。 2. 糾紛頻傳：因匿名制導致無法追蹤的情況，容易產生糾紛。 3. 恐怖活動：萬一遭恐怖分子利用，其後果令人擔憂。 4. 非法行為：有些國家已將比特幣投資和交易視為非法活動，可能會使其他國家跟進。

表 10-15　比特幣的 SWOT 分析（續）

<table>
<tr><td>且大約78%投資者帳戶尚未有任何交易，屬長期持有狀況。
4. 區塊鏈：許多國家政府與知名企業等，全力研究區塊鏈技術與應用結合的開展。
5. 透明性：原始碼可從比特幣網站獲取，公開討論技術問題，及時糾正、系統不斷演進與自我修復能力等。
6. 創造性：比特幣的架構可延伸至金融結構與商業合作模式，開創新型交易系統。
7. 開放式資訊組織：比特幣基金會是社群唯一類似的官方組織，依靠捐款維持營運，負責核心協定、用戶端升級、安全監督、確認進化模式、法律規定、和政府協商等角色。
8. 穩定性：吸引商家和用戶加入，使用比特幣交易付款，將有助於貨幣穩定。</td><td>5. 血本無歸：價差振幅過劇，投機意味濃厚，投資不當可能全盤皆墨。
6. 交易平台風險：駭客藉由比特幣高價時，進行借幣放空。同時，利用大規模分散式拒絕服務攻擊，企圖癱瘓平台造成恐慌，在低檔承接。
7. 其他密碼貨幣：由於比特幣價格處於高檔、開採難度日增等因素，使擁有開發技術者另闢蹊徑，推出新型優化的密碼貨幣企圖搶食市場。
8. 消耗資源：比特幣採礦非常耗電，屬於能源密集型挖礦。
9. 算力投票：算力具有投票權，任何用戶端相關改進建議、協議修增，必須接受算力投票至少達51%之門檻監督和發行權控制，才能視為有效。亦為蓄意發動比特幣網路攻擊起點的隱憂。如修改交易紀錄、阻止有效區塊等。</td></tr>
</table>

資料來源：1. 嚴行方，貨幣之王比特幣，稻田出版，2014。
2. 李鈞等人，比特幣過去現在與未來，遠流出版，2014。
3. 工商時報，虛擬通貨行不行？央行：有三大阻礙、六大缺陷，2018.10.20。

七、比特幣生態圈

自比特幣問世以來，世人逐漸了解其優勢，相關比特幣生態流程，如圖 10-20 所示。

藉由去中心化、總量恆定、便利性等因素，而加入挖礦和投資的行列，亦吸引許多機構與單位的加入，例如：設備商、軟體開發業者、交易平台等，舉凡自比特幣的發行、流通、以及衍生金融市場體系的建置，整體生態圈與產業鏈已具完整規模。

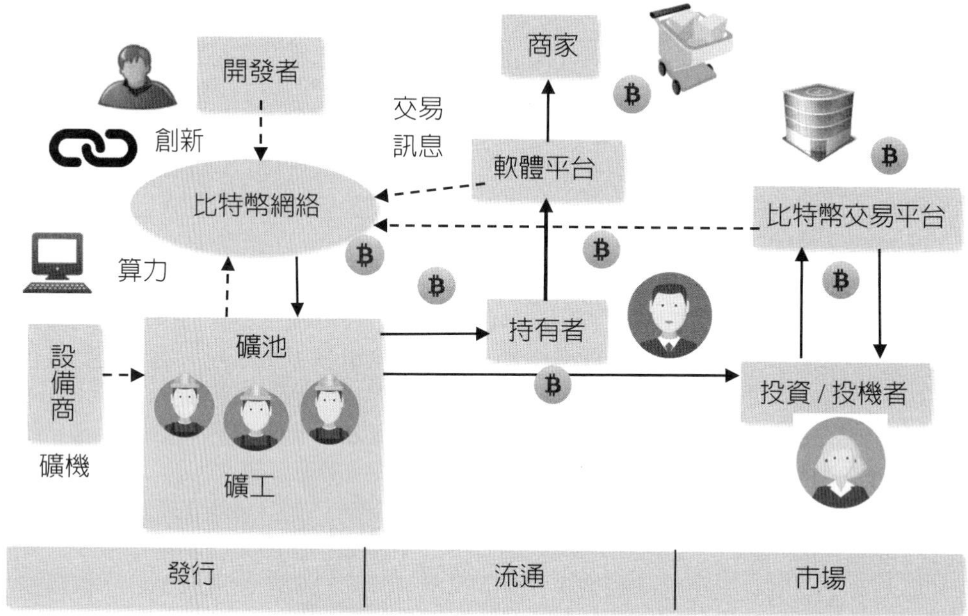

圖 10-20　比特幣生態圈與產業鏈

資料來源：1 袁勇和王飛躍，區塊鏈技術發展現況與展望，自動化學報，第4期，2016.3。
2. Wikimedia Commons。

習題

一、選擇題

(　) 1. 2010 年起，____技術的革新，虛擬市場滲透至名行各業，消費行爲和偏好改變，商業交易模式亦產生巨大的變革。
(A) 電子商務　(B) 區塊鏈　(C) 比特幣　(D) 行動支付

(　) 2. 可驗證新交易區塊和新比特幣的生成。每枚比特幣產生和消費均有公開紀錄，並採匿名通報全網用戶，故可消除「____」的存在可能性。
(A) 駭客　(B) 詐欺　(C) 龐式騙局　(D) 假幣

(　) 3. 2013 年 11 月美國司法部和證券交易委員會亦認同比特幣爲合法金融工具之一，並將比特幣和其他虛擬貨幣列爲____商品。
(A) 期貨　(B) 選擇權　(C) 法定　(D) 實體

(　) 4. 下列何者是比特幣的核心技術，採取符合安全性高和成本低的哈希演算編程方式？
(A) Private Key　(B) SHA-256　(C) Nonce　(D) Public Key

(　) 5. 下列何者非比特幣的機會？
(A) 區塊鏈　(B) 透明性　(C) 創造性　(D) 避稅效果

(　) 6. ____年代：由個人電腦（Personal Computer）普及，資訊產業蓬勃發展。
(A) 70　(B) 80　(C) 90　(D) 60

(　) 7. Ethereum 屬於下列何階段？
(A) 區塊鏈 1.0：密碼貨幣　(B) 區塊鏈 2.0：智慧資產
(C) 區塊鏈 2.5：智慧契約　(D) 區塊鏈 3.0：複雜型智能合約

(　) 8. 挖礦原理乃利用非常複雜的加密解密方法進行離散數列計算，運算交易鏈塊的哈希函數（Hash）和____。
(A) 工作量證明機制（POW）　(B) 公鑰（Public Key）
(C) 隨機亂數（Nonce）　(D) 未花費交易輸出（UTXO）

(　) 9. 區塊鏈每一區塊均可追溯到最早的____。
(A) 初始區塊　(B) 父區塊　(C) 子區塊　(D) 成熟區塊

(　) 10. 以下何者非比特幣的優勢？
(A) 去中心化　(B) 總量恆定　(C) 開放性　(D) 困難度

二、申論題

1. 請說明各國「去紙幣化」的原由為何？
2. 何謂拜占庭將軍問題？比特幣礦工如何解決此問題？
3. 請說明區塊鏈的特性。
4. 在比特幣 SWOT 分析中，比特幣將面臨何種威脅（T）？請列舉四項並說明。

解答：1.(B)　2.(D)　3.(A)　4.(B)　5.(D)　6.(B)　7.(D)　8.(C)　9.(A)　10.(D)

Chapter 11 第二代密碼貨幣發展

自 2009 年起，比特幣吸引無數礦工前仆後繼地投入挖礦行列。早期各種礦機的問世，加強挖礦的算力，已有許多礦工嚐到甜頭。但在比特幣總數既定的原則和難度遞增的前提下，仍有更多礦工鎩羽而歸。

一、第二代密碼貨幣類型

拜比特幣電腦程式開源之賜，已有電腦程式專家試圖改良與開發其他第二代密碼貨幣的可行性，並延伸至跨國支付系統。例如：萊特幣（Litecoin）改良公有鏈比特幣交易速度和 Ripple 創建區塊鏈 Interledger，相關內容如表 11-1 說明。

表 11-1　其他第二代密碼貨幣

名稱	說明
萊特幣（Litecoin）	1. 使用Scrypt演算法，礦工只須一般電腦記憶體和CPU便可挖礦。挖礦權集中於散戶群。幣礦機無法於萊特幣挖礦。 2. 全網算力僅15 （GH/s），挖礦效率高，易受算力51%攻擊。 3. 萊特幣生成總數為8,400萬枚，高於比特幣四倍。 4. 生成速度快，為2.5分鐘1枚。
零幣（Zerocoin）	1. 為加強匿名性和洗幣功能，以便混合比特幣交易紀錄，擺脫用戶集結無數公共密鑰跟蹤。 2. 利用「零幣鑄造」之區塊鏈與比特幣區塊鏈並行交易。 3. 數位簽名和零知識證明，固定面額發行匿名貨幣。

表 11-1　其他第二代密碼貨幣（續）

名稱	說明
XRP幣	OpenCoin公司創設的Ripple系統： 1. 用於系統中預挖加密貨幣，發行共1,000億枚，其中，200億枚給創始人和投資人，500億枚免費給開戶者（如開戶保證金50枚），300億枚由OpenCoin公司持有，並開發Interledger區塊鏈。 2. 於系統支付交易費和保證金使用，支付後，XRP立即銷毀。 3. Ripple支付與比特幣之加密貨幣體系不同，具相輔相成效應。
狗狗幣（Dogecoin）	1. 利用Scrypt算法，創造更加便捷交易過程。 2. 總發行量為1,000億枚。 3. 表達感謝之意小費貨幣，如朋友在臉書按讚和打賞小費。 4. 基金會發起國際慈善活動，成功吸引社群捐贈狗狗幣。
彩色幣（Colored Coin）	1. 比特幣架構為基礎，利用區塊鏈相關的挖礦與交易協議。 2. 建構智慧資產（Smart Property）從事虛擬和實體資產交易，包括股票、債券、數位黃金、房屋、土地和虛擬貨幣等，提供更為便捷和無手續費的交易方式。 3. 改善比特幣作資產交易，須經中心化交易所進行為期弱點。如BTCT.CO和BitFunder等被政府監管和要求身分驗證。
Mastercoin（OMNI）	1. 以比特幣協議為基礎所建構的新協議層，利用代管基金運作，可改善比特幣之不穩定性和不安全性問題。 2. 透過智慧資產和儲蓄錢包的協議層，讓用戶端創設通貨協議層，其衍生貨幣的穩定價值與法定貨幣、石油與虛擬貨幣連結。此外，亦可加強底層比特幣的價值。 3. 初始資金給新協議層開發軟體者，折抵為軟體維護費用。 4. 依據新協議的成功程度計算，以豐厚獎勵給早期參與者。
以太坊 Ethereum（Ether）	1. 為統一適用基礎架構平台，可串連底層區塊鏈和協議。 2. 提供智能合約給使用者創建任何基於共識、可擴展性、標準化、易於開發與協同的金融貨幣和金融服務應用。 3. 創制以太幣（Ether）為以太坊內之加密燃料（Crypotfuel），可用於費用支付，運轉此如同引擎般的分布式應用軟體平台。 4. 結合核心貨幣（比特幣）與（非）金融服務平台（以太坊）的密碼學（非）金融系統。

表 11-1　其他第二代密碼貨幣（續）

名稱	說明
域名幣 Namecoin （NMC）	1. 利用比特幣的程式代碼與技術，另行創造新區塊鏈的分布式域名系統。同樣具有安全性高和不被審查特點。 2. 採合併挖礦（Merged Mining），同時可挖比特幣和域名幣。 3. 註冊（.bit）域名時，須繳交網絡費用和手續費。 4. 為保障後期仍有充足域名，規定一開始繳交網絡費用較高而隨後遞減門檻。此外，交易過程會將網絡費逐步銷毀。 5. 給付礦工手續費多寡由持幣人決定，支付愈高則處理速度愈快。 6. 每三個月，域名帳戶必須藉由交易做升級。
未來幣 Nextcoin （NXT）	1. NXT為第二代密碼幣，以全新程式碼編寫，能降低許多哈希演算，節省能源消耗。 2. P2P網絡、彩色幣應用、資訊／聊天功能、去中心化的網域名稱系統（Domain Name System, DNS）和即時交易等選項。 3. 權益證明（Proof of Stake, PoS）模式，使用者以貨幣量和時間，有資格取得挖礦收益權利與維護網路安全義務。 4. 運用創新的透明鍛造（Transparent Forging）技術，每小時處理的交易量可達上千次。
點幣 Peercoin （PPC）	1. 以幣齡（Coin Age）為基礎，率先創制權益證明（Proof of Stake, PoS）模式之利息體系，任何電腦設備均可挖礦。 2. 維護P2P網絡安全之能源消耗低，節能和成本優勢的密碼貨幣。 3. 採源碼開放和SHA-256演算法，與比特幣兼容。 4. 持有PPC至少30天，可享有1%年化利率之保證回報。
合約幣 Counterparty （XCP）	1. 此為比特幣協議上的傳輸層，亦可作為財務工具的協議。 2. 初期透過燒毀證明（Proof of Burn）的方式，即在每個地址銷毀1枚比特幣，進行發行與公平分配總量260萬枚XCP，為期一個月。 3. 燒毀（Burn）比特幣方式，以支付挖到合約幣交易的礦工。 4. XCP有虛擬貨幣交易、資產發行、股票發行、期貨、分配股利和下注的功能。在首次公開募集各類資產過程中，能移除可信任第三方和保管人項目。 5. 具有可贖回（Callability）資產的功能。例如：可依起初XCP價值為贖回價格進行強制贖回。 6. XCP移植以太坊的開源程式，建立以太坊智能合約平台。

表 11-1　其他第二代密碼貨幣（續）

名稱	說明
Open Transaction（OT）	1. OT屬於中心化交易系統和非帳本式加密演算法（Ledgerless Crypto Suite），為一種非追蹤性數位現金（Untraceable Digital Cash），能提供非追蹤性、匿名性交易。 2. OT去除潛在因素，如即時完成結帳和無雙重支出的風險。 3. 任何人均可在OT創造價值數位代幣和其他形式金融資產，但須以加密擔保處理，如等值比特幣為擔保物的智慧契約，並儲存託管帳戶，同意將比特幣分發給代幣持有人。 4. 發行人不得更改數位代幣或金融資產的數量。

資料來源：1. 李鈞等人，比特幣過去現在與未來，遠流出版，2014。
2. CEC官網。
3. 互動百科。
4. 比特幣中文網。
5. AHC閃爍幣。
6. 比巴克，智能資產架構Colored Coin彩色幣簡介，2013.10.12。
7. 比巴克，MasterCoin V1.1版完整說明書中文版，2013.8.31。
8. EthFans，比特幣／以太幣vs.美元／石油，2015.10。
9. CryptoEx，NXT白皮書中文譯本，2015。
10. 比特幣中文網，虛擬貨幣Namecoin的概念和比特幣相近，2014.2.8。
11. 巴比特，什麼是Namecoin（域名幣）？2013.8.26。
12. 巴比特，合約幣（Counterparty）協議，2014.4.3。
13. 曹磊、錢海利，FinTech金融科技革命，商周出版，2016.5。
14. BlockChain.HK，合約幣準備在其網絡上實施以太坊能合約，2016.5.12。
15. 巴比特，點點幣／peercorin。
16. Bitcoin Wiki, Open Transactions.
17. 巴比特，比特幣2.0誰將是贏家？2014.3.12。
18. Melanie Swan，區塊鏈：新經濟藍圖及導讀，新星出版社，2016.1。
19. Paul Vigna and Michael J. Casey, 虛擬貨幣革命，大牌出版社，2016.5。

1. Mastercoin

以 Mastercoin 為例，圖 11-1(1) 指出新協議層介於底部比特幣協議層與頂部創造通貨協議層間，以類似區塊鏈的起點為 Exodus 公鑰地址，第一枚 Mastercoin 會透過此地址出售，並且提供豐厚獎勵給早期參與者。例如：在指定日期前購買者將比特幣轉至 Exodus 公鑰地址，可獲得等值數倍的 Mastercoin 外

(1) 協議層架構

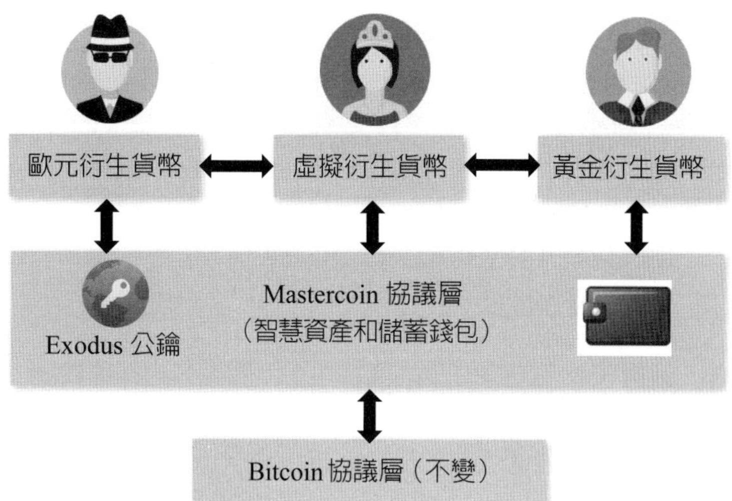

(2) 代管基金(Escrow Fund)運作

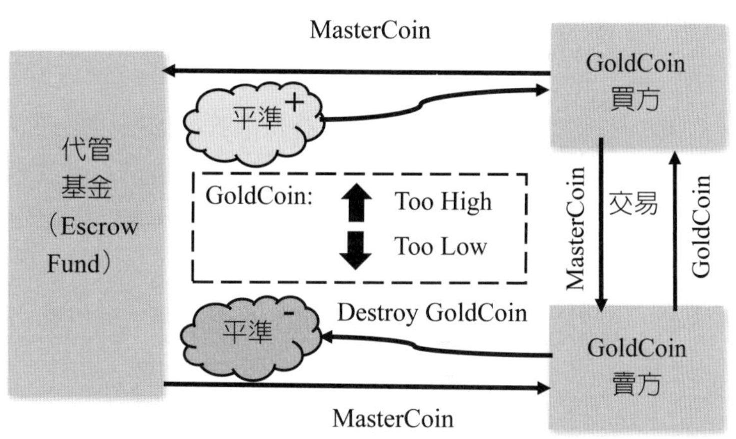

圖 11-1 MasterCoin 架構

資料來源:1. 比巴克,MasterCoin V1.1版完整說明書中文版,2013.8.31。
2. Wikimedia Commons。

加 10-20% 額外的獎勵。各協議層貨幣間可彼此兌換無虞。此外,其特色是允許任何人下載通用的工具軟體,並著手設計與制定規則的私人貨幣,而無須自行開發軟體。Mastercoin 亦無償提供私人貨幣開發者初期資金,用於抵銷軟體維護費等。圖 11-1 (2) 顯示追蹤黃金的私人貨幣(Goldcoin)之運作模式,包括儲存、買賣交易、轉移和代管基金平準方式等。由於代管基金對 GoldCoin 需求無法掌控，僅能控管其供給部分。當 Goldcoin 超額上漲時，代管基金釋出 Goldcoin 增加供給，回收 Mastercoin 以平抑 Goldcoin 價格。反之，當 Goldcoin 超額下降時，代管基金收購 Goldcoin 減低供給，注入 Mastercoin 以刺激 Goldcoin 價格。此平準機制適度調整 Goldcoin 價格趨於穩定，解決比特幣的不穩定性和不安全性問題。

2. 以太坊（Ethereum）

圖 11-2 指明在以太坊的平台系統狀態下，智能合約採取側鏈（Sidechain）運作架構，如同扮演第三者信託的角色與現存區塊鏈互動，增添新的屬性功能。包含由 20 個字節的帳戶地址（私鑰）與兩帳戶間價值及資訊轉移所建構而成，可分爲外部與合約帳戶兩種。帳戶內計有隨機數、以太幣餘額、合約程式碼與存儲四個部分。外部帳戶透過創建和交易發送訊息，無須程式碼配合。合約帳戶地址乃由隨機數與交易數據的哈希值所組成，並由程式碼管控，當接收資訊後，開始運作，進行內部儲存、編寫、讀取和發送消息，亦或可創建合約等事宜。有別於比特幣交易訊息形成的方式，以太坊除允許外部實體創建和選擇以數據呈現外，亦或可由智能合約運作，可預先定義各種狀態與轉換規則，未來觸發條件、執行和監控等啟動事宜。此外，若交易消息接收對象爲合約帳戶，則其亦可透過函數方式做回應。

以太坊於 2014 年 7 月 23 日至 9 月 2 日群眾募資期間，利用 ICO 公開預售透過 31,000 枚比特幣的形式，共募得 1,840 萬美元投資金額。此外，於 2016 年成立以太坊企業聯盟（Enterprise Ethereum Alliance, EEA）。以太坊的交易是經由存儲外部帳戶所發出的簽名數據資訊消息，包括接收者、發送者簽名、帳戶餘額、發送數據及加密燃料（Crypotfuel）數值。爲防止程式碼遭破壞與無限循環的狀況，該數值採用燃料限制（Startgas）和燃料費用（Gasprice）方式。從初始消息至過程中所有轉發消息均有所限制，例如：每筆交易所執行程式碼的步驟需支付燃料費用給礦工，表 11-2 顯示相關步驟的支付。另交易過程中燃料用盡，則所有狀態的改變將恢復原貌。已支付的費用則不能回收，而剩餘的燃料將返回於發送者。

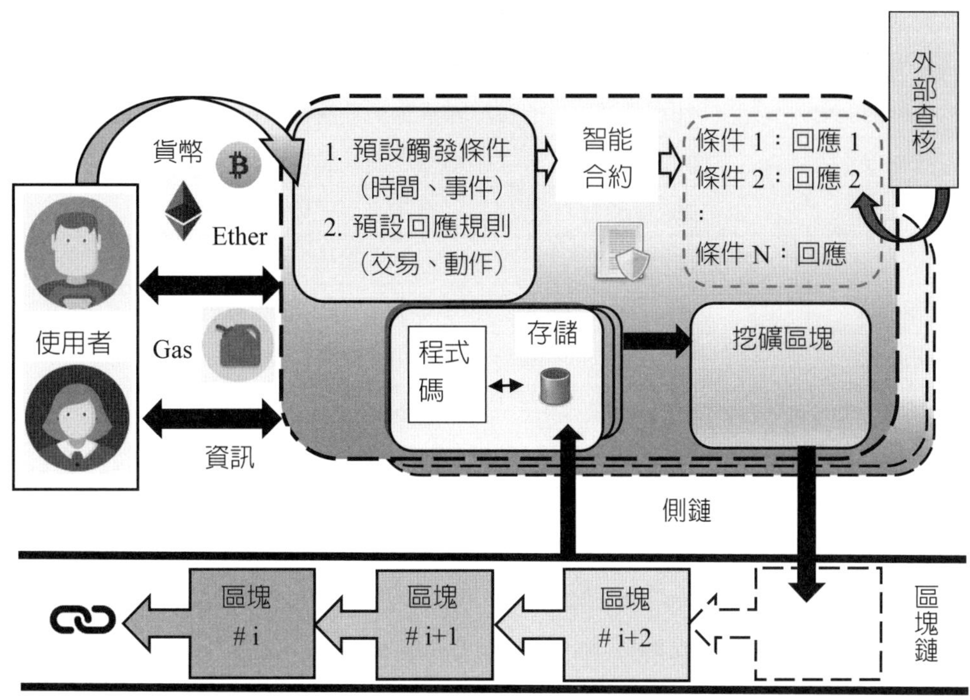

圖 11-2　以太坊（Ethereum）的智能合約架構

資料來源：1. Kevin Delmolino, Mitchell Arnett and Kosba, Stey by Step Towards Creating a Safe Smart Contract： Lessons and Insights from a Cryptocurrency Lab, 2015, Cryptology ePrint Archive.

2. 袁勇和王飛躍，區塊鏈技術發展現況與展望，自動化學報，第4期，2016.3。

3. Wikimedia Commons。

4. Wikipedia。

表 11-2　以太坊燃料消耗支付

操作名稱	費用（單位：Gas）	描述
step	1	一次支付執行週期的瓦斯量（Gas）消耗。
stop	0	停止操作無瓦斯量（Gas）消耗，不須支付。
suicide	0	自殺操作無瓦斯量（Gas）消耗，不須支付。
sha3	20	支付一次SHA3所需消耗。
sload	20	支付一次加載操作所需消耗。
sstore	100	一次存儲操作所需消耗支付。

表 11-2 以太坊燃料消耗支付（續）

操作名稱	費用（單位：Gas）	描述
balance	20	一次餘額查詢消耗費用支付。
create	100	一次創建操作消耗費用。
call	20	一次調用操作之消耗費用。
memory	1	拓展存儲時，需累積所增費用支付。
txdata	5	交易時每個字節的數據所消耗費用。
transaction	500	每筆交易所消耗的支付費用。

資料來源：EthFans，比特幣／以太幣vs.美元／石油，2015.10。

以太坊平台系統利用開放原碼和去中心化自治組織（Decentralized Autonomous Organization, DAO）模式開展。另以創新思維導入幽靈協議（Greedy Heaviest Observed Subtree Protocol, GHOST），提供相關獎勵給礦工，以加速區塊的確認。透過杜寧一完備腳本（Turing-Complete Script）程式語言，允許任何合約在平台上搭建任何金融與非金融協議之交易類型與應用。此外，Microsoft 亦開始深耕區塊鏈技術結合以太坊平台，以 Visual Studio 程式語言爲基礎，針對以太坊虛擬機（Etheruem Virtual Machine, EVM）之智能合約的規格，發展 Solidity 程式編寫語言與解碼方式，有利於執行業務交易的智能合約之應用程式編寫。由於以太坊平台系統的特點與延展性，透過相關研討會和區塊鏈研習課程的推廣，已普遍獲礦工和使用者推崇。此外，Microsoft 與 ConsenSys 公司合作，運用以太坊協議，推出 Azure 區塊鏈技術雲平台，提供軟體供應商有關底層基礎建設之區塊鏈技術服務（Blockchain as a Service, BaaS），例如：台灣新創 Maicoin 和 DTCO 利用以太坊爲側鏈基礎編寫區塊鏈相關程式，切入金融支付市場與鎖定電子商務和零售產業應用。

以太坊開發者於撰寫智能合約時，爲增進流暢度，透過以太坊徵求意見（Ethereum Request for Comments, ERC）指定統一窗口與設立遵循準則。其中，ERC-20 表示代幣發行商利用以太坊平台的智能合約與生態工具，由 ICO 發行可替換代幣所須遵守的數據通訊協議（Protocol），進行資產價值替換、交易、監控與追蹤等金融服務。目前主流 ICO 使用以太坊區塊鏈，並依照 ERC-20 準則發行代幣。另針對不可替換資產具有不可分割屬性，如房屋、家具、紀念性物品、遊戲寶物、股票與土地所有權等。藉由 ERC-721 準則發行不可替換代幣（Non Fungible Token, NFT），利用區塊鏈智能合約的追蹤機制，建置數位化資產並導入資產交易、追蹤與審計等事項，有利於拓展新創應用領域。

3. NXT

表 11-3 比較 NXT 與比特幣不同點，2013 年 11 月發行的 NXT 提供整合去中心化服務，允許用戶使用 Visa 和 Mastercard，亦可透過彩色幣與實體資產購買做連結。所有 NXT 在初始區塊中直接生成 10 億枚，帳戶餘額爲負 10 億。初始區塊無法從事任何交易和支付活動，而其他區塊僅允許至多 255 筆交易訊息。NXT 在正式發行前 6 週發出邀請，分別由 73 名參與者捐贈共 21 枚比特幣，所換取 10 億枚 NXT 的分發執行工作。於 2014 年 1 月時，參與者之報酬率已高達 6,000%。區塊鏈則存在於 NXT 網絡中每各節點內，任何節點經私鑰解密的第一筆交易後，仍須至第 1,440 個區塊生成以後，方能成爲具有區塊生成能力的活躍帳號，其帳戶餘額即可計算鍛造能力。此外，亦允許將餘額租借於其他帳戶。

表 11-3　比特幣與未來幣的不同點

項目	NXT	Bitcoin
Visa和MasterCard支付升級	yes	no
證明機制	權益證明（PoS）	工作量證明（PoW）
能源消耗效率	CPU	ASIC
腦錢包選項	yes	no
整合去中心化服務	yes	no
區塊生成時間	1 min	10 min
51%脆弱性攻擊	no	yes

資料來源：CNN.LA, What's NXT in the World of Cryptocurrencies? 20145.1.17。

開發全新程式碼執行權益證明（PoS）協議，用戶共同決定下一個區塊由任一節點生成，其他節點則可直接與該節點交易，然須在排序和支付額外費用的情況下進行。此方式能有效減少 51% 的攻擊和阻止區塊鏈分岔的情形，且無須購買昂貴的 ASIC 設備和大量的能源消耗去挖礦。有別於比特幣礦工作法，用戶僅需購買 NXT，依獲取數量占所有活躍鍛造錢包（Active Forging Wallets）數量持有比例（如某用戶錢包持有 100 萬枚占整體活躍錢包 10 億枚 NXT 的千分之一比例），即依比例去爭取區塊生成所形成的手續費爲其收益。

用戶利用一般電腦 CPU，取得專用腦錢包（或傳統 wallet.dat 錢包）並儲存於網絡中，密碼透過 SHA256 演算法形成哈希值可作爲私鑰，接著利用 Curve25519 演算法（高效率和安全性的橢圓曲線數字簽名法）成爲公鑰，再次透過 SHA256 演算法求取帳戶號碼，並以里德一所羅門編碼和前面加上 NXT 字母，最後成爲帳戶地址。利用建置私人帳號碼，即可通行無阻地於 NXT 節點解鎖，以讀取內容。

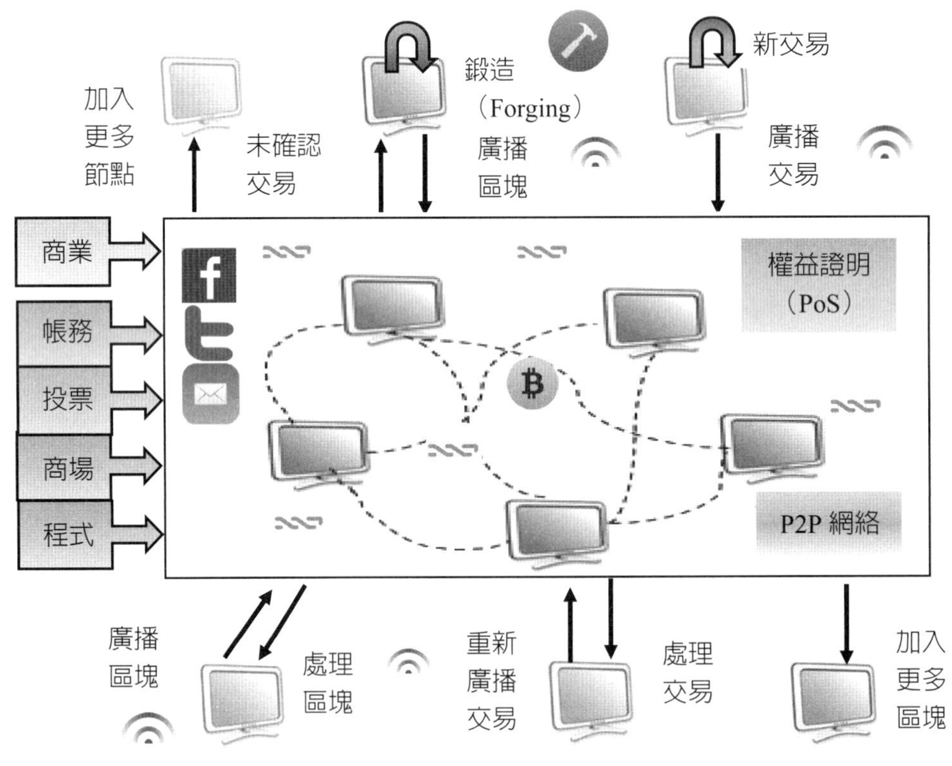

圖 11-3　NXT 網絡節點

資料來源：1. Wikimedia Commons。
2. CryptoEx，NXT白皮書中文譯本，2015。
3. Wikipedia。

圖 11-3 說明 NXT 網絡節點乃以任務協同指派方式，先利用公式計算基礎目標值（Base Target）、目標值（Target Value）以及累積難度值（Accumulative Difficulty）三個參數，以決定選中某帳戶具有區塊生成的資格和權利。活躍帳戶須使用公鑰對前一區塊計算生成簽名，並再次利用 SHA256 演算法計算，其所形成的哈希值的前 8 個字節稱爲 hit 值。透過此鍛造法過程，當 hit 值 < 目標值時，下一個區塊方可生成。

各節點均有能力處理和廣播有關交易、區塊數據、訊息接收、校正有效性等事項，亦可利用彩色幣適用於各類資產交易和商業活動等。NXT 交易則是修改或變更帳戶餘額，一旦交易成立便可納入至網絡中。而交易費用是 NXT 轉至網絡的主要方式，即被鍛造的區塊中所有總交易費用會回饋給鍛造帳戶。每區塊交易數量上限爲 32KB，鍛造帳戶依序由高至低將交易費用放入區塊中。由於新區塊生成時間僅爲 1 分鐘，能快速處理龐大的交易量。當新的交易納入 P2P 網絡的新區塊中，其交易會被確認一次。之後，該區塊串連區塊鏈時，每增加另一個新區塊就會再次確認。此外，在時效內任何未確認的交易，將從交易池中去除。

4. 合約幣

以傳輸層協議與比特幣的區塊鏈合作，透過初期燒毀證明（Proof of Burn）的方式，即在資料區每個地址銷毀 1 枚未花費交易輸出（Unspent Transaction Output, UTXO）的比特幣，並開始發行與公平分配總量 260 萬枚 XCP，爲期一個月，如圖 11-4 所示。利用燒毀（Burn）比特幣方式，以支付挖到合約幣交易的礦工，使生產交易（Coinbase）開始出現於側鏈，適用於開放資產協定。合約幣具虛擬貨幣交易、資產發行、股票發行、期貨、分配股利和下注的功能。

二、全球密碼貨幣

根據 Crypto-Currency Market Capitalizations 網站公布，截至 2019 年 8 月，大約 2,310 種密碼貨幣已在網路密碼貨幣平台交易。表 11-4 顯示以市值（Market Capital）爲標準，2019 年全球前 20 名密碼貨幣排行中，以比特幣獨占鰲頭和 Ethereum 幣居次。表 11-5 列出主要的密碼貨幣與相關交易所，如美國 CoinMarketCap 交易所提供較多密碼貨幣掛牌。

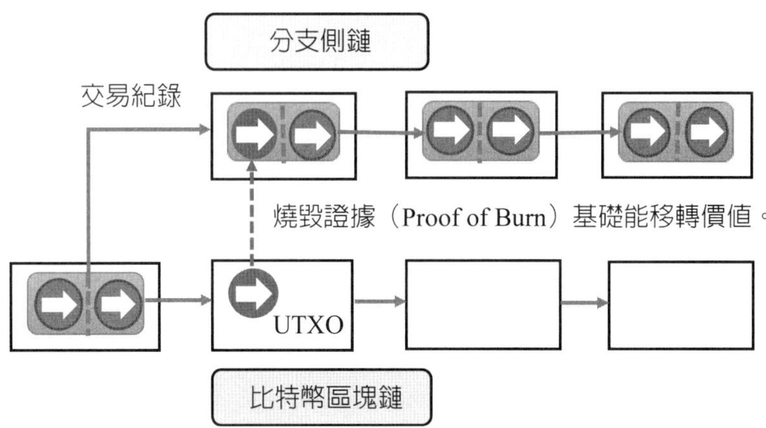

圖 11-4　合約幣結構

註：UTXO指未花費交易輸出（Unspent Transaction Output）。
資料來源： Nikkei Computer，FinTech革命金融科技完全解析，2016.8。

表 11-4　2019 年全球前 20 名密碼貨幣

#	Name	Symbol	Market	Price	Available Supply
1	Bitcoin	BTC	$203,410,971,269	$11,381.59	17,871,937
2	Ethereum	ETH	$22,809,041,245	$212.6	107,286,953
3	Ripple	XRP	$12,824,644,506	$0.2991	42,872,646,068 *
4	Bitcoin Cash	BCH	$5,986,591,933	$333.65	17,942,875
5	Litecoin	LTC	$5,474,637,303	$86.87	63,019,381
6	Binance Coin	BNB	$4,675,097,987	$30.06	155,536,713 *
7	Tether	USDT	$4,042,350,666	$0.9997	4,043,425,265 *
8	EOS	EOS	$3,818,483,982	$4.12	927,114,501 *
9	Bitcoin SV	BSV	$2,575,845,435	$144.26	17,854,986
10	Monero	XMR	$1,558,546,700	$90.88	17,150,100
11	Stellar	XLM	$1,503,690,653	$0.0765	19,632,397,508 *
12	Cardano	ADA	$1,374,610,469	$0.053	25,927,070,538
13	TRON	TRX	$1,364,103,730	$0.02	66,682,072,191
14	UNUS SED LEO	LEO	$1,289,947,933	$1.29	999,498,893 *

表 11-4 2019 年全球前 20 名密碼貨幣（續）

#	Name	Symbol	Market	Price	Available Supply
15	Dash	DASH	$930,250,659	$103.64	8,976,005
16	Tezos	XTZ	$903,358,167	$1.37	660,373,612 *
17	Chain Link	LINK	$855,415,285	$2.44	350,000,000 *
18	NEO	NEO	$761,099,133	$10.79	70,538,831 *
19	IOTA	MIOTA	$723,666,171	$0.26	2,779,530,283 *
20	Cosmos	ATOM	$658,042,906	$3.45	190,688,439 *

註：*表示不能挖礦。

資料來源：Coinmaketcap.com。

圖 11-5 描述目前相關密碼貨幣運用各種技術、程式碼、和演算法等，大致可分爲兩項：

(1) 加密非帳本式（Ledgerless Crypto Suite）：主要爲 Open-Transactions 方式。

(2) 加密帳本式（Cryptoledger）：又可分爲以下兩類：

(A) 一致認定帳本（Consensus Ledger）：例如 Ripple 協議採用此方式進行。

(B) 區塊鏈：採用區塊鏈技術可細分爲下列八項：

(a) 工作量證明：密碼貨幣包括 Bitcoin、Namecoin、Litecoin、Dogecoin、Peercoin、和 Ethereum。

(b) 合併挖礦：Bitcoin 與 Namecoin 兩種。

(c) 獨立區塊鏈：計有 Bitcoin、NXT、BitShares、Litecoin、Dogecoin、Peercoin、和 Ethereum。

(d) 權益證明：包括 NXT、BitShares、Peercoin、和 Ethereum。

(e) 區塊鏈上不同層面：譬如 Mastercoin 建構的新協議層、Counterparty 的傳輸層、以及 Colored Coin 建置於區塊鏈協議上的智慧資產交易。

(f) 燒毀證明：主要爲 Counterparty 之創設。

(g) 杜寧一完備腳本：計有 Ethereum 和 Ripple 利用此功能。

(h) 第二代智慧契約：密碼貨幣包括 Ripple、NXT、BitShares、Ethereum、Colored Coin、Counterparty 和 Mastercoin。

表 11-5　密碼貨幣與交易所

交易所 密碼貨幣	Plus 500（澳大利亞）	MaiCoin（台灣）	BitoEx（台灣）	Bit100（英國）	Coinbase（美國）	Bitstamp（英國）	Kraken（美國）	CoinMarketCap（美國）
比特幣（Bitcoin）	v	v	v	v	v	v	v	v
比特幣現金（Bitcoin Cash）	v					v	v	v
Ethereum （ETH）	v	v	v	v	v	v	v	v
Ripple （XRP）	v			v		v	v	v
萊特幣（Litecoin）	v	v		v		v	v	v
Dash（DASH）				v			v	v
狗狗幣（Dogecoin）				v			v	v
Monero（XMR）	v			v			v	v
Peercoin（PPC）								v
Factom（FCT）								v
BitShares（BTS）								v
NXT（NXT）								v
Namecoin（NMC）								v
Bytecoin（BCN）								v
Stellar（XLM）							v	v
SYScoin（SYS）								v

表 11-5　密碼貨幣與交易所（續）

交易所／密碼貨幣	Plus 500（澳大利亞）	MaiCoin（台灣）	BitoEx（台灣）	Bit100（英國）	Coinbase（美國）	Bitstamp（英國）	Kraken（美國）	CoinMarketCap（美國）
MaidSafeCoin（MAID）								v
Reddcoin（RDD）								v
Augur（REP）							v	v
Zcash（ZEC）							v	v
EOS（EOS）							v	v

資料來源：1. BTC123網站。
2. MaiCoin網站。
3. Plus 500網站。
4. BitoEX網站。
5. Kraken網站。
6. CoinMarketCap網站。

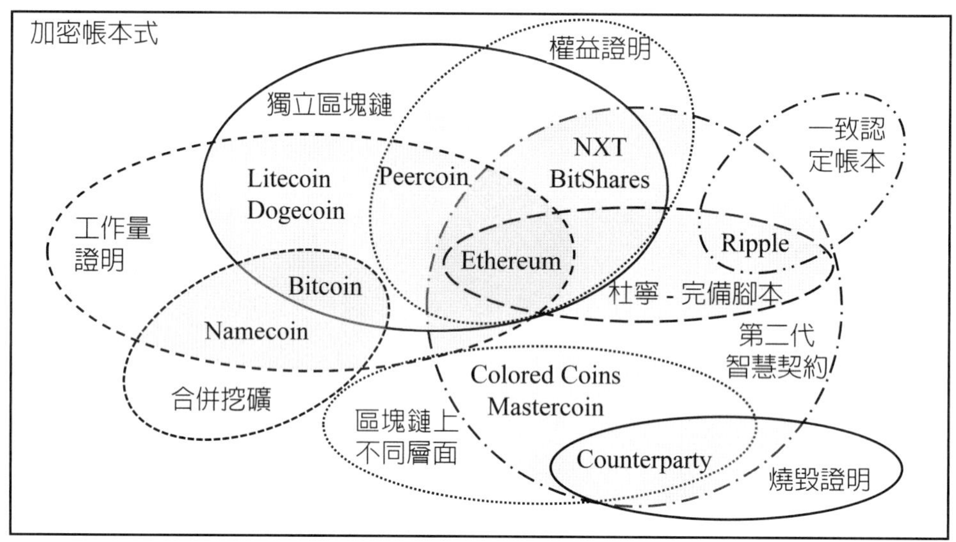

圖 11-5 目前加密協議架構

資料來源：Tim Swanson, Great Chain of Numbers: A Guide to Smart Contracts, Smart Property and Trustless Asset Management, Amazon Digital Services LLC, 2014.3。

值得一提的是以太坊（Ethereum）囊括五項，如工作量證明、獨立區塊鏈、杜寧一完備腳本、權益證明、和第二代智慧契約。以太坊於 2014 年 7-9 月期間透過群眾募資成功募得 1,840 萬美元資金。許多區塊鏈創新研發，均以以太坊爲基礎做延伸功能，例如：Microsoft 的智能合約、去中心化自治組織（DAO）/ 去中心化自治公司（例如：The DAO 和 DigixDAO Crowdsale）、及 Augur 從事預測性市場平台交易等。

建立新的密碼學貨幣協議，共有五種技術平台策略組合，如表 11-6 所示。例如：以太幣（Ethereum）結合非比特幣 + 非比特幣區塊鏈的模式，即創建新的加密貨幣平台與新的區塊鏈。以眞理幣（Trustcoin）爲例，依賴比特幣 + 非比特幣區塊鏈（側鏈）技術平台，乃一種去中心化的先知系統，將一些外部數據如黃金價格與天氣狀況等資訊導入側鏈中，並與智能合約相結合，可運用於市場預測。透過投票幣（Votecoins）的購買，持有者可進行事件投票，如實反映事件結果的持有者，可獲得特定預測市場的參與者所收取的費用作爲獎勵。

表 11-6　主要加密技術平台

	比特幣	非比特幣	非區塊鏈一致性
非比特幣區塊鏈	Trustcoin	Ethereum: Ether BitShares: BTS Litecoin: LTC	Ripple: XRP Stellar: STR Open Transactions
比特幣區塊鏈	Bitcoin: BTC	Mastercoin: MSC NextCoin: NXT Counterparty: XCP	

註：1.非比特幣（Non-Bitcoin Currency）：指建立新的加密貨幣平台。
2.非比特幣區塊鏈（Non-Bitcoin Blockchain）：指建立新平台的區塊鏈側鏈，而非使用原有比特幣區塊鏈。
3.非區塊鏈一致性（Non-Blockchain Consensus）：指未利用比特幣區塊鏈，僅使用比特幣系統中的分散式一致性（Distributed Consensus）作爲完全獨立的平台。

資料來源：壹讀，加密貨幣和區塊鏈，哪一種網路效應更重要呢？2015.1.15。

彙整前述各類第二代加密貨幣的類型差異性，又可依四項劃分：認證演算法、程式演算法、發行總數量限制、和功能性等差異，如下表 11-7 所示。

表 11-7　第二代加密貨幣系統類型差異比較

類型差異	說明
認證演算法	1. 工作量證明驗證機制（PoW）：Bitcoin、Namecoin、Litecoin、Dogecoin、Peercoin、Ethereum。 2. 權益證明驗證機制（PoS）：Nextcoin、BitShares、Peercoin、Ethereum。 3. PoW + PoS：Peercoin、Ethereum。 4. 燒毀證明：Counterparty。
程式演算法	1. SHA-256：Bitcoin、Namecoin、Peercoin、Mastercorin。 2. Scrypt：Litecoin、Dogecoin。 3. 杜寧一完備腳本：Ethereum、Ripple。
發行總數量限制	1. 發行上限：Bitcoin、Namecoin、Litecoin。 2. 發行數量有彈性：Peercoin。 3. 發行無上限：Dogecoin。

表 11-7 第二代加密貨幣系統類型差異比較（續）

類型差異	說明
功能性	1. 功能性應用：建立於區塊鏈上的挖礦和P2P協議，記錄去中心化數位資產交易，例如：Colorcoin。 2. 智能合約的應用：Ripple、NXT、BitShares、Ethereum、Colored Coin、Counterparty、Mastercoin。

資料來源：1. 蔡依琳，虛擬通貨之近期發展，財金資訊季刊，85，2016.1。
2. Tim Swanson, Great Chain of Numbers: A Guide to Smart Contracts, Smart Property and Trustless Asset Management, Amazon Digital Services LLC, 2014.3。

三、區塊鏈技術演進階段與未來發展

由比特幣的創新變革所引發區塊鏈 1.0 技術的熱潮，主要應用於貨幣交易。自 2016 年起，已帶動許多創投公司和金融業，紛紛投入資金與研發能量。試圖將區塊鏈 2.0 智慧資產與 2.5 智慧契約的概念，透過協議推展各項金融資產交易與國際匯款業務。利用區塊鏈 3.0 的複雜型智能合約的概念，並延伸應用於非金融業。此外，智慧契約和智能合約所導入的自動化與可設計程式化的屬性，透過區塊鏈技術亦可促進分散性人工智慧系統的運用，並符合自治、自足、及去中心化的三個要素。自治乃透過協議，預先設置各類觸發條件，一旦觸發即依時間和事件開始自動獨自執行。並且預設回應交易與操作規則，以去中心化的外部網絡，根據回應滿足條件的相關數據進行查核。而自足則表示允許取得所需資源，達成自行發行資產或提供相關服務的條件，例如：執行遺產繼承。實務應用可分爲下列四種類別，去中心化應用（Decentralized Application, Dapp）、去中心化自治組織（Decentralized Autonomous Organization, DAO）、去中心化自治公司（Decentralized Autonomous Corporation, DAC）和去中心化自治社會（Decentralized Autonomous Society, DAS），說明如下：

1. 去中心化應用（Dapp）

在分散式網絡中，強調資訊安全的防護，使參與者可利用節點進行去中心化的應用，須符合三點特性：

(1) 為開源的程式。

(2) 透過標準演算法或標準程序生成代幣。

(3) 根據回饋進行協議的調整或修正，並達成多數用戶的同意。

區塊鏈 2.0 相關應用（OpenBazaar、LaZooz、Twinster、Steemit、Bitmessage、和 Storj 等），即符合此特性，如表 11-8 所示。以 Steemit 為例，藉由貼文、網路遊戲、或廣告瀏覽等獲別人按讚，即可賺取加密貨幣 Steem，透過區塊鏈技術，提供社群挖礦機會。

表 11-8　去中心化應用（Dapp）範例

名稱與網址	應用方式	中心化對應項目
OpenBazaar（openbazaar.org）	全球買賣交易	Craigslist
LaZooz（lazooz.org）	乘車分享（數位貨幣：Zooz）	Uber
LINE代幣經濟	LINK數位代幣生態圈	LINK Point
Twister（twister.net.co） Steemit	社交網絡	Twister/Facebook
Gems（getgems.org）	社交網絡通信（數位貨幣型）	Twitter/簡訊
Bitmessage（bitmessage.org）	安全通訊服務（私人或廣播）	簡訊服務
Storj（storj.io）	文件儲存	Dropbox
區塊鏈概念電影（聖人大盜）	娛樂新創公司 發行SELF虛擬貨幣 （SELF TOKEN自元公司）	電影業
Swarm（www.swarm.co） Koinify（koinify.com） bitFlyer（fundflyer.bitflyer.jp）	數位貨幣儲存平台	Kickstarter Indiegogo 創投基金

資料來源：1. Melanie Swan，區塊鏈：新經濟藍圖及導讀，新星出版社，2016.1。
2. 經濟日報，區塊鏈讓社群挖礦成真，2018.3.31。
3. 經濟日報，區塊鏈電影觀眾可自選角色，2018.9.3。
4. 經濟日報，LINE進軍虛擬貨幣市場，2018.10.3。
5. 工商時報，台首部區塊鏈電影今夏登場，2019.1.15。

2. 去中心化自治組織（DAO）/ 去中心化自治公司（DAC）

基本上 DAO 和 DAC 是以區塊鏈技術從事全球共享網絡，要點於符合：

(1) 打造組織去中心化（Organizational Decentralizations）。

(2) 採業務分拆（Unbundling）和鬆綁規定（Deregulation）的方式。

(3) 強調對等生產（Peer Production）的模式。

(4) 利用密碼信任制度（Crypoto-Trust）與一致認定記帳（Consensus）。

以分散式基金與透明的創新經營模式，嵌入杜寧一完備腳本（Turing-Complete Script）程式，讓用戶可自行定義代碼於智能合約，亦即根據事前設定的條件與範圍，自動執行預先批准的項目，並串連於區塊鏈的功能，以便於金融機制中運作。專門用於訂購 / 投資各類區塊鏈相關產品 / 廠商，屬於無中心機構運作的自治型態組織 / 公司，且能利用群眾募資發行股票。此外，企業從事國際商業活動必須考慮各地不同的制度，例如：營業許可、登記、保險、稅務、法律、監管等事務，亦使其營運成本增加。如透過區塊鏈將上述事務各項功能連結，則可使處理事務的效率提升，並利用智能合約來完成細部流程操作。故企業能名符其實的全球性企業，突破區域的管轄限制，選擇有利國際商業模式進行。

參與者依照持有代幣（如以太幣）數量之法定投票數，進行訂購 / 投資簽約廠商的投票事宜，其資金大約占以太坊 38%，不能任意挪用。依智能合約預設條件鎖定與觸發自動執行，使參與者能獲益，如圖 11-6 所示。

3. 去中心化自治社會（DAS）

藉由 Dapp、DAO、和 DAC 建構的自助型組織，以嶄新的思維實現烏托邦式（Utopian）完全自治的生態系統。可運用區塊鏈將標準化的智能合約打造成獨立實體，透過群眾募資來籌措資金，以期達成預期的任務，例如：製作軟體和操作執行；支付分紅或其他回饋於投資者；預測市場變化；去中心化投票；及定期重新評估存續或解散等。未來亦有可能導入人工智慧於 DAS，將智能合約平台設計爲具有自動化、自治化、和複雜化的最佳化操作模式。

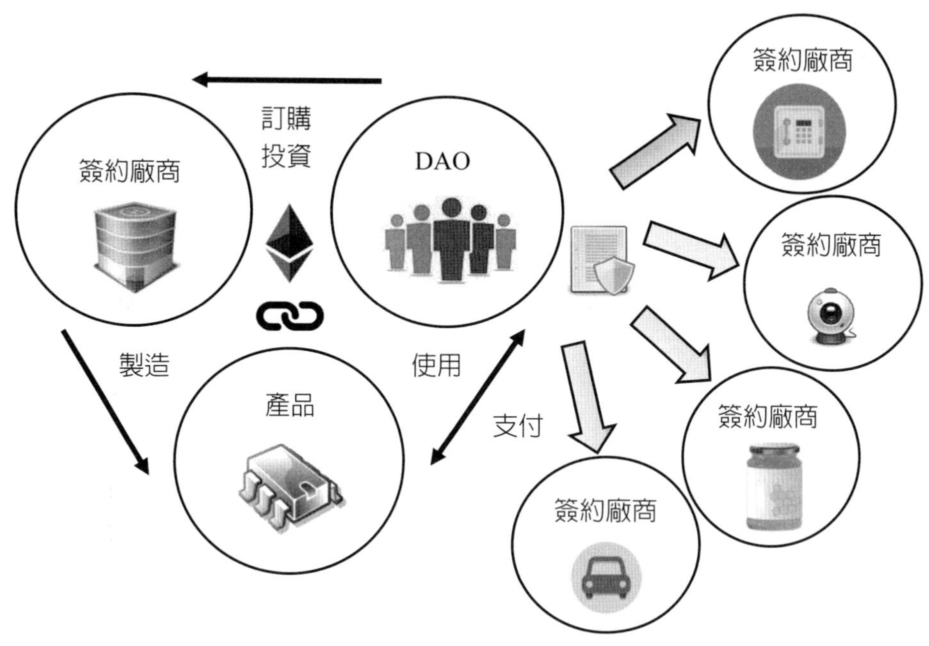

圖 11-6 去中心化自治組織（DAO）結構

資料來源：1. 區塊鏈科技資訊，正在進行眾籌的DAO智能合約目前持有的以太坊超過其總供應量的38%，2016.5.7。

2. Wikimedia Commons。

四、群眾募資成功案件：密碼貨幣

2016 年 5 月 DAO Hub（The DAO）首度成爲史上最佳的群眾募資（眾籌）案，於開始募資兩週內，就成功募得 1.64 億美元，並超越星際公民（Star Citizen）網路作戰遊戲軟體的 1.13 億美元資金，此亦奠定資本最雄厚的區塊鏈新創自治組織。全球大型群眾募資相關密碼貨幣（如 Ethereum、Lisk、Augur）和區塊鏈（如 DigixDAO Crowdsale），亦名列其中約占 20% 之譜，均顯明市場對於顚覆性的商業模式反應相當熱烈，如表 11-9 全球前 25 名群眾募資案所示。

表 11-9　全球前 25 名群眾募資案

Rank	Project	Category	Platform	End Date	Target	Amount Raised
1	The DAO	Blockchain	Ethereum	2016.5.28	$500,000	$164,400,000
2	Star Citizen	Video Game	Kickstarter/ Independent	Ongoing		$113,705,500
3	Elio Motors	Vehicle	Independent	Ongoing		$25,615,760
4	Pebble Time	Smartwatch	Kickstarter/ Independent	2015.5.27	$500,000	$20,338,986
5	Prison Architect	Video Game	Independent/ Steam Early Access	2015.10.6		$19,000,000
6	Ethereum	Blockchain	Bitcoin/ Independent	2014.9.2		$18,439,086
7	Coolest Cooler	Product Design	Kickstarter/ Independent	2014.8.9	$50,000	$13,285,226
8	Ubuntu Edge	Smartphone	Indiegogo	2013.8.21	$32,000,000	$12,814,196
9	Flow Hive	Beehive	Indiegogo	2015.4.19	$70,000	$12,174,187
10	BauBax	Product Design	Kickstarter/ Indiegogo	Ongoing	$20,000	$10,271,965
11	Pebble （Watch）	Smartwatch	Kickstarter	2012.5.18	$100,000	$10,266,845
12	Shroud of the Avatar	Video Game	Kickstarter/ Ind./ Steam Early Access	Ongoing	$1,000,000	$8,782,571
13	Exploding Kittens	Card Game	Kiskstarter	2015.8.19	$10,000	$8,782,571
14	Ouya	Video Game Console	Kiskstarter	2012.8.9	$950,000	$8,596,474
15	Gut Weibenhaus	Real Estate	Companisto	2015.5.27	Eur 2,000,000	Eur 7,500,000
16	Shenmue III	Video Game	Kiskstarter/ Independent	Ongoing	$2,000,000	$6,594,833
17	Pono Music	Digital Music Player	Kiskstarter	2014.4.15	$800,000	$6,225,354

表 11-9　全球前 25 名群眾募資案（續）

Rank	Project	Category	Platform	End Date	Target	Amount Raised
18	Mayday PAC	Super PAC	Independent	2014.7.4	$6,000,000	$6,132,554
19	Elite: Dangerous	Video Game	Kiskstarter/ Independent	2013.1.4	￡1,250,000	￡3,686,327
20	Lisk	Cryptocurrency	Bitcoin/ Independent	2016.3.21		$5,880,089
21	DigixDAO Crowdsale	Software	Ethereum	2015.3.30	$500,000	$5,500,000
22	The Grid	Website Builder	Independent	Ongoing	$70,000	$5,489,376
23	Project Bring Back Reading Rainbow	Television	Kickstarter	2014.7.2	$1,000,000	$5,408,916
24	Augur	Software	Independnet/ Bitcoin/ Ethereum	2015.10.1		$5,318,330
25	Restore King Chapel Now.	Charity	Indiegogo	2015.5.22	$5,000,000	$5,018,213

資料來源：Wikipedia。

(1) Augur

去中心化預測性市場平台，用戶依照以太坊的基礎，進行全球投資金額交易。2015 年 8 月 17 日至 10 月 1 日群募期間，已成功募得約 530 萬美元，吸引約 4,800 個帳戶參與購買其代幣，以比特幣和以太幣的形式運作。

(2) Lisk

爲新式去中心化應用平台，提供便利和安全的編碼、相似的工作環境、工具集操作、以及應用程式介面網絡。在 2016 年 2 月 22 日到 3 月 21 日群募期間，共3,900參與者募得580萬美元資金，並採用比特幣和其他區塊鏈資產形式爲主。

(3) DigixGlobal

爲第一個利用以太坊作爲實體資產機構，成功地將倫敦金銀市場協會（London Bullion Market Association, LBMA）的 99.99% 金條，登記於以太坊地址，並儲存於新加坡自由港區，再透過資產證明協議（Proof of Asset, PoA），將細部資訊記錄於資產卡（Asset Card），包括收據、序號、審計文件、發卡時間戳章、保管區塊的電子簽章（如賣方、保管人、審計人）。利用物聯網架構和永久性數據庫的星際文檔系統（InterPlanetary Files System, IPFS），串連於以太坊之區塊鏈，亦提供贖回機制，如圖 11-7 DigixDAO 生態圈所示。2016 年 3 月 31 日利用群眾募資最初發行 200 萬枚分紅代幣 DigixDAO（DGD），僅 12 小時從 675 個以太坊地址取得 46.5 萬以太幣，約募得 550 萬美元，超過其目標金額 10 倍。另設計徽章提案人（Badge Holder）制度，視參與者購買一定等額（如 1.5 萬美元密碼貨幣數倍）而定，賦於以太坊項目或功能之提案權。

透過去中心化自治機構（DAO）爲藍本，結合區塊鏈、以太坊錢包與以太坊智能合同，創置 DigixCore 金本位金融平台，鑄造發行黃金代幣（DGX），亦可重鑄列回黃金資產卡。另黃金代幣可於 OpenLedger 交易所，透過 Bitshares 2.0 交易平台買賣。分紅代幣（DGD）持有人致力推展與承諾維護此平台，每季可永續性獲取 DGX 交易費爲獎勵。當完成 1 枚 DGX=1 公克黃金交易時，會收取 0.13% 的手續費，相關資訊和電子簽證等會透過記錄資產證明於區塊鏈中，便捷且相較於一般金銀塊交易，額外費用低廉許多，如表 11-10 所示。

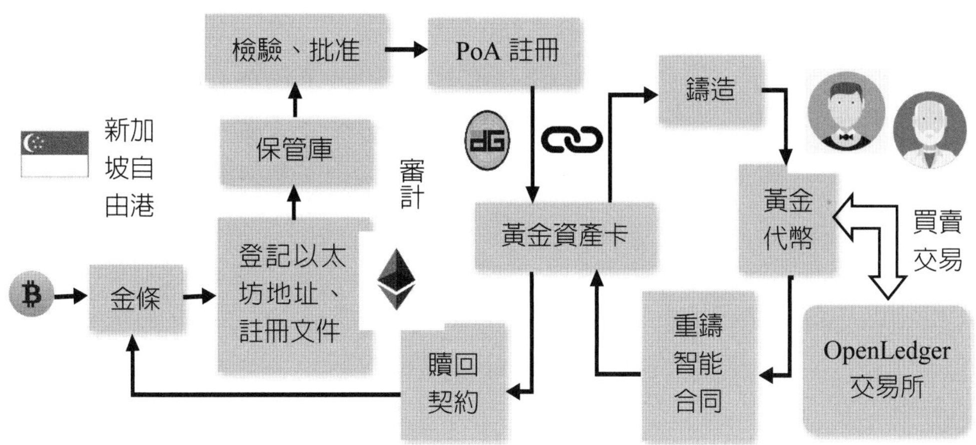

圖 11-7　DigixDAO 生態圈

資料來源：1. 壹比特，DigixDAO與OpenLedger攜手推廣數字黃金，2016.4.25。
2. CoinGecko, DigixDAO Introduces Gold-backed Tokens on the Ethereum Blockchain, 2016.4.23。
3. Wikimedia Commons。

表 11-10　金條塊交易相關費用

區域	費用標準
歐美	購買10、5、1公克黃金需分別支付4.8%、8%、20.3%額外費用。
中國大陸	金條購買須支付規費，如手續費、提貨費、延期費、交貨費等。 1. 手續費： 支付成交金額萬分之8內。 2. 延期費： 依持有頭寸和隔夜等情形，由價格監督委員會制定。 3. 提貨費： 計有加工費、儲運費等，依每克14元人民幣計算。 4. 交貨費： 相關檢驗費、重鑄費等，依每克6元人民幣計算。 5. 客戶交易保證金： 由指定銀行托管帳戶處理。 6. 交易所有權調整費率。 7. 規定交易稅由賣方支付。

資料來源：壹比特，DigixDAO與OpenLedger攜手推廣數字黃金，2016.4.25。

(4) 比特股（Bitshares, BTS）

延伸比特幣擴展協議，作爲開源分布式交易系統，提供自我籌資（Self Funding）與自給自足（Self-sustaining）的去中心化交易所的平台，採用股份授權證明機制（Delegated Proofs of Stake, DPOS），可提供以秒計時的便捷交易，發行期爲 12 年。在網絡中創造出多形數位資產（Polymorphic Digital Asset, PDA）的各類金融商品，即可追蹤如黃金（BitGold）、美金（BitUSD）和其他貨幣的價值。另比特股區塊鏈限制每個區塊至多 32 種比特資產交易。圖 11-8 顯示去中心化交易所流程與傳統交易所流程之比較。任何人可在比特股網絡繳交手續費，無須其他成本、購買伺服器、或學習程式代碼等，便可自行發行資產憑證，發布資產名稱、代碼、數量、詳細內容、自訂費用等即可，系統將依上述項目自動執行，並將收取的費用轉入創建者帳戶中。創建者與買家持有的 BTS 均凍結於比特資產（BitAsset）中，提供股利（Dividend）給買家持有者，並免於相關風險干擾。有別於傳統證券市場，發行人需繳交易費給證券交易所，還須經過層層審核關卡，方能順利發行。

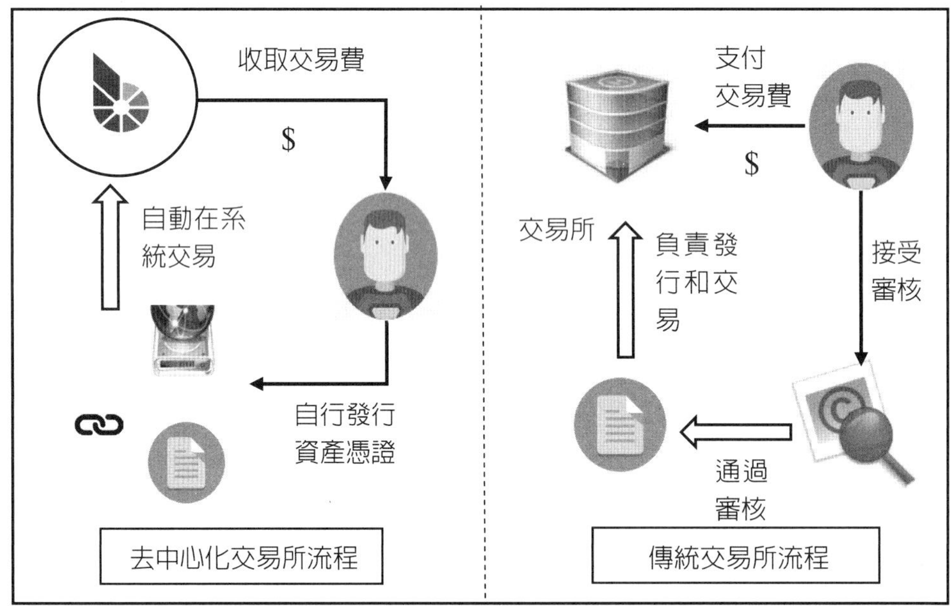

圖 11-8　去中心化交易所流程之比較

資料來源：1. 比特時代，Bitshares對你意味著什麼？2015.6.10。
2. Wikimedia Commons。

初始比特股（BTS）總共400萬股權，其生態圈是經由原型股權（ProtoShares, PTS）和天使股權（Angelshares, AGS）所組成：

(A) 起初籌資而生的原型股權（PTS）

於 2014 年錢包內可自動以 1 PTS = 1 BTS 方式兌換並置入。亦可針對 BTS 系統內的去中心化自治公司（DAC）的群眾募資案進行投資。PTS股權計算如下：

PTS 股權爲 200 萬 = 50% BTS + DAC 的 10% 股權。

(B) 挖礦所產生的天使股權（AGS）

BTS 礦工系統的參與者，包括見證人（Witnesses）、工人（Workers）、和退款工人（Refund Workers）。挖礦獎勵和 50% 的交易費用，按照持有 BTS 占現存 BTS 總數的比例，逐一分配於 BTS 持有者。由於 BTS 增長率會隨時間遞減而使累積總數增加，此表示初期紅利會處於高處，之後漸漸降低並與交易費用成正比的數額。另 AGS 可用於研究、開發和創造比特股相關技術所需的經費。AGS 股權計算如下：

AGS 股權爲 200 萬 = 50% BTS + DAC 的 10% 股權。

圖 11-9 說明比特股的現金流程，網絡目標在於收取足夠的交易費用之收入，方能每日支撐見證人和工人所承諾的 BTS 數量。原則上每日預算爲分配 432,000 BTS 給所有被股東（Net Shareholders）挑選出的礦工，其任務乃根據智慧合約（Smart Contract）規定的起始日、終止日、支付率、自動執行、收取歸屬期間（Vesting Period）等，作爲建構新區塊。被選出的見證人扮演電子簽章和時間截章（Timestamp）的角色，並經由每股擁有一個投票權和一位見證人的核可投票（Approval Voting）過程，其給付由代表人制定。另外，退款工人將收取的 BTS 退回，並儲存至儲備池中，以作爲未來計畫案使用。被選出的代表人可調整交易費（Transaction Fees）與推薦系統（Referral System）的相關20/80費率。此外，早在初始區塊階段，代表人有權針對此區塊網絡參數提出改變建議（如交易費、尺寸、見證人給付、區塊生成期間等）。

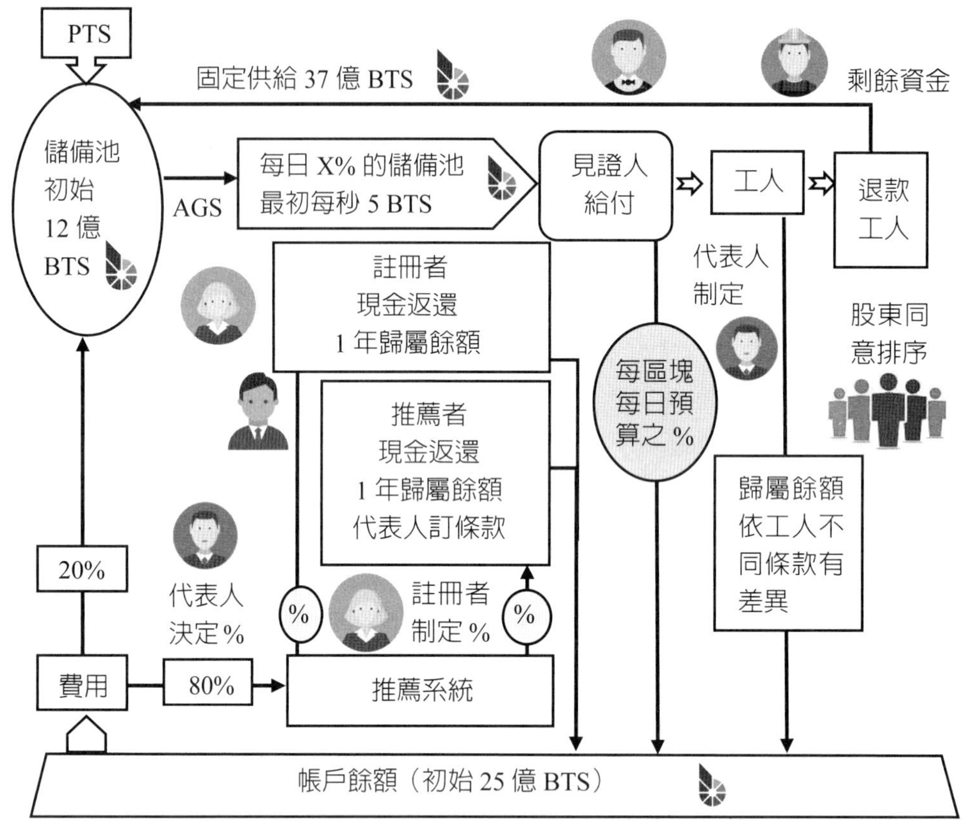

圖 11-9　比特股現金流量

資料來源：1. Bitshares, Stakeholder-Approved Project Funding。
2. Wikimedia Commons。
3. Wikipedia。

任何使用者（Users）可推薦朋友加入註冊者帳戶，而使用者無法加入推薦者帳戶，故不能獲得推薦回饋報酬。任何帳戶有繳永久會費即可擁有會員資格，會員亦可推薦朋友加入註冊者帳戶。任何會員（Members）均可申請相同的註冊者（Registrar）和推薦者（Referrers）帳戶，並可取得所有推薦回饋報酬。此外，亦可將推薦者帳戶分開，制定不同的百分比回饋於註冊者和推薦者帳戶。一年現金歸屬期間的規定，乃指一年後方能取得現金，如 6 個月後欲先取得 50% BTS 之兌換現金，則剩餘 50% BTS 仍需等待一年才可提現。

五、區塊鏈相關應用與發展策略

1. 區塊鏈相關應用

有關區塊鏈應用與效益列於表 11-11，未來延伸應用效益之影響層面將非常深遠。例如：利用行動社群支付平台，將創造出互聯互通模式與可管可控功能的移動支付平台，有利於開展社群網路能更精準鎖定客群。在亞洲方面，新加坡政府亦積極投入資源，提供實質補助研究合作案，支持金融科技創新。以星展銀行為例，透過政府補助，利用區塊鏈技術，發展內部「流氓交易員」監控系統打擊不法交易，以期節省成本與加強風險管控。另 2015 年中國大陸發生票據業信用風暴，大規模的違約操作、詐欺、人工作業失誤等違法情事發生。為解決此管控的漏洞，則可導入區塊鏈技術，以期下降人工成本與疏失，大幅提高作業效率以

表 11-11　區塊鏈的應用與效益

產業	應用行業	效益
金融業	行動社群支付平台	創造「互聯互通、可管可控」的移動支付平台，精準鎖定客群。
	信評機構	透過底層用戶的大數據，有助於信用管控與風險預警的執行。
	商業銀行	信用卡／現金卡結算網路，跨境支付無須支付境外網路費。
	證券承銷商與投資銀行	強化中後台跨資產級別交易，提升清算效能，以增進資本運用效率。記錄交易者身分與交易量等資訊，有利於市場監督。
	票券業	降低人工成本與疏失，提高作業效率，到期日自動執行支付作業。去中心化帳本分享與同時監督，適用於應收帳款融資。
	資產證券化	將帳聯網延伸至金融創新領域，擴大商機。
	衍生性商品	區塊鏈建置信用違約交換合約（Credit-Default Swap），可除去第三方中介者，如國際交換交易暨衍生性商品協會（International Derivatives and Swaps Association）仲裁等。
	保險公司	1. 區塊鏈延伸物聯網應用，有助風險定價與管理水準。 2. 智能合約降低人工風險、自動處理保險和減少成本。 3. 壽險模型與理賠風險運算的應用。
	基金管理	資產數位化具流動性與多元投資工具，實現金融市集。

表 11-11　區塊鏈的應用與效益（續）

產業	應用行業	效益
非金融業	法律會計	文件託管、公證、記帳等傳統業務的服務模式革新。
	房地產	1. 利用實名制區塊鏈技術提供私鑰給客戶，完成房地產購買、託管、所有權轉移業務。 2. 智能合約自動完成租賃，提供密鑰給客戶租期使用。
	音樂版權	1. 智能合約與區塊鏈追蹤用戶一生曾購買音樂產品。 2. 建置音樂版權管理平台，允許音樂創作者與消費者直接聯絡，省去中間商相關費用。智能合約解決版權許可問題。
	藝術品	運用於藝術品領域，分布式記帳系統進行財產權登記和追溯。
	物聯網	1. 數據蒐集與整理提高質量、增加效率與降低成本。 2. 中小企業合作，利用區塊鏈技術為基礎，建置數據共享模式，進行資訊挖掘與數據分析。
	汽車業	1. 區塊鏈能依車輛識別碼（Vehicle Identification Number, VIN），進行汽車所有權交易和登記業務。透過智能合約，使系統依照條件滿足後，自動執行完成交易。 2. 智能合約自動完成租車，提供密鑰於租期使用。
	農產品	美國Louis Dreyfus集團利用區塊鏈彙整銷售合約、信用狀、簿記等流程，銷售大豆給中國大陸。
	虛擬道具交易所	樂點公司推出首次虛擬道具公開發行（Initial Item Offerings, IIO），虛擬道具（如虛擬寶物）由遊戲廠商認證於區塊鏈上推出。
	其他	電力、能源、物流、石油、食品安全認證、食物供應鏈、跨國金流即時監控、金融資訊犯罪預防、網路聲譽維護、碳權交易區塊鏈、高級人力仲介、數位證書和履歷、反洗錢、海運文書作業、共生共利媒體平台、智能合約與大數據預測。

資料來源：1. 台大金融科技暨區塊鏈中心。
2. 劉世偉等，台灣銀行家，以帳聯網創造金融台積電，2016.2。
3. 麥肯錫大中華區金融機構諮詢業務，區塊鏈—銀行業遊戲規則的顛覆者，2016.5。
4. 譚磊和陳剛，區塊鏈2.0，電子工業出版社，2016.4。
5. Melanie Swan，區塊鏈：新經濟藍圖及導讀，新星出版社，2016.1。
6. Paul Vigna and Michael J. Casey，虛擬貨幣革命，大牌出版社，2016.5。
7. 工商時報，富邦金贊助全球首個運動區塊鏈BraveLog，2017.1.5。
8. 工商時報，陸3大比特幣礦機壟斷全球9成市占，2018.1.23。
9. 工商時報，橘子首創虛擬道具交易所，2018.7.4。

減少風險。透過去中心化的帳本分享，使參與者能同時監督作業流程。2018 年 9 月人民銀行建置貿易金融區塊鏈，開始試行於深圳灣區平台，聚焦於應收帳款融資與金融活動同步監測業務。

表 11-12 彙整區塊鏈未來相關應用可能性，以政府單位而言，指明區塊鏈技術適用於數位貨幣、稅收、福利制度、護照簽發、身分系統開發、社會保險、繳費、交通運輸等事務。產業可推展貿易支付、鑽石證書、數位合約、醫療檔案、和共享經濟等琳瑯滿目的創新計畫。以金融業爲例，區塊鏈運用於股票和債券交易、電子投票系統、群眾募資、和貨幣清算等業務。另區塊鏈手機採「社交密鑰恢復機制」，將密鑰交託可信賴的親友保管，若遺失手機，可由多數託管親友證明，即可重新恢復虛擬資產。

表 11-12 區塊鏈應用可能性

產業	使用單位	目標	區域	機構
金融業	避險基金、企業、投資銀行	降低貨幣清算與結算時間，加快資金周轉和降低交易風險。	美國	JPMorgan Chase
	上市、上櫃企業、私人股票	1. 區塊鏈的LINQ系統發展股東電子投票系統、股票認購、初次股票發行（IPO）、私募股權和結算。 2. 證券交易所與Digital Asset Holdings（DAH）合作，開發區塊鏈技術用於加速證券清算和結算系統。	美國 澳大利亞	Nasdaq 證券交易所
	證券	創造SETLcoin虛擬貨幣提供跨國證券交易和清算功能。	美國	高盛

表 11-12 區塊鏈應用可能性（續）

產業	使用單位	目標	區域	機構
	銀行業	1. 建置區塊鏈技術團隊，增加金融交易系統效益。 2. 反詐欺與反洗錢系統設計，將不良客戶的交易數據，記錄於區塊鏈，透過加密與其他銀行共享資訊。 3. 提供貿易融資，區塊鏈平台會加密有關發票和提貨單。 4. 付款、紅利點數折抵消費金額。	英國 美國 新加坡 台灣	PwC Chainalysis 渣打、星展銀行 台新、台北富邦、玉山銀
	群眾募資、證券	證券交易、支付系統、清算、IPO與籌資等應用。	中國大陸	銀聯、小米、阿里巴巴
	保險	1. 建置電子病歷，用於理賠作業服務與開展商品等。 2. 班機誤點主動理賠。 3. 區塊共享平台。	台灣	國泰人壽、國泰產險、保險公會、保發中心
	金融服務業	合作開發區塊鏈分成三階段：(1)公益捐款、企業資金調度，(2)客戶KYC、供應鏈融資，(3)紅利積點兌換、聯貸。	台灣	財金資訊、公股銀行
	票據交易平台	建置區塊鏈數位票券交易平台測試成功。	中國大陸	人民銀行
非金融業	政府	有關公共服務包括稅收、福利制度、護照簽發等。	英國	
		國民電子身分系統開發。	愛沙尼亞	
		數位貨幣	中國大陸	人民銀行
	地方政府	市政費用：停車費、水電費、社會保險等。	美國	Electronic Commerce Link

表 11-12 區塊鏈應用可能性（續）

產業	使用單位	目標	區域	機構
	鑽石業	1. 終止血鑽石交易和鑽石證書詐欺。 2. 區塊鏈對鑽石追溯性，解決鑽石檢測衝突與保險詐欺問題。	英國	Everledger、BitShares
	物聯網領域	以太坊為基礎，建置物聯網平台。智能家電產品等安全性。	美國/韓國	IBM、三星
	商業貿易	貿易金融、港務、供應鏈與供應商業務區塊鏈，將信用狀和提單等相關文件記錄於公鏈，具有不可篡改的特性，提供效率與透明度。	美國 台灣	VISA、巴克萊銀行 關貿網路
	交通卡	乘坐交通運輸、商店付款。	日本	Mt.Gox
	數位合約	改善區塊鏈之歸零分帳技術，運用至線上智慧合約系統開發。	美國	IBM
	憑證兌換券	難民持以太幣憑證兌換券換取糧食和物資，移除中介商費用。		世界糧食計畫署
	土地登記資料	區塊鏈技術執行資料庫管理，解決產權糾紛與詐欺事件。	印度 / 宏都拉斯	土地登記系統
	共享經濟、金融	1. 打造G-Coin運用於電影票、高鐵票、停車收費等。提升證券交割結算效率，由T+2、T+1天成為T+15秒。 2. 專注互聯網金融，打造國家級帳聯網。	台灣	台大金融科技暨區塊鏈中心

表 11-12 區塊鏈應用可能性（續）

產業	使用單位	目標	區域	機構
	醫療物聯網	1. 開展phrOS作業系統，推展健康檔案、醫療資訊交換共享。 2. 數位醫療創新，提供跨院就診與智能保險理賠便捷服務。		台北醫學大學與DTCO合作，發表健康醫療區塊鏈。
	供應鏈	建立供應鏈產銷履歷與原物料追蹤系統，推展綠能科技開發計畫之電力幣（Electricity Power Token，EPT）。		DTCO
	社區加密貨幣	利用以太坊建構P2P區域部落經濟「蘭嶼計畫：達悟幣」。		
	運動	全球首創鐵人三項運動賽事區塊鏈，記錄認證履歷。		BraveLog
	區塊鏈手機	手機可運用於加密虛擬貨幣、資產交易、與電子商務等。		宏達電、富智康（鴻海集團）
	社交挖礦平台	用戶與內容創作者之動態分享、影音等，按讚貼文賺取祕銀幣。		祕銀科技
	健身器材區塊鏈	AMOS運動聯盟區塊鏈+眾籌平台，發行IEO代幣。		AMOS明躍國際
	物流區塊鏈平台	發展智慧物流區塊鏈平台。		資策會
	時間銀行	因應長照2.0人力缺乏狀況，發展區塊鏈人力資源時間銀行，於未來支用。		信馨、高科大、陽光區塊鏈

資料來源：1. 嚴行方，貨幣之王比特幣，稻田出版，2014。
2. 李鈞等人，比特幣過去現在與未來，遠流出版，2014。
3. 經濟日報，IBM攻金融科技測試區塊鏈，2016.2.17。
4. 經濟日報，小摩砸大錢攻金融科技，2016.2.24。

5. 經濟日報，那斯達克結算時間大減，2016.1.1。
6. 工商時報，推動區塊鏈技術的應用已刻不容緩，2016.1.28。
7. 貨幣新聞，虛擬貨幣將顛覆金融並消滅銀行，2015.8.8。
8. 科技報橘，國際清算銀行BIS：數位貨幣加速「金融脫媒」，勢必衝擊現有央行運作，2015.12.15。
9. iThome新聞，高盛打造虛擬貨幣SELTCOIN，2015.12.9。
10. 財經新報，股市的數位革命，Nasdaq將採比特幣技術，2015.5.12。
11. 財經新報，IBM將改善比特幣技術，爲其提供智慧合約，2015.9.17。
12. 天下雜誌，台灣區塊鏈專家打造FinTech王牌，2016.3.15。
13. 科技報橘，再也不會丈二金剛摸不著頭緒，2張圖搞懂什麼是區塊鏈，2016.3.14。
14. 麥肯錫大中華區金融機構諮詢業務，區塊鏈-銀行業遊戲規則的顛覆者，2016.5。
15. 工商時報，台大、矽谷籌組區塊鏈中心，2016.3.4。
16. 經濟日報，區塊鏈列車啟動四金控搶搭，2016.10.12。
17. 工商時報，財金公司率國銀開發區塊鏈，2017.1.25。
18. 工商時報，人行推數位貨幣領先全球央行，2017.2.7。
19. 工商時報，區塊鏈跨足運動發現新藍海，2017.1.5。
20. 經濟日報，醫療資訊交換快導入區塊鏈，2016.11.14。
21. 經濟日報，中信金攻區塊鏈四路並進，2017.1.20。
22. 工商時報，北醫健康醫療區塊鏈上路，2017.11.11。
23. 經濟日報，宏達電開發區塊鏈手機，2018.5.17。
24. 經濟日報，DTCO打造區塊鏈應用新價值，2018.5.28。
25. 工商時報，大學校園成國銀試鏈基地，2018.5.14。
26. 台灣銀行業，區塊鏈創新應用重新改寫金融商業模式，2018.1。
27. 工商時報，區塊鏈新頁M17 社交挖礦平台，2018.7.25。
28. 工商時報，AMOS健身器材結合區塊鏈，2019.4.16。
29. 經濟日報，物流區塊鏈助數位轉型省成本，2019.1.1。
30. 工商時報，信馨、推區塊鏈時間銀行，2018.10.19。

(1) 智慧儲能交易平台

爲建構「分散式儲能與發電、再生能源憑證、碳權交易市場」的智慧儲能商業模式，提供再生能源業者參與獎勵，運用區塊鏈技術將綠電憑證數位化，建置虛擬交易平台，延伸出物聯網鏈（IoT）、再生能源鏈、碳權認證鏈，並創制「碳權幣」與「再生能源幣」，以使憑證發行成本減少。另區塊鏈內記錄有關屋頂太陽能光電，產生並儲存於 Kw 電池，此經由台電代輸至消費端電池，以及便利商店代管電池，如圖 11-10 所示。

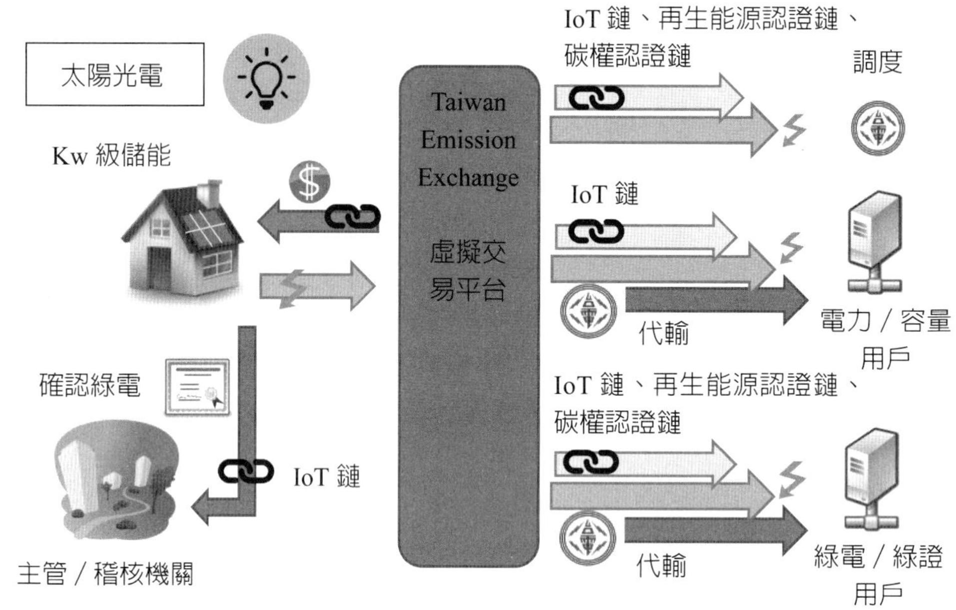

圖 11-10　智慧儲能交易平台

資料來源：1. 工商時報，民間首座綠電交易平台誕生，2018.1.12。
2. Wikimedia Commons。
3. Wikipedia。

(2) 全球證券交易：SETLcoin密碼貨幣

以高盛公司於 2014 年 11 月率先申請美國專利爲例，利用區塊鏈技術應用至全球證券交易，創新建置的 SETLcoin 密碼貨幣，如圖 11-11 所示。建立項目內建密碼貨幣（Positional Item Inside Cryptographic Currency, PIC）方式，允許相關執行主管機構發行（或銷毀）。各機構可設定相關代號與 SETLcoin 作連結，如代號 IBM 證券和代號 $ 美元。任何交易活動都透過 P2P 系統中的帳本作即時執行與結算，並經過所有權確認和驗證過程。虛擬錢包中包括單筆或多筆使用 SETLcoin 的證券交易，如用戶持 1 IBM-S SETLcoin = 100 IBM 股票，亦可使用法定貨幣（如 $）或密碼貨幣（如 Bitcoin、Litecoin 等）從事交易活動。此外，延伸與其他技術結合（如網路節點、租賃、拍賣等），透過公司名稱、標誌、品牌、證券符號等制定不同格式。

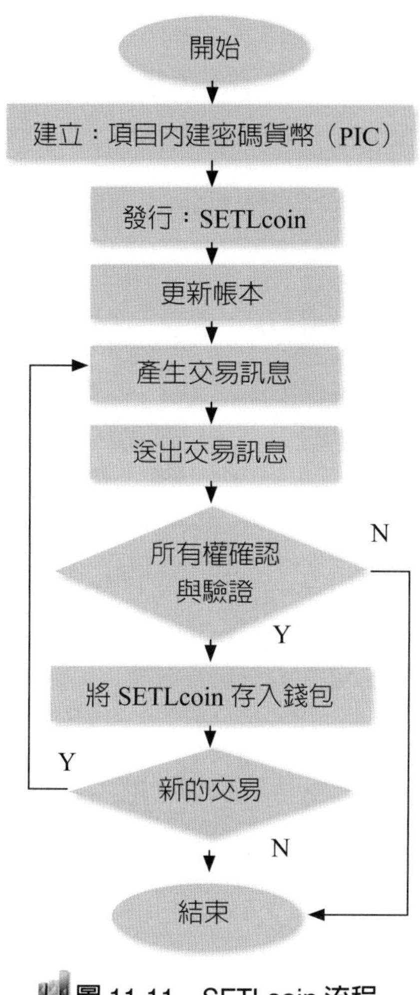

圖 11-11　SETLcoin 流程

資料來源：Prableen Bajpai, Goldman Sachs Files "SETLcoin" Patent: What It Is and What It Means, 2015.12.8。

(3) 電子函證金融區塊鏈

台灣每年約 150 萬件人工處理銀行函證，常有書寫錯誤、遺失僞造、和郵寄費時等困擾。財金公司於 2018 年 7 月建置「電子函證金融區塊鏈」。將 20 家銀行、四大會計師事務連結，挑選上市公司的「半年報」財報簽結，試行「函證區塊鏈」。圖 11-12 說明「函證區塊鏈」流程，查核單位（如會計師事務所）透過 Web 共用系統授權，經由會計師、財金公司與銀行節點，取得受查企業相關上下游廠商與往來銀行間，進行查核證據的「函證」。藉由區塊鏈之「紀錄不可竄改」屬性，達成無紙化效應，並大幅提升流程效率，由原先 2-3 週降低至 2 天。

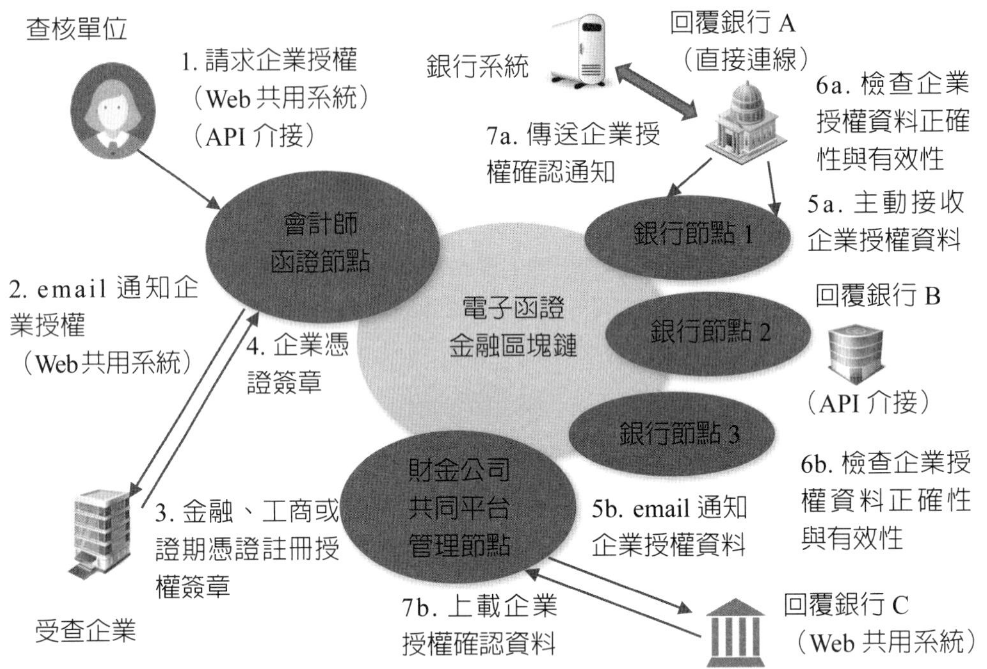

圖 11-12　電子函證金融區塊鏈流程圖

資料來源：1. 工商時報，會計師查簽財報年底啟用區塊鏈，2017.6.22。
2. 工商時報，財金函證區塊鏈半年報先行，2018.7.19。
3. 工商時報，華南、兆豐銀函證區塊鏈化，2019.7.31。
4. Wikimedia Commons。

(4) 財金公司推展區塊鏈平台業務

表 11-13 說明財金公司推展區塊鏈平台業務，依消金與企金各分三階段，含公益捐款、客戶 KYC、紅利點數、資金調度、供應鏈融資與聯貸等應用。

表 11-13 財金公司區塊鏈平台業務

	業務項目	內容
消費金融	第一階段：公益捐款	智能合約之信託串連捐款者、捐款單位、和受捐贈機構，達到門檻並完成帳務與捐款統計。
	第二階段：客戶KYC	銀行間區塊鏈建置，分享KYC資訊。
	第三階段：信用卡紅利點數兌換	允許消費者跨行兌換紅利點數商品。
企金金融	第一階段：資金調度管理	藉由區塊鏈能快速掌控金流狀況。
	第二階段：供應鏈融資	透過信保基金資料，允許銀行區塊鏈電子化資訊分享與交流，供應鏈融資參考。
	第三階段：聯合貸款	大型聯貸案參貸銀行了解授信戶財務諮詢，增加透明度。

資料來源：1. 工商時報，財金公司率國銀開發區塊鏈，2017.1.25。
2. 工商時報，財金公司區塊鏈平台拚7月上線，2017.5.8。

(5) 區塊鏈貿易

爲簡化信用狀的驗證過程，提升安全性、減低傳輸失誤率、降低人爲疏失等，透過區塊鏈的私有鏈方式，導入智慧合約，將共享資訊提供給政府機構、出口商、進口商、開狀銀行、通知銀行、海關、報關行與運輸業等，以利國際貿易與跨境支付。圖 11-13 說明區塊鏈貿易流程。

2. 區塊鏈發展策略

目前已有 90 多個央行表達區塊鏈技術投入意願，超過 20 多個國家訂定區塊鏈產業推動計畫，全球近 90 多個國際知名企業籌組區塊鏈聯盟並積極推展，區塊鏈專利數已達 2,500 筆以上。此外，約有 80% 銀行試圖開啟區塊鏈研究，有關區塊鏈應用於行動支付的研究亦如火如荼的展開。有鑑於各國對區塊鏈技術的高度興趣與投入，金管會於 2016 年 4 月呼籲銀行公會，結合相關業者積極推展區塊鏈技術應用或成立全球區塊鏈聯盟（如 R3）。鼓勵金融業者舉辦跨界程式設計馬拉松（Hackathon，黑客松）競賽，2015-2016 年分別由玉山、花旗、中信和星展銀行舉辦，得獎隊伍與項目如表 11-14 所示。透過賽前工作坊，使參賽者了解設計思維與模型的推展。

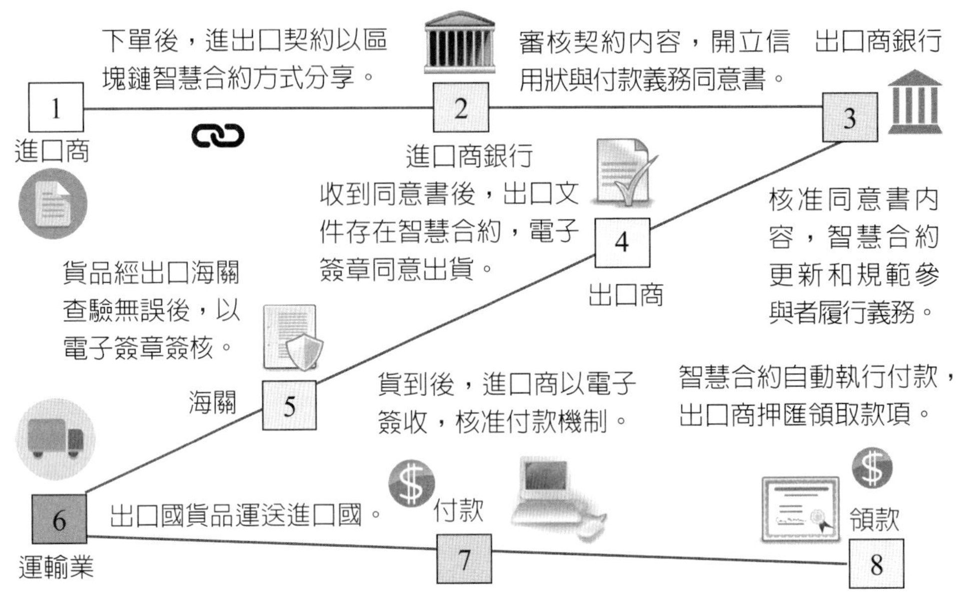

圖 11-13　區塊鏈貿易流程

資料來源：楊佳侑，以創新應用技術開創貿易新時代，經濟前瞻，第182期，2019.3.12。

表 11-14　黑客松金融科技競賽活動

	目標	具體成品
花旗銀行	未設限	1. AirSig（空中簽名驗證服務）。 2. WageCan（比特幣金融卡）。 3. EZTABLE（餐廳訂位服務）。
星展銀行	1. 讓客戶迅速掌握銀行理財服務。 2. 協助年輕／新富族群能利用數位銀行累積財富。 3. 提供中小企業全方位數位金融解決方案服務。	1. CINCH（報帳上傳系統）利用CINCH APP拍攝帳單上傳系統，使請款流程簡化。 2. DBS POS System提供收支管理、借貸需求、營運資金等解決方案。
玉山銀行	1. 大數據、行動支付、帳務服務、數位生活、社群金融。 2. 著重認知服務、電腦視覺、人臉辨識等。	台大傑瑞小老鼠（GinLocal旅遊經驗分享平台）以一站式方式串連旅遊需求與消費活動。

表 11-14　黑客松金融科技競賽活動（續）

	目標	具體成品
中國信託	1. P2P轉帳：特別針對朋友間轉帳和社群平台拆帳。 2. 投資觀測：自動化社群投資顧問為訴求，達成快速理財的目標。 3. 社群借貸：利用社群組織提供媒合借貸機會。 4. 收支管理：便捷支付模式開銷方式。	使用應用程式介面（Application Programming Interface, API）的沙盒機制*（Sandbox），利用可控制的範圍內，針對所設計的項目作測試，提升產品的良率。
第一	1. 與台大合作舉辦黑客松活動。 2. 以食安為主題，如食物履歷。	以台大G-Coin區塊鏈建構進出貨整合系統為例說明。

註：*沙盒機制：「將軟體執行於一個受限的系統環境中，控制程式可使用的資源（如檔案描述符、記憶體、磁碟空間等）」（維基百科，zh.wikipedia.org）。

資料來源：1. 經濟日報，掌握區塊鏈催動數位3.0浪潮，2016.4.19。
2. 經濟日報，銀行拚創新搶辦黑客松，2016.7.1。
3. 經濟日報，打造數位方舟中信銀黑客松鳴槍，2016.4.26。
4. 經濟日報，玉山校園黑客松聚焦FinTech，2017.2.13。
5. 工商時報，一銀挺台大黑客松攻區塊鏈發展，2016.9.8。

金管會亦期待與科技部跨單位合作，提供學界研究補助計畫，提倡認知推廣。並將區塊鏈技術正式列入國家科技政策白皮書內。當國際知名金融業者全力朝區塊鏈技術發展，表 11-15 說明相關對應策略，包括組織區塊鏈聯盟、推展區塊鏈技術應用於核心業務、實施區塊鏈試點作業、和本土特色區塊鏈技術應用等。例如：瑞銀積極加入 R3 聯盟，共同制定與開發區塊鏈系統的相關標準，並於倫敦 Level 139 技術孵化基地建置區塊鏈實驗室，以期早日將區塊鏈技術應用於金融業。

表 11-15　區塊鏈技術發展策略

策略	規劃	項目	案例
1	組織區塊鏈聯盟，訂定行業標準。	凝聚共識建立標準，制定金融業新規定與監管事宜。	1. 2016年R3 CEV結盟全球40多家金融業與金融科技公司，如瑞銀、高盛、花旗、Nasdaq等，建立符合監管規定與分布式帳本私鏈標準。 2. 2015年Hyperledger由IBM的Linux基金會成立，設立跨業區塊鏈聯盟，以拓展跨業區塊鏈應用。 3. 2016年4月ChinaLedger致力於中國金融業導入區塊鏈技術研發與應用，符合國家發展政策、標準與業務屬性之區塊鏈底層協議。
2	推展區塊鏈技術應用於核心業務。	與金融科技公司合作項目、投資成為戰略夥伴、或成立合資公司等模式，解決核心問題。	1. Visa與Chain合作利用區塊鏈不能篡改特性，提高信用卡交易安全。 2. 星辰、渣打銀行與Ripple合作，導入智能合約與P2P跨境交易，提高安全性與降低貿易詐欺。
3	銀行推動局部業務，積極實施區塊鏈試點作業。	成立區塊鏈實驗室與測試應用成效。	1. USB成立實驗室專注債券發行和清算機制。透過競賽網羅創新公司。 2. 花旗銀行建置創新實驗室研發支付與跨境交易。發行電子貨幣Citicoin與區塊鏈應用於行動支付。 3. 持續研發區塊鏈應用於證券期貨交易可行性研究。
4	打造本土特色區塊鏈技術應用。	審視本土產業優勢，鎖定特定領域推展。	1. 針對上下游特定產業特質，研發垂直區塊鏈技術與解決方案。 2. 透過內嵌智慧契約技術結合物聯網系統，掌控服務應用層面的價值。
5	企業資訊系統支援架構改變。	針對區塊鏈技術與分散式帳本架構作適度調整。	1. 有別於傳統集中式管理，區塊鏈採分散式帳本與開放式資料傳遞，傳輸速度受限。 2. 分散式帳本維護管理處理者改許可制，處理速度應可上升。

表 11-15 區塊鏈技術發展策略（續）

策略	規劃	項目	案例
6	從法規限制低的領域著手。	利用區塊鏈技術解決待改善事項。	1. 區塊鏈技術發展與實務商業應用的連結，除鬆綁相關法規阻礙外，將耗費時間作技術整合、認證與測試等。 2. 鎖定法規限制和技術門檻較低領域，易於突破與解決瓶頸問題。

資料來源：1. 麥肯錫大中華區金融機構諮詢業務，區塊鏈—銀行業遊戲規則的顛覆者，2016.5。
2. 工商時報，台大、矽谷籌組區塊鏈中心，2016.3.4。
3. 工商時報，證交所辦金融科技座談，2016.11.9。
4. 工商時報，台灣區塊鏈技術應用3契機，2016.8.16。
5. 工商時報，區塊鏈技術非金融領域新受惠，2016.10.9。

六、區塊鏈與群眾募資

利用區塊鏈連結群眾募資技術已逐漸形成，例如：區塊鏈與股權型群眾募資、區塊鏈群眾募資平台等，如下說明：

1. 區塊鏈與股權型群眾募資

區塊鏈技術導入智能合約，結合股權型群眾募資，運用股權登記管理，保障轉讓交易的安全。另記錄難於篡改、僞造、和刪除的屬性，展現出更爲公開透明和確實的投資訊息，使股權流通更爲便捷和易於追蹤等特性。可解決人工處理股權憑證、維護股東名冊、追蹤困難等有關非上市股權管理問題。區塊鏈與股權型群眾募資操作，可由三個層面組成系統架構，如圖 11-14 顯示。

(1) 底層

區塊鏈技術所形成 P2P 網絡，建構去中心化分布式帳戶系統。

(2) 中間層

爲區塊鏈股權型群眾募資，透過智能合約的相關條件下，允許第三方支付進行交易，重視風險控制，相關業務包括共同建立帳戶中心、股權登記、憑證中心、股權交易和股權管理等功能。

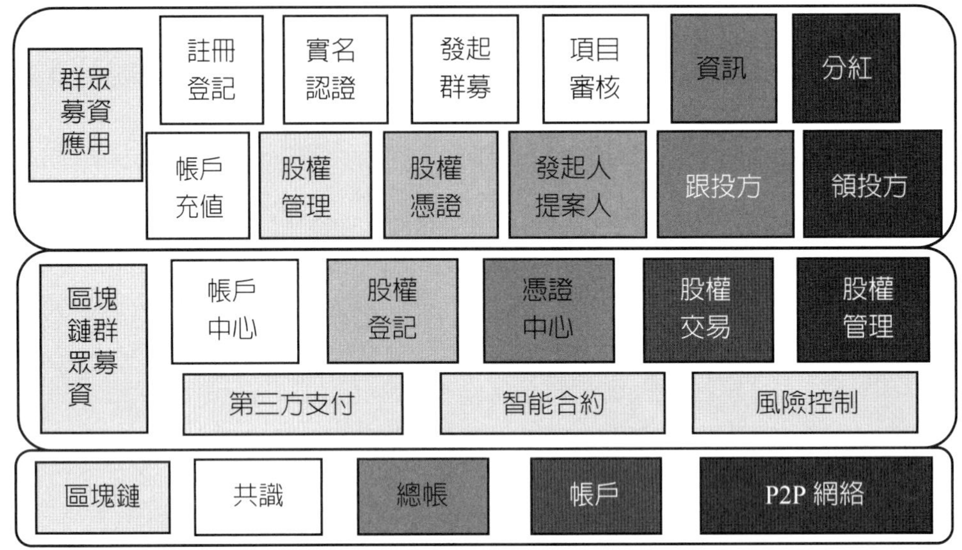

圖 11-14　區塊鏈股權型群眾募資系統架構

資料來源：Melanie Swan，區塊鏈：新經濟藍圖及導讀，新星出版社，2016.1。

(3) 上層

爲群眾募資平台所提供的各項服務業務，包括註冊、實名認證、審核、跟投與領投資訊等。

股權型群眾募資可分爲「一般模式」與「領投方（Lead Investor）+ 跟投方（Follower Investors）聯合投資模式」兩種，如圖 11-15 所示。

一般模式爲投資人在群眾募資平台自行篩選投資案進行投資，而聯合投資模式採具有豐富投資管理經驗或創業成功經歷者一人擔任領投方，再邀集其他自然人或機構擔任跟投方做跟投，並組成有限合夥企業（Limited Partnership）投資於提案者所提出的股權募資案。例如：2016 年 6 月中國 IDG 集團領投 6,000 萬美金融資，投資美國 Circle 比特幣創業公司，以取得區塊鏈技術發展，跟投方包括美國私募公司 Silver Lake、Breyer Capital、General Catalyst Partners 等創投公司。

初期可由提案人、平台業者、領投人等共同簽訂股權型群眾募資合約，並以智能合約的方式呈現於區塊鏈中，透過分布式群眾募資聯盟的形成，將用戶、募資項目、股權憑證及所有權等數據資料共享，並串連於區塊鏈網絡，將用戶的各項交易匯集，完成股權移轉、註冊登記、電子憑證和股權管理等事宜，並確保自

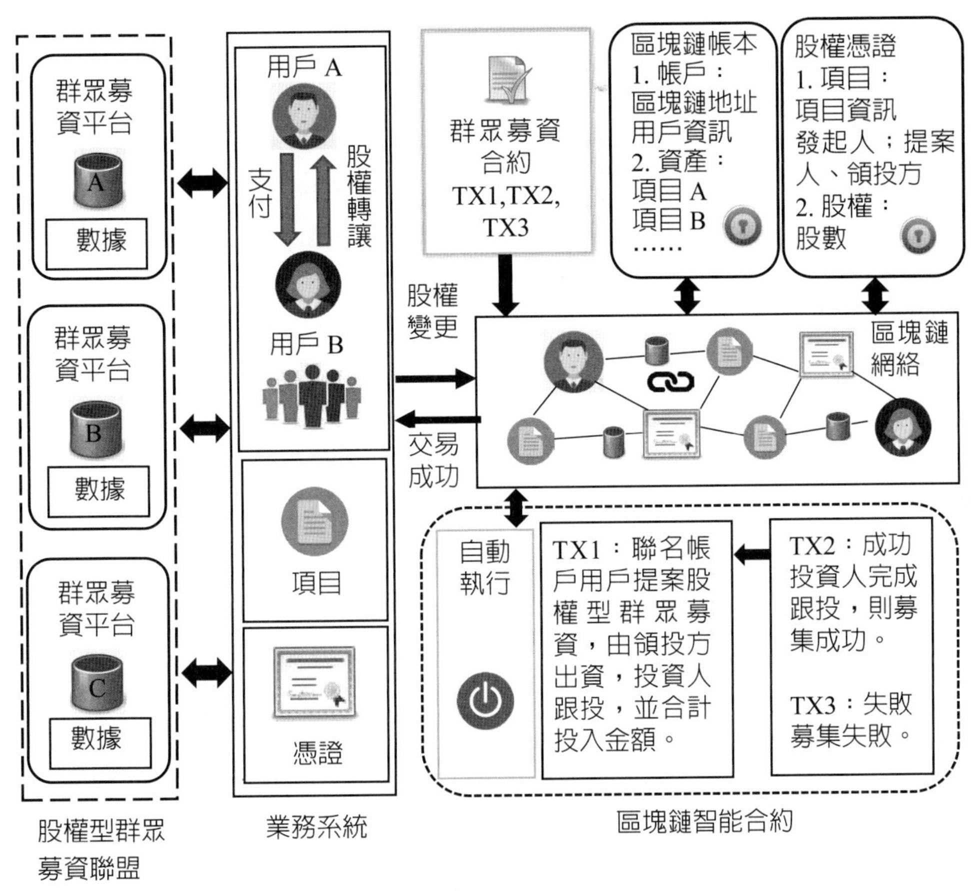

圖 11-15 區塊鏈股權型群眾籌資

資料來源：1. Melanie Swan，區塊鏈：新經濟藍圖及導讀，新星出版社，2016.1。
2. Wikimedia Commons。

動執行且不被篡改。每個群眾募資平台和監管機構均為節點之一，在去中心化和無須相互信任的前提下，平台利用公鑰和私鑰的持有，一同參與交易的驗證與記帳活動，另監管機構亦可執行透明和便捷的監督。區塊鏈產生第一個交易訊息（TX1），將領投方的投入金額記錄於聯名帳戶，並提供借條由跟投方購買後，成為股權型群眾募資總金額。於規定時期內，TX2 將記錄借條成功售出，則聯合帳戶內之總金額轉帳至發起人帳戶中。否則，表示募資失敗，TX3 追蹤聯合帳戶記錄，並辦理退款。

2. 區塊鏈群眾募資平台

圖 11-16 顯示度度客與工研院、中國信託等合作，利用以太坊區塊鏈核心技術，導入群眾募資平台，鎖定非營利組織（Nonprofit Organization, NPO）之公益團體捐款提案。由於區塊鏈不可篡改與可追溯款項的特性，建置資料庫 SQL 模式，配合智能合約監督贊助者至各受益人相關金流運作流向，確保付款閘道、自動化信託機制與信託稽核，在預訂時點執行合約議定內容撥款，將贊助金額與資源分配至指定收捐贈者。可減少作業疏失與舞弊風險，提供公開對帳單大幅提升透明度，增加善心人士的信任度。

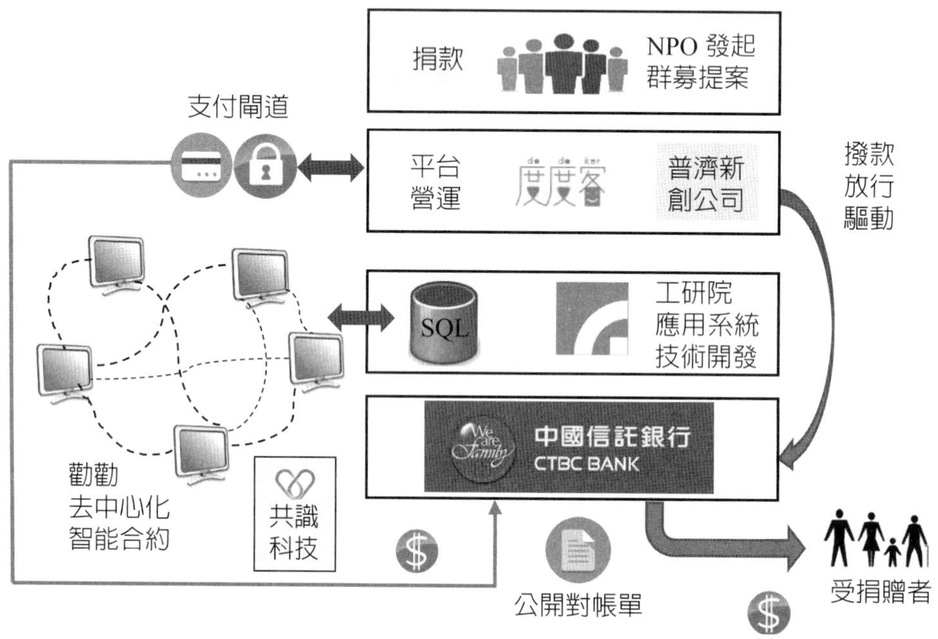

圖 11-16　度度客區塊鏈群眾籌資平台

資料來源：1. 經濟日報，度度客全台首創區塊鏈募資平台，2017.11.25。
2. Wikimedia Commons。

七、首次貨幣發行（Initial Coin Offerings, ICO）

2013 年以太坊（Ethereum）創辦人 Vitalik Buterin，利用群眾募資管道成功

籌資為ICO第一個案例，採用開放源碼方式，並於瑞士設立非營利「以太坊基金會」，負責管理基金。2016年6月全球ICO融資案例金額已高達5.6億美元，並且首度超越創投與天使基金規模。而ICO最大金額案例為2018年6月推出Enterprise Operation System（EOS）加密貨幣，創紀錄募集資金達40億美元。然而，根據波士頓大學研究顯示，截至2018年7月，全球ICO已超過2,390個案例，部分ICO雖然曾出現高度成長的趨勢，據統計約有56%的ICO於發行後4個月陣亡。因此，ICO可謂短期與高風險的投資加密資產。

1. ICO發行目的

依據ICO發行目的可分成三種類型：支付幣（Payment Token）、證券幣（Security Token）、和功能幣（Utility Token）。

(1) 支付幣（Payment Token）

此密碼貨幣須取得各國（美國、加拿大、瑞士、新加坡）核發為貨幣服務商（Money Service Business, MSB）牌照，並受匯兌法與洗錢防制法規範。以美國財政部金融犯罪執法網路（FinCEN）的MSB牌照為例，採取註冊核可制，核發給境內從事數字資產業務，例如：虛擬貨幣交易所以及相關管理者。

密碼貨幣須符合交易貨幣的功能標準，如交易中介、價值儲存、遞延支付、與計價單位等項目，方能成為交易貨幣。然而，依市場流量較高的比特幣與以太幣等，因呈現大幅波動趨勢，且未竟符合交易貨幣之標準。因此，支付幣取代法定貨幣的可行性不高，但仍需遵守「洗錢與資恐防制」（AML/CFT）相關監理規定。另交易所業者相關協會如「亞太區塊鏈發展協會」提倡「虛擬通貨交易所會員自律公約」（Self-Regulatory Guidelines, SRG），以期達成會員適性發展與強化市場效能之目標。

(2) 證券幣（Security Token）

認定準則在於是否符合美國證券交易委員會（SEC）依最高法院建立的標準—Howey Test[1]，依照金錢投資、投資事業、獲利期待、與營利為評定項目，確認投資契約（Investment Contract）獲利屬性。依Howey Test的規範虛擬貨幣（如

[1] 1946年美國高等法院對W. J. Howey公司判例，辨識交易屬於投資合約性質。

The DAO 代幣）屬於有價證券，其相關發行與流通須遵守證券交易規定的規範。由於台灣金管會規劃密碼貨幣之投資契約判定準則，若違反證交法屬刑事責任，由法院裁定，因而存有不確定法律風險的可能性。

另證券型虛擬通貨（Security Token Offer, STO），又稱證券型代幣，屬於「無國界、無時差」之全球金融變革，金管會規劃以 3,000 萬元以下採豁免制，透過群眾募資進行；而 3,000 萬元以上，則須納入監理沙盒實驗管理，如碳權代幣交易化。STO 以代幣型態來表彰特定資產與營業收入，亦能縮短證券發行與銷售流程。利用智能合約將相關條款置入區塊鏈並自動執行，可防止詐欺、去除流動化問題、與篩選投資者等功能。

(3) 功能幣（Utility Token）

證券幣不符合 Howey Test 者，將列爲功能幣，各國不另訂專法規範，因而不涉及貨幣監理與洗錢法範疇，如紅利回饋、代幣等虛擬貨幣。2018 年 3 月 G20 將密碼貨幣視爲資產，即爲「加密資產」。2018 年 5 月台灣幣托（BitoEX）透過 BitoPro 交易所進行 ICO，發行 BITO 加密貨幣，於 26 小時內，投資人以 1 ETH = 6,000 BITO 認購，募資金額高達 6 億新台幣。BITO 作爲代幣服務屬於功能幣，發行分配比重爲私募（25%）、創業團隊（40%）、與投資者（35%）。

2. 分叉類型

分叉（Fork）類型可分爲共識分叉（Split in Consensus）和協議規則改變（Change in Protocol Rules）。由於礦工運用工作量證明機制，並相互競爭求解，若同時兩個礦工成功解題，其他礦工們則因距離遠近和廣播區塊的資訊先後不同，會面臨拜占庭將軍問題。礦工們進一步確定有效區塊，經由算力評判，擇優調整後繼續開挖，形成存活的主分支區塊與放棄的孤兒區塊。另協議規則改變會造成軟分叉（Soft Fork）和硬分叉（Hard Fork）兩種類型。另硬分叉包括計畫硬分叉（Planned Hard Fork）和爭議硬分叉（Contentious Hard Fork），兩者均達成分拆貨幣（Spin-Off Coins），如圖 11-17 顯示。

(1) 軟分叉

區塊鏈正常運作在於礦工遵守相同的協議規則，由於整個區塊鏈系統升級，造成部分礦工無法即時升級，因而產生遵守不同協議規則的狀況。礦工陸續依

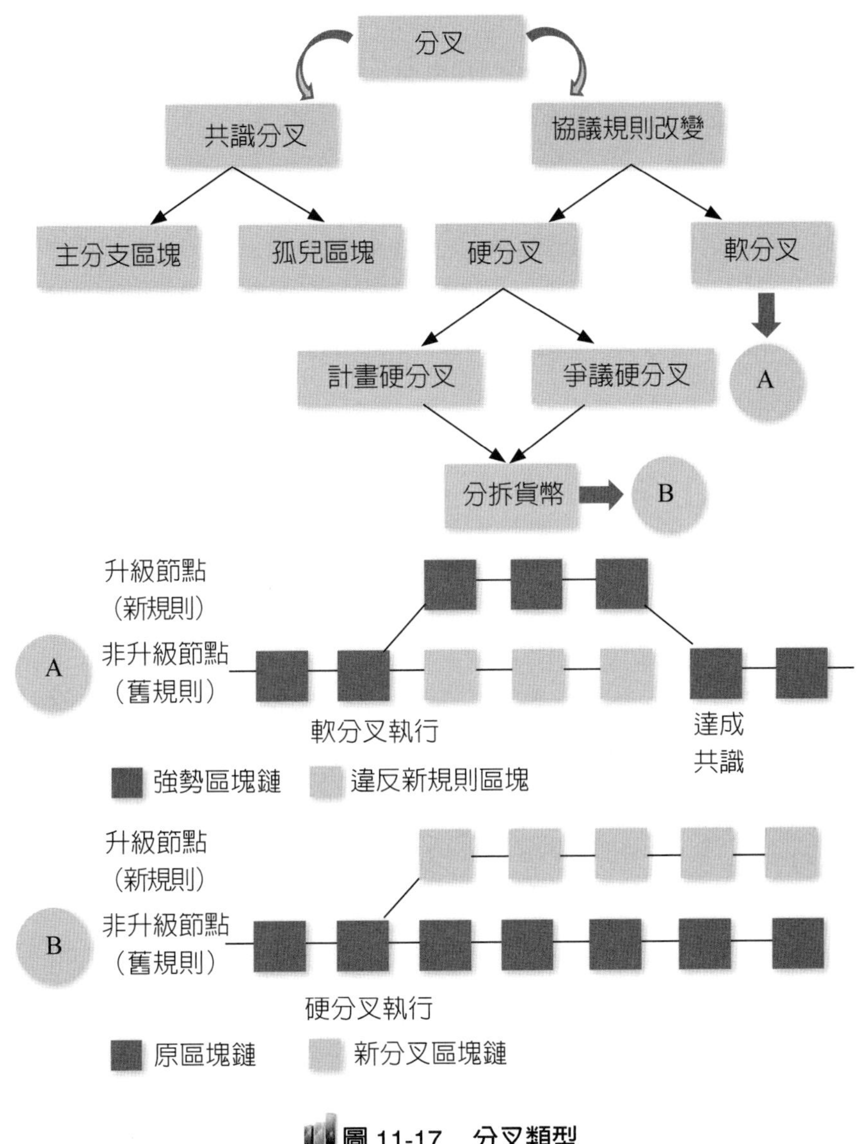

圖 11-17　分叉類型

資料來源：Securityxt.com, What Is A Hard Fork in Cryptocurrency, 2018.4.22。

照新協議規則的升級節點（Upgraded Nodes），會達成共識而使分叉消失。此外，依照舊協議規則的非升級節點（Non-Upgraded Nodes），最後形成停滯狀態的臨時性分叉，無法接續主分支的強勢鏈（Strongest Chain of Blocks），因而產生少量的孤兒區塊。以比特幣內部升級為例，如多重簽名（Pay-to-Script-Hash,

P2SH）送發交易訊息、隔離見證（Segregated Witness, Segwit）修改數據結構和擴增容量等，均以軟分叉處理。由於採事前共識，雖然有少部分礦工尚未升級，不致對整體網路運作造成影響。

(2) 硬分叉

依照新協議規則的升級節點（Upgraded Nodes），部分礦工執行硬分叉並持續挖礦，形成永久性新區塊鏈且無法與原塊鏈相容。其餘依舊協議規則的非升級節點（Non-Upgraded Nodes）礦工，則仍運作原區塊鏈。值得一提的是，屬於舊協議規則的礦工可依持有加密貨幣之多寡比重，憑空獲得硬分叉所創造的新加密貨幣，此流程稱為首次分叉發行（Initial Fork Offerings）。

(A) 計畫硬分叉

以 2017 年比特幣黃金（Bitcoin Gold, BTG）爲例，創作者與開發人員團隊爲防止未來算力超過 51% 的控管權發生的攻擊可能性，以及礦工大量使用比特幣挖礦機（ASIC）的威脅。開始系統升級、記憶體需求增加、與修改相關參數等方式，以期隔絕攻擊與阻礙挖礦機（ASIC）執行挖礦活動，集體計畫與一致同意進行硬分叉。另萊特幣現金（Litecoin Cash, LCH）亦比照比特幣現金爲範例，增加區塊尺寸與取消隔離見證（Segwit）升級方案，以提升網絡效率。經由創始者與開發團隊一致共識，所採取硬分叉。

(B) 爭議硬分叉

以 2017 年比特幣現金（Bitcoin Cash, BCH）爲例，由於手續費增加，使許多開發人員欲修改程式碼（Code），提升區塊尺寸（Block Size）限制（如 1MB 增加到 8MB）。因不同協議規則出現，導致礦工間產生分歧，部分礦工堅持採用不同協議規則機制，而產生區塊鏈硬分叉並持續運作。另門羅幣（Monero）原採 GPU 挖礦機制，擁有網絡去中心化、多節點、挖礦門檻低、無集中礦池、與節點獲利高等特性。2018 年 4 月門羅幣礦機（ASIC）問世，導致可能產生礦池、礦場與發展前景爭議，爲此硬分叉成四種新加密貨幣（如天使投資人與粉絲團分別支持的二種 Monero Classic、Monero Zero、和 Monero Original）。

實務案例

軟分叉與硬分叉的決議

2016 年 6 月 The DAO 智慧合約曾遭駭客盜領 370 萬個以太幣，駭客運用 DAO 遞迴呼叫漏洞（Recursive Calling Vulnerability）與分割（Split）功能，將資金轉移至子系統（Child DAO），使單一交易會重複轉出，使區塊鏈不可竄改性遭質疑。由於強制等待期凍結 27 天，使駭客無法提領。2016 年 7 月開發團隊修改程式碼（Code），以強行方式將被盜資金，從 The DAO 與其子系統移轉至特定退款合約地址。The DAO 所有投資人投票，可採軟分叉（Soft Folk）或硬分叉（Hard Folk）方式處理。軟分叉可繼續使用並後續於以太坊之區塊鏈的規則進行修正，亦即仍使用以太幣（Ether）。硬分叉則除去違規新區塊鏈，回復駭客攻擊前的狀態，將 The DAO 的區塊鏈分叉，因而產生古典以太坊（Ethereum Classic, ETC）。相關決議使用硬分叉，如圖 11-18 顯示。

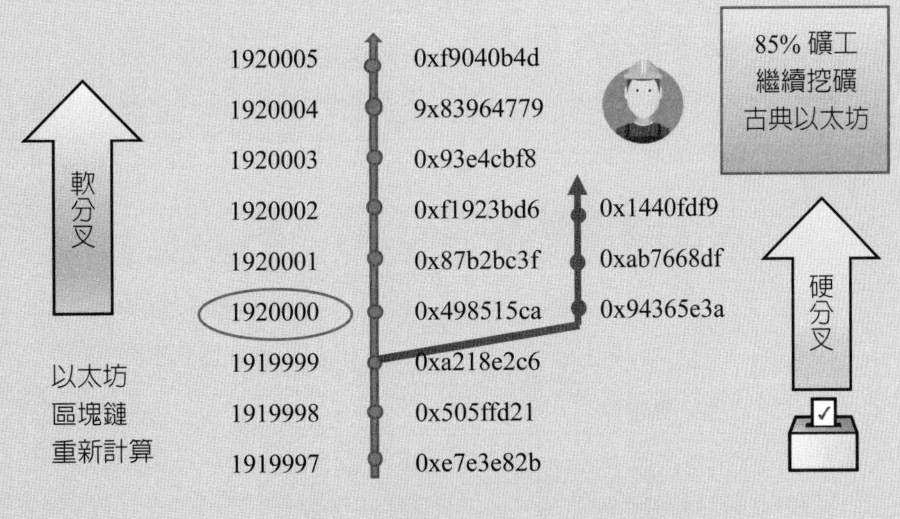

圖 11-18　軟分叉與硬分叉示意

資料來源：1. iThome，DAO遭駭事件打破區塊鏈不可逆神話，2016.7.30。
2. Wikimedia Comments。

3. 軟分叉與硬分叉的差異

表 11-16 比較說明軟分叉與硬分叉之不同點，依據指導方針可列出友善性、軟體安裝、之前無效交易與區塊認定、鏈分叉、同意權行使、選擇參加、規則制定、回溯相容（Backward Compatible）、和新區塊接受度等進行比較。

在友善性方面，軟分叉對使用者具友善性，不會硬性要求升級。而硬分叉則對開發者較具友善性，協議規定升級具彈性，且開發者無須針對新規定對舊規定適用性的確認。在規則制定方面，軟分叉較爲嚴格，如區塊尺寸由 1MB 減少至 0.5MB）。而硬分叉則採較鬆的方式執行，如區塊尺寸由 1MB 增加至 8MB 擴增容量。

表 11-16　軟分叉與硬分叉的差異性

指導方針	軟分叉	硬分叉
友善性	對使用者具友善性，不會硬性要求升級。	對開發者較具友善性，協議規定升級具彈性，且開發者無須針對新規定對舊規定適用性的確認。
軟體安裝	不需要。	需要新軟體安裝。
之前無效交易與區塊認定	只接受有效交易。	允許改變為有效性。
未來鏈分叉	不會。	允許分叉。
同意權行使	礦工和驗證者同意。	使用者同意。
選擇參加	不允許。	允許使用者加入。
規則制定	較嚴格。（如區塊尺寸由1MB減少至0.5MB）	較鬆。（如區塊尺寸由1MB增加至8MB）
回溯相容	可	不可
新區塊接受度	舊節點接受。	舊節點不接受。

資料來源：1. medium.com, A Safe Hard Fork is the same as a Soft Fork, 2016.10.6。
2. etherworld.co, Hard Fork and Soft Fork in Blockchain, 2017.3.6。

比特幣自 2017 年 8 月開始第一次比特幣現金硬分叉以來，次年間已有 44 次硬分叉。依照市場普及率、交易量與應用率，僅比特幣現金、比特幣鑽石、比特幣黃金較具有知名度，如圖 11-19 所示。以比特幣現金爲例，由中國大陸挖礦公司 Bitmain 等發起，將區塊尺寸大小從 1MB（如每秒處理 7 筆交易）增加至 8MB。另外，隔離見證（Segwit）指由主網路中移出部分資料，採增加容量方式以提升處速度。由於部分礦工不支持隔離見證技術引至區塊鏈，遂引發 Segwit 軟分叉。而比特幣黃金硬分叉則支持 Segwit 功能和區塊尺寸大小 1MB，並允許預先挖礦 20 多萬的比特幣黃金。此外，爭議性的硬分叉 SegWit2X，則主張支持 Segwit 功能和區塊容量尺寸增加到 2MB。

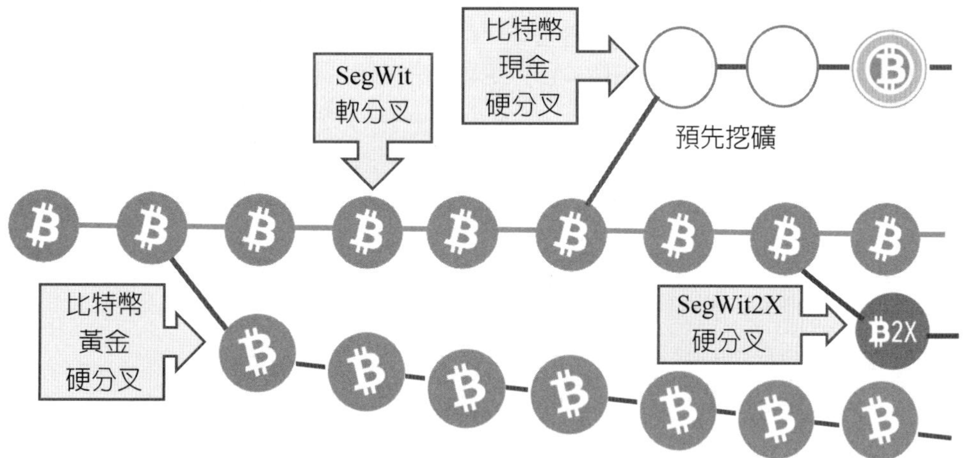

圖 11-19　比特幣軟分叉與硬分叉（2017 年）

資料來源：1. Wikipedia。
2. Insider.pro, How Big is Satoshi Nakamoto's Net Worth, 2018.7.23。
3. 知乎，介紹下最近的比特幣硬分叉幾個幣種吧，2017.12.1。

4. ICO 詐欺事件

加密貨幣情報網站（CoinSchedule）報告，2017 年全球企業 ICO 總募資額高達 38 億美元引領風騷。投資人主要利用該貨幣購買企業生產的產品或賺取利得。然詐騙事件頻傳，已逾 800 種加密貨幣不復存在。有鑑於許多幣圈與鏈圈相關人士，紛紛於避稅天堂註冊成立公司，以白皮書（White Paper）闡述計畫內容，於各群眾募資平台推展 ICO 募資活動。遊走各國法律邊緣，以規避稅負、免責聲明、與不受司法管轄等情事。美國華爾街日報指出 ICO 籌資約 19% 涉及文件抄襲、保證報酬、和捏造管理階層等，引發泡沫化隱憂。

由於不肖人事透過 ICO 廣告涉及植入挖礦程式，使用者點擊後，竊取電腦算力挖礦，稱爲「挖礦綁架」（Cryptojacking）。根據趨勢科技報告，2018 年資安最大威脅來自於此。故 Twitter、YouTube、Google、和 Facebook 等陸續禁止 ICO 和錢包相關廣告，預防投資者進一步受害。金融業如花旗、摩根大通、美國銀行，亦禁止信用卡刷卡購買比特幣，防止新用卡詐騙而遭逢損失。另美國證管會（SEC）爲防止 ICO 騙局，設置假網站，一旦有投資者點入購買，則轉至教育宣導網頁，提醒投資人。

2017 年 9 月中國大陸將 ICO 交易定調爲投機工具，非法公開集資對實體經濟貢獻無益。開始封殺虛擬貨幣交易所、禁止 ICO 交易、有關交易所主管限制出境等措施，使中國大陸比特幣交易量大幅下降，導致日本比特幣交易量快速增加，全球占有率高達 47% 位居首位，美國次之。並於 2018 年 8 月加強管控與封堵境外虛擬貨幣交易所平台，亦使騰訊、阿里巴巴、百度等相繼限制相關項目。

八、區塊鏈安全與風險管理

近期區塊鏈技術日益普及至各領域，然其應用安全的漏洞亦隨之而來。表 11-17 說明區塊鏈資訊安全事件，主要可分爲三個類型：

(1) 區塊鏈內：The DAO 智慧合約遭駭客盜領 370 萬個以太幣。

(2) 區塊鏈外：南韓比特幣交易所的比特幣被駭和攻擊。

(3) 區塊鏈平台：以太坊區塊鏈內部程式的特性遭分散式阻斷服務攻擊。（Distributed Denial of Service, DDoS）

表 11-17　區塊鏈資訊安全事件

類型	事件	日期	說明	KPMG關鍵領域
區塊鏈內	The DAO智慧合約遭駭客盜領370萬個以太幣。	2016.6	利用智慧合約漏洞，將單一交易重複轉出。	1. 共識與網路管控。 2. 密碼學、金鑰與代幣化連結。 3. 鏈權限與隱私保護的管理。 4. 區塊鏈防禦的機制。 5. 資料與隔離的運作。

表 11-17 區塊鏈資訊安全事件（續）

類型	事件	日期	說明	KPMG關鍵領域
區塊鏈外	南韓比特幣交易所被駭客盜取個資和比特幣。	2017.4	疑似北韓駭客盜取。	1. 操作與整合的執行。 2. 擴充性及效能的延伸。 3. 持續業務及災後復原處理。 4. 相關適用案例。 5. 治理、風險與合規的維護。
		2017.12	Youbit被盜約17%總資產宣告破產。	
		2018.6	Bithumb被盜約3,156萬美元虛擬貨幣。	
區塊鏈平台	以太坊區塊鏈內部程式的特性遭阻斷攻擊。	2016.9	駭客利用惡意交易流程作分散式阻斷服務攻擊。	

註：KPMG：安侯建業聯合會計師事務所。

資料來源：1. 經濟日報，區塊鏈應用安全大檢驗，2017.12.27。
2. 工商時報，韓虛擬貨幣交易所又遭駭，2018.6.21。

KPMG 針對企業導入區塊鏈所衍生的資訊安全，提出區塊鏈驗證檢核服務與風險管理框架之關鍵領域，以確保區塊鏈技術的新營運模式安全性。

習題

一、選擇題

( ) 1. 2016 年 6 月 DAO 智慧合約曾遭駭客盜領 370 萬個____幣。
(A) Bitcoin (B) Ether (C) Bitcoin Cash (D) Dogecoin

( ) 2. 下列何單位將區塊鏈技術正式列入國家科技政策白皮書內？
(A) 農委會 (B) 金管會 (C) 財政部 (D) 科技部

( ) 3. 在分散式網絡中，強調資訊安全的防護，使參與者可利用節點進行去中心化的應用爲____。
(A) Bitcoin (B) Dapp (C) Ethereum (D) DAO

( ) 4. 以太坊的平台系統狀態下，智能合約採取____運作架構。

(A) 側鏈　(B) 鍛造能力　(C) 挖礦　(D) 區塊鏈

(　) 5. 利用燒毀（Burn）比特幣方式，以支付挖到____ 交易的礦工，亦適用於開放資產協定。

(A) 以太幣　(B) 比特股　(C) 萊特幣　(D) 合約幣

(　) 6. 利用以太坊作爲實體資產機構，成功地將倫敦金銀市場協會（London Bullion Market Association, LBMA）的 99.99% 金條，登記於以太坊地址，儲存於____ 自由港區。

(A) 香港　(B) 新加坡　(C) 台灣　(D) 上海

(　) 7. 股權型群眾募資分「一般模式」與「____ + ____聯合投資模式」兩種。

(A) 併購基金、共同基金　(B) 創投基金、私募基金

(C) 領投方、跟投方　(D) 天使人、天使基金

(　) 8. 倫敦金銀市場協會（London Bullion Market Association, LBMA）的 99.99% 金條乃採下列何方式進行？

(A) Bitcoin　(B) DigixDAO　(C) Mastercoin　(D) DAO

(　) 9. 具有工作量證明、獨立區塊鏈、杜寧一完備腳本、權益證明、和第二代智慧契約的加密貨幣爲：

(A) Bitcoin　(B) NXT　(C) Bitshare　(D) Ethereum

(　) 10. 全球群眾募資第一名爲：

(A) Bitcoin　(B) Lisk　(C) The DAO　(D) Blockchain

二、申論題

1. 何謂軟分叉與硬分叉？其差異性爲何？
2. 依 ICO 發行目的說明有哪三種類型？
3. 區塊鏈技術演進階段可延伸至非金融業的實務應用可分爲哪四種類別？
4. 何謂 Ethereum？請說明 Bitcoin 和 Ethereum 不同點。

解答：1.(B)　2.(B)　3.(D)　4.(A)　5.(D)　6.(B)　7.(C)　8.(B)　9.(D)　10.(C)

人工智慧與物聯網

物聯網時代來臨的推波助瀾下，在 2016 年全球物聯網產值約為 6,200 億美元之譜，使全球各產業無不卯足全力，開拓產業新商機。透過合作互補的競逐方式，邁向前瞻性智慧物聯網的發展利基。觀察近期「物聯網 +」策略，引領全球數位經濟升級，藉由人工智慧核心技術的連結，即人工智慧和物聯網（Artificial Intelligent and Internet of Things, AIoT），將各業跨領域蓬勃發展，各國已將 AIoT 列為重大發展戰略之一。

一、物聯網（Internet of Things, IoT）定義

IoT 藉由網路與電信網等，串連各獨立網址的人與物品的資訊承載體，以短距離移動收發器嵌入物體中，展開「隨時、隨地、隨物」相互連通的網路資訊傳遞與感測功能。IoT 範疇包括四個象限「人對物（H2T）、人對人（H2H）、物對人（T2H）及物對物（T2T）」相互連結技術與應用，如圖 12-1 所示。舉例說明，H2T 可適用於看護醫療系統。利用病患相關量測、用藥、與身體狀況的資訊蒐集，傳至有關醫療體系的設備，進行監測與分析。

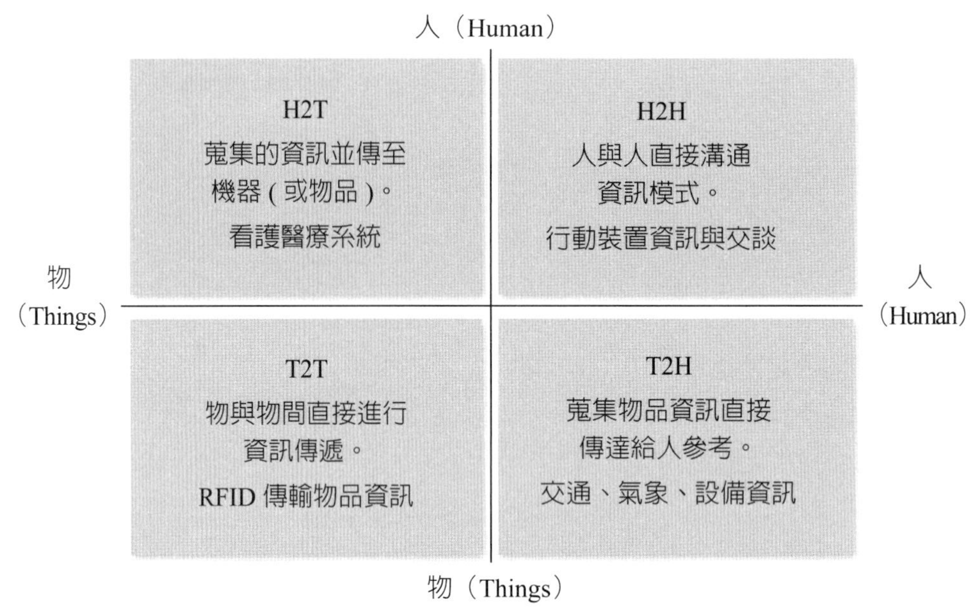

圖 12-1　物聯網連結

資料來源：資策會MIC經濟部ITIS計畫。

二、物聯網架構

整體架構分為三個層面，包括感知層、網路層與應用層。其中，感知層功能在於訊息獲取與識別非人工編碼，網路層則專注於網路傳輸，應用層專門資訊處理，從事系統架構建置與智能服務整合事務。由於物聯網適用於少量多樣化物品與客製化特性，透過軟硬體業、電信業與製造業等合作，共創加值效果，滿足未來垂直應用市場龐大需求。為加強物聯網設備的資訊傳輸安全防護系統，2018 年 6 月經濟部與國家通訊傳播委員會合作，針對影像監控系統、數位電視機上盒、WiFi、無線射頻設備及無線監視器等，著手制定資訊安全技術標準、檢測項目與認驗證相關標章規定等。圖 12-2 指出各參與行業，例如：感測器 / 晶片廠商、通信模組供應商、終端設備廠、電信業者、中介軟體應用開發商、系統整合商與服務提供者。以感測器和晶片廠商為例，相關開發產品為 RFID 與條碼。

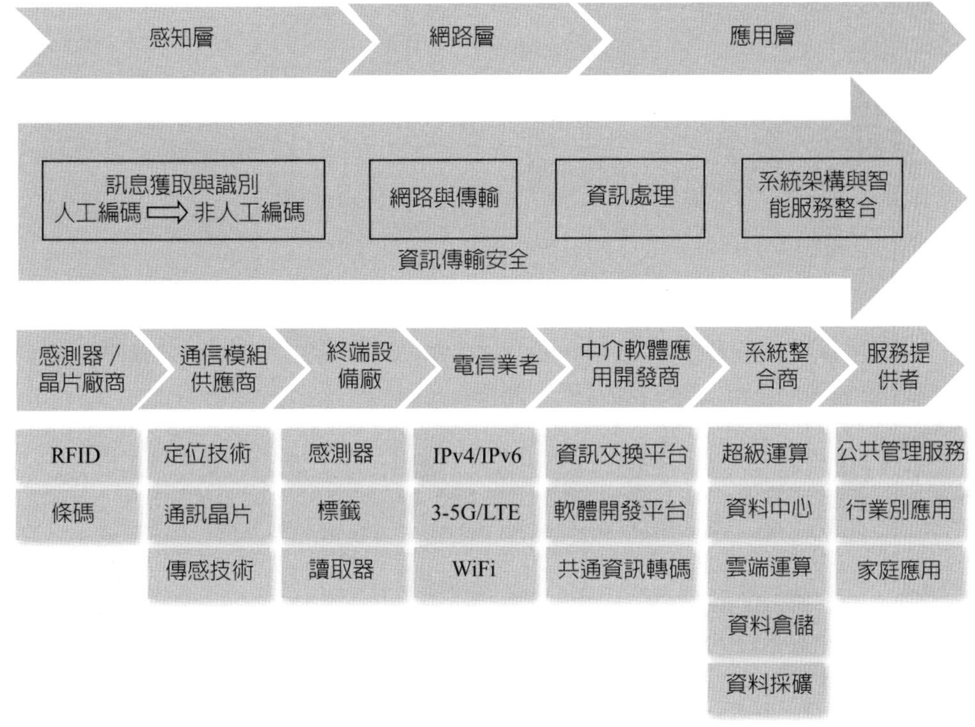

圖 12-2　物聯網整體架構

註：1. IPv4：網際協定版本4（Internet Protocol version 4）。
　　2. LTE：長期演進技術（Long Term Evolution）。
資料來源：1. 資策會MIC經濟部ITIS計畫。
　　　　　2. Wikipedia。

1. 物聯網：高速網路技術

自 1983 年類比式行動電話系統興起，稱為第一代行動通訊技術（The First Generation of Mobile Phone Mobile Communication Technology Standards, 1G），引領無線通訊風潮。至 1995 年時，由 2G 數位通訊技術結合語音與簡訊功能所取代。2007 年 3G 發展蜂窩網路行動電話技術，提供高速資料傳輸，可同時支援語音、即時通訊、電子郵件和多媒體等服務項目。2014 年網路相容的 4G 技術可應用於教育、金融、醫療與交通等生活領域，具備資料吞吐量與安全能力更高等級，亦有時延、建設與維護成本更低的特性。另物聯網相關技術適合於高傳輸量與低時延所需的高速網路（如 4G、5G），如圖 12-3 所示。

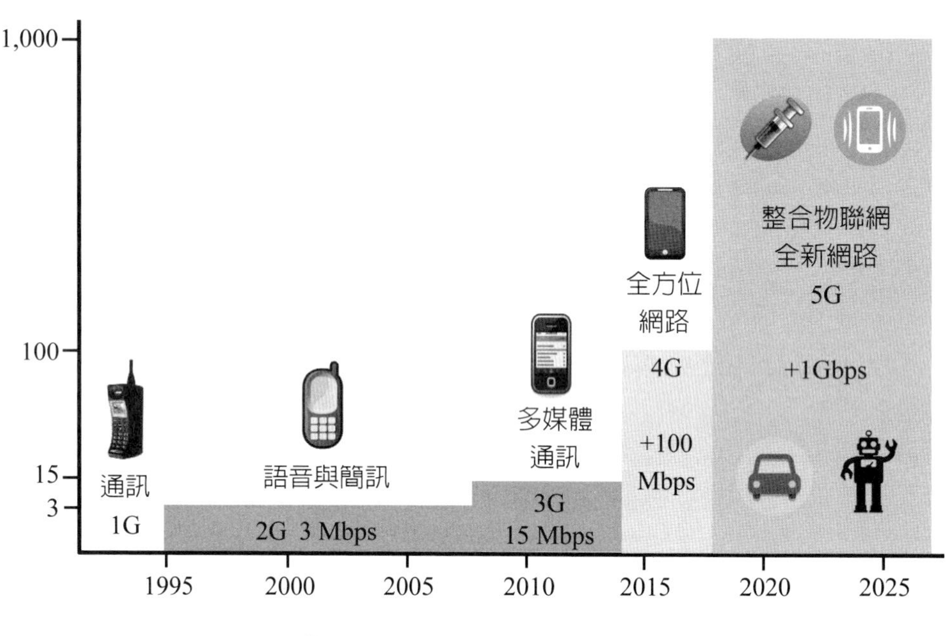

圖 12-3　整合物聯網全新網路

資料來源：1. CTIMES，5G來了！你不可不知的技術趨勢與標準，2018.3.21。
2. Wikimedia Commons。

4G 有覆蓋範圍廣、氣候適應強與訊號穿透牆的優勢，而 5G 爲整合物聯網的全新蜂窩行動通訊技術，其與 4G 相比，通訊速度快 100 倍與時延僅占十分之一的優勢。適用於娛樂、交通運輸、醫療、能源、及公用事業等應用。5G 無線電波頻率介於特高頻（Super High Frequency）和極高頻（Extremely High Frequency），即 3-300 GHz 的毫米波頻段，相關電磁波傳送信號，如表 12-1 所示。

表 12-1 電磁波傳送信號

名稱	頻率	符號	頻率範圍	速度	波段	波長	應用
特低頻 Very Low Frequency	3-30 KHz	VLF	很廣	很慢	超長波	100-1,000 km	潛艇通訊、遠距離通訊、超遠導航
低頻 Low Frequency	30-300 KHz	LF	廣	慢	長波	1-10 km	遠洋通訊、中距離通訊、岩層通訊、遠距導航
中頻 Medium Frequency	0.3-3 MHz	MF	很寬	中	中波	100 m-1 km	船用通訊、業餘無線電、中距離導航、移動通訊
高頻 High Frequency	3-30 MHz	HF	寬	快	短波	10-100 m	遠距離短波通訊、國際定點通訊、移動通訊
更高頻 Very High Frequency	30-300 MHz	VHF	窄	更快	米波	1-10 m	空間飛行體通訊、電離層通訊、移動通訊
超高頻 Ultra High Frequency	0.3-3 GHz	UHF	超窄	超快	分米波	0.1-1 m	小流量微波中繼通訊、對流層散射通訊、中流量微波通訊、移動通訊：2G（20-30）、3G（13-16）、4G（11-16 cm）
特高頻 Super High Frequency	3-30 GHz	SHF	特窄	特快	厘米波	1-10 cm	大流量微波中繼通訊、數位通訊、衛星通訊、移動通訊：低頻5G（6-10 cm）
極高頻 Extremely High Frequency	30-300 GHz	EHF	極窄	極快	毫米波	1-10 mm	大氣層通訊、移動通訊：高頻5G（10 mm）

註：頻率單位：1. KHz：Kilohertz（仟赫茲）。
2. MHz：Mega Hertz（兆赫茲）
3. GHz：Gigahertz（千兆赫茲）

資料來源：1. 壹讀，一文看懂 5G、天線、後蓋的關係，2017.9.12。
2. CTIMES，5G來了！你不可不知的技術趨勢與標準，2018.3.21。

爲改善 5G 覆蓋率與訊號傳輸功能，中國大陸華爲公司於 2013 年率先提出 5G 低頻構想（Sub 6 Ghz），以 4G 基礎（2.5-2.7 Ghz）頻段建構，降低營運與建設成本。次年日本 NTT DoCoMO、瑞典 Ericsson、芬蘭 Nokia、韓國三星等電信廠商共同研發。韓國在 2019 年 4 月首度啟動 5G 網路服務的國家。另 2016 年美商高通公司首先宣布 5G 晶片研發成功，鎖定軍事用途的 5G 極高頻毫米波發展。由於中國大陸和美國 5G 技術發展迴異，爲取得主導權，2019 年 4 月美國於中美貿易戰持續延燒 5G 議題，聯合歐、日等國抵制華爲公司產品的戰略。然而，5G 主要通訊技術爲傳輸距離非常短的毫米波（mmWave），須建置密集的小型基站（Small Cell），採用巨量天線（Massive Multiple Input Multiple Output, MIMO），以波速成型（Beamforming）技術減緩多重訊號干擾，並運用全雙工通訊（Full Duplex），將訊號同時發射與接收，達到高傳輸頻效。因此，建設 5G 基地台的耗電量可能達 9 倍之譜，所費不貲。

2. 物聯網：低功耗廣域網路技術

另一種應用於低功耗廣域網路（Low Power Wide Area Network, LPWAN）技術發展[1]。LPWAN 適用於長距離（100 m～10 km），具低消耗電力與低通訊速度的特性，可應用在抄水電與瓦斯表、環境監控、車隊無線通訊、停車監控、與穿戴式設備等項目，如圖 12-4 所示。在 LPWAN 架構下，延伸出窄頻物聯網（Narrow Band Internet of Things, NB-IoT）、長距離無線通訊（Long Range, LoRa）、與 Sigfox 等無線技術，此三種 LPWAN 無線技術比較，如表 12-2 說明。

(1) 窄頻物聯網（Narrow Band Internet of Things, NB-IoT）

推動者爲國際電信標準組織，第三代合作夥伴計畫（Third Generation Partnership Project，3GPP 於 2016 年直接透過 2G/3G/4G/5G 網路升級，以低度管制的機器通訊（Machine Type Communication, MTC）無線服務爲主。傳輸距離爲 15 km，具有架構明確、覆蓋率廣泛與連接點多優勢，因而呈現低建構成本、低功耗、與低速率的優點。在台灣國家通訊傳播委員會（NCC）負責核發物對物（M2M）的物聯網門號，此項通訊技術適用於監測（如電量、空氣品質、停

[1] 亦可稱作 LPWA（Low-Power Wide-Area）或 LPN（Low-Power Network）。

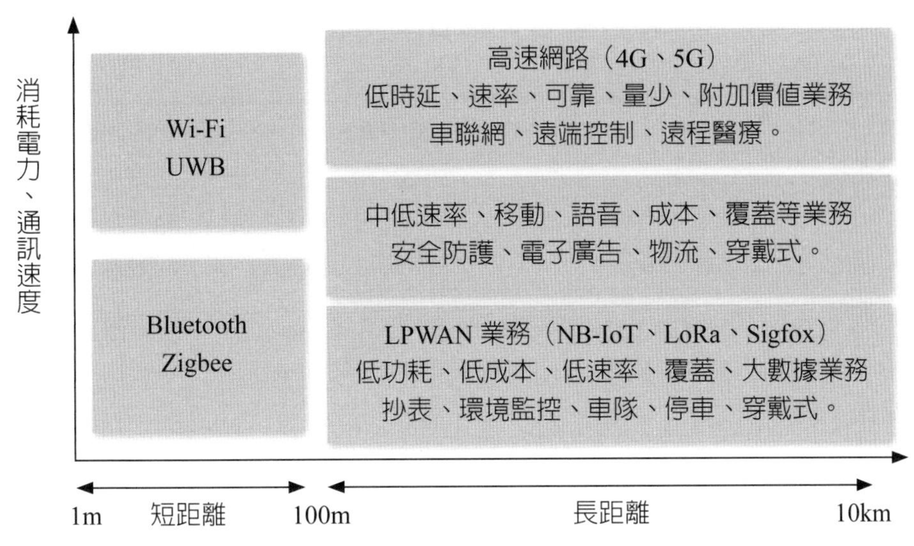

圖 12-4　LPWAN 應用範圍

註：1. UWB：超寬帶（Ultra-wideband）通訊技術適用於無線個人區域網路，提供高傳輸與低耗電使用功能。

2. ZigBee：屬於無線網路協定之一，具有低速率與短距離傳輸的功能。

資料來源：1. 大和有話說，萬物聯網，淺談IoT低功耗廣域網路趨勢：LoRa、SIGFOX、NB-IoT，2018.2.12。

2. Wikipedia。

表 12-2　LPWAN 無線技術比較

類型	NB-IoT	LoRa	Sigfox
推動者	3GPP（聯盟）	IBM/Cisco（聯盟）	Sigfox（公司）
成立日期	2016	2015	2009
國際技術標準	3GPP	LoRa Alliance	專有技術認證
授權頻段	有	無	無
執照	有	無	無
使用頻段	In-Band LTE/ LTE Guard Bands/ Standalone （700-900 MHz）	ISM Band Sub-1GHz （920-928 MHz）	ISM Band Sub-1GHz
基地台連接數量	10萬	25萬	100萬

表 12-2　LPWAN 無線技術比較（續）

類型	NB-IoT	LoRa	Sigfox
頻寬	200 KHz	125-500 KHz	100 KHz
傳輸距離	15 KM	市區： 3-5 KM 郊區： 15 KM	市區： 10 KM 郊區： 50 KM
傳輸速度	200 kbps	300 bps~ 50 kbps	100 bps
電池壽命	5-10 年	5-10 年	5-10 年
成本	優	可	可
安全性	優	弱	弱
服務品質	優	無	可
生態圈	優	區域性	可
定位支援	使用GPS	有	無
廠商	遠傳	遠傳	

註：1. 3GPP： 第三代合作夥伴計畫（3rd Generation Partnership Project）。
2. ISM Band：工業（Industrial）、科學（Scientific）、和醫學（Medical）機構使用頻段。

資料來源：1. 大和有話說，萬物聯網，淺談IoT低功耗廣域網路趨勢：LoRa、SIGFOX、NB-IoT，2018.2.12。
2. 數位時代，SIGFOX商用物聯網網路在台啟動，月租費最低2元起，2017.10.12。
3. Wikipedia。

車格等）、智慧路燈、智慧大樓、智慧燈號、智慧工廠、和車聯網等多項應用。此外，2019 年 3 月 NCC 依據 3GPP 精神，首次修正「電信管理法」，開放電信業者「共頻共網共建」模式。即電信業者可單獨、聯合、與合資方式提出競標頻譜申請。圖 12-5 說明終端設備感應裝置，經由 NB-IoT 網絡基礎平台，將各類資訊彙整存取於 IoT 雲端平台，並由管理中心將資訊傳至相關營銷和其他接口。另透過 GPRS/4/5G 與 LTE 網絡傳給數據管理層使用。

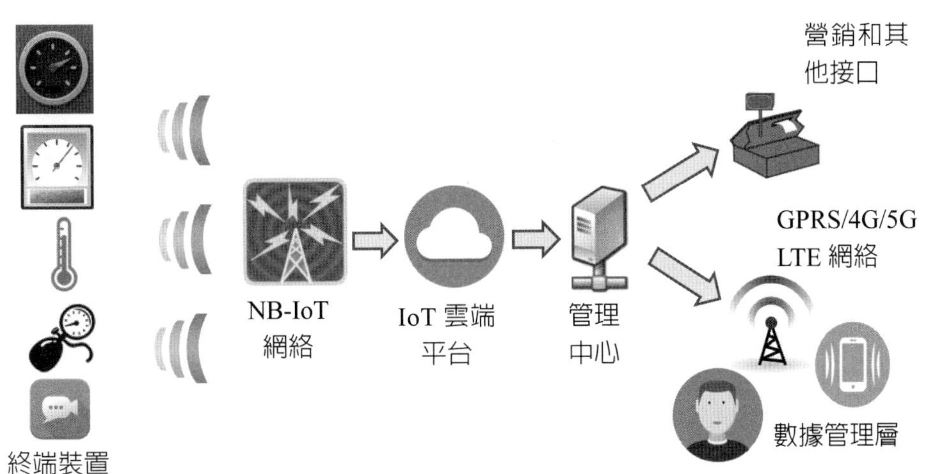

圖 12-5 NB-IoT 通訊無線技術服務

註：GPRS：通用分組無線服務（General Packet Radio Service）指提供行動電話客户相關移動數據服務。

資料來源：1. 大中國，NB-IoT將爲智慧城市帶來哪些改變？2018.10.12。
2. Wikimedia Commons。
3. Wikipedia。

(2) LoRa通訊無線技術服務

LoRa 技術（Long Range）源於 2015 年，發展日漸成熟，屬於一種免許可的物聯網開放頻段，業界視爲「物聯網 Wi-Fi 裝置」，傳輸距離可分爲市區（3-5 KM）和郊區（15 KM），並具有爲長距離傳輸與低功耗省電的特性。電池壽命可保持 10 年，安裝成本低廉。有關 LoRa 通訊無線技術服務網路形成，如圖 12-6 所示。未相連的各終端裝置遠距節點，可傳輸至數台閘道器（Gateways），並透過 3G / 備援網路連接雲端 / 網路伺服器，亦可延伸至其他閘道器增加傳輸距離，將資料傳送至雲端，以提供相關資訊服務給使用者。

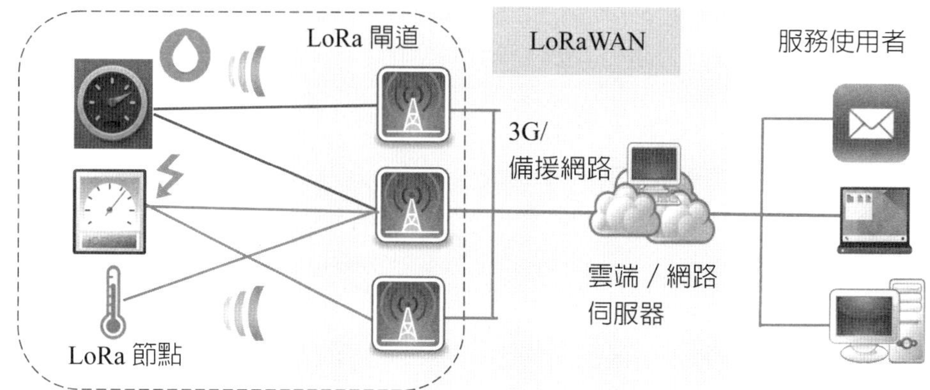

圖 12-6　LoRa 通訊無線技術服務

資料來源：1. 瑞德消防雜誌，新一代無線傳輸技術-LoRa，2017.6.23。
2. 大和有話說，萬物聯網，淺談IoT低功耗廣域網路趨勢：LoRa、SIGFOX、NB-IoT，2018.2.12。
3. Wikimedia Commons。

(3) SIGFOX超窄頻傳輸技術（Ultra Narrow Band）

自 2009 年成立 Sigfox 公司推出超窄頻傳輸技術，在 Sub-Ghz ISM 頻段傳輸擁有免執照的優勢，並應用於資產追蹤器等項目。該技術已能取代蜂窩通訊技術（Cellular Technology），因而節省電信商授權頻度費用，對於利基型物聯網應用發展有所助益。圖 12-7 說明 Sigfox 通訊無線技術服務流程，先由終端裝置感應裝置無線傳輸至基地台，將資訊匯入雲端，服務使用者經由網絡存取應用程式介面（Application Programming Interface, API）相關資料。

三、物聯網案例

1. 物聯網禽舍智慧加值服務

有鑑於禽流感肆虐對水禽業者造成巨大的損害，傳統放養方式趨向於室養殖。透過農業物聯網禽舍智慧加值服務的建構，進行禽舍環境參數（如光照、溫溼度、風速等）的監控，並且蒐集雛禽相關體重、飼料、用藥、與飲水量等資

圖 12-7 Sigfox 通訊無線技術服務

註：API：應用程式介面（Application Programming Interface）。

資料來源：1. 大和有話說，萬物聯網，淺談IoT低功耗廣域網路趨勢：LoRa、SIGFOX、NB-IoT，2018.2.12。

2. Wikimedia Commons。

3. Wikipedia。

料，以利大數據分析。由養殖監控管理中心利用遠端監控與餵飼方式的管理，尋求最佳飼料模型。以期提升水禽養殖效能，達成品質管控的目標，並延伸出智慧養殖展示平台，教育消費者有關養殖的知識，如圖 12-8 所示。

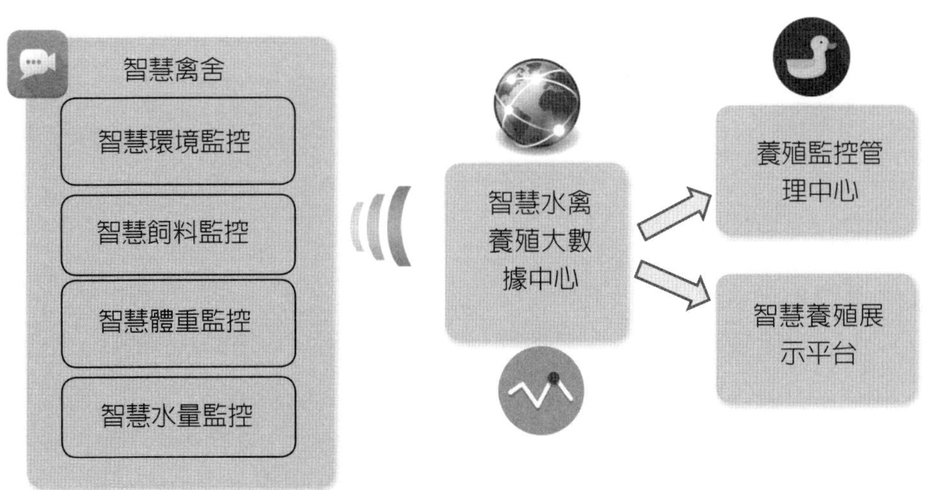

圖 12-8 物聯網禽舍智慧加值服務

資料來源：1. 工商時報，農事國際物聯網禽舍智慧加值服務示範案，2017.11.29。

2. Wikimedia Commons。

2. 物聯網與金融科技服務

(1) 智慧農業金融

自 1990 年代精準農業透過衛星定位，展現農藥自動噴灑與施肥等技術，使得農業生產量穩定增加，而施作成本亦明顯下降。近期由於極端氣候變遷、農業人口老化現象、及食品安全等問題浮現，許多公司運用物聯網與大數據分析。例如：利用行動裝置來監控土壤的溫溼度以及氣候變化等，並將農產品導入產銷履歷，於網路通路銷售，提供消費者查閱與追溯關流程。試圖解決糧食供應不足與食品安全負面事件的隱憂，而邁向嶄新的智慧農業。另外，銀行亦積極推展普惠金融，串連網路行銷與金流管理整合。以永豐銀行推展生態金融圈爲例，建置市場交易平台與拍賣交易系統，推廣農產多功能承銷卡，提供承銷人取得融資代墊付款、代扣款、與存款等服務，有效解決傳統拍賣須繳交現金與人工清算等問題，使營運效率提升。另永豐銀行與板橋果菜批發市場合作，建置自動化金流服務，打造批發業者安全便捷交易環境。

(A) 肉品市場買賣無鈔化

爲落實台南市政府制定「e 化智慧城市」與達成行政院「電子支付比率 5 年倍增」等政策。台南市肉品市場與彰化銀行合作，率先導入「拍賣代收款無鈔化」電子繳款業務，相關流程如圖 12-9 所示。過去毛豬承銷人須以現金支付承銷保證金後，方能至肉品市場進行拍賣競價，於得標後才可處理屠宰運出事務。爲降低現金持款、作業疏失等風險，有效所短繳款等待時間。毛豬承銷人可依每日預估拍賣交易金額，藉由銀行轉帳匯款、ATM 轉帳、或系統自動專戶授權扣款等方式，完成承銷保證金。

(B) 豬聯網金融服務

中國大陸大北農集團設置「智慧大北農」互聯網，透過農業數據、交易平台、與金融交易等整合爲共生經濟圈。啟動「豬聯網金融服務」功能，橫跨養豬戶、飼料業、屠宰場、網路活豬交易、與金流服務連結，藉以提升周轉效能與降低相關成本。另開辦農戶徵信功能「農信度」，提供豬隻抵押融資服務。

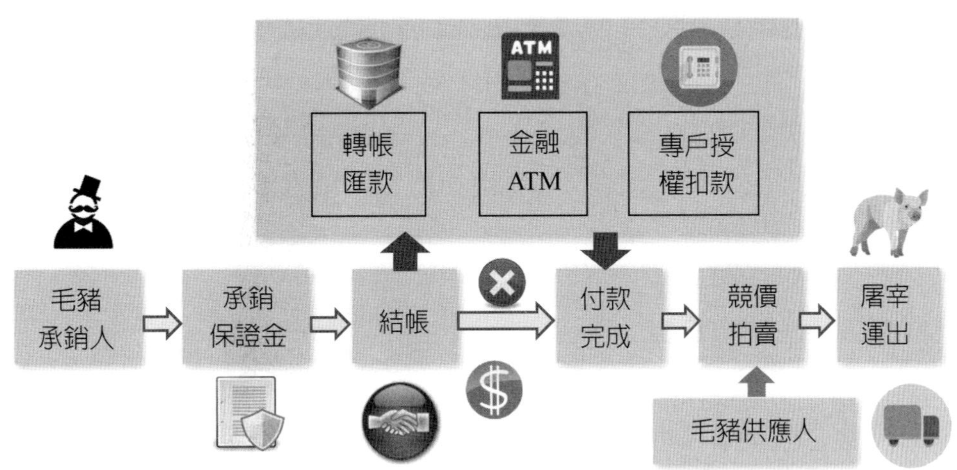

圖 12-9 彰化銀行肉品市場拍賣代收款無鈔化流程

資料來源：1. 彰化銀行。
2. 台灣農業新聞，台南市肉品市場公司豬隻買賣無鈔化交易安全快速又e化，2016.12.4。
3. Wikimedia Commons。

(2) 互聯網與銀行合作協議

圖 12-10 說明 2017 年中國大陸四大互聯網公司（百度、阿里巴巴、騰訊、京東，簡稱 BATJ）與四大銀行簽約合作，結合雙方優勢互補，進軍金融科技領域，以期實現突破性商機發展。例如：京東 × 工商銀行鎖定物流與電子商務。百度 × 農業銀行以及騰訊 × 中國銀行分別設置金融科技聯合實驗室，推展各類金融科技相關技術，進行大數據、人工智慧、區塊鏈等創新研究與開發。阿里巴巴 × 建設銀行針對 O2O 業務進行策略合作。阿里巴巴 O2O 零售布局持股 19.99% 蘇寧控股，並持股 100% 餓了麼，專注線上外賣業務。另投資線下公司股權，如以 867 億元投資高鑫零售並間接掌控大潤發，圖 12-11 所示。

圖 12-10　BATJ 與四大銀行 Fintech 合作

資料來源：1. 工商時報，金融科技聯姻BATJ牽手4大行，2017.9.26。
2. Wikipedia。
3. Wikimedia Commons。

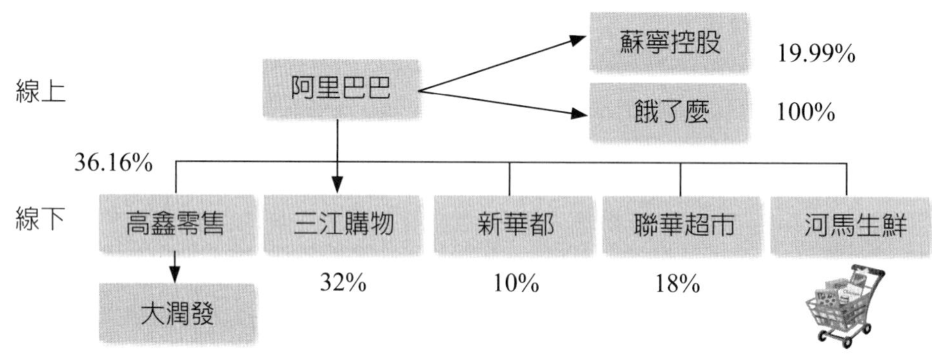

圖 12-11　阿里巴巴 O2O 新零售布局

資料來源：1. 商業周刊，騰訊、阿里是初創金主也是惡夢，第1586期，2018.4。
2. 工商時報，阿里全吃餓了麼，2018.4.3。
3. Wikimedia Commons。

四、物聯網生態圈

中華電信於 2018 年 4 月宣布籌組物聯網生態圈（IoT Ecosystem），鎖定 AI、大數據、AR/VR、IoT 與自駕車產業。利用窄頻物聯網（Narrow Band

Internet of Things, NB-IoT）無線技術進軍 IoT 生態圈爲優先考量項目。全力朝智慧電表、蟲害偵測、與水資源監測等發展。同時，遠傳與台灣大亦建構 NB-IoT 生態圈，投入智慧路燈、智慧大樓、智慧停車、與智慧家庭等項目研發，以期提高營運效能，帶動創新服務收益，如圖 12-12 所示。NB-IoT 具有深化滲透、安全信賴、多點連結、配置簡易、與持久電力等特性，可使數據傳輸速度增加與省電功效。此外，該無線增強技術亦具備架構升級、覆蓋廣泛、低度功耗、成本低廉、和速率減低等優勢，屬於電信國際標準能通行全球。

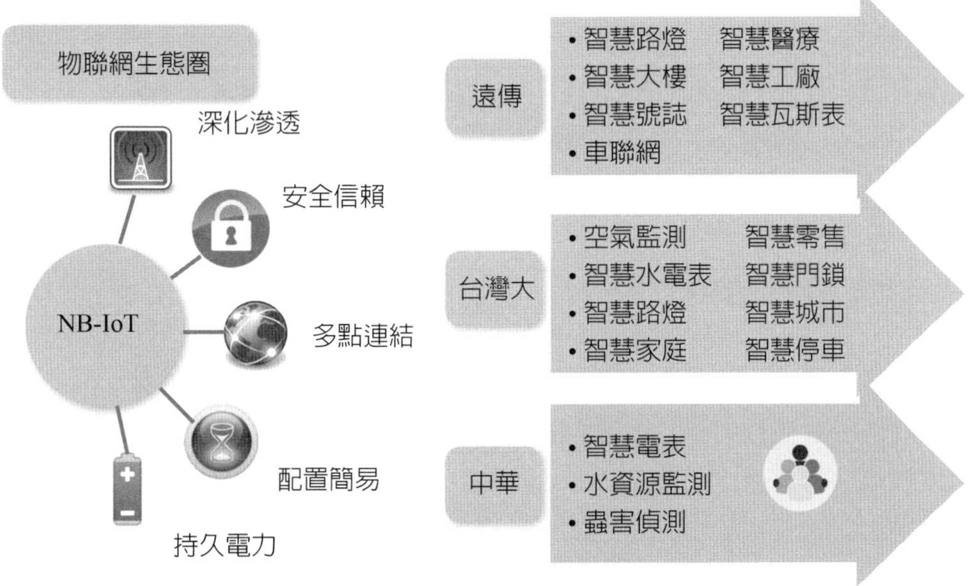

圖 12-12　電信業物聯網生態圈

資料來源：1. 經濟日報，遠傳揪團打造物聯網生態圈，2017.11.28。
2. Yahoo奇摩新聞，台灣大「物聯網大生態圈」布局八領域市場，2018.3.20。
3. Wikimedia Commons。
4. 新通訊，物聯網最後一哩有解NB-IoT多元應用席捲市場，2017.10.16。
5. 時報資訊，鄭優：中華電今年帶頭打造五大生態圈，2018.4.9。

五、人工智慧（Artificial Intelligence, AI）發展階段

有鑑於 AI 全球產業的衝擊與潛在龐大商機，促使 AI 發展再度被推向浪頭前端。表 12-3 說明 2017 年法國已擬定國家級發展策略，除建置產業聯盟「Hub France IA」和 Google AI 研究中心等相關組織外，聚焦於產學研聯盟、AI 技術培訓等計畫，開拓 AI 新應用場域，包括發展交通、醫療、能源、智慧城市等。綜觀過去 AI 發展軌跡，可分爲下列三個時期，說明如下：

表 12-3　全球 AI 產業發展

日期	地區	相關組織／計畫	產業發展
2017	法國	產業聯盟「Hub France IA」、Google AI研究中心	1. 國家級發展策略。 2. 產學研聯盟。 3. AI技術培訓。 4. AI新應用場域：發展交通、醫療、能源、智慧城市等。
2017	英國	圖靈研究所（Alan Turing Institute）	設立國家級AI研究機構。
2017.7	中國大陸	人工智能創新中心	新一代人工智能發展規劃。
2018.1.10	台灣	微軟AI研發中心	建置研發團隊。
2018.1.11		Amazon AWS聯合創新中心	技術指導與雲端資源投入。
2018.3.21		Google智慧台灣計畫	精進數位化與人才培育。

資料來源：1. 經濟日報，衝刺AI產業看看法國經驗，2018.3.2。
2. 工商時報，善用人工智慧目前正是好時機，2017.12.12。
3. 經濟日報，台灣應有新的AI 戰略，2018.1.30。
4. 工商時報，Google投資台灣AI玩眞的，2018.3.13。

(1) 第一階段（1956-1974）

AI 探索階段，有關 AI 基礎理論與架構開始萌芽，例如：機器學習、類神經網路等。然而，電腦運算能力尚無法支應各項龐大運算需求。

(2) 第二階段（1980s）

此階段為 AI 發展期，由於專家系統（Expert System）開發，透過電腦程式模擬人類思考與邏輯模式。然而，此系統不易歸納各類因素與通用性不足，僅少數領域適用。

(3) 第三階段（1997-2017）

由於資訊科技日新月異，運算能力不斷升級，資訊設備與網際網路的連結，不斷產生各式巨量資料，機器學習所衍生新演算法，使得 AI 應用功能不斷加強。例如：1997 年 IBM 推出超級電腦「深藍」擊敗世界西洋棋冠軍、2007 年 IBM「華生」超級電腦，參加美國電視台娛樂節目「危險境地」（Jeopardy!），首次超越人類參賽者、和 2017 年 Google 公司至製造「AlphaGo」超級電腦戰勝世界圍棋冠軍，令人刮目相看。

近期 AI 發展迅速，透過網路與數據分析，提供高速與龐雜的運算需求，促動產業軟體與系統開發，而應用層面需求擴增，進一步形成硬體晶片功能設計的升級與競爭。因此，半導體業晶片的研發和供應鏈至關重要，主宰 AI 運算核心之能力與商機。依據處理晶片的特性與使用目的可劃分為：雲端運算（Cloud Computing）與邊緣運算（Edge Computing）。前者包含 BPU、CPU、GPU、和 NPU 等晶片，後者則為 FPGA 和 ASIC，如表 12-4 所示。

表 12-4　AI 運算核心能力與半導體處理晶片發展

<table>
<tr><th rowspan="2">名稱</th><th colspan="2">特性與使用目的</th></tr>
<tr><th>雲端運算</th><th>邊緣運算</th></tr>
<tr><td>BPU：嵌入式人工智慧處理器
Brain Processing Unit</td><td rowspan="5">1. 龐大數據處理與機器學習。
2. 長時間運作需求。
3. 功耗率需求高。
4. 整體效能優良。</td><td rowspan="5"></td></tr>
<tr><td>CPU：中央處理器
Central Processing Unit</td></tr>
<tr><td>GPU：圖形處理單元
Graphics Processing Unit</td></tr>
<tr><td>NPU：網路處理器
Neural Processor Unit</td></tr>
<tr><td>TPU：張量處理器
Tensor Processing Unit</td></tr>
</table>

表 12-4　AI 運算核心能力與半導體處理晶片發展（續）

<table>
<tr><th rowspan="2">名稱</th><th colspan="2">特性與使用目的</th></tr>
<tr><th>雲端運算</th><th>邊緣運算</th></tr>
<tr><td>FPGA：場效可程式邏輯閘陣列
Field-Programmable Gate Arrays</td><td rowspan="2"></td><td rowspan="2">1. 應用於終端機。
2. 耗電量與晶片體積限制。
3. 量產規模與成本優勢。</td></tr>
<tr><td>ASIC：特殊應用晶片
Application-Specific Integrated Circuit</td></tr>
</table>

資料來源：1. 36氪，零基礎看懂全球AI晶片，詳解「xPU」，2017.8.31。
2. 工商時報，AI運算核心半導體四領域前程遠大，2017.12.4。
3. 工商時報，AI人工智慧發展迎來大爆發時代，2017.12.31。
4. Wikipedia。

六、邊緣運算

初期 AI 發展建構於雲端運算，主要提供時間長、儲存能力與資料龐雜的計算，對規格特性需要高功耗晶片處理，並於深度學習訓練的運算效能顯著。例如：CPU 提供 AI 處理器相關控制調度運作、BPU 爲嵌入式人工智慧晶片、GPU 專注於遊戲圖形處理功能、NPU 以神經網路計算提升算力與效能、與 TPU 採脈動陣列（Systolic Arrays）導向最佳化之矩陣及卷積神經網絡（Convolutional Neural Network, CNN）計算。在數據存取、資訊安全、與即時性等考量下，雲端運算任務的焦點逐漸轉移至終端裝置的應用，諸如閘道器、路由器、終端感應器和周邊零組件等，因衍伸出邊緣運算，著重於 FPGA 與客製化 ASIC 分眾專業晶片核心技術，針對耗電量與晶片體積均有所要求與限制。邊緣運算能優化效率、提高資料應用便利性、與節省成本優勢，成爲 AI 和 5G 迅速發展關鍵要素。由於邊緣運算具備高速傳輸、低時間延遲與超大連接特性，有助於終端裝置數據及資料處理效能提升，解決雲端運算負荷。

根據拓墣產業研究院估算全球邊緣運算相關產業市場規模，2018 年 -2022 年的年複合成長率預計將高達 30% 之譜。邊緣運算的商機正吸引國際大廠紛紛介入，例如：2018 年微軟宣布「智慧雲端」（Intelligent Cloud）和「智慧邊緣」（Intelligent Edge）架構，將機器學習、影像辨識處理、與認知服務等，從雲端運算轉爲邊緣運算，以加速應用端的處理與演算。Amazon 推出 AWS Greengrass 邊緣計算平台，專攻客戶即時互聯商機。2018 年 9 月中國大陸百度和美國 Intel 合作設置「5G+AI 邊緣計算實驗室」和推展「行動邊緣計算」（Mobile Edge Computing, MEC）技術研究，全力開闢尖端科技新戰場。

雲端運算具備動態延展與虛擬運算型式，運算工作（Task）細分成多項程序（Process），利用伺服器群組（雲端主機）進行平行運算技術、寬頻與資料儲存等處理，以軟體即服務（Software as a Service, SaaS）、平台即服務（Platform as a service, PaaS）、架構即服務（Infrastructure as a service, IaaS）三種服務形式[2]，透過網路將分析結果回傳至終端使用者。有別於雲端運算方式，邊緣運算屬於分散式運算，透過 IoT 蒐集各類數據資料、執行應用程式與服務的運作，由網路中心節點轉至用戶終端設備的網路邊緣節點，執行相關數據資料的快速篩選、精確分類、蒐集彙整與準確分析等過程，因而具有便捷處理資訊的優勢，適合於大數據分析技術的處理。例如：智慧音箱、無人機與自動化警示設備等產品。圖 12-13 說明傳統雲端與邊緣運算架構。

爲解決網路塞車的問題，2014 年思科公司提出霧運算（Fog Computing）概念，依照運算需求作各類層次與區域分割的處理，進一步延伸雲端運算至霧運算並可連結終端邊緣裝置，以分散式協作執行資料儲存、封包傳輸通訊、或控管機制。另國際標準組織積極投入有關邊緣運算的標準規則，諸如中國大陸華爲公司亦開展邊緣運算協會（Edge Computing Consortium）訂定各項架構與規則。歐洲電信組織（European Telecommunications Standards Institute, ETSI）發展出多重接取邊緣運算（Multi-access Edge Computing, MEC）與開放霧運算（Open Fog Computing, OpenFog）。

---

2 SaaS：藉由網路企業隨選訂閱所取得軟體服務的模式。

PaaS：此爲服務型虛擬主機平台專門租借給使用者，從事專業軟體開發與提升功能部署的用途，並無須建構主機與裝設作業系統，可免除軟硬體維護時間與繁雜的處理問題。

IaaS：企業將內部基礎 IT 架構需求，以委外方式交由 IaaS 專業廠商處理，減少機房建置所需花費相關設備成本，採用使用者付費的原則，有效運用 IT 資源。

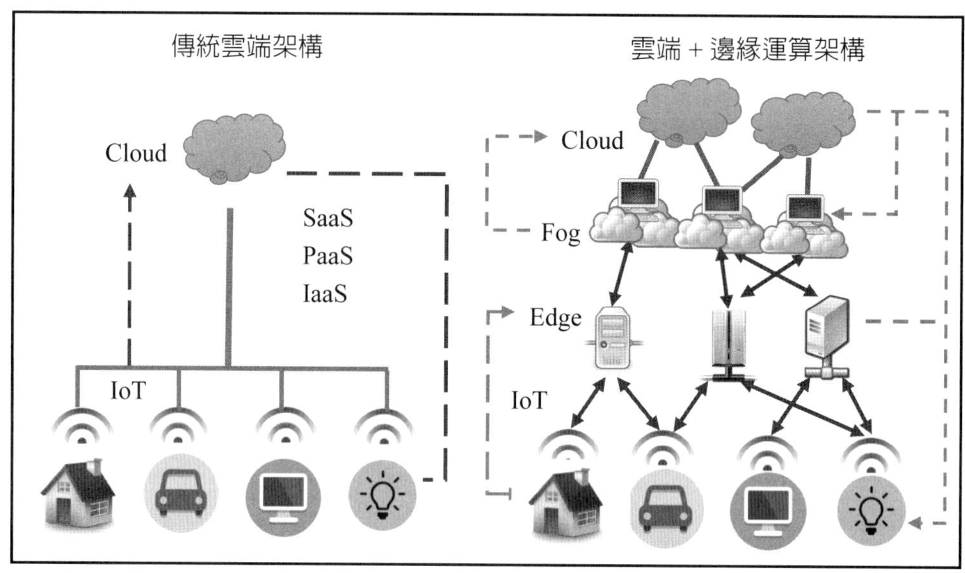

圖 12-13 傳統雲端與邊緣運算架構

資料來源：1. 科技新報，AI、5G 都靠它，邊緣運算夯什麼？2018.5.16。
2. 痞客邦，超有「存在感」邊緣運算，2018.5.25。
3. Wikimedia Commons。

依管控程度多寡，對 SaaS 管制較少，終端使用者能透過 Email 對外聯繫，亦可從事資料處理、客戶關係、人力資源和作業流程等管理事宜。另軟體業者藉由 Amazon Web Services 和 Google App Engine 等 PaaS 廠商提供虛擬主機平台，著手進行軟體開發與增加功能等研發工作，無須擔心其他維護和管理問題。而 IaaS 則面臨較多的管控措施，資訊管理者在此架構下，彈性運作各雲端廠商所提供的資源。例如：大型企業或團體機構透過虛擬私人網路（Virtual Private Network, VPN），將外部資訊以私人網路通訊方式轉變爲內部資訊。利用混合雲（Hybrid Cloud）彈性處理敏感性資料並儲存於私雲（Private Cloud），將非機密資訊以公雲（Public Cloud）儲存，如圖 12-14 顯示。

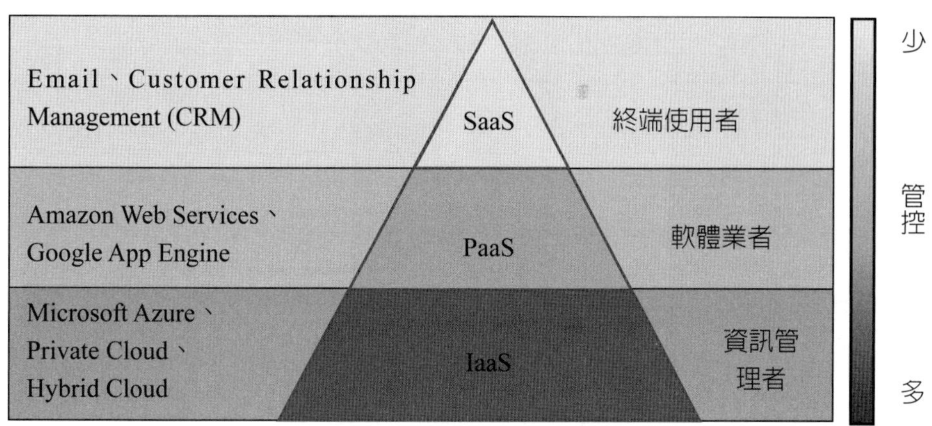

圖 12-14 雲端運算服務類別

註：1. CRM：客户關係管理。
2. Private Cloud：企業私雲。
3. Hybrid Cloud：混合雲。

資料來源：RubyGarage, Choosing the Right Cloud Service: IaaS, PaaS, or SaaS。

七、AI 產業化和產業 AI 化

AI 時代的來臨，呈現一股不可逆和顛覆性的趨勢，除了全球相關產業直接影響外，就業市場亦可能受到無情的波及，而啟動結構性的轉變。企業的轉型與失業問題的代價，已使各國政府隱憂不已，深怕各產業恐遭邊緣化的命運。因此，各政府推動 AI 產業化與產業 AI 化乃刻不容緩，促成 AI 技術與服務提升，形成兩者相輔相成的策略。國際知名業者如 Google、Intel、Apple 等，亦將眼光投向 AI 新創公司，透過跨國投資併購方式，將這些新創公司納入各種研發鏈、併購鏈、和商品鏈的版圖內。

1. AI 產業化

圖 12-15 說明 AI 產業化新世代來臨，改變硬體產業與軟體應用面貌，硬體設備結合運算與傳輸功能，藉由雲端資料處理，劃分出人工智慧終端、無人終端、零組件、與加速運算四種硬體，延伸於 10 大產業的創新。在軟體領域亦可劃分爲軟體開發包、虛擬助理、對話架構、感知服務、晶片設計、深度學習、雲

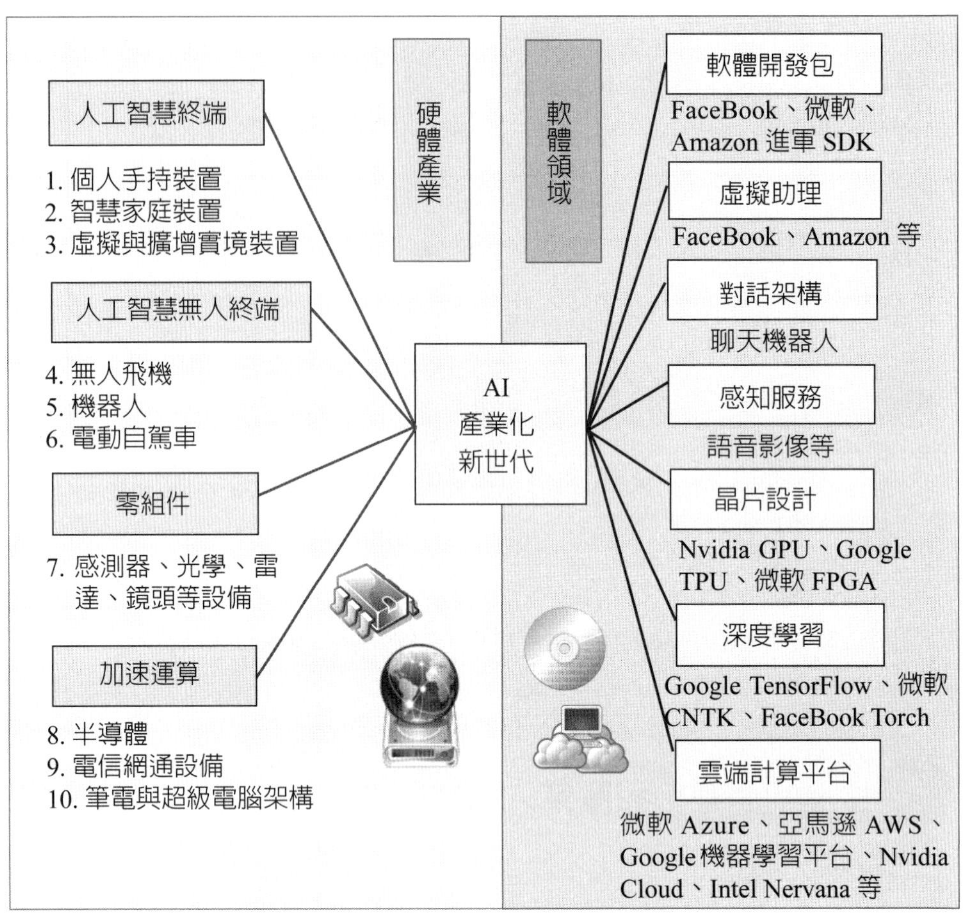

圖 12-15　AI 硬體產業與軟體領域應用

註：1. CNTK：微軟運算網路工具組（Computational Network Toolkit）。
　　2. AWS：亞馬遜雲端運算服務（Amazon Web Services）。
　　3. SDK：軟體開發套件（Software Development Kit）。

資料來源：1. 工商時報，AI應用推動高速運算與雲端，2018.2.20。
　　　　　2. Wikimedia Commons。

端計算平台 7 層應用領域。AI 與物聯網應用（AIoT）連結，亦將硬體產業與軟體領域延伸至智慧醫療、智慧城市、和智慧電網等設施與應用。

(1) 硬體產業

(A)人工智慧終端：個人手持裝置、智慧家庭裝置、虛擬與擴增實境裝置。

(B)人工智慧無人終端：無人飛機、機器人、和電動自駕車。

(C)零組件：感測器、光學、雷達、鏡頭等設備。

(D)加速運算：半導體、電信網通設備、筆電與超級電腦架構。

(2) 軟體領域

(A)軟體開發包：Amazon 進軍軟體開發套件（Software Development Kit, SDK）、Face Book、微軟。

(B)虛擬助理：Face Book、Amazon 等。

(C)對話架構：

聊天機器人乃預先設定程式，利用文字語言訊息，以聊天互動式與用戶進行對話。適用於各領域客戶服務，例如：銀行導覽、醫療預約、查詢服務、點餐流程、顧客體驗等項目。另互動後的消費數據亦可供商業決策參考。

(D)感知服務：語音影像等。

(E)晶片設計：Nvidia GPU、Google TPU、微軟 FPGA 等。

(F)深度學習：

Google TensorFlow、微軟 CNTK、FaceBook Torch 等。如利用 Tensor Flow 研發辨識系統，提高乳癌、糖尿病視網膜病變、農產品、保育動物、和紡織布樣等辨識度，減少辨識時間。

(G)雲端計算平台：

微軟 Azure、亞馬遜雲端運算服務（Amazon Web Services, AWS）、Google 機器學習平台、Nvidia Cloud、Intel Nervana 等。

2. 產業 AI 化

根據 Technalysis Research 市場調查顯示，產業 AI 化應用案例，如表 12-5 說明。其中，資訊安全、垃圾信過濾和網路安全最為普及。以美國科技業為例，導入 AI 應用較其他產業高達 5 倍之譜。

以影像辨識為例，AI 人臉辨識需跨產業整合，包括關鍵零組件、軟體介面、系統安裝、及服務模式等，形成供應鏈達標。表 12-6 顯示台灣 AI 影像辨識相關產業供應鏈與產品領域，分為半導體業、相關鏡頭產業、電信業與其他產業。

表 12-5 產業 AI 化應用

案例	項目	案例	項目	案例	項目
1	資訊安全	11	商業智慧	21	行銷
2	網路安全	12	垃圾信過濾	22	詐騙偵測
3	網路/社群資料分析	13	設備安全	23	自然語言處理
4	自動化機器人	14	智慧路燈	24	物聯網分析
5	聊天機器人	15	機台維護預測	25	人身安全
6	投資理財機器人	16	智慧醫療	26	智慧停車
7	服務型機器人	17	影像辨識	27	智慧電表
8	線上客服	18	AI飯店	28	智慧門鎖
9	智慧家庭	19	智慧機場	29	蟲害偵測
10	智能監控	20	智慧瓦斯表	30	水資源監測

資料來源：1. 工商時報，科技業愛AI高其他產業5倍，2018.10.15。
2. 工商時報，韓國AI強國的雄心，2018.12.20。
3. 工商時報，台灣創新Aeolus用AI機器人顛覆長照產業，2019.1.2。

表 12-6 AI 影像辨識產業供應鏈

產業	公司	產品領域
半導體	台積電	人臉辨識晶片晶圓代工
	原相	3D景深感測及演算法
	鈺創科技	3D自然光深度視覺IC及技術平台
鏡頭相關	大立光	人臉辨識鏡頭
	玉晶圓	人臉辨識鏡頭
	華晶科	鏡頭模組、影像處理、演算軟體
電信業	中華電信	人臉辨識商業化系統
其他相關	同欣電	影像感測器晶圓重組
	新唐	整合多功能微控制器（Micro-Control Unit, MCU）
	群輝科技	影像辨識細相片管理服務
	浩鑫	人臉辨識系統
	微凱	影像辨識與數據庫演算
	德勝	AI影像辨識應用整合

資料來源：1. 工商時報，台灣AI發展靠跨界整合突圍，2018.10.16。
2. 經濟日報，靠臉走天下中華電信進軍人臉辨識，2018.10.8。

發展產業 AI 化利基產業策略，包括製造、金融、醫療、與零售業等轉型升級，並聚焦於教育和政府實務應用導入。在製造業方面，強化 AI 自動化技術、產品瑕疵檢查、和設備故障檢測。金融業導入理財機器人，藉以調低投資理財門檻，提供普及化理財資訊。透過 AI 演算增進金融業有關客服、放款徵信、保險理賠和洗錢防制等業務處理效能。另醫療健康照護方面，統整醫療紀錄、基因比對給醫生參考，降低病情延誤率和增加用藥精準度，以其降低醫療糾紛的問題。

 八、群眾解題平台

不論 AI 硬體產業及軟體領域開發，亦或產業升級轉型，企業與機構等內部對 AI 人才需求與配置資源仍有不足，進而廣發武林帖與提供獎勵，尋求外部人士提供創新演算法解決應用方案。故孕育出群眾解題平台，藉由資料科學家、專業社群和學術機構等相關人士交流與分享，透過競賽方式予以排名，藉由數據挖掘和機器學習的分析，建置最佳模式的解決方案。根據 Kaggle 國際群眾解題平台指出，利用數據分析競賽模式，使創新演算法的效能高出原有演算法約 40%。

 九、中國大陸人工智慧發展

中國大陸擴展人工智慧（AI），公布「促進新一代人工智能產業發展三年行動計畫（2018-2020）」，引起許多大型企業和新創團隊參與，並全球率先發表中等教育普及教材「人工智慧基礎」向下扎根，協助企業投入資源，使 AI 應用成為科技新顯學。未來發展主力智慧型應用領域，如家居生活、聯網汽車、語音交互系統、翻譯系統、圖像辨識、醫療影像輔助、無人機、與服務機器人。提升 AI 產業鏈，由基礎領域扎根擴及至技術層面，加強應用層面布局，如圖 12-16 顯示。

(1) 基礎層：由知名企業建構大數據、運算平台、邊緣運算晶片等。

(2) 技術層：強化各類機器學習、識別技術、自動駕駛等新型模式。

(3) 應用層：可劃分為 AI 四大應用領域，分別如下說明：

(A) 固定規則：設定棋譜規則並讓兩部電腦對弈，增進 AI 訓練。

圖 12-16　中國大陸 AI 以大數據為基礎發展

資料來源：1. 工商時報，AI在中國不可忽略的龐大商機，2018.5.7。
2. 富邦證券。

(B) 溝通服務：針對自然語音做判定，用於人際間應對方式。例如：個人家居生活、個人助理、和線上客服等業務。

(C) 自動化機器：專攻工廠自動化機器人、金融理財。

(D) 專家支援：強化醫療、資訊安全等領域，並企業營運所需人力。

實務案例

互聯網巨頭 AI 商機

互聯網三巨頭百度 (Baidu)、阿里巴巴 (Alibaba)、騰訊 (Tencent)，簡稱 BAT，分別切入 AI 產業鏈，著重大數據技術與雲端平台，如圖 12-17 指出。阿里巴巴建置「阿里雲」，以電子商務的淘寶網和支付寶為主軸，發展「交易型」數據領導廠商；騰訊旗下微信擁有通訊軟體與線上遊戲用戶，建構「騰訊雲」，提供「關係型」數據領導品牌；另百度旗下搜尋網站設立「百度雲」，專攻網路搜尋與影片等，站穩「訊息型」數據寶座地位。BAT 主要透過水平式發展與垂直式資源整合，紛紛布局各類 AI 產業鏈，於上海設

平台	交易型 阿里云 aliyun.com	關係型 騰讯云	訊息型 百度云
晶片	Intel CPU Nvidia GPU	Intel CPU Nvidia GPU	Intel CPU FPGA Nvidia GPU
AI 布局	小 i 機器人 語音智能辨識	小 i 機器人 語音智能辨識	渡鴨科技 辨識
	中科虹霸 生物辨識	中科虹霸 生物辨識	蔚來汽車 無人車
	寒武紀 智能晶片	寒武紀 智能晶片	YI Tunnel 辨識、機器人
	曠視科技 視覺智能辨識	曠視科技 視覺智能辨識	xPerception 自駕車
	思必馳 語音智能辨識	思必馳 語音智能辨識	百信銀行 AI Banking

公司	AI 處理器	製程	架構	應用
寒武紀	Cambricon-1A (IP)	10 nm	NPU IP	機器視覺、語音辨識、自然語言處理
華為	麒麟 970	10 nm	NPU+ ASIC	機器學習、AI/ 應用程式
瑞芯微	RK3399Pro		ARM b.l.	機器視覺、語音辨識、深度學習
比特大陸	BM1680	7 nm	ASIC	機器視覺、深度學習
華夏芯	北極星	28 nm	ASIC	智能駕駛、智能監控、機器人、機器視覺、語音辨識
地平線	征程、旭日	40 nm	BPU (ASIC)	智能駕駛、智能監控
景嘉微	JM7200	10 nm	GPU	雲運算、車用、軍用
深鑑科技			NPU+ FPGA	智慧家庭、智能監控

圖 12-17　中國大陸企業 AI 產業布局

註：ASIC (Application-Specific Integrated Circuit)、BPU (Brain Processor Unit)、CPU (Central Processing Unit)、FPGA (Field-Programmable Gate Arrays)、GPU Graphics Processing Unit）、NPU（Neural Processor Unit）。

資料來源：1. 工商時報，AI在中國不可忽略的龐大商機，2018.5.7。
　　　　　2. 富邦證券。

置 AI 研究中心，如百度創新中心、騰訊人工智能創新平台、阿里巴巴研發中心。各企業亦進入 AI 處理器產業，如寒武紀、比特大陸鎖定機器視覺、機器視覺、深度學習、語音辨識、自然語言處理等應用。強化 AI 人才招募，主攻 AI 晶片研發。

十、AIoT 服務生態鏈

2018 年 1 月行政院指出除科技研發補助外，將強化相關基礎建設（如智慧機械與智慧醫療等），重視人才培育和應用經濟分析，專注於經營模式與配套機制的推展，掌握 AIoT 的新世紀產業跨域發展趨勢。AIoT 風潮亦帶動法人投資預測，「AIoT 概念股」已衍然形成，吸引多頭買單青睞。圖 12-18 顯示 AI 近期發展與數位創新風潮，帶動一股智慧服務的新潮流，透過大數據、網格運算（Grid Computing）[3]、與虛擬實境等先端技術與優質服務，將最佳化生產流程、節省成本、與解決物流問題等模式，促進能源發展、強化政府治理、環境生態保護、加強社會結構、與提升智慧醫療等運作效率。「無縫交通」模式乃藉由大眾運輸串聯相關智慧基礎設施，並連結共享汽車和自動駕駛汽車系統，推展旅遊體驗與改善交通安全，提高產業發展價值。另資策會於 2018 年 12 月首先鎖定能源與環保產業，開始推動 AIoT 產業標準建置。

透過智慧城市的建構，以 AI 與物聯網（IoT）模式（AIoT）整合技術，鼓勵研發創新與應用服務，逐步導入智慧電表、智慧門鎖、智慧家電、智慧機器人、智慧汽車、智慧語音等產品，增進生活便利性，減緩少子高齡化衝擊。建置智慧醫院與強化精準醫療服務，增進醫療品質。針對企業、家庭與社會等層面的問題，提出合理解決之道。同時，蒐集與彙整有關使用者行爲模式資訊，利用有效的數據分析結果，自動反饋智慧服務系統，提升 AI 技術研發而形成優化與互動的生態鏈。有鑑於許多國家極盡所能，推出投資獎勵政策，以吸引各種資

[3] 網格運算：將大量未利用的 CPU 和磁碟儲存空間電腦彙整，形成虛擬電腦叢集架構，透過跨網域運算和平行計算能力，充分運用企業間有效資源，並解決大規模運算任務需求。

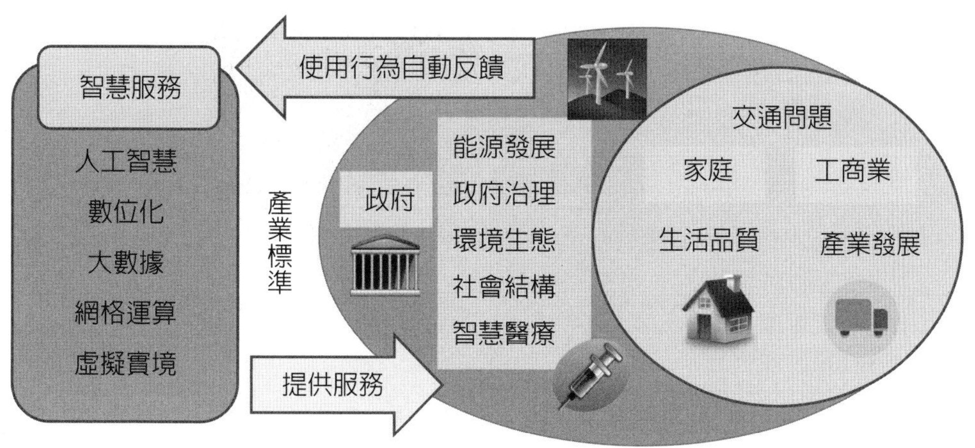

圖 12-18　AI 服務生態鏈

資料來源：1. 經濟日報，AI服務生態鏈，串起大商機，2018.7.15。
2. 經濟日報，資策會鋪路助攻AIoT商機，2018.12.18。
3. Wikimedia Commons。

源的挹注，更注重 AI 人才培育與延攬。因此，產官學界的資源鏈結，以利擴展 AI 人才資料庫、建構 AI 產學媒合平台、規劃產業 AI 輔導機制等項目，實乃當務之急的發展策略，進而將生態鏈模式延伸出 AI 生態圈的形成，亦有利於政府考量產業升級與轉型的良方之一。另企業應尊重 AI 倫理與社會責任，藉由 AIoT 發展衍生社會福祉對市民的實質影響宜評估。

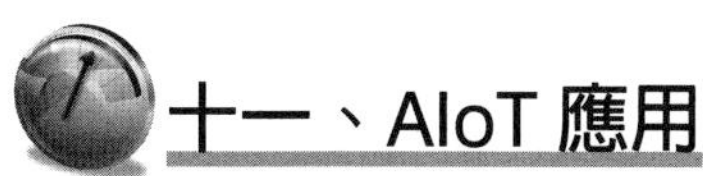

十一、AIoT 應用

1. 電動自駕車

以移動科技 AI 電動自駕車為例，AI 深度學習演算將應用於汽車供應鏈、第五代行動通訊技術（5G）、和鋰電池充電系統。因此，未來汽車產業將由機械領域邁向科技領域，整合自動化（Autonomous）、聯網化（Connected）、和電動化（Electrified）為發展核心，帶動龐大潛力商機。圖 12-19 說明 AI 電動自駕車關鍵系統，包括驅動、電能、感測、與行控。

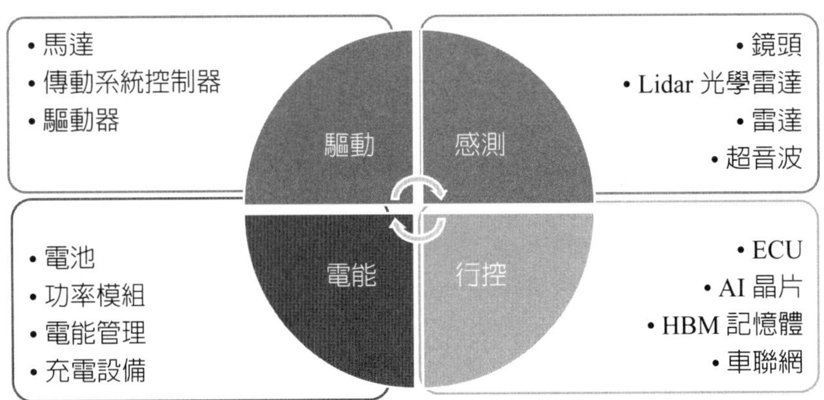

圖 12-19　AI 電動自駕車關鍵系統

註：1. ECU：發動機控制器（Engine Control Unit）。
　　2. HBM：高頻寬記憶體（High Bandwidth Memory）。
資料來源：1. 工商時報，AI x電動車移動科技大商機，2018.3.5。
　　　　　2. 富邦證券。

2. 精準醫療

由於全球年齡日趨老化的現象，健康醫療需求迅速增加，導致巨額商機出現，吸引國際大廠如谷歌、微軟、亞馬遜、蘋果、IBM 競逐 AI 精準醫療市場。在兩岸企業方面，亦吸引鴻海、騰訊、阿里巴巴等青睞。例如：谷歌押寶於健康資訊平台、微軟注重於遠距醫療與健康數據、騰訊和阿里巴巴鎖定於智慧醫院等項目，如表 12-7 說明。

表 12-7　AI 精準醫療商機

科技巨頭	計畫名稱	內容
谷歌	Google Fit	連結手機、穿戴裝置和App，協助醫生遠端看診，整合健康資料至平台。
微軟	健康管理平台（Health Vault）	將醫院、醫生、病患、與健康機器人等串連取得健康數據，整合與優化遠距醫療流程。
亞馬遜	線上掛號平台（ZocDoc）數位醫療	提供跨國醫療保險，並媒合醫生與病患。發展數位化病例與臨床紀錄。

表 12-7 AI 精準醫療商機（續）

科技巨頭	計畫名稱	內容
蘋果	病歷管理平台（Health Kit）	整合病歷資料和查看iPhone病歷系統，掌握美國約51%病歷資訊。
IBM	Watson輔助醫療	結合大數據與AI，提供癌症治療與輔助功能。
騰訊	微信智慧醫院	利用微信平台縮減就診流程。
阿里巴巴	未來醫院	透過阿里健康App，串起支付寶、天貓、就診與拿藥等流程。
鴻海	M次集團生醫艦隊	健康互聯網採基因定序與全方位健檢服務。

資料來源：1. 經濟日報，AI精準醫療商機湧現，2018.5.22。
2. 經濟日報，亞馬遜跨業強攻數位醫療，2018.11.29。

AI 精準醫療整合大數據、人工智慧、物聯網、與基因體學等技術，首要任務在於利用生物檢測分群研究，其生物標記屬於藥物上市之伴隨式診斷商品，對於藥物療效與用藥準確度有所實質助益。另基因檢測技術日趨成熟，次世代基因定序技術興起，導致相關價格大幅下降，使精準醫療應用可能性提升。藉由生物資訊強化比對與研析，並利用人工智慧將各類序列資料轉換爲精準醫療建議，加強個人化用藥決策依據。例如：美國知名女星安潔莉娜接受遺傳性基因檢測，得知罹患癌症風險評估，並毅然採預防性手術，使得「預防醫學」廣受世人重視，後續間接效應促成精準醫療的崛起。

3. 智慧零售科技

以智慧零售爲例，依發展沿革脈絡可劃分爲零售科技 1.0 至零售科技 5.0，其說明如圖 12-20 所示。

(1) 零售科技1.0

注重銷售業務電子化服務，建構網路電子商務平台銷售系統。

(2) 零售科技2.0

以通路系統化所需基盤設施（Infrastructure），包括主機系統設置。

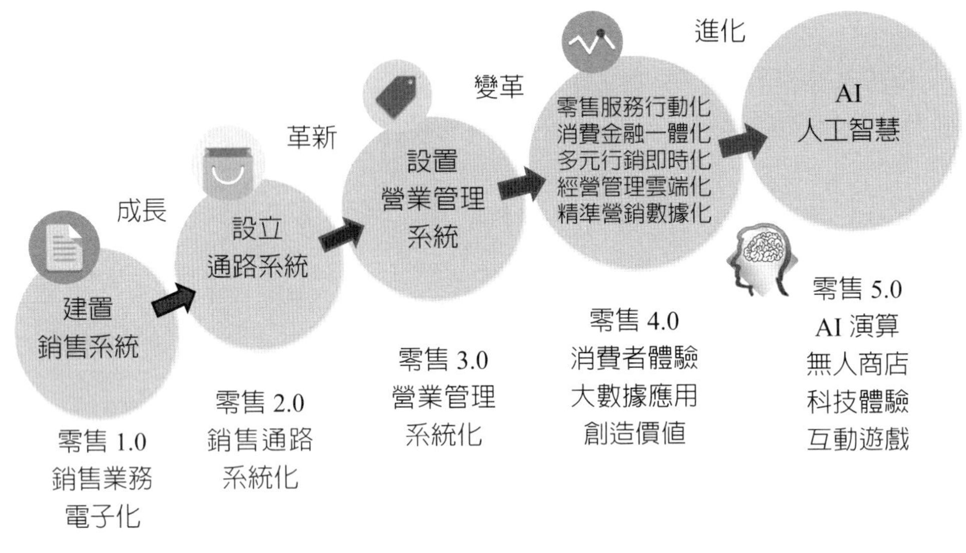

圖 12-20　零售科技演進

資料來源：1. 台灣銀行家，一場零售新革命掌握消費者動向，2018.2月號。
2. Wikimedia Commons。

(3) 零售科技3.0

以基盤設施爲基礎，擴增企業營業管理核心系統，例如：進銷存貨、企業資源規劃（Enterprise Resource Planning, ERP）、POS 系統等系統。

(4) 零售科技4.0

全球零售業的樣貌乃以消費者爲核心，隨移動裝置與社群團體的興起，促使 O2O 虛實整合已成爲新顯學，品牌效益彰顯日形重要。另考量關鍵字廣告、網誌、部落格、網站排名等項目，直接影響消費者對商品的認知。而消費者使用經驗心得或社群使用意見交換，亦呈現購買需求日益挑剔的情形。經由消費者體驗與大數據應用分析，發展零售服務行動化、消費金融一體化、多元行銷即時化、經營管理雲端化、和精準營銷數據化等措施，創造客戶附加價值。採零售服務與金融科技服務連結，涵蓋 O2O 行銷整合、多元支付工具、社群營造、貼心介面設計、會員活動、IoT 終端設備、與大數據分析等，提供業者便捷且可信賴的資料管理與分析方式，如圖 12-21 顯示。在企業經營面向，有下列五項說明：

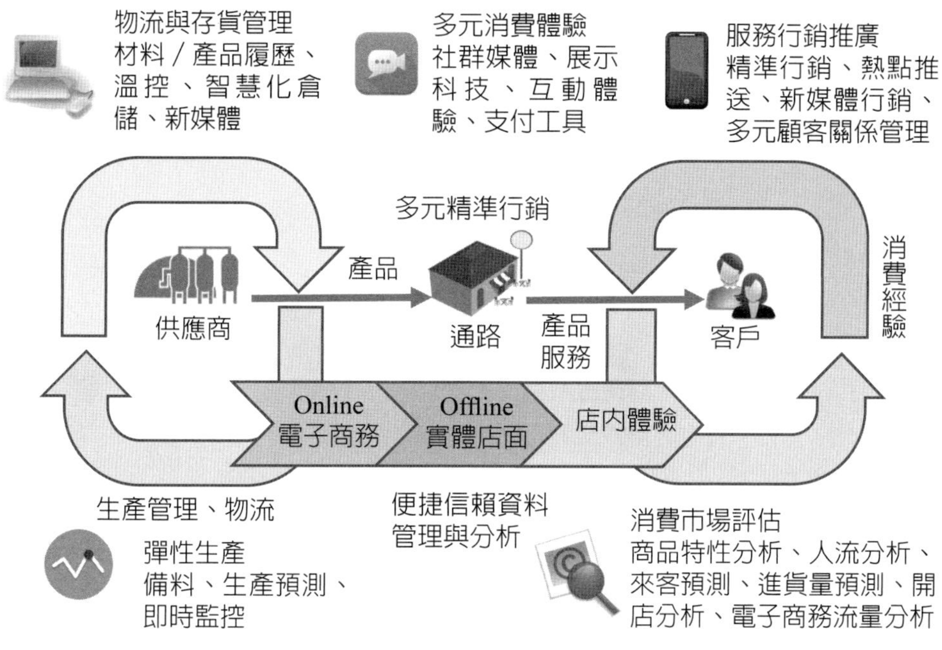

圖 12-21 零售科技 4.0 商業面向

資料來源：1. 企業通，從零售科技看未來零售趨勢，2017.5.15。
2. Wikimedia Commons。

(a) 彈性生產：注重備料、生產預測分析、和即時監控評量等項目。

(b) 消費市場評估：針對商品特性分析、探計人流分析、來客預測分析、進貨量預測分析、開店遴選分析、和電子商務流量計算等進行評估。

(c) 物流與存貨管理：加強材料 / 產品履歷、溫度控制、智慧化倉儲運作、和新媒體傳遞等管控模式。

(d) 多元消費體驗：提供消費者社群媒體、展示科技新知、互動體驗模式、和支付工具選擇等使用項目。

(e) 服務行銷推廣：規劃精準行銷、熱點推送服務、新媒體行銷方式、和多元顧客關係管理系統等推廣項目。

(A) 全通路服務與物流

以行動終端裝備串聯實體店面、虛擬商城、購物網站與型錄購物等多通路採購管道，乃異業連結之創新通路模式，提供各項優惠、便捷資訊、安全保障、消費體驗、即時取貨和客戶反饋需求等服務。電子商務的重要關鍵在於物流業資訊的控制能力、智慧物流支援服務和優化倉儲效率處理，透過智慧物流服務，滿足各種虛實購買交貨要求至不同場域。邁向 O2O 虛實整合之全通路服務（Omni-Channel Service）與全通路物流（Omni-Channel Logistics），提升效率和客戶滿意度，並以節省成本爲訴求，如圖 12-22 所示。

圖 12-22　全通路服務與物流

資料來源：1. DigiTimes，台灣推行生產力4.0 打造網路+實體物流全通路服務，2015.11.23。
2. Wikimedia Commons。

(B) O 型商業模式

在數位經濟浪潮下，消費者藉由線上與線下自由切換，蒐集資訊與購物形式改變，觀察到消費者行爲已有別於過去屬於線性模式，正加速轉換爲 O 型循環模式。因此，通路爲王的時代已逝，針對消費者的人、商品、與消費場域，接觸點的包圍布局與增加客戶黏性日形重要，企業方能擺脫高效率與低成本之無止境的追求宿命。圖 12-23 顯示三種 O 型商業包圍策略：

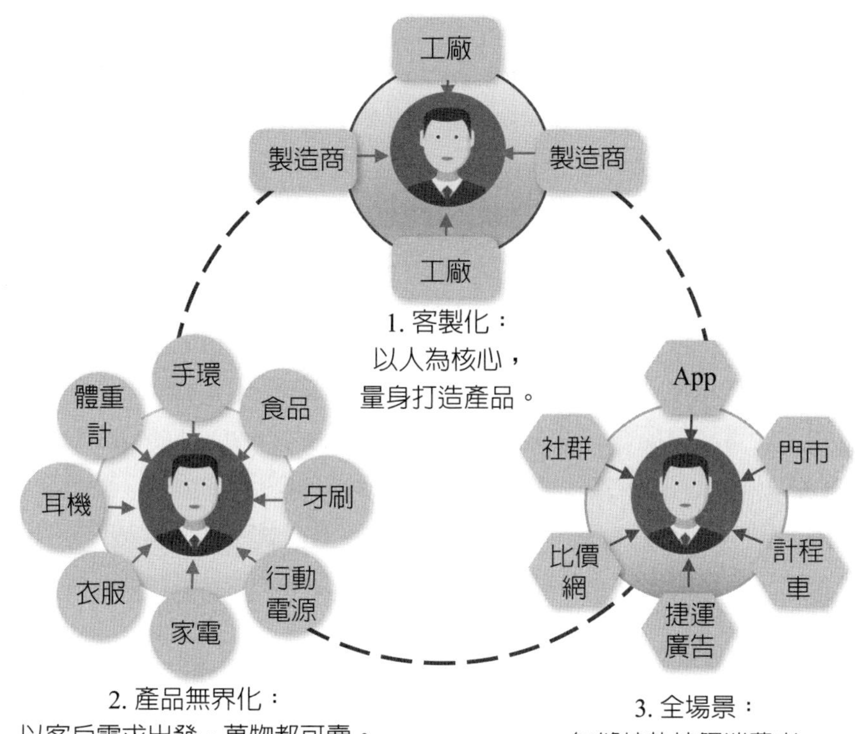

商業模式	企業	案例
客製化	海爾、Nike、上海汽車等。	海爾訂製平台製作商品，直達用戶不入倉庫。
產品無界化	小米、無印良品、台灣大車隊等。	小米生態鏈吸引超過 100 家加入，商品總計超過 1,600 項。
全場景	Walmart、Amazon、河馬鮮生等。	Walmart 網路下單店面取貨服務，虛實通路業績同步上升。

圖 12-23　O 型商業模式與案例

資料來源：商業周刊，Nike、沃爾瑪都在做的O型戰術，第1616期，2018.11。

(a) 客製化

企業以人爲核心，量身打造客戶所需產品。例如：海爾訂製平台專門製作客戶需求商品，製成後直達用戶端而無須入庫。

(b) 產品無界化

以客戶需求出發，發展萬物都可賣的生態圈。小米生態鏈吸引超過 100 家加入，商品總計超過 1,600 項。

(c) 全場景

採無縫接軌方式接觸消費者，提升實物體驗服務品質。如 Walmart 網路下單店面取貨服務，使虛實通路業績同步上升，此爲電子商務不及的優勢。

(5) 零售科技5.0

新零售時代利用雲端技術、AR/VR、人臉辨識系統、大數據分析等結合，並透過人工智慧演算模型，導向數據智慧平台，強調 O2O 虛實通路整合，預測分眾消費者行爲模式，掌控目標客群的聚焦商品時間、購物體驗、與消費偏好分析。藉由進化精準行銷內涵，強化消費者遊戲互動模式，帶動無人商店開展與科技體驗趨勢，結合零售情境與智慧科技，提升客製化商品、購物效率與服務創新化思維。

(A) 無人商店

圖 12-24 說明無人商店優化購物流程，實踐 AIoT 技術整合與應用，線上與線下消費資訊的實體場域連串，提供消費者體驗「拿了就走」的購物新趨勢，藉由消費數據分析，達成全通路布局的策略目標，以利減少員工人力吃緊與工作壓力問題。優化購物流程可分爲下列四個步驟：

(a) 入店

消費者透過 App 與第三方入口平台登記，進入無人商店購物。商家使用機器視覺、生物辨識、人臉辨識、卷積神經網路等技術進行用戶識別，例如：採用收錄電話、掌紋、與面部特徵等執行識別流程，產生用戶基礎屬性數據。

(b) 選購

商品供應與現場監控可分爲兩種型態，開放貨架式與封閉貨櫃式。前者採用感測融合、商品識別、圖像分析、非配合人臉辨識、和動作識別防盜系統等技術，用戶自傳統貨架上接觸選購商品。後者著重於人機交互、微型機械臂、動態貨架、與智能打包等技術支應。消費者使用類似自動販賣機組，人機交互後付款接觸選取商品。兩者可針對用戶偏好購物數據進一步分析。

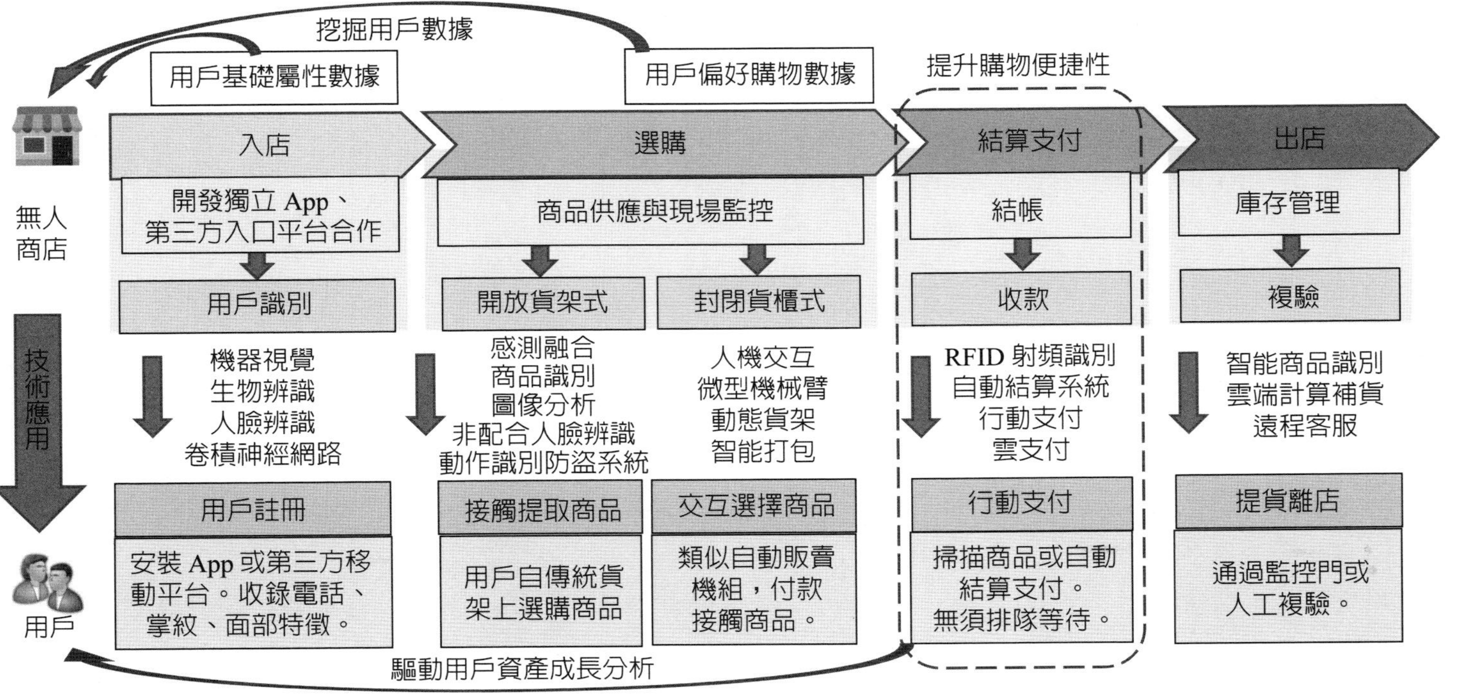

圖 12-24　無人商店優化購物流程

資料來源：1. TESA，台灣真的需要「新零售」嗎？深度解析無人便利商店，2017.10.11。
2. 易觀網站。
3. Wikimedia Commons。

(c) 結算支付

結帳收款流程中，主要利用 RFID 射頻識別、自動結算系統、行動支付、金融卡雲支付等技術支援，自動掃描商品或結算支付，消費者無須排隊，十分便捷。另商家亦可針對用戶資產成長分析，展開消費支付習慣方式研究。

(d) 出店

消費者購物完畢時，需透過智能商品識別、雲端計算補貨、和遠程客服等相關技術並連接庫存管理。消費者通過監控門或經工作人員適時複驗，即可完成消費過程。

表 12-8 說明各區無人商店和科技概念店比較，分別就管制、會員制、自助流程、與支付方式等項目陳述。例如：Amazon Go 最早推出無人商店的構想，消費者利用 App 掃碼進入，自助方式選擇貨品，並以鏡頭辨識與線上支付完成購物。韓國樂天集團推出 Signature 無人商店，以會員綁定樂天信用卡支付方式，會員用戶無須攜帶任何東西，透過生物辨識技術輔助識別手掌靜脈，即可進入商店與結帳。另台灣 7-11 公司建置 X-Store 無人商店，採臉部辨識方式、自動化感應、與 IoT 運用。加強人流熱點分析與電子標籤運作。全家科技概念店以現有實體店面，採 AIoT 技術升級方式和大數據分析，增設人流熱點分析，並導入 RFID 無線射頻貨物驗收，有效減低人工作業流程。

表 12-8　無人商店和科技概念店比較

無人商店	公司	地區	管制	會員	自助流程	支付
Amazon Go	Amazon	美國	有	是	1. App掃碼進入。 2. 自助選貨。 3. 鏡頭辨識與線上支付。	App
Lawson	Lawson	日本	無	否	1. App掃碼進入。 2. 掃描條碼付款。 3. RFID無線射頻貨物驗收。	現金、行動支付
樂天	Signature	韓國	有	是	1. 手掌靜脈感應進入與支付。 2. 生物辨識技術輔助結帳。	樂天信用卡

表 12-8 無人商店和科技概念店比較（續）

無人商店	公司	地區	管制	會員	自助流程	支付
淘咖啡	阿里巴巴	中國大陸	有	是	1. App掃碼進入。 2. 自助選貨。 3. 線上扣款支付。 4. 檢測開門。	支付寶
快貓	深蘭科技	中國大陸	有	是	1. 掌紋感應進入。 2. 自助選貨。 3. 掌紋感應支付。 4. 直接出店門。	支付寶、微信
繽果盒子	賓哥網路	中國大陸	有	是	1. App掃碼進入。 2. 自助選貨。 3. 掃條碼付款。 4. 檢測開門。	支付寶、微信
F5未來商店	歐譜電子商務	中國大陸	無	否	1. 開門進店。 2. 掃條碼選貨。 3. 掃條碼支付。 4. 機器取貨。	微信
O2O無人便利商店	環球好運國際	台灣	有	否	1. 掃悠遊卡進店。 2. 掃條碼選貨。 3. 投幣支付。 4. 直接出店門。	現金或第三方支付
X-Store	7-11	台灣	有	是	1. 臉部辨識與商品辨識。 2. 自動化感應與IoT運用。 3. 人流熱點分析。 4. POS、電子標籤、E-POP。	iCash
科技概念店	全家	台灣	無	否	1. AIoT。 2. 大數據分析。 3. 人流熱點分析。 4. RFID無線射頻貨物驗收。	現金、行動支付

資料來源：1. 經濟日報，統一無人店獨創AI辨識，2018.1.30。
2. 新頭殼，無人店來了！五大科技重整新零售 200萬服務業大軍消失中，2017.8.9。
3. iThome，韓國首間7-11無人概念店開張，免現金、儲值卡靠手掌就能結帳，2017.5.17。

(B) AI 數據智慧平台

由於傳統客戶流量與消費行爲分析，屬於低維度的資料呈現，企業僅憑專業經驗與簡易統計輔助分析，已綽綽有餘。然而，面臨數位經濟的時代，高維度且複雜管道的資料型態整合。例如：網站資料、App 資料、行銷資料與企業內資料庫的統合，傳統分析方式已無法因應，須仰仗 AI 技術和演算法之交叉比對分析，增加顧客資料深度與廣度，透過客戶行爲資料庫，進行預測分群及靜態分群，精準掌控消費週期，藉以了解目標顧客角色全貌與細分客群，包括品牌辨識、點擊、下載 App、潛力商品、潛在客群與追蹤特定客群等，並將彙整資料儲存於企業資料庫，善用客戶關係管理系統（CRM），透過付費媒體、官網、和廣告簡訊等方式，開展精準行銷策略，優化行銷投資報酬率。AI 導向數據智慧平台進行相關預測型分眾分析，如圖 12-25 說明。

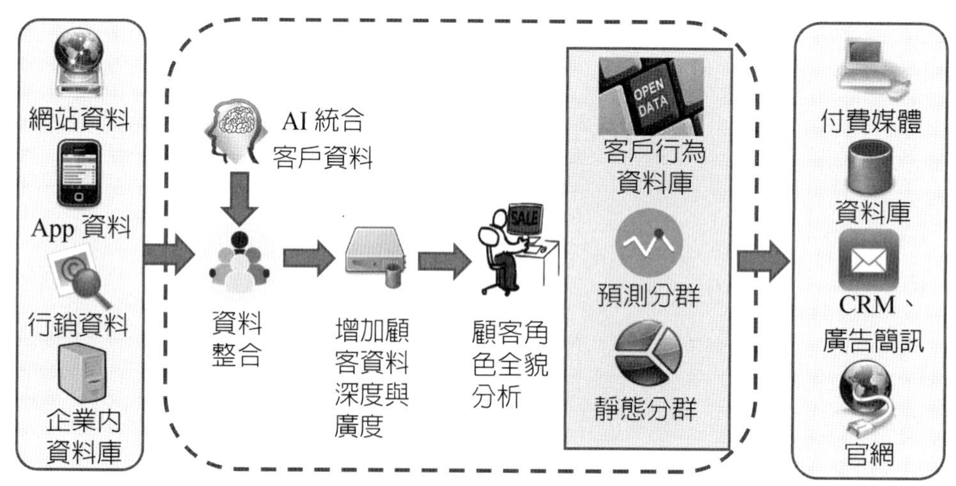

圖 12-25　數據智慧平台：預測型分眾

資料來源：brain，預測型分眾工具讓你直通客群的心，第504期，2018.4。

(C) O2O 業務封閉迴路（Closed-Loop）效益

業者彼此競爭的氛圍下，從前端營運銷售到後端的支付過程，致力於增進新零售 O2O 業務封閉迴路（Closed-Loop）效益，使零售業績與盈餘增加，如圖 12-26顯示。O2O 業務封閉迴路可以分爲線上（Online）與線下（Offline）做說明。首先，業者可利用引流（Reach）方式，吸引新的消費者進入線上平台瀏覽。以轉化（Conversion）方式，例如：優惠促銷活動與宣傳，提升消費者訂購和支付意願。消費者至實體商店消費（Consumption）完成交易流程，並將消費者於線上平台分享消費經驗和意見，反饋（Feedback）訊息藉以吸引其他用戶，以其有助於再次引流上網人氣。同時，透過存留（Retention）方式，針對熟客進一步蒐集消費者互動資訊，加強客戶管理與分析模式，增進客戶關係及回訪率，以利再次轉化過程吸引更多買氣。

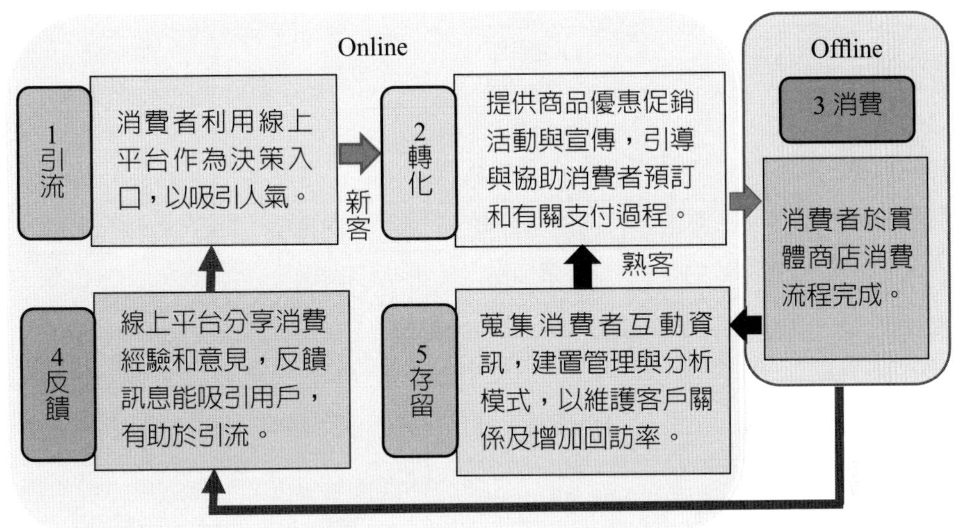

圖 12-26　O2O 封閉迴路建構

資料來源：網經社，分析：開放與封閉迴路的博弈下O2O模式的去向，2014.4.5。

中國大陸 BAT 亦積極布局 O2O 與執行環閉實務應用，由表 12-9 可觀察出端倪。在引流方面，騰訊公司以騰訊地圖、QQ、微信、搜搜管道，聚集上網人氣。利用 QQ 團購、易訊網、滴滴打車、大眾評點、藝龍旅遊等管道，提供各種優惠與宣傳，將潛在線上買氣轉化至線下相關合作實體通路與涉及場景內消費，並以微信支付結帳消費完成交易。消費者亦可至點評平台、社交平台、和團購平台反饋消費心得與提供意見。

表 12-9　BAT：O2O 布局

封閉迴路	項目	BAT		
		騰訊	阿里巴巴	百度
引流	地圖	騰訊地圖	高德地圖、丁丁地圖	百度地圖
	社交	QQ、微信	新浪微博、來往、陌陌	
	搜索	搜搜		百度、91無限
轉化	團購	QQ團購、高朋網	聚划算、美團	糯米網、百度團購
	電商	易訊網、QQ網購	淘寶、天貓	
	打車	滴滴打車	快的打車	
	生活信息	大眾評點、微生活	口碑網、丁丁網、淘點點	安居客
	旅行	藝龍旅遊	淘寶旅行	去哪兒網
支付	工具	微信支付	支付寶	百度錢包
線下資源	自身資源	高朋、微生活、通卡	美團、丁丁、淘寶生活、聚划算、淘點點	糯米網
	合作商家	王府井百貨、新世界百貨、海底撈	銀泰、美宜家	地圖平台的餐飲、酒店等
	涉及場景	餐飲、服飾、百貨、打車、自動售貨機等	餐飲、服飾、百貨、打車、自動售貨機、便利店等	餐飲、打車、酒店等
反饋	點評分享	點評平台、社交平台、團購平台	點評平台、社交平台、團購平台、地圖、預定平台	團購平台、地圖

資料來源：網經社，分析：開放與封閉迴路的博弈下 O2O模式的去向，2014.4.5。

十二、AI 和 AIoT 相關應用與效益

在 AI 與 AIoT 相關智慧應用再進化方面，各領域如火如荼地發展，以提高產業升級為目標，有關效應如表 12-10 所示。例如：匯豐推出 AI 防制洗錢，特別為打擊金融犯罪，有效監控交易數據，達成快速偵測詐欺活動。宏碁公司研發 AI 智慧自動駕駛車，關注於智慧交通領域，將人、車與雲端應用整合，打造智慧城市。此外，光寶科、宏碁、研華、新漢等公司主攻 AIoT 智慧物聯網，研發感應器、智雲看板、嵌入式 AIoT 系統、與解決模式等產品。

表 12-10　AI 和 AIoT 相關應用與效益

產業／機構	應用項目	效應
Amazon	語音助理、智慧音箱	提供AI智慧家庭生活與輔助。
匯豐	AI防制洗錢	為打擊金融犯罪，監控交易數據，達成快速偵測詐欺活動。
捷智	AI監理	AI法規監理及風險監控。
沛星	AI精準商業決策	消費破碎化資料彙整為精準商業決策。
安聯人壽	AI客服機器人、AI智慧助理	保戶身分驗證與即時保單變更事務。增加保戶與AI助理對話及文字介面服務。
好好投資	AI+區塊鏈：機器人理財	AI演算與區塊鏈智能合約連接金融機構下單流程，進行基金交易與客戶投資管理。
華碩	醫療服務型機器人	從事醫療監測與照護應用。
宏碁	AI智慧自動駕駛車	開展智慧交通領域，將人、車與雲端應用整合，未來打造智慧城市。
桃園市政府	虎頭山物聯網創新基地	建置物聯網結合自駕車實證基地，廠商透過模擬系統進行智慧駕駛決策系統驗證。
元大投信	ETF-AI機器人顧問	開發ETF-AI智能投資平台。
痞客幫	AI數據公司、AI寫手	部落格平台蒐集文章進行語意、使用者行為、和趨勢等分析，客製化精準行銷模式。另「AI寫手」功能協助文章產出。

表 12-10　AI 和 AIoT 相關應用與效益（續）

產業／機構	應用項目	效應
光寶科、宏碁、研華、新漢	AIoT智慧物聯網	開發感應器、智雲看板、嵌入式AIoT系統、與解決模式等項目。

資料來源：1. 工商時報，匯豐攜新創靠AI防制洗錢，2018.4.10。
2. 工商時報，安聯至能克服Allie艾莉正式上線，2018.6.14。
3. 工商時報，好好投資挑戰基金交易生態，2018.9.24。
4. 工商時報，宏碁電競AI自駕車邁新里程碑，2018.10.1。
5. 經濟日報，台廠機器人大戰明年開打，2018.10.13。
6. 經濟日報，推AI智慧助理轉帳查資料動嘴就行，2018.4.9。
7. 工商時報，痞客幫跨足AI轉型數據公司，2018.3.16。
8. 工商時報，亞洲第一個ETF AI投資平台上線，2018.1.2。
9. 經濟日報，AIoT概念股多頭買盤簇擁，2018.10.8。
10. 工商時報，捷智AI工金融商機營運喊衝，2018.10.29。
11. 工商時報，沛星科技用AI完成精準商業決策，2018.10.31。
12. 工商時報，AI物聯網大合體智慧應用再進化，2018.1.7。
13. 工商時報，虎頭山基地動工桃三大青創聚落成形，2018.10.31。

十三、AIoT 產業人才培育

在 AIoT 世代潮流趨勢下，培育具備跨域和跨界的專業能力人才至爲重要，產官學界無不卯足全力，在 AI、雲端、物聯網與大數據等科技教育扎根。有關培育 AIoT 產業人才模式，包括 AI 技術人才專班、科技教育師資培育、產學合作等，如表 12-11 所示。

表 12-11　培育 AIoT 產業人才模式

名稱	模式
台灣人工智慧學校	1. 經濟部AI技術人才專班。 2. 採群眾移地解題，促使產業提升效益。 3. 跨領域商業跨專業實戰人才培訓。

表 12-11 培育 AIoT 產業人才模式（續）

名稱	模式
成功大學科技教育師培計畫	1. 台灣大哥大基金會、台積電、聯發電、宏碁等合作。 2. 訓練科技教育師資。 3. 透過大學社會責任（University Social Responsibility, USR）培育12年國民教育科技素養。
聖約翰大學產學合作與師資培育班	1. Intel、Google、IBM和微軟合作。 2. 開設「雲端、人工智慧、物聯網暨大數據」師資培育班。
玉山－台大AI暨金融科技研發中心	1. 產學合作項目：AI深度學習、異常行為偵測、和語音辨識等。 2. 人工智慧與金融科技相關應用和研發。

資料來源：1. 工商時報，台在地培訓AI人才4箭齊發，2018.9.30。
2. 工商時報，台灣大攜交大逾千名AI師資，2018.3.23。
3. 工商時報，AI科技世代聖約大不缺席，2018.3.11。
4. 經濟日報，玉山金攜台大成立AI金融科研中心，2019.8.1。

2018 年政府宣稱爲「人工智慧實踐年」，科技部規劃五項發展策略，包括「AI 研發平台、AI 創新研發中心、智慧機器人創新基地、半導體射月計畫、科技大擂台」，相關軟硬體升級、研發創新、國際競賽活動、與實作場域建置等，均有賴產官學群策群力地推展，積極投入 AI 人才培育、實作教學、與 AI 產學合作等活動。強化中小企業人力業態結構配置、解決製造瓶頸和痛點、與優化生產流程等事項，在AI浪潮下，探尋利基點、突破潛力點與提升整體產業競爭力。

習題

一、選擇題

(　) 1. 物聯網整體架構可分爲幾層？
(A) 3　(B) 4　(C) 5　(D) 2

(　) 2. ____年政府宣稱爲「人工智慧實踐年」。
(A) 2016　(B) 2017　(C) 2018　(D) 2019

(　) 3. ____ 最早推出無人商店的構想，消費者利用 App 掃碼進入，自助方式選擇貨品，並以鏡頭辨識與線上支付完成購物。

(A) Amazon Go　(B) Google　(C) Microsoft　(D) LINE

(　) 4. 消費者藉由線上與線下自由切換，蒐集資訊與購物形式改變，消費者行爲由線性模式正加速轉換爲____行循環模式。

(A) Π　(B) O　(C) B2B　(D) O2O

(　) 5. 看護醫療系統是屬於下列何種物聯網範疇象限？

(A) H2T　(B) H2H　(C) T2H　(D) T2T

(　) 6. 5G 行動通訊技術與 4G 相比，通訊時延僅占____的優勢。

(A) 二十分之一　(B) 十五分之一　(C) 十分之一　(D) 五分之一

(　) 7. ____ 技術源於 2015 年，發展日漸成熟，屬於一種免許可物聯網開放頻段，業界視爲「物聯網 Wi-Fi 裝置」。

(A) Bluetooth　(B) Zigbee　(C) LoRa　(D) 5G

(　) 8. 消費者體驗大數據應用進而創造價值是屬於下列何者零售科技？

(A) 2.0　(B) 3.0　(C) 4.0　(D) 5.0

(　) 9. ____ 平台藉由資料科學家、專業社群和學術機構等交流與分享，透過競賽排名，藉由數據挖掘和機器學習，建置最佳模式的解決方案。

(A) 人工智慧　(B) 群眾解題 (C) 群眾募資　(D) 開放資料

(　) 10. ____ 運算能優化效率、提高資料應用便利性、與節省成本優勢，成爲 AI 和 5G 迅速發展關鍵要素。

(A) 雲端　(B) 大數據　(C) 區塊鏈　(D) 邊緣

二、申論題

1. 請簡介全通路服務與物流。
2. 請說明 AI 產業化和產業 AI 化的差異。
3. 何謂邊緣運算（Edge Computing）和霧運算（Fog Computing）？兩者不同點爲何？
4. 何謂 AIoT？請簡介實際應用案例。

解答：1.(A)　2.(C)　3.(A)　4.(B)　5.(A)　6.(C)　7.(C)　8.(C)　9.(B)　10.(D)

索引

B

C

D

E

F

G

H

M

N

O

P

Q

R

T

參考文獻

【第 1 章】參考文獻與網頁

1. 期刊與論文集

(1) 林彥全，期貨人，金融科技翻轉行爲模式，第 59 期，2016 年第 3 季。

2. 書及研究報告

(1) 姜達洋，互聯網金融新世代的金融革命，風格斯藝術創作坊，2015.12。

(2) 陳鼎文，決勝數位金融新時代，金融研訓院，2015.11。

(3) 曹磊、錢海利，金融科技革命，商周出版，2016.5。

(4) 黃健澤、林世賓，金融科技創新趨勢監理沙盒面面觀，台灣銀行家，2018.5 月號。

(5) Brett King，銀行轉型未來式 Bank 3.0，台灣金融研訓院，2013.10。

(6) Chris Skinner，數位銀行（Digital Bank），2014，台灣金融研訓院。

(7) Nikkei Computer，FinTech 革命金融科技完全解析，遠見雜誌，2016。

3. 報紙及雜誌

(1) 工商時報，FinTech 改變消費、借貸與投資方式，2016.6.1。

(2) 工商時報，發展 Fintech 要從政府思維的突破做起，2016.8.15。

(3) 工商時報，Fintech 夯投信發首檔金融科技基金，2016.11.4。

(4) 工商時報，G20 今公布數位普惠金融原則，2016.9.5。

(5) 工商時報，互聯網金融中國 Fintech 的實踐者，2016.11.2。

(6) 工商時報，金融創新不能偏離金融本質，2016.7.16。

(7) 工商時報，蘇黎世要變歐金融科技中心，2016.8.26。

(8) 工商時報，發展 FinTech 證券業籲速推監理沙盒，2016.8.11。

(9) 工商時報，混亂中見機會：市場新趨勢使資產管理公司轉投資金融科技，2016.12.2。

(10) 工商時報，中華電跨足 FinTech 矽谷增設代表處找標的，2016.6.20。

(11) 工商時報，台達電大軍攻 Fintech 商機，2016.12.8。

(12) 工商時報，百度投資美商 ZestFinance，2016.7.20。

(13) 工商時報，金融業 + 科技業提升顧客體驗，2016.8.26。

(14) 工商時報，FinTech 產學專班德明搶頭香，2016.9.8。

(15) 工商時報，推廣普惠金融落實金融消費者保護，2015.12.23。

(16) 工商時報，金融科技創新跨部會監理之必要性，2016.12.29。

(17) 工商時報，FinTech 接受度將大攀升，2016.3.4。

(18) 工商時報，大陸結合 VR 拚 Fintech 2.0，2017.1.18。

(19) 工商時報，3 大挑戰迫使金融業加速轉型及創新，2017.1.25。
(20) 工商時報，勤業眾信：金融科技浪潮資安、監理需升級，2017.1.24。
(21) 工商時報，打造智慧城市國銀搶金商機，2018.5.8。
(22) 工商時報，FinTech 產業的定位與政策，2017.12.4。
(23) 中央社，兩岸金融科技發展安侯：大陸遙遙領先，2016.11.12。
(24) 楊學雙等，台灣銀行家，如何贏得掌中戰爭？第 71 期，2015 年 11 月號，82- 85 頁。
(25) 賈中道，期貨人，新經濟、新金融與新生態，第 59 期，69-77 頁，2016 年。
(26) 經濟日報，發展金融科技四路出擊，2016.11.14。
(27) 經濟日報，發展金融科技產官學研建言獻策，2016.8.16。
(28) 經濟日報，陸互聯網 + 戰略燒旺 11 產業，2015.11.8。
(29) 經濟日報，亞洲金融科技戰新加坡贏了香港，2016.12.9。
(30) 經濟日報，發展金融科技首重人性議題，2016.8.26。
(31) 經濟日報，統一超搭 Fintech 四度空間創利，2016.6.16。
(32) 經濟日報，精誠三錯三跨搶 Fintech 商機，2016.6.13。
(33) 經濟日報，香港拚 FinTech 打造獨角獸，2016.12.16。
(34) 經濟日報，秒投獲天使融資潛力大，2016.12.16。
(35) 經濟日報，中信銀赴美參加 FinTech 辯論，2016.10.12。
(36) 經濟日報，Fintech 第三波變革來了，2016.10.6。
(37) 經濟日報，迎數位金融銀行去年關 23 家分行，2016.4.29。
(38) 經濟日報，大陸網路金融基本法問世，2015.7.19。
(39) 經濟日報，「互聯網 +」經濟學的誕生與顛覆，2015.6.25。
(40) 經濟日報，推無現金社會轉型數位國家，2017.1.19。
(41) 經濟日報，發展數位金融要迎頭趕上，2016.3.8。
(42) 經濟日報，美即時支付系統超越英國，2017.11.16。
(43) 經濟日報，支付社群化銀行業怕怕，2018.1.20。
(44) 經濟日報，政院防洗錢揭露八大樣態，2018.5.3。
(45) 經濟日報，數位全球化經貿新秩序成形，2017.8.21。
(46) 經濟日報，防洗錢效應金融業裁罰大增，2018.10.19。
(47) 經濟日報，金融消費爭議保險業最多，2018.11.29。
(48) 經濟日報，賴揆：兩年內育成獨角獸，2018.2.23。
(49) 經濟日報，顧立雄：三方向推動普惠金融，2018.11.12。
(50) 遠見雜誌，金融科技與您何關？2015.9.24。
(51) 劉紹樑，台灣銀行家，Fin+Tech 或 Fin v. Tech？2015 年 11 月號，13-17 頁。

4. 相關網站

(1) 大學問，填補拼圖的缺角：培育金融科技人才三大策略，2016.9.22。（www.unews.com.tw/article/detail?id=359）

(2) 台灣 word 網頁。（www.twword.com/wiki/special%20purpose%20vehicle）
(3) 金融科技創新基地網站。（fintechbase.com.tw）
(4) 科技新報，Fintech 當紅投資熱燒，亞洲成創新領頭羊，2016.3.21。（technews.tw/2016/03/21/fintech-2）
(5) 南洋視界，新加坡打敗香港，領跑亞太金融科技，2016.12.8。（News.nanyangpost.com/2016/12/98.html）
(6) 財經新報，Fintech 來襲，未來 10 年歐美銀行業恐裁員 170 萬人，2016.3.31。（finance.technews.tw/2016/03/31/fintech-layoffs-10-years）
(7) 數位時代，9 年 1,700 億！行政院通過「數位國家創新經濟」發展方案，2016.11.24。（www.bnext.com.tw/article/42032）
(8) Consultancy.uk, UK FinTech capital of the world, but competition is heating, 2016.2.29.（www.consultancy.uk/news/3338/uk-fintech-capital-of-the-world-but-competition-is-heating）

5. 其他
(1) 2015 年中國金融發展格局研究報告。
(2) 行政院科技會報辦公室報告，積極推動數位國家　創新經濟發展方案，2016.11.24。（www.ey.gov.tw/News_Content.aspx?n=4E506D8D07B5A38D&s=5C49032AC4D46C4D）
(3) 安永企業管理諮詢服務公司，FinTech 接受度指標調查報告，2016。
(4) 阿里研究院網站。（www.aliresearch.com）
(5) 彭博資訊網站。（www.bloomberg.com）
(6) 經濟部技術處廣告。
(7) 微拓公司（beBit）。（www.bebit.com.tw）
(8) 新華社。
(9) 網際網路金融發展指導意見，人民銀行網站。
(10) 中國國務院。

【第 2-3 章】參考文獻與網頁

1. 期刊與論文集
(1) 林家生、楊智翔，開放民間業者經營股權性質群眾募資，證券櫃台，第 177 期，2015.6。
(2) 林雅燕，新興募資方式—群眾募資行爲之初探，經濟研究，第 14 期，2014。
(3) 英語島，創業救星？談「夾層融資」與「天使基金」，第 32 期，2016.7。
(4) 徐重仁，日本群眾募資的攻心術，今周刊，2016.5.30。
(5) 曹磊、錢海利，FinTech 金融科技革命，商周出版，2016.5.5。
(6) 羅玉，詳解中國天使投資五大運營模式，高科技與產業化月刊，第 189 期，2012.2。

2. 書及研究報告

(1) 王擎天，眾籌無所不愁夢想落地，創見文化，2016.3。

(2) 陳鼎文，決勝數位金融新時代，台灣金融研訓院，2015.11。

(3) 楊佳侑，以創新應用技術開創貿易新時代，經濟前瞻，第 182 期，2019.3.12。

(4) Dave C.、吳志忠、親賢、任以能，網路微金融 2.0 P2P 及眾籌的創新趨勢，經緯文化，2015.5。

3. 報紙及雜誌

(1) 工商時報，Fintech 億兆產業台灣靠兩力跟上，2016.7.1。

(2) 工商時報，鴻海供應鏈金融今年內上線，2016.6.21。

(3) 工商時報，陸網貸問題平台突破 3 千家，2016.12.26。

(4) 工商時報，河北融投恐跳票 500 億人民幣，2016.5.25。

(5) 工商時報，陸 P2P 負責人判無期徒刑，2016.7.6。

(6) 工商時報，陸 P2P 網貸惡性平台暴增，2016.7.18。

(7) 工商時報，盛大躍美網貸一哥最大股東，2016.5.25。

(8) 工商時報，美 Q2 個人網貸跌逾 3 成，2016.8.26。

(9) 工商時報，P2P 平台與金管會的戰爭，2016.4.8。

(10) 工商時報，你所誤會的大陸 P2P 網路貸款，2016.2.25。

(11) 工商時報，美將加強控管 P2P，2016.5.12。

(12) 工商時報，金管會：邀上市櫃共挺天使基金，2016.6.5。

(13) 工商時報，創櫃板准滯留天使資金無上限，2016.3.18。

(14) 工商時報，增訂條例力推創櫃板，2013.11.15。

(15) 工商時報，扶植微型企業創櫃板第 4 季上路，2013.2.20。

(16) 工商時報，閉鎖性公司添 5 大利器，2015.5.1。

(17) 工商時報，閉鎖性公司修正案的意義在公司法制再生，2015.5.7。

(18) 工商時報，閉鎖性公司對新創公司股權穩定之利基，2015.5.13。

(19) 工商時報，有限合夥法出爐創投大利多，2013.8.21。

(20) 工商時報，產官學攜手扶植新創企業，2016.12.19。

(21) 工商時報，創櫃家族投資博覽會 7 日開幕，2016.12.1。

(22) 工商時報，中小型 A 股基金加碼好時機，2016.11.23。

(23) 工商時報，創業 A+Demo Show 住新創企業，2015.7.3。

(24) 工商時報，新北創力坊送團隊赴美，2015.6.2。

(25) 工商時報，鼓勵群募北市重金補助，2015.7.5。

(26) 工商時報，台灣大學拚創新要蓋大車庫，2016.2.18。

(27) 工商時報，台灣人愛創業但……7 成會放棄，2016.11.25。

(28) 工商時報，政府應認眞看待「創業失敗」的管理，2016.1.27。

(29) 工商時報，新創企業的募資學，2016.1.15。

(30) 工商時報，扶植新創科 P 與天使早餐會，2015.5.6。
(31) 工商時報，各部會接力像天使投資人招手，2016.8.9。
(32) 工商時報，想當阿里，群眾募資平台圓夢，2015.2.5。
(33) 工商時報，建立專責法規讓群募「有法可循」，2015.10.4。
(34) 工商時報，二手車眾籌頻暴雷恐成金融連環爆，2016.12.26。
(35) 工商時報，到中國發起眾籌 30 天內搞定預售 + 公關 + 行銷，2016.6.1。
(36) 工商時報，台群募平台回饋型最吸金，2016.6.20。
(37) 工商時報，鴻海價創工坊正式啟用，2017.1.6。
(38) 工商時報，台灣新創企業創投押寶，2017.1.17。
(39) 工商時報，興大攜手櫃買中心、安永產官學攜手推動創櫃板輔導，2016.12.20。
(40) 工商時報，新創獨角獸群聚小巨蛋孵育，2018.6.4。
(41) 工商時報，新創公司不可不知的募資管道，2017.9.23。
(42) 工商時報，業師工作坊讓創意結合實務，2017.4.11。
(43) 工商時報，陸推科創板官方喊加速，2019.1.13。
(44) 工商時報，中華電、PChome 合資創投基金，2018.3.26。
(45) 工商時報，整頓網路小額貸款人行、銀監會擬出重拳，2017.11.23。
(46) 工商時報，創櫃板鬆綁培育新創獨角獸，2018.3.9。
(47) 工商時報，科創板放寬漲跌幅賭市場弊端，2019.7.18。
(48) 天下雜誌，新創企業爲何活不下去？第 565 期，2015.1.20。
(49) 今周刊，工程師轉攻 FinTech 讓鴻海點頭合作，2017.7.17。
(50) 財訊雙周刊，網路借貸平台大咖、新秀都來了，2016.10.6。
(51) 經濟日報，銀行投資 P2P 持股將無上限，2016.9.20。
(52) 經濟日報，北富銀入股英 FinTech 公司，2016.12.23。
(53) 經濟日報，銀行 100% 投資 P2P 擬放行，2016.7.20。
(54) 經濟日報，哇借貸招親願嫁金融業，2016.7.20。
(55) 經濟日報，P2P 不立專法開放銀行承做，2016.6.29。
(56) 經濟日報，金融科技紅火支付借貸……做大商機，2016.9.17。
(57) 經濟日報，大陸嚴管 P2P 禁債權轉讓，2016.8.25。
(58) 經濟日報，要做 P2P 借貸……先參觀監獄，2016.9.21。
(59) 經濟日報，網貸平台 Lending Club 虧大，2016.8.10。
(60) 經濟日報，P2P 借貸……要靠信用分數打底，2016.5.11。
(61) 經濟日報，差異化管理發展網路借貸平台，2016.4.27。
(62) 經濟日報，P2P 愼始強於愼終，2016.2.23。
(63) 經濟日報，網貸平台 LendingClub 虧大，2016.8.10。
(64) 經濟日報，P2P 網路借貸金管會要管，2016.3.29。
(65) 經濟日報，P2P 新型態採差別定價，2016.4.14。
(66) 經濟日報，國務院整頓 P2P 網貸，2016.4.17。

(67) 經濟日報，P2P 借貸……要靠信用分數打底，2016.5.11。
(68) 經濟日報，天使投資金額將可抵減，2016.10.17。
(69) 經濟日報，金融業組天使基金……不強制，2016.6.6。
(70) 經濟日報，有限合夥將可上群募集資，2015.11.6。
(71) 經濟日報，閉鎖性新創企業法制大鬆綁，2015.5.1。
(72) 經濟日報，企業登創櫃板台中市府祭利多，2016.7.21。
(73) 經濟日報，滬科創板開張首批 27 上，2015.12.29。
(74) 經濟日報，創意集資專區強強滾，2015.11.16。
(75) 經濟日報，券商經營群眾募資鬆綁，2016.1.11。
(76) 經濟日報，政院搶才擬推創業家簽證，2015.3.6。
(77) 經濟日報，推動創業家簽證先找政策盲點，2017.1.12。
(78) 經濟日報，DAKUO 創業幫成果發表掀起創客風，2015.7.5。
(79) 經濟日報，科技部拚創投點燃薪火計畫，2016.12.16。
(80) 經濟日報，扶植新創創投公司開放上市，2015.11.18。
(81) 經濟日報，眾籌平台攻陸先培養狼性，2016.11.20。
(82) 經濟日報，產創修法祭三大租稅優惠，2017.2.6。
(83) 經濟日報，新北市挺新創團隊補助百萬創業金，2017.1.24。
(84) 經濟日報，李滿治捍衛金融消費權益，2018.5.8。
(85) 經濟日報，鴻海快攻區塊鏈投資比特幣公司，2017.10.25。
(86) 經濟日報，渣打攻 P2P 網貸業務拚 10%，2018.5.17。
(87) 經濟日報，陸 P2P 網貸平台爆倒閉潮，2018.7.23。
(88) 經濟日報，P2P 業應結盟銀行，2017.9.27。
(89) 經濟日報，銀行結盟 P2P 金管會點頭，2017.11.13。
(90) 經濟日報，櫃買推廣創櫃板參展豐收，2017.11.20。
(91) 經濟日報，度度客全台首創區塊鏈募資平台，2017.11.25。
(92) 經濟日報，群眾集資助農圓夢競賽起跑，2017.4.20。
(93) 經濟日報，Connexu 權益式募資平台新創企業優選舞台，2018.1.31。
(94) 經濟日報，新北自造串聯平台助 Maker 創業，2017.11.8。
(95) 經濟日報，台企銀挺青創籌設六大基地，2018.4.23。
(96) 經濟日報，陸整頓網路小貸停發牌照，2017.11.23。
(97) 聯合報，借高利貸女大生裸照抵押，2016.6.16。
(98) 聯合報，網路金融公司滬暫停登記，2016.1.11。
(99) 蘋果日報，P2P 遭檢舉金管會四大示警，2016.4.29。

4. 相關網站

(1) 中時電子報，陸創業板吸金台製造業遭殃，2015.6.3。
(2) 中國經濟網，2016 年國內天使投資創新高，2017.1.7。（www.ce.cn/culture/gd/201701/07/t20170107_19448554.shtml）

(3) 公益交流站，書摘：群眾募資四大類型，2016.3.22。（npost.tw）
(4) 台灣群眾集資報告網站。（annual-report.crowdwatch.tw/2015）
(5) 台灣資金交易所網站。（www.taiwanfundexchange.com.tw）
(6) 百度百科網站。（baike.baidu.com/item/P2P 網路借貸平台 /1340758)
(7) 泛科技網站。（panx.asia/archives/45943）
(8) 金管會網站。（law.banking.gov.tw）
(9) 財團法人中華民國證券櫃檯買賣中心，「創櫃板管理辦法」。（www.isu.edu.tw/upload/09/16/news/postfile_71507.pdf）
(10) 財經新報，鴻海集團擴大供應鏈金融服務布局，推區塊鏈金融平台，2017.3.8。（finance.technews.tw/2017/03/08/foxconn-blockchain-platform-for-supply-chain-finance）
(11) 清科集團網站，Zero2IPO Research。（www.pedata.cn）
(12) 清科研究中心，2011.12。（zdbchina.com）
(13) 開鑫貸網站。（www.gkkxd.com/index）
(14) 基督教今日報，福山教會遭罰款問題究竟在哪裡？，2015.11.5。（www.cdn.org.tw/News.aspx?key=7073）
(15) 創業加盟新聞網。（www.inews.com.tw）
(16) 創夢群眾募資平台網站。（www.ditfunding.com）
(17) 壹讀，P2P 領域最重判刑出爐：銀坊金融負責人獲無期徒刑，2016.7.5。（read01.com/BDeABN.html）
(18) 壹讀，全面解析夾層基金的結構、LP 和投資模式（含 PPT 數據表），2016.4.1。（read01.com/x06jo4.html）
(19) 新聯在線網站。（www.newunion.tw）
(20) 新浪博客，風投、天使投資、VC、PE 企業成長路徑及融資方式，2015.5.18。（blog.sina.com.cn/s/blog_678014ab0102vreb.html）
(21) 經濟部中小企業處網站。（www.moeasmea.gov.tw/ct.asp?xItem=10249&ctNode=187&mp=1）
(22) 群募貝果網站。（www.webackers.com）
(23) 數位時代網站，獨家簽下網路紅團「這群人」，HereO 轉型內容創作者集資平台 Presspay，2016.4.13。（www.bnext.com.tw/article/39208）
(24) 數位時代網站，從亞洲第一道摔落谷底、走過轉型黑暗期，兩段故事教我們的創業失敗學，2016.11.21。（www.bnext.com.tw/article/41948）
(25) 數位時代，奇群科技貓臉辨識智慧餵食器難產？2015.11.17。（www.bnext.com.tw/article/37988/BN-2015-11-17-111042-44）
(26) 網民貸網站。（www.lend.com.tw/index.html）
(27) 台北市政府祕書處網頁。（www.gov.taipei/ct.asp?xItem=100767715&ctNode=5158&mp=100001）
(28) 櫃檯買賣中心。（www.tpex.org.tw）

(29) 櫃買中心網站。（gofunding.tpex.org.tw/introduction.php）
(30) 櫃買中心網站。（www.tpex.org.tw/web/regular_emerging/creative_emerging）
(31) 蘊奇線上網站。（www.lendband.com）
(32) engadget，華盛頓州一法院裁定了一間 Kickstarter 集資公司須就違背集資承諾賠款，2015.9.14。（chinese.engadget.com/2015/09/13/washington-state-orders-crowdfunding-fraud-penalty）
(33) Findit 網站，中國天使投資趨勢與展望，2016.9.12。（findit.org.tw/upload/news/news_20160912006.pdf）
(34) FlyingV 網站。（www.flyingv.cc）
(35) Jamieburke 網站。（jamieburke.co.uk/open-capital-part-1-crowdfunding-p2p- lending）
(36) KK News，P2P 金融詐騙頻生除了「中晉」還有多少龐氏陷阱？2016.5.19。（kknews.cc/finance/x62agq.html）
(37) MBA Lib 網站。（wiki.mbalib.com/zh-tw/P2P 網路借貸平台）
(38) MR JAMIE，創投、天使、超級天使……創業投資人到底有什麼不同？2011.5.16。（mrjamie.cc/2011/05/16/venture-investors）
(39) Orchard Platform 網站。（www.orchardplatform.com）
(40) TechOragne，新創夭折的眞正原因並不是台灣環境的關係，2015.1.22。（buzzorange.com/techorange/2015/01/22job-taiwan）
(41) The Kiskstarter Blog, Kickstarter Before Kickstarter, 2019.7.19.（www.kickstarter.com/blog/kickstarter-before-kickstarter）
(42) Wikipedia 網站。（www.wikipedia.org）

5. 其他
(1) 中國證券監督管理委員會。
(2) 台大創意與創業中心。
(3) 安麗全球創業報告，2016。
(4) 行政院國家發展基金創業天使計畫。（www.angel885.org.tw/index.php?doc=apply）
(5) 全球創業觀察，2013 年度全球報告。
(6) 國家發展委員會，政府協助新創事業多元籌資推動情形報告，2015.11.5。（www.slideshare.net/OpenMic1/20151105-54760521）
(7) Crowdfunding Beat, Report: Global Crowdfunding Market 2016-2020。（crowdfundbeat.com/2016/02/03/report-global-crowdfunding-market-2016-2020）
(8) Findit 研究團隊。

【第 4 章】參考文獻與網頁

1. 期刊與論文集
(1) 陳之齡，財金資訊季刊，科技創新推動金融電子支付藍圖，第 85 期，2015.10。

(2) 魏杏如，叙楊 e 論壇，不可不知的「第三方支付」，第 75 期 11-13 頁，2014.6。

2. 書及研究報告

(1) 拓墣產業研究院，2017.5。

(2) 情報顧問，中國大陸第三方支付發展現況，2015.1。

(3) 資策會，電子商務雲端創新應用與基礎環境建置計畫 - 國內 B2C 網路商店經營調查報告，2014.12。

(4) 曹磊、錢海利，FinTech 金融科技革命，商周出版，2016.5.5。

3. 研討會

(1) 大陸委員會，大陸與兩岸情勢簡報，中國大陸行動支付市場概況簡析，中正大學傳系暨電訊傳播研究所，羅世宏教授，2016.3。

(2) 第一銀行公開座談會，2015.4.14。（www.slideshare.net/ntuperc/20150414）

4. 電子報告

(1) 中時電子報，第三方支付專法 拚年底上路，2014.9.1。（www.chinatimes.com/newspapers/20140901000876-260202）

(2) 民視新聞台，8591「T 幣」案起訴 董座喊冤創新變吸金，2014.8.28。（tw.news.yahoo.com/video/8591）

(3) 卡優新聞，105 電子錢包戰國時代六大業者鳴槍拼龍頭，2015.12.3。（www.cardu.com.tw/news/detail.php?nt_pk=4&ns_pk=28156）

(4) 有戲數位行銷，台灣電商龍頭醒了嗎？看 Yahoo 推出 O2O 電子票券平台，2015.4.28-29。（youuxi.com/2015/04/28/）

(5) 東森新聞雲，台銀拔頭籌開辦第三方支付創新引進 AOTP 機制，2015.5.31。

(6) 東森新聞雲，中信銀跨境支付瞄準 OIU 商機，2015.3.31。

(7) 東森新聞雲，第三方支付熱兆豐攜手大陸快錢、永豐進入行動時代，2013.12.25。（ww.ettoday.net/news/20131225/310256.htm）

(8) 科技新報，藍新科技推出 AOTP 認證系統，遏止「小額詐騙」與「幫我收個簡訊吧」，2015.2.9。（technews.tw/2015/02/09/ezpay-announced-aotp-service/）

(9) 科技新報，中國行動支付已成主流，台灣發展龜速設限多，2015.2.1。（technews.tw/2015/02/01/infc-o2o-china）

(10) 科技橘報，我們需要第三方支付專法嗎？從各國相關法規看第三方支付業務發展，2012.6.8。（buzzorange.com/techorange/2012/06/08/taiwan-3rd-party-payment-law/）

(11) 速途數據，2015 年 Q3 第三方支付市場分析報告，2015.10.30。(www.weimengtw.com/p/ovqevd.html）

(12) 數位時代，支付連與騰訊財付通對接，商店街千萬種商品可銷往中國，2014.10.23。（www.bnext.com.tw/article/view/id/34151）

(13) 數位時代，第三方支付專法將上路，銀行啟動跨業結盟，2014.7.21。

(14) Digitimes，第三方支付與代收代付業者，2013.3.29。（www.digitimes.com.tw/tw/PrintNews.asp?C=）
(15) Inside，瞄準團購對手，Yahoo 奇摩宣佈旗下超級商城推出 O2O 電子票券平台，2015.4.27。（www.inside.com.tw/2015/04/27/yahoo-taiwan-updates- its-3-strategies-for-e-commerce）
(16) iThome，Yahoo! 奇摩拍賣：2 月 25 日起只能以輕鬆付收付款！2013.12.27。（www.ithome.com.tw/node/84539）
(17) Mirrormedia 線上支付群雄並起一招辨差異，2018.3.26。（www.mirrormedia.mg/story/20180321bus016）
(18) MoneyDJ 理財網：財經知識庫，第三方支付。（www.moneydj.com/KMDJ/wiki/WikiViewer.aspx?）
(19) TVBS 新聞，虛擬交易寶物涉吸金 186 億 數字科技董座 3 人遭訴，2014.8.28。（news.tvbs.com.tw/local/544367）
(20) Yahoo 奇摩新聞，第三方支付實名制鬆綁，用手機號碼就可認證，2016.8.2。

5. 報紙及雜誌

(1) 人民日報，中國大陸第三方支付法規七月上路！支付寶、微信用戶強迫實名驗證，2016.4.12。
(2) 工商時報，歐付寶、樂點 8 月可望開業，2016.7.6。
(3) 工商時報，兩岸企業合資攻第三方支付，105.12.2。
(4) 工商時報，華銀第三方支付準備好了，2014.4.14。
(5) 工商時報，台第三方支付 10 月啟動，2016.9.24。
(6) 工商時報，搶十一長假商機桃機 10/1 可刷支付寶，2016.9.27。
(7) 工商時報，專家傳眞，第三方支付的潛在風險及法律規範，2014.11.5。
(8) 工商時報，悠遊卡嗶大額消費有望，2016.9.3。
(9) 工商時報，Happy GO 啟動支付概念，2016.9.2。
(10) 工商時報，支付寶、微信轉帳限額限次數，2016.10.4。
(11) 工商時報，拓展東南亞版圖螞蟻金服參股泰國支付商，2016.6.20。
(12) 工商時報，電子票證搶進百貨聯名卡市場，2017.1.5。
(13) 工商時報，攻支付財老行庫拚異業合作，2016.11.19。
(14) 工商時報，歐付寶攜手台新推綁定帳戶即時扣款，2016.12.6。
(15) 工商時報，台企銀衝刺金融科技，2016.12.9。
(16) 工商時報，拓展東南亞版圖螞蟻金服參股泰國支付商，2016.6.20。
(17) 工商時報，螞蟻金服揮軍泰國電子支付，2016.11.2。
(18) 工商時報，螞蟻金服 B 輪籌資吸金 45 億美元，2016.4.27。
(19) 工商時報，螞蟻金服砸 8.8 億美元買美國速匯金，2017.2.2。
(20) 工商時報，阿里巴巴創業基金來台遇挫，2017.1.12。

(21) 工商時報，數字 T 幣交易一審獲判無罪，2017.6.24。
(22) 工商時報，貨幣基金替活存增益闢新路，2018.5.9。
(23) 工商時報，加速行動支付賴揆端牛肉，2018.1.10。
(24) 工商時報，牌照稅 4 月開徵行動支付應援，2018.3.29。
(25) 工商時報，推廣電子支付罰鍰也可享優惠，2017.5.23。
(26) 工商時報，陸第 3 方支付牌照今年註銷 20 張，2017.10.2。
(27) 工商時報，人行開門准外資進入支付市場，2018.3.22。
(28) 工商時報，國庫電子支付限額擬增至 800 萬元，2017.8.4。
(29) 工商時報，卡位嗶經濟智慧城市基金享利，2018.6.26。
(30) 工商時報，郵局搶進跨境電子支付，2017.8.15。
(31) 工商時報，支付便利吸引台青登陸創業，2018.3.3。
(32) 工商時報，街口支付踩紅線活動被下架，2018.8.30。
(33) 工商時報，人行接逾兆人民幣支付準備金，2018.12.5。
(34) 工商時報，國泰、阿里合攻物流金融授信，2017.5.9。
(35) 工商時報，阿里獲印度 Paytm 控股權，2017.3.7。
(36) 工商時報，支付寶收購英國跨境支付商，2019.2.15。
(37) 工商時報，稅籍登記 15 境外電商已申請，2017.6.16。
(38) 工商時報，T2O、直播電商新模式興起，2017.6.18。
(39) 今周刊，踩電子票證地雷數字科技很無辜？2014.9.4。
(40) 胡湘湘，台灣銀行家，金流版圖移位銀行加速跨業合作，第 71 期，2015.11 月，60-63 頁。
(41) 預見雜誌，O2O 模式電子商務的未來趨勢，2015.9.9。
(42) 預見雜誌，中國金融界的震撼彈 - 支付寶與餘額寶，2014.8.28。
(43) 經貿透視雙周刊，拔不出劍鞘的驚世寶劍 O2O 世代即將來臨？，2014.5.28。
(44) 經濟日報，第三方支付身分驗證鬆綁，2016.6.20。
(45) 經濟日報，第三方支付解困金管會出手，2014.12.22。
(46) 經濟日報，永豐金攜支付寶攻跨境 O2O，2016.5.24。
(47) 經濟日報，跨境掃碼支付下個競技場，2016.2.14。
(48) 經濟日報，跨境支付墊款業務大鬆綁，2016.4.20。
(49) 經濟日報，悠遊卡准做第三方支付，2014.5.13。
(50) 經濟日報，法案三讀第三方支付 Q2 上路，2015.1.17。
(51) 經濟日報，第三方支付拚下季上路商機千億，2014.12.30。
(52) 經濟日報，第三方支付大開放電子商務利多，2014.1.22。
(53) 經濟日報，微信跨境支付攻陸客觀光財，2016.8.4。
(54) 經濟日報，歐付寶第三方支付搶頭香，2016.9.15。
(55) 經濟日報，支付寶提現要收服務費，2016.9.13。
(56) 經濟日報，玉山銀＋支付寶 把台廠商機變大，2012.3.14。

(57) 經濟日報，四金控攜 Apple Pay 拚年底上線，2016.9.30。
(58) 經濟日報，行動支付趨勢座談回響大，2016.8.31。
(59) 經濟日報，陽信銀撒網強攻行動金融，2016.8.25。
(60) 經濟日報，橘子拚支付瞄準西門町，2016.12.30。
(61) 經濟日報，新光銀微信支付業績衝高，2016.11.29。
(62) 經濟日報，引領行動支付台新推 @GOGO 信用卡，2017.2.6。
(63) 經濟日報，街口申設電子支付准了，2018.1.12。
(64) 經濟日報，元大攻台版餘額寶搶先機，2018.4.26。
(65) 經濟日報，政院推行動支付三路並進，2017.10.3。
(66) 經濟日報，銀聯揪伴強攻行動支付，2017.6.6。
(67) 經濟日報，陸管控條碼支付金額設限，2017.12.29。
(68) 經濟日報，陸監管第三方支付找微信合作，2018.4.2。
(69) 經濟日報，消費貸款證券化風控亮紅燈螞蟻金服獲利模式有疑慮，2017.12.2。
(70) 經濟日報，Apple Pay 支付 JCB 卡入列，2018.6.20。
(71) 經濟日報，悠遊卡董座轟預審制官僚，2017.9.13。
(72) 經濟日報，電子支付帳戶全面開放儲值，2018.6.29。
(73) 經濟日報，大陸第三方支付掀關閉潮，20117.5.2。
(74) 經濟日報，馬雲李嘉誠合推港版支付寶，2017.9.27。
(75) 經濟日報，創造數位金融分級舞台，2018.5.31。
(76) 經濟日報，亞洲電子支付擊敗信用卡，2019.7.16。
(77) 經濟日報，阿里設達摩院搶賺技術財，2017.10.12。
(78) 聯合晚報，藍新攻第三方支付 ezPay 雙喜臨門，2016.4.8。
(79) 經濟日報，支付寶攻日陸客幫大忙，2018.1.20。
(80) 聯合報，金管會：跨境支付代墊款四大類機構鬆綁，2016.5.25。
(81) 聯合報，搶大餅……業者祭優惠民眾多比較，2015.1.17。
(82) 蘋果日報，電子商務新利多跨境支付開放代墊款，2016.4.20。
(83) 蘋果日報，立院三讀電子票證業可兼營第三方支付，2015.6.9。

6. 相關網站

(1) 8591 寶物交易網。（www.8591.com.tw）
(2) 人人都是產品經理，阿里金融發展史看產品如何形成封閉迴路，2015.7.8。（www.woshipm.com/it/171333.html）
(3) 三立新聞網，臉書詐欺別上當！第三方支付漏洞賣演唱會門票詐百萬，2016.9.12。（www.setn.com/News.aspx?NewsID=181414）
(4) 中時電子報，搞懂電子支付、第三方支付、行動支付，2017.4.2。（www.chinatimes.com/realtimenews/20170402000017-260412）
(5) 台新銀行網站。（www.taishinbank.com.tw/TS/TS02/TS0299/TS029901/TS02990101）

(6) 玉山銀行網站。（www.esunbank.com.tw）
(7) 永豐銀行豐掌櫃網站。（funcashier.sinopac.com/WebSite/FunCashierBackend/Pages/help.aspx）
(8) 合作金庫網站。（www.tcb-bank/brief_introduction/index_news/Documents/News104/21-1040518.htm）
(9) 全球網聯網站。（www.gunet.com.tw/news/mc-0811.html）
(10) 兆豐網站。（www.megaezgo.com）
(11) 金管會網站。（law.banking.gov.tw）
(12) 科技新報，行動支付大補帖一次就讓你看懂，2015.5.6。（technews.tw/2015/05/06/nfc-smart-phone)
(13) 紅陽科技網站。（www.esafe.com.tw/Entity24Pay_Fd/Service_Entity24Pay.aspx）
(14) 國泰世華網站。（www.cathaybk.com.tw/cathaybk/card/event/2016/LINEPay/20160325）
(15) 第一銀行網站。（www.firstbank.com.tw/A2_3_15.action）
(16) 新光銀行網站。（www.skbank.com.tw/2015_banking/wechatpay.asp）
(17) 叡揚資安電子報，歐付寶藉 Checkmarx 打造安全第三方支付平台，第 130 期，2016.7.11。（www.gss.com.tw/index.php/focus/security）
(18) 蘋果即時新聞，工程師鎖平台支付漏洞網拍詐欺獲利百萬，2016.11.1（www.appledaily.com.tw/realtimenews/article/new/20161101/979716/papersec）
(19) Apphome 網站。（apphome.ithome.com.tw/article/1867?tag=add）
(20) emome 網站。（www.emome.net/channel?chid=900）
(21) MBAlib 網站。（wiki.mbalib.com）
(22) Money DJ 理財網。（www.moneydj.com）
(23) mottoco 網站。（www.sprasia.co.jp/en）
(24) Smilepay 網站。（www.smilepay.net/%5C/es/index.asp）
(25) Swipy 網站。（www.swipy.com.tw/mywallet_1.html）
(26) UPS/comSourse。
(27) Yahoo 奇摩超級商城網站。（tw.mall.yahoo.com/promo/openstore/howto_o2o.html）
(28) 悠遊卡公司。（ezweb.easycard.com.tw)

【第 5 章】參考文獻與網頁

1. 期刊與論文集

(1) 洪國峻、張銘洪，財金資訊季刊，未來金流之鑰—感應式金融卡，82，2015.4。
(2) 黃建衛，財金資訊季刊，網際網路服務使用者身分驗證機制之安全性研析，67，2011.7.7。
(3) 翁世吉、林宗達，財金資訊季刊，支付卡創新應用之技術發展趨勢，79，2014.7。
(4) 蘇偉慶，財金資訊季刊，雲端行動支付利器—HCE 之金融應用，85，2016.1。

2. 書及研究報告

(1) Nikkei Computer 著，FinTech 革命金融科技完全解析，遠見雜誌，2016.8.31。

(2) Skip Allums 著，行動支付體驗設計，碁峰資訊，2015.5。

3. 電子報告

(1) 卡優新聞網，數位支付信用卡代碼化 Token 取代卡號更安全，2015.9.23。（www.cardu.com.tw/news/detail.php?nt_pk=8&ns_pk=27492）

(2) 行政院大陸委員會，大陸與兩岸情勢簡報，中國大陸行動支付市場概況簡析，中正大學傳播學系暨電訊傳播研究所，羅世宏教授，2016.3。

(3) 宅學習，行動支付 _T Wallet 電子支付工具，2016.4.28。

(4) 東森新聞雲，台銀拔頭籌開辦第三方支付創新引進 AOTP 機制，2015.5.31。

(5) 科技新報，藍新科技推出 AOTP 認證系統，遏止「小額詐騙」與「幫我收個簡訊吧」，2015.2.9。（technews.tw/2015/02/09/ezpay-announced-aotp-service）

(6) 數位時代，三星支付為何比 Apple Pay 更被外界看好？2015.8.14。（www.bnext.com.tw/ext_rss/view/id/878179）

(7) 數位時代，Apple Pay 中的 Token 到底是什麼？Visa 用一張圖告訴你，2016.5.3。（technews.tw/2016/05/03/what-is-token-in-apple-pay）

4. 報紙及雜誌

(1) 工商時報，行動支付開始 10 月百花齊放，2016.10.3。

(2) 工商時報，五大行動支付優惠比一比，2016.6.21。

(3) 工商時報，Apple Pay 登台金管會點頭，2016.9.30。

(4) 工商時報，橘子推行動支付 GAMA Pay，2016.7.21。

(5) 工商時報，銀行推 App 包辦行動支付、無卡取款，2016.7.26。

(6) 工商時報，悠遊卡嗶大額消費有望，2016.9.3。

(7) 工商時報，Happy Go 啟動支付概念，2016.9.2。

(8) 工商時報，中國信託躍國內最大收單機構，2015.11.14。

(9) 工商時報，分秒必爭搶登入花旗祭指紋加聲紋，2016.6.22。

(10) 工商時報，螞蟻買美商打造一眼支付，2016.9.15。

(11) 工商時報，陸人瘋手機購物領先全球，2016.6.8。

(12) 工商時報，支付寶、微信轉帳限額限次數，2016.10.4。

(13) 工商時報，HCE 信用卡，10 月衝萬張，2016.10.18。

(14) 工商時報，行動支付戰國時代來臨，商家祭好康搶嗶商機，2016.10.14。

(15) 工商時報，群信轉型闢實名制登路線，2016.10.14。

(16) 工商時報，停車不必掏零錢歐付寶助你雲端支付，2017.1.12。

(17) 工商時報，玉山銀 Apple Pay 業務獲准，2016.11.3。

(18) 工商時報，普及行動支付讓地下經濟地上化，2017.1.9。

(19) 工商時報，HCE 信用卡大戰白熱化發卡數破 2 萬，2016.12.13。

(20) 工商時報，遠傳 friday 電子錢包上線，2016.12.14。
(21) 工商時報，微信紅包超夯除夕收發衝 142 億個，2017.2.2。
(22) 工商時報，國發基金挺群信行動支付，2017.1.19。
(23) 工商時報，行動支付拚場 LINE Pay 最靚，2018.2.1。
(24) 工商時報，貨幣基金 + 電子支付現金管理更有料，2018.5.3。
(25) 工商時報，推 LINE Pay 中信有三賺，2017.8.25。
(26) 工商時報，LINE 完多元行銷搶拇指商機，2018.5.15。
(27) 工商時報，搶占行動支付市場吹起異業結盟風，2018.4.8。
(28) 工商時報，LINE 再玩跨界推一站式電信服務，2018.4.24。
(29) 工商時報，手機指紋、臉部支付鬆綁，2017.10.27。
(30) 工商時報，台灣 Pay 要超越 Apple Pay，2017.8.21。
(31) 工商時報，蘇建榮：QR Code 共通規格打造行動支付大平台，2018.3.7。
(32) 工商時報，台灣 Pay 跨行共通 QR Code 有譜，2017.8.22。
(33) 工商時報，行動支付交易額突破百億，2017.12.3。
(34) 工商時報，行動支付前 4 月規模暴增六倍，2018.6.8。
(35) 工商時報，戴在手上的錢包 Garmin Pay 上線，2018.3.29。
(36) 工商時報，使用行動支付八成消費者有興趣，2017.2.10。
(37) 工商時報，行動支付的路障與解決之道，2017.5.29。
(38) 工商時報，樺晟跨入行動支付領域，2018.4.27。
(39) 工商時報，台彩導入數位支付今年上線，2018.1.10。
(40) 工商時報，蘋果、騰訊化敵為友？APP Store 開通微信支付，2017.8.30。
(41) 工商時報，新加坡推企金數位平台，2018.7.16。
(42) 工商時報，新光三越 skm Pay 上線 2 天吸破萬人次，2018.8.16。
(43) 工商時報，邁向空付時代支付系統想像空間大，2018.8.28。
(44) 工商時報，消費趨勢基金握滑世代商機，2018.12.11。
(45) 工商時報，LINE MUSIC 登台進擊音樂串流服務，2019.7.11。
(46) 工商時報，拚行動支付家樂福錢包上線，2019.6.20。
(47) 工商時報，台灣行動支付力推 Cross App，2019.7.10。
(48) 自由時報，悠遊卡投控與五大電信公司成立群信年底解散，2018.6.29。
(49) 財訊雙週刊，微定位把逛街人潮變錢潮，2016.6.16。
(50) 經濟日報，行動支付結合商家資訊熱門，2016.9.7。
(51) 經濟日報，四金控攜 Apple Pay 拚年底上線，2016.9.30。
(52) 經濟日報，行動支付趨勢座談回響大，2016.8.31。
(53) 經濟日報，外軍壓境本土行動支付備戰，2016.9.16。
(54) 經濟日報，行動支付火 Yahoo 台灣大參戰，2016.10.5。
(55) 經濟日報，陸行動支付雙雄來台拓市，2016.8.31。
(56) 經濟日報，行動支付業揪伴抗外敵，2016.7.4。

(57) 經濟日報，指紋辨識支付掀消費革命，2016.8.9。
(58) 經濟日報，3D 場景支付阿里 VR Pay 9 月上線，2016.8.8。
(59) 經濟日報，網家 Pi 錢包應用升級，2016.6.28。
(60) 經濟日報，三行動支付夯四國銀搶辦年底開嗶，2016.10.18。
(61) 經濟日報，網家國際連上線叫陣支付寶，2016.10.27。
(62) 經濟日報，三優勢助攻行動支付躍進，2016.8.4。
(63) 經濟日報，Apple Pay 使用約定條款曝光，2017.1.12。
(64) 經濟日報，中信銀行推 LINE 聯名卡，2016.12.20。
(65) 經濟日報，嗶經濟上線手機變錢包，2016.12.1。
(66) 經濟日報，端點銷售指紋辨識贏錢潮，2016.12.1。
(67) 經濟日報，支付寶用戶 71% 用手機付款，2017.1.5。
(68) 經濟日報，行動支付商機熱概念股吸金，2016.11.14。
(69) 經濟日報，t Wallet+ 行動支付 APP 優惠回饋，2016.11.24。
(70) 經濟日報，智冠打造旅行業代收平台，2016.11.18。
(71) 經濟日報，行動支付普及先過三關，2016.12.8。
(72) 經濟日報，遠傳打造電子錢包生態圈，2016.12.14。
(73) 經濟日報，徐旭東：推動無現金交易革命，2016.12.8。
(74) 經濟日報，Line Pay 千萬用戶台灣是大咖，2017.2.14。
(75) 經濟日報，LINE Pay 居行動支付一哥，2018.2.9。
(76) 經濟日報，遠銀行動支付 Q4 納入 LINE Pay，2017.8.30。
(77) 經濟日報，中信 LINE Pay 卡祭繳稅優惠，2017.3.28。
(78) 經濟日報，台灣 Pay 搶市雲支付下週三上線，2017.3.25。
(79) 經濟日報，行動支付交易額衝破百億，2017.12.13。
(80) 經濟日報，歐買尬電子支付報捷，2017.9.25。
(81) 經濟日報，財金公司揪郵局衝掃碼交易，2018.1.8。
(82) 經濟日報，Apple Pay 上線狀況一籮筐，2017.3.30。
(83) 經濟日報，醫指付 App 繳費更便利，2017.4.12。
(84) 經濟日報，日推數位支付追趕大陸，2017.11.25。
(85) 經濟日報，QR Code 支付統一星領先台灣，2018.4.17。
(86) 經濟日報，臉部辨識航班準點利器，2018.5.19。
(87) 經濟日報，你的身體就是密碼，2018.5.2。
(88) 經濟日報，第三方支付驗證納手機指紋，2017.9.8。
(89) 經濟日報，舊金山打臉禁用新辨識技術，2019.5.16。
(90) 經濟日報，海外血拚可用電子支付了，2019.4.24。
(91) 經濟日報，在台徵 250 人發展三大事業，2018.11.9。
(92) 聯合晚報，行動支付拉幫結派嗶戰，2016.3.12。
(93) 聯合報，電子病歷 + 行動支付 X 卡就醫一卡通，2015.5.13。

5. 相關網站

(1) 人民網，騰訊阿里死嗑紅包爭搶下一個 O2O 入口，2015.2.10。（it.people.com.cn/n/2015/0210/c1009-26537785.html）

(2) 全景軟體網站。（www.changingtec.com/UserFiles/MOP_2016DM_20160314_CHT.pdf）

(3) 宣揚電腦網站。（www.bethel.com.tw/cht/jpTA.aspx?cate_id=50）

(4) 科技新報，行動支付大補帖一次就讓你看懂，2015.5.6。（technews.tw/2015/05/06/nfc-smart-phone）

(5) 科技新報，通路間聯盟瀕臨瓦解 CurrentC 手機電子錢包收攤，2016.6.17。（technews.tw/2016/06/17/wal-mart-backed-mobile-wallet-halted-in-favor- of-chase-service）

(6) 科技新報，亞太區電子錢包使用率誰最高？中國居首，日本泰國居末，2016.2.24。（technews.tw/2016/02/24/ewallet）

(7) 科技政策研究與資訊中心，生物辨識技術應用領域再擴大，2016.3。（iknow.stpi.narl.org.tw/post/Read.aspx?PostID=12271）

(8) 凌群電腦，淺談非接觸式行動支付發展，2015.5.5。（www.syscom.com.tw/Industry_Obervation_Detail.aspx?EPAID=471）

(9) 壹讀，幾種常見生物辨識技術的優缺點分析，2016.5.18。（read01.com/xg5nM4.html）

(10) 富揚資訊網站。（www.adcom.com.tw/products/motp.htm）

(11) 新電子，搶占 NFC 晶片市場三巨頭策略大不同，2014.8。（www.mem.com.tw/article_content.asp?sn=1408080006）

(12) 資策會 MIC。（mic.iii.org.tw/aisp）

(13) 遠東商業銀行網站。（www.feib.com.tw/ebanking/Detail.aspx?id=3841）

(14) 網路暨電信應用安全驗證中心（Internet and Telecommunication Application Security Authentication Center）。（www.itasac.org.tw/aotp.php）

(15) 隨意窩日誌，支付服務向錢行─線上行動支付 Part 3，2016.5.26。（blog.xuite.net/betty.eric/scandinavia/416486818）

(16) Aite, Evolution of the Point-of-Sale Terminal: Survival of the Smartest.（www.aitegroup.com/report/evolution-point-sale-terminal-survival-smartest）

(17) Cyber Plat, Security issues: CyberPOS with Cyberplat MPI Module.（www.cyberplat.com/services/e-shops/security）

(18) Digital River, Payments in the Mobile World-Mobile Point of Sales is Growing Up, 2013.12.13.（www.digitalriver.com/payments-in-the-mobile-world-mobile-point-of- sale-is-growing-up）

(19) DIGITIMES，NFC 行動支付水到未能渠成展望 2018 年服務可望趨於普及，2015.10.7。（www.digitimes.com.tw/tw/rpt/rpt_show.asp?cnlid=3&v=20151007-347&n=1）

(20) FriDay 錢包網站。（wallet.friday.tw）

(21) Gt 智慧生活網站。（esp.aptg.com.tw/ActiveOTP.htm）

(22) iThome，行政院同意 Apply Pay 可與國外 TSP 業者合作在台提供行動支付服務，

2016.5.11。(www.ithome.com.tw/news/105870)
(23) jrsys 網站。(www.jrsys.com.rw/zh-tw/products/One_Time_Password.aspx)
(24) Natural Security 網站。(naturalsecurityalliance.org/the-alliance/the-role-of-the-alliance)
(25) NEC 網站。(tw.nec.com/zh_TW/solutions/distribution/e-payment/mobile_crm.html)
(26) Ovum 諮詢顧問公司。(www.ovum.com)
(27) TrendForce,蘋果、三星搶進豐富產業生態圈,2016 年全球行動支付市場規模達 6,200 億美元。(press.trendforce.com.tw/press/20160201-3111.html)
(28) Slideshare 網站。(www.slideshare.net/mapalabs/mobile-payments-5initiatives-to-watch)
(29) Swish 網站,Integration Guide Swish API, 2015.8.25。(www.getswish.se/content/uploads/uploads/2015/06Integratinguide-Swish-Handel-150825.pdf)
(30) Visa 網站。(visaapnews.asia/post/130323741357/visatechmatters-tokenization-explained-learn)
(31) Wikipedia 網站。(en.wikipedia.org)

【第 6 章】參考文獻與網頁

1. 期刊與論文集
(1) 李沃牆,本國銀行發展金融科技概況,貨幣觀測與信用評等,130 期,2018.3,70-77。
(2) 吳崇瑢、陳冠瑾、黃品瑄,Fintech 浪潮下保險業因應之道,保險專刊,第 33 卷第 2 期,165-196 頁。
(3) 現代保險,大數據醫療開啟保險新紀元,2016.7。
(4) 證券暨期貨月刊,集保結算所推動股東會電子投票之介紹,第34卷第1期,2016.1.06。

2. 書及研究報告
(1) 胡自立,虛擬經濟一行動支付之影響與商機研究,資策會,2015.9。
(2) 曹磊、錢海利,FinTech 金融科技革命,商周出版,2016.5.5。
(3) 陳鼎文,非懂不可 FinTech,金融研訓院。
(4) 領域 ISAC 實務建置指引,國家資通安全防護整合服務計畫,2017。
(5) Nikkei Computer,FinTech 革命金融科技完全解析,遠見雜誌。

3. 論文
(1) 吳欣展,迎向數位金融之財富管理發展策略探討－以個案銀行為例,台北大學企管碩士在職專班論文,2015。

4. 報紙及雜誌
(1) 工商時報,理財機器人管理資產 5 年將成長七倍,2016.7.22。
(2) 工商時報,機器人理專搶客須事先申請,2016.7.22。
(3) 工商時報,Pepper 機器人行員上工了,2016.10.7。
(4) 工商時報,第一金投信首發 FinTech 基金,2016.10.27。

(5) 工商時報，進軍 FinTech 行庫帶頭衝，2016.9.26。
(6) 工商時報，台新攜手韓亞銀簽 MOU，2016.7.5。
(7) 工商時報，搶數位金融 ATM 新機潮起，2016.8.8。
(8) 工商時報，普及行動支付讓地下經濟地上化，2017.1.9。
(9) 工商時報，Apple Pay 來了台新銀首波支援，2017.2.6。
(10) 工商時報，一銀強攻供應鏈融資，2016.11.16。
(11) 工商時報，李瑞倉：看好區塊鏈走上實名制，2016.11.16。
(12) 工商時報，進軍策略瑞銀善用金融科技服務，2016.4.25。
(13) 工商時報，KGI Inside 致勝關鍵開發金：開放與共好，2016.9.22。
(14) 工商時報，FinTech 拚贏渣打 BSSE 尖兵出擊，2016.9.17。
(15) 工商時報，匯豐星展貿易金融受惠，2016.9.14。
(16) 工商時報，瑞銀等四大銀行組新數位貨幣聯盟，2016.8.25。
(17) 工商時報，中信區塊鏈實驗室拚後年商轉，2016.10.27。
(18) 工商時報，區塊鏈聯盟刷卡紅利可跨行，2016.11.4。
(19) 工商時報，區塊鏈試行商品年底有譜，2016.9.21。
(20) 工商時報，金融區塊鏈平台成軍，2016.10.17。
(21) 工商時報，虛實共存金管會推銀行 4 化 1 雲，2016.5.18。
(22) 工商時報，銀行公會力拼建置共通平台，2016.2.24。
(23) 工商時報，挺金融科技創新創業金管會 2 億元基金啟動，2016.10.21。
(24) 工商時報，遠雄人壽舉辦金融論壇，2016.10.4。
(25) 工商時報，中壽參與 RFP 選拔迎向 FinTech 挑戰，2016.8.7。
(26) 工商時報，保險業者未來競爭型態的可能丕變，2016.11.17。
(27) 工商時報，打造集保成爲 FinTech 舞台，2016.8.5。
(28) 工商時報，我金融創新研發進步大，2016.10.13。
(29) 工商時報，12 月卡位 FinTech 贏面大，2016.11.21。
(30) 工商時報，結合科技、金融機器人理財吸睛，2016.11.15。
(31) 工商時報，面對 FinTech 浪潮保險業務夥伴向上提升爲 Agent 4.0，2017.1.12。
(32) 工商時報，丁克華：股東電子投票 APP 我領先全球，2015.5.1。
(33) 工商時報，產業轉型原動力來自全民一起響應，2016.12.23。
(34) 工商時報，金融科技在台將進入深水區，2016.11.13。
(35) 工商時報，中信數位分行主打視訊櫃台，2016.12.2。
(36) 工商時報，雲端化期貨程式交易策略無限，2016.12.15。
(37) 工商時報，理財機器人與善良管理人，2016.6.21。
(38) 工商時報，金管會催生金融資安中心，2016.8.23。
(39) 工商時報，基金交易平台二種方式交易，2014.10.23。
(40) 工商時報，攻 FinTech 台銀設專利工作小組，2017.4.11。
(41) 工商時報，國壽 Fintech 專利申請成效卓著，2016.9.30。

(42) 工商時報，華南銀行獲四項 Fintech 專利，2016.9.22。
(43) 工商時報，大數據保單來臨，三大產險力推 UBI 車險，2017.10.25。
(44) 工商時報，業界首創國泰產用 LINE 出險理賠，2017.12.2。
(45) 工商時報，數位行銷夯壽險業決戰 ABC，2018.4.2。
(46) 工商時報，互聯網保險大陸崛起，2017.7.2。
(47) 工商時報，大陸壽險業務多元通路發展，2017.7.2。
(48) 工商時報，LINE Pay 刷卡享回饋金優惠，2015.10.12。
(49) 工商時報，壽險網路投保 LINE Pay 卡幫一把，2018.1.12。
(50) 工商時報，謝謝 LINE Pay 富邦網路投保暴衝，2018.1.3。
(51) 工商時報，一卡通金融卡換卡免手續費，2017.11.14。
(52) 工商時報，LINE Pay 成一卡通最大股東，2017.12.29。
(53) 工商時報，財金公司成立 F-ISAC 助金融業防駭，2018.7.17。
(54) 工商時報，智能理財崛起小資族也有私銀級服務，2017.4.19。
(55) 工商時報，台新銀拚跨國紅利點數交換，2017.12.6。
(56) 工商時報，純網銀開放政策原則，2018.8.7。
(57) 工商時報，北富銀創新科技再添二項，2018.8.2。
(58) 工商時報，斜槓青年成網路投保主力，2018.8.26。
(59) 工商時報，創新實證數位沙盒招募啟動，2018.8.29。
(60) 工商時報，鉅亨基金交易平台攜工研院 AI 理財再進化，2017.12.13。
(61) 工商時報，銀行拚財管掀 AI 機器人大戰，2018.3.21。
(62) 工商時報，亞洲第一個 ETF AI 投資平台，2018.1.2。
(63) 工商時報，金管會年底前成立資安聯防機制，2017.10.17。
(64) 工商時報，機器人理財與 ETF 的完美結合，2017.9.23。
(65) 工商時報，Bank 4.0 掀金融業數位再造，2018.11.30。
(66) 工商時報，台版 Open Banking 研議開放，2018.10.26。
(67) 工商時報，落實金融消費者資料自主性，2018.12.10。
(68) 工商時報，台灣人壽推理賠服務區塊鏈平台，2018.12.13。
(69) 工商時報，免跑分行金管會放行線上貸款，2017.11.6。
(70) 工商時報，國銀衝 AI 競推殺手級服務，2019.4.7。
(71) 工商時報，誤導投資人美證交會首開罰機器人理財，2018.12.25。
(72) 工商時報，玉山銀刷臉 ATM 上限，2018.12.26。
(73) 工商時報，上市櫃公司全面電子投票今年達陣，2017.3.6。
(74) 工商時報，電子投票夯股數筆數雙創高，2018.5.29。
(75) 工商時報，線上金融業務再鬆綁 Bank3.0 更便民，2019.5.15。
(76) 工商時報，群益投信金自動 AI 理財創新，2018.5.22。
(77) 工商時報，金融科技首納入壓力測試恐吞食銀行獲利，2017.12.4。
(78) 工商時報，科技化變革讓理賠零時差，2019.2.3。

(79) 工商時報，元大期創新推出 Smart API，2018.5.3。
(80) 工商時報，銀行拚 FinTech API 成主戰場，2017.12.11。
(81) 工商時報，台式開放銀行會是什麼味？2019.3.13。
(82) 工商日報，純網銀放榜三家全上，2019.7.31。
(83) 工商日報，開放純網銀不可忽略的監理問題，2018.2.8。
(84) 中時電子報，中證監：打擊非法網路基金，2014.1.4。
(85) 中時電子報，基富通暖場就爆棚，2016.7.20。
(86) 台灣銀行家，人工智慧 × 金融科技開創金融新藍海，2017.12。
(87) 商業週刊，曾銘宗新四箭帶頭急攻「Bank 3.0」，第 1453 期，2015.9。
(88) 賈中道，期貨人，新經濟、新金融與新生態，第 59 期，69-77 頁，2016 年。
(89) 新華社，支付寶「餘額寶」違規但未被叫停，2013.6.22。
(90) 經濟日報，華銀推 SnY 數位帳戶，2016.7.5。
(91) 經濟日報，彰銀攻 FinTech 數位分行啟動，2016.10.14。
(92) 經濟日報，台新金 3Pay 齊發搶支付財，2016.10.31。
(93) 經濟日報，陽信銀撒網強攻行動金融，2016.8.25。
(94) 經濟日報，開發金布局 FinTech 數位生態系，2016.9.22。
(95) 經濟日報，公股銀數位帳戶全上線，2016.7.5。
(96) 經濟日報，高盛擁抱小資族推 1 美元開戶，2016.4.26。
(97) 經濟日報，華銀區塊鏈應用大躍進，2016.10.20。
(98) 經濟日報，中信銀設區塊鏈實驗室，2016.10.27。
(99) 經濟日報，區塊鏈紅火金融業拚場，2016.10.24。
(100) 經濟日報，蔡明忠揪同業組區塊鏈聯盟，2016.9.21。
(101) 經濟日報，區塊鏈交易巴克萊打頭陣，2016.9.9。
(102) 經濟日報，金管會拚 FinTech 急推十計畫，2016.7.21。
(103) 經濟日報，銀行轉投資 FinTech 大鬆綁，2016.11.4。
(104) 經濟日報，金管會四挺金融產業雙贏，2016.6.23。
(105) 經濟日報，保險業金融科技論壇聚焦四大議題，2016.8.16。
(106) 經濟日報，公勝網路投保平台上線，2016.10.7。
(107) 經濟日報，國泰金創新研討金融科技，2016.11.22。
(108) 經濟日報，群益證券行動化完美詮釋 Fintech 轉型，2016.9.22。
(109) 經濟日報，那斯達克推金融科技指數，2016.7.21。
(110) 經濟日報，土銀 70 歲見證台灣金融史，2016.8.30。
(111) 經濟日報，基富通上線基金手續費大戰引爆，2016.9.1。
(112) 經濟日報，管理財富五年曾 80 倍機器人顧問夯財管新寵兒，2016.11.27。
(113) 經濟日報，基富通證券引領金融創新，2016.11.27。
(114) 經濟日報，張雲鵬：五大創新打破刻板印象，2016.12.20。
(115) 經濟日報，科技飆速五大界紅翻天，2016.12.27。

(116) 經濟日報，北富銀入股英 FinTech 公司，2016.12.23。
(117) 經濟日報，買利變年金險 e 指搞定，2017.2.23。
(118) 經濟日報，集保跨境保管業務拚 2.3 倍，2017.1.10。
(119) 經濟日報，基富通推智能理財，2017.1.19。
(120) 經濟日報，趙永飛注入人性發展金融科技，2017.1.6。
(121) 經濟日報，攻 FinTech 國泰金結盟海外大咖，2016.12.30
(122) 經濟日報，凱基證 LINE 上限服務投資人，2017.1.6。
(123) 經濟日報，機器人理專全面進攻亞洲，2016.7.5。
(124) 經濟日報，玉山數位分行，機器人坐鎮，2016.3.8。
(125) 經濟日報，精準醫療引爆兆元商機，2018.5.15。
(126) 經濟日報，FinTech 將翻轉保險政策，2018.5.3。
(127) 經濟日報，網路投保額元月大增二倍，2018.3.7。
(128) 經濟日報，網路投保最多便宜一成，2017.11.13。
(129) 經濟日報，信用卡超商通路戰 Q4 開打，2017.10.5。
(130) 經濟日報，速買配行動交易更 Easy，2017.4.23。
(131) 經濟日報，玉山銀刷臉提款下半年上路，2018.5.23。
(132) 經濟日報，LINE 重塑業務強攻區塊鏈，2018.6.29。
(133) 經濟日報，富邦產推社群保險區塊鏈助攻，2018.5.19。
(134) 經濟日報，富邦聯邦銀入股 LINE Pay，2018.7.26。
(135) 經濟日報，LINE 進軍虛擬貨幣市場，2018.10.3。
(136) 經濟日報，防駭華南產推資安險，2017.12.1。
(137) 經濟日報，電支共用平台央行催生，2018.11.19。
(138) 經濟日報，北富銀推出 Fitbit Pay 手表支付，2018.5.24。
(139) 經濟日報，集保基金平台人氣紅不讓，2018.5.22。
(140) 經濟日報，集保 e 存摺用戶突破 30 萬，2018.5.25。
(141) 經濟日報，台企銀衝刺 FinTech 切入宗教民俗，2017.4.26。
(142) 經濟日報，機器人理財 2.0 重塑資產管理生態，2017.4.11。
(143) 經濟日報，中信創新金融服務吸睛，2017.9.12。
(144) 經濟日報，理財機器人強勢通上線，2017.11.8。
(145) 經濟日報，上海商銀投資眾籌平台，2017.2.16。
(146) 經濟日報，門檻 5,000 元國泰金推機器人理財，2017.12.20。
(147) 經濟日報，元大 ETFxAI 智能投資平台理財利器，2017.4.9。
(148) 經濟日報，股市電子交易比率衝破 56%，2018.4.15。
(149) 經濟日報，上網買保單又快又便宜，2017.12.2。
(150) 經濟日報，線上辦信用卡三分鐘搞定，2018.3.5。
(151) 經濟日報，路首家無人銀行上海灘開張，2018.4.15。
(152) 經濟日報，FinTechSpace 開幕提供一站式服務，2018.9.26。

(153) 經濟日報，InsurTech 保險業拚數位服務，2018.11.14。
(154) 經濟日報，機器人理財列專案金檢，2019.7.12。
(155) 經濟日報，純網銀三家都上榜，2019.7.31。
(156) 經濟日報，純網銀帶來三變革，2019.7.30。
(157) 遠見雜誌，三大趨勢一次看懂保險科技 InsurTech，2017.1.23。（www.gvm.com.tw/article.html?id=22609）
(158) 網管人，大數據及物聯網技術加持商業風險管理如虎添翼，2017.1，42-43 頁。
(159) 聯合報，一卡開通加持基富通年底前衝 2 萬開戶數，2016.10.10。
(160) 蘋果日報，手機 ATM 跨行提款有譜，2016.12.29。

5. 相關網站

(1) 36 氪網站。（protractile63.rssing.com/chan-52113664/all_p67.html）
(2) 中華網財金，中小險企網銷攬客亂象頻出，2013.7.24。（finance.china.com/fin/bx/201307/24/6648156297.html）
(3) 台灣證券交易所，資安資訊分享平台（F-ISAC）規劃說明，2015.11.6。（www.twse.com.tw/ch/products/broker_service/download/d104110203.pdf）
(4) 台灣行動支付公司網站。（www.twmp.com.tw/Media_6.html）
(5) 台灣金融研究院。（service.tabf.org.tw/Research/FIIReview.aspx）
(6) 兆豐銀行網站。（www.megabank.com.tw/internet/internet05_06.asp）
(7) 股東 e 票通網站。（smart.tdcc.com.tw/pdf/others/a223.pdf）
(8) 金管會網站。（law.banking.gov.tw）
(9) 基富通證券網站。（www.fundrich.com.tw/aboutus.html）
(10) 基金 Centurio，基金平台開打投資人有福了 !2016.6.4。（www.fundlover.com/single-post-c246f/2015/06/03）
(11) 財金公司。（www.fisc.com.tw/TC/Default.aspx）
(12) 馬路科技網站，(www.iware.com.tw/art_view-id-546-cid-15.html）
(13) 壹讀，五旭川：網際網路基金的主要風險是非法集資，2016.5.23。（read01.com/86N7LR.html）
(14) 壹讀，2016 年中國網際網路保險行業市場前景及發展趨勢預測，2016.7.20。（read01.com/QNdN7m.html）
(15) 野村集團網站。（www.nomura.com）
(16) 陽信銀行網站。（www.sunnybank.com.tw）
(17) 凱基證券。（www.kgi.com）
(18) 彭博資訊。（big5.ftchinese.com/tw）
(19) 痞客幫，台灣各大商業銀行線上開立數位帳戶與一般預約開戶總整理。（kai3c.com/blog/post/117087780）
(20) 新竹物流網站。（www.hct.com.tw）

(21) 新浪香港，眾安保險發布行業白皮書年底互聯網保險保民將達 4.9 億，2016.8.29。（sina.com.hk/news/article/20160829/0/5/2）
(22) 群益期貨網站。（www.capitalfutures.com.tw/）
(23) 經濟部技術處。（www.moea.gov.tw/MNS/doit/home/Home.aspx）
(24) 銀行公會。（www.ba.org.tw）
(25) 數位時代，台灣金融科技專利數大幅落後美韓，2016.3.2。（www.bnext.com.tw/article/38802/BN-2016-03-01-171257-40）
(26) 數位時代，繼證券和虛擬貨幣之後 LINE 再跨足保險市場，2018.4.25。（www.bnext.com.tw/article/48919/line-financial-insurance-business-alliance）
(27) 櫃檯買賣中心。（www.tpex.org.tw）
(28) 蘋果即時，台銀機器人 e 哥與玉山銀「小 i」同款，2016.5.19。（www.appledaily.com.tw/realtimenews/article/new/20160519/865335）
(29) 騰訊財金，淘寶售賣保險多違規監管失位致亂象，2013.7.12。（finance.qq.com/a/20130712/008414.htm）
(30) Cognizant, Why Banks Must Become Smart Aggregators in the Financial Services Digital Ecosystem, 2018.8.（www.cognizant.com/whitepapers/why-banks-must-become-smart-aggregators-in-the-financial-services-digital-ecosystem-codex2866.pdf）
(31) Digital Trends。（www.digitaltrends.com/cool-tech/pepper-working-in-hospital）
(32) Google 廣告社群，成爲行動網站專家第二步—了解爲什麼製作行動網站，2016.5.13。（www.zh.advertisercommunity.com）
(33) iThome，大數據分析化身精算師，即時制定淘寶每筆退貨運費險的合理保費，2016.11.19。（www.ithome.com.tw/news/109614）
(34) IT 經理人，保險業的無人機應用，82，2018.4。
(35) IT 經理人，北醫 phrOS 導入區塊鏈，79，2018.1。
(36) LINE 網站。（linecorp.com/en/pr/news/en/2018/2014）
(37) Medium, Open Banking & the New Payments Platform for Superannuation Funds, 2017.8.4.（medium.com/best-interests/innovative-payments-ed588dda1280）
(38) Ruchi Verma and Sathyan Ramakrishna Mani, Using Analytics for Insurance Detection, 2013.12, 1-8.（www.the-digital-insurer.com/wp-content/uploads/ 2013/12/53-insurance-fraud-detection.pdf）
(39) Sompo Japan Nipponkoa Insurance 網站。（www.sjnk.co.jp/english）

【第 7 章】參考文獻與網頁

1. 期刊及論文集

(1) 台灣微軟，數位金融，數位金融季刊，No.2，2016.3。

2. 書及研究報告

(1) 金管會，金融科技白皮書，2016。

(2) 金管會，金融科技創新實驗，2017.1.12。

(3) 經濟部智慧財產局，FinTech 專利前瞻趨勢與挑戰：金融科技專利現況，蔡茜堉，2016.7.22。

3. 電子報告

(1) 中央銀行，央行理監事會後記者會參考資料，2016.3.24。（www.cbc.gov.tw/public/Attachment/632510582671.pdf）

(2) 科技新報，台灣電子支付、虛擬貨幣前途茫茫：我們不僅有保守的金管會，還有更保守的央行，2016.3.29。（technews.tw/2016/03/29/central-banks-report-of-e-payment-and-virtual-currencies）

(3) 數位時代，不是 Bug 是功能？區塊鏈新創 The DAO 智慧合約「同意」駭客盜領超過 6 千萬美元，2016.6.21。（www.bnext.com.tw/article/view/id/39976）

(4) iThome，DAO 遭駭事件打破區塊鏈不可逆神話，2016.7.30。（www.ithome.com.tw/news/107405）

(5) iThome Online，PwC 全球 Fintech 調查：儘管區塊鏈重要，但八成金融業坦言還不夠了解，2016.3.20。

(6) RUN!PC，台灣金融科技股份有限公司攜手 IBM 與交大以及十金融大數據分析技術，打造國際級的台灣金融科技生態圈，2016.4.21。

4. 報紙及雜誌

(1) 工商時報，金融科技的落後與創新，2016.4.29。

(2) 工商時報，產官同步家數金融科技化轉型，2016.4.29。

(3) 工商時報，曾銘宗：台金融專利少得可憐，2016.2.26。

(4) 工商時報，全球金融科技專利戰開打，2016.3.2。

(5) 工商時報，推 FinTech 生態圈廣納成員，2016.5.9。

(6) 工商時報，美大型銀行金融科技專利劇增，2016.5.18。

(7) 工商時報，科技金融之資安與監管須前瞻性專業，2016.6.3。

(8) 工商時報，金融科技如何兼顧創新與風險管控？2016.4.28。

(9) 工商時報，FinTech 賽創意王交大奪第一，2016.4.29。

(10) 工商時報，搶搭 FinTech 台科大創意創業競賽起跑，2016.6.3。

(11) 工商時報，迎戰 3.0 國泰金找洋將助陣，2016.3.18。

(12) 工商時報，國泰政大 Fintech 課程秒殺，2016.3.18。

(13) 工商時報，五大轉型策略站穩金融科技浪頭，2016.6.15。

(14) 工商時報，FinTech 專利布局台灣慘輸，2016.7.17。

(15) 工商時報，勒索病毒猖獗 Q2 受害季增四倍，2016.9.22。

(16) 工商時報，金融科技創新享投資抵稅，2016.4.24。

(17) 工商時報，國壽 Fintech 專利申請成效卓著，2016.9.30。
(18) 工商時報，華南銀行獲四項 Fintech 專利，2016.9.22。
(19) 工商時報，資誠調查：全球 49% 金融業曾遇網路犯罪，2016.7.28。
(20) 工商時報，GoHappy 攜手健行科大投入大數據，2016.11.18。
(21) 工商時報，FinTech 養成產學合作當紅，2016.9.14。
(22) 工商時報，王儷玲成立政大金融科技研究中心，2016.11.2。
(23) 工商時報，東吳富蘭克林金融科技合作計畫啟動，2016.10.4。
(24) 工商時報，亞大催生金融科技研究中心，2016.10.20。
(25) 工商時報，康和證券、交大攜手 FinTech 開發，2016.10.17。
(26) 工商時報，金融科技的專利布局與標準化，2017.1.5。
(27) 工商時報，金融科技專利布局勿徒形、要徒體，2016.10.28。
(28) 工商時報，金融科技慎防「吹泡泡」，2016.8.6。
(29) 工商時報，監理沙盒有助我國金融創新，2016.12.23。
(30) 工商時報，數位國家譜藍圖拼全球前 10，2016.11.21。
(31) 工商時報，台灣以其他國家更需要監理沙盒，2016.7.26。
(32) 工商時報，監理沙盒有助我國金融創新，2016.12.23。
(33) 工商時報，如何兼顧網路安全與數位便利，2016.9.9。
(34) 工商時報，彰銀 Q4 拚八項 FinTech 專利，2016.12.7。
(35) 工商時報，金控布局金融專利國泰金最拚，2016.10.3。
(36) 工商時報，迎金融科技曾銘宗推監理沙盒，2016.7.22。
(37) 工商時報，金管會的一小步金融科技的一大步，2017.1.16。
(38) 工商時報，金融科技創新跨部會監理之必要性，2016.12.29。
(39) 工商時報，吳當傑：FinTech 讓普惠金融變可能，2016.12.29。
(40) 工商時報，行動支付何以行動遲緩，2016.11.21。
(41) 工商時報，提升電子支付財部鬆綁免罰標準，2016.12.13。
(42) 工商時報，普及行動支付讓地下經濟地上化，2016.1.9。
(43) 工商時報，金融科技李瑞倉釋利多，2017.1.25。
(44) 工商時報，以智權大數據洞悉商業布局，2016.12.29。
(45) 工商時報，金融科技專利三業者申請投資抵減，2017.2.2。
(46) 工商時報，Apple Pay 爆首宗盜刷，2017.8.26。
(47) 工商時報，法遵挑戰新解，2017.6.13。
(48) 工商時報，吳當傑：由上而下建立法遵文化，2017.8.29。
(49) 工商時報，洗錢防制態樣 20 變 53 銀行喊苦，2017.7.3。
(50) 工商時報，保險洗錢防制 OIU 列清查重點，2017.8.21。
(51) 工商時報，金融監理沙盒的「是」與「不是」、「能」與「不能」，2018.2.5。
(52) 工商時報，台版監理沙盒曝險額上限 1 億，2018.2.5。
(53) 工商時報，金融科技創新園區招募開跑，2018.6.15。

(54) 工商時報，首例金融創新實驗已遞件申請，2018.6.19。
(55) 工商時報，區塊鏈專利申請榜大陸稱霸，2018.4.15。
(56) 工商時報，創新法規沙盒挹注產業活水，2018.9.15。
(57) 工商時報，金融監理沙盒凱基銀搶頭香，2018.9.19。
(58) 工商時報，金融科技大學招生新熱點，2018.3.5。
(59) 工商時報，FinTech 碩士學分班交大領先開授，2017.8.23。
(60) 工商時報，用手機就能貸銀行攻年輕客，2018.11.24。
(61) 工商時報，產險獲專利數富邦、泰安雙霸，2019.6.18。
(62) 工商時報，當 AI 遇上法規 RegTech 就此誕生，2019.6.9。
(63) 工商時報，監理科技助升金融業，2018.7.11。
(64) 工商時報，費時三年台大金融科技中心將揭牌，2019.7.15。
(65) 中央社，王儷玲盼電子支付率五年倍增，2016.5.17。
(66) 北美智權報，淺談金融科技智慧財產權保護，2016.3.9。
(67) 自由時報，搶攻台 FinTech 專利外資中資最積極，2016.7.19。
(68) 經濟日報，玉山銀拚區塊鏈台大獵才，2016.5.25。
(69) 經濟日報，金融科技專利紅潮壓境，2016.3.2。
(70) 經濟日報，金融科技恐撞專利壁壘，2016.3.2。
(71) 經濟日報，台灣電子支付率拚五年內倍增，2015.11.2。
(72) 經濟日報，華爾街新寵區塊鏈技術，2016.3.15。
(73) 經濟日報，國泰富邦砸 10 億養數位人才，2016.6.6。
(74) 經濟日報，富邦台大課程談數位金融，2016.3.2。
(75) 經濟日報，金融資安防駭擬實兵演練，2016.7.18。
(76) 經濟日報，史上最嚴重雅虎 5 億用戶個資被駭，2016.9.24。
(77) 經濟日報，金融科技專利紅潮壓境，2016.3.2。
(78) 經濟日報，銀行育才開 FinTech 產學班，2016.9.14。
(79) 經濟日報，發展 Fintech 要在教育下功夫，2016.9.16。
(80) 經濟日報，發展 FinTech 金融業做好智財風控，2016.12.15。
(81) 經濟日報，監理沙盒三金融科技業先行，2016.12.12。
(82) 經濟日報，金融科技創新八法過頭關，2016.12.19。
(83) 經濟日報，引進金融沙盒解除金融創新路障，2016.10.8。
(84) 經濟日報，引進金融沙盒解除金融創新路障，2016.10.8。
(85) 經濟日報，試辦監理沙盒金管會 Ready，2016.11.2。
(86) 經濟日報，金融科技創新八法過頭關，2016.12.19。
(87) 經濟日報，票券攜手 P2P 小試監理沙盒，2016.11.22。
(88) 經濟日報，金融創新與監理應兼容並蓄，2016.8.22。
(89) 經濟日報，富邦金攜手東吳培育人才，2016.10.11。
(90) 經濟日報，FinTech 崛起金融業不能再是智財沙漠，2016.12.9。

(91) 經濟日報，金款會訂專法給半年試驗期，2016.12.20。
(92) 經濟日報，FinTech 跨足金融開大門，2017.1.13。
(93) 經濟日報，挺監理沙盒宜跨部會支援，2017.1.20。
(94) 經濟日報，金融創新別輕忽隱形反作用力，2017.1.17。
(95) 經濟日報，華南金 FinTech 競賽反應熱烈，2017.1.19。
(96) 經濟日報，電子支付比拚過半金管會喊提前達陣，2016.12.8。
(97) 經濟日報，李瑞端：電子支付拚五年倍增，2016.11.28。
(98) 經濟日報，稅務違章免罰納入電子支付，2016.12.13。
(99) 經濟日報，券商被駭急改人工下單，2016.2.7。
(100) 經濟日報，軟銀併安謀鴻海物聯網添助力，2016.7.19。
(101) 經濟日報，軟銀併安謀……給台灣上的一堂課，2016.7.21。
(102) 經濟日報，印度廢鈔做大行動支付，2018.4.14。
(103) 經濟日報，央行：沙盒可作外幣信貸，2018.3.8。
(104) 經濟日報，OIU 防洗錢金管會訂五原則，2018.8.6。
(105) 經濟日報，金融監理門診顧立雄上陣，2018.10.17。
(106) 經濟日報，NN 投資夥伴產學合作培育台灣金融人才，2017.6.22。
(107) 經濟日報，監理沙盒移工跨境匯款入選，2018.12.28。
(108) 經濟日報，基金換基金准進監理沙盒，2019.8.1。
(109) 蘋果日報，比特幣交易所 MT.GOX 聲請破產保護，2014.3.1。

5. 英文報告

(1) Big Data Group.（www.bigdatagroupinc.com）
(2) iam, FinTech Patents: Where Finance Meets Technology, 2015.10.28.（www.iam-media.com/industryreports/detail.aspx?g=2dc55209-954d-4ab1-b1aa-f1e348c6f8a）
(3) Let's Talk Payments, 100+ French FinTech Companies Are Embracing Innovation in the Region, 2016.3.1.（letstalkpayments.com/100-french-fintech-companies-are-embracing-innovation-in-the-region）
(4) Let's Talk Payments, Awe-Inspiring London FinTech Industry Is Firing on All Cylinders, 2015.12.30.（letstalkpayments.com/awe-inspiring-london-fintech-industry-is-firing-on-all-cylinders）
(5) Let's Talk Payments, Germany's FinTech Ecosystem: A Wheel in the European Innovation Machine, 2016.2.9.（letstalkpayments.com/germanys-fintech-ecosystem-a-wheel-in-the-european-innovation-machine）
(6) Let's Talk Payments, Hong Kong FinTech Machine to Power Asian Financial Industry, 2015.12.29.（letstalkpayments.com/hong-kong-fintech-machine-to-power-asian-financial-industry）
(7) Let's Talk Payments, Israel Tech Talent Is Turbocharging FinTech, 2016.2.4.

（letstalkpayments.com/israel-tech-talent-is-turbocharging-fintech）

(8) Let's Talk Payments, Mexico's FinTech Startups Building a Competitive Ecosystem in the Region, 2016.1.27.（letstalkpayments.com/mexicos-fintech-startups-building-a-competitive-ecosystem-in-the-region）

(9) Let's Talk Payments, Microsoft Has an Eye on FinTech, 2016.2.12.（letstalkpayments.com/Microsoft-has-an-eye-on-fintech）

(10) Let's Talk Payments, Russian FinTech Ecosystem Is Gaining Momentum Despite Obstacles, 2016.1.26.（letstalkpayments.com/russian-fintech-ecosystem-is-gaining-momentum-despite-obstacles）

(11) Let's Talk Payments, Sharp and Edgy: Switzerland's FinTech Ecosystem, 2016.3.29.（letstalkpayments.com/sharp-and-edgy-switzerlands-fintech-ecosystem）

(12) Let's Talk Payments, Singapore's FinTech Industry Is Unstoppable, 2015.12.24.（letstalkpayments.com/singapores-fintech-industry-is-unstoppable）

(13) Let's Talk Payments, The Australian FinTech Ecosystem's Growth is Breathtaking, 2016.1.8.（letstalkpayments.com/the-australian-fintech-ecosystems-growth-is-breathtaking）

(14) Let's Talk Payments, Vancouver FinTech Ecosystem is One of the Leading Ones in orth America, 2016.1.29.（letstalkpayments.com/vancouver-fintech-ecosystem-is-one-of-the-leading-ones-in-north-america）

(15) Pinterest, Dutch Fintech Scene, 2016.4.7.（www.pinterest.com/pin/147633694013068458）

(16) Relecura IP Intelligence Report, 2015.

6. 相關網站

(1) 大專生金融就業公益專班網站，翻轉人生金融圓夢 105 學年度「大專生金融就業公益專班」10 所院校同步開課，2016.9.11。（www.fly.org.tw/webEventView?uid=17）

(2) 今日新聞，企業導師前進校園永豐銀與興大產學合作培育金融人才，2016.11.18。（www.nownews.com/n/2016/11/18/2309682）

(3) 台大金融科技區塊鏈網站，國泰金與台大產學合作首創 Fintech 獎學金，2016.10.7。（fintech.csie.ntu.edu.tw/2016/10/ 國泰金與台大產學合作—首創 fintech 獎學金）

(4) 玉山銀行網站，玉山銀布局金融科技攜手台大 G-coin 發展區塊鏈，2016.5.24。（www.esunbank.com.tw/about/1062.board）

(5) 金管會。（law.banking.gov.tw）

(6) 科技新報，印度政府打造電子支付系統，讓全國人民都能享受金融服務，2016.4.12。（technews.tw/2016/04/12/indias-audacious-plan-to-make-digital-durrency）

(7) 經濟部技術處。（www.moea.gov.tw/MNS/doit/home/Home.aspx）

(8) 經濟部智財局。（www.tipo.gov.tw）

(9) 維基共享資源 Wikimedia Commons。（commons.wikimedia.org）

(10) 證券商業同業公會，證券商防制洗錢及打擊資恐注意事項範本。（www.selaw.com.tw/

LawContent.aspx?LawID=G0100971）
(11) 蘋果即時，雅虎再公布，逾 10 億用戶個資遭駭客入侵，2016.12.15。（www.appledaily.com.tw/realtimenews/article/new/20161215/1012567）

【第 8 章】參考文獻與網頁

1. 期刊及論文集

(1) 朱啟恆，大數據於金融業之應用，財金資訊季刊，2015.10，第 84 期，12-18 頁。
(2) 李育英、簡均儒，資料分析於金融業之發展與營運變革，會計研究月刊，2015.11，360，99-107 頁。
(3) 胡湘湘，台灣銀行家，大數據藏金礦銀行業挖商機，2014.11，28-31 頁。
(4) 童啟晟，台灣發展巨量資料產業之機會與挑戰，證券櫃檯，2014.12 月號，45-49 頁。
(5) 黃曉雯，會計研究月刊，數位化金融浪潮來襲，第 361 期，2015。（圖：實踐大學企管系李志仁助理教授）

2. 書及研究報告

(1) 成田眞琴，大數據的獲利模式，經濟新潮社，2013.8。
(2) 艾瑞諮詢。（www.iresearch.com.cn）
(3) 野村總合研究所。（www.nri.com）
(4) 麥肯錫，互聯網金融對傳統銀行的衝擊與啟示：以中國市場爲例。
(5) 張振燦、張君逸合譯，物聯網應用全圖解，和致科技公司，2015。
(6) 譚磊、陳剛，區塊鏈 2.0，電子工業出版社，2016.4。
(7) 滙智匯金融知識庫。

3. 研討會

(1) LOD Challenge 大賽執行委員會資料。

4. 電子報告

(1) 中時電子報，數據分析大廠競逐金融 3.0，2015.2.5。（www.chinatimes.com/newspapers/20150205000114-260202）
(2) 台灣就業通，雲端產業及巨量資料。（www.taiwanjobs.gov.tw/internet/jobwanted/docDetail.aspx?）
(3) 社群媒介洞察，放過國軍這隻落水狗吧！，2016.7.1。（kangliping.wordpress.com/2016/07/01/rocarmedforces_nodexl_fanpage-karma_facebook/）
(4) 數位時代，美國 Top 4 技術長寶立明：大數據即將在五年內消失，2015.2.17。（www.bnext.com.tw/article/view/id/35404）
(5) 數位時代，中國 FinTech 業者：其實眞正的金融科技是大數據金融，2015.12.10。（www.bnext.com.tw/article/view/id/38181）
(6) Inside，影響未來的大數據：10 個最受人矚目的大數據新創公司，2015.4.2。（www.

inside.com.tw/2015/04/02/big-data-6-ten-startups-to-watch）

(7) iThome，IBM 買下客戶資料整合商 DWL，2005.8.3。（www.ithome.com.tw/node/32262)

(8) The Balance Careers, Twitter vs Facebook: Which is Better? 2018.3.17。（www.thebalancecareers.com/twitter-vs-facebook-which-is-better-3515069）

5. 報紙及雜誌

(1) 工商時報，大數據淘金也能防危機，2016.2.29。

(2) 工商時報，及保力拼 FinTech 舉辦大數據創新應用服務共創營，2016.10.4。

(3) 工商時報，麥肯錫如何利用數據分析留住頂尖人才，2016.7.27。

(4) 工商時報，東森建數據生態圈啟動零售大未來，2016.12.7。

(5) 工商時報，大數據獵漏網購業者稅上身，2016.7.26。

(6) 工商時報，廖燦昌祭四招讓合庫金轉骨，2015.4.20。

(7) 工商時報，合庫金 700 萬存戶納入大數據，2015.9.18。

(8) 工商時報，大數據說話房貸利率……男 > 女，2016.1.15。

(9) 工商時報，星戰 7 預售票熱揭大數據行銷時代，2015.12.17。

(10) 工商時報，台北大數據 + 聯盟 30 日啟動，2015.12.28。

(11) 工商時報，蘋果收購大數據分析商，2015.9.18。

(12) 工商時報，建構與負面景氣脫鉤的大數據型企業，2016.7.1。

(13) 工商時報，彭淮南：將用大數據監控，2016.9.27。

(14) 工商時報，大數據所聚焦智慧聯網生態圈，2015.12.24。

(15) 工商時報，巨量資料中找活路 台灣產業拚升級，206.1.3。

(16) 工商時報，利用區塊鏈打造一個更好的金融體系，2016.7.5。

(17) 工商時報，開放資料應用論壇交流創新服務商機，2015.7.19。

(18) 工商時報，連鎖店拓點政府大數據助陣，2017.2.7。

(19) 工商時報，富盈數據襄助企業提升價值，2017.11.13。

(20) 工商時報，去識別化 - 應用大數據和 AI 於金融科技的重要基礎建設，2018.1.16。

(21) 今周刊，全國電子摸透大數據獲利尬贏對手，2015.11.2。

(22) 天下雜誌，微軟為什麼要買 LinkedIn？2016.6.14。

(23) 財訊雙週刊，微定位把逛街人潮變錢潮，2016.6.16。

(24) 商業周刊，這個團隊靠大數據買股績效贏大盤，第 464 期，2015.12。

(25) 商業周刊，無所不賣的「數據交易所」來了，第 149 期，2016.6。

(26) 商業周刊，Excel 就夠用！決策別瞎追大數據，第 1464 期，2015.12。

(27) 經濟日報，合庫翻轉大數據打造新商品，2015.9.5。

(28) 經濟日報，貿協創新行銷三路進擊，2016.1.15。

(29) 經濟日報，精誠攻大數據營運衝，2016.1.13。

(30) 經濟日報，善用大數據做大陸客市場，2016.4.12。

(31) 經濟日報，資料開放應用成果上市發表，2015.12.25。
(32) 經濟日報，大數據正 in 銀行業提煉金沙，2015.8.1。
(33) 經濟日報，邁入銀髮世代雲端醫療興起，2016.11.17。
(34) 經濟日報，特力強攻電商營運衝，2017.1.6。
(35) 經濟日報，用大數據新金融服務，2016.11.9。
(36) 經濟日報，大數據構建防疫網，2017.1.11。
(37) 經濟日報，精準醫療結合大數據照亮前景，2016.10.31。
(38) 經濟日報，銀行去化爛頭寸大數據立功，2016.12.20。
(39) 經濟日報，賽仕：大數據帶來甜美果實，2015.6.18。
(40) 經濟日報，對岸大數據查稅時代來臨，2018.5.9。
(41) 經濟日報，大數據運用電子發票先做，2017.9.15。
(42) 經濟日報，大數據獵漏店家短報挨罰，2017.4.19。
(43) 經濟日報，FinTech 大戰商業分析決勝負，2017.8.15。
(44) 經濟日報，航空業靠大數據優化服務，2018.6.9。
(45) 經濟日報，原物料自動交易成了顯學，2018.8.4。
(46) 經濟日報，財部：用大數據追稅，2019.1.21。
(47) 經濟日報，eBay 跨境易貿通台廠無痛布局跨境電商，2018.11.29。
(48) 遠見雜誌，用大數據拚專利周延鵬啟動生技革命，第 355 期，2016.1。
(49) 聯合報，大數據幫忙非營利信評成立，2016.7.6。
(50) Cheers 雜誌，通數據 Big Data 換個語彙，你我都有機會，2016.1，第 184 期。

6. 相關網站

(1) 安健全球網。（www.allm.net）
(2) 金管會。（law.banking.gov.tw）
(3) 開放數據中心委員會網站。（www.opendatacenter.cn）
(4) Beth Kanter, Can Social Network Analysis Improve Your Social Media Strategy? 2010.6.18. (bethkanter.org/sna)
(5) Factual 網站。（www.factualdata.com）
(6) Infochimps 網站。（www.infochimps.com)
(7) Johanna Morariu, How to Make a Social Network Map with NodeXL, depict data studio, 2013.11.1. (depictdatastudio.com/how-to-make-a-social-network-map-with-nodexl)
(8) Marc Smith, NodeXL Twitter Network Graphs- Occupywallstreet, Wikimedia Commons, 2011.（upload.wikimedia.org/wikipedia/commons/6/68/NodeXL_Twitter_Network_Graphs-_Occupywallstreet_%28mentions_and_replies%29%28BY%29.png）
(9) MBA Lib 網站。（wiki.mbalib.com）
(10) Public Data Sets on AWS 網站。（aws.amazon.com）
(11) Wikimedia Commons.（upload.wikimedia.org/wikipedia/commons /9/95/800x520-USA-

EDCP-A-H-R.jpg)
(12) Windows Azure Marketplace 網站。(datamarket.azure.com/home)
(13) Youtube.(www.youtube.com/watch?v=bIgM-N4wbnM)

【第 9 章】參考文獻與網頁

1. 期刊及論文集
(1) 方耀,「特別提款權 (SDR) 的計算方式簡介」,國際金融參考資料,第 51 輯,193-165 頁,2006。
(2) 李榮謙,2009,「電子貨幣的發展、影響及其管理」,中央銀行季刊,第 20 卷第 4 期,61-82 頁。
(3) 李憶雯,2004,「信用卡業務與銀行經營績效關聯性之研究」,中原大學企業管理學系碩士論文。
(4) 郭戎晉,「電子票據」法制之研究,24 期,129-157 頁,2010。
(5) 許欽嘉等,「電子現金在實體市場之行銷推廣組合研究－以 Mondex 電子現金卡為例」,遠東學報,第 22 卷第 2 期,303-318 頁,2005。
(6) 黃建隆,「感應式技術之金融應用與安全防護」,第 81 期,7-14 頁,2015。

2. 書及研究報告
(1) 吳仁和,資訊管理:企業創新與價值創,智勝文化事業有限公司,2015.8。
(2) 金融業務統計輯要月報。
(3) 財團法人聯合信用卡處理中心及各發卡機構。
(4) 孫義宣、李榮謙,「國際貨幣制度」,金融研訓中心,2009。
(5) 麥肯錫大中華區金融機構諮詢業務,區塊鏈 - 銀行業遊戲規則的顛覆者,2016.5。
(6) 黃志典,「國際金融」,前程文化公司,2008。
(7) 蔡克,「貨幣、銀行與金融危機」,鼎茂圖書公司,2009。
(8) 德明,「貨幣銀行學」,東華書局,2003。
(9) Edward Castronova 著,黃煜文、林麗雪譯,虛擬貨幣經濟學,野人文化公司,2015。

3. 電子報告
(1) 劉昌龍,SET 網路安全電子交易,1998。(mouse.oit.edu.tw/htdocs/Hope/199807/set/set.htm)

4. 報紙及雜誌
(1) 工商時報,歐巴馬回馬槍整頓信用卡,2009.4.24。
(2) 工商時報,談電子貨幣系統準備好了,2016.3.25。
(3) 工商時報,人行推數位貨幣領先全球央行,2017.2.7。
(4) 工商時報,瑞典央行考慮發行虛擬貨幣,2016.11.17。
(5) 工商時報,電子票據上陣終結傳統票據亂象,2003.2.15。
(6) 工商時報,銀聯金融卡支付率全球居冠,2017.5.23。

(7) 工商時報，麥當勞信用卡小額支付年底上線，2017.11.1。
(8) 工商時報，搭區塊鏈熱遠航、東森推代幣，2018.8.2。
(9) 工商時報，川普對委國石油幣下封殺令，2018.3.21。
(10) 工商時報，央行出新招邀民眾賞貨幣花，2019.3.15。
(11) 自由時報，世界首例厄瓜多擬發行數位貨幣，2014.8.31。
(12) 經濟日報，卡債族更生政府相挺，2009.4.22。
(13) 經濟日報，40 萬卡債族平均欠 60 萬，2005.11.9。
(14) 經濟日報，政院推數位貨幣促央行研究，2016.3.11。
(15) 經濟日報，DTCO 打造區塊鏈應用新價值，2018.5.28。
(16) 經濟日報，人行跨足貿易金融區塊鏈，2018.9.6。
(17) 經濟日報，沈大白反轉 FinTech 做大庶民經濟，2019.3.22。
(18) 聯合報，權重怎麼算？歐元最受傷，2015.12.2。

5. 英文報告

(1) Lexis Nexis True Cost of Fraud mCommerce, 2014。
(2) Kenneth W. Dam, 1982, The Rules of the Game, University of Chicago press.
(3) Kiran Kalmadi and asukhna Dang, Virtual Currency-Glod 2.0 or Mirage? Infosys Strategic Vision, 2015.3, 1-2.
(4) Merchants Contend with Increasing Fraud Losses as Remote Channels Prove Especially Challenging, Lexis Nexis Annual Report, 2015.
(5) Post-Recession Revenue Growth Hampered by Fraud as All Merchants Face Higher Costs, Lexis Nexis Annual Report, 2014.
(6) Robleh Ali, John Barrdear, Roger Clews, and James Southgate, 2014, Innovations in Payment Technologies and the Emergence of Digital Currencies, Quarterly Bulletin, 2014, Q3, 1-14.
(7) Robert Triffin, 1960, Gold and the Dollar Crisis: The Future of Convertibility, Yale University Press.
(8) The Ripple Protocol: A Deep Dive for Finance Professionals, Ripple Labs Inc., 2014.11.

6. 相關網站

(1) 2015 Lexis Nexis Report：Understanding the True Cost of Fraud, 2015.9.25.（chargebacks911.com/study-shows-cnp-merchants-are-losing-more-revenue-to-fraud）
(2) 中文百科，電子商務支付系統。（zy.zwbk.org/index.php/ 電子商務支付系統）
(3) 中央銀行券幣數位博物館網站。（museum.cbc.gov.tw/web/public.aspx）
(4) 中時電子報，電子支票走入歷史，2011.5.24。（tw.news.yahoo.com）
(5) 中華電信網站。（hamiweb.emome.net/pages/content/1）
(6) 中國永亨銀行。（www.ocbcwhmac.com/chi/card/unionpaycard.html）
(7) 台灣 wiki。（www.twwiki.com）
(8) 卡優新聞網，信用卡帳單逾期免驚 1-3 天緩衝期快補繳，2012/12/17。（www.cardu.

com.tw/news/detail.php)
(9) 免費論文下載中心，關於淺論電子貨幣對中央銀行與貨幣政策的挑戰和影響，2011.12.15（big.hi138.com/caizhengshuishou/caizhengyanjiu/201112/366822.asp#.VtbrtTZumUk）
(10) 科技報橘，Google 電子錢包推出實體卡，悠遊卡要不要怕一下，2013.12.11。（buzzorange.com/techorange/2013/12/11）
(11) 科技新報，火紅的名詞物聯網到底是什麼？物聯網的歷史回顧，2014.12.17。（technews.tw/2014/12/17/hot-topic-internet-of-thing）
(12) 星洲網。（biz.sinchew.com.my）
(13) 票據交換所。（www.twnch.org.tw）
(14) 區塊客，The Next Big Thing－關於以太坊不可不知的 3 件事。（blockcast.it/2017/05/18/three-things-you-need-to-know-about-ethereum）
(15) 華視新聞網，小額刷卡免簽名男半年盜刷 32 萬，2014.6.2。（news.cts.com.tw）
(16) 路透社。（www.reuters.com）
(17) 維基百科。（zh.wikipedia.org/wiki）
(18) 維基百科。（zh.wikipedia.org/wiki/ 信用卡安全碼）
(19) 數位時代，一機多卡隨意刷，OTA 行動支付開跑，2014.10.1。（www.bnext.com.tw/article/view/id/33908）
(20) 數位時代，超強股東陣容，群信支付大戰搶先發，2015.1.2。（www.bnext.com.tw/article/view/id/34862）
(21) 群信行動數位科技公司。（www.adtc.com.tw)
(22) 歐洲央行（European Central Bank），Virtual Currency Schemes, 2012，15。（stli.iii.org.tw/stli.iii.org.tw/article-detail.aspx?no=64&tp=1&i=82&d=5940）
(23) MBA 智庫百科。（wiki.mbalib.com）
(24) BitoEX 網站。（www.bitoex.com）
(25) Credit Cards.com, Credit Cards Fraud and ID Theft Statistics, 2015.9.16.（www.creditcards.com/credit-card-news/credit-card-security-id-theft-fraud-statistics-1276.php）
(26) ePrice，中華電信 Easy Hami 手機錢包擴大發行 NFC「悠遊電信卡」，（www.eprice.com.tw/mobile/talk/48/4971682/1/）
(27) GT News, Ecuadorian banks must adopt new cryptocurrency in 360 days, 2015.6.5.（www.gtnews.com/2015/06/05/ecuadorian-banks-must-adopt-new-cryptocurrency-in-360-days）
(28) IIP Digital，世界銀行鼓勵增進金融包容性 , 2013.11.13。
(29) Javelin Strategy and Research.（www.javelinstrategy.com）
(30) Microsoft，電子錢包，2016。（www.windowsphone.com/zh-tw）
(31) Stellar 網站。（www.stellar.org/cn/learn/explainers/?noredirect=zh#Distributed_Exchange）
(32) Wikipedia。（zh.wikipedia.org/wiki/ 特別提款權路透社）（zh.wikipedia.org/wiki/ 近場通訊）

【第 10-11 章】參考文獻與網頁

1. 書及研究報告

(1) 李鈞等人，比特幣過去現在與未來，遠流出版，2014。

(2) 麥肯錫大中華區金融機構諮詢業務，區塊鏈 - 銀行業遊戲規則的顛覆者，2016.5。

(3) 袁勇和王飛躍，區塊鏈技術發展現況與展望，自動化學報，第 4 期，2016.3。

(4) 曹磊、錢海利，FinTech 金融科技革命，商周出版，2016.5。

(5) 楊佳侑，以創新應用技術開創貿易新時代，經濟前瞻，第 182 期，2019.3.12。

(6) 蔡依琳，虛擬通貨之近期發展，財金資訊季刊，85，2016.1。

(7) 譚磊、陳剛，區塊鏈 2.0，電子工業出版社，2016.4。

(8) 嚴行方，貨幣之王比特幣，稻田出版，2014。

(9) Melanie Swan，區塊鏈：新經濟藍圖及導讀，新星出版社，2016.1。

(10) Nikkei Computer，FinTech 革命金融科技完全解析，2016.8。

(11) Paul Vigna and Michael J. Casey, 虛擬貨幣革命，大牌出版社，2016.5。

2. 電子報告

(1) 中央銀行，央行理監事會後記者會參考資料，2016.3.24。（www.cbc.gov.tw/public/Attachment/632510582671.pdf）

(2) 巴比特，比特幣區塊鏈和挖礦原理，2014.3.30。（www.8btc.com/bitcoin_block_chain）

(3) 巴比特，比特幣交易，2014.3.27。（www.8btc.com/bitcoin-transactions）

(4) 比特幣研究院，比特幣挖礦（Bitcoin mining）簡介－硬件篇，2013.11.7。（btcphd.blogspot.jp/2013/11/introduction-to-bitcoin-mining-1.html）

(5) 科技新報，台灣電子支付、虛擬貨幣前途茫茫：我們不僅有保守的金管會，還有更保守的央行，2016.3.29。（technews.tw/2016/03/29/central-banks-report-of-e-payment-and-virtual-currencies）

(6) 區塊鏈鉛筆，什麼是區塊鏈，2015.10.19。（chainb.com/?P=Cont&id=6）

(7) 歌穀穀，以微軟 Visual Studio 來編寫以太坊（Ethereum）智能合約程式（Solidity），2016.4.4。（www.gegugu.com/2016/04/04/2775.htm）

(8) 價值區塊鏈，先解決這四大問題再談論區塊鏈吧，2016.2.17。（www.8btc.com/blockchain-problem）

(9)Bitcoin 運作原理導論 (5)：挖礦與雙重花費問題及拜占庭將軍問題，2014.9.14。（blog.xbt.hk/?p=74）

(10) CryptoEx，NXT 白皮書中文譯本，2015。（blog.crypto2x.com/2015/nxt-whitepaper-cn）

(11) EthFans，比特幣 / 以太幣 vs. 美元 / 石油，2015.10。（ethfans.org/topics/16）

(12) Harvest Portfolios Group.（harvestportfolios.com/etf/etf-blockchain-technologies-etf）

(13) iCenter Wiki，〈超越科學的認知基礎〉2015 張世超學習報告第八周，2016.4.6。（166.111.198.38/icenterwiki/index.php?）

(14) Sunny King and Scott Nadal，PPC 一種 P2P（點對點）的權益證明（Proof of Stake）密

碼學貨幣（修正版），2012.8.19。（peercorin.net/assets/paper/peercoin-papr-cn.pdf）

3. 報紙及雜誌

(1) 工商時報，陳俊專欄：中央銀行爲何不發電子貨幣，2015.11.10。
(2) 工商時報，推動區塊鏈技術的應用已刻不容緩，2016.1.28。
(3) 工商時報，陳俊：電子鈔票是負利率最佳夥伴，2016.2.29。
(4) 工商時報，瘋狂比特幣行情回來了，2016.5.30。
(5) 工商時報，勒贖軟體詐財台灣延燒，2016.6.6。
(6) 工商時報，台灣區塊鏈技術應用三契機，2016.8.16。
(7) 工商時報，區塊鏈技術非金融領域新受惠，2016.10.9。
(8) 工商時報，台大、矽谷籌組區塊鏈中心，2016.3.4。
(9) 工商時報，陸財團瘋比特幣領投 6,000 萬美元融資，2016.6.24。
(10) 工商時報，利用區塊鏈打造一個更好的金融體系，2016.7.5。
(11) 工商時報，財金公司率國銀開發區塊鏈，2017.1.25。
(12) 工商時報，人行推數位貨幣領先全球央行，2017.2.7。
(13) 工商時報，比特幣飆破 800 美元，2016.12.23。
(14) 工商時報，富邦金贊助全球首個運動區塊鏈 BraveLog，2017.1.5。
(15) 工商時報，區塊鏈跨足運動發現新藍海，2017.1.5。
(16) 工商時報，李瑞倉：看好區塊鏈走上實名制，2016.11.16。
(17) 工商時報，一銀挺台大黑客松攻區塊鏈發展，2016.9.8。
(18) 工商時報，財金公司區塊鏈平台 拚 7 月上線，2017.5.8。
(19) 工商時報，虛擬貨幣遭駭延燒日政府開查交易所，2018.1.30。
(20) 工商時報，虛擬貨幣爆熱輝達超微加溫，2017.6.12。
(21) 工商時報，虛擬貨幣暴跌挖礦概念股成災區，2017.9.16。
(22) 工商時報，陸三大比特幣礦機壟斷全球九成市占，2018.1.23。
(23) 工商時報，首檔礦機股嘉楠耘智赴港 IPO，2018.5.10。
(24) 工商時報，大陸出重手掐斷比特幣挖礦路，2018.1.12。
(25) 工商時報，北醫健康醫療區塊鏈上路，2017.11.11。
(26) 工商時報，財金函證區塊鏈半年報先行，2018.7.19。
(27) 工商時報，大學校園成國銀試鏈基地，2018.5.14。
(28) 工商時報，區塊鏈新頁 M17 社交挖礦平台，2018.7.25。
(29) 工商時報，區分幣圈與鏈圈讓區塊鏈大步向前走，2018.7.24。
(30) 工商時報，民間首座綠電交易平台誕生，2018.1.12。
(31) 工商時報，區塊鏈、加密貨幣與 ICO，2018.6.4。
(32) 工商時報，橘子首創虛擬道具交易所，2018.7.4。
(33) 工商時報，蘋果先發制人禁止 iOS 挖礦，2018.6.13。
(34) 工商時報，比特幣交易禁令延燒平台主管禁離京，2017.9.19。

(35) 工商時報，ICO 究竟是創新還是騙局？2018.7.16。
(36) 工商時報，ICO 的美麗與危險，2018.8.3。
(38) 工商時報，加密貨幣紅火台灣幣托 ICO 吸金熱，2018.5.7。
(39) 工商時報，在 ICO 的野蠻生長與揠苗助長之間，2018.7.5。
(39) 工商時報，韓虛擬貨幣交易所又遭駭，2018.6.21。
(40) 工商時報，ICO 籌資 5 件有 1 件是詐騙，2018.5.22。
(41) 工商時報，加密貨幣多詐騙愈 800 種以滅絕，2018.7.4。
(42) 工商時報，美設假網站防虛擬幣詐騙，2018.5.19。
(43) 工商時報，比特幣交易所禁令延燒平台主管禁離京，2017.9.19。
(44) 工商時報，谷歌決禁止加密貨幣廣告，2018.3.15。
(45) 工商時報，英開加密貨幣勒戒所，2018.5.31。
(46) 工商時報，我的虛擬貨幣不是有價證券，2018.5.11。
(47) 工商時報，比特幣期貨下月中旬上路，2017.11.15。
(48) 工商時報，加密貨幣血崩 3 天蒸發 500 億美元，2018.5.25。
(49) 工商時報，買賣比特幣財長：應課徵營業稅，2018.3.27。
(50) 工商時報，第 2 檔比特幣期貨開跑，2017.12.18。
(51) 工商時報，比特幣市值超越可口可樂，2017.12.7。
(52) 工商時報，以色列擬禁止比特幣公司掛牌，2017.12.27。
(53) 工商時報，大陸封殺虛擬貨幣交易所轉戰日本，2018.1.2。
(54) 工商時報，比特幣狂瀉 2 天暴跌千美元，2017.11.12。
(55) 工商時報，日本反洗錢比特幣嚇跌，2018.6.24。
(56) 工商時報，9 檔比特幣 ETF 發行申請 SEC 全數駁回，2018.8.24。
(57) 工商時報，陸互聯網巨頭切割虛擬貨幣，2018.8.27。
(58) 工商時報，幣圈與鏈圈內入行業規範，此其時也，2018.8.30。
(59) 工商時報，日本「資金結算法」：虛擬貨幣監理之參考方向，2018.8.28。
(60) 工商時報，虛擬通貨分級監理產業自律探路，2018.8.16。
(61) 工商時報，谷歌加密貨幣廣告禁令鬆綁，2018.9.27。
(62) 工商時報，比特幣納管金管會願接重擔，2018.10.5。
(63) 工商時報，洗錢防制疑與監管科技相輔相成，2018.11.6。
(64) 工商時報，香港證監會監管加密幣再出招，2019.5.31。
(65) 工商時報，AMOS 健身器材結合區塊鏈，2019.4.16。
(66) 工商時報，虛擬通貨行不行？央行：有三大阻礙、六大缺陷，2018.10.20。
(67) 工商時報，台首部區塊鏈電影今夏登場，2019.1.15。
(68) 工商時報，信馨、推區塊鏈時間銀行，2018.10.19。
(69) 工商時報，比特幣破 3,400 美元 15 個月新低，2018.12.8。
(70) 工商時報，華南、兆豐銀函證區塊鏈化，2019.7.31。
(71) 天下雜誌，台灣區塊鏈專家打造 FinTech 王牌，2016.3.15。

(72) 中央社，比特幣等虛擬貨幣央行：有五大挑戰，2016.3.27。
(73) 台灣銀行業，區塊鏈創新應用重新改寫金融商業模式，2018 年 1 月號。
(74) 自由時報，全球第一馬紹爾群島將發行虛擬貨幣，2018.3.4。
(75) 商業週刊，沒有現金的時代來臨：北歐國家讓經濟和業績大漲，原本都不用「錢」！2015.5.11。
(76) 財經新報，股市的數位革命，Nasdaq 將採比特幣技術，2015.5.12。
(77) 財經新報，IBM 將改善比特幣技術，爲其提供智慧合約，2015.9.17。
(78) 科技橘報，比特幣成功的關鍵：區塊鏈技術，2015.11.16。
(79) 哈佛商業評論，理解區塊鏈，不能不知道密碼學，2017.8。
(80) 董瑞斌，台灣銀行家，比特幣新貨幣或新泡沫？第 42 期，2013.6。
(81) 經濟日報，星國衝 Fintech 研發創新軟體，2016.5.7。
(82) 經濟日報，掌握區塊鏈催動數位 3.0 浪潮，2016.4.19。
(83) 經濟日報，銀行拚創新搶辦黑客松，2016.7.1。
(84) 經濟日報，打造數位方舟中信銀黑客松鳴槍，2016.4.26。
(85) 經濟日報，香港比特幣遭駭幣值暴跌，2016.8.4。
(86) 經濟日報，區塊鏈紅火金融業拚場，2016.10.24。
(87) 經濟日報，區塊鏈列車啟動四金控搶搭，2016.10.12。
(88) 經濟日報，人行反洗錢查比特幣交易所，2017.1.12。
(89) 經濟日報，中印需求飆比特幣帳翻天，2015.12.8。
(90) 經濟日報，比特幣價格四小時崩跌 20%，2017.1.6。
(91) 經濟日報，比特幣平台違規價格應聲跌，2017.1.9。
(92) 經濟日報，醫療資訊交換快導入區塊鏈，2016.11.14。
(93) 經濟日報，玉山校園黑客松聚焦 FinTech，2017.2.13。
(94) 經濟日報，楊仁達：用區塊鏈建立本土服務，2016.12.8。
(95) 經濟日報，那斯達克結算時間大減，2016.1.1。
(96) 經濟日報，IBM 攻金融科技測試區塊鏈，2016.2.17。
(97) 經濟日報，小摩砸大錢攻金融科技，2016.2.24。
(98) 經濟日報，人行去紙幣化要發數位貨幣，2016.1.22。
(99) 經濟日報，港富商獲救比特幣當贖金，2015.10.28。
(100) 經濟日報，人行去紙幣化要發數位貨幣，2016.1.22。
(101) 經濟日報，宏達電開發區塊鏈手機，2018.5.17。
(102) 經濟日報，DTCO 打造區塊鏈應用新價值，2018.5.28。
(103) 經濟日報，區塊鏈應用安全大檢驗，2017.12.27。
(104) 經濟日報，創新商業模式區塊鏈挑大樑，2018.5.15。
(105) 經濟日報，區塊鏈讓社群挖礦成眞，2018.3.31。
(106) 經濟日報，防止數位貨幣遭竊交易所註冊審查交易所註冊審查趨嚴，2018.5.7。
(107) 經濟日報，比特幣又被駭引發拋售潮，2018.6.12。

(108) 經濟日報，花旗出手禁刷卡買比特幣，2018.2.5。
(109) 經濟日報，比特幣期貨首日發飆，2017.12.12。
(110) 經濟日報，比特幣分裂兩版本拚場，2017.8.2。
(111) 經濟日報，比特幣崩跌啟示錄，2017.9.24。
(112) 經濟日報，比特幣跌破 6000 美元，2018.2.7。
(113) 經濟日報，比特幣失守 12000 美元大關，2018.1.17。
(114) 經濟日報，虛擬幣帳戶業務將嚴管，2018.8.6。
(115) 經濟日報，區塊鏈電影觀眾可自選角色，2018.9.3。
(116) 經濟日報，挖礦綁架資安最大威脅，2018.9.5。
(117) 經濟日報，宏達電區塊鏈手機來了，2018.9.26。
(118) 經濟日報，全球瘋區塊鏈砸錢拚創新，2018.9.26。
(119) 經濟日報，度度客全台首創區塊鏈募資平台，2017.11.25。
(120) 經濟日報，資策會鋪路助攻 AIoT 商機，2018.12.18。
(121) 經濟日報，防洗錢虛擬貨幣交易超商不納管，2019.6.16。
(122) 經濟日報，物流區塊鏈助數位轉型省成本，2019.1.1。
(123) 經濟日報，玉山金攜台大成立 AI 金融科研中心，2019.8.1。
(124) 劉世偉等，台灣銀行家，以帳聯網創造金融台積電，74 期，2016.2。
(125) 遠見雜誌，區塊鏈大潮為何讓金融界大咖又愛又怕，2016.5。
(126) 遠見雜誌，STO 為台灣帶來新活力，2019.7。
(127) 聯合報，周小川：陸將發數位貨幣，2016.2.17。
(128) 聯合報，丟掉收銀機……瑞典人幾乎不用現金，2016.2.17。
(129) 聯合報，四招看懂比特幣，2016.5.3。
(130) 趨勢分析，請別讓台灣在數位貨幣世界落後了，2014.3.10。
(131) 薛智文，科學月刊，道高一尺魔高一丈：比特幣是怎麼回事？2014.1.23。

4. 英文報告

(1) Ali Robleh, Barrdear John, Clews Roger and Southgate James, “Innovations in Payment Technologies and the Emergence of Digital Currencies,” Bank of England Quarterly Bulletin, 2014 Q3.

(2) Ali Robleh, Barrdear John, Clews Roger and Southgate James, “Innovations in Payment Technologies and the Emergence of Digital Currencies,” Bank of England Quarterly Bulletin, 2014 Q3.

(3) Bitcoinist, Bitcoin Gold Plans Hard Fork to Prevent Further 51% Attacks, 2018.6.6. (bitcoinist.com/bitcoin-gold-plans-hard-fork-prevent-51-attacks)

(4) Bitshares, Stakeholder-Approved Project Funding.（bitshares.org/technology/stakeholder-approved-project-funding）

(5) CNN.LA, What’s NXT in the World of Cryptocurrencies? 2014.1.17.（www.cryptocoinsnews.

com/whats-nxt-world-cryptocurrencies/）

(6) Coindesk, Bitcoin Stock Exchange BitFunder Announces Closure, 2013.11.12.（www.coindesk.com/bitcoin-stock-exchange-bitfunder-announces-closure）

(7) DigixDAO White paper, DigixDAO (DGD) Information, 2016.3.1.（www.dgx.io/whitepaper.pdf）

(8) IMF (2016), "Virtual Currencies and Beyond: Initial Considerations," IMF Staff Discussion Notes, No. 16/3.

(9) Kevin Delmolino, Mitchell Arnett and Kosba, Stey by Step Towards Creating a Safe Smart Contract: Lessons and Insights from a Cryptocurrency Lab, 2015, Cryptology ePrint Archive.（eprint.iacr.org/2015/460.pdf）

(10) Milton Lim, Bitcoins, Banking and the Blockchain, 2015.4.24.（www.actuaries.digital/2015/04/24/bitcoinsl-banking-and-the-blockchain）

(11) Prableen Bajpai, Goldman Sachs Files "SETLcoin" Patent: What It Is and What It Means, 2015.12.8.（www.nasdaq.com/article/goldmansachs-files-setlcoin-patent-what-it-is-and-what-it- means1-cm551600）

(12) Tim Swanson, Great Chain of Numbers：A Guide to Smart Contracts, Smart Property and Trustless Asset Management, Amazon Digital Services LLC, 2014.3.

(13) TripleC, The Real World of the Decentralized Autonomous Society, 2016, 14(1), 62-77.（www.triple-c.at）

(14) William Mougayar, An Operational Framework for Decentralized Organizations, Startup Management, 2015.2.4.（startupmanagement.org/2015/02/04/an-operational-framework-for-decentralized-autonomous-organizations/）

5. 相關網站

(1) 36氪，比特幣革命，不只是新型貨幣這麼簡單，2014.8.25。（36kr.com/p/214812.html）

(2) 比特幣中文網。（www.bitecoin.com/faq）

(3) 互動百科。（www.baike.com/wiki/%E7%8B%97%E5%B8%81）

(4) 比巴克，智能資產架構 Colored Coin 彩色幣簡介，2013.10.12。（p2pbucks.com/?p=8340）

(5) 比特幣 Bitcoin 中文資訊網。（www.bitcoin-info.guide / 入門指引 / 比特幣運作原理 / 什麼是硬分叉）

(6) 比特幣中文維基，比特股。（wiki.8btc.com/doc-view-56.htm）

(7) 比特幣中文網，虛擬貨幣 Namecoin 的概念和比特幣相近，2014.2.8。（www.bitecoin.com/online/2014/02/4292.html）

(8) 比特幣中文網。（www.bitecoin.com/online/2015/08/14832.html）

(9) 比特時代，Bitshares 對你意味著甚麼？2015.6.10。（www.btc38.com/altcoin/bts/7335.html）

(10) 比特幣資訊網，日本正式承認比特幣和數字貨幣爲貨幣，2016.5.9。（www.bitcoin86.com/news/10390.html）

(11) 比特幣資訊網，比特幣私鑰、公鑰、錢包地址之間的關係，2014.11.27。（www.bitcoin86.com/teach/6494.html）

(12) 巴比特，什麼是 Namecoin（域名幣）？2013.8.26。（8btc.com/thread-518-1-1.html）

(13) 巴比特，點點幣 /peercorin。（8btc.com/forum-49-1.html）

(14) 巴比特，比特幣 2.0 誰將是贏家？2014.3.12。（www.8btc.com/?cat=571）

(15) 巴比特，合約幣（Counterparty）協議，2014.4.3。（www.8btc.com/counterparty_protocol）

(16) 巴比特，比特幣耶穌發文讚預測市場側鏈：比特幣發明以來最重大的發明，2015.6.25。（www.8btc.com/?cat=571）

(17) 民視新聞，熟女詐騙頭誆投資虛擬貨幣吸金近 5 千萬，2016.11.16。

(18) 未央網，從雲端到熱土：智能合約與代碼法律，2016.5.6。（www.weiyangx.com/178060.html）

(19) 知乎，介紹下最近的比特幣硬分叉幾個幣種吧，2017.12.1。（zhuanlan.zhihu.com/p/31124536）

(20) 法新社。（www.afp.com）

(21) 科技報橘，再也不會丈二金剛摸不著頭緒》2 張圖搞懂什麼是區塊鏈，2016.3.14。（buzzorange.com/techorange/2016/03/14/what-is-blockchain）

(22) 科技報橘，國際清算銀行 BIS：數位貨幣加速「金融脫媒」，勢必衝擊現有央行運作，2015.12.15。（buzzorange.com/techorange/2015/12/15/digital-currency-2）

(23) 科技報橘，比特幣礦業史（上）：故事的開始 CPU 時代，2013.5.22。（buzzorange.com/techorange/2013/05/22/bitcoin-mining-history-1）

(24) 科技報橘，比特幣礦業史（中）：群眾的覺醒顯卡時代，2013.5.23。（buzzorange.com/techorange/2013/05/23/bitcoin-mining-history）

(25) 科技報橘，比特幣礦業史（下）：巨頭的誕生 ASIC 時代，2013.5.27。（buzzorange.com/techorange/2013/05/27/bitcoin-mining-history-3）

(26) 區塊客，不可不知淺談 ERC721 與 ERC20。（blockcast.it/2018/04/07/erc721-erc20-ethereum-token-standard）

(27) 區塊鏈科技資訊，正在進行眾籌的 DAO 智能合約目前持有的以太坊超過其總供應量的 38%，2016.5.7。（news.blockchain.hk/the-dao-holds-over-38-of-entire-ethereum-supply）

(28) 貨幣新聞，虛擬貨幣將顛覆金融並消滅銀行，2015.8.8。（www.wowdigit.com/news/show/news/news-101.html）

(29) 逐鹿網，銀行只是開始，這 12 各行業面臨著 Blockchain 的顛覆，2016.2.16。（www.huxiu.com/article/139222/1.html）

(30) 壹讀，加密貨幣和區塊鏈，哪一種網路效應更重要呢？2015.1.15。（read01.com/amd83m.html）

(31) 壹比特，DigixDAO 與 OpenLedger 攜手推廣數字黃金，2016.4.25。（zl.yibite.com/finance/2016/0425/31982.shtml）
(32) 鉅亨網，泡沫正式破裂 - 比特幣 2015 年交易價值恐縮減一半。（tw.money.yahoo.com）
(33) 數位時代，不是 Bug 是功能？區塊鏈新創 The DAO 智慧合約「同意」駭客盜領超過 6 千萬美元，2016.6.21。（www.bnext.com.tw/article/view/id/39976）
(34) 鉛筆，全球大型眾籌項目中，區塊鏈初創公司占了 20%，2016.5.16。(chainb.com/?p=Cont&id=922）
(35) 鉛筆，見證奇蹟時刻！區塊鏈項目 DAO 即將成爲史上最大眾籌項目，2016.5.15。（chainb.com/?P=Cont&id=915）
(36) 鉛筆，DAO 眾籌項目打破歷史紀錄突破 1.4 億美元，2015.5.18。（chainb.com/?P=Cont&id=950）
(37) 維基百科。（zh.wikipedia.org/wiki）
(38) 幣問，比特幣迄今已衍生 44 個分叉幣，但有價值的莬只有 4 個，2018.5.23。（www.biask.com/article/1948）
(39) 澳凱網絡，比特股（BitShares）中文白皮書，2013.11.23。（AOKAI.NET）
(40) 蘋果仁，比特幣分叉是什麼？告訴你區塊鏈分叉到底是怎麼一回事，2017.12.8。（applealmond.com/posts/22846)
(41) AHC 閃爍幣。（www.caifu58.net/youshi/1014.html）
(42) MBA 智庫百科。（wiki.mbalib.com)。
(43) BCFANS，重磅！萊特幣將要分叉萊特現金、萊特股、超級萊特幣，2017.12.16。（www.bcfans.com/toutiao/redian/21808.html）
(44) Bitcoin Visuals。（bitcoinvisuals.com/chain-difficulty）
(45) Bitcoin Wiki, Open Transactions. (en.bitcoin.it/wiki/Open_Transactions）
(46) BitoEX 網站。（www.bitoex.com）
(47) Bitstamp 比特幣交易網站，Bitcoin Charts (bitcoincharts.com)。
(48) BlockChain.HK，合約幣準備在其網絡上實施以太坊能合約，2016.5.12。（news.blockchain.hk/counterparty-wants-bringing-ethereum-smart-contracts- mainnet）
(49) Blockchain Info。
（blockchain.info/zh-cn/charts/my-wallet-n-tx）
（blockchain.info/zh-cn/charts/my-wallet-n-users）
（blockchain.info/zh-cn/charts/difficulty?）
（blockchain.info/zh-cn/charts/n-unique-addresses?）
(50) BTC123 網站。（www.btc123.com/price_and_exchange/target=%22_blank%22）
(51) CEC 官網。（www.cecoin.org）
(52) Coin ATM Radar。（coinatmradar.com/charts）
(53) CoinDesk 網站，Bitcoin Charts。（www.coindesk.com）
(54) CoinGecko, DigixDAO Introduces Gold-backed Tokens on the Ethereum Blockchain,

2016.4.23.（www.coingecko.com/buzz/digixdao-introduces-gold-tokens-ethereum）

(55) Coinmaketcap.com.
（coinmarketcap.com/currencies/views/all）
（coinmarketcap.com/currencies/bitcoin/#charts）

(56) Crypto-Currency Market Capitalizations。（coinmarketcap.com/currencies/views/all）

(57) CryptoMedication, The ultimate guide to hard forks for crypto dummies, 2018.4.28.（thenextweb.com/contributors/2018/04/28/comprehensive-guide-to-hard-forks-a-look-into-the-different-types-of-bitcoin-forks）

(58) etherworld.co, Hard Fork and Soft Fork in Blockchain, 2017.3.6.（etherworld.co/2017/03/06/hard-fork-and-soft-fork-in-blockchain）

(59) GiHub，以太坊（Ethereum）：下一代智能合約和去中心化應用平台，2016.1.17。（github.com/ethereum/wiki）

(60) Insider.pro, How Big is Satoshi Nakamoto's Net Worth, 2018.7.23.（en.insider.pro/analytics/2018-07-23/how-big-satoshi-nakamotos-net-worth）

(61) iThome，金管會呼籲銀行快投入區塊鏈研究，年底將納進國家科技政策白皮書，2016.4.23。（www.ithome.com.tw/news/1053731）

(62) iThome 新聞，高盛打造虛擬貨幣 SELTCOIN，2015.12.9。

(63) iThome，比特幣發明人果然是他！澳洲企業家 Craig Steven Wright 終於坦言證實，（2016.5.2。（www.ithome.com.tw/news/105677）

(64) iThome，區塊鏈技術演進史，2016.4.23。（www.ithome.com.tw/news/105370）

(65) iThome，區塊鏈運作原理剖析：五大關鍵技術，2016.4.23。（www.ithome.com.tw/news/105374）

(66) iThome，台灣新創 Maicoin 切入主流金融支付市場，靠區塊鏈處理跨領域資訊流，2016.4.21。（www.ithome.com.tw/news/105377）

(67) iThome，台灣新創 DiQi 鎖定金融產業應用，改善比特幣區塊鏈 3 大問題，2016.4.22。（www.ithome.com.tw/news/105376）

(68) iThome，台灣新創 DTCO 鎖定電商、零售產業應用，打造可和公有區塊鏈掛鉤的私有鏈，2016.4.20。（www.ithome.com.tw/news/105378）

(69) iThome，區塊鏈運作原理大剖析：從事一筆交易看區塊鏈運作流程，2016.4.23。（www.ithome.com.tw/news/105373）

(70) Kraken 網站。（www.kraken.com）

(71) m.btb8.com，門羅幣硬分叉，一分爲五，后續要怎麼發展？2018.4.7。（m.btb8.com/xmr/1805/5180.html）

(72) MaiCoin 網站。（www.maicoin.com/zh-TW/charts/ltc）

(73) medium.com, A Safe Hard Fork is the same as a Soft Fork, 2016.10.6.（medium.com/@zhangsanbtc/ ending-the-soft-hard-fork-debate-a-safe-hard-fork-is-the-same-as-a-soft-fork-c0e96eeb62d0）

(74) medium.com，到底什麼是 ERC-20？（medium.com/myethacademy/ 到底什麼是 erc-20-49d052e8d290）

(75) NIUS 妞新聞，丹麥決定根現金說掰掰！全國一致擁抱電子貨幣時代來臨，2015.6.11。（niusnews.com/=p1mo1142）

(76) Plus 500 網站。（www.plus500.com.au）

(77) QuKuai 區塊。（qukuai.com）

(78) Saowen，OK、幣安、火幣都要拿的 MSB 牌照到底是什麼，2018.7.17。（tw.saowen.com/a/b6d1c0f4a530c44cc3a0d7206e0dfe447ae17d02707d7c4ba921afb6e31d8862）

(79) Satoshi Nakamoto, 2008, Bitcoin：A Peer-to-Peer Electronic Cash System.（bitcoin.org/bitcoin.pdf）

(80) Securityxt.com, What Is A Hard Fork in Cryptocurrency, 2018.4.22.（securityxt.com/exchange/what-is-a-hard-fork-in-cryptocurrency）

(81) Statista, 2019.（www.statista.com/statistics/647374/worldwide-blockchain-wallet-users/）

(82) Wikipedia。
（en.wikipedia.org/wiki/List_of_highest_funded_crowdfunding_projects）
（en.wikipedia.org/wiki/Byzantine_fault_tolerance）

【第 12 章】參考文獻與網頁

2. 書及研究報告

(1) 新頭殼，無人店來了！五大科技重整新零售 200 萬服務業大軍消失中，2017.8.9。

(2) 資策會 MIC 經濟部 ITIS 計畫。

3. 報紙及雜誌

(1) 工商時報，AI 在中國不可忽略的龐大商機，2018.5.7。

(2) 工商時報，上海 AI 戰場 6 巨頭正面對決，2018.9.18。

(3) 工商時報，邁向精準醫療台灣擁利基，2018.5.20。

(4) 工商時報，陸 3 年 AI 計劃強攻 8 大應用，2017.12.15。

(5) 工商時報，善用人工智慧目前正是好時機，2017.12.12。

(6) 工商時報，AI 運算核心半導體 4 領域前程遠大，2017.12.4。

(7) 工商時報，AI 人工智慧發展迎來大爆發時代，2017.12.31。

(8) 工商時報，AI 應用推動高速運算與雲端，2018.2.20。

(9) 工商時報，Google 秀 AI 應用包山包海，2017.11.29。

(10) 工商時報，Google 投資台灣 AI 玩真的，2018.3.13。

(11) 工商時報，台灣搶 AI 轉型商機四大產業最有利基，2017.12.17。

(12) 工商時報，建群眾解題平台化問題爲金脈，2017.12.17。

(13) 工商時報，AI 產業化、產業 AI 化聚焦六領域，2017.12.7。

(14) 工商時報，邊緣計算大陸科技業忙布局，2018.10.10。

(15) 工商時報，科技業愛 AI 高其他產業 5 倍，2018.10.15。
(16) 工商時報，台灣 AI 發展靠跨界整合突圍，2018.10.16。
(17) 工商時報，AI x 電動車移動科技大商機，2018.3.5。
(18) 工商時報，整合 AIoT 技術讓拿了就走成眞，2018.6.10。
(19) 工商時報，匯豐攜新創靠 AI 防制洗錢，2018.4.10。
(20) 工商時報，安聯至能克服 Allie 艾莉正式上線，2018.6.14。
(21) 工商時報，好好投資挑戰基金交易生態，2018.9.24。
(22) 工商時報，宏碁電競 AI 自駕車邁新里程碑，2018.10.1。
(23) 工商時報，痞客幫跨足 AI 轉型數據公司，2018.3.16。
(24) 工商時報，亞洲第一個 ETF AI 投資平台上線，2018.1.2。
(25) 工商時報，日專：別把 AI 教壞了，2018.6.18。
(26) 工商時報，捷智 AI 工金融商機營運喊衝，2018.10.29。
(27) 工商時報，沛星科技用 AI 完成精準商業決策，2018.10.31。
(28) 工商時報，台在地培訓 AI 人才四箭齊發，2018.9.30。
(29) 工商時報，台灣大攜交大逾千名 AI 師資，2018.3.23。
(30) 工商時報，AI 科技世代聖約大不缺席，2018.3.11。
(31) 工商時報，農事國際物聯網禽舍智慧加值服務示範案，2017.11.29。
(32) 工商時報，AI 時代來臨，中小型服務業喜多於悲嗎？2018.11.5。
(33) 工商時報，AI 物聯網大合體智慧應用再進化，2018.1.7。
(34) 工商時報，虎頭山基地動工桃三大青創聚落成形，2018.10.31。
(35) 工商時報，通傳會、經部共推物聯網資安驗證標章，2018.6.13。
(36) 工商時報，兩岸物聯網爭全球領頭羊，2015/6/26。
(37) 工商時報，金融科技聯姻 BATJ 牽手 4 大行，2017.9.26。
(38) 工商時報，5G 將開放共頻共網共建，2019.3.18。
(39) 工商時報，韓國 AI 強國的雄心，2018.12.20。
(40) 工商時報，台灣創新 Aeolus 用 AI 機器人顛覆長照產業，2019.1.2。
(41) 工商時報，聊天機器人持續發燒首重服務旅程設計，2019.4.26。
(42) 工商時報，阿里全吃餓了麼，2018.4.3。
(43) 今周刊，5G 全攻略超級訂單概念股，2019。
(44) 台灣銀行家，一場零售新革命掌握消費者動向，2018.2 月號。
(45) 台灣銀行家，洞悉金融科技掌握機器學習應用是關鍵，2018.2 月號。
(46) 台灣銀行家，攜手物聯網與金融業打造智慧新農業，2018 年 1 月號。
(47) 商業周刊，Nike、沃爾瑪都在做的 O 型戰術，1616 期，2018.11。
(48) 商業周刊，騰訊、阿里是初創金主也是惡夢，1586 期，2018.4。
(49) 瑞德消防雜誌，新一代無線傳輸技術 -LoRa，2017.6.23。（blog.hexsave.com）
(50) 經濟日報，陸培育 AI 人才從中學開始，2018.4.30。
(51) 經濟日報，AI 精準醫療商機湧現，2018.5.22。

(52) 經濟日報，AI 服務生態鏈，串起大商機，2018.7.15。
(53) 經濟日報，建構 AI 生態圈鏈結產學研，2018.1.4。
(54) 經濟日報，衝刺 AI 產業看看法國經驗，2018.3.2。
(55) 經濟日報，台灣應有新的 AI 戰略，2018.1.30。
(56) 經濟日報，靠臉走天下中華電信進軍人臉辨識，2018.10.8。
(57) 經濟日報，統一無人店獨創 AI 辨識，2018.1.30。
(58) 經濟日報，台廠機器人大戰明年開打，2018.10.13。
(59) 經濟日報，推 AI 智慧助理轉帳查資料動嘴就行，2018.4.9。
(60) 經濟日報，AIoT 概念股多頭買盤簇擁，2018.10.8。
(61) 經濟日報，遠傳揪團打造物聯網生態圈，2017.11.28。
(62) 經濟日報，亞馬遜跨業強攻數位醫療，2018.11.29。

3. 相關網站

(1) 大中國，NB-IoT 將爲智慧城市帶來哪些改變？2018.10.12。（gogonews.cc/article/5194231.html）
(2) 大和有話說，萬物聯網，淺談 IoT 低功耗廣域網路趨勢：LoRa、SIGFOX、NB-IoT，2018.2.12。（meethub.bnext.com.tw/ 萬物聯網，淺談 iot 低功耗廣域網路趨勢：lora、sigfox、nb-iot）
(3) 台灣農業新聞，台南市肉品市場公司豬隻買賣無鈔化交易安全快速又 e 化，2016.12.4。（agronews.fftc.org.tw）
(4) 企業通，從零售科技看未來零售趨勢，2017.5.15。（mag.digiwin.com）
(5) 易觀網站。（www.analysys.cn）
(6) 科技新報，AI、5G 都靠它，邊緣運算夯什麼？2018.5.16。（technews.tw/2018/05/16/edge-computing）
(7) 時報資訊，鄭優：中華電今年帶頭打造五大生態圈，2018.4.9。（tw.stock.yahoo.com/news）
(8) 痞客邦，超有「存在感」邊緣運算，2018.5.25。（hnentrust8888.pixnet.net/blog/post/178523058- 超有「存在感」一邊緣運算）
(9) 智慧農業，全球智慧家禽產業代表性案例研究，第 48 期，頁 27-34。
(10) 富邦證券。
(11) 新通訊，物聯網最後一哩有解 NB-IoT 多元應用席捲市場，2017.10.16。（www.2cm.com.tw/2cm/zh-tw/magazine/-MarketTrend）
(12) 壹讀，一文看懂 5G、天線、後蓋的關係，2017.9.12。（read01.com/zh-tw/mELa2mM.html#.XDR4BVwzaUk）
(13) 彰化銀行。
(14) 網經社，分析：開放與封閉迴路的博弈下 O2O 模式的去向，2014.4.5。（www.100ec.cn/detail--6164811.html）

(15) 數位時代，SIGFOX 商用物聯網網路在台啟動，月租費最低 2 元起，2017.10.12。（www.bnext.com.tw/article/46514/sigfox-launch-its-iot-service-in-taiwan）

(16) 36 氪，零基礎看懂全球 AI 晶片，詳解 “xPU”，2017.8.31。（big5.china.com.cn/gate/big5/chuangkr.china.com.cn/p/5090739?column=NEWS）

(17) brain，預測型分眾工具主你直通客群的心，504 期，2018.4。

(18) CTIMES，5G 來了！你不可不知的技術趨勢與標準，2018.3.21。(www.ctimes.com.tw/DispArt/tw/ 毫米波 /MIMO/5G/1803211523XH.shtml）

(19) DigiTimes，台灣推行生產力 4.0 打造網路 + 實體物流全通路服務，2015.11.23。(www.digitimes.com.tw/iot/article.asp?cat=130&cat1=45&cat2=25&id=0000451389_i2f4pi1t7rttlfl00v8wj）

(20) iThome，韓國首間 7-11 無人概念店開張，免現金、儲值卡靠手掌就能結帳，2017.5.17。（www.ithome.com.tw/news/114265）

(21) RUN!PC，雲端運算的過去、現在與未來。（www.runpc.com.tw/content/content.aspx?id=105867）

(22) TESA，台灣真的需要「新零售」嗎？深度解析無人便利商店，2017.10.11。（tesa.today/article/1690)

(23) Wikipedia。（zh.wikipedia.org/zh-tw/ 張量處理器）

(24) Wikipedia。（zh.wikipedia.org/zh-tw/ 霧運算）

(25) Wikipedia。（ zh.wikipedia.org/wiki/ISM 頻段）

(26) Wikipedia。（zh.wikipedia.org/wiki/ 長期演進技術）

(27) Wikipedia。（zh.wikipedia.org/wiki/ZigBee）

(28) Wikipedia。（zh.wikipedia.org/wiki/ 超寬頻）

(29) Wikipedia。（zh.wikipedia.org/wiki/GPRS）

(30) Wikipedia。（zh.wikipedia.org/zh-tw/ 應用程序接口）

(31) Wikipedia。（zh.wikipedia.org/wiki/3GPP）

(32) Wikipedia。（zh.wikipedia.org/wiki/IPv4）

(33) Wikipedia。（zh.wikipedia.org/wiki/5G）

(34) Yahoo 奇摩新聞，台灣大「物聯網大生態圈」布局八領域市場，2018.3.20。（tw.news.yahoo.com）

插圖

(1) Wikimedia Commons，維基共享資源。(commons.wikimedia.org)

百度百科 **.png:** (commons.wikimedia.org/wiki/File: 百度百科 .png)

百樂 **:** (commons.wikimedia.org/wiki/File:Cloud_computing_icon.svg?uselang=zh-tw)

Alexander Simone: (commons.wikimedia.org/wiki/File:Noun_78181_cc.svg?uselang=zh-tw)

Andreas Kainz: (commons.wikimedia.org/wiki/File:Breezeicons-devices-64-computer-laptop.svg?uselang=zh-tw)

Andreas Kainz: (commons.wikimedia.org/wiki/File:Breezeicons-actions-22-view-bank.svg?uselang=zh-tw)

archive.is/Uc2Ni: (commons.wikimedia.org/wiki/File:Circle-icons-gps.svg?uselang=zh-tw)

Atón: (commons.wikimedia.org/wiki/File:Light_bulb_icon_red.svg?uselang=zh-tw)

Aylmao1999: (commons.wikimedia.org/wiki/File:Electronic.mail.png?uselang=zh-tw)

Caihua: (commons.wikimedia.org/wiki/File:Fairytale_kuser.png?uselang=zh-tw)

Canonical: (commons.wikimedia.org/wiki/File:Ubuntu_Software_Center_icon.svg?uselang=zh-tw)

Carlosdevivo: (commons.wikimedia.org/wiki/File:Personal_Computer_Icon.png?uselang=zh-tw)

CDC: (commons.wikimedia.org/wiki/File:Shopping_cart_with_food_clip_art_2.svg?uselang=zh-tw)

Circle-icons-cloud.svg:

(commons.wikimedia.org/wiki/File:Circle-icons-cloud.svg)

(commons.wikimedia.org/wiki/File:Circle-icons-water.svg)

Creative Commons: (commons.wikimedia.org/wiki/File:Wikinews_waves_Left.png)

Creative Tail:

(commons.wikimedia.org/wiki/File:Creative-Tail-ambulance.svg?uselang=zh-tw)

(commons.wikimedia.org/wiki/File:Creative-Tail-atomi.svg?uselang=zh-tw)

(commons.wikimedia.org/wiki/File:Creative-Tail-People-chef.svg?uselang=zh-tw)

(commons.wikimedia.org/wiki/File:Creative-Tail-People-doctor.svg?uselang=zh-tw)

(commons.wikimedia.org/wiki/File:Creative-Tail-People-gentleman.svg?uselang=zh-tw)
(commons.wikimedia.org/wiki/File:Creative-Tail-Halloween-pumpkin.svg? uselang =zh-tw)
(commons.wikimedia.org/wiki/File:Creative-Tail-microscope.svg?uselang=zh-tw)
(commons.wikimedia.org/wiki/File:Creative-Tail-People-asistante.svg?uselang=zh-tw)
(commons.wikimedia.org/wiki/File:Creative-Tail-People-boy.svg?uselang=zh-tw)
(commons.wikimedia.org/wiki/File:Creative-Tail-People-businness-man.svg?uselang =zh-tw)
(commons.wikimedia.org/wiki/File:Creative-Tail-People-girl.svg?uselang=zh-tw)
(commons.wikimedia.org/wiki/File:Creative-Tail-People-man.svg?uselang=zh-tw)
(commons.wikimedia.org/wiki/File:Creative-Tail-People-man-2.svg?uselang=zh-tw)
(commons.wikimedia.org/wiki/File:Creative-Tail-People-queen.svg?uselang=zh-tw)
(commons.wikimedia.org/wiki/File:Creative-Tail-People-speaker.svg?uselang=zh-tw)
(commons.wikimedia.org/wiki/File:Creative-Tail-People-spy.svg?uselang=zh-tw)
(commons.wikimedia.org/wiki/File:Creative-Tail-People-superman.svg?uselang=zh-tw)
(commons.wikimedia.org/wiki/File:Creative-Tail-People-women.svg?uselang=zh-tw)
(commons.wikimedia.org/wiki/File:Creative-Tail-People-worker.svg?uselang=zh-tw)
(commons.wikimedia.org/wiki/File:Creative-Tail-People-woen-2.svg?uselang=zh-tw)
(commons.wikimedia.org/wiki/File:Creative-Tail-pulse.svg?uselang=zh-tw)
(commons.wikimedia.org/wiki/File:Creative-Tail-test_tube.svg?uselang=zh-tw)

Chrisdesign: (commons.wikimedia.org/wiki/File:Weapon_shield.svg)

Crystal Clear App Login Manager.png: (commons.wikimedia.org/wiki/File:Crystal_Clear_app_Login_Manager_2.png?uselang=zh-tw)

David Vignoni: (commons.wikimedia.org/wiki/File:Nuvola_apps_korganizer.svg?uselang=zh-tw)

David Vignoni / ICON KING: (commons.wikimedia.org/wiki/File:Nuvola_filesystems_server.png?uselang=zh-tw)

DesignContest: (commons.wikimedia.org/wiki/File:Company_building_icon.png?uselang=zh-tw)

Dirceu Veiga: (commons.wikimedia.org/wiki/File:Isimple_system_icons_shopping_cart_full.png?uselang=zh-tw)

Elegant Themes:

(commons.wikimedia.org/wiki/File:Circle-icons-car.svg?uselang=zh-tw)

(commons.wikimedia.org/wiki/File:Circle-icons-creditcard.svg?uselang=zh-tw)

(commons.wikimedia.org/wiki/File:Circle-icons-document.svg?uselang=zh-tw)

(commons.wikimedia.org/wiki/File:Circle-icons-flame.svg?uselang=zh-tw)

(commons.wikimedia.org/wiki/File:Circle-icons-gas.svg?uselang=zh-tw)

(commons.wikimedia.org/wiki/File:Circle-icons-key.svg?uselang=zh-tw)

(commons.wikimedia.org/wiki/File:Circle-icons-power.svg?uselang=zh-tw)

(commons.wikimedia.org/wiki/File:Circle-icons-shop.svg?uselang=zh-tw)

(commons.wikimedia.org/wiki/File:Circle-icons-truck.svg?uselang=zh-tw)

(commons.wikimedia.org/wiki/File:Circle-icons-trends.svg?uselang=zh-tw)

(commons.wikimedia.org/wiki/File:Circle-icons-tv.svg?uselang=zh-tw)

Emoji u1f321.svg: (commons.wikimedia.org/wiki/File:Emoji_u1f321.svg)

Enoc vt: (commons.wikimedia.org/wiki/File:Bot%C3%B3n_Me_gusta.svg?uselang=zh-tw)

Ersay Zesen: (commons.wikimedia.org/wiki/File:House_image_icon.png?uselang=zh-tw)

es: Usuario:House: (commons.wikimedia.org/wiki/File:Mail.svg?uselang=zh-tw)

Everaldo Coelho:

(commons.wikimedia.org/wiki/File:Crystal_Clear_device_nfs_unmount.png?uselang=zh-tw)

(commons.wikimedia.org/wiki/File:Crystal_Project_server.png?uselang=zh-tw)

(commons.wikimedia.org/wiki/File:Integrated_circuit_icon.svg?uselang=zh-tw)

Everaldo Coelho and YellowIcon:

(commons.wikimedia.org/wiki/File:Computer_n_screen.svg?uselang=zh-tw)

(commons.wikimedia.org/wiki/File:Crystal_Clear_app_Internet_Connection_Tools.png?uselang=zh-tw)

Fabián Alexia:

(commons.wikimedia.org/wiki/File:Antu_accessories-ebook-reader.svg?uselang=zh-tw)

(commons.wikimedia.org/wiki/File:Antu_bitcoin-qt.svg?uselang=zh-tw)

(commons.wikimedia.org/wiki/File:Antu_calligradevtools.svg?uselang=zh-tw)

(commons.wikimedia.org/wiki/File:Antu_preferences-web-browser- identification .svg?uselang=zh-tw)

Facebook, Inc.: (commons.wikimedia.org/wiki/File:Facebook_icon_2013.svg?uselang=zh-tw)

FatCow Web Hosting: (commons.wikimedia.org/wiki/File:Farm Fresh_shopping.png?uselang=zh-tw)

Fleshgrinder: (commons.wikimedia.org/wiki/File:Golden_key_icon.svg?uselang=zh-tw)

Frédéric Bellaiche: (commons.wikimedia.org/wiki/File:Phone-apple-iphone.svg?uselang=zh-tw)

G ambrus: (commons.wikimedia.org/wiki/File:Emblem_phone.svg?uselang=zh-tw)

GNOME icon artists:

(commons.wikimedia.org/wiki/File:Gnome-application-certificate.svg?uselang=zh-tw)

(commons.wikimedia.org/wiki/File:Gnome-camera-web.svg?uselang=zh-tw)

Generalitat de Catalunya. Departament de Benestar Social i Família.: (commons.wikimedia.org/wiki/File:Check_green_icon.svg?uselang=zh-tw)

Google:

(commons.wikimedia.org/wiki/File:Emoji_u1f3e7.svg?uselang=zh-tw) (commons.wikimedia.org/wiki/File:Emoji_u1f4b3.svg?uselang=zh-tw)

(commons.wikimedia.org/wiki/File:Emoji_u1f4ee.svg?uselang=zh-tw)

Gruff15: (commons.wikimedia.org/wiki/File:Blood_dropplett.jpeg?uselang=zh-tw)

Human-embleml-money.svg: (commons.wikimedia.org/wiki/File:Human-emblem-money-blue-128.png?uselang=zh-tw)

Human-emblem-nowrite.svg: (commons.wikimedia.org/wiki/File:Human-emblem-nowrite-blue-128.png? uselang=zh-tw)

Human-emblem-people.svg: (commons.wikimedia.org/wiki/File:Human-emblem-people.svg?uselang=zh-tw)

Human-emblem-web.svg: (commons.wikimedia.org/wiki/File:Human-emblem-web-blue-128.png?uselang=zh-tw)

Icons8:

(commons.wikimedia.org/wiki/File:Icons8_flat_alarm_clock.svg?uselang=zh-tw)

(commons.wikimedia.org/wiki/File:Icons8_flat_businessman.svg?uselang=zh-tw)

(commons.wikimedia.org/wiki/File:Icons8_flat_electricity.svg?uselang=zh-tw)

(commons.wikimedia.org/wiki/File:Icons8_flat_shop.svg?uselang=zh-tw)

Inductiveload:

(commons.wikimedia.org/wiki/File:Dialog-accept.svg?uselang=zh-tw)

(commons.wikimedia.org/wiki/File:Radio_Mast_Icon.svg?uselang=zh-tw)

Jakub Steiner: (commons.wikimedia.org/wiki/File:Gorilla-Computer-Desktop.svg?uselang=zh-tw)

Jacklau96 at English Wikipedia: (commons.wikimedia.org/wiki/File:Hong_Kong_Ball.PNG?uselang=zh-tw)

Jakub Steiner:

(commons.wikimedia.org/wiki/File:Application-pgp-signature.svg)

(commons.wikimedia.org/wiki/File:Gorilla-Computer-Desktop.svg?uselang=zh-tw)

JorgenCarlberg: (commons.wikimedia.org/wiki/File:Portfolio.svg?uselang=zh-tw)

Jorgeprof: (commons.wikimedia.org/wiki/File:Generic_Server_Icon.svg?uselang=zh-tw)

Josh: (commons.wikimedia.org/wiki/File:Ballot_box_icon_color.svg?uselang=zh-tw)

Kim Holder: (commons.wikimedia.org/wiki/File:Space_factory_icon.svg?uselang=zh-tw)

KovanBarzinji: (commons.wikimedia.org/wiki/File:Circular_German_flag_icon.png?uselang=zh-tw)

Lokas Software: (commons.wikimedia.org/wiki/File:Office_building_icon.png?uselang=zh-tw)

Ludving14: (commons.wikimedia.org/wiki/File:PorticoIcon.svg?uselang=zh-tw)

Manuel Campagnoli: (commons.wikimedia.org/wiki/File:Symbol_man.svg?uselang=zh-tw)

Mdowdell: (commons.wikimedia.org/wiki/File:Chain_link_icon.png?uselang=zh-tw)

Michael N. Erickson:

(commons.wikimedia.org/wiki/File:Store.gif?uselang=zh-tw)

(commons.wikimedia.org/wiki/File:Warehouse.gif?uselang=zh-tw)

Mimooh:

(commons.wikimedia.org/wiki/File:Server2_by_mimooh.svg?uselang=zh-tw)

(commons.wikimedia.org/wiki/File:Cellular_phone_by_mimooh.svg)

Microsoft Corporation: (commons.wikimedia.org/wiki/File:Microsoft_logo_(2012).svg?uselang=zh-tw)

MNXANL: (zh.wikipedia.org/wiki/File:201701_Alipay_and_WeChat_Pay_sign_inside_a_7-Eleven_Store_in _Thailand.jpg)

Mysitemyway.com: (commons.wikimedia.org/wiki/File:Glossy_3d_blue_hourglass_no_shadow.png?uselang=zh-tw)

NeilsErikson: (commons.wikimedia.org/wiki/File:USA_flag_icon.png?uselang=zh-tw)

netalloy: (commons.wikimedia.org/wiki/File:Building2.svg?uselang=zh-tw)

Nuno Pinheiro:

(commons.wikimedia.org/wiki/File:Oxygen480-actions-document-preview.svg?uselang=zh-tw)

(commons.wikimedia.org/wiki/File:Oxygen480-actions-office-chart-pie.svg?uselang=zh-tw)

(commons.wikimedia.org/wiki/File:Oxygen480-status-wallet-closed.svg?uselang=zh-tw)

(commons.wikimedia.org/wiki/File:Oxygen480-status-wallet-open.svg?uselang=zh-tw)

Nuvola_apps_date.png: (commons.wikimedia.org/wiki/File:Nuvola_apps_date_blank.png?uselang=zh-tw)

OpenClipart: (commons.wikimedia.org/wiki/File:Computer-blue.svg?uselang=zh-tw)

Overengen: (ommons.wikimedia.org/wiki/File:SNES-controller.png?uselang=zh-tw)

Orion 8: (commons.wikimedia.org/wiki/File:Icon_people.svg?uselang=zh-tw)

OXYGEN TEAN: (commons.wikimedia.org/wiki/File:Usu%C3%A1rio-HM.png?uselang=zh-tw)

Paco8191: (commons.wikimedia.org/wiki/File:Factory_1.png?uselang=zh-tw)

Paul Robinson: (commons.wikimedia.org/wiki/File:CashRegister_rear.svg?uselang=zh-tw)

Perthelion: (commons.wikimedia.org/wiki/File:Wiki-project-icon.svg?uselang=zh-tw)

Pictofigo:

(commons.wikimedia.org/wiki/File:Online-sale.png?uselang=zh-tw)

(commons.wikimedia.org/wiki/File:Sale-1.png?uselang=zh-tw)

Pixabay: (commons.wikimedia.org/wiki/File:Credit-card-309613.svg?uselang=zh-tw)

Pixelbuddha:

(commons.wikimedia.org/wiki/File:Airplane_ballonicon2.svg?uselang=zh-tw)

(commons.wikimedia.org/wiki/File:Bank_ballonicon2.svg?uselang=zh-tw)

P parthenon.svg: (commons.wikimedia.org/wiki/File:P_Parthenon_2.svg?uselang=zh-tw)

P medicine3.png: (commons.wikimedia.org/wiki/File:P_medicine3_blue.png?uselang=zh-tw)

PrinterKiller: (commons.wikimedia.org/wiki/File:Honey_Jar_icon.svg?uselang=zh-tw)

Rickterto: (commons.wikimedia.org/wiki/File:Tango_Phone.svg?uselang=zh-tw)

Rion: (commons.wikimedia.org/wiki/File:Boss-icon.png?uselang=zh-tw)

RRZEicons:

(commons.wikimedia.org/wiki/File:Database.svg?uselang=zh-tw)
(commons.wikimedia.org/wiki/File:Document-passed.svg?uselang=zh-tw)
(commons.wikimedia.org/wiki/File:Server-database.svg?uselang=zh-tw)
(commons.wikimedia.org/wiki/File:Server-email.svg?uselang=zh-tw)
(commons.wikimedia.org/wiki/File:Server-firewall.svg?uselang=zh-tw)
(commons.wikimedia.org/wiki/File:Server-radius.svg?uselang=zh-tw)
(commons.wikimedia.org/wiki/File:Server-web-database.svg?uselang=zh-tw)
(commons.wikimedia.org/wiki/File:Server-vpn.svg?uselang=zh-tw)
(commons.wikimedia.org/wiki/File:Wifi.svg?uselang=zh-tw)

Sara 506: (commons.wikimedia.org/wiki/File:Group_people_icon.jpg?uselang=zh-tw)

sarang: (commons.wikimedia.org/wiki/File:Globe_icon_squared.svg?uselang=zh-tw)

Sen McCormick: (commons.wikimedia.org/wiki/File:McCormick_Medical-report.svg?uselang=zh-tw)

Sevengraph:

(commons.wikimedia.org/wiki/File:Svengraph_Box.png?uselang=zh-tw)
(commons.wikimedia.org/wiki/File:Svengraph_Lock.png?uselang=zh-tw)

Simon Child: (commons.wikimedia.org/wiki/File:Noun_project_1248.svg?uselang=zh-tw)

SimpleIcon:

(commons.wikimedia.org/wiki/File:Simpleicons_Interface_business-man.svg?uselang=zh-tw)
(commons.wikimedia.org/wiki/File:Simpleicons_Interface_business-man-1.svg?uselang=zh-tw)

Sinew Software: (commons.wikimedia.org/wiki/File:Enpass_icon.svg?uselang=zh-tw)

Softies-icons-meter 256px.png: (commons.wikimedia.org/wiki/File:Softies-icons-meter_256px.png)

Soujanyaa Boruah: (commons.wikimedia.org/wiki/File:Ic-banner-mentor.png?uselang=zh-tw)

The people from the Tango! project: (commons.wikimedia.org/wiki/File:Applications-internet.svg?uselang=zh-tw)

Tokyoship Mail .svg: (commons.wikimedia.org/wiki/File:Felipe_Menegaz_user_page_mail_icon.svg?uselang=zh-tw)

Twitter: (commons.wikimedia.org/wiki/File:Twemoji_1f1ec-1f1e7.svg?uselang=zh-tw)

UnderCon icon blue 2.svg: (commons.wikimedia.org/wiki/File:UnderCon_icon_black.svg?uselang=zh-tw)

VistalCO.com:

(commons.wikimedia.org/wiki/File:RedondoAdd.png?uselang=zh-tw)

(commons.wikimedia.org/wiki/File:RedondoInfo.png?uselang=zh-tw)

Volt Meter.svg: (commons.wikimedia.org/wiki/File:Volt_Meter.svg)

www.getswish.se: (commons.wikimedia.org/wiki/File:G-icon-trust.png?uselang=zh-tw)

匿名：

(commons.wikimedia.org/wiki/File:201408_pig.png)

(commons.wikimedia.org/wiki/File:AngelHeart.png?uselang=zh-tw)

(commons.wikimedia.org/wiki/File:Blood_pressure.png?uselang=zh-tw)

(commons.wikimedia.org/wiki/File:Colloquy-irc-icon.png?uselang=zh-tw)

(commons.wikimedia.org/wiki/File:Dialog-error-round.svg?uselang=zh-tw)

(commons.wikimedia.org/wiki/File:Edge-gnome-fs-client1.png?uselang=zh-tw)

(commons.wikimedia.org/wiki/File:Edge-gnome-fs-server.png?uselang=zh-tw)

(commons.wikimedia.org/wiki/File:Emojione_1F1E6-1F1FA.svg?uselang=zh-tw)

(commons.wikimedia.org/wiki/File:Emojione_1F1F8-1F1EC.svg?uselang=zh-tw)

(commons.wikimedia.org/wiki/File:Emojione_1F4F3.svg?uselang=zh-tw)

(commons.wikimedia.org/wiki/File:Examine_copyright_icon.png?uselang=zh-tw)

(commons.wikimedia.org/wiki/File:ICON_Govt_Building.png?uselang=zh-tw)

(commons.wikimedia.org/wiki/File:ICON_Office_Building.png?uselang=zh-tw)

(commons.wikimedia.org/wiki/File:Noto_Emoji_Oreo_1f50b.svg)

(commons.wikimedia.org/wiki/File:P_Food.png?uselang=zh-tw)

(commons.wikimedia.org/wiki/File:Rambam-portal-01.png?uselang=zh-tw)

(commons.wikimedia.org/wiki/File:Telèfons_mòbils.jpg)

(commons.wikimedia.org/wiki/File:Torchlight_cdrom_mount.png?uselang=zh-tw)

(commons.wikimedia.org/wiki/File:Twitter_icon.svg?uselang=zh-tw)

(2) Wikipedia，維基百科。(zh.wikipedia.org/wiki)

(zh.wikipedia.org/wiki/ 三星智付)

(zh.wikipedia.org/wiki/ 天貓)

(zh.wikipedia.org/wiki/ 支付寶)

(zh.wikipedia.org/wiki/ 比特幣)
(zh.wikipedia.org/wiki/ 比特幣黃金)
(zh.wikipedia.org/wiki/ 阿里巴巴集團)
(zh.wikipedia.org/wiki/ 京東 _(網站)
(zh.wikipedia.org/wiki/ 信用卡安全碼)
(zh.wikipedia.org/wiki/ 美國運通)
(zh.wikipedia.org/wiki/ 淘寶網)
(zh.wikipedia.org/wiki/ 悠遊卡)
(zh.wikipedia.org/wiki/ 萬事達卡)
(zh.wikipedia.org/wiki/ 聯合信用卡處理中心)
(en.wikipedia.org/wiki/Alibaba_Group)
(en.wikipedia.org/wiki/Chase_Paymentech)
(en.wikipedia.org/wiki/Square,_Inc.)
(en.wikipedia.org/wiki/Walmart)
(zh.wikipedia.org/wiki/Android_Pay)
(zh.wikipedia.org/wiki/Apple_Pay)
(zh.wikipedia.org/wiki/JCB)
(zh.wikipedia.org/wiki/Visa)

(3) 其他

DataBase Center for Life Science: (dbcls.rois.ac.jp/index-en.html)

Farm-Fresh Web Icons: (www.fatcow.com/free-icons)

研究方法 —系列—

1H2A 結構方程模式理論與實務：圖解AMOS取向（附光碟）

作　者：李茂能

定　價：690元

I S B N：978-957-763-287-6

- ◆ 最新理論＋精華實務＝立竿見影的學習成效。
- ◆ 深入淺出的解說，融會作者多年授業精華，緊扣國際最新學術趨勢，帶領讀者輕鬆進入專業領域。
- ◆ 隨書附贈光碟：除資料檔外，包含三套 Excel VBA 巨集 & VB 程式，以供進行 SEM 適配函數極小化的試驗、二層次因素分析與交互相關的差異性考驗。

1H0B 當代整合分析理論與實務（附光碟）

作　者：李茂能

定　價：680元

I S B N：978-957-11-8897-3

整合分析——量化研究界的工業革命

- ◆ 目前已在實證醫學、經濟學、心理學、教育學、社會科學、市場行銷等學術領域的廣泛應用。
- ◆ 探究 SEM & HLM，熟悉心理計量的運用，了解貝氏網絡。
- ◆ 書中理論均予以簡化，全書著重實例解說，讓讀者有效掌握 ESS、SEM 與 HLM、WinBUGS、STATA、R 等相關語法。

1H95 傳統整合分析理論與實務：ESS & EXCEL（附光碟）

作　者：李茂能

定　價：850元

I S B N：978-957-11-8053-3

引領量化研究近半世紀——整合分析，讓文獻探討更加客觀且深入。

- ◆ 提供量化研究者具體的研究假設，不只關切統計顯著與否，更重視效果值的大小。
- ◆ 引領讀者熟悉整合分析的系統核心公式、技術與應用實務，以奠定整合分析的理論與實務根基。
- ◆ 隨書供應的本土化 ESS 軟體，依全方位整合分析的先後步驟與內容而設計，可處理大部分的整合分析模式與問題。

1H60 圖解 Amos在學術研究之應用（附光碟）

作　者：李茂能

定　價：620元

I S B N：978-957-11-6190-7

- ◆ 最佳指定教材：結構方程模式、研究方法學、多變項統計、量表編製，及指標建構等課程。
- ◆ 必備工具書：心理與教育、市場行銷、企業管理、組織心理學、體育休閒、政治行為分析、公共行政等社會及行為科學。
- ◆ 分享 SEM 學術的國際新脈動，並隨書附贈 SEM 樣本規劃與 Muthen's Entropy 指標的 Excel VBA 程式，提昇研究品質。

研究方法
系列

1HAK 財金時間序列分析：使用R語言（附光碟）

作　　者：林進益

定　　價：590元

I S B N：978-957-763-760-4

為實作派的你而寫——翻開本書，即刻上手！

◆ 情境式學習，提供完整程式語言，對照參考不出錯。
◆ 多種程式碼撰寫範例，臨陣套用、現學現賣
◆ 除了適合大學部或研究所的「時間序列分析」、「計量經濟學」或「應用統計」等課程；搭配貼心解說的「附錄」使用，也適合從零開始的讀者自修。

1H1N 衍生性金融商品：使用R語言（附光碟）

作　　者：林進益

定　　價：850元

I S B N：978-957-763-110-7

不認識衍生性金融商品，就不了解當代財務管理與金融市場的運作！

◆ 本書內容包含基礎導論、選擇權交易策略、遠期與期貨交易、二項式定價模型、BSM模型、蒙地卡羅方法、美式選擇權、新奇選擇權、利率與利率交換和利率模型。
◆ 以 R 語言介紹，由初學者角度編撰，避開繁雜數學式，是一本能看懂能操作的實用工具書。

1H2B Python程式設計入門與應用：運算思維的提昇與修練

作　　者：陳新豐

定　　價：450元

I S B N：978-957-763-298-2

◆ 以初學者學習面撰寫，內容淺顯易懂，從「運算思維」說明程式設計的策略。
◆ 「Python 程式設計」說明搭配實地操作，增進運算思維的能力，並引領讀者運用 Python 開發專題。
◆ 內容包括視覺化、人機互動、YouTube 影片下載器、音樂 MP3 播放器與試題分析等，具備基礎的程式設計者，可獲得許多啟發。

1H2C EXCEL和基礎統計分析

作　　者：王春和、唐麗英

定　　價：450元

I S B N：978-957-763-355-2

◆ 人人都有的EXCEL＋超詳細步驟教學＝高CP值學會統計分析。
◆ 專業理論深入淺出，搭配實例整合說明，從報表製作到讀懂，一次到位。
◆ 完整的步驟操作圖，解析報表眉角，讓你盯著螢幕不再霧煞煞。
◆ 本書專攻基礎統計技巧，讓你掌握資料分析力，在大數據時代脫穎而出。

研究方法
—系列—

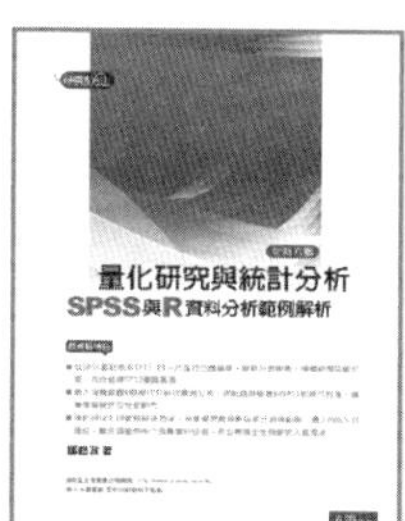

1H47 量化研究與統計分析：SPSS與R資料分析範例解析

作　　者：邱皓政
定　　價：690元
I S B N：978-957-763-340-8

◆ 以 SPSS 最新版本 SPSS 23~25 進行全面編修，增補新功能介紹，充分發揮 SPSS 優勢長項。
◆ 納入免費軟體R的操作介紹與實例分析，搭配統計原理與 SPSS 的操作對應，擴展學習視野與分析能力。
◆ 強化研究上的實務解決方案，充實變異數分析與多元迴歸範例，納入 PROCESS 模組，擴充調節與中介效果實作技術，符合博碩士生與研究人員需求。

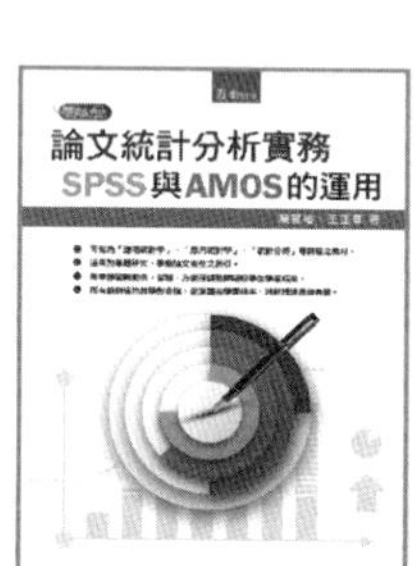

1H61 論文統計分析實務：SPSS與AMOS的運用

作　　者：陳寬裕、王正華
定　　價：920元
I S B N：978-957-11-9401-1

鑒於 SPSS 與 AMOS 突出的優越性，作者本著讓更多的讀者熟悉和掌握該軟體的初衷，進而強化分析數據能力而編寫此書。
◆ 「進階統計學」、「應用統計學」、「統計分析」等課程之教材
◆ 每章節皆附範例、習題，方便授課教師驗收學生學習成果

1H1K 存活分析及ROC：應用SPSS（附光碟）

作　　者：張紹勳、林秀娟
定　　價：690元
I S B N：978-957-11-9932-0

存活分析的實驗目標是探討生存機率，不只要研究事件是否發生，更要求出是何時發生。在臨床醫學研究中，是不可或缺的分析工具之一。
◆ 透過統計軟體 SPSS，結合理論、方法與統計引導，從使用者角度編排，讓學習過程更得心應手。
◆ 電子設備的壽命、投資決策的時間、企業存活時間、顧客忠誠度都是研究範圍。

1H0S SPSS問卷統計分析快速上手祕笈

作　　者：吳明隆、張毓仁
定　　價：680元
I S B N：978-957-11-9616-9

◆ 本書統計分析程序融入大量新版 SPSS 視窗圖示，有助於研究者快速理解及方便操作，節省許多自我探索而摸不著頭緒的時間。
◆ 內容深入淺出、層次分明，對於從事問卷分析或相關志趣的研究者，能迅速掌握統計分析使用的時機與方法，是最適合初學者的一本研究工具書。

國家圖書館出版品預行編目資料

金融科技／陳若暉著. ——初版. ——臺北市：
五南圖書出版股份有限公司, 2021.04
面； 公分
ISBN 978-986-522-550-6（平裝）

1.金融業 2.金融管理 3.金融自動化

561.029 110003158

1MAJ

金融科技

作　　者 — 陳若暉
發 行 人 — 楊榮川
總 經 理 — 楊士清
總 編 輯 — 楊秀麗
主　　編 — 侯家嵐
責任編輯 — 鄭乃甄
文字校對 — 許宸瑞
封面設計 — 王麗娟
出 版 者 — 五南圖書出版股份有限公司
地　　址：106台北市大安區和平東路二段339號4樓
電　　話：(02)2705-5066　傳　　真：(02)2706-6100
網　　址：https://www.wunan.com.tw
電子郵件：wunan@wunan.com.tw
劃撥帳號：01068953
戶　　名：五南圖書出版股份有限公司
法律顧問　林勝安律師事務所　林勝安律師
出版日期　2021年4月初版一刷
定　　價　新臺幣790元